D1574345

VERÖFFENTLICHUNGEN
DER WOLFRAM VON ESCHENBACH-GESELLSCHAFT

Herausgegeben von

WOLFGANG HAUBRICHS · ECKART CONRAD LUTZ · KLAUS RIDDER

WOLFRAM-STUDIEN

XX

Reflexion und Inszenierung von Rationalität in der mittelalterlichen Literatur

Blaubeurer Kolloquium 2006

In Verbindung mit

WOLFGANG HAUBRICHS
und
ECKART CONRAD LUTZ

herausgegeben von

KLAUS RIDDER

ERICH SCHMIDT VERLAG

Bibliografische Information der Deutschen Bibliothek

Die Deutsche Bibliothek verzeichnet diese Publikation in der
Deutschen Nationalbibliografie;
detaillierte bibliografische Daten sind im Internet über http://dnb.ddb.de abrufbar.

Weitere Informationen zu diesem Titel
finden Sie im Internet unter
ESV.info/978 3 503 09845 3

ISBN-10: 978 3 503 09845 3
ISSN 0340-9457

Dieses Papier erfüllt die Frankfurter Forderungen der Deutschen Bibliothek
und der Gesellschaft für das Buch bezüglich der Alterungsbeständigkeit und entspricht
sowohl den strengen Bestimmungen der US-Norm Ansi/Niso Z 39.48-1992 als auch
der ISO Norm 9706.

Gesetzt aus der 9 Punkt Times New Roman.

Satz: Thomas Ziegler, Tübingen
Herstellung: Druckerei Schlesener, Berlin

Inhalt

Inhalt

Vorwort

Der vorliegende Band enthält die Beiträge zum zwanzigsten Kolloquium der Wolfram von Eschenbach-Gesellschaft, das vom 27. September bis zum 1. Oktober 2006 zum Thema „Reflexion und Inszenierung von Rationalität in der mittelalterlichen Literatur" in Zusammenarbeit mit der Mediävistischen Abteilung des Deutschen Seminars der Universität Tübingen im Heinrich-Fabri-Institut in Blaubeuren stattfand.

Unser Dank gilt den Vortragenden, den Diskussionsleitern und den Diskutanten, die sich auf die Konzeption der Tagung eingelassen und in kolloquialer Gemeinsamkeit das Thema kritisch erörtert haben. Herrn Prof. Dr. Immo Eberl möchten wir dafür danken, dass er die Teilnehmer der Exkursion durch die Klöster Obermarchtal und Zwiefalten geführt hat. Dank gebührt zudem der Fritz Thyssen-Stiftung, die die Finanzierung der Tagung übernommen hat, sowie dem Verlag Walter de Gruyter (Berlin/New York) und dem Erich Schmidt Verlag (Berlin), die die Tagung durch großzügige Spenden unterstützt haben. Herr Thomas Ziegler hat den Band mit gewohnter Präzision gesetzt, und Frau Dr. Carina Lehnen hat die Entstehung des Buches von der Verlagsseite her kompetent betreut. Besonderer Dank gilt auch den Tübinger Mitarbeiterinnen und Mitarbeitern, insbesondere Frau Dr. Christiane Ackermann und Herrn Ulrich Barton, die sowohl an der Konzeption und Durchführung der Tagung wie an der Redaktion der Beiträge engagiert und kompetent mitgewirkt haben. Nicht zuletzt danken wir Frau Slavica Stevanović, die die Hauptlast der Organisationsarbeit im Vorfeld getragen hat, sowie Frau Anne Auditor und Frau Diana Lemke; sie haben als studentische Hilfskräfte viel zum Gelingen des Kolloquiums beigetragen.

Am 11. Januar 2008 ist Walter Haug in seinem 81. Lebensjahr gestorben. Er hat die ‚Veröffentlichungen der Wolfram von Eschenbach-Gesellschaft' von 1972 bis 1984 (Bde. III–VIII) zusammen mit Hans-Hugo Steinhoff und Werner Schröder herausgegeben und das Forschungsprofil der Wolfram-Gesellschaft geprägt. Auch nachdem er das Amt des ersten Vorsitzenden weitergereicht hatte, blieb er der Gesellschaft eng verbunden; sein Eröffnungsvortrag auf dem Blaubeurer Kolloquium dokumentiert dies auf eindrucksvolle Weise. Dem Gedächtnis seiner faszinierenden Forscherpersönlichkeit widmen wir den zwanzigsten Band der Wolfram-Studien.

Im Januar 2008   Der Vorstand

7

Wolframstudien XX (2008)
Erich Schmidt Verlag Berlin

Einleitung

von KLAUS RIDDER

Die Transformation des Diskurses von der Vernunft in den Diskurs der Rationalität verdankt sich insbesondere Max Weber, durch dessen Arbeiten Rationalität als sozialwissenschaftliche Leitkategorie eingeführt wird. Weber verwendet den Begriff aber nicht nur zur Analyse von Handlungen, sondern auch im Hinblick auf die Ausformung von Weltbildern und die Entwicklung der Kunst. Die Analyse der Beziehungen zwischen gesellschaftlichen Rationalisierungsprozessen und Formen ästhetischer Repräsentation ist jedoch bis heute nicht selbstverständlich. Dies mag damit zusammenhängen, dass nahezu allen Formen der Kunst nach wie vor eine starke Irrationalität zugesprochen wird. Doch noch im irrationalen Charakter der Kunst sah Weber rationale Unterströmungen der westlichen Kulturen wirksam werden. Die Spannung zwischen protestantischer Ethik und kapitalistischer Wirtschaftsform reiche bis in die ästhetische Sphäre hinein und setze sich in der produktiven Spannung zwischen Ethik und Ästhetik fort. Diese Problematik hat Weber bewusst gemacht, jedoch nicht mehr durch einen eigenen Theorieentwurf expliziert.[1]

Inwiefern lässt sich Rationalität jedoch auch als Kategorie der Literaturwissenschaft verstehen? Rationalisierungsprozesse innerhalb kultureller Kontexte schlagen sich in Mustern und Figurationen nieder, die in literarischen Werken symbolisiert, affirmiert oder kritisch reflektiert werden. Die Analyse von produktiven Spannungsverhältnissen zwischen historischen Rationalisierungsvorgängen und ästhetisch-literarischen Entwicklungen ist auch und gerade für das Mittelalter aufschlussreich. Beispielsweise verändert sich durch die zunehmende Aufwertung der weltlichen Wissenschaften (*artes*) in der Karolingerzeit das Verhältnis von Religion und Ratio, und es wird ein intensiver Diskurs etwa über die Bedeutung von Tradition und Autorität in Gang gesetzt. Im 11./12. Jahrhundert sind in nahezu allen gesellschaftlichen Teilberei-

---

[1] Dazu Werner Gephart, Religiöse Ethik und ästhetischer ‚Rationalismus'. Zur Soziologie der Kunst im Werk Max Webers, in: Sociologia Internationalis 31 (1992), S. 101–121.

chen die Auswirkungen eines Rationalisierungsschubs zu beobachten, der sich in nachhaltigen Umgestaltungen in Wirtschaft, Gesellschaft und Kultur zeigt – eine Entwicklung, die unter dem Begriff der Verwissenschaftlichung zusammengefasst worden ist. Das rationale Wissenschaftsdenken der neuen Schulen provoziert im 12. Jahrhundert jedoch auch antidialektische Reaktionen des Mönchtums. Insbesondere die Mystik versucht, die Bedeutung der *ratio* im Prozess der Gotteserkenntnis zu relativieren.[2] Inwiefern die rationalisierenden oder rationalitätskritischen Tendenzen dieser Zeit in der neu entstehenden höfischen Literatur zum Ausdruck kommen, hat bisher noch wenig Beachtung gefunden.[3] Im 13. Jahrhundert gewinnen Hofintrigen, Täuschungsstrategien und Listmotive als Bestandteil fiktionalen Erzählens auffallend an Bedeutung.[4] In welcher Weise sich hier Formen einer subversiven Rationalität herausbilden und inwieweit die literarische Entwicklung mit der Intensivierung der Reflexion über Lüge und Unwahrheit in anderen Diskursfeldern verknüpft ist, wäre von Interesse. Die volkssprachige Literatur des 14. Jahrhunderts lässt sich als Zeugnis einer fundamentalen Neuorientierung der Zeit lesen. Für Johannes Janota ist sie Medium der Suche nach Orientierung als Reaktion auf eine tiefgreifende Verunsicherung.[5] Rationalität und zunehmendes Interesse an der Erfahrungswirklichkeit bestimmen dann die Literatur des 15./16. Jahrhunderts – man führt dies scheinbar problemlos auf die gravierenden Umbrüche im medialen, wissenschaftlichen und religiösen Bereich zurück; doch zugleich sind Tendenzen zu einer Remythisierung, einer Aufwertung des Magischen, Wunderbaren und Grotesk-Irrationalen nicht zu verkennen.[6] Wie beide Entwicklungslinien aufeinander zu beziehen sind, ist eine der zentralen Forschungsfragen zur Literatur dieser Zeit.

---

[2] So die zentrale These des Buches von Otto Langer, Christliche Mystik im Mittelalter. Mystik und Rationalisierung – Stationen eines Konflikts, Darmstadt 2004.

[3] Vgl. Klaus Ridder, Rationalisierungsprozesse und höfischer Roman im 12. Jahrhundert, in: DVjs 78 (2004), S. 175–199.

[4] Zur Bedeutung und Funktion der Lüge in Mittelalter und Früher Neuzeit vgl. beispielsweise *Homo mendax.* Lüge als kulturelles Phänomen im Mittelalter, hg. v. Ulrich Ernst = Das Mittelalter. Perspektiven mediävistischer Forschung 9 (2004), H. 2; List – Lüge – Täuschung, hg. v. Corinna Laude u. Ellen Schindler-Horst = Mitteilungen des Deutschen Germanistenverbandes 52 (2005) H. 3; Ruth Sassenhausen, Das Ritual als Täuschung. Zu manipulierten Ritualen im ‚Pfaffen Amis‘, in: LiLi 36 (2006), S. 55–79.

[5] Vgl. Johannes Janota, Orientierung durch volkssprachige Schriftlichkeit (1280/90–1380/90) (Geschichte der deutschen Literatur von den Anfängen bis zum Beginn der Neuzeit III/1), Tübingen 2004, insbes. S. 28–30.

[6] Siehe z.B. Bruno Quast, *Diß kommt von gelückes zuoualle.* Entzauberung und Remythisierung in der *Melusine* des Thüring von Ringoltingen, in: Präsenz des Mythos. Konfigurationen einer Denkform in Mittelalter und Früher Neuzeit, hg. v. Udo Friedrich u. Bruno Quast (Trends in Medieval Philology 2), Berlin/New York 2004, S. 83–96.

Die mediävistische Forschung hat bisher vor allem die (kausale, d.h. einer empirischen Überprüfung zugängliche) Rationalität von Geschehenszusammenhängen und Figurenhandeln in mittelalterlicher Literatur thematisiert. Rationalität zeigt sich jedoch nicht nur in Handlungen, sondern ist auch mit menschlicher Kommunikation, mit Reflexion und mit Argumentation, verbunden. Die kommunikationstheoretische Fassung des Rationalitätsbegriffs (Jürgen Habermas) bietet hier weiterführende Möglichkeiten der Diskussion auch ästhetischer Phänomene. So ließe sich mit Blick auf literarische Werke beispielsweise fragen, inwieweit in ihnen ein selbstreferentielles Potential zur Entfaltung kommt, wie das Verhältnis von Handlung und reflexiver Abstraktion angelegt ist, inwieweit also Reflexion als Möglichkeit literarischer Kommunikation von Bedeutung ist. Neben einer solchen reflexiven Rationalität ist nach der Rationalität des im literarischen Werk dargestellten Sozial- und Gesellschaftssystems sowie nach der subjektiven Rationalität des Figurenhandelns zu fragen. Einsicht in den Hintergrund (die Meinungen, Wünsche und Normen) handelnder Personen macht ihr Verhalten beschreibbar. Schließlich gilt es, die objektiv-konstruktive Rationalität von strukturellen Mustern und formalen Bauformen des Erzählens zu thematisieren. Gemeintes und Beabsichtigtes muss zudem in einem adäquaten Modus und in einem geeigneten Medium gefasst sein, damit es mitteilbar wird (mediale Rationalität). Vor dem Hintergrund von antik-mittelalterlichen und modernen Theoriekonzepten lässt sich schließlich auch dem Mythos und den Emotionen eine spezifische Rationalität nicht aberkennen. So finden zusehends auch Fragen nach der kognitiven Komponente der Emotionen oder nach dem Verhältnis von mythischer und poetisch-narrativer Rationalität Eingang in die Analyse mittelalterlicher Werke.

Ein einheitlicher Begriff des Rationalen kann für literarhistorische Arbeiten, die sich im Rahmen kulturwissenschaftlicher Perspektiven an dieser Kategorie orientieren, nicht vorausgesetzt werden. Sieht man die genannten Ansätze zusammen, dann ist es jedoch sinnvoll, von Formen literarischer Rationalität zu sprechen. Von der Ausarbeitung einer Theorie der literarisch-ästhetischen Rationalität, die die Spezifik gesellschaftlicher Rationalisierungsprozesse und literarischer Entwicklungstendenzen in ein nachvollziehbares Verhältnis setzt, sind wir allerdings noch weit entfernt.

In Anbetracht dieser Forschungslage wurden von den Veranstaltern des Kolloquiums Beiträge erbeten, die von einem offenen und beweglichen Konzept von Rationalität ausgehen und methodisch (sowie theoretisch) reflektierte, aber immer durch textnahe Analysen und Interpretationen geleitete Annäherungen an einen literarischen Rationalitätsbegriff versuchen. Die Auseinandersetzung mit Formen literarischer Rationalität sollte von mehreren Blickwinkeln aus erfolgen, um die verschiedenen Ansätze in der mediävistischen Literaturwissenschaft zueinander in Beziehung zu setzen.

In einem grundsätzlich und eröffnend gedachten Referat widmet sich
WALTER HAUG † den Voraussetzungen, unter denen man Zusammenhänge
zwischen gesellschaftlichen Rationalisierungsprozessen und mittelalterlichen
literarischen Werken sinnvoll in den Blick nehmen kann. Jede Form von „Rationalisierungsteleologie von Weber bis Elias" verkürze die Komplexität der
kulturhistorischen Konstellationen in unzulässiger Weise. Wichtig sei vielmehr, zunächst nach der „oppositionellen Funktion" der Ratio in einem bestimmten kulturellen Kontext, nach der „spezifischen Dynamik" (S. 23) dieser
Opposition in einer historischen Situation und schließlich nach analysierbaren
Erfahrungen von Grenzen der Vernunft zu fragen. Haug plädiert dafür, den
Begriff der Ratio zu historisieren, an bestimmte historische Situationen zu
binden und unter dieser Prämisse die Funktion literarischer Werke in gesellschaftlichen Rationalisierungsprozessen interpretierend herauszuarbeiten. Da
die Ratio in unterschiedlichen kulturellen Kontexten immer wieder ein anderes Gesicht zeige und auch die Funktion der Literatur in solchen Konstellationen stets eine andere sei, votiert er dafür, den Zusammenhang zwischen
Rationalisierung und Literarisierung statt „mit Längsschnitten und fraglichen
Teleologien, bevorzugt mit Querschnitten zu bearbeiten, damit die wechselnden Positionen unverzerrt vor Augen treten können" (S. 38).

Unter fünf Gesichtspunkten, die nicht im Sinne schematischer Oppositionen, sondern als produktive Spannungsverhältnisse zu verstehen sind, lassen
sich die weiteren Beiträge des Symposiums gruppieren. Die Themenkomplexe,
die zum einen Teil schon seit längerem stark diskutiert werden, zum anderen
Teil auch erst seit kurzem das berechtigte Interesse der Forschung gefunden
haben, deuten mögliche Konkretisierungen des Rationalitätsbegriffs als Kategorie literaturwissenschaftlicher Analyse an.

Rationalisierung und Verwissenschaftlichung

Insbesondere das 12. Jahrhundert gilt als Zeit der Verwissenschaftlichung und
Rationalisierung. Je tiefgreifender die Verwissenschaftlichung einzelne Lebensbereiche erfasst, desto größer wird der Einfluss der Religion, die auf diese
Weise in ein Konkurrenzverhältnis zu den Wissenschaften zu treten beginnt.
Die Folge ist ein Spannungsverhältnis, das auch in literarischen Diskursen
offenbar wird. Gerade die lateinische Literatur der Zeit ist eng mit diesem
Rationalisierungsschub verknüpft. Der Beitrag von FRANK BEZNER (Tübingen) versucht, vor dem Hintergrund einer erweiterten und dynamisierten Konzeption der Verwissenschaftlichung des 12. Jahrhunderts das Verhältnis zwischen lateinischer Literatur und Rationalisierung neu zu bestimmen, und zwar
sowohl im Hinblick auf die Verzahnung von *ars*, *scientia* und *poesis* als auch in
Bezug auf die Frage, welche methodischen und theoretischen Konsequenzen

die Suche nach ‚Freiräumen des Wissens' im Literarischen für den Literatur-begriff der Zeit hat.

Rationalisierung und literarische Konstruktion

Die Autoren des neuen höfischen Romans entdecken im 12. Jahrhundert li-terarische Fiktionalität als Möglichkeit der vertieften Wahrnehmung und Re-flexion der physisch-psychischen und der sozial-kulturellen Dimension menschlicher Existenz. Sie nutzen dazu die neu erschlossenen konzeptionellen Möglichkeiten der Schrift und der Sinnstiftung im literarischen Medium. Die reflektierten Strukturmodelle knüpfen zwar an bekannte Schemata des münd-lichen Erzählens an, setzen aber andererseits gezielt neue Bedeutungen. Ver-traute Strukturelemente werden beispielsweise so arrangiert, dass sie Reflexio-nen auch über innere Entwicklungsprozesse der Protagonisten anstoßen.

In dem neuen Erzähltypus begegnen von Anfang an zwei Ebenen: die der Figuren und die des Kommentars. Die Texte werden mit einem reflektierenden Metatext versehen. Die Bedeutung dieser diskursiven Dimension des Erzäh-lens könnte darin bestehen, Raum für eine kontinuierlich ausgebildete Refle-xion zu bieten, in der sich literarische Selbstkommentierung, Fremdkommen-tierung und Narration auf vielfältige Weise durchdringen. In den Beiträgen von KATHARINA MERTENS FLEURY (Zürich) und SANDRA LINDEN (Tübingen) geht es darum, zu prüfen, inwieweit ein reflexiver Begriff von Rationalität die Analyse der wechselseitigen Bezüge, Spannungen und Widersprüche zwischen Kommentar und Handlung bereichern könnte. Mertens Fleury untersucht die erzählte Handlung (die Interaktion der beiden Protagonisten) sowie die Er-zählereinschübe (Kommentare, Publikumsanreden, Auftreten der Personifi-kationen) in der ‚Blutstropfenszene' des ‚Parzival' Wolframs daraufhin, in wel-chem Verhältnis Vernunft (*ratio*) und Erfahrung (*experientia*) zueinander ste-hen. Das Konzept ‚Erfahrung' bilde „ein übergreifendes semantisches und inhaltliches Band" (S. 94), das auf Handlungs- und Diskursebene eine inte-grierende Funktion habe. Linden arbeitet heraus, wie Hartmann, Wolfram und Gottfried rationale Denkmuster und Argumentationsformen in den Ex-kursen der Romane nutzen, um das Phänomen Minne zu erschließen. Die Autoren zeigen aber auch Grenzen des Versuchs auf, Minne rational zu durch-dringen, indem „schlaglichtartig irrationale Elemente als Kontrast einbrechen oder aber in die Argumentation integriert werden" (S. 100). Die primäre Funktion der Exkurse sieht Linden in der rationalen Diskursivierung des Un-erklärlichen der Minne.

Aus der antiken Literatur wird die Darstellungstechnik des inneren Mo-nologs übernommen. Diese Monolog-Technik ist im höfischen Roman expo-niertes Element einer personenorientierten psychologisierenden Erzählweise, die ansatzweise bereits zu einem rational motivierten Erzählen führt und teilweise auch quer zur strukturgebundenen Sinnstiftung liegt. Funktionen des inneren Monologs zwischen den Polen ‚Ausdruck der Emotionen' oder ‚Darstellung rationaler Erwägungen' zu erschließen, ist Ziel der Ausführungen von NINE MIEDEMA (Münster). Sie untersucht Gestaltung und Funktion innerer Monologe in volkssprachigen Texten von althochdeutscher Zeit bis zum späten Mittelalter. Waren innere Monologe in alt- und frühmittelhochdeutscher Zeit Kennzeichen fast ausschließlich negativer Figuren, da nicht-öffentliches Sprechen als Zeichen für Verheimlichung, Lüge und List galt, entdeckte man in hochhöfischer Zeit unter dem Einfluss der französischen Epik ganz neue Möglichkeiten im Umgang mit dieser Darstellungstechnik: Die Gedankenmonologe stellen sowohl die Affekte als auch die kognitiven Fähigkeiten der Protagonisten vor Augen. Das Gestaltungsmittel des inneren Monologes bot fortan die Möglichkeit differenzierterer Figurenzeichnung und der rhetorischen Profilierung des Erzählers.

INES HEISER (Marburg) vertritt die These, dass der Stricker in einigen Schwankerzählungen und im ‚Pfaffen Amis' gezielt von realitätsfernen Ereignissen erzählt, um dem Publikum einen skeptisch-rationalen Blick auf Wunder und Wunderbares zu vermitteln. Nicht die Wiederherstellung der gesellschaftlichen Ordnung stehe im Fokus des didaktischen Anliegens, sondern die Orientierung des Handelns an situationsadäquater Klugheit. Hintergrund dieses rationalen Hinterfragens von Normen sei das Wissen „um den grundsätzlich defizitären Zustand des *ordo*, auf den – so die Botschaft des Strickers – flexibel und rational eigenständig zu reagieren ist" (S. 173f.).

Das Wechselspiel zweier Diskurstypen im ‚Ring' Heinrich Wittenwilers steht im Zentrum des Artikels von HARTMUT BLEUMER und CAROLINE EMMELIUS (Göttingen): Einerseits werden in diesem Werk spätmittelalterliche Wissensbestände verarbeitet und rational abgewogen, andererseits wird diese Rationalität durch das erzählte Geschehen permanent unterlaufen. Der ‚Ring', so die Verfasser, ist ein charakteristisches Beispiel für eine ‚vergebliche Rationalität', sie erscheint als sein grundsätzliches Prinzip. Der rationalen Ordnung begegnet ein narrativer Widerstand. An einzelnen Szenen zeigen Bleumer und Emmelius auf, wie der ‚Ring' das Auseinanderdriften von Rationalität und Erzählgeschehen vorführt und ‚ergebnislose, agonale Diskurse' produziert.

Außerhalb von Diskursen wie der höfischen Epik, des komisch-grotesken Erzählens oder auch der Mystik entwickelt die gelehrte Dichtung Heinrichs von Mügeln im 14. Jahrhundert eine eigene Reflexion des Rationalen. MICHAEL STOLZ (Bern) untersucht das semantische Spektrum des Begriffs *vernunst* bei Heinrich von Mügeln. Dabei zeigt sich beispielsweise, dass der Dichter den Begriff gleichermaßen auf die in der lateinisch-theologischen Literatur streng unterschiedenen Seelenvermögen *ratio* und *intellectus* anwendet. Aber Mügeln reflektiert nicht nur über *vernunst*, er setzt sie auch in Szene, etwa indem er sie personifiziert oder, subtiler, ihr Scheitern bzw. ihre Defizienz durch die sprachliche Gestaltung erfahrbar werden lässt.

Nicht-rationale Elemente (Gebete, Darstellungen von Emotionen, narrative Elemente u.a.) in philosophischen Dialogen (mhd. ‚Lucidarius', afrz. ‚Livre de Sydrac', lat. ‚Liber de pomo') analysiert REGULA FORSTER (Zürich). Die Dialogform biete die Möglichkeit, populärphilosophische Inhalte zu vermitteln, die Wissensvermittlung literarisch zu inszenieren und zugleich Grenzen rationalen Wissens und Argumentierens bewusst zu machen.

Rationalität und Emotionalität

Emotionen fasst die moderne Forschung als eine Form der Wirklichkeitserkenntnis auf, die mit rationalen Erkenntnisprozessen in einem komplexen Funktionszusammenhang steht. Will man Aufschluss über den Zusammenhang von Emotionalität und Rationalität in literarischen Werken gewinnen, gilt es, diese Interdependenz zu berücksichtigen und nach der jeweils spezifischen Form der Verschränkung beider Konstituenten in der Literatur zu fragen. Wenn Emotion und Kognition in dem Verständnis beider Positionen nicht als sich ausschließende Gegensätze betrachtet werden, dann kann man in der theologisch-philosophischen Reflexion ab dem 12. Jahrhundert Ansätze für die moderne Auffassung finden, dass Rationalität und Emotionalität korrespondierende Erschließungskräfte des Menschen sind.

INGRID KASTEN (Berlin) wendet sich signifikanten Konzeptionalisierungen der Relation von Emotionalität und Rationalität im höfischen Roman zu. Anhand von Konrad Flecks Roman ‚Flore und Blanscheflur' legt sie exemplarisch dar, wie sich Gefühl und Vernunft im romanhaften Erzählen verschränken und Rationalität über die Technik des Argumentationsverfahrens (scholastische Disputation) literarisch hergestellt wird. In ihrem zweiten Beispiel, der Dido-Episode im ‚Eneasroman' Heinrichs von Veldeke, sind Gefühl und Verstand überwiegend in einem kontrastiven Verhältnis gedacht, um den Liebesaffekt Didos als nicht-rational zu markieren. Auch in diesem Verfahren der Emotionsdarstellung erkennt Kasten jedoch eine rationale Strategie, um „die Rezipienten emotional zu involvieren" (S. 270).

Vor dem Hintergrund der theologisch-philosophischen Reflexion sowie des literarischen Diskurses (mhd. Epik) über das Thema Angst und Erkenntnis liest ANNETTE GEROK-REITER (Mainz) den ‚Fortunatus' als einen Roman, in dem unterschiedliche Korrelationen von Bewegung, Angst und Ratio über die Figuren- und Handlungskonzeption durchgespielt werden. In theologisch-philosophischer Tradition ist Angst vielfach als ein Weg zu Rationalität und Gotteserkenntnis aufgefasst, in episch-literarischen Kontexten wird in ihr ein Zeichen mangelnden Gottvertrauens gesehen. Hier markiert der ‚Fortunatus' vielleicht einen kulturgeschichtlichen Umbruch: Materielle *angst vnd not* zwingen den Titelhelden zu einer Fluchtbewegung, die sich mehr und mehr zu einer Reiseunternehmung und damit zu einer Form rationaler Welterfahrung wandelt. Dass innerweltliche Angst umgekehrt auch lähmend wirken kann, zeigt sich vor allem an Ampedo. Der Roman entwirft zum negativen Bild der Angst in der Literatur eine differenzierte Gegenkonzeption, die Weltangst erstmals als erkenntnisfördernd legitimiert.

Rationalisierung und religiöse Erfahrung

Die zunehmenden Rationalisierungstendenzen drängen bereits im 9. Jahrhundert zu einer neuen Auseinandersetzung über das Verhältnis von Glauben und Vernunft und den Vorrang autoritativ abgesicherten oder argumentativ begründeten Wissens. Die Folge ist ein Spannungsverhältnis, das erstmals in der Mystik des 11./12. Jahrhunderts in seiner ganzen Tragweite offenbar wird. In Auseinandersetzung mit der dialektischen Theologie entwickelt sich als Alternative zum Wissenschaftsdenken der neuen Schulen eine kontemplativ-affektive Mystik. Kontrastiv zur neuen ökonomischen Rationalität des 13./14. Jahrhunderts entfaltet sich die Mystik der neuen Armutsbewegungen in den Wirtschafts- und Kulturzentren der Städte.

OTTO LANGER (Bielefeld) zeigt an drei Positionen die Haltung mystischer Denker zur Rationalität auf: Für Eriugena ist die menschliche Ratio ein Weg zur Gotteserfahrung, wenn sie auch auf göttliches Entgegenkommen angewiesen ist; Bernhard von Clairvaux setzt ihr die Affekte entgegen als eigentliches Medium religiöser Erfahrung; Meister Eckhart lehnt sowohl die kontemplativ-rationale als auch die affektive Gotteserfahrung als Ausdruck subjektiven Besitzstrebens ab und plädiert für eine ‚arme Vernunft‘, die Gott in der selbstlosen Tat der Nächstenliebe erfährt.

Der Beitrag von ANNETTE VOLFING (Oxford) setzt bei der Frage an, inwieweit die interpretatorischen Herausforderungen, mit denen die Gattung Allegorie ihr Publikum konfrontiert (rationale Aufdeckung der eigentlichen Bedeutung als Aufgabe/Leistung der Rezipienten), im Widerspruch zur scheinbaren Abwertung von Ratio und rationalen Abläufen steht, die in religiösen Texten nicht selten anzutreffen ist. Die Verfasserin zeigt, wie in allegorischen Hochzeitsdarstellungen (Martianus Capellas ‚De Nuptiis Philologiae et Mercurii‘, ‚Speculum virginum‘, Lamprechts von Regensburg ‚Tochter Syon‘) Rationalität dadurch thematisiert wird, dass die Inszenierung gerade von Rausch und Irrationalität an den Rezipienten die Anforderung stellt, die Bildebene mithilfe seiner Vernunft zu übersteigen; daneben bietet sie ihm aber auch die Möglichkeit, sich an der Darstellung selbst zu erfreuen und sich dabei von aller Vernunfttätigkeit zu entspannen.

Dass sich im 15. Jahrhundert das Verhältnis von Glaube und Vernunft verändert, lässt sich an den Trinitätsspekulationen in den Meisterliedern des Hans Folz erkennen. JOHANNES JANOTA (Augsburg) konzentriert sich in seinem Beitrag auf diese Texte, um zu zeigen, wie gegenüber der optimistischen Einschätzung der Rationalität im 14. Jahrhundert ab der zweiten Hälfte des 15. Jahrhunderts eine zunehmende Zurückhaltung zu beobachten ist. Janota weist eine Wende im Denken des Hans Folz nach, die für dessen Zeit überhaupt charakteristisch ist: Versuchte Folz in seinen frühen Liedern noch, der Trinität über rationale Methoden wie Vergleiche und logische Schlüsse auf die Spur zu kommen, lehnt er in seinen späteren Liedern alle derartigen Annäherungsversuche ab; der angemessene Umgang mit Glaubensgeheimnissen sei es, sich ganz in ihre Unergründlichkeit zu versenken. In seiner Berufung auf Bibel und Glauben nimmt er bereits entscheidende Überzeugungen der Reformation vorweg.

Rationalisierung und neue Welterfahrung

Die Forschung hat das neue Interesse an der ‚Aneignung von Realität' in der Literatur des Spätmittelalters als ein Moment hervorgehoben, das ein verändertes, deutlicher an rationalen Prinzipien orientiertes Verhältnis zur Wirklichkeit voraussetzt. Das Interesse der Erzähler gilt jedoch auch dem Mythischen, Wunderbaren und Fremden, das allerdings vermehrt in rationale Handlungszusammenhänge gestellt, aus besonderen historischen oder raum-/zeitlichen Verhältnissen hergeleitet oder auch aus naturgesetzlicher Kausalität erklärt wird.

CHRISTIANE ACKERMANN (Tübingen) versteht in ihrem Aufsatz literarische Darstellungen der Täuschung in spätmittelalterlicher und frühneuzeitlicher Literatur auch als Inszenierungen von Rationalität. Im ‚Pfaffen Amis' und im ‚Eulenspiegel' ist die Täuschung kennzeichnende Handlungsstrategie des jeweiligen Protagonisten und kann – vor dem Hintergrund kommunikationstheoretischer Überlegungen – als Ausdruck seiner rationalen Kompetenz gedeutet werden. Im Zentrum der Analyse steht der Schwank von den unsichtbaren Bildern, der sich in beiden Schwankromanen in unterschiedlicher Ausgestaltung findet.

Die Autoren der Lügen- oder Unsinnsdichtung versuchen, die verkehrte Welt einerseits als rational begreifbare darzustellen, sie andererseits aber auch als Trugbild zu kennzeichnen. SONJA KERTH (Bremen) geht es darum zu klären, mittels welcher sprachlich-ästhetischer Verfahrensweisen die Verkehrte Welt entworfen wird, inwiefern das Irrationale in der Unsinnsdichtung Ausdruck von Fiktionalität ist und in welcher Beziehung Sinnverweigerung und Rationalitätsproblematik stehen. Diskutiert werden Sangspruchstrophen des

Marners und Reinmars von Zweter, das ‚Wachtelmäre', eine Reimpaarrede mit dem Incipit ‚Ich söllt von hübscher abenteür' sowie der ‚Finckenritter'.

An prominenten Beispielen der spätmittelalterlich-frühneuzeitlichen Erzähl-literatur (‚Melusine', ‚Fortunatus', Faustbuch) analysiert JAN-DIRK MÜLLER (München) das Spannungsverhältnis zwischen Rationalisierungs- und Mythi-sierungstendenzen, die beide vielfach an den gleichen Phänomenen (dämoni-scher Ursprung, märchenhafte Macht des Geldes, absoluter Erkenntniswille und Anziehungskraft der Magie) ansetzen. Die mythisch-märchenhafte Er-zählschicht der Werke ist nicht als Konterkarierung von Rationalisierung und auch nicht als kalkulierte ästhetische Grenzüberschreitung etwa im Sinne der späteren Poetik des Wunderbaren zu verstehen. Müller spricht „von einer ra-tional kaum ausbalancierten Faszination durch Sage, Mythos, Zauber, Dä-monie" (S. 451) und möchte diesen ‚mythischen oder vorrationalen Beständen' nicht vorschnell eine Sinnstiftungsfunktion jenseits des rational Erklärbaren zuschreiben. Der von Walter Haug im Eröffnungsvortrag der Literatur zuge-wiesenen Funktion, das Irrationale im Rationalen freizulegen und dies zum ästhetischen Vergnügen zu machen, steht Müller insofern skeptisch gegen-über.[7]

Die Edition und textgeschichtliche Untersuchung eines weiteren neu aufge-fundenen Solothurner Parzival-Fragments (F 69) von THOMAS FRANZ SCHNEI-DER und GABRIEL VIEHHAUSER (Basel) sowie die von Frau RENATE DECKE-CORNILL (Bremen) erarbeitete Wolfram-Bibliographie für die Jahre 2005/2006, wofür die Wolfram-Gesellschaft ihr einmal mehr zu Dank verpflichtet ist, beschließen den Band.

---

[7] Ein ausführlicher Tagungsbericht von Ulrich Barton und Diana Lemke ist in der ZfdPh 126 (2007), S. 420–424, erschienen.

Wolframstudien XX (2008)
Erich Schmidt Verlag Berlin

Die mittelalterliche Literatur im kulturhistorischen Rationalisierungsprozess

Einige grundsätzliche Erwägungen

von WALTER HAUG

I.

Das Thema unserer Tagung hat durch die Regensburger Vorlesung Benedikts XVI. eine überraschende Aktualität gewonnen. Da wird von einem theologisch hochgebildeten Papst der Vereinbarkeit von Vernunft und Glauben das Wort geredet, und dies im Rückgriff auf die frühen Kirchenväter, die einst die Synthese von Christentum und Griechentum in die Wege geleitet haben: der griechische Logos und der Logos des ‚Johannesprologs‘ in eins gesehen als Basis für ein von der Religion getragenes vernunftbestimmtes Weltwissen und Weltverhalten.[1] Und es verwundert dann nicht, wenn er dabei den Finger auf jene erste angeblich falsche Weichenstellung legt, durch die in der Reformation und in der Aufklärung die Synthese auseinandergebrochen sei.[2]

---

[1] ‚Glaube, Vernunft und Universität‘ von Papst Benedikt XVI., FAZ vom 13. September 2006, S. 8. Der Papst wendet sich, ein Gespräch zwischen Kaiser Manuel II. Palaeologos aus dem späten 14. Jahrhundert zitierend, gegen eine Bekehrung durch Gewalt. Der entscheidende Satz der Argumentation des Kaisers laute: „Nicht vernunftgemäß handeln ist dem Wesen Gottes zuwider." Und er fragt dann: „Ist es nur griechisch zu glauben, daß vernunftwidrig zu handeln dem Wesen Gottes zuwider ist, oder gilt das immer und in sich selbst? Ich denke, daß an dieser Stelle der tiefe Einklang zwischen dem, was im besten Sinn griechisch ist und dem auf der Bibel gründenden Gottesglauben sichtbar wird. Den ersten Vers der Genesis abwandelnd, hat Johannes den Prolog seines Evangeliums mit dem Wort eröffnet: Im Anfang war der Logos. Dies ist genau das Wort, das der Kaiser gebraucht: Gott handelt mit Logos. Logos ist Vernunft und Wort zugleich – eine Vernunft, die schöpferisch ist und sich mitteilen kann, aber eben als Vernunft. Johannes hat uns damit das abschließende Wort des biblischen Gottesbegriffs geschenkt."

[2] Der Papst spricht von insgesamt drei Enthellenisierungswellen. Die erste war verbunden mit der Reformation und gipfelte in Kants Verankerung des Glaubens in der

Man kann in der Tat einen philosophiegeschichtlichen Fixpunkt benennen, an dem die Wende zur Vernunft als alleinigem Erkenntnisprinzip augenfällig geworden ist. Als Stichdatum pflegt man jenes radikale Umdenken anzugeben, zu dem Descartes sich 1619 im Winterlager zu Neuburg an der Donau gedrängt sah und das dann 1636 seinen Niederschlag im ‚Discours de la méthode' gefunden hat. Die 1. Regel im 2. Abschnitt des ‚Discours' besagt, dass man keine Sache für wahr halten solle, von der man nicht genaue Kenntnis habe, d.h. nichts als Wahrheit akzeptieren dürfte, was nicht klar und deutlich erkannt worden sei, so dass kein Anlass bestehe, es in Zweifel zu ziehen.[3] Und dieser Bedingung genügt, wie er zeigt, allein dieser Denkvorgang selbst, also das *cogito*, aus dem er dann jedoch nicht nur das eigene Sein begründet, sondern im nächsten Denkschritt auch das Sein Gottes zurückholt, wobei er sich überraschend Anselms von Canterbury ontologischen Gottesbeweis zunutze macht. Die Religion wird also nicht verabschiedet, sondern von der Vernunft her neu entworfen – bezeichnenderweise findet Descartes größten Anklang in Port Royal.

Man kann sagen, das sei ein grundlegender Positionswechsel gewesen, der sich dann im 18. Jahrhundert voll entfaltet habe, und insoweit sei, in etwas anders akzentuierter Form, Benedikts XVI. Sicht durchaus zu rechtfertigen. Aber es fragt sich, ob man es dabei tatsächlich mit einem unerwarteten kulturgeschichtlichen Umbruch zu tun hat, ob damals nicht vielmehr ein Rationalisierungsprozess zu seinem Ziel gekommen ist, der mehr oder weniger kontinuierlich das abendländische Denken und Weltverhalten von seinen Anfängen an bis zur mündigen Autonomie der Vernunft bestimmt hat.[4]

Es fehlt bekanntlich nicht an Versuchen, diesen Weg zur autonomen Vernunft in seinen Stufen wie Verwerfungen nachzuzeichnen. Den sicherlich wir-

---

praktischen Vernunft, die zweite kam mit der liberalen Theologie des 19. und 20. Jahrhunderts, für die Harnack steht. In einem letzten Schritt wird dann, was als wissenschaftlich zu gelten hat, auf das reduziert, was mathematisch fassbar und experimentell beweisbar ist. – Was Benedikts XVI. Vorwurf an die Reformation betrifft, so hat der Bischof der Evangelischen Kirche Berlin-Brandenburg, Wolfgang Huber, ihn in der FAZ vom 10. Oktober 2006, S. 10, souverän zurückgewiesen.

[3] René Descartes, Discours de la Méthode. Von der Methode des richtigen Vernunftgebrauchs und der wissenschaftlichen Forschung, übers. u. hg. v. Lüder Gäbe, Hamburg 1960, S. 30: „Le premier [précepte] était de ne recevoir jamais aucune chose pour vraie, que je ne la connusse évidemment être telle ... et de ne comprendre rien de plus en mes jugements, que ce qui se présenterait si clairement et si distinctement à mon esprit, que je n'eusse aucune occasion de le mettre en doute."

[4] Damit eröffnet sich eine Perspektive, die sich nicht mehr mit Benedikts XVI. Position verträgt, der die Einheit von Vernunft und Glauben bis zur Reformation gewahrt sieht, wenngleich mit einer gewissen Einschränkung in Hinblick auf die im Spätmittelalter sich manifestierenden voluntaristischen Tendenzen (Duns Scotus).

kungsmächtigsten Entwurf verdankt man Max Weber, der diesen Prozess „die Entzauberung der Welt" genannt hat. Sein Ausgangspunkt ist jene frühgeschichtliche Phase, in der der Mensch in einem magischen Verhältnis zur Wirklichkeit stand, sich in göttlich-dämonische Vorgänge eingebunden wusste. „Entzauberung" ist dann ganz konkret als Ablösung aus diesem magischen Weltverhältnis zu verstehen. Sie erfolgte in Schüben, über die von den Propheten im ‚Alten Testament' betriebene Abwendung von den älteren orgiastischen Kulten zugunsten einer rationalen Ethik, die dann vom Christentum übernommen und mithilfe der griechisch-hellenistischen Philosophie ins mittelalterliche Dogmengebäude übergeführt wurde, das immer noch eine sakrale, sinnerfüllte Ordnung gewährleistete, auch wenn man seit dem 11./12. Jahrhundert begonnen hat, den Glauben philosophisch zu durchdringen. Doch der nächste große Rationalisierungsschub brachte die Verselbständigung des mathematisch-naturwissenschaftlichen Denkens, das schließlich die Vorstellung eines von metaphysischem Sinn durchwirkten Kosmos zerstörte. Dabei ist von besonderem Interesse, dass, nach Weber, der Zusammenbruch dieses Konzepts einen Rückzug der Frömmigkeit in die individuelle Sphäre zur Folge hatte: die Mystik erscheint als Fluchtbewegung aus einer rational erstarrten Dogmatik, und als auch ihr durch die Reformation die Basis entzogen wurde, wandelte sich die Weltflucht in asketische Weltbearbeitung: also Webers berühmte These von der Geburt des Kapitalismus aus dem Geist des Protestantismus. Am Ende steht eine völlig der Naturwissenschaft und Technik ausgelieferte Wirklichkeit; das Ziel dieses Prozesses bestehe darin, „alle Dinge – im Prinzip – durch Berechnen zu beherrschen".[5]

Wohin diese Instrumentalisierung der Vernunft zur Weltbeherrschung und -ausbeutung schließlich führte, haben Horkheimer und Adorno in ihrer ‚Dialektik der Aufklärung' erschreckend vor Augen gestellt.[6]

Der grandiose kulturgeschichtliche Entwurf Max Webers mit seiner dialektischen Rückseite hat ernüchternd ein älteres und sehr viel simpleres Denk-

---

[5] Siehe dazu meine Auseinandersetzung mit Max Weber, die in mehreren Schritten und wachsender Distanzierung erfolgte: Wandlungen des Fiktionalitätsbewußtseins vom hohen zum späten Mittelalter, in: Walter Haug, Brechungen auf dem Weg zur Individualität. Kleine Schriften zur Literatur des Mittelalters, Tübingen 1995, S. 251–264; Kulturtheorie und Literaturgeschichte, in: Walter Haug, Die Wahrheit der Fiktion. Studien zur weltlichen und geistlichen Literatur des Mittelalters und der frühen Neuzeit, Tübingen 2003, S. 616–627. Zu Webers Rationalitätsbegriff in größerer Differenzierung: Stephen Kalberg, Max Webers Typen der Rationalität. Grundsteine für die Analyse von Rationalisierungs-Prozessen in der Geschichte, in: Max Weber und die Rationalisierung sozialen Handelns, hg. v. Walter M. Sprondel u. Constans Seyfarth, Stuttgart 1981, S. 9–38.

[6] Max Horkheimer u. Theodor W. Adorno, Dialektik der Aufklärung, Frankfurt a.M. 1971.

schema abgelöst, das vom Vernunftoptimismus der Aufklärung geprägt war: jene dreistufige ‚Heilsgeschichte‘, über die eine mündig gewordene Vernunft sich selbst zum Ziel der kulturellen Entwicklung der Menschheit setzte, wobei sie die Renaissance zu ihrem Gründungsmythos stilisierte und das Mittelalter als Verfallsphase perhorreszierte. Bekanntlich sind die Mediävisten gegen dieses Schema Sturm gelaufen, mit dem Ergebnis, dass Renaissance bzw. Aufklärung in kategoriale Begriffe verwandelt wurden, mit denen man schon im Mittelalter operieren konnte, wodurch man die radikale Zäsur zur Neuzeit, wie die Aufklärung sie propagierte, überspielte.[7]

Man könnte dieses ältere, simple Schema und seine Korrekturen ad acta legen, wenn es nicht verblüffenderweise in der Soziologie nochmals Karriere gemacht hätte, und dies mit denselben Verzerrungen, die man überwunden zu haben glaubte: nämlich in Form des sogen. Zivilisationsprozesses von Norbert Elias:[8] die europäische Kulturgeschichte nunmehr verstanden als zunehmende Disziplinierung der Verhaltensformen, der wachsenden Distanzierung vom Animalisch-Körperlichen, der Beherrschung der Sexualität mit dem Zielpunkt der FKK-Strände, wo die Geschlechter sich nackt gegenübertreten, ohne auf Vergewaltigung zu sinnen. Und dazu die unvermeidliche Stilisierung des Mittelalters zum Gegenbild, zu einer Epoche primitiver Aggressivität und Schamlosigkeit. Also sozusagen eine Variante des Aufklärungsschemas unter dem Aspekt der zivilisatorischen Vernunft. Und all dies mit einer unglaublichen Blindheit für die dialektische Rückseite des Prozesses. Natürlich hat man protestiert und korrigiert, und dies mit dem zu erwartenden Ergebnis, dass man den Disziplinierungsprozess ins Mittelalter vorzog, so dass man auch Elias für das übergreifende Kontinuitätsschema vereinnahmen konnte.[9]

II.

Der Grundfehler solcher kulturgeschichtlicher Schemata besteht darin, dass sie von einem vorgefassten Zielpunkt der Entwicklung ausgehen und den Weg zu ihm hin teleologisch als Vorgeschichte dieses Zielpunkts interpretieren, sei

---

[7] Siehe zu dieser Schematik meine Studie: Die Zwerge auf den Schultern der Riesen. Epochales und typologisches Geschichtsdenken und das Problem der Interferenzen, in: Walter Haug, Strukturen als Schlüssel zur Welt. Kleine Schriften zur Erzählliteratur des Mittelalters, Tübingen 1989, S. 86–109, insbes. S. 89–92.
[8] Norbert Elias, Über den Prozeß der Zivilisation. Soziogenetische und psychogenetische Untersuchungen (stw 158/159), 16. Aufl., 2 Bde., Frankfurt a.M. 1991.
[9] Siehe meine Elias-Kritik: Literaturgeschichte und Triebkontrolle. Bemerkungen eines Mediävisten zum sogenannten Prozeß der Zivilisation, in: Haug, Die Wahrheit der Fiktion (wie Anm. 5), S. 603–615.

dieser nun der status quo oder dessen utopische Perfektionierung bzw. dessen Apokalypse. Es ist erstaunlich, in welchem Maße die Kulturhistoriker immer wieder in diese ideologische Falle tappen. Auch die Literaturwissenschaftler waren dafür anfällig oder dankbar, insbesondere wieder seit der sogen. kulturhistorischen Wende der Disziplin, denn das Schema erlaubte ihnen, die Entwicklung der Literatur in den generellen Rationalisierungsprozess einzuzeichnen und von daher zu deuten. Man denke etwa daran, dass Joachim Heinzle – mit reichlicher Verspätung – sich Elias für seine Idee der ‚literarischen Interessenbildung' zunutze zu machen versuchte.[10]

Nun hätten gerade die diversen Abwandlungen der Rationalisierungsteleologie von Weber bis Elias aufhorchen lassen und zur Einsicht führen müssen, dass es d i e Vernunft als *causa efficiens* oder *causa finalis* eines kulturellen Universalprozesses gar nicht gibt. Was es gibt, ist immer nur die Ratio als Faktor in wechselnden historischen Konstellationen, d.h., die Ratio bestimmt sich jeweils durch ihre Position und Funktion im kulturellen Gesamtsystem. Konkret fasst man ihre historische Ausprägung am klarsten durch das, wozu sie von Fall zu Fall in Gegensatz tritt. So sind denn die Akzentuierungen, unter denen sie zur Wirkung kommt, ganz andere, wenn sie gegen ein magisches Weltbild angeht, als wenn sie sich dem Glauben entgegenstellt, und wieder andere, wenn sie gegen Autorität und Repräsentation oder wenn sie gegen Gewalt oder gegen Sinnlichkeit Front macht oder sich gegen Kontingenz oder gegen Dummheit stellt. Die große Vielfalt der Oppositionen zwingt dazu, den Begriff der Ratio dezidiert zu historisieren. Und das ist die Grundforderung, die an die aktuelle Rationalitätsdebatte zu stellen wäre.

Wenn man von Rationalität oder Rationalisierung handeln will, hat das Erste also immer die Frage nach der oppositionellen Funktion zu sein, in der die Vernunft in einem bestimmten kulturgeschichtlichen Kontext erscheint. Das Zweite aber ist die Frage nach der spezifischen Dynamik, in der sich diese Opposition im historischen Raum ausfaltet. Es ist dabei der ganze Spielraum in Betracht zu ziehen von einer harten Gegenstellung bis zu unterschiedlichen Möglichkeiten, zu einem Ausgleich oder gar zu einer Integration zu kommen.

---

[10] Heinzle geht davon aus, dass die Zivilisation der Neuzeit sich „wesentlich aus dem allseitigen Gebrauch der Schrift in der Volkssprache ... herausgebildet" habe. Und dabei erweise sich die „Schriftkultur zugleich [als] Ausdruck und Vehikel des Zivilisationsprozesses"; siehe Joachim Heinzle, Wie schreibt man eine Geschichte der deutschen Literatur des Mittelalters?, in: Der Deutschunterricht 41/1 (1989), S. 27–40 (die Zitate S. 29). Vgl. auch seine Ankündigung in den Mitteilungen des Deutschen Germanistenverbandes 30 (1983), H. 4, S. 6–8, und: Usurpation des Fremden? Die Theorie vom Zivilisationsprozeß als literarhistorisches Modell, in: Text und Kultur. Mittelalterliche Literatur 1150–1450, DFG-Symposion 2000, hg. v. Ursula Peters (Germanistische Symposien, Berichtsbände XXIII), Stuttgart/Weimar 2001, S. 198–214.

Um nur ein besonders illustratives Beispiel für letzteres zu nennen: Wenn Anselm von Canterbury für eine Orientierung des theologischen Denkens an der Ratio eintritt, dann handelt es sich gerade nicht um eine Opposition zwischen Glauben und Vernunft, sondern um die Durchdringung des Glaubens durch die Vernunft. Sein oben genannter ontologischer Gottesbeweis ist kein Beweis von einer außerhalb stehenden Vernunft aus, vielmehr besagt er, dass, da Gott existiert, dies auch rational einsichtig gemacht werden kann.[11] Erst Descartes hat die Argumentation auf den Kopf gestellt und genau das getan, was Anselm nicht wollte: die Existenz Gottes aus der Vernunft begründen – ein radikaler Unterschied, der immer wieder missachtet wird, selbst von Kurt Flasch.[12] Und schließlich etwas Drittes: der Rationalisierungsprozess erscheint immer wieder ambivalent, je härter die Ratio in der Gegenposition das Nichtrationale, in welcher Erscheinungsform auch immer, ins Visier nimmt, desto prekärer kann sie auf sich selbst zurückgeworfen werden und ihre eignen Grenzen erfahren, bis hin zum abgründigen Zwiespalt.

Das ergibt ein hochkomplexes Spiel von Möglichkeiten, für das man sich in den geschichtlichen Situationen offen halten muss. Jede Einlinigkeit im Sinne eines irgendwie generellen Rationalisierungsprozesses unterminiert von vornherein die Chance eines historisch adäquaten interpretierenden Zugriffs.

---

[11] Anselm von Canterbury, ‚Proslogion‘, Untersuchungen. Lateinisch-deutsche Ausgabe v. Franciscus Salesius Schmitt, Stuttgart-Bad Cannstatt 1962, Kap. 2. u. 3. Vgl. zum Glauben als Voraussetzung für den Zugriff der Vernunft seinen Dialog ‚Cur deus homo‘, lat. u. dt., besorgt u. übers. v. Franciscus Salesius Schmitt, 3. Aufl., München 1970; hier erklärt der Dialogpartner Boso (I,1): „So wie die rechte Ordnung es verlangt, dass wir die Geheimnisse des christlichen Glaubens annehmen, bevor wir daran gehen, sie mit unserer Vernunft zu zergliedern, so erschiene es mir andrerseits als Denknachlässigkeit, wenn wir, nachdem wir einmal im Glauben feststehen, uns nicht die Mühe machten, das, was wir glauben, auch mit der Vernunft zu erfassen" (*Sicut rectus ordo exigit ut profunda christianae fidei prius credamus, quam ea praesumamus ratione discutere, ita negligentia mihi videtur, si, postquam confirmati sumus in fide, non studemus quod credimus intelligere.*).

[12] Kurt Flasch, Geschichte der Philosophie in Text und Darstellung. Mittelalter (RUB 9912), Stuttgart 1982, S. 207: Der Gottesbeweis Anselms „will, trotz der Gebetsform, ein streng geführter Beweis sein. Er setzt zu seiner Gültigkeit nicht den Glauben voraus, wie Anselm selbst am Ende des 4. Kapitels bemerkt." Die betreffende Stelle lautet (ebd. S. 220): „Dank Dir, guter Herr, Dank Dir, daß ich das, was ich zuvor durch Dein Geschenk geglaubt habe, jetzt durch Deine Erleuchtung so einsehe, daß ich, wollte ich es nicht glauben, daß Du existierst, es nicht nicht einsehen könnte." Die Basis bildet der Glaube, und es folgt dann die Erleuchtung durch die Vernunft; der Schluss ist nur ein hypothetisches Spiel, das Flaschs Behauptung nicht trägt.

III.

Nunmehr der Einstieg in die konkreten Situationen. Ich beginne mit dem 12. Jahrhundert. Man pflegt in diesem Zeitraum von einem epochalen Rationalisierungsschub zu sprechen. Die umstrittene Frage nach der Ursache dieser Wandlung kann in unserem Zusammenhang beiseite bleiben. Ich frage meinem Ansatz gemäß nach dem Spannungsfeld, in dem die Ratio hier erscheint. Ich referiere Bekanntes in Stichworten:[13] Die Folie, vor der sich die Wende vollzieht, ist das frühmittelalterliche symbolische Weltbild, also ein Wirklichkeitsverständnis, nach dem das Göttliche in der Welt repräsentativ gegenwärtig ist, wobei alles einzelne seinen bedeutsamen Ort in einer universalen, heilsgeschichtlichen Ordnung hat: sie ist lesbar als *liber et pictura*. An ihre Stelle tritt nun die Einsicht, dass man es mit einer Vielfalt von Wissensbereichen zu tun hat, die ihre je eigenen Gesetzlichkeiten besitzen, also ihre spezifische Ratio. So kommt es zur Ausdifferenzierung der Wissenschaften, durch die nicht nur die Philosophie, die Medizin, die Jurisprudenz und die Naturwissenschaft ihr eigenes Recht erhalten, sondern auch die Theologie als Wissenschaft begriffen wird, die unter ihren Prämissen der Vernunft zugänglich sein muss. Dem entspricht eine veränderte Form der Wissensvermittlung. War Wissensvermittlung bislang Einübung in die Tradition, Übung in allegoretischer oder moralischer Hermeneutik, so kommt es nun zu einer gewissen Distanz gegenüber der Überlieferung: Sie muss vor dem kritischen Urteil bestehen können. Die Dialektik gewinnt Vorrang vor der Grammatik. Das gibt dem individuellen Denken ein erhöhtes Gewicht, und dies in intellektueller wie in moralischer Hinsicht, d.h. als Selbstreflexion der Vernunft einerseits und als Orientierung am persönlichen Gewissen andrerseits; markantes Symptom für letzteres ist die Einführung der regelmäßigen Beichte durch das 4. Laterankonzil 1215. Es öffnet sich also eine personale Innenperspektive.

Dabei ist im übrigen wie stets zu beachten, dass historisch überwundene Konzepte in der Regel nicht einfach verschwinden, sondern oft in Sonderbereichen weiterleben: so auch das symbolische Weltbild noch lange im kirchlichen und herrscherlichen Repräsentationsdenken. Es wirkt ferner verwandelt und umgedeutet fort in der Frage nach dem Verhältnis von dialektischer und

---

[13] Siehe Georg Wieland, Rationalisierung und Verinnerlichung. Aspekte der geistigen Physiognomie des 12. Jahrhunderts, in: Philosophie im Mittelalter. Entwicklungslinien und Paradigmen, hg. v. Jan P. Beckmann u.a., Hamburg 1987, S. 61–79; Wolfgang Kluxen, Wissenschaftliche Rationalität im 12. Jahrhundert: Aufgang einer Epoche, in: Aufbruch – Wandel – Erneuerung. Beiträge zur „Renaissance" des 12. Jahrhunderts, hg. v. Georg Wieland, Stuttgart-Bad Cannstatt 1995, S. 89–99; Richard Heinzmann, Die Entwicklung der Theologie zur Wissenschaft, in: ebd., S. 123–138.

symbolischer Wahrheitsvermittlung, wie sie in der Integumentumlehre vielfältig diskutiert wird. Der logische Diskurs wird dadurch um die Medienkritik in Sprache und Bildlichkeit ergänzt. Die Repräsentation als Präsenz des Nichtpräsenten zeigt sich somit in neuer Form in der nunmehr rationalen Brechung und Spannung der sogenannten verhüllten Wahrheit. Die Ratio macht sich selbst, indem sie ihre hermeneutischen Möglichkeiten erkundet, zu ihrem Gegenstand. Dass in der schillernden Vielfalt des integumentalen Denkens sich dies als letztes Ziel abzeichnet, hat Frank Bezner gültig herausgestellt.[14]

Diese epochale Umorientierung vollzieht sich bekanntlich alles andere als unangefochten, aber – und das ist der Abwehrschild – immer als Rechtfertigung der Vernunft im Glauben und durch den Glauben. Es sind vor allem die neuen monastischen Bewegungen, die sich z.T. vehement gegen eine solche vernunftmäßige Durchdringung des Glaubens wehren, die aber des ungeachtet in ihrer Weise an der Wende teilnehmen, was man angesichts der Frontstellung zu übersehen pflegt. Da, wie gesagt, die Ratio auch den Blick auf den individuellen Innenraum geöffnet hat, versucht man nun in einer neuen Mystik, die personale Gotteserfahrung rational in den Griff zu bekommen, konkret: sie als Prozess zu systematisieren. Es werden gestufte Wege der Gotteserfahrung entworfen, die zwar formal noch an das platonische Ascensusmodell erinnern, aber nicht mehr abstrahierende Aufstiege sind, sondern als Abfolge psychischer Stadien durchdacht und dargestellt werden. Die Ratio entfaltet die religiöse Erfahrung als Psychagogie, in die sie sich selbst einbezieht.

Bernhards ‚De diligendo Deo‘ wäre zu nennen oder die ‚Epistola ad fratres de Monte Dei‘ Wilhelms von St.-Thierry mit ihren drei *status*, aber vor allem Richards von St. Viktor ‚Beniamin maior‘, der die Gotteserfahrung als sechsstufigen Weg durchdenkt. Verknappt charakterisiert, sieht das bei Richard so aus: Die erste Stufe ist diejenige der bildhaften Vorstellungen, die ungeordnet in der Imaginatio sich darbieten, auf der zweiten Stufe bringt die Ratio sie in eine Ordnung, nach Ursachen und Zusammenhängen, die dritte Stufe führt zu den intelligiblen Gegenständen. Dabei befindet man sich noch immer im Bildbereich, er wird dann auf der 4. Stufe überstiegen, auf der der Geist sich selbst reflektiert. Doch all das bleibt weiterhin im Rahmen der Vernunft. Sie wird jedoch auf der 5. Stufe zugunsten der göttlichen Offenbarung und des Glaubens zurückgelassen, während man auf der 6. Stufe nicht nur die Vernunft überschreitet, sondern sich quer zu ihr stellt, wörtlich: „In jenem höchsten und würdigsten Schauen jubelt wahrhaft der Geist und tanzt im Dreischritt, wenn er durch die Einstrahlung göttlichen Lichts das erkennt und schaut, was aller menschlichen Vernunft widerspricht."[15] Es handelt sich also um einen psy-

---

[14] Frank Bezner, Vela Veritatis. Hermeneutik, Wissen und Sprache in der Intellectual History des 12. Jahrhunderts, Leiden/Boston 2005.
[15] Siehe Kurt Ruh, Geschichte der abendländischen Mystik, Bd. I: Die Grundlegung

chologisch-kognitiven Prozess, hinter dem aber ein rational-systematisches Konzept steht, auch wenn die letzten Stufen nur als unbegreifliche begreifbar sind. So paradox es sich anhört: Obschon man die personale religiöse Erfahrung gegen die Ratio stellt, unternimmt man es doch zugleich, diese Erfahrung rational zu durchdringen und damit verfügbar zu machen. Aus diesem Paradox erklärt sich übrigens der Widerspruch zwischen Otto Langer und Johannes Janota, was das Verhältnis zwischen Mystik und Ratio betrifft: Langer sieht die Mystik in ihren verschiedenen Erscheinungsformen als kritische Auseinandersetzungen mit den aufeinanderfolgenden Rationalitätsschüben. Janota betont, vor allem im Blick auf Eckhart, die rationale Seite in der mystischen Bewältigung der religiösen Erfahrung.[16] Unterscheidet man zwischen der Außen- und der Innenperspektive, so löst sich der Widerspruch auf.[17]

Es zeigt sich also: die Rationalisierung, wie sie sich im 12. Jahrhundert darstellt, stößt da, wo sie sich am weitesten vorwagt, nämlich in der Selbstkritik ihrer Hermeneutik wie in ihrem Zugriff auf die personale Erfahrung, an ihre eigenen Grenzen. Und das ist letztlich immer der Punkt, zu dem die Ratio aus sich selbst heraus gedrängt wird: Sie fordert die Reflexion ihrer selbst, sie fordert die Reflexion ihrer Bedingungen und Möglichkeiten. Darauf wird im folgenden durchwegs zu achten sein.

IV.

Macht die Literatur im engeren Sinne – um nunmehr zu unserem vordringlichen Interessensgebiet zu kommen –, macht insbesondere die neue Erzähldichtung des 12. und des beginnenden 13. Jahrhunderts diese rationale Umorientierung in ihren spezifischen Akzentuierungen in irgendeiner Weise mit? Etwa – und das wäre die erste Frage – als logische Durchdringung dessen, was die

---

durch die Kirchenväter und die Mönchstheologie des 12. Jahrhunderts, München 1990, S. 397–406. Das Zitat: PL 196 col. 72B: *In hac utique suprema omniumque dignissima contemplationum specula tunc animus veraciter exsultat atque tripudiat, quando illa ex divini luminis irradiatione cognoscit atque considerat quibus omnis humana ratio reclamat.*

[16] Otto Langer, Christliche Mystik im Mittelalter. Mystik und Rationalisierung – Stationen eines Konflikts, Darmstadt 2004, insbes. S. 32f., S. 151–155, S. 393; Johannes Janota, Orientierung durch volkssprachige Schriftlichkeit (1280/90–1380/90) (Geschichte der deutschen Literatur von den Anfängen bis zum Beginn der Neuzeit III/1), Tübingen 2004, S. 28; dazu meine Rezension, in: ZfdA 134 (2005), S. 525–532, hier S. 527–529.

[17] Ein treffendes Wort dazu aus Susanne Köbeles Besprechung von Langers Monographie, in: PBB 128 (2006), S. 332–342: „Die Mystiker betreiben Rationalitätskritik, aber nicht außerhalb, sondern inmitten von Rationalität" (S. 333).

erzählte Handlung uns vorführt? Blickt man auf den Chrétienschen Roman, wird man das schwerlich behaupten wollen. Da brechen Ritter aus eher nichtigen Gründen vom Artushof auf, begegnen Riesen, Räubern, Gewalttätern, schlagen sie tot oder domestizieren sie; sie geraten in magische Bezirke – da eine mysteriöse Gewitterquelle, dort ein Zaubergarten –, sie müssen über Schwertbrücken kriechen oder Pfeilgewitter über sich ergehen lassen, sie retten bedrohte Frauen und handeln sich dadurch allerhand Schwierigkeiten ein, bis alles mit der Rückkehr an den Artushof sein harmlos glückliches Ende findet. Das hört sich dermaßen seicht an, dass man meint, sich in einer Vorstellungswelt zu bewegen, die in ihrer Naivität keinen Hauch eines rationalen Erwachens verspürt hat.

Aber das ist der falsche Ansatz. Damit operiert man einmal mehr mit einem abstrakten Rationalitätsbegriff. Man muss auch hier nach dem Oppositionsbezug fragen. Wie das zu geschehen hat, hat Klaus Ridder in einem wegweisenden Vorstoß gezeigt.[18] Ich setze bei ihm an und überführe ihn in meine Perspektive.

Indem sich die Wissensbereiche im spezifischen Rationalisierungsprozess des 12. Jahrhunderts ausdifferenzieren, wird auch die Literatur als ein Bereich von eigener Gesetzlichkeit wahrgenommen. Man beginnt die spezifischen Möglichkeiten des Erzählens zu entdecken, die Freiheit der Erfindung, die Verfügbarkeit über die narrativen Materialien, und dies nicht nur in fabulierender Lust, sondern durchaus mit dem Anspruch, damit Sinn zu setzen. Die Ratio des neuen Romans liegt also in der narrativen Konstruktion, in der seine Eigengesetzlichkeit zur Geltung kommt; man muss diese Konstruktion durchschauen, man muss sehen, wie die Aventüren, die dem Helden zufallen, aufeinander bezogen sind, variierend oder antagonistisch, um den Sinn zu verstehen. Dabei ist entscheidend, dass die Kohärenz der Handlung ganz im Strukturschema liegt; es bedarf im Prinzip keiner inneren Kausalität, keiner Entwicklung des Geschehens aus dem Willen der Figuren heraus. Was mit ihnen geschieht, was sie ‚durchmachen‘, ist an den Positionen abzulesen, über die sie geführt werden. Zum Bewusstsein gebracht wird all dies – und das ist der zweite signifikante Punkt – über die Selbstreflexion des Erzählers, der zwischen dem Autor und dem Publikum vermittelt, indem er kommentiert, damit Distanz schafft und auch vom Rezipienten Reflexion verlangt. Die Verarbeitung der Probleme ist den Figuren abgenommen, sie ist ganz dem Hörer oder Leser aufgegeben.

Dem kann man freilich entgegenhalten, dass das so absolut nicht gelte, dass sich der allgemeine Rationalisierungsprozess, was immer man damit meinen

---

[18] Klaus Ridder, Rationalisierungsprozesse und höfischer Roman im 12. Jahrhundert, in: DVjs 78 (2004), S. 175–199.

mag, auch auf den Roman auszuwirken begonnen habe. Die Figuren hätten zumindest punktuell ein Innenleben, sie seien zu Entscheidungen aufgerufen, die kausal in der Handlung weiterwirkten.

Das ist nicht einfach von der Hand zu weisen, aber stark zu relativieren. Was das heißt, lässt sich beispielhaft an den Überlegungen Laudines in Hartmanns ,Iwein' demonstrieren, die sie nach dem Sieg des Titelhelden über ihren Mann anstellt.[19] Sie fragt sich, ob sie, um ihr Land zu sichern, den Mörder ihres Gatten heiraten darf, ja muss. Sie argumentiert im Sinne einer Güterabwägung, und dies, wie man gesagt hat, nach den Regeln der zeitgenössischen Kanonistik. Aber auffälligerweise bleibt es nicht bei dieser rational-quasijuristischen Güterabwägung. Mitten in ihren Überlegungen, so sagt Hartmann, war plötzlich die gewaltige Minne da (V. 2055), die dann den Ausschlag gibt. Dieser alogische Einbruch der Liebe macht im Grunde die ganze Güterabwägung illusorisch. Und er verdankt sich selbstverständlich dem Schema, das die Heirat fordert. Das Schema ist stärker als das Raisonnement, ja hebt dieses aus den Angeln. Und das lässt sich für eine Reihe weiterer analoger Fälle von dilemmatischen Reflexionen bei Chrétien wie bei Hartmann zeigen.[20] Es gibt also im Roman des arthurischen Typus zwar Ansätze zu einer Innenperspektive, es werden Probleme von den Figuren monologisch oder dialogisch diskutiert, aber letztlich fällt die Entscheidung immer mit Rücksicht auf das Strukturmuster.

Wenn die Konstruktion die Ratio dieses Erzähltyps ist, heißt das nun, dass die Ratio auch ihr Thema ist? Man kann dies so sehen, indem man argumentiert, dass die fiktionale Konstruktion darauf angelegt ist, das zu bewältigen, woran sie zu zerbrechen droht. Der durch die Ratio des Schemas garantierte Weg des Helden konfrontiert ihn mit Mächten, die einen spezifisch antirationalen Charakter haben, sie erscheinen als Gewalttäter, Bösewichte, Verführer, sie zeigen sich in Kontingenzen, in der Irrationalität des Erotischen. Der Held wird davon betroffen, er muss durch diese Gegenpositionen hindurchgehen, bis zur äußersten Gefährdung, um schließlich als Überwinder dieser Sphäre an den Artushof zurückzukehren. Aber das Disharmonische, Aggressiv-Gewalttätige, Maßlose bleibt als Rückseite der höfischen Idealität präsent, es bleibt präsent in der Erzählung des Aventürenwegs. Er muss deshalb immer wieder neu durchlaufen werden, damit davon immer wieder erzählt werden kann. Es

---

[19] Hartmann von Aue, Iwein, hg. v. Volker Mertens (Bibliothek des Mittelalters 6), Frankfurt a.M. 2004, V. 2033–2072.

[20] Siehe dazu ausführlicher meine Studie: Warum versteht Parzival nicht, was er hört und sieht? Erzählen zwischen Handlungsschematik und Figurenperspektive bei Hartmann und Wolfram, in: Wahrnehmung im *Parzival* Wolframs von Eschenbach. Actas do Colóquio Internacional 15 e 16 de Novembro de 2002, hg. v. John Greenfield (Anexo XIII), Porto 2004, S. 37–65, hier S. 44–48.

geht nicht darum, dass der Held sich wandelt, es geht nicht um seine persönliche Erfahrung – es bleibt nichts zurück, keine seelische Verletzung, nicht einmal eine Narbe –, sondern es geht um den Entwurf einer Gesellschaft, die in der prekären Balance ihrer Ratio auf die irrationale Rückseite des Lebens bezogen bleibt. Die Ratio steht hier also in dynamisch gespannter Opposition zu einer Gegenwelt, die sich nur durch eine literarische Konstruktion bezwingen lässt. Die Vermittlung erfolgt als narrative Erfahrung, d.h. im Nachvollzug, über die Einsicht in die Offenheit des literarischen Experiments.

Das Problem der Rationalität in der neuen Romanliteratur des 12./13. Jahrhunderts ist also nicht von den Ansätzen zu einer kausalen Handlungslogik her anzugehen, sondern in dem zu fassen, was der Typus aus seiner ihm eigenen Ratio, seiner fiktionalen Konstruktion, in dieser Hinsicht zu leisten vermag. Nochmals in Stichworten: die Ratio als Konstruktion von eigenem Recht, ihre Selbstreflexion des Erzählens bezogen auf den Rezipienten, die Vermittlung über den Nachvollzug.

Einen besonderen Fall stellt der ‚Parzival‘ dar. Joachim Bumke hat bekanntlich die These aufgestellt, das Problem des Wolframschen Romans bestehe darin, dass der Held mit einem Defizit an rationalem Denken in die Welt einzutreten gezwungen sei.[21] Dabei versteht er dieses Denken als die Fähigkeit zur Entschlüsselung von Zeichen im Augustinischen Sinne. Parzival versage auf der Gralsburg, weil er aufgrund seiner „habituellen Wahrnehmungsschwäche" die Zeichen dort nicht zu deuten verstehe.[22] Ich habe anderweitig gezeigt, weshalb diese These nicht zu halten ist.[23] Parzival ist nach der Lehrzeit bei Gurnemanz intellektuell so weit wie jeder andere Artusritter, wenn er zu einer Aventürenfahrt aufbricht. Er verhält sich denn auch genau dem Schema entsprechend: Er besiegt die Belagerer von Pelrapeire und zeigt sich dabei als vollendeter Ritter, er gewinnt die befreite Dame zur Frau und zieht dann weiter, um – ungewollt, schemabestimmt – zum Artushof zurückzukehren, wobei er unterwegs auf Munsalvaesche Station macht. Dass er in diesem Stadium noch den Geist eines Kleinkindes haben soll, wie Bumke behauptet, und deshalb auf der Gralsburg versage, ist uneinsichtig. Und mit Augustins Semiotik hat sein Schweigen überhaupt nichts zu tun. Es geht nicht darum, Zeichen zu lesen, einen Sinn zu entschlüsseln, sondern um die sehr vernünftige Abwägung, ob es nach dem höfischen Verhaltenskodex angebracht ist, sich nach dem Leiden des Anfortas zu erkundigen oder nicht.

---

[21] Joachim Bumke, Die Blutstropfen im Schnee. Über Wahrnehmung und Erkenntnis im »Parzival« Wolframs von Eschenbach (Hermaea NF 94), Tübingen 2001.
[22] Ebd., S. 77.
[23] Haug (wie Anm. 20), S. 55–60.

Es handelt sich also nicht um ein Vernunftdefizit, es ist vielmehr gerade das eingeübte vernünftige Denkmuster, das den Helden daran hindert, die richtige Entscheidung zu treffen. Und man muss auch hier wiederum sagen: Der Held mag räsonieren, wie er will, das Schema verlangt eine bestimmte Entscheidung, es verlangt, dass Parzival sich falsch verhält. Aber das Neue dabei ist, dass dieses Verhältnis zwischen Raisonnement und Konstrukt nun zum Thema wird. Die Logik des Helden verzweifelt an dem ihm durch das Schema vorgezeichneten Weg. Parzival versteht nicht, dass es gerade darum geht, dass er nicht verstehen kann, denn er ist auf etwas gestoßen, was nicht lehr- und lernbar ist: die unschuldige Schuld als Kennzeichen der *conditio humana*. Trevrizent versucht es ihm zwar zu erklären, und Parzival sieht ein, dass er sündig ist, aber er ändert sich nicht, sondern zieht weiter kämpfend durch das Land in der Hoffnung, die Gralsburg wieder zu erreichen, obschon man gesagt hat, dass man sie nicht erkämpfen kann. Er hat nichts begriffen, und es gibt auch nichts zu begreifen, denn es geht letztlich darum, dass das Unbegreifliche geschieht: die Erlösung aus Gnade. Der Dichter kann nichts anderes tun, als den Helden an jenen Punkt führen, an dem seine Vernunft versagt, versagen muss. Das ist insofern eine dezidiert antirationale Position, als der Roman fordert, das Verhältnis von Natur und Gnade als etwas Unverständliches offen zu lassen. Damit steht man zentral in jener Problematik, die durch den sogenannten Rationalisierungsschub im 12. Jahrhundert aufgebrochen ist: Die Ratio des literarischen Konstrukts wird zum Scheitern gebracht an der der Ratio gegenüber dem Glauben gesetzten Grenze, sie scheitert an der Unversöhnbarkeit von Natur und Gnade.

Aber der arthurische Roman repräsentiert nur eine der Möglichkeiten, mit der Ratio des Erzählens umzugehen. Gleichzeitig mit ihm wird im ‚Tristan' konträr zum chrétienschen Typus ein vom Helden rational durchkalkulierter Lebensweg entworfen. Wieder hat man zwar eine Figur vor sich, die einer Welt von Gewalttätern, Betrügern, Neidlingen, Riesen und Zwergen, sogar einem Drachen gegenübertritt. Dies jedoch ohne ein strukturell gelenktes Spiel, vielmehr fließt hier die Handlung im Gegensatz zum Artusroman aus bewussten Entscheidungen des Helden. Und da das Konstrukt als Ratio fehlt und an seine Stelle das Kalkül des Helden tritt, erscheint als eigentlicher Gegenspieler der Zufall. Denn für die in die Planung des Helden verlegte Ratio, die mit allem Feindlichen fertig wird, bleibt als einzige Opposition die Irrationalität der Kontingenz, die den Helden immer neu herausfordert, bis er der denkbar mächtigsten Erscheinungsform des Irrationalen erliegt, dem Zufall des Liebestranks, der Irrationalität des bedingungslos Erotischen. Aber selbst dies macht Tristan zu seiner bewussten Entscheidung, wenn er die Liebe, die ihn überwältigt hat, provozierend annimmt.[24]

---

[24] Dies in den berühmten Versen 12494–12502: *‚nu waltes got!' sprach Tristan / ‚ez wære*

Auch dieses literarische Experiment mündet in einen unauflösbaren Widerspruch. Und wiederum geht es darum, ihn im Erzählen auszutragen und ihn über den Nachvollzug zu vermitteln. Die narrative Ratio, zeige sie sich als Strukturprinzip oder als Bewältigungsstrategie des Helden, führt also hier wie dort in die Krise. Und es geht darum, gerade dies bewusst zu machen.

V.

Soweit eine erste Reihe von Folgen, die die Ausdifferenzierung der Wissensbereiche im 12. Jahrhundert für die Literatur mit sich brachte. Nun hatte aber der Zerfall der symbolischen Weltordnung einen weiteren Effekt, der wiederum auch literarisch von Bedeutung war, nämlich die Vereinzelung der Dinge. Ihr gegenüber tritt die Ratio als Ordnungsinstanz auf. Es wird ein über die Jahrhunderte wirkender Impuls ausgelöst, zu sammeln und zu systematisieren. Es kommt zu einer Flut von Kompendien, Enzyklopädien, Summen in den unterschiedlichen Bereichen. Sammlungen und Summen stehen jenseits der Sinnfrage. Die höchste Form der Sinnlosigkeit ist – inhaltlich gesehen – die alphabetische Ordnung, und ihr wird die Zukunft gehören. Sie absorbiert schlechthin alles ohne Rest. Wenn es eine Grenze gibt, dann liegt sie im rein Quantitativen, also dort, wo die Arbeitskraft oder das Schreibmaterial ausgeht. Die Ratio ist auf ein rein formales Prinzip reduziert. Sie hat keinen Widerpart außer der Unordnung, die aber von ihr kontinuierlich aufgezehrt wird.

Doch es gibt eine Ausnahme. Da nämlich, wo man die Moral in ihrer Zersplitterung sammelt, ich meine: die Moral ausgebreitet in der Fülle ihrer beispielhaften Realisierungen. Man kann moralische Exempla zwar thematisch ordnen, aber das ergibt keine innere Ordnung; es macht sie nur praktisch besser abrufbar. Jedes Exempel hat seine eigene Ratio, und damit geraten sie in Widerspruch zueinander. Es lässt sich im Prinzip für jede ‚Wahrheit‘ ein Beispielfall konstruieren, also auch für das jeweilige Gegenteil: man kann genauso treffend beispielhaft belegen, dass sich Großmut lohnt, wie dass sie ins Verderben führt. Schon das ‚Pañcatantra‘ hat diese unvermeidbare Widersprüchlichkeit der Sammlung moralischer Beispielfälle vor Augen geführt und diese Erkenntnis als Weg zur Weisheit nahegelegt.[25] Das ist dann auch der

---

tot oder leben: | ez hat mir sanfte vergeben. | ine weiz, wie jener werden sol: | dirre tot der tuot mir wol. | solte diu wunnecliche Isot | iemer alsus sin min tot, | so wolte ich gerne werben | umb ein eweclichez sterben.' Zitiert nach: Gottfried von Straßburg, Tristan und Isold, hg. v. Friedrich Ranke, 13. Aufl., Frankfurt a.M. 1968.

[25] Vgl. dazu meine Studie: Exempelsammlungen im narrativen Rahmen: Vom Pañca-

Schluss, den im 12. Jahrhundert Johannes von Salisbury in seinem ‚Policraticus' aus der Widersprüchlichkeit allen exempelhaften Denkens zieht.[26] Und Boccaccio wird das abschließend noch einmal unvergleichlich vor Augen führen.[27]

Aber das tat dem ungeheueren Erfolg dieses literarischen Typus keinen Abbruch. Und es ist dann auch nur vereinzelt die Sammlung, an der seine Problematik aufbricht. Vielmehr steckt der Widerspruch prinzipiell in jedem besonderen Fall. Man hat die Flut an beispielhaften Kurzerzählungen im späteren Mittelalter als Vehikel einer neuen Rationalisierungswelle sehen wollen, als eine Indienstnahme der Literatur zur moralischen Aufrüstung angesichts einer aus den Fugen geratenen Zeit. Fragt man nach den Oppositionsbegriffen der Exempelratio, so erscheint dies plausibel. Wogegen hier erzählt wird, zeigt sich als eine breite Palette moralischer Verwerflichkeit: Begierde, Unbeherrschtheit, Scheinheiligkeit, Gemeinheit und immer wieder Unverstand und Dummheit. Aber indem man all dies Lästerliche narrativ ad absurdum führt, und dies nicht zuletzt, indem man es mit seinen eigenen Waffen schlägt, räumt man der amoralischen Welt, soweit man darüber lachen kann, ein geheimes Recht ein. Lachen ist, wenn es sich nicht um reines Schadenlachen handelt, ein Zugeständnis an das Verlachte.[28] Und man bringt dies auch immer wieder recht massiv zum Bewusstsein, denn immer wieder passen die Epimythien zu den sogenannten Mären wie die Faust aufs Auge. Die beispielhafte Kurzerzählung, deren Ratio in der Maske der moralischen Ordnung erscheint, ist im Grunde subversiv gegen sich selbst gerichtet. Jede Ordnung schreit nach Unordnung, um der Erstarrung zu entgehen. Keine Ratio ist so offenkundig ambivalent wie die Ratio als Ordnung. Natürlich gibt es die einfache didaktische Fabel mit ihrer braven Nutzanwendung in breiter Tradition, aber ihre literarische Hochform findet die Kurzerzählung im Vergnügen über den kunstvollen Sieg der Amoral.[29]

---

tantra zum »Dekameron«, in: Haug, Brechungen (wie Anm. 5), S. 455–373, hier S. 459–463.

[26] Siehe dazu Peter von Moos, Geschichte der Topik. Das rhetorische Exemplum von der Antike zur Neuzeit und die historiae im ‚Policraticus' Johanns von Salisbury, Hildesheim/Zürich/New York 1988, insbes. S. 302–309, S. 322, S. 356–368, S. 384.

[27] Dazu: Boccaccio und die Tradition der mittelalterlichen Kurzerzählung, in: Haug, Die Wahrheit der Fiktion (wie Anm. 5), S. 394–409, hier S. 406–409.

[28] Siehe dazu – in Anlehnung an Joachim Ritter – Odo Marquard, Exile der Heiterkeit, in: Das Komische, hg. v. Wolfgang Preisendanz u. Rainer Warning (Poetik und Hermeneutik VII), München 1976, S. 133–151, hier S. 141–144.

[29] Siehe meinen Entwurf zu einer Theorie der mittelalterlichen Kurzerzählung, in: Haug, Brechungen (wie Anm. 5), S. 427–454, und die diesen Ansatz differenzierende Beispielreihe in meiner Studie: Das Böse und die Moral: Erzählen unter dem Aspekt einer narrativen Ethik, in: Haug, Die Wahrheit der Fiktion (wie Anm. 5), S. 370–393.

Die Tendenz zur Beispielhaftigkeit und Didaktisierung ergreift auch die narrative Großform. Die Romane nach Wolfram und Gottfried können sich nun als Musterbücher für korrektes höfisches Verhalten geben, etwa des Pleiers ‚Garel'; es entstehen ausgesprochene Exempelromane wie ‚Der guote Gerhart' Konrads von Würzburg,[30] ja, im ‚Jüngeren Titurel' ist es dem Helden aufgegeben, eine Hundeleine zu suchen, auf der als Inschrift eine universale Ethik dargeboten wird. Eine Aventürenhandlung als Suche nach einem ethischen System? Das mag als Sinnzentrum des Romans fragwürdig erscheinen.[31] Jedenfalls lässt auch gegenüber der didaktischen Großform die Reaktion nicht auf sich warten. Nicht nur bricht man quer zu allem Pädagogischen das Geschehen ins Fantastische, Makabre, ins Ironische und Burleske um, sondern man kann die Erzählschemata auch unversöhnlich gegeneinander laufen lassen. Es entsteht der hybride Roman, der in seinen Widersprüchen stecken bleibt.[32] Das alles zeigt das Unbehagen gegenüber einer der moralisch-didaktischen Ratio ausgelieferten Literatur. Und wie ein Fanal erscheint schließlich zu Beginn des 15. Jahrhunderts Wittenwilers ‚Ring' in seiner Verschränkung von leerer Wissenssammlung und abgründiger Burleske, die sich gegenseitig verhöhnen und dem Untergang zutreiben.

VI.

Ich werfe nun einen Blick auf die weitere Entwicklung im theologisch-philosophischen Bereich. Bei allen Spannungen, die im 12. Jahrhundert zwischen Vernunft und Glauben auftraten, steuerte man, wie gesagt, nicht auf einen Konflikt zu. Das ändert sich im 13. Jahrhundert durch einen neuen Rationalisierungsschub; er führte nun bis zu dem Punkt, an dem man anfing, grundlegende Glaubenswahrheiten von der Vernunft her zu bezweifeln. Den Anstoß gab die neue Aristotelesrezeption.[33] Während in der ersten Hälfte dieses Jahr-

---

[30] Siehe zu diesem Typus: Klaus Speckenbach, Die Ausbildung des Exempelromans bei Rudolf von Ems und Konrad von Würzburg, in: Texttyp und Textproduktion in der deutschen Literatur des Mittelalters, hg. v. Elizabeth Andersen, Manfred Eikelmann u. Anne Simon (Trends in Medieval Philology 7), Berlin/New York 2005, S. 309–329.

[31] Vgl. Thomas Neukirchen, Die ganze *aventiure* und ihre *lere*. Der *„Jüngere Titurel"* Albrechts als Kritik und Vervollkommnung des ‚*Parzival*' Wolframs von Eschenbach (Beihefte zum Euphorion 52), Heidelberg 2006, S. 331–359.

[32] Grundlegend: Armin Schulz, Poetik des Hybriden. Schema, Variation und intertextuelle Kombinatorik in der Minne- und Aventiureepik, Berlin 2000. Siehe auch Mathias Herweg, Herkommen und Herrschaft: Zur Signatur der Spätausläufer des deutschen Versromans um 1300, in: Archiv 241, 156. Jg. (2004), S. 241–287.

[33] Siehe zu ihren verschiedenen Phasen nunmehr: Otto Langer, Aristoteles und die

hunderts noch ein päpstliches Verbot auf das andere folgte, die es untersagten, die naturwissenschaftlichen Schriften des Aristoteles an den Universitäten zu behandeln, kam es in der Mitte des Jahrhunderts zum epochalen Umschwung. 1255 wurde das Aristotelesstudium an der Pariser Artistenfakultät zur Pflicht gemacht. Was dort in der Folge zumindest diskutiert wurde, fand seinen Niederschlag in den berühmt-berüchtigten 219 Thesen, die der Pariser Bischof Tempier 1277 zusammengestellt und verworfen hat.[34] Unter den inkriminierten Thesen finden sich z.B. diese:

These 37: Nichts ist zu glauben, es sei denn evident ... beweisbar.

These 150: Der Mensch darf, um in einer Frage Gewissheit zu erlangen, sich nicht mit einer Autorität zufrieden geben.

These 152: Die Reden der Theologen beruhen auf Fabeleien.

These 172: Sexuelle Lust beeinträchtigt die Geistestätigkeit nicht.

These 175: Die christliche Religion verhindert, dass das Wissen zunimmt.

These 176: Glückseligkeit gibt es nur in diesem Leben, nicht in einem andern.

These 183: Der einfache Geschlechtsverkehr unter Ledigen ist keine Sünde.

Die Gegenpositionen dieser Ratio sind nicht zu verkennen: Der Vorstoß richtet sich gegen ungeprüfte Wahrheiten, gegen den Jenseitsglauben, gegen durch Autoritäten vermitteltes Wissen, gegen die kirchliche Morallehre. Man hat von Aufklärung gesprochen, auch Kurt Flasch, freilich versehen mit einem Fragezeichen, denn auch dieser Begriff ist, wie gesagt, zu historisieren.[35] Dabei ist im übrigen zu betonen, dass sich die zitierten Thesen und die vielen andern, die sich z.T. höchst konfus und bizarr ausnehmen, nicht zu einem geschlossenen Konzept verdichten. Es sind Diskussionssplitter, die aber den Horizont ahnen lassen, vor dem sich die Debatte um Ratio und Glauben in der 2. Hälfte des 13. Jahrhunderts abspielte.

Die Reaktion ist nicht ausgeblieben, nicht nur hat die harte Verurteilung durch Tempier ihre Wirkung getan, sondern es sind auch Gelehrte gegen die Pariser Artistenfakultät aufgestanden, die mit ihrer Gegenposition großes intellektuelles Gewicht hatten, Bonaventura vor allem mit seinen Universitätspredigten schon in den 60er Jahren. Von ihm stammt übrigens noch einmal ein Aufstiegsmodell religiöser Erfahrung in der Nachfolge der psychagogischen Entwürfe des 12. Jahrhunderts: sein ‚Itinerarium mentis in Deum‘, ein hoch-

---

Folgen. Zur Rezeption der aristotelischen Logik und Wissenschaftstheorie im 12. und 13. Jahrhundert, in: Freiburger Zeitschrift für Philosophie und Theologie 53 (2006), S. 559–588.

[34] Aufklärung im Mittelalter? Die Verurteilung von 1277. Das Dokument des Bischofs von Paris, übersetzt und erklärt v. Kurt Flasch, Mainz 1989. Hier auch zum Kampf um das Aristoteles-Studium im 13. Jahrhundert (S. 27–38).

[35] Siehe Flasch, ebd., S. 39–41, über die unumgängliche Historisierung der Begriffe ‚Rationalismus‘ und ‚Aufklärung‘.

artifizieller Stufenweg mit komplex verästelten psychologisch-philosophischen Differenzierungen.[36]

Aber nicht diesem Aufstiegstypus sollte die Zukunft gehören. Eckhart wird bald darauf allen Wegschemata, und das heißt, aller Vermittlung religiöser Erfahrung über psychagogische Praktiken eine radikale Absage erteilen, wenngleich seine Schüler dann versuchen, dies abzumildern. Für unsere Perspektive bedeutet dieser vermittlungslose Überstieg des Vorstellens und Denkens über sich selbst die äußerste Forcierung der in sich gespaltenen Ratio. Die Ratio erkennt, dass sie keine Möglichkeit hat, sich zum Medium der Gotteserfahrung zu machen.

VII.

Doch auch hier gibt es eine Gegenmöglichkeit, die, im Kontrast dazu, gerade mit der Vermittlung der Gotteserfahrung operiert. Es handelt sich um einen im 13. Jahrhundert völlig neu ansetzenden mystischen Typus. Er verdankt sich der Beginenbewegung, exemplarisch repräsentiert durch Hadewijch und Mechthild von Magdeburg. Diese neue Mystik verfährt nicht mehr psychagogisch, sondern visionär-narrativ. Hier werden nicht Erfahrungswege modellhaft systematisiert, sondern erfahrene Wege nacherzählt. Und die Vermittlung kann nur über einen Nachvollzug im literarischen Sinne erfolgen.

Hadewijch wie Mechthild stammten aus gebildeten Elternhäusern, sie waren mit höfischer Literatur vertraut. Ihr Erzählen setzt deren narrative Erfahrung ins Religiöse um. Auch die Bildlichkeit ist höfisch-weltlich, jedoch legitimiert durch die freie Anlehnung ans ‚Hohelied‘: religiöse Erfahrung dargestellt als Liebesgeschichte zwischen Gott und der Seele. Da sie nur Bild sein kann, wird man erwarten, dass die Ratio in einer Leitlinie über der Narratio zur Geltung kommt, die den Sinn vermittelt, konkret also eine Bilderfolge mit Allegoresen. Doch damit wäre die Erfahrung durch den Sprung in die Deutung ausgehebelt. Das gerade zu verhindern ist die Bemühung dieser religiösen Dichtung und damit ihr Problem. Mechthild bewältigt es in der Weise, dass sie die abstrakte Bedeutung in die sinnliche Erfahrung hineinzwingt. Gott beschreibt ihr die Vereinigung, die sie sich erhoffen darf, einmal so: „Ich warte auf dich im Baumgarten der Liebe und breche dir da die Blüten des süßen Einsseins und mache dir da ein Bett aus dem freudebringenden Gras der heiligen Erkenntnis [...], und ich neige da den allerhöchsten Baum der Hl. Drei-

---

[36] Siehe meine Analyse: Bonaventuras ‚Itinerarium mentis in Deum‘ und die Tradition des platonischen Aufstiegsmodells, in: Haug, Die Wahrheit der Fiktion (wie Anm. 5), S. 493–504.

faltigkeit zu dir herab, so dass du die grünen, weißen und roten Äpfel meiner todfreien Menschwerdung brechen kannst. Und dann beschirmt dich der Schatten meines Heiligen Geistes vor aller irdischen Traurigkeit."[37]

Es wird also die theologische Begrifflichkeit in die erotische Metaphorik hereingeholt, Mechthild soll bruchlos den heilsgeschichtlichen Sinn im sinnlichen Bild schauen. Otto Langer hat von „spiritueller Sinnlichkeit" gesprochen.[38] Der Widerspruch zwischen personaler Erfahrung und der Ratio als heilsgeschichtlicher Bedeutung ist aufgehoben. Selbstverständlich nur für den Augenblick der Unio. Die Verschmelzung ist nicht zu halten. Die Trennung, der Verlust sind vorprogrammiert; das ist der Preis für den Augenblick der Überwindung des Widerspruchs. Der Weg endet im Absturz, der aber bejaht wird, bejaht bis zur Selbstvernichtung, bis zum Zu-Nichts-Werden. Das ist der Gegenpol zur höchsten Höhe. Aber das Höchste und das Tiefste sind eins.

Nirgendwo in der von mir überblickten Geschichte der Ratio wird das Problem der Sinnerfahrung im Medium der Sprache, in der Narratio und ihrem Nachvollzug dermaßen auf die Spitze getrieben. Die sonst überall auftretenden Aporien werden im Liebesakt gegenstandslos, da er die Aufhebung des Widerspruchs zwischen der „Unbegriffenheit", wie Susanne Köbele dies nannte,[39] und der Begrifflichkeit in sich schließt. Das ist nicht etwa eine Rückkehr zur frühmittelalterlichen symbolischen Präsenz Gottes, sondern es handelt sich um eine Gegenwart Gottes, die durch die Brechung, die die Ratio mit sich brachte, hindurchgegangen ist. Es gibt kein repräsentatives Mittleres als Vermittlung zwischen Anwesenheit und Abwesenheit, sondern es geht um einen visionären narrativ vermittelten Erfahrungsprozess, dessen Ziel in der sinnlichsten Form mit ihrer Ratio als absoluter Bedeutung eins ist.

VIII.

Auch von hier aus nochmals ein Blick auf die historisch nächste Position: auf Eckhart. Eckhart wendet sich nicht nur gegen das Aufstiegsmodell als Weg zur Gotteserfahrung, sondern er schert auch aus der Bild-Begriffs-Problematik

---

[37] Mechthild von Magdeburg, Das fließende Licht der Gottheit, hg. v. Gisela Vollmann-Profe (Bibliothek des Mittelalters 19), Frankfurt a.M. 2003, II, 25, S. 132, Z. 27 – S. 134, Z. 2.

[38] Otto Langer, Die übersinnlichen Sinne, in: Körperinszenierungen in mittelalterlicher Literatur, hg. v. Klaus Ridder u. Otto Langer (Körper, Zeichen, Kultur 11), Berlin 2002, S. 175–192, hier S. 188. Langer expliziert dies so: „Die Sinnlichkeit wird intelligent und der Intellekt sinnlich" (S. 186).

[39] Susanne Köbele, Bilder der unbegriffenen Wahrheit. Zur Struktur mystischer Rede im Spannungsfeld von Latein und Volkssprache, Tübingen/Basel 1993.

aus. Alle Erfahrung bleibt in der Negation ihrer selbst stecken. Bild und Begriff müssen zurückgelassen werden, damit jene Leere eintritt, in der es zur Gottesgeburt in der Seele kommen kann.[40] Und das führt zu jenem Bruch, zu dem Mechthild im Abstieg nach der Verschmelzung von Bild und Bedeutung in der narrativen Erfahrung gelangt ist: Der Schlüsselbegriff heißt wiederum ,Zu-Nichts-Werden'. Eckhart hat ihn aus der Frauenmystik übernommen, dies jedoch – und das ist der fundamentale Unterschied – als Grundposition, nicht als Ergebnis eines Prozesses. Denn die Erfahrung wird von ihm ja unterschlagen zugunsten des Sprungs ins Ganz-Andere des Seelengrundes.

Eckhart hat bekanntlich Anstoß erregt, seine zentralen Thesen wurden verurteilt. Aber der Gedanke eines absoluten Bruchs war damit in der Welt, und der Bruch war im Grunde nicht mehr zu heilen. 150 Jahre später erscheint er bei dem Eckhartkenner Cusanus in der Form einer unendlichen Annäherung an Gott, die ihr Ziel nie zu erreichen vermag.[41]

Doch nicht nur waren Ratio und Gotteserfahrung nicht mehr zusammenzubringen, sondern auch das Verhältnis von Ratio und Faktizität geriet in die Krise. Mit Ockham kommt die Eigengesetzlichkeit des Denkens, die Eigenständigkeit des Begriffsapparates in einem bisher nicht gekannten Maß zum Bewusstsein. Das führt zu einer Relativierung der Erkenntnismöglichkeiten, die über das hinausgeht, was die Vieldeutigkeit des exemplarischen Denkens mit sich gebracht hatte: Bei Boccaccio verbindet sich beides – er hat sich intensiv mit Ockham beschäftigt.[42]

So zeigt sich denn, dass die Ratio philosophisch und literarisch in immer wieder neue Konstellationen eingesetzt wird, dabei ein immer wieder anderes Gesicht zeigt und entsprechend immer wieder anders an ihre eigene Grenze stößt. Das zwingt dazu, statt mit Längsschnitten und fraglichen Teleologien, bevorzugt mit Querschnitten zu arbeiten, damit die wechselnden Positionen unverzerrt vor Augen treten können. Es gibt keine Rationalisierung als kulturgeschichtliche Generallinie, sondern nur ein Wechselspiel von rationalen Zugriffen unter sich immer wieder verändernden Aspekten. Man könnte höchstens sagen, dass sich beim Ausspekulieren der Oppositionen die Wider-

---

[40] Vgl. dazu meine Studie: Eckharts deutsches Predigtwerk: Mystische Erfahrung und philosophische Auseinandersetzung, in: Haug, Die Wahrheit der Fiktion (wie Anm. 5), S. 521–537.

[41] Cusanus hat dies anhand seines ,Ludus globi'-Dialogs veranschaulicht; vgl. meine Studie: Nicolaus Cusanus zwischen Meister Eckhart und Cristoforo Landino: der Mensch als Schöpfer und der Weg zu Gott, in: Haug, Die Wahrheit der Fiktion (wie Anm. 5), S. 538–556, hier S. 551f.

[42] Kurt Flasch hat dies nachgewiesen: Die Pest, die Philosophie, die Poesie. Versuch, das Decameron neu zu lesen, in: Literatur, Artes und Philosophie, hg. v. Walter Haug u. Burghart Wachinger (Fortuna vitrea 7), Tübingen 1992, S. 63–84, hier S. 82–84.

sprüche zusehends härter artikulieren und die Abgründe immer tiefer werden. Dies insbesondere dann, wenn der von Anfang an umstrittene Gedanke einer Vermittlung über Sprache und Bild diskreditiert und preisgegeben wird. Je unreflektierter die Ratio leuchtet, desto dunkler sind die Schatten, die sie wirft. Die Nachtseiten der Aufklärung sind der Paradefall dafür.

Abstract: The history of western civilization is generally considered as being determined by a process of increasing rationalization in thought and social behaviour culminating in the autonomy of reason in the age of enlightenment. The most impressive and successful elaboration of this cultural concept is due to Max Weber. In opposition to this idea my paper pleads for a diversification of the term 'ratio'. Reason shows different features depending on the opposing concepts against which action is taken, be it faith, prejudice, irrationality, disorder, stupidity etc. There is no general historical trend to rationalization but a discontinuous debate between reason and varying forms of non-reason under changing conditions. It can be demonstrated that literature takes part in this highly dramatic interplay. And it is the distinguished role of literature not only to promote rational thinking but, and above all, to reveal its limits.

Wolframstudien XX (2008)
Erich Schmidt Verlag Berlin

Wissensmythen. Lateinische Literatur und Rationalisierung im 12. Jahrhundert

von Frank Bezner

I. Nach der ‚Renaissance': ‚Rationalisierung und Verwissenschaftlichung' im 12. Jahrhundert

Seit geraumer Zeit ist das lange lateinische 12. Jahrhundert keine „Renaissance" mehr: das *lange* 12. Jahrhundert, also jene für die mittelalterliche Wissensgeschichte zentrale ‚Epoche', die mit einer in der zweiten Hälfte des 11. Jahrhunderts aufkeimenden intellektuellen ‚Unruhe'[1] beginnt und in der endgültigen Institutionalisierung dieses ‚Neuaufbruchs' in der Pariser Universität im 13. Jahrhundert ihren Abschluß findet. An die Stelle des munteren Treibens jener gelehrten Intellektuellenschar in (und um) Chartres, Tours und Paris, deren Sprachgewandtheit, Antikenbegeisterung, enzyklopädisches Wissen und vor allem auch: müheloses Glissieren zwischen Poesie und Wissen Charles Homer Haskins[2] – aus den bekannten Gründen[3] – so begeistert hatten, ist nun ein anderes Bild getreten.[4] Dessen historiographische Wurzeln liegen im 19. Jahrhundert, doch zum einschlägigen Paradigma einer „Verwis-

---

[1] Vgl. dazu Peter Classen, Die Hohen Schulen und die Gesellschaft, in: ders., Studium und Gesellschaft im Mittelalter, hg. v. Johannes Fried, Stuttgart 1983, S. 1–26.

[2] Charles Homer Haskins, The Renaissance of the Twelfth Century, Cambridge/ Mass. 1927, aber auch ders., Studies in Mediaeval Culture, Oxford 1930.

[3] Dazu Wallace Klippert Ferguson, The Renaissance in historical thought. Five Centuries of Interpretation, Boston 1948 (repr. New York 1981). Vgl. Peter von Moos, Das 12. Jahrhundert – eine ‚Renaissance' oder ein ‚Aufklärungszeitalter', in: Mittellateinisches Jahrbuch 23 (1988), S. 1–10, sowie Alexander Fidora u. Andreas Niederberger, Der Streit um die Renaissance im 12. Jahrhundert – eine Gesellschaft im Spannungsfeld zwischen Humanismus, Wissenschaft und Religiosität, in: Convenit Selecta 3 (2000), S. 7–26.

[4] Deutlich bereits in den einzelnen Arbeiten in: Renaissance and Renewal in the Twelfth Century, hg. v. Robert L. Benson u. Giles Constable, Cambridge/Mass. 1982, in denen der Begriff der Renaissance keine nennenswerte Rolle mehr spielt.

senschaftlichung und Rationalisierung des 12. Jahrhunderts" ist es erst durch die wegweisenden Arbeiten der Theologie- und Philosophiehistoriker Joseph Koch, Wolfgang Kluxen, Georg Wieland (und anderer) geworden.[5] „Verwissenschaftlichung und Rationalisierung", das heißt: zunehmende Plädoyers für eine Reflexion *per rationem* und nicht mehr *sub auctoritate*, insbesondere im Rahmen von Naturphilosophie[6] und Theologie;[7] neue methodische Standards wie die *Quaestio*, aber auch eine hochsubtile Sprachreflexion und -klärung auf dem Boden einer *logica nova*;[8] „Aristoteles statt Platon";[9] „Paris statt Orléans";[10] *spezifische* Disziplinen mit spezifischen *Grenzen* statt eines enzyklopädischen Wissenssystems;[11] haarspalterische, dialektik- und diskussionsbesessene *Cornificiani* vs. auratisch-ehrwürdige Lehrerfiguren;[12] sowie nicht zuletzt:

---

[5] Einschlägig neben Joseph Koch, Artikel ‚Scholastik‘, in: Religion in Geschichte und Gegenwart, 3. Aufl., Bd. V (1961), Sp. 1494–1498, insb. Wolfgang Kluxen, Der Begriff der Wissenschaft, in: Die Renaissance der Wissenschaften im 12. Jahrhundert, hg. v. Peter Weimar, Zürich 1981, S. 273–293, und Wolfgang Kluxen, Wissenschaftliche Rationalität im 12. Jahrhundert. Aufgang einer Epoche, in: Aufbruch – Wandel – Erneuerung. Beiträge zur „Renaissance" des 12. Jahrhunderts, hg. v. Georg Wieland, Stuttgart 1995, S. 89–99, sowie Georg Wieland, Rationalisierung und Verinnerlichung. Aspekte der geistigen Physiognomie des 12. Jahrhunderts, in: Philosophie im Mittelalter. Entwicklungslinien und Perspektiven, hg. v. Jan P. Beckmann u.a., Hamburg 1987, S. 61–79; „Scientia" und „Disciplina". Wissenstheorie und Wissenschaftspraxis im 12. und 13. Jahrhundert, hg. v. Rainer Berndt u. Matthias Lutz-Bachmann, Berlin 2002. Vgl. auch die in den folgenden Anm. zitierten einschlägigen Arbeiten.

[6] Andreas Speer, Die entdeckte Natur. Untersuchungen zu Begründungsversuchen einer „scientia naturalis" im 12. Jahrhundert, Leiden u.a. 1995.

[7] Albert Zimmermann, Die Theologie und die Wissenschaften, in: Die Renaissance der Wissenschaften (wie Anm. 5), S. 87–105; Mechthild Dreyer, More mathematicorum. Rezeption und Transformation der antiken Gestalten wissenschaftlichen Wissens im 12. Jahrhundert, Münster 1996; Metaphysics in the Twelfth Century. On the Relationship among Philosophy, Science and Theology, hg. v. Matthias Lutz-Bachmann, Alexander Fidora u. Andreas Niederberger, Turnhout 2004.

[8] Lambertus M. de Rijk, Logica Modernorum. A Contribution to the History of Early Terminist Logic, Bd. I: On the Twelfth Century Theories of Fallacy, Bd. 2,1: The Origin and Early Development of the Theory of Supposition, Bd. 2,2: Texts and Indices, Assen 1962–67.

[9] Einschlägig: Georg Wieland, Plato oder Aristoteles – Überlegungen zur Aristoteles-Rezeption des lateinischen Mittelalters, in: Tijdscrift voor Filosofie 47 (1985), S. 605–630, und ders., Plato or Aristotle – a real Alternative in Medieval Philosphy?, in: Studies in Medieval Philosophy, hg. v. John F. Wippel, Washington 1987.

[10] Plakativ dazu Ernst Robert Curtius, Europäische Literatur und Lateinisches Mittelalter, 11. Aufl., Tübingen/Basel 1993, S. 473–476.

[11] Dazu insb. die in Anm. 5 zitierten Arbeiten von Wolfgang Kluxen.

[12] Vgl. Johannes von Salisbury, Metalogicon, hg. v. John B. Hall, Turnhout 1991, insb. Buch I; zum ‚alten Modell‘ des auratischen Lehrens, vgl. C. Stephen Jaeger, The Envy of Angels. Cathedral Schools and Social Ideals in Medieval Europe 950–1200, Philadelphia 1994, insb. S. 53–198, S. 199–228.

der ‚Niedergang' der Kathedralschulen als innovativer Wissenszentren[13] und die Institutionalisierung der neuen Ansätze und ihrer Träger in der (oder besser: *zur*) Universität von Paris.[14]

Auch für die lateinische Literatur des 12. Jahrhunderts hatte dieser ‚paradigmatische Wandel' von der Renaissance zur Verwissenschaftlichung Konsequenzen. Denn anders als in Haskins' ‚Renaissance of the Twelfth Century' oder auch Marie-Dominique Chenus brillanter Studie zur ‚Theologie du douzième siècle'[15] spielen *literarische* Texte (oder ästhetische Strukturen) nun keine nennenswerte Rolle mehr – und dies ist durchaus konsequent. Aus philosophie- und theologiegeschichtlicher Perspektive erscheint die Rationalisierung des 12. Jahrhunderts als eine (oft unverhohlen teleologisch gedachte) Entwicklung, die von einem enzyklopädischen Wissensmodell unter Einfluß literarischer und paraliterarischer Texte und Formen weg- und zu einer aristotelischen Prinzipienwissenschaft (oder zumindest an Begriff und Systematik ausgerichteten Diskursordnung) hinführt: gerade die *Überwindung* jedweder ‚nur' (oder *auch*) literarischen (oder halbliterarischen) Form und Strukturierung von Wissen und die Scheidung von ‚Poesie und Wissen' avancieren daher zur ‚Signatur' dieses Wandels und der mit ihm einhergehenden neuen Wissensformation. So korreliert das vielzitierte, weil konzis repräsentative, *dictum* des Thomas über die für die Klassifikation des Wissens nicht mehr substantiellen enzyklopädisch gedachten *Artes* (*septem artes liberales ... scientiam non divident sufficienter*)[16] mit einem Mißtrauen wider jedwede Form fabulos gefaßten, metaphorisch oder gar *per figmenta* vermittelten Wissens, dessen Form und Medialität – da mehrdeutig, nicht am Begriff orientiert, unterminologisch – *a priori* überhaupt kein Wissen mehr konstituieren, garantieren *kann*.[17] Eine systembildende Scheidung, die wohl selten so plakativ ihren Ausdruck findet wie in jener vielzitierten Szene aus der einschlägigen ‚Bataille des Sept Arts' des Henri d'Andeli, in der die Vertreter des (sog.) *Old Learning*, darunter Poeten wie Bernardus Silvestris, sich der – an Logik, Dialektik, Metaphysik orientierten – Autoren der kommenden Scholastik zu erwehren haben.[18] Ist die

---

[13] Zu dieser Problematik jetzt Jaeger (wie Anm. 12).

[14] Dazu Stephen Ferruolo, The Origins of the University. The Schools of Paris and their Critics 1100–1250, Stanford 1985.

[15] Marie-Dominique Chenu, La théologie au douzième siècle, Paris 1957, tw. auch in engl. Übersetzung als: Nature, Man, and Society. Essays on New Theological Perspectives in the Latin West, hg. v. Jerome Taylor u. Lester K. Little, Chicago u.a. 1983.

[16] Vgl. Thomas von Aquin, Super Boethium de Trinitate, q. 5, a. 1, ad 3, mit: St. Thomas Aquinas: The Division and Methods of the Sciences, übers. u. eingel. v. Armand A. Maurer, Toronto 1963, S. 11.

[17] Dazu summarisch Concetta Greenfield, Humanist and Scholastic Poetics, 1250–1500, London/Toronto 1981, S. 41–55.

[18] Vgl. The battle of the seven arts. A French poem by Henri d'Andeli, trouvère of the 13th century, hg. u. übers. v. Louis J. Paetow, Berkeley 1914.

(für diesen Band zentrale) Frage nach dem Verhältnis von ‚Rationalisierung‘ und ‚Literatur‘ also bereits beantwortet? Und wäre damit auch eine, für die literaturwissenschaftliche Konstruktion des Literarischen vertraute (und grundlegende) Opposition zwischen einer Sphäre des Wissens und der Rationalisierung auf der einen und des Ästhetischen, der Literatur auf der anderen Seite erfolgreich etabliert?

Die folgenden Seiten plädieren gegen eine derartige Antwort – und *dafür*, die doppelte methodische Chance der Frage nach dem Verhältnis von Rationalisierung und Literatur ernst- bzw. anzunehmen. Denn die Einbindung *literarischer* Werke in Prozesse der Rationalisierung, so gilt es in einem ersten methodischen Doppelschritt **(II)** zu zeigen, bietet für das 12. Jahrhundert einerseits die Chance, die Verwissenschaftlichung anders und komplexer zu konzeptualisieren als gewohnt; umgekehrt heißt einen *Verwissenschaftlichungsprozeß* als Kontext *literarischer Werke* zu begreifen, die Frage nach der Konzeptualisierung mittellateinischer *Literatur* neu zu stellen. In einem ersten thematischen Schritt **(III)** soll darauf skizziert werden, wie bereits im Rahmen der literarischen Theoriebildung des 12. Jahrhunderts ein komplexer Bezug zwischen Literatur und Rationalität (bzw. Rationalisierung) entworfen wird: Im einschlägigen Corpus der *Accessus ad auctores*, Literar-Prologe und Literatur-Kommentare wird die *poesis* dabei gerade als *poesis* zum Spielraum des Wissens stilisiert; die entscheidende – und unter den Zeitgenossen teils auch umstrittene – gedankliche Dynamik dieser Konzeptualisierung zielt also gerade *nicht* auf das Postulat einer *Ästhetisierung* des Wissens, sondern umgekehrt auf eine Dimensionierung des Ästhetischen als Medium von Wissen und Rationalität. Ein sich anschließender Schritt **(IV)** stellt Beobachtungen zu einem in diesem Kontext einschlägigen Corpus an und fragt danach, in welchem Verhältnis die philosophisch-allegorische Epik von Autoren wie Bernardus Silvestris, Alanus von Lille und Johannes von Hauvilla zur Verwissenschaftlichung des 12. Jahrhunderts steht; dabei wird es nicht zuletzt um die Frage gehen, inwiefern dieser enge Bezug zur Rationalisierung sowie der damit verbundene Anspruch einer philosophischen Dimensionierung des Literarischen die sprachliche, narrative, ästhetische Textur und Struktur dieser ‚integumentalen‘ Werke bis ins Detail prägt.

II. Nach der Verwissenschaftlichung: neue Perspektiven auf Rationalisierung, Wissen, Literatur im 12. Jahrhundert

Bereits aus diesem kurzen Aufriß erhellt die erste Konsequenz der Frage nach der Rolle literarischer Werke im Zuge der Rationalisierung des 12. Jahrhunderts:

(1.) Anders als es zahlreiche Studien insbesondere zur Literaturtheorie und philosophisch-allegorischen Epik des lateinischen 12. Jahrhunderts, sei es explizit konstatieren oder implizit suggerieren, wird es nämlich nun gerade nicht mehr darum gehen, herauszuarbeiten, inwiefern literarische Werke und ästhetische Strukturen ‚Freiräume' in einer ‚übermächtigen' Rationalisierungsbewegung ermöglichen – sei es indem sie Rationalisierungsprozesse problematisieren oder negieren, persiflieren oder subvertieren. Im Gegenteil: Zumindest für den hier zur Debatte stehenden Teil der lateinischen Literatur des 12. Jahrhunderts liegt die entscheidende methodische Herausforderung bzw. Rationalisierung in der Chance, das Verhältnis zwischen Literatur und Rationalität gerade *nicht* apriorisch als Opposition zu begreifen. Wo freilich Literatur nicht als notwendig oder ‚immer irgendwie' rationalitätsresistent, sondern umgekehrt im Kontext oder sogar *als Moment* konkreter Rationalisierungsprozesse verstanden werden soll, stehen unweigerlich der Status des Literarischen und die Literarizität vormoderner lateinischer Literatur zur Debatte[19] – nicht anders als die Aussagekraft eher funktionalistischer Kategorien wie der „Didaxe" oder jüngere Versuche, ästhetische Strukturen über das Postulat zu privilegieren, jedwede Vermittlung von Wissen sei zwangsläufig und notwendig auf symbolische Diskurse angewiesen.[20]

(2.) Die zweite methodische Position impliziert eine Kritik oder besser eine *Dynamisierung* des *Paradigmas* (nicht etwa der Existenz!) der „Rationalisierung und Verwissenschaftlichung" des 12. Jahrhunderts – eines Paradigmas, dessen Implikationen, Grenzen und teils auch Aporien erstaunlich selten diskutiert werden. Dabei geht es gerade nicht darum, daß dem philosophie- und theologiegeschichtlich motivierten Ansatz von der Rationalisierung im 12. Jahrhundert ein Bewußtsein für jene Grenzen der Verwissenschaftlichung oder der *Ratio* selbst fehlen würde, die häufig von literaturwissenschaftlicher Seite betont werden: „Verinnerlichungsprozesse" und Resistenz(en) wider die Entstehung des gelehrten Feldes der Scholastik sind schließlich selbst Teil des Paradigmas geworden, ja stabilisieren es bisweilen durch die positivierende Logik des Gegensätzlichen; einschlägig etwa Georg Wielands Arbeiten über „Rationalisierung und Verinnerlichung"[21], aber auch die häufig betonte anti-

---

[19] Hierzu aus genau umgekehrter Perspektive vgl. Gertrud Grünkorn, Zum Verständnis von fiktionaler Rede im Hochmittelalter. Das Verhältnis von lateinischer Kommentartradition und höfischem Roman, in: Fiktionalität im Artusroman, hg. v. Volker Mertens u. Friedrich Wolfzettel, Tübingen 1993, S. 29–44, und Peter von Moos, Was galt im lateinischen Mittelalter als das Literarische an der Literatur? Eine theologisch-rhetorische Antwort, in: Literarische Interessenbildung im Mittelalter. DFG-Symposion 1991, hg. v. Joachim Heinzle, Stuttgart/Weimar 1993, S. 431–451.

[20] Hierzu innovativ Michael Stolz, Artes-liberales-Zyklen. Formationen des Wissens im Mittelalter. 2 Bde., Tübingen 2004, z.B. XI, S. 86–114.

[21] Vgl. Wieland (wie Anm. 5).

scholastische Opposition satirischer Autoren und monastischer Interessen bzw. ‚anti-dialektische' Tendenzen.

Vielmehr gilt es zunächst zu fragen, ob es der Komplexität einer wissensgeschichtlichen Entwicklung angemessen ist, den *Endpunkt* einer Entwicklung – die scholastische Episteme – auf den *Verlauf* des Wandels, auf die Entwicklung *selbst* zu projizieren. Denn bei genauerem Hinsehen zeigt sich für die Schwellenzeit des 12. Jahrhunderts eine verstörende Gleichzeitigkeit des vermeintlich so Ungleichzeitigen. Gerade die (sogenannten) Vertreter des (sogenannten) *Old Learning*, die in Kathedralschulen, an Autoren wie Platon, Boethius, Vergil, im Medium des Kommentars und als Vertreter einer enzyklopädisch gefaßten *grammatica* lehren, – gerade *diese* Autoren sind *zugleich* prominente Exponenten der ‚neuen Wege'.[22] Etwa Wilhelm von Conches: Auf der einen Seite ist gerade er ein typischer Vertreter eines enzyklopädischen, am Kommentar der *auctores* orientierten Wissensmodells der Kathedralschule(n), der von Johannes von Salisbury auch prompt als *grammaticus* ‚klassischen' Zugriffs *gegen* die ungebärdigen *Cornificiani* und neuen Dialektiker ins Feld geführt wird;[23] umgekehrt entwickelt gerade er – unter Rückgriff auf neu übersetzte arabische Traktate – ein innovatives, begrifflicher und systematischer Konsistenz verpflichtetes, mit methodologischer Reflexion einhergehendes Modell einer neuen *scientia naturalis*[24] – und verstrickt sich in Konflikte mit konservativen monastischen Theologen wie Wilhelm von St. Thierry. Vergleichbar Adelard von Bath, der wegen eines kompromißlosen Plädoyers für die *ratio* wie aufgrund seiner von Neugier getriebenen Reisen nach Toledo zum exemplarischen Exponenten des ‚neuen Wissensdursts' des 12. Jahrhunderts avanciert – und zugleich seine wichtigsten Werke in dialogischer Form und stark literarisierter Sprache verfaßt.[25] In umgekehrter Weise zeigt sich diese Ambivalenz in literarischen Werken: Obgleich als Moment einer enzyklopädisch aufgefaßten *grammatica* im Raum der Kathedralschulen verfaßt,[26] greifen die literarischen Werke des Bernardus Silvestris oder Alanus von Lille zugleich neueste philosophische und theologische Entwicklungen, Ideen, Texte auf[27] – und nicht weniger deutlich zeigt sich dieses Ineinander des Neuen im

---

[22] Ausführlicher zum Folgenden vgl. Frank Bezner, *Vela Veritatis*. Hermeneutik, Wissen und Sprache in der *Intellectual History* des 12. Jahrhunderts, Leiden/Boston 2005, insb. S. 23–33.

[23] Vgl. Johannes von Salisbury, Metalogicon (wie Anm. 12), insb. Buch I.

[24] Dazu Speer (wie Anm. 6), insb. S. 130–221.

[25] Vgl. zu Adelards Plädoyers für eine kompromißlos rationale Reflexion die Darstellung bei Speer (wie Anm. 6), insb. S. 36–43.

[26] Vgl. Peter Godman, *Opus consummatum omnium artium ... imago*. From Bernard of Chartres to John of Hauvilla, in: ZfDA, 124 (1995), S. 26–71.

[27] Vgl. dazu unten.

bald Obsoleten in jener, für diese Werke grundlegenden Hermeneutik des *integumentum*, deren Kernpunkt der *philosophische* Anspruch *literarischer* Strukturen ist.[28]

Kurzum: So sehr eine enzyklopädische, literarische, am Kommentar einschlägiger *auctores* wie Platon, Boethius, Martianus Capella, Macrobius, Vergil orientierte Wissenskultur der Kathedralschule auch künftig einer Kultur der aristotelischen Scholastik systematisch und institutionell entgegengesetzt sein mag – für die Schwellenzeit des 12. Jahrhunderts selbst gilt diese Opposition gerade *nicht*; den Scheidungen vergleichbar, die die Moderne errichtete, um Moderne zu sein,[29] erweist sich eine Trennung der alten und neuen, literarischen und philosophischen, enzyklopädischen und disziplinenorientierten Kulturen als Folge unangemessener disziplinärer Grenzziehung – sowie des Versuches, auch im 12. Jahrhundert eine Moderne zu konstruieren, die sich über derartige Differenzierungen in den Blick nehmen läßt.

Dazu kommt – gerade vor dem Hintergrund dieser ‚Dynamisierung‘ – ein weiteres. Denn protegiert vom Kollaps der Renaissance-These wie der schieren Offensichtlichkeit und Faktizität der Rationalisierungsprozesse im 12. Jahrhundert, hat sich, ganz unbemerkt, wie es scheint, ein paradigmenbildender ‚neuer (wissenschaftlicher) Mythos‘ ausgebreitet – ein Mythos, der sich in Anlehnung an eine Formulierung Lorraine Dastons als ‚Mythos von der Kopfgeburt der Athene‘ bezeichnen ließe.[30] Denn auch für die skizzierte Forschungslage zum 12. Jahrhundert gilt weitgehend, daß für sie die

> Rationalität [ebenso wenig] eine *Geschichte* [hat], wie Athene eine Biographie: Rationalität war – so unser Bild – vollendet und daher monolithisch, sobald sie auf die Bildfläche trat [...].[31]

Doch zur derart ‚monolithischen‘ Konzeption der Rationalität gibt es Alternativen, die zunehmend von einer ‚neuen Ideengeschichte‘ oder *Intellectual*

---

[28] Hierzu: Marie-Dominique Chenu, Involucrum. Le mythe selon les théologiens médiévaux, in: Archives d'histoire doctrinale et littéraire du Moyen Age 22 (1956), S. 75–79; Édouard Jeauneau, L'usage de la notion d'"integumentum" à travers les gloses de Guillaume de Conches, in: Archives d'histoire doctrinale et littéraire du Moyen Age 32 (1957), S. 35–100; Peter Dronke, Fabula, Explorations into the Uses of Myth in Medieval Platonism, Leiden 1974; Christoph Huber, Artikel ‚Integumentum‘, in: Reallexikon der dt. Literaturwissenschaft, Bd. II, S. 156–160; Frank Bezner (wie Anm. 22).

[29] Dazu Bruno Latour, Wir sind nie modern gewesen. Versuch einer symmetrischen Anthropologie, Frankfurt a.M. 1998.

[30] Lorraine Daston, Wunder, Beweise und Tatsachen. Zur Geschichte der Rationalität, Frankfurt a.M. 2001, S. 7–27. Zur Relevanz Dastons für die Fragestellung des vorliegenden Bandes vgl. auch den Beitrag von Ingrid Kasten in diesem Band.

[31] Daston (wie Anm. 30), S. 7f.

History[32] erarbeitet werden, die – disziplinär kaum gefügt und in ihren Konsequenzen für die *mittelalterliche* Wissensgeschichte noch zu entwerfen[33] – gerade keine Geistesgeschichte vertrauter Prägung ist, sondern ebenso von einer Reihe theoretischer Innovationen aus der Literatur- und Kulturtheorie[34] profitiert wie von einer grundsätzlichen Historisierung. ‚Wissen‘ (bzw. die Werke der Wissensgeschichte) erscheint aus einer derartigen Perspektive nicht mehr als notwendig gegebene, aus begrifflicher Logik und hermeneutischer Perspektive *allein* heraus verständliche Summe von Einsichten, Ideen, Argumenten,[35] sondern verdankt sich auch komplexen, teils kontingenten, nicht nur systematischen Verfertigungsbedingungen, medialen Faktoren, kulturellen Praktiken, kontextuellen Bedingtheiten;[36] über Wahrheit entscheidet eine „Ordnung des Diskurses“,[37] die mit Selektion und Exklusion einhergeht; darüber, was (und auch wer) überhaupt „im Wahren“ ist oder sein kann, entscheiden herrschende *Paradigmen.*[38] Überhaupt muß ‚die Rationalität‘ (und ihre Standards) – gerade in *Schwellenzeiten* – auch durchgesetzt, in ihren Ansprüchen und Verfahren naturalisiert, verselbständigt werden, ja bedarf, um Geltung zu erlangen, eigener Mythen und Auratisierungen ihrer Macht und Relevanz.[39]

---

[32] Einschlägig z.B. der ‚Klassiker‘ von Steven Shapin u. Simon Schaffer, Leviathan and the Air-Pump. Hobbes, Boyle, and the Experimental Life, Princeton 1985.

[33] Die einschlägigen in den vorigen Anm. angeführten Arbeiten und Ansätze stammen nahezu ausschließlich aus der Frühneuzeitforschung, in der eine aufgeklärte Ideengeschichte bereits eindrucksvolle Ergebnisse hervorgebracht hat, vgl. z.B. die Beiträge in: Die Praktiken der Gelehrsamkeit in der Frühen Neuzeit, hg. v. Helmut Zedelmaier u. Martin Mulsow, Tübingen 2001.

[34] Vgl. insb. die – nicht selten auf eine Theorie der Literatur oder Ästhetik reduzierten – Arbeiten Michel Foucaults, insb. M. Foucault, Die Ordnung des Diskurses, Frankfurt a.M. 1991, und ders., Nietzsche, die Genealogie, die Historie, in: ders., Von der Subversion des Wissens, hg. v. Walter Seitter, Frankfurt a.M. 1987, S. 69–90.

[35] Ein bereits einschlägiges Beispiel dafür ist die komplexe Konstruktion Platons, vgl. Marie-Dominique Chenu, Die Platonismen des XII. Jahrhunderts, in: Platonismus im Mittelalter, hg. v. Werner Beierwaltes, Darmstadt 1968, S. 268–316.

[36] Eine konsequente Reinterpretation der Denkgeschichte des 12. Jahrhunderts in diesem Sinne steht aus, implizit einschlägig indes immer noch Chenu (wie Anm. 15) (vgl. grundsätzlich auch Kurt Flaschs Plädoyer für die Problemgeschichte, ders., Historische Philosophie. Beschreibung einer Denkart, Frankfurt a.M. 2003).

[37] Zu „Ordnungskonfigurationen“ jetzt etwa, wenngleich nicht nur mit Bezug auf ideengeschichtliche Phänomene: Ordnungskonfigurationen im hohen Mittelalter, hg. v. Bernd Schneidmüller u. Stefan Weinfurter, Stuttgart 2006.

[38] Deutlich etwa im Fall der porretanischen Theologie, vgl. Frank Bezner, Omnes excludendi sunt praeter domesticos. Eine mittelalterliche Diskussion über die kommunikativen Bedingungen des Wissens, in: Ars und Scientia, hg. v. Dörte Helschinger u. Cora Dietl, Bern 2002, S. 57–77.

[39] Einschlägig zur Durchsetzung wissenschaftlicher Paradigmen und damit verbundenen Disziplinierung *als Moment der Universitätsgründung*: Ferruolo (wie Anm. 14) und John Baldwin, Masters, Princes and Merchants. The Social Views of Peter the Chanter and his Circle, Princeton 1970.

Eben eine derartige – jüngst von Ian Hacking auch theoretisch erschlossene[40] – Historisierung eröffnet dabei nicht nur Chancen für eine neue *Intellec-*
tual History des 12. Jahrhunderts. Sie ist auch für die folgenden Überlegungen
zentral, ja konstituiert deren methodische ‚Generalthese'. Denn ohne eine der-
artig dynamisierte Perspektive auf die Rationalisierung des 12. Jahrhunderts –
die es also gerade nicht ‚systematisch' mit Max Weber oder Jürgen Habermas
zu verstehen gilt – läßt sich weder das Verhältnis der lateinischen ‚Literaturtheorie' und Literatur zur „Verwissenschaftlichung des 12. Jahrhunderts" noch
die damit zwangsläufig verbundene Frage nach ihrer spezifischen Literarizität
adäquat verstehen.

III. Ästhetisierung des Wissens oder Ästhetik als Wissen? Rationalisierung in der literarischen Theoriebildung des 12. Jahrhunderts

Der enge Zusammenhang zwischen dem Rationalisierungsprozeß des 12. Jahrhunderts und der (lateinischen) literarischen Theoriebildung[41] zeigt sich auf
mehreren Ebenen.[42] Zum einen in der schieren Präsenz naturphilosophischer
und theologischer Begrifflichkeit(en), Theorien und Modelle – einer Präsenz,
die freilich eine Vorgeschichte hat. Von Fulgentius, Remigius von Auxerre,
Johannes Scottus und den anonymen Boethiuskommentaren des 9. und
10. Jahrhunderts übernehmen die Exegeten des 12. Jahrhunderts ein hoch-
spezifisches Set platonischer und neuplatonischer Philosopheme (wie die Welt-

---

[40] Ian Hacking, Historische Ontologie, o.O. 2006, insb. S. 9–117.
[41] Die folgenden Beobachtungen basieren auf: Accessus ad auctores. Bernard
     d'Utrecht et Conrad d'Hirsau. Dialogus super auctores, hg. v. Robert B. C. Huy-
     gens, Leiden 1970; Bernard von Utrecht, Commentum in Theodulum, in: ebd.,
     S. 55–69; Conrad von Hirsau, Dialogus super auctores, in: ebd., S. 71–131; Bernar-
     dus Silvestris, Commentum super sex libros Eneidos, in: The Commentary on the
     First Six Books of the Aeneid of Vergil, hg. v. Julian Ward Jones u. Elizabeth F.
     Jones, Lincoln/London 1977; Bernardus Silvestris (?), Commentum in Martianum,
     in: The Commentary on Martianus Capella's De nuptiis Philologiae et Mercurii,
     hg. v. Haijo Jan Westra, Toronto 1986; vgl. auch Fulgentius, Fabii Planciadis Ful-
     gentii V.C. opera, hg. v. Rudolph Helm, Leipzig 1898.
[42] Grundsätzlich zum in der vorigen Anm. zitierten Corpus: Alastair J. Minnis u.
     Alexander B. Scott, Medieval Literary Theory and Criticism c. 1100 – c. 1375. The
     commentary tradition, Oxford 1988; Alastair J. Minnis, Medieval Theory of Au-
     thorship: Scholastic Literary Attitudes in the Later Middle Ages, London 1984;
     Heinz Meyer, Intentio auctoris, utilitas libri. Wirkungsabsicht und Nutzen literari-
     scher Werke nach Accessus-Prologen des 11.–13. Jahrhunderts, in: FmSt 31 (1997),
     S. 390–413.

seele oder das Konzept der Sphärenharmonie) sowie eine systematische Elementen- und Temperamentenlehre, die insbesondere bei der philosophischen Auslegung mythischer Figuren ‚angewandt' wird.[43]

In diesem Rahmen kommt es dabei indes auch zu einer spezifischen *Transformation* eben dieser frühmittelalterlichen Tradition im Horizont der im 12. Jahrhundert *neu* entwickelten Ansätze.[44] Neben einer für die Wissensgeschichte der dreißiger und vierziger Jahre des 12. Jahrhunderts typischen Übernahme (und teils auch Fusion) theologischer und moralischer Reflexionen Abailards und Hugos von St. Viktor[45] ist dabei insbesondere der Einfluß Wilhelms von Conches einschlägig, und dies in doppelter Hinsicht. Zum einen übernimmt etwa Bernardus Silvestris[46] Wilhelms Einzeldeutungen und auch Auslegungscluster mythischer Figuren, etwa Wilhelms Auslegung des Bacchus-Semele-Mythos.[47] Zum anderen (und weit interessanter) greift Bernardus auf die in Wilhelms ‚Philosophia Mundi'[48] und ‚Dragmaticon'[49] – also systematischen naturphilosophischen Traktaten – entwickelten Überlegungen zurück, um nun *seinerseits* neue Auslegungen mythischer Figuren zu entwickeln. Eines von zahlreichen Beispielen ist etwa Bernardus' Auslegung von Phoebus und Diana, die er nicht schlicht wie die exegetische Tradition[50] als mythische Chiffren für Sonne und Mond auslegt. Vielmehr versucht Bernardus ausführlich darzulegen, inwiefern gerade diese Figuren in der ebenso fiktiven wie durchdachten Welt[51] des Martianus Capella begründet und rational nachvoll-

---

[43] Einschlägig hier Fulgentius, ‚Mitologiae', die vatikanischen Mythographen, aber auch die karolingischen Kommentatoren Remigius v. Auxerre und (Ps.-?) J. Scottus. Eine systematische Analyse ihres Einflusses steht noch aus, vgl. aber die Nachweise in den in Anm. 41 genannten Editionen.

[44] Die Klärung der nicht-antiken, frühmittelalterlichen Grundlagen oder zumindest Referenzräume der Wissensgeschichte des 12. Jhs. stellt – ebenso wie die systematische Erschließung der Rezeption des 12. Jhs. – ein wichtiges Desiderat dar, das bislang nur an wenigen einzelnen Beispielen erforscht wurde.

[45] Vgl. Michael Evans, The Ysagoge in theologiam and the commentaries attributed to Bernard Silvester, in: Journal of the Warburg and Courtauld Institutes 54 (1991), S. 1–42.

[46] Die Frage nach Bernardus' Autorschaft an *beiden* Kommentaren (Stephen Gersh, (Pseudo-?) Bernard Silvestris and the Revival of Neoplatonic Virgilian Exegesis, in: SOPHIES MAIESTORES. Chercheurs de sagesse. Hommage à Jean Pépin, hg. v. Marie-Odile Goulet-Cazé, Goulven Madec u. Denis O'Brien, Paris 1992) ist hier nicht relevant.

[47] Das Folgende nach Bernardus (?), Commentum in Martianum (wie Anm. 41), S. 139–140.

[48] Wilhelm von Conches, Philosophia, hg. v. Gregor Maurach, Pretoria 1980.

[49] Wilhelm von Conches, Dragmaticon, hg. v. Italo Ronca, Turnhout 1998.

[50] Vgl. die von Westra in Bernardus (?), Commentum in Martianum (wie Anm. 41), S. 139f., angeführten Belegstellen aus Fulgentius und den karolingischen Kommentatoren.

[51] Vgl. unten.

ziehbar als Kinder von Jupiter und Latona – ‚also' des *ignis superior* und des Elements Wasser – ausgelegt werden können. Bei seiner detaillierten Diskussion der Entstehung von Sonne und Mond aus dem Zusammentreten des *ignis superior* und des Wassers bedient er sich dabei genau der Argumente, die Wilhelm von Conches in seiner ‚Philosophia Mundi' bei seiner kosmologischen Erklärung der Entstehung von Sonne und Mond systematisch entwickelte. Äußerst typisch in Bernardus' Auslegung ist dabei, daß nicht nur eine mythische Chiffre, sondern ein im auszulegenden Text präsenter (oder ihm unterstellter) *Zusammenhang* ausgelegt wird; in einer ausführlichen Reflexion zu Beginn seines Kommentars führt er dabei grundsätzlich aus, daß sich hinter den von Martianus Capella inszenierten und erzählten Götterhandlungen eben derartige, systematisch durchsichtige *Zusammenhänge* und *Wechselwirkungen* zwischen Elementen, Qualitäten, Temperamenten verbergen.[52] Nicht minder charakteristisch ist die Verselbständigung der Bernardschen Exegese, denn die in der Edition dreiseitige Auslegung mutiert zu einem Mikrotraktat über die Entstehung von Sonne und Mond. Wie in vergleichbaren Stellen fällt dabei die differenzierte Abwägung verschiedener Hypothesen sowie die argumentative Beweisführung auf: *hoc enim probant rationes* heißt es immer wieder.[53] Nicht anders als in den Kommentaren Wilhelms von Conches wird die Auslegung mythischer Argumente also zu einer „Protowissenschaft"[54], bei der die Stringenz und Systematizität der Auslegung, weniger ihr Bezug zum Text im Vordergrund steht. Interessanterweise hatte Wilhelm von Conches diese Funktionalisierung seiner ‚Philosophia Mundi' dabei selbst betont, denn er bezeichnet diesen systematischen Traktat (ebenso wie sein ‚Dragmaticon') als Handreichung zur *lectio auctorum*.[55]

Diese Nähe zwischen Exegese und Verwissenschaftlichung zeigt sich freilich nicht nur in inhaltlicher Hinsicht. Weit weniger deutlich, aber damit zugleich weit basaler, ist zudem die Rationalisierung des *Kommentarprozesses selbst* bzw. die konsequente *Inszenierung* seiner ‚Wissenschaftlichkeit'. Dies zeigt sich bereits in der im 12. Jahrhundert charakteristischen Tendenz, die für die *Accessus* der Kommentare topischen Fragen zu organisieren. Wie insbesondere Alastair Minnis immer wieder betont hat, orientiert man sich zunehmend am Vorbild der Prologe der dialektischen Schriften und Aristoteles-Übersetzun-

---

[52] Bernardus (?), Commentum in Martianum (wie Anm. 41), S. 48, S. 57, S. 100, S. 124.
[53] Ebd., S. 139.
[54] Hierzu (mit weiteren Beispielen) vgl. Lodi Nauta, The Glosa as Instrument for the Development of Natural Philosophy. William of Conches' Commentary to Boethius, in: Maarten J.F.M. Hoenen u. Lodi Nauta, Boethius in the Middle Ages. Latin and Vernacular Traditions of the Consolatio Philosophiae, Leiden/New York/Köln 1997, S. 3–39.
[55] Vgl. Wilhelm von Conches, Philosophia Mundi (wie Anm. 48), S. 89.

gen des Boethius – und übernimmt damit eben das Modell, das für die logischen und theologischen Kommentare des 12. Jahrhunderts einschlägig wurde.[56] Wichtiger als diese Stilisierung ist indes jene für die Kommentare des 12. Jahrhunderts elementare Grundannahme, die ihren philosophischen Anspruch begründet: die Annahme, daß die Dichtung (*poesis*) überhaupt und vordringlich über ihre moralische und stilbildende Funktion hinaus eine philosophische Dimension besitze. Vergil wie Martian, so Bernardus Silvestris in seiner bekannten Grundlegung, haben „sowohl die philosophische Wahrheit gelehrt wie auch die poetische Fiktion (*poeticum ficmentum*) nicht vernachlässigt."[57] Daß dies weniger ein Plädoyer für die Wahrheit der Fiktion als vielmehr für die Relevanz der *ratio* im institutionell gegebenen Medium der Dichtung darstellt, zeigt sich – einmal abgesehen von der faktischen philosophischen Diskussion in den Kommentaren – dabei sehr deutlich, wenn diese Definition nicht gattungstheoretisch, sondern im Kontext der Kommentare *selbst* verstanden wird. Sorgsam um die Stringenz seiner Interpretationen bemüht, weist der Kommentator sowohl im Vergil- wie im Martian-Kommentar auf die Gefahr hin, die die traditionsbedingte Mehrdeutigkeit der integumentalen Götterchiffren mit sich bringe – stehen sie in der exegetischen Tradition doch für Elemente, Säfte, moralische Qualitäten etc.[58] In der terminologischen Begrifflichkeit frühscholastischer *distinctio* – Bernardus diskutiert hier sowohl Abailard wie andere Sprachtheoretiker[59] – fordert er vom Exegeten explizit und mit Nachdruck die Klärung jedweder *multi-* oder *aequivocationes* (*distinguendum erit ad quot res subiectas integumentorum nomina equivocentur*); nur wo diese *distinctio* erfolgt, kann der verwirrende Eindruck mangelnder systematischer Stringenz (*si in una veritas stare non poterit*) beseitigt werden. Mit dieser Reflexion überträgt Bernardus dabei die für das 12. Jahrhundert grundlegende Denkfigur, Widersprüche durch genaue sprachliche und begriffliche Analyse als Scheinwidersprüche zu entlarven, auf die Dichterexegese; umgekehrt – und dies ist in diesem Kontext besonders wichtig – stilisiert er die literarische Exegese dadurch zu einer Art Begriffs- und Sprachanalyse, die (formal) den Standards der sich entwickelnden scholastischen Episteme entsprechen soll. Bei seiner an Boethius orientierten Auslegung der Hercules-Figur glorifiziert er diese hermeneutische Haltung sogar, indem er den die mehrköpfige Hydra tötenden Heroen mit dem Exegeten vergleicht, der die unendlich wuchernden Interpretationsmöglichkeiten des literarischen Textes

---

[56]   Vgl. Minnis, Theories of Authorship (wie Anm. 41), S. 9–39.
[57]   Vgl. Bernardus, Commentum super sex libros Eneidos (wie Anm. 41), S. 3, vgl. Bernardus (?), Commentum in Martianum (wie Anm. 41), S. 45f.
[58]   Vgl. Bernardus, Commentum super sex libros Eneidos (wie Anm. 41), S. 9, vgl. Bernardus (?), Commentum in Martianum (wie Anm. 41), S. 46.
[59]   Hierzu ausführlicher Bezner (wie Anm. 22), S. 351–354.

durch die Kraft seines Intellekts, seiner philosophischen Kompetenz, zunichte machen kann.[60]

Auch die im Anschluß an die integumentale Grundlegung entwickelte Reflexion über die *poesis* selbst ist von dieser Stilisierung der Literaturexegese zum Raum des Philosophischen geprägt. Neben einigen aufschlußreichen Stellen im Vergilkommentar zeigt sich dies sehr deutlich im Martian-Kommentar. Bereits im *accessus* und zu Beginn der ersten *distinctio* hatte Bernardus die philosophisch-integumentale Dimension der Dichtung erörtert, um darauf auch ihren *disziplinären Ort* zu bestimmen.[61] Auf der Basis einer an Boethius und vor allem dem ‚Didascalicon‘ Hugos von St. Viktor orientierten Wissenschaftsklassifikation entwickelt er dazu die Konzeption eines alle *artes* und *scientie* enthaltenden, enzyklopädischen *liber philosophicus* und schreibt:

> [...] von den mechanischen Wissenschaften ist nur wenig in die „philosophischen Bücher" eingegangen [...], die *poesis* hingegen verleiht ihnen die äußere, integumentale Erzählung (*exterior integumentorum narratio*). Von der Rhetorik werden sie durch Syntax, Argumentation und Redestrategien unterstützt. Am meisten aber beziehen sie von der Philosophie, und [...] von der Theologie her rührt, was von Jupiter und Juno [zu lesen bzw. auszulegen ist]; was der *liber philosophicus* indes anderen Göttern wie Vulcan [und] Pluto [...] zuschreibt, schreibt er ihnen nach Maßgabe der *physica* zu.[62]

Bernardus setzt dies fort, indem er einzelne narrative Details wie dargestellte Urnen, Sterne etc. mit weiteren Wissenschaften verbindet, um dann folgendermaßen zu schließen:

> [...] und so ist der *liber philosophicus* eine Art Spiegel, in dem das Antlitz nahezu aller Disziplinen erscheint. Deswegen hat der Leser auch in allen Disziplinen bewandert zu sein [...] – muß aber [genau] bestimmen, welche Ausführung theologisch, welche naturphilosophisch, welche mathematisch [...] ist.[63]

Im Rahmen eines pluridisziplinären *liber philosophicus* erscheint die *poesis* zwar als selbständige „Disziplin", ist aber allein für die äußere Medialität (*exterior integumentorum narratio*) zuständig: *Inhaltlich* betrachtet gehören die mehrschichtig-integumentalen Götterfiguren ebenso wie narrative Details zu den einzelnen Disziplinen.

Vergleicht man diese Konzeption dabei mit ihrer Vorlage (dem auch sonst in den Kommentaren präsenten) Hugo von St. Viktor, fällt zunächst auf, daß Bernardus das grundsätzliche Schema Hugos und zahlreiche Definitionen ein-

---

[60] Vgl. Bernardus, Commentum super sex libros Eneidos (wie Anm. 41), S. 71.
[61] Vgl. Bernardus (?), Commentum in Martianum (wie Anm. 41), S. 82f.
[62] Vgl. ebd., S. 82f.
[63] Vgl. ebd., S. 83.

zelner Wissenschaften zwar übernimmt. Doch im Hinblick auf die Rolle der *poesis* zeigt sich ein fundamentaler Unterschied:

1. Während Hugo die *poesis* implizit und explizit aus seiner Wissenschaftsklassifikation verbannt,[64] nimmt Bernardus sie auf.
2. Während Hugo seinen Ausschluß unter anderem damit begründet, daß integumentale *fabulosa commenta* unwissenschaftlich sind, weil sie *zu viele und indistinkte* Inhalte der *artes* enthielten,[65] versucht Bernardus diese Kritik – wie skizziert – dadurch außer Kraft zu setzen, daß er die Literarexegese als quasi-wissenschaftliches Verfahren inszeniert, das die nur potentielle Mehrdeutigkeit der verhandelten Inhalte zu bewältigen vermag. Was er damit offensichtlich verteidigt, ist die Potenz literarischer Werke, Träger akzeptierten Wissens und rationaler Argumentation zu sein.

Alles in allem also ein komplexer Zusammenhang zwischen Kommentar, literarischer Theoriebildung und der Verwissenschaftlichung des 12. Jahrhunderts. Denn in Auslegungspraxis, Exegesestil und begleitender Reflexion erweisen sich die Literaturkommentare insbesondere des Bernardus Silvestris als Räume protophilosophischer Diskussion. Eben dieser philosophische *Anspruch* unterscheidet sich radikal von Hugo von St. Viktor, der vor einer derartigen Fusion von Poesie und Wissen warnt, und sollte sich im Verlauf der Rationalisierung gerade nicht *durchsetzen*. Trotz dieser Differenz beruht Bernardus' Anspruch indes gerade nicht auf einem Plädoyer für obsolet werdende Werte und Formen ‚alten' enzyklopädischen Wissens noch auf einer Privilegierung der Dichtung, die ihr als Wissensmedium eine profundere Rationalität unterstellt und/oder sie den logischen Disziplinen scharf entgegensetzte. Im Gegenteil: Er rekurriert – über den inhaltlichen Anschluß an naturphilosophische Paradigmen und Argumentationen – auf zeitgenössische methodische Standards, um die Rationalität der Dichterexegese, resp. der Dichtung zu bewahren.

IV. Literarisch-philosophische Praxis

Mit der um 1148 entstandenen ‚Cosmographia'[66] des Bernardus Silvestris beginnt eine der nachhaltigsten, komplexesten, intertextuell dicht gefügten ‚Se-

---

[64] Vgl. Hugo von Sankt Victor, Hugonis de Sancto Victore Didascalicon, De Studio Legendi: A Critical Text, hg. v. Charles Henry Buttimer, Washington 1939, S. 54, mit (z.B.) Winthrop Wetherbee, Platonism and Poetry in the Twelfth Century: The Literary Influence of the School of Chartres, Princeton 1972, S. 54.
[65] Vgl. die in der vorigen Anm. zitierte Passage.
[66] Bernardus Silvestris, Cosmographia, hg. v. Peter Dronke, Oxford/Leiden 1978 (engl. Übers. mit wichtigem Kommentar: Bernardus Silvestris, The Cosmographia of Bernardus Silvestris, übers. v. Winthrop Wetherbee, New York 1973.)

rien' der mittellateinischen Literatur seit dem 12. Jahrhundert. Auf das Initialwerk des Bernardus, das an Platons ‚Timaeus' (und den im 12. Jahrhundert damit verbundenen Texten) orientiert ist und die Genese des Kosmos bis zur Entstehung des Menschen in prosimetrischer Form schildert, reagiert Alanus von Lille mit seinem ‚De planctu nature'[67] und dem ‚Anticlaudianus'[68], in denen neben der ausführlichen Darstellung einschlägiger Wissenskomplexe bzw. Artes-Inhalte die post-kosmogonische moralische Depravierung des nunmehr geschaffenen (bzw. neu zu schaffenden) Menschen steht; als teilweise satirischer Nachklang schließlich gilt der ‚Architrenius' des Johannes von Hauvilla[69], in dem ein unbedarfter Protagonist angesichts der immer noch persistierenden Schlechtigkeit der Welt zum Weinen verdammt ist – und allein durch die Vermählung mit *Moderantia* davon erlöst zu werden vermag. Wie nicht zuletzt die frühe Rezeption (und dann auch die Überlieferung) der Werke zeigt, sind sie zentrale Referenztexte im mittelalterlichen Schulraum: Schon früh zitieren die Verfasser der ‚Artes Poetrie' diese, in hochartifizieller, teils überbordend-idiosynkratischer Sprache verfaßten Werke als Belege für ihre theoretisch formulierten Stilnormen;[70] die mit ihnen verbundene Kommentartradition ist reich (und erst ansatzweise erforscht).[71] Auch das grundsätzliche Verhältnis zwischen dem in den Werken verhandelten Wissen zu ihrer ästhetisch-literarischen Textur scheint klar: Literarische Darstellungstechnik diene der (teils mnemotechnisch funktionalisierten) Vermittlung *qua* Bild,[72] ja auch Dramatisierung[73] von Wissen, aber implizierte vor allem eine Gegenposition zum nicht-bildhaften Diskurs der Philosophie; so vermöge die ‚Cosmographia', Einsichten zu formulieren, zu der die Philosophie nicht imstande sei, oder wird als poetisches Experiment verstanden, das philosophische Sinnkonstitution bewußt verweigert oder überwindet;[74] von Alanus schließlich wird die

---

[67] Alanus von Lille, De planctu Naturae, hg. v. Nikolaus Häring, in: Studi Medievali, ser. 3, 19 (1978), S. 797–879.

[68] Alanus von Lille, Anticlaudianus, hg. v. Robert Bossuat, Paris 1955.

[69] Johannes de Hauvilla, Architrenius, hg. v. Paul Gerhard Schmidt, München 1974 (engl. Übers. in: Johannes de Hauvilla, Architrenius, hg. v. Winthrop Wetherbee, Cambridge 1994).

[70] Vgl. Douglas Kelly, The Arts of Poetry and Prose, Turnhout 1991, S. 57–60.

[71] Am einschlägigsten: In „Anticlaudianum" Alani commentum, hg. v. Jan Sulowski, Warschau 1972.

[72] So etwa Stolz (wie Anm. 20), insb. S. 86–114, vgl. auch James Simpson, Sciences and the Self in Medieval Poetry. Alan of Lille's ‚Anticlaudianus' and John Gower's ‚Confessio amantis', Cambridge 1995.

[73] Vgl. Peter Dronke, Introduction, in: Bernardus Silvestris, Cosmographia (wie Anm. 66), S. 57.

[74] So Jon Whitman, Allegory. The Dynamics of an Ancient and Medieval Technique, Oxford 1987, S. 218–260; Godman (wie Anm. 26) und ders., The Silent Masters. Latin Literature and its Censors in the High Middle Ages, Princeton 2000, S. 277.

Potenz der freien Imagination und Kraft autonomer, weil zur Fiktion fähiger Dichtung entdeckt.[75] Die folgenden – punktuellen, skizzenhaften – Beobachtungen versuchen genau diese Frage(n) neu aufzuwerfen und dabei zu zeigen, wie sich die Einschätzung aller Werke radikal wandelt, sobald sie zu einem dynamisiert verstandenen Prozeß[76] der „Rationalisierung und Verwissenschaftlichung" im 12. Jahrhundert in Beziehung gesetzt werden.

(i) Die ‚Cosmographia' des Bernardus Silvestris …

… ist nach Angaben ihres Verfassers ein „seiner Natur nach schwieriger *Traktat* über die Welt und den Kosmos" (*tractatus de mundo, de universitate … sua natura difficilis*).[77] Und tatsächlich erzählt das Werk aus einer stupenden Kenntnis zeitgenössischer und antiker Quellen heraus,[78] wie nach der Klage Naturas bei Nouys aus der Urmaterie die Elemente, das Universum und schließlich der Mensch entstehen. Selten zeigt sich dabei der enge Zusammenhang zwischen literarischer Kreativität und Wissen so deutlich wie am Beispiel der Silva/Hyle – jener allegorischen, die Urmaterie repräsentierenden Figur, die man einmal treffend die ‚negative Heroine' des Werkes genannt hat.[79] Silva, so heißt es in dicht-drastischer *descriptio*, ist eine „formlose Zusammenballung" (*congeries informis*), ein „starres, unförmiges Chaos", das sich mit sich selbst uneins in chaotischem Aufruhr befindet;[80] mit sich selbst im Widerstreit flutet sie in unguten Bewegungen bald „hierhin und dorthin" (und wird plötzlich „starr"), ist formlos, farblos, von häßlichem Äußeren, rauh und dreckig;[81] als Urgrund des Materiellen ist sie bloße „Fähigkeit", die unumschrieben ist und „unerkannt entgleitet".[82] Bernardus' Darstellung geht dabei nicht nur auf Platons ‚Timaeus' (bzw. Calcidius) zurück, die ebenfalls und mit denselben Worten das Bild einer hin-und-her-flutenden Urmasse mit „wechselnden Antlitzen" entwickelt hatten.[83] Sie greift vielmehr genau jene Aspekte

[75] Vgl. Hans Robert Jauß, Zur historischen Genese der Scheidung zwischen Fiktion und Realität, in: Funktionen des Fiktiven. Poetik und Hermeneutik 10, hg. v. Dieter Henrich u. Wolfgang Iser, München 1983, S. 423–431.
[76] Vgl. dazu oben unter (II).
[77] Bernardus Silvestris, Cosmographia (wie Anm. 66), S. 96.
[78] Wichtig dazu Theodore Silverstein, The Fabulous Cosmogony of Bernardus Silvestris, in: Modern Philology 46 (1948–1949), S. 92–116, und die Kommentare von Dronke in Bernardus Silvestris, Cosmographia (wie Anm. 66) und Wetherbee, Cosmographia (wie Anm. 66).
[79] Bernardus Silvestris, Cosmographia (wie Anm. 66), S. 97–104.
[80] Ebd., S. 97 (V. 1f., 18–20).
[81] Ebd., S. 97, V. 25; S. 98, V. 34 und S. 100, par. 5.
[82] Ebd., S. 100, par. 4f.
[83] Platon, Timaeus, 51B.

des kosmologischen Prinzips auf, die auch in der zeitgenössischen Kommentarliteratur – in einer für die Platonrezeption des 12. Jahrhunderts typischen Clusterhaftigkeit[84] – immer wieder erörtert werden: vom immer wieder anzitierten Ovid[85] über die Bestimmung der Hyle als eines nicht fassbaren *hoc et illud*[86] bis hin zu jener insbesondere von Bernard von Chartres problematisierten platonischen Formulierung, nach der die vier Elemente gleichzeitig „in und aus" der Hyle hervorgehen.[87] Subtil zitiert, ja inszeniert Bernardus überdies das im 12. Jahrhundert oft zitierte, auf Calcidius zurückgehende *dictum*, daß die Hyle als Potenz des Materiellen der Erkenntnis keinen Gegenstand darbiete und nicht positiv, sondern nur apophatisch begriffen werden könne. Bernardus zitiert dabei die topische Phrase *intelligere non intelligendo* an, setzt dies durch ein „sie entgleitet unbekannt [dem Blick], indem sie ihre jeweiligen Antlitze ändert" fort – und schlägt eben damit eine autoperformative Brücke zwischen Bild und Gedanken, denn der vorhergehende Abschnitt hatte das verwirrende Wechselspiel ihrer Antlitze, ihr Hin- und Her-Fluten dramatisch ausgemalt. Dabei vollzieht sich weniger der philosophische Gedanke im Bild, vielmehr wird die Bildlichkeit aus dem philosophischen Gedanken heraus konstruiert.[88] Kurzum: Literarische Kreativität und Bildersprache entfalten sich ganz offensichtlich im Rahmen detailliert rezipierter zeitgenössischer Wissensinhalte und -strukturen.

Freilich wäre, allein *dies* zu konstatieren, für die Ausgangsfrage nicht genug. Denn blickt man etwas genauer auf die zeitgenössische Rezeption der platonischen Hyle – insbesondere im Umfeld Wilhelms von Conches –, dann lassen sich zwei Punkte feststellen:

(1.) Wilhelm von Conches zeichnet in seinen Platonglossen nicht nur Platons Gedankengang nach, sondern legt das Philosophem in einem Sinne aus, der seiner systematischen Position in der ‚Philosophia Mundi' entspricht: für ihn *gibt* es überhaupt keine Hyle; was zu Beginn des Kosmos existierte, waren aus einer Reihe von Gründen heraus *allein* die vier Elemente; und Platons Rede von einer ungeordneten *iactatio* und dem flutenden Hin-und-Her einer

---

[84] Hierzu Frank Bezner, Simmistes veri. Das Bild Platons in der Theologie des zwölften Jahrhunderts, in: The Platonic Tradition in the Middle Ages. A Doxographic Approach, hg. v. Stephen Gersh u. Maarten Hoenen, Berlin/New York 2002, S. 95–137.

[85] Vgl. Ovid, Metamorphosen 1, 7, 19, mit (z.B.) Wilhelm von Conches, Dragmaticon (wie Anm. 49), S. 29.

[86] Vgl. Wilhelm von Conches, Glosae super Platonem (wie Anm. 89), S. 266.

[87] Vgl. Pauli Annala, The Function of the formae nativae in the Refinement Process of Matter: A Study of Bernard of Chartres's Concept of Matter, in: Vivarium 35 (1997), S. 1–20, hier S. 8.

[88] Dazu genauer Bezner (wie Anm. 22), S. 436–438. Vgl. Cosmographia, S. 100, Platon, Timaeus, 48Df. mit Calcidius, S. 336–339 (*intelligere non intelligendo*).

häßlichen Urmaterie als Prinzip ist somit allein ein allzu metaphorisches Sprachspiel, eine emphatische *similitudo*, über die Platon im Raum des Hypothetischen hatte einschärfen wollen, wie ungeordnet, häßlich und instabil der Kosmos ohne die kluge Schaffung der Elemente durch den Schöpfer *wäre*.[89]

(2.) Zweitens ist diese Tendenz nicht auf Platons Hyle beschränkt. Immer wieder weist Wilhelm auf die Notwendigkeit hin, die Sprache der Naturphilosophie zu klären, von verwirrender Mehrdeutigkeit oder Metaphorik zu befreien.[90] Daniel von Morley geht noch einen Schritt weiter und polemisiert offen gegen Platon, Calcidius und seine mittelalterlichen Imitanten: die platonische Hyle erscheint ihm als eine *figura locutionis*, die in ihrem verwirrenden Charakter einem Sophisten alle Ehre mache.[91]

Daß Bernardus' Darstellung zeitgenössisches Wissen zu Grunde liegt, ist also nur die eine Seite der Medaille. Denn statt Platons bilderreiche Sprache antimetaphysisch zu interpretieren oder ins Reich des geklärten Begriffs zu überführen, *reproduziert* Bernardus sie geradezu – und verstößt damit gegen eine sich zunehmend etablierende diskursive Ordnung in der Naturphilosophie. Mehr noch: Bernardus dehnt seine Produktion von Bildern und Metaphern ,um' die Hyle im weiteren Werk noch aus und spielt immer wieder auf sie an. So bleibt Hyle/Silva etwa bei der Entstehung der vier Elemente vermittels einer hochallusiven Beschreibungstechnik geradezu präsent:[92] die flammende Substanz des Feuers unterbricht (*interrumpit*) wie Silva die eigene Bewegung; die Erde ist wie Silva *grossior* und nimmt die *refluxiones* anderer Elemente in sich auf; das Wasser, glitschig wie die Urmaterie, wird wie diese von *incursus* – hier dem „Lauf der Schatten" – gereizt, und die Beschreibung des *aer* imitiert sogar die für die Hyle charakteristische Syntax: um die generische Variabilität der Luft zum Ausdruck zu bringen, zeichnet Bernardus nach, wie auch die Luft hin- und herwogt, bald Dunkelheit aufnimmt (*nunc suscepit*), bald lichterfüllt ist (*nunc resplendere*), bald erstarrt (*nunc rigescere*), bald sich auflöst (*nunc dissolvi*): eine wiederholte *nunc-nunc* Anapher, die er auch bei der Darstellung der Hyle mit genau denselben Begriffen (*rigescere, suscipere*) einsetzt. Dasselbe Phänomen läßt sich dabei an weiteren Stellen beobachten, etwa bei der Erschaffung des Menschen.[93] Poetische Resistenz

---

[89] Vgl. Wilhelm von Conches, Glosae super Platonem, hg. v. Édouard Jeauneau, Paris 1965, S. 290 u.ö.

[90] Dazu genauer Bezner (wie Anm. 22), S. 305–337.

[91] Vgl. Daniel von Morley, De naturis inferiorum et superiorum, hg. v. Karl Sudhoff, in: Archiv für Geschichte der Naturwissenschaften und Technik 8 (1917), S. 6–40, hier S. 11.

[92] Das Folgende nach Bernardus Silvestris, Cosmographia (wie Anm. 66), S. 101.

[93] Bernardus Silvestris, Cosmographia (wie Anm. 66), S. 97, S. 100, S. 132, S. 136.

wider ein philosophisches Diskursgebot also oder zumindest der Preis, den das Diktat des literarischen Mediums ebenso erzwingt wie möglich macht? Ein weiterer Blick auf Bernardus' Kontext zeigt, daß genau das Gegenteil der Fall ist. Bereits M. D. Chenu hatte in einem selten beachteten Aufsatz auf die Spannung zwischen einer zunehmend an *Prinzipien* orientierten Naturphilosophie und der platonisch-biblisch ausgerichteten Kosmogonie, also prinzipiell *erzählenden* Schilderung der sukzessiven Entstehung des Kosmos hingewiesen: Wie, so die zentrale Aporie, läßt sich die Entstehung der Welt erzählen und zugleich über systematisch unterschiedene Prinzipien erklären, die *eo ipso* in einer nicht-narrativen und zeitlosen Sphäre des Begrifflichen angesiedelt sind?[94] Thierry von Chartres, dem die ,Cosmographia' gewidmet ist, versucht diese Spannung über ein komplexes epistemologisches Modell zu adressieren, das verschiedene Denk- und Seinsmodi unterscheidet, die der jeweiligen Perspektive gewidmet sind – bemüht sich indes stets zu betonen, daß die dadurch begriffene *universitas rerum* eine einzige sei;[95] bei Hermann von Carinthia zeigt sich die Aporie in der Konstruktion seines Dialogtraktates ,De essentiis': Erzählung der Weltentstehung und begriffliche Reflexion über die Prinzipien der Kosmogonie wechseln sich ab.[96] Bernardus Silvestris ,löst' dieses im Horizont des 12. Jahrhunderts nicht lösbare ,Problem' in der ,Cosmographia' nicht; gleichwohl nutzt er die ihm zur Verfügung stehende literarische Medialität, um es zumindest zu bewältigen. Denn wo eine, zunächst an sich als kosmisches Prinzip dargestellte, Hyle – wie skizziert – durch die überdeterminierte Darstellung der vier Elemente allusiv präsent *bleibt*, sind Transzendenz und Immanenz vermittelt. Diese Dimensionierung indes – und darauf kommt es hier allein an – bedeutet, daß die sprachlich-literarische Struktur *selbst* – das allusive, Bildlichkeit produzierende Schreiben – bereits *im Ansatz* auch philosophisch dimensioniert ist. *Daß* Bernardus dabei dieses Problem adressiert, verbindet ihn mit einer etablierten zeitgenössischen Naturphilosophie. Aber *wie* er dies unternimmt, nämlich im Medium *literarischer* Bildlichkeit, eben dies führt dazu, daß er – in den Augen anderer zeitgenössischer Philosophen – überhaupt nicht mehr ,im Wahren sein kann'; sein Traktat verstößt gegen die Ordnung des Diskurses, aber gerade *nicht*, um zu opponieren oder zu subvertieren. Mit diesem philosophischen Anspruch indes wird das Werk zum Gegenstand einer offenen Wissensgeschichte, die auch alternative Lösungen integriert, die sich nicht durchsetzen sollten.

---

[94] Vgl. Marie-Dominique Chenu, Nature ou Histoire? Une controverse éxégetique, in: Archives d'histoire doctrinale et littéraire au Moyen Age 28 (1953), S. 25–30.

[95] Vgl. Thierry von Chartres, Commentaries on Boethius by Thierry of Chartres and his School, hg. v. Nikolaus M. Häring, Toronto 1971, hier S. 568–575.

[96] Vgl. Hermann von Carinthia, De essentiis. A Critical Edition with Translation and Commentary, hg. v. Charles Burnett, Leiden/Köln 1982, S. 76, S. 110.

(ii) Der ‚Anticlaudianus' des Alanus von Lille

Auch der ‚Anticlaudian' des Alanus von Lille überführt Wissen in literarische Strukturen. Daß dies dabei auf weit transparentere, offenere Weise geschieht als bei Bernardus Silvestris, hat bereits Christel Meier-Staubach überzeugend gezeigt. Weder bei der expliziten Darstellung der einzelnen *Artes*-Inhalte noch im Hinblick auf die theologische Botschaft des Werkes verbleiben Zweifel – oder gälte es, einen latenten, weil komplexen, Sinn erst herauszupräparieren.[97] Gleichwohl läßt sich – insbesondere in Bezug auf die theologische Dimension des Werkes – über diese Diagnose hinaus die Frage stellen, warum Alanus gerade *diese spezifischen* (und nicht etwa andere) Inhalte derart apert inszeniert – und genau diese Kontextualisierung, so gilt es an drei Beobachtungen zu zeigen, ist für die Frage nach der Rolle des ‚Anticlaudianus' im Verwissenschaftlichungsprozeß des 12. Jahrhunderts entscheidend.

(1) In den ersten Büchern des Werkes wird bekanntlich der Bau des *Artes*-Wagens geschildert, der Prudentia zum Himmel tragen wird, im Bereich des transzendenten Höchsten angekommen, muß dieser Wagen indes verlassen werden. Die *Artes* helfen hier, *in theologicis*, nicht weiter.[98] In kreativer *aemulatio* Martians inszeniert Alanus offensichtlich jenen Gedanken einer zwar fundamentalen, aber doch begrenzten und nur propädeutischen Relevanz der weltlichen *Artes* für die Theologie, der für das Paradigma einer scholastischen Theologie bereits früh grundlegend war, ja mehr noch: läßt diesen systematischen Gedanken *zur ‚narrativen' Struktur seines Werkes werden*. Wichtig ist dabei freilich, daß dieser basale Gedanke nicht nur im ‚Anticlaudianus' von Relevanz war. Vielmehr zitiert er ihn immer wieder *an herausgehobenen Stellen gerade auch seiner n i c h t -literarischen Werke*: In den ‚Regulae Caelestis Juris' etwa, die die axiomatischen Grundlagen der Theologie diskutieren, oder im Prolog zu seinem theologischen Hauptwerk, der ‚Summa Quoniam Homines', wo er im übrigen eine dem ‚Anticlaudian' vergleichbare bildhafte Einkleidung dieses Gedankens wählt.[99] Alanus war dabei nicht isoliert. Seit der Auseinandersetzung zwischen Bernard von Clairvaux und Gilbert von Poitiers gehört diese Differenzierung zum immer wieder repetierten Paradigma porretanischer Theologen.[100] Zentral dabei ist auch die nicht minder redundante Betonung

---

[97] Vgl. Christel Meier(-Staubach), Zum Problem der allegorischen Interpretation mittelalterlicher Dichtung. Über ein neues Buch zum *Anticlaudianus* des Alan von Lille, in: Beiträge zur Geschichte der deutschen Sprache und Literatur 99 (1977), S. 250–296.

[98] Alanus von Lille, Anticlaudianus (wie Anm. 68), V.

[99] Vgl. Alanus von Lille, Summa ‚Quoniam homines', hg. v. Palémon Glorieux, in: Archives d'histoire doctrinale et littéraire du Moyen Age 20 (1953), S. 113–364, hier S. 119.

[100] Vgl. z.B. Baldwin (wie Anm. 39), I, S. 102–107.

der sprachlogischen Konsequenzen der mangelnden Reichweite der *Artes* –
und auch diesen Gedanken, der in seinen nicht-literarischen Werken immer
wieder betont wird, inszeniert Alanus bis ins terminologische Detail bei seiner
Schilderung von Prudentias Wanderungen im Himmel.[101] ‚Zur‘ narrativen
Struktur im ‚Anticlaudian‘ wird also kein beliebiger, sondern ein von Alanus
und anderen porretanischen Theologen im Gefolge Gilberts von Poitiers immer wieder massiv unterstrichener Gedanke.

(2) Vergleichbares gilt auch für jenen vermeintlich so irritierenden Schlußteil
des Werks, in dem sich der *homo novus* im Verein mit den Tugenden der Laster
zu erwehren hat. Man kann dies schlicht als narrativen, weil antiklimakti-
schen, Mißgriff interpretieren, der den Höhen spekulativer Theologie und
Menschenschaffung die Niederungen praktischer Moral folgen läßt; oder auch
zur Erklärung auf den Zwang der Intertextualität – sei es auf Prudentius, sei es
auf die Tradition der Tugenden und Laster – verweisen. Nimmt man Alanus'
Werk indes als literarische Transformation (s)eines theologischen Denkens
ernst, vermag sich die Irritation zu lösen, ja ins Gegenteil zu verkehren: Mehrfach führt Alanus in seinen nicht-literarischen, moraltheologischen Werken
nämlich aus, daß die auf den *Artes* basierende, aber über sie hinausgehende
theologia als Disziplin zwei *konstitutive* Teile (*duae species*) besitze, die *supercelestis theologia* sowie die *theologia moralis.*[102] Aus der Perspektive der Alanschen Wissenschaftssystematik ist die prinzipiell zweigeteilte Struktur des
post-artes-Teils also konsequent. Mehr noch: In seiner Auseinandersetzung
mit der Moraltheologie des frühen 12. Jahrhunderts konzeptualisiert Alanus
die Moralität des Menschen in vergleichbar spezifischer Weise als ‚natürlich
angelegte *Potenz* (*potentia*) zum Gut-Sein‘, die indes *erst* durch den *usus* –
durch eine zugleich frei gewollte, zugleich mit Gnade begabte *praktische und
aktuale Resistenz* wider die stets präsenten Laster – im eigentlichen zur Tugend wird:[103] eine, wie Stefan Ernst gezeigt hat, für die porretanische Moraltheologie grundlegende Konzeptualisierung, die sich deutlich und polemisch
von Petrus Lombardus absetzt.[104] Vor diesem Hintergrund wird nicht nur klar,
daß es im *plot* des ‚Anticlaudian‘ kein Zufall ist, wenn zur Schaffung des
moralischen (!) Hoffnungsträgers *homo novus* das Ansinnen gerade der Natur
(!) von der Gnade (!) des Höchsten sanktioniert wird. Dieses Zusammenspiel

---

[101] Hierzu genauer Bezner (wie Anm. 22), S. 507–514.
[102] Vgl. z.B. Alanus von Lille, De Virtutibus et de vitiis et de donis Spiritus Sancti, hg. v.
Odon Lottin, in: ders., Psychologie et morale aux XIIe et XIIIe siècles, Problèmes
d'histoire littéraire de 1160 à 1300, Bd. VI, Gembloux 1960, S. 27–92, hier S. 45.
[103] Alanus von Lille, De virtutibus et vitiis (wie Anm. 102), S. 49.
[104] Vgl. Stefan Ernst, Ethische Vernunft und christlicher Glaube. Der Prozeß ihrer
wechselseitigen Freisetzung in der Zeit von Anselm von Canterbury bis Wilhelm von
Auxerre, Münster 1996, S. 243f.

ist auch für die ‚Logik' des Alanschen moralphilosophischen Denkens zentral. Vor allem aber die vermeintlich so irritierende, weil nach der *supercelestis theologia* antiklimaktisch anmutende *praktische* Bewährung des *homo novus* am Ende des Werks erweist sich als *systematisch* sinnvoll, ja geboten: Tugend zeigt sich in Alanus' System stets erst *in* der Bewährung.

(3) Daß porretanisches Wissen und literarische Struktur Hand in Hand gehen, zeigt sich schließlich auch im einschlägigen Prolog zum ‚Anticlaudianus'.[105] Nach kurzer Bescheidenheitstopik skizziert Alanus Absicht und Gestalt seines Werkes, indem er sich gegen vorweggenommene Kritik verwehrt. Dabei bindet er die Relevanz seines Werkes bekanntlich an drei verschiedene Rezipientenschichten und differenziert drei entsprechende Rezeptionsmodi: An die Schüler der Grammatik richtet sich der *litteralis sensus*; die moralische Instruktion zielt auf diejenigen, die eine „höhere Wissenschaft" antreten; und der scharfsinnig-subtile Zweitsinn soll den Intellekt derer schärfen, die mit ihrem „Scheitel den Himmel der Philosophie berühren."[106] Nach dieser Grundlegung wehrt Alanus in heftiger Polemik diejenigen ab, die bei ihrer Lektüre allein „sinnlichen Bildern" vertrauen, statt sich auf die „rationale Wahrheit" (*rationis veritas*) zu stützen; dies setzt sich in einem Lektüre- und Interpretationsverbot fort, das all diejenigen betrifft, die die *ratio* nicht über den sinnlichen Bereich hinaustreiben, nur den Träumen der *imaginatio* folgen oder sich allein im ontologisch depravierten Bereich der Bilder suhlen.[107] Wichtig ist dabei nicht nur, daß die „rationale Wahrheit" hier explizit zum zentralen Verständnis- und Rezeptionsmodus erhoben wird, sondern erneut der Hintergrund dieser Dimensionierung des Literarischen deutlich wird: Sowohl die Opposition zwischen Bild und Imaginatio auf der einen und der *veritas rationis* auf der anderen Seite sowie die damit verbundene hermeneutische Exklusionslogik folgt bis ins Wort der Erkenntnistheorie und Prologtopik der theologischen Schriften des Boethius;[108] Alanus hat sie in vergleichbarer Weise in zahlreichen Prologen seinen nicht-literarischen Schriften vorangestellt – und folgt dabei erneut einem im Raum der porretanischen Theologie einschlägigen Modus, der auch hier auf das Vorbild Gilberts von Poitiers zurückgeht, dessen Prologe dasselbe Modell aufweisen. Auch wenn Alanus dem ‚Anticlaudianus' einen enzyklopädischen Anspruch unterstellt und ihn zum Repositorium der „Regeln der Grammatik", „Maximen der Dialektik", „Axiome der Theologie" usf. werden läßt,[109] folgt er genau diesem Paradigma; denn auch diese Ausrich-

---

[105] Alanus von Lille, Anticlaudianus (wie Anm. 68), Prolog, S. 55f.
[106] Ebd., S. 56.
[107] Ebd.
[108] Vgl. die Anm. bei Bossuat (wie Anm. 68) und die Nachweise bei Bezner (wie Anm. 22), S. 479–484.
[109] Alanus von Lille, Anticlaudianus (wie Anm. 68), Prolog, S. 56.

tung eines Werkes auf die Umsetzung ‚wissenschaftlicher Axiomatik‘ *more mathematicorum*[110] ist für das Wissens-Paradigma der Porretaner zentral; auch hier liegt ein Prolog des Boethius (zu ‚De Hebdomadibus‘) zugrunde – und auch hier findet sich erneut dieselbe Topik sowohl in Alanus' nicht-literarischen Werken als auch bei Gilbert von Poitiers und bei dessen Schülern.[111]

Auch bei Alanus spielt sich literarische Kreativität also im Rahmen sehr präzise faßbarer philosophisch-theologischer Strukturen ab, und auch hier verbindet sich dies mit einer theoretischen Dimensionierung des Literarischen als Raum des Wahren und der Ratio. *Daß* literarische Strukturen unmittelbar auf Alanus' philosophisch-theologisches Werk zurückgehen, stellt indes nur die *eine* Seite der Medaille dar. Ebenso auffällig und entscheidend ist, *welche* Inhalte überhaupt umgesetzt sind: ob *Artes* im Verhältnis zur Theologie, moralphilosophische Grundannahmen, Prologtopik und Rezeptionsgebote oder ob (wie zu ergänzen) theologische Sprachlogik, Polemik wider die *naturalis scientia* oder boethianische Formenspekulation – all diese Inhalte werden ebenso von Alanus selbst in seinem nicht-literarischen Werk an privilegierten Stellen immer wieder herausgestellt wie von einer Reihe porretanischer Theologen, die den Ton im voruniversitären Milieu im Paris der zweiten Jahrhunderthälfte bestimmten.[112] Es ging ihnen dabei um die Formulierung eines relativ geschlossenen Ensembles von Zentralgedanken, Methodologien, wissenschaftlichen Techniken und auch Referenztexten – um ein Paradigma also, das sich sowohl von theologischen Analysen der ersten Jahrhunderthälfte unterscheidet wie auch in der zweiten Jahrhunderthälfte nicht alternativlos war.

Anders als bei Bernardus liegt der zentrale Punkt der Fusion von Literatur und Wissen bei Alanus also weniger in einer spezifischen philosophischen *Problemlage*, nämlich einer platonischen Kosmogonie im Übergang zur Prinzipienwissenschaft, sondern vielmehr im Versuch, die grundlegenden Wissensinhalte eines spezifischen und abgrenzbaren intellektuellen Milieus *literarisch* zu kommunizieren – und dies an einer entscheidenden Bruchstelle des Unterrichtssystems, dem propädeutischen Unterricht *vor* dem eigentlichen Studium der höheren Disziplin der Theologie. Aus der Perspektive einer dynamisierten Wissensgeschichte des 12. Jahrhunderts erweist sich die Literatur somit als Teil theologischer Paradigmenbildung und Kanonisierung; über ein literarisches Werk – und vermittelt durch die ihm eigenen Ausdrucksformen – werden philosophisch-theologische Positionen und Axiome promulgiert und als selbstverständlich ‚naturalisiert‘.

---

[110] Zum Problem vgl. Dreyer (wie Anm. 7).

[111] Vgl. z.B. The Commentaries on Boethius of Gilbert of Poitiers, hg. v. Nikolaus Häring, Toronto 1966, S. 184–186.

[112] Dazu Baldwin (wie Anm. 39), I, S. 102.

(iii) Der ‚Architrenius‘ des Johannes von Hauvilla

Vermutlich nach dem ‚Anticlaudianus‘ entstanden, fügt sich der ‚Architrenius‘ des Johannes von Hauvilla nicht fugenlos in die von Bernardus eröffnete Serie literarisch-philosophischer Werke.[113] Denn gleich ob als ironische Satire auf Alanus’ Werk[114] oder als Transformation zentraler Wissensinhalte aus dem Umfeld der sogenannten ‚Schule von Chartres‘ verstanden[115], – fest steht, daß dieses lange vernachlässigte Werk mit seinem Fokus auf die Frage der ‚Moral in der Lebenswelt‘ des Menschen die Lizenz zur literarischen Verhandlung von Ideen für einen neu akzentuierten gedanklichen Entwurf nutzt. Daß diese Moralisierung sich von der prinzipiell kosmologischen Ausrichtung der ‚Cosmographia‘ unterscheidet, reicht dabei als Diagnose nicht aus.[116] Denn nicht minder wichtig ist, daß sich Johannes auch von jener spezifischen Verknüpfungslogik von moralischer Norm und naturgesetzlichem Wissen löst, die Alanus’ ‚Planctus Nature‘ bestimmt. Während Alanus nämlich die von ihm entworfene moralische Normativität (auch) darüber naturalisiert, daß Störung (bzw. Ordnung) der Moral und Störung (bzw. Ordnung) des Kosmos in eins fallen,[117] spiegeln (resp. garantieren) die Naturgesetze – bzw. spezifischer: der Lauf der Gestirne – die Ordnung des Moralischen im ‚Architrenius‘ gerade *nicht*.[118] Auf der Basis einer von Natura selbst vertretenen Auffassung einer natürlich im Menschen angelegten Potentialität zum guten Handeln geht es vielmehr um den Prozeß der Internalisierung moralischer Normen durch den Protagonisten, der dazu einer Reihe *in concreto* geschilderter Situationen ausgesetzt wird.[119]

---

[113] Zu Edition und Übersetzung vgl. Anm. 69, darin auch die wichtigen Einleitungen, insb. in der maßgeblichen Edition von Paul Gerhard Schmidt. Dazu noch: Marc-René Jung, Études sur le poème allégorique en France au Moyen Age, Bern 1971, S. 113–121; Godman (wie Anm. 26), S. 64–70; Bernd Roling, Das Moderancia-Konzept des Johannes de Hauvilla. Zur Grundlegung einer neuen Ethik laikaler Lebensbewältigung im 12. Jahrhundert, in: FmSt 37 (2003), S. 167–258.

[114] Vgl. Godman (wie Anm. 26), S. 64–70.

[115] Vgl. Roling (wie Anm. 113), z.B. S. 214–216.

[116] Z.B. bei Nicholas Carlucci, The Architrenius of Johannes de Hauvilla, Diss. Minneapolis 1977, S. 33.

[117] Einschlägig die brillante Interpretation von Tullio Gregory, Platonismo medievale. Studi e ricerche, Rom 1958.

[118] So die Quintessenz der Unterredung zwischen Natura und dem Architrenius, vgl. Johannes von Hauvilla, Architrenius (wie Anm. 69), VIII,325–IX,481.

[119] Eine Kernstelle z.B. bei Johannes von Hauvilla, Architrenius (wie Anm. 69), I,216–233. Hierzu bedürfte nur die Frage weiterer Klärung insb. in bezug auf die verwandte Deutung des Architrenius als „Selbstperfektionierung“, dazu Jung (wie Anm. 113) und Roling (wie Anm. 113), insb. S. 216f.

Auch für die Frage nach der Rolle des Wissens im ‚Architrenius' ist diese Grundstruktur relevant – und dies zunächst *ex negativo*: die ausführliche Präsentation astrologischen Wissens und damit verbundener vertrackter Spezialfragen wird gerade nicht zum metaphysischen Garanten oder *movens* der vom Erzweiner ersehnten Erlösung von moralischer Depravierung; dies vermag allein seine ‚Vermählung' mit einem Ensemble innerer Tugenden unter der Leittugend der Moderantia.[120] Dieser pragmatische Blick auf den Ort des Moralischen *im* Menschen allein hat überdies Auswirkung auf die Inszenierung der antiken Philosophen, die als *dramatis personae* auftreten. Im Rahmen des Erkenntnisweges des sich an *exempla* schulenden Protagonisten figurieren sie anders als bei Bernardus oder Alanus gerade nicht als Repräsentanten der von ihnen entwickelten (oder ihnen unterstellten) Wissens*inhalte*, sondern als *Erzieher* des ‚Architrenius', die ihm wichtige moralische Normen und Differenzierungen vermitteln.[121]

Am wichtigsten freilich ist die Darstellung der Pariser Wissenslandschaft in Buch III des Werkes, die sich von vergleichbaren Szenerien wie den eröffnenden Kapiteln des ‚Metalogicon' oder der ‚Bataille des Sept Arts' eben dadurch unterscheidet, daß sie die Rationalisierung und Verwissenschaftlichung des 12. Jahrhunderts ganz aus einer sozialen, lebensweltlichen Perspektive entwirft.[122] Ein erster ‚Teil'[123] beschreibt dabei die *miseria* der Scholaren zu Paris: Als Folge ihres unnachgiebigen, aber nicht lukrativen Wissensdranges riskieren sie ihre Gesundheit, leiden Hunger und bittere Armut;[124] ihre Not macht es ihnen unmöglich, sich um ihr zerrissenes, armseliges Äußeres zu kümmern,[125] und zwingt sie dazu, in heruntergekommenen Bruchbuden zu leben,[126] in denen ihnen noch depraviertere Hausbedienstete zur Seite stehen.[127] Gleichwohl lassen sie sich von ihrem Studium nicht abbringen: Eifrig zerbrechen sie sich den Kopf über (teils knapp auch inhaltlich umrissene[128]) Spezialfragen aus den *Artes*, die aufgrund ihrer Komplexität nicht selten eine intellektuelle Konfusion auslösen,[129] die sie sogar im Schlafe quält.[130] Ihr Liebesverlangen findet keine Erfüllung, da ihr Schlafmangel seinen Tribut zollt und sie nicht einmal

---

[120] Johannes von Hauvilla, Architrenius (wie Anm. 69), IX,389–408.
[121] Ebd., VII,1–VIII,286.
[122] Ebd., III,1–471 (auf kommentierende Bemerkungen zu Sprache und Quellen etc. muss in der Folge aus Raumgründen leider verzichtet werden).
[123] Johannes von Hauvilla, Architrenius (wie Anm. 69), III,1–303.
[124] Ebd., III,27–101.
[125] Ebd., III,27–34.
[126] Ebd., III,55–80, vgl. 60: *pauperies est tota domus*.
[127] Ebd., III,81–90.
[128] Ebd., III,137–176.
[129] Ebd., III,177–186.
[130] Ebd., III,187–226.

zur Geliebten vordringen läßt;[131] dafür vermag sich ihr Geist dank des Unterrichts durch ihre Magister mit Minerva/Athene zu vermählen.[132] Im ganzen ein Schicksal, das selbst die monströsesten Schrecken und Ungeheuer der Antike verblassen läßt.[133]

Im zweiten Teil[134] der Darstellung, der mit dieser sympathie-erzeugenden negativen Überbietung begann, geht es um die Erklärung, Bewertung und teils auch Reform dieses – bei allen topischen[135] und satirischen[136] Elementen als unsäglich präsentierten – Zustandes: Nicht nur bringt Musendienst keinerlei materielle Unterstützung oder zumindest Wohlwollen von Seiten der Reichen ein,[137] Gelehrsamkeit führt vielmehr dazu, aus der Gunst der Mächtigen zu fallen und am Hofe nichts zu gelten;[138] nach einem Plädoyer an die Reichen und Mächtigen, den Scholaren den gebotenen Respekt zu zollen,[139] analysiert der Erzähler die Gründe dieser scheiternden Integration: Gelehrte lösen mit ihrer intellektuellen Brillanz Neid und Abwehr bei mediokren Höflingen aus, die überdies häufig von intrinsischem Geiz durchdrungen sind;[140] umgekehrt erscheinen Scholaren nicht selten eitel und oberflächlich,[141] doch gerade hier gelte es zu differenzieren. Denn die unabweisbare *vanitas* oberflächlicher, nur auf Ruhm und Angabe bedachter Gelehrter und insbesondere Magister, dürfe nicht dazu führen, *alle* Scholaren zu verdammen, da es auch verdienten Ruhm und profundes Wissen gebe.[142] Von daher die Bitte um konkrete Unterstützung durch die Reichen:[143] eine ausgiebige Differenzierung der *rationes* und Implikationen des Gebens soll klar machen, daß die *divites* durch überlegte Unterstützung die – im ‚Architrenius‘ zum Hauptlaster avancierende[144] – Habgier vermeiden und vor allem: eine nicht nur äußerliche, sondern ethisch korrekte Freigebigkeit walten zu lassen vermögen.[145]

All dies mag topisch oder satirisch erscheinen[146] oder als bloßes „Intermezzo" im Verlauf des ‚Architrenius‘ klassifiziert werden,[147] doch dieser soziale

---

[131] Ebd., III,254–278.
[132] Ebd., III,289–303, hier insb. 296f.
[133] Ebd., III,305–322.
[134] Ebd., III,305–471.
[135] Insb. beim Portrait der abgezehrten Gelehrten.
[136] Insb. beim Portrait des scheiternden Rendezvous mit der Geliebten.
[137] Johannes von Hauvilla, Architrenius (wie Anm. 69), III,323–334.
[138] Ebd., III,335–345 u.ö.
[139] Ebd., III,346–362.
[140] Ebd., III,364–383 u. 446–456.
[141] Ebd., III,383–430.
[142] Ebd., III,431–440.
[143] Ebd., III,441–471.
[144] Ebd., V,255–VI,15.
[145] Ebd., III,441–471.
[146] Vgl. oben.
[147] Vgl. Roling (wie Anm. 113), S. 198.

Blick auf die *Situation* der Scholaren hat einen präzisen Kontext. Wie insbesondere James Baldwin[148] und Stephen Ferruolo[149] herausgearbeitet haben, wird die Rationalisierung und Verwissenschaftlichung des 12. Jahrhunderts vor allem in der zweiten Jahrhunderthälfte von einer zwischen Diagnose, Satire, Beschreibung, Kritik und Reformplädoyer pendelnden, inhaltlich vergleichsweise geschlossenen Reflexion begleitet, an der sich sowohl monastische Autoren, Dichter im Umfeld der Schulen wie vor allem die Pariser Moraltheologen (oder ,Moralisten') um Petrus Cantor beteiligen.[150] Aus dem Anliegen heraus, die Lehr- und Lernsituation in Paris zu verbessern, neue rechtliche Rahmenbedingungen zu schaffen, paradigmatische Wissensnormen zu etablieren und vor allem: das moralische Verhalten der Scholaren zu verbessern, zu disziplinieren und spezifische *habitus* zu naturalisieren, dringen sie insbesondere in ihren Predigten auf Reform *in academicis*. Neben einer spezifisch auf ihre Zuhörer zugeschnittenen Adressatenlogik ist ihr zentrales Mittel dabei der (oft auch kasuistische) Gebrauch von *exempla* und illustrierenden Geschichten aus der Lebenswelt ihrer Rezipienten, an denen dann allgemeinere Normen zur Lösung ethischer und sozialer Fragen entwickelt werden. In der Forschung herrscht dabei Einigkeit darüber, daß dieses Reformstreben für die Herausbildung der Pariser Universität als Institution und der damit verbundenen Regelungen, Normen und Mentalität und auch für die einschlägigen Bestimmungen des *Lateranum* von 1215 von fundamentaler Bedeutung war.

Auch der ,Architrenius' ist Teil dieses Feldes[151] – und gerade im Hinblick auf seine Darstellung(stendenz) der Pariser Wissenslandschaft zeigt sich dies deutlich: nicht nur deswegen, weil auch die Moralisten sich weitgehend darüber einig sind, daß zu junge oder zu ruhmsüchtige Lehrer und liebestolle Scholaren gegen den Codex echten Lernens verstoßen;[152] und nicht nur deswegen, weil auch sie, wie Johannes, die Konfusion ungeregelten Studiums anprangern (und daraus die Notwendigkeit kurrikularer Ordnungen ableiten).[153] Vielmehr entwerfen auch sie in ihrem Bemühen, den „Platz der Gelehrten in der Gesellschaft"[154] zu erörtern, *genau denselben differenzierten Zusammenhang* zwischen Lebensbedingungen, Tugenden und Gegnern der Scholaren in Paris:

– auch die Moralisten beschreiben ausführlich (und mit großer Sympathie) die elende Armut der von Hunger, Durst und unzureichender Kleidung gezeichneten Scholaren;[155]

---

[148] Vgl. Baldwin (wie Anm. 39).
[149] Vgl. Ferruolo (wie Anm. 14).
[150] Zu den Autoren dieses Feldes zusammenfassend Ferruolo (wie Anm. 14), S. 188–198.
[151] Hierzu sehr knapp Ferruolo (wie Anm. 14), S. 119–121.
[152] Einschlägige Stellen ebd., z.B. S. 231, S. 260.
[153] Einschlägige Stellen ebd., S. 206.
[154] Vgl. ebd., S. 206.

– auch bei ihnen figuriert diese Armut einerseits als eine im Ansatz notwendige Absage an wissensbedrohende, Intellektualität und Konzentration fördernde Tugend, allerdings nur insofern sie noch als freiwillig auf sich genommene Armut gesehen werden kann;[156]

– gleichzeitig kritisieren auch sie vehement die – nicht zuletzt das Wissen und Studium *bedrohende* – *miseria* und Deprivation der Scholaren; auch sie machen für fehlende ideelle und materielle Unterstützung Bischöfe, Herrscher und nicht zuletzt die Situation an den Höfen verantwortlich, von denen die Gelehrten zunehmend durch Geiz und Arroganz verdrängt würden;[157]

– konsequent plädieren auch sie daher für eine konkrete Unterstützung der Scholaren durch die Reichen und Mächtigen.[158]

Subtile Differenzen und die spezifische Position des Johannes (und anderer) in diesem Feld der Kritik materieller Lebensbedingungen in Paris lassen sich erst dann präzise bestimmen, wenn das nur im Ansatz erarbeitete Corpus der einschlägigen Texte ganz zur Verfügung steht; vermutlich würde dies zeigen, daß Johannes' Entwurf die Scholaren noch drastischer als die Moralisten von einer Schuld für ihr Los exkulpiert und womöglich auch eine differenziertere Logik des Gebens entwickelt. Neben der gemeinsamen Betonung und exemplarischen Dimensionierung der Lebenswelt als Fundament des Moralischen dürfte sich dabei als besonders relevant erweisen, inwiefern die für den ‚Architrenius' zentrale (und auch immer wieder explizit werdende) *Verinnerlichung* der Normen die auch in den Predigten und Traktaten angelegte Selbst-Disziplinierung performiert.

Abgesehen von den sehr knappen und selten katalogartigen Darstellungen von Wissensinhalten und der Funktionalisierung der antiken Philosophen als Erzieher und Träger einer abgewogenen, teils dialektischen moralischen Konzeption erscheint die „Rationalisierung und Verwissenschaftlichung des 12. Jahrhunderts" im ‚Architrenius' ganz aus der Perspektive ihrer *sozialen* Bedingungen. Dies ist weder Topik noch die Grille eines para-satirischen Autors, sondern Teil einer übergreifenden Diskussion, die für die tatsächliche Institutionalisierung der ‚neuen Aufbrüche' im 12. Jahrhundert von grundlegender Bedeutung war. Im Unterschied zu Bernardus und Alanus adressiert das literarische Werk des Johannes von Hauvilla in seiner Literarizität damit weder eine (aporetische) philosophische Problemlage noch geht es ihm darum, Normen des Wissens über eine aperte Inszenierung zu naturalisieren; vielmehr

---

[155] Einschlägige Stellen ebd., S. 226, S. 264–267.
[156] Einschlägige Stellen ebd., S. 226f.
[157] Einschlägige Stellen ebd., S. 264–267.
[158] Einschlägige Stellen ebd., S. 264–267.

erweist es sich – in einer noch ungenügend erforschten Dimension des Lite-rarischen[159] – als Teil einer reformbetonten Arbeit an der Diagnose und Ge-staltung der (im weiteren Sinne) sozialen Welt des Wissens. Nur eine auf-geklärte Ideengeschichte indes, die diese Dimension der Durchsetzung der Rationalisierung im 12. Jahrhundert zu integrieren vermag, kann diesen Zu-sammenhang in den Blick nehmen.

V. Autonome Rationalität? Autonome Literatur?

Das Modell einer *autonomen* Rationalität (bzw. Rationalisierung) – und dies hat Walter Haug in seinem grundlegenden Aufsatz „Kulturgeschichte und Li-teraturgeschichte" betont –, „dieses Modell"

> ist zweifellos falsch. Es ist eine Fiktion zur Selbstdarstellung des autonomen Ver-nunftmenschen und zu seiner Legitimation durch die Logik der kulturellen Entwick-lung. Aber diese Fiktion hatte eine ungeheure Wirkung, sie hat, *indem man sie in die Welt setzte*, Geschichte gemacht.[160]

Mit dieser (zumindest teilweise) ‚konstruktivistischen' Kritik an der Vorstel-lung einer zwangsläufigen und autonomen Rationalisierung als Fiktion im Dienste der Inszenierung eines Irrtums der Vernunftmenschen wendet sich Haug gegen kulturwissenschaftliche Ansätze (etwa Max Webers, Norbert Elias' und teils auch Michel Foucaults), die genau diese Autonomie, so Haug, unhinterfragt voraussetzen. Seine Kritik zeitigt dabei Folgen für die Frage, wie der Bezug zwischen ‚Literatur und Rationalisierung' zu denken ist. Denn aus dieser Perspektive läßt sich eine Literaturgeschichte ableiten, in der die mittelalterliche Literatur – trotz ihrer stetigen Verstrickung in Rationalisie-rungsprozesse – diese Prozesse zugleich unterläuft und damit ihren Anspruch unterminiert: Literarizität liegt dann eben *auch* in der der Literatur möglichen Resistenz und ‚Freiheit', in einer steten Potenz zur Autonomie.

Allerdings läßt sich aus dieser De-kon-struktion auch eine andere Konse-quenz ziehen – und eben dies versuchten die vorangegangenen Überlegungen. Denn man kann umgekehrt auch nach der Logik des „indem man sie in die Welt setzte" *selbst* fragen – und die *Genese* der (‚realen Fiktion' der) „Ratio-

---

[159] Insbesondere die sog. moralisch-satirische Dichtung, die literarische Kirchenkritik, die noch kaum dargestellten literarischen Verhandlungen von Armut.

[160] Walter Haug, Literaturgeschichte und Kulturgeschichte. Einige grundsätzliche Überlegungen aus mediävistischer Sicht, in: Kultureller Austausch und Literatur-geschichte im Mittelalter. Transferts culturels et histoire littéraire au Moyen Age, hg. v. Ingrid Kasten, Werner Paravicini u. René Pérennec (Beihefte der Francia), Sigmaringen 1998, S. 23–33, hier S. 27 (Hervorhebungen: F.B.).

nalisierung" und „Macht des Rationalen" im oben skizzierten, ‚dynamisierten' Sinne nachzuvollziehen, resp. aufzudecken suchen. Statt Rationalisierungsprozesse also über Momente des Nicht-Rationalisierten, A-Rationalen, Anders-Rationalen und über eine, zumeist durch das Medium des Literarischen verwirklichte, *Oppositionalität* zu unterlaufen, lassen sie sich auch *historisieren* und *darüber* in ihrer Zwangsläufigkeit problematisieren: eine Dynamisierung *qua* Historisierung und apriorischer Kontextualisierung,[161] die im ganzen durchaus jene Skepsis teilt, die sich, unter anderen Prämissen, als Erkenntnis einer „Dialektik" (oder unhintergehbaren „Grenze") der „Aufklärung" niederschlagen kann; eine Skepsis freilich, die nun bereits *im methodischen Zugriff selbst*, im theoretischen Horizont des Fragens *eo ipso*, in der Konzeptualisierung des Blicks auf die Rationalität ansetzt.

Zur Kritik an der Vorstellung einer „Kopfgeburt der Athene", zu dieser Erschütterung der Autonomie der Ratio, tritt dann indes nicht weniger die Erschütterung einer Konzeptualisierung, die die Literatur apriorisch zum medialen Residuum einer Resistenz wider das Rationale erklärt. Daß ‚das Literarische' im lateinischen 12. Jahrhundert zum – auch theoretisch reflektierten – Raum eines hoch pluralen *Wissens* werden, daß Literarizität zeitgenössisch von *methodischen Standards der Verwissenschaftlichung* her gedacht werden kann, daß sich literarische Werke *in* ihren ästhetischen Strukturen philosophisch-theologischen Ideen oder deren Naturalisierung verschreiben und schließlich Teil eines (von literarischen und nicht-literarischen Texten zugleich) gebildeten Raumes sozialer Diagnose werden, – all dies dann freilich gilt es zu tolerieren, ja mehr noch: zum Ausgangspunkt des Verständnisses mittellateinischer Literatur und ihrer Geschichte zu machen.

Abstract: This paper analyses the role of Latin literature and literary theory in the emerging scholastic culture of the Twelfth Century. Our understanding of twelfth-century rationalization, so a first, methodological part proposes, needs to be open to processes of institutionalisation, paradigm-building, naturalisation, intellectual aporias, and the pluralism of ideas in an as yet ill-defined field of knowledge; it is only from the viewpoint of such a *dynamic* conception of the Twelfth Century that the challenging and irritating conception of Latin literature as a medium of rationality can be adequately understood. A first analytic step shows how important elements of medieval Latin literary theory, the exegetical practice of the commentators, and also their notion of literature as a bearer of ideas and philosophical medium, were remodelled according to the new 'rational' methodological standards that had already become crucial in the

---

[161] Anders der Ansatz von Joseph Vogl, der zwar eine, insbesondere an Michel Foucault geschulte, äußerst komplexe und reflektierte Wissensgeschichte skizziert, diese Dynamisierung aber unter dem Begriff einer ‚Poetologie' des Wissens faßt, vgl. Poetologien des Wissens um 1800, hg. v. Joseph Vogl, München 1999, insb. S. 7–16.

fields of philosophy and theology. The second part of the paper analyses three important works closely related to important philosophical and theological contexts: Bernard Silvester's 'Cosmographia' represents an attempt to address, by literary means, an aporetic problem in contemporary natural philosophy, i.e. the intricate relationship between cosmogony and an, increasingly Aristotelian, conception of cosmology based on first principles; the 'Anticlaudian' by Alan of Lille is understood as a work in which paradigmatic elements of Porretan theology are naturalised 'by way of' literature and allegory; in contrast, the 'Architrenius' by John of Hauville is less concerned with thematic questions of the developing scholastic disciplines than with the material and social world of students and masters at Paris: in so doing it is closely linked to a body of works by influential masters such as Peter the Chanter whose aim was to discipline and reform the poor situation of learning in Paris.

71

Wolframstudien XX (2008)
Erich Schmidt Verlag Berlin

Zur Poetik von *ratio* und *experientia* in der Blutstropfenszene im ‚Parzival' Wolframs von Eschenbach

von Katharina Mertens Fleury

Der Komplexitätsgrad der Blutstropfenszene im ‚Parzival' Wolframs von Eschenbach (ca. 1200–1210)[1] ist im Vergleich zu seiner Vorlage, dem ‚Roman du Graal' bzw. dem ‚Percevalroman' Chrétiens de Troyes (um 1180–1190)[2] deutlich höher. Wolfram erweitert die Szene auf den doppelten Umfang,[3] streut Erzählereinschübe,[4] Kommentare und Aufforderungen an das implizite

---

[1] Vgl. Joachim Bumke, Wolfram von Eschenbach, 8., völlig neu bearb. Aufl. (Sammlung Metzler 36), Stuttgart/Weimar 2004, S. 21.

[2] Für den Vergleich wurden folgende Textausgaben verwendet: Chrétien de Troyes, Le Roman de Perceval ou Le Conte du Graal. Der Percevalroman oder Die Erzählung vom Gral, altfrz./dt., übers. u. hg. v. Felicitas Olef-Krafft (RUB 8649[9]), Stuttgart 1991; auch die Übersetzungen vom Altfranzösischen ins Deutsche folgen weitgehend ihrer Übersetzung. Dieser zweisprachigen und leicht zugänglichen Reclam-Ausgabe liegt die Ausgabe des französischen Texts Chrétien de Troyes, Le roman de Perceval ou le conte du Graal, publié d'après le ms fr. 12576 de la Bibliothèque nationale, 2e éd., éd. par William Roach (Textes littéraires français 71), Genf/Paris 1959, zugrunde. Felicitas Olef-Krafft begründet diese Wahl in ihrer Ausgabe auf S. 519f. Als Grundlage für die Analyse des ‚Parzival' dient Wolfram von Eschenbach, Parzival. Studienausgabe, mhd. Text nach der sechsten Ausg. v. Karl Lachmann, übers. v. Peter Knecht, Einf. v. Bernd Schirok, Berlin/New York 1998.

[3] Diese Feststellung macht bereits Herbert Kolb, Die Blutstropfenszene bei Chrétien und Wolfram, in: PBB 79 (1957), S. 363–379, hier S. 369; vgl. erneut Eberhard Nellmann, Stellenkommentar, in: Wolfram von Eschenbach, Parzival, nach d. Ausg. Karl Lachmanns rev. u. komment. v. Eberhard Nellmann, übertr. v. Dieter Kühn (Bibliothek des Mittelalters 8/2), Frankfurt a.M. 1994, S. 443–803, hier S. 605.

[4] Vgl. zum Erzähler Eberhard Nellmann, Wolframs Erzähltechnik: Untersuchungen zur Funktion des Erzählers, Wiesbaden 1973; Michael Curschmann, Das Abenteuer des Erzählens. Über den Erzähler in Wolframs ‚Parzival', in: DVjs 45 (1971), S. 627–667, und ders., Der Erzähler auf dem Weg zur Literatur, in: Wolfram-Studien 18 (2004), S. 11–32. Zur Erzähltechnik vgl. auch Cornelia Schu, Vom erzählten Abenteuer zum ‚Abenteuer des Erzählens'. Überlegungen zur Romanhaftigkeit von

Publikum ein, lässt die Personifikationen von Frau Minne und Frau Witze auftreten und bietet Beispiele für das Un-Wesen der Minne.[5] Es entfaltet sich somit neben der Handlung eine Vielfalt von Diskursen. Joachim Bumke konstatiert diesbezüglich Inkohärenzen: Es werde deutlich, „daß die erzählte Handlung und die Kommentare, die der Erzähler dazu abgibt, auf irritierende Weise auseinandergehen."[6] Dies regt die Frage an, in welchen Relationen die Diskurse zueinander stehen. Zu deren Beantwortung wird zunächst das Ende dieser Szene in den Vordergrund treten, in der sich die Konstellation der Blutstropfenszene in der erstmaligen Begegnung der beiden Protagonisten der Haupthandlung, Parzival und Gawan, löst. Wenn Parzival sich dort vor allem als Minneerfahrender, Gawan vor allem als rational Handelnder auszeichnet, so ist einerseits nur zu fragen, wie die Interaktion auf der Handlungsebene konstituiert ist, und andererseits auch, in welchen Relationen Erfahrung (*experientia*) und Vernunft (*ratio*) zueinander stehen und wie sich die Poetik und Logik der Szene diesbezüglich konstituiert.[7] Dann kann auch gefragt werden, ob sich diese oder ähnliche handlungsimmanente Logiken auf den anderen

---

Wolframs ‚Parzival' (Kultur, Wissenschaft, Literatur. Beiträge zur Mittelalterforschung 2), Frankfurt a.M. 2002.

[5] Kurt Ruh, Höfische Epik des deutschen Mittelalters. 2. Teil: Reinhart Fuchs, Lanzelet, Wolfram von Eschenbach, Gottfried von Straßburg (Grundlagen der Germanistik 25), Berlin 1980, S. 85, will solche „für das Publikum bestimmte Rhetorik nicht als Kommentar der Handlung" verstanden wissen. Es ist dennoch danach zu fragen, welche Zusammenhänge zwischen beiden bestehen.

[6] So Joachim Bumke, Die Blutstropfen im Schnee. Über Wahrnehmung und Erkenntnis im ‚Parzival' Wolframs von Eschenbach (Hermaea 94), Tübingen 2001, S. 11. Vgl. dort die umfassenden Literaturnachweise zu dieser Szene auf S. 1f., Anm. 1. Eine Zusammenfassung des Buchs bietet ders., Abendvortrag. Wahrnehmung und Erkenntnis im ‚Parzival' Wolframs von Eschenbach, in: Text und Kultur. Mittelalterliche Kultur 1150–1450. DFG-Symposion 2000, hg. v. Ursula Peters (Germanistische Symposien. Berichtsbände 23), Stuttgart/Weimar 2001, S. 355–370. Vgl. die methodologischen Überlegungen von Michael Waltenberger, Hermeneutik des Verdacht-Seins. Über den interpretativen Zugang zu mittelalterlichen Erzählwelten, in: Mitteilungen des Deutschen Germanistenverbandes 49 (2002), S. 156–170, hier S. 158, und Burkhard Hasebrink, Effekte der Evidenz in der Blutstropfenszene des ‚Parzival', in: Texttyp und Textproduktion in der deutschen Literatur des Mittelalters, hg. v. Elizabeth Andersen, Manfred Eikelmann u. Anne Simon (Trends in Medieval Philology 7), Berlin/New York 2005, S. 239, sowie Ingrid Kasten, Wahrnehmung als Kategorie der Kultur- und Literaturwissenschaft, in: Wahrnehmung im *Parzival* Wolframs von Eschenbach. Actas do Colóquio International 15 e 16 de Novembro de 2002, hg. v. John Greenfield (Revista da Faculdade de Letras: Línguas e literaturas 13), Porto 2004, S. 13–36, hier S. 30f. Vgl. auch Klaus Ridder, Rationalisierungsprozesse und höfischer Roman im 12. Jahrhundert, in: DVjs 78 (2004), S. 175–199.

[7] Vgl. Bumke, Blutstropfen (wie Anm. 6), der dieser Szene einen sehr viel höheren Erkenntniswert für das Gesamtwerk beimisst, als hier vorgesehen ist.

Erzählebenen spiegeln. Dieser Analyse soll eine Definition von *ratio* und *experientia* vorangestellt werden.

I.

Das der Entstehung der beiden volkssprachigen Werke vorangehende 12. Jahrhundert gilt bekanntlich als Epoche einer ‚Renaissance',[8] der Neuaufbrüche und Rationalisierungstendenzen.[9] Es ist allerdings auch ein Jahrhundert, das die affektive Erfahrung in einer im Mittelalter vorher nicht gekannten Weise thematisiert.[10] Innerhalb der Theologie spiegelt sich beides: Es standen den rational-dialektischen Methoden zur Darlegung christlicher Doktrin der Frühscholastik Muster kontemplativer, erfahrender ‚Theologie' der

---

[8] Charles Homer Haskins, The Renaissance of the Twelfth Century, Cambridge 1927, prägte den Begriff der ‚Renaissance'; vgl. zur Problematik auch Giles Constable, The Reformation of the Twelfth Century, Cambridge 1996. Zur Mystik des 12. Jhs. siehe auch Bernard McGinn, The Presence of God: A History of Western Christian Mysticism, Bd. 2: The Growth of Mysticism, New York 1994. Dt. Übers.: Die Mystik im Abendland, Bd. 2: Entfaltung, Freiburg i.Br. (u.a.) 1996, und zum beginnenden 13. Jh. die Einleitung in: ders., The Presence of God: A History of Western Christian Mysticism, vol. 3: The Flowering of Mysticism. Men and Women in the New Mysticism (1200–1350), New York 1998; dt. Übers.: Die Mystik im Abendland, Bd. 3: Die Blüte. Männer und Frauen der neuen Mystik (1200–1350), Freiburg i.Br. (u.a.) 1999, und Kurt Ruh, Geschichte der abendländischen Mystik, Bd. 1: Die Grundlegung durch die Kirchenväter und die Mönchstheologie des 12. Jahrhunderts, München 1990; vgl. auch den mentalitätshistorischen Überblick: Handbuch der Religionsgeschichte im deutschsprachigen Raum, Bd. 2: Hoch- und Spätmittelalter, hg. u. verfasst v. Peter Dinzelbacher, mit einem Beitrag v. Daniel Krochmalnik, Paderborn 2000. Umbrüche im Bereich der Frömmigkeit beschrieb bereits Herbert Grundmann, Religiöse Bewegungen im Mittelalter. Übersicht über die geschichtlichen Zusammenhänge zwischen der Ketzerei, den Bettelorden und der religiösen Frauenbewegung im 12. und 13. Jahrhundert und über die geschichtlichen Grundlagen der deutschen Mystik (Historische Studien 267), Berlin 1935. Siehe zum Bereich der Frömmigkeit den neuen Überblick von Arnold Angenendt, Grundformen der Frömmigkeit im Mittelalter (Enzyklopädie deutscher Geschichte 68), München 2003.

[9] Vgl. zur Situation im 12. Jahrhundert insbesondere Otto Langer, Christliche Mystik im Mittelalter. Mystik und Rationalisierung – Stationen eines Konflikts, Darmstadt 2004, S. 151–162. Vgl. zum Streit zwischen scholastischer und monastischer Theologie auch Peter Schulthess u. Ruedi Imbach, Die Philosophie im lateinischen Mittelalter. Ein Handbuch mit einem bio-bibliographischen Repertorium, 2. Aufl., Düsseldorf/Zürich 2002, S. 110–144, bes. S. 140–144.

[10] Siehe dazu Rachel Fulton, From Judgement to Passion. Devotion to Christ and the Virgin Mary, 800–1200, Chichester/New York 2002, Introduction, S. 1–6, und Teil 2 ‚Maria Compatiens', S. 193–470, bes. S. 197 und 468f.

Klöster gegenüber. So vermögen *ratio* und *experientia* zwei Denktraditionen zu bezeichnen, zwei um das Prinzip des rechten Zugangs zur Wahrheit opponierende Positionen.[11] Doch ist dabei nicht von zwei homogenen ‚Strömungen‘ auszugehen, sondern eher von einer Pluralität von Auffassungen. So entwickelte die monastische Tradition eine „große Variationsbreite von Meinungen und Überzeugungen, gerade auch in bezug auf die Akzeptanz der neuen, rational-dialektischen Theologie".[12] Die im 12. Jahrhundert neu formulierten Vernunftkonzepte flossen in Kompendien zusammen, wie beispielsweise im ‚Didascalicon de studio legendi‘ Hugos von St. Victor (Ende des 11. Jhs.–1141).[13] Nach seiner Definition fungiert *ratio* als urteilende Erkenntnis,[14] steht überdies in einer engen Verbindung mit der argumentativen Rede. Denn Hugo ordnet die Erkenntniskraft der *ratio*, dem Bereich der Logik zu (*logica rationalis*)[15] und verwendet den Begriff der *ratio* zur Definition einer Argumentationslehre (*ratio disserendi*).[16] Johannes von Salisbury (1115/20–1180) vertrat im vierten Teil des ‚Metalogicon‘ ebenfalls die Position, *ratio* wirke bei der Urteilsfindung.[17] Ihm zufolge wird *ratio* durch die sinnlichen Eindrücke angeregt, sie ist schließlich fähig, auch die versteckte Wahrheit zu ermitteln,[18] erkennt und unterscheidet materielle und immaterielle Gegenstände, um sie ur-

---

[11] Vgl. u.a. Schulthess u. Imbach (wie Anm. 9), zum Streit zwischen Abaelard und Bernhard von Clairvaux.

[12] So Thilo Offergeld, Einleitung, in: Hugo von St. Viktor. Didascalicon de studio legendi. Studienbuch, lat./dt., übers. u. eingel. v. Thilo Offergeld (Fontes Christiani 27), Freiburg (u.a.) 1997, S. 7–102, hier S. 19. Ulrich Köpf, Monastische und scholastische Theologie, in: Bernhard von Clairvaux und der Beginn der Moderne, hg. v. Dieter R. Bauer u. Gotthard Fuchs, Innsbruck 1996, S. 96–135. Joachim Ehlers, Monastische Theologie, historischer Sinn und Dialektik. Tradition und Neuerung in der Wissenschaft des 12. Jahrhunderts, in: Antiqui und Moderni, Traditionsbewußtsein und Fortschrittsbewußtsein im späten Mittelalter, hg. v. Albert Zimmermann (Miscellanea Medievalia 9), Berlin/New York 1974, S. 58–79; Jean Leclercq, L'Amour des lettres et le désir de Dieu. Initiation aux auteurs monastiques du Moyen Age, Paris 1957; dt. Übers.: Wissenschaft und Gottverlangen. Zur Mönchstheologie im Mittelalter, Düsseldorf 1963.

[13] Vgl. auch den einflussreichen pseudo-augustinischen ‚Liber de spiritu vel anima‘.

[14] Sie wird dort als mittlere Kraft der Seelenvermögen aufgefasst, zwischen den beiden niederen, dem *sensus*, der *imaginatio*, und dem höchsten, dem *intellectus*.

[15] Vgl. Hugo von Sankt Viktor, Didascalicon de studio legendi. Studienbuch, lat./dt., übers. u. eingel. v. Thilo Offergeld (Fontes Christiani 27), Freiburg i.Br. 1997, 1,11 und 2,2.

[16] Ebd., 2,30: *Ratio disserendi integrales partes habet, inventionem et judicium.*

[17] Vgl. zur *ratio* als Seelenfakultät Johannes von Salisbury, Metalogicon, hg. v. John B. Hall (CCCM 98), Turnhout 1991, IV, 15–17, hier 15.

[18] Ebd., 16, S. 153. Vgl. dazu auch Oswald Schwemmer, ‚Ratio‘, in: Enzyklopädie Philosophie und Wissenschaftstheorie, hg. v. Jürgen Mittelstraß, Bd. 3, Stuttgart 1995, S. 462f., hier S. 462.

teilend zu untersuchen.[19] *Ratio*[20] ist dann auch ein Mittel, Evidenz herzustellen,[21] und nicht zuletzt auch ein hermeneutischer Vorgang, eine Kunst des Erkennens.

Erfahrung soll hier definiert werden als eine „Erfassung der Wirklichkeit, die auf Elementen der Wahrnehmung, des Erlebens und der Begegnung beruhen kann".[22] Auf ihr basiert Erfahrensein bzw. Erfahrenheit. Das Prinzip erfahrungsbezogener Erkenntnis[23] wurde im Hochmittelalter insbesondere von

---

[19] Metalogicon (wie Anm. 17), 16, S. 154. *Ratio* kann nach augustinischer Tradition überdies auch eine verbindende Funktion zukommen. Vgl. Augustinus, De ordine, hg. v. Pius Knöll (CSEL 63), Wien 1922, S. 121–185, Kap. 2,48: *quodam meo motu interiore et occulto ea, quae discenda sunt, possum discernere et connectere, et haec vis mea ratio vocatur.*

[20] Die oben skizzierten Bedeutungen ergeben über den Aspekt der Beurteilung und des logisch-argumentativen Denkens Berührungspunkte mit modernen Vernunft- bzw. Rationalitätsbegriffen. Vgl. zur Geschichte des Vernunftbegriffs Manuel Bremer, ‚Vernunft, Verstand‘, in: Historisches Wörterbuch der Philosophie Bd. 11, Sp. 748–863; zur Geschichte des Rationalitätsbegriffs siehe den Überblick von Stefan Gosepath u. Lothar Rolke, ‚Rationalität, Rationalisierung‘, in: Historisches Wörterbuch der Philosophie Bd. 8, Sp. 52–66, sowie Brigitte Kible, ‚Ratio‘, in: Historisches Wörterbuch der Philosophie Bd. 8, Sp. 37–40.

[21] Rational ist intellektuell Evidentes, Nachvollziehbares: Idealfälle rationaler Evidenz sind mathematische oder aussagenlogische Beweisführungen oder logische Handlungen. Weber entwickelte eine Handlungstheorie, die Konzepte eines affektuellen, traditionalen, wert- und zweckrationalen Handelns einschließt. Vgl. Max Weber, Wirtschaft und Gesellschaft. Grundriss einer verstehenden Soziologie, 5. rev. Aufl., Tübingen 1980, S. 2 und 12f., und Gosepath u. Rolke (wie Anm. 20), Sp. 52. Siehe dazu und zur Kategorisierung der Handlungsformen zusammenfassend Stephen Kalberg, Max Webers Typen der Rationalität. Grundsteine für die Analyse von Rationalisierungs-Prozessen in der Geschichte, in: Max Weber und die Rationalisierung sozialen Handelns, hg. v. Walter M. Sprondel u. Constans Seyfarth, Stuttgart 1981, S. 9–38. Eine Übersicht über die auf Max Webers Theorie aufbauenden soziologischen Arbeiten und Diskussionen seit den 80er Jahren bietet Gertraude Mikl-Horke, Soziologie. Historischer Kontext und soziologische Theorie-Entwürfe, 5. vollst. überarb. u. erw. Aufl., München/Wien 2001, S. 384–414. Vgl. auch die Weiterentwicklungen der Konzepte von Max Weber durch Raymond Boudon, Raison, bonnes raisons (Philosopher en sciences sociales), Paris 2003; Herbert A. Simon, Rational Choice and the Structure of the Environment, in: Psychological Review 63 (1956), S. 129–138, und Leon Festinger, Archäologie des Fortschritts, Frankfurt a.M. / New York 1985.

[22] So Dietmar Mieth, Annäherung an Erfahrung – Modelle religiöser Erfahrung im Christentum, in: Religiöse Erfahrung. Historische Modelle in christlicher Tradition, hg. v. Walter Haug u. Dietmar Mieth, München 1992, S. 1–16, hier S. 6.

[23] Vgl. Ulrich Köpf, Ein Modell religiöser Erfahrung in der monastischen Theologie: Bernhard von Clairvaux, in: Religiöse Erfahrung: historische Modelle in christlicher Tradition, hg. v. Walter Haug u. Dietmar Mieth, München 1992, S. 109–123; ders., Religiöse Erfahrung in der Theologie Bernhards von Clairvaux (Beiträge zur historischen Theologie 61), Tübingen 1980. Vgl. allgemein zu Bernhard: Peter Dinzelba-

Bernhard von Clairvaux[24] (1090/91–1153) schriftlich entfaltet.[25] In seinem Traktat ‚De gradibus humilitatis et superbiae' beschreibt Bernhard einen drei-stufigen Weg zur Gotteserkenntnis, der auch die Erkenntnis der Wahrheit im Anderen einschließt.[26] Letzteres sei im Wahrnehmungsakt über die Aktualisie-rung einer ähnlichen affektiven Erfahrung, hier der Leiderfahrung, möglich: *Sed ut ob alienam miseriam cor miserum habeas, oportet tuam prius agnoscas, ut proximi mentem in tua invenias, ex te noveris qualiter illi subvenias.*[27] Diese Auffassung setzt eine vorangehende Wahrnehmung eines Inhaltes bzw. Ge-genstands durch das Erkenntnisvermögen voraus. Ein solcher Prozess der Er-fahrung kann auch als ein ‚rezeptiver' verstanden werden, mehrere Sinne af-fizieren und erkenntnisrelevantes Wissen generieren und ermöglicht dann ein angemessenes Urteilen und Handeln. Der *experientia* darf aus dieser Perspek-tive auch eine kognitive und hermeneutische Funktion beigemessen werden,[28]

---

cher, Bernhard von Clairvaux. Leben und Werk des berühmten Zisterziensers (Ge-stalten des Mittelalters und der Renaissance), Darmstadt 1998, und ders., Auswahl-bibliographie, in: Bernhard von Clairvaux und der Beginn der Moderne (Dokumen-tation der wiss. Studientagung Bernhard von Clairvaux und der Beginn der Moder-ne, 14.–18. März 1990, Kloster Schöntal), hg. v. Dieter R. Bauer u. Gotthard Fuchs, Innsbruck/Wien 1996, S. 329–344.

[24] Vgl. Langer (wie Anm. 9), S. 191–208.
[25] Vgl. Ulrich Köpf, Das ‚Buch der Erfahrung' im 12. Jahrhundert, in: *Ars* und *scientia* im Mittelalter und in der Frühen Neuzeit. Ergebnisse interdisziplinärer Forschung, FS Georg Wieland, hg. v. Cora Dietl u. Dörte Helschinger, Tübingen/Basel 2002, S. 47–56, und ders., Religiöse Erfahrung (wie Anm. 23), und ders., Modell religiöser Erfahrung (wie Anm. 23), und Otto Langer, Affekt und Ratio in der Mystik Bern-hards von Clairvaux, in: Bernhard von Clairvaux und der Beginn der Moderne, hg. v. Dieter R. Bauer u. Gotthard Fuchs, Innsbruck/Wien 1996, S. 136–150.
[26] Vgl. die Praefatio von Bernhard von Claivaux, De gradibus humilitatis et superbiae, in: Bernhard von Clairvaux. Sämtliche Werke, lat./dt., Bd. 1–10, hg. v. Gerhard B. Winkler (u.a.), Innsbruck 1990–99, Bd. 2, S. 38–135, hier S. 44. Vgl. dazu Ulrich Köpf, Die Rezeptions- und Wirkungsgeschichte Bernhards von Clairvaux. For-schungsstand und Forschungsaufgaben, in: Bernhard von Clairvaux: Rezeption und Wirkung im Mittelalter und in der Neuzeit, hg. v. Kaspar Elm, Wolfenbüttel 1994, S. 5–65, hier S. 52 mit Anm. 204f. Er charakterisiert diese Schrift als eine „Darstel-lung des monastischen Wegs zu Gott auf der Grundlage der Regula Benedicti", die sogar als Kommentar zur Benediktsregel verwendet wurde.
[27] Bernhard von Clairvaux, De gradibus (wie Anm. 26), S. 54. Vgl. Langer (wie Anm. 9), S. 194. Vgl. Köpf, Religiöse Erfahrung (wie Anm. 23), S. 203–217.
[28] Ulrich Köpf, ‚Experientia, experimentum', in: Augustinus-Lexikon, Bd. 2, Basel 1996–2002, S. 1193–1199. Vgl. zur Funktion des Nachvollzugs der Affekte bei Au-gustinus: Michael Fiedrowicz, Psalmus vox totius Christi. Studien zu Augustinus' ‚Enarrationes in Psalmos', Freiburg i.Br. 1997, S. 213–230, bes. S. 230. Vgl. allge-mein zur Hermeneutik der Empathie bei Augustinus Karl F. Morrison, I am You. The Hermeneutics of Empathy in Western Literature, Theology and Art, Princeton 1988, S. 69–97 und 172–190. Vgl. auch die sprachphilosophischen Überlegungen in

und sie bietet insofern einen Anschlusspunkt zur erwähnten Definition von *ratio* des Johannes von Salisbury. Wenn *experientia* im 12. Jahrhundert sowohl auf theologische Zusammenhänge wie auf menschliche Interaktionen bezogen werden konnte, dann ist denkbar, dass sich dieses Modell nicht auf die Lektüre der Hl. Schrift und somit metaphysische Zusammenhänge beschränkt. Rachel Fulton bestätigte letztere Annahme in ihrer umfassenden Untersuchung. Sie nimmt im Bereich der Konzepte von Empathie eine wechselseitige Beeinflussung bzw. Durchdringung der profanen und religiösen Diskurse des 12. Jahrhunderts an.[29]

Die erwähnten Diskurse von *ratio* und *experientia* – Vernunft bzw. Rationalität und Erfahrung – stehen wie dargelegt in spezifischen Kontexten; verschiedene Verfahren und Methoden verbinden sich mit ihnen. Weil hier jedoch weder eine Einordnung zu historischen ‚Strömungen‘, Werken oder Autoren intendiert ist, Wolframs Verfahren und Poetik erst ermittelt, die Eigen-Logiken und argumentativen Strategien des literarischen Werks untersucht werden sollen, beschränken sich die folgenden Darlegungen auf die Verwendung der genannten inhaltlichen Grund-Konzepte.[30]

Augustinus, De magistro – Über den Lehrer, übers. von Burkhard Mojsisch, Stuttgart 1998 (RUB 2793), § 38–45, zur Notwendigkeit der Aktualisierung bereits erfasster Dinge und Inhalte als Bedingung des Lernens und Lehrens.

[29] Fulton (wie Anm. 10), S. 199 u. 468f. Vgl. bereits Max Weber zum Verstehen von Affekten: Weber (wie Anm. 21), S. 2. Vgl. ausführlich die Definition von Nancy Eisenberg, ‚Empathy and Sympathy‘, in: Handbook of Emotions, hg. v. Michael Lewis u. Jeanette M. Haviland Jones, 2. Aufl., New York/London 2000, S. 677–691, hier S. 677, als „affective response that stems from the apprehension or comprehension of another's emotional state or condition, and that is identical or very similar to what the other person is feeling or would be expected to feel." Vgl. die Studie von Nancy Eisenberg u. Janet Strayer, Critical Issues in the Study of Empathy, in: Empathy and its Development, hg. v. Nancy Eisenberg (Cambridge studies in social and emotional development), Cambridge 1987, S. 3–13. Vgl. zur Perspektivenübernahme Dieter Geulen, Zu diesem Band, in: Perspektivenübernahme und soziales Handeln. Texte zur sozial-kognitiven Entwicklung, hg. v. Dieter Geulen (stw 348), Frankfurt a.M. 1982, S. 11–23, hier S. 11: „Hier geht es darum, daß wir auf der Grundlage unserer Kenntnis von der Position, vom Verhältnis eines anderen zu der Sache, in begründeter Unterstellung imaginieren können, wie ihm die Sache erscheint, welches seine Perspektive ist, um daraus wiederum Schlüsse ziehen zu können, wie er voraussichtlich handeln wird. Dies hat dann wiederum Konsequenzen für die Planung unseres eigenen Handelns. So etwa läßt sich umschreiben, was in der neueren Forschung als role-taking oder perspective-taking bezeichnet wird und hier ‚Perspektivenübernahme‘ genannt wird." Vgl. auch Rainer K. Silbereisen, Soziale Kognition: Entwicklung von sozialem Wissen und Verstehen, in: Entwicklungspsychologie: ein Lehrbuch, hg. v. Rolf Oerter u. Leo Montada, 3. vollst. überarb. u. erw. Aufl., Weinheim 1995, S. 832–861, hier S. 821–834. Trotz der Übernahme obiger Begriffe für die vorliegende Analyse soll weder eine Psychologie des 12. Jhs. noch eine heutige noch eine des ‚Parzival‘ erarbeitet werden.

[30] Damit schließe ich mich weitgehend den methodologischen Überlegungen von Ha-

II.

Die Blutstropfenszene besitzt im ‚Parzival‘ Wolframs von Eschenbach grundsätzlich den gleichen Aufbau wie im ‚Roman du Graal‘ Chrétiens de Troyes: In beiden Texten gelangt der Protagonist auf eine verschneite Wiese, ein Falke schlägt eine Gans, die dann verletzt entkommt. Drei Blutstropfen fallen dabei in den Schnee, die Perceval bzw. Parzival an seine Geliebte denken lassen. Versonnen betrachtet er sie, wird dabei durch zwei Artusritter unterbrochen, die ihn zum Kampf herausfordern. Aus beiden Tjosten geht er als Sieger hervor. Schließlich gelingt es Gauvain bzw. Gawan, mit ihm zu sprechen und ihn an den Artushof zu führen. Die Handlung des ‚Roman du Graal‘ besitzt allerdings Aspekte, die im ‚Parzival‘ später fehlen. Gauvain hat nämlich schon von weitem erkannt, in welchem Zustand sich Perceval befindet. Deshalb rügt er Saigremor und Keu und erklärt ihnen, man dürfe einen so höfisch nachsinnenden Ritter in seinen Überlegungen nicht stören, sondern müsse warten, bis der Träumende erwache (V. 4350–4359). Gauvain handelt seinen Worten entsprechend. Als Artus ihn aussendet, rüstet er sich zwar, nähert sich Perceval im Gegensatz zu seinen Vorgängern jedoch im bedächtigen Passgang (V. 4343) und zeigt keine feindlichen Absichten (V. 4434): *Sans faire nul felon samblant.* Als Gauvain bei Perceval eintrifft, haben sich zwei der drei Blutstropfen unter der Sonne aufgelöst, der letzte schmilzt gerade, so dass Perceval nicht mehr so tief in Gedanken versunken ist. Gauvain braucht in dieses Bild nicht einzugreifen, sondern spricht Perceval nur an: Sire, ich hätte Euch gegrüßt, wenn ich Euer Herz im gleichen Zustand wie meines wüsste (V. 4435–4437): *Sire, je vos eüsse / Salüé, s'autretel seüsse / Vostre cuer com je sai le mien.* Er gibt sich als Bote des Königs zu erkennen, der ihn beauftragt habe, ihn zu holen, damit er mit ihm reden könne. Perceval erzählt Gauvain, dass vorher bereits zwei Ritter gekommen sind, die versucht haben, ihm das Leben zu nehmen. Er ist sich auch bewusst, dass er aufgrund des Bildes im Schnee einem schönen Gedanken an seine Geliebte nachhing, von dem er nicht ablassen wollte (V. 4446–4456): *Et je estoie si pensis / D'un penser qui molt me plaisoit* [...] / *Ne ja partir ne m'en queïsse.*

---

sebrink (wie Anm. 6), S. 239, an. Er kritisiert die von Bumke gewählte Methode: einerseits aufgrund der aus der theologischen Tradition übernommenen Begrifflichkeit, „ohne die Bedingungen dieser Konzepte selbst zu diskutieren", und andererseits vernachlässige sie „die spezifischen Bedingungen der literarischen Inszenierung". Dem ist weitgehend zuzustimmen, doch bieten Bumkes Beobachtungen trotz seiner Unschärfe eine Horizonterweiterung und deshalb wichtige Anstöße für die Parzival-Interpretation. Vgl. dazu Bernd Schirok, Rezension zu Joachim Bumke, Die Blutstropfen im Schnee, in: ZfdA 131 (2002), S. 98–117.

Gauvain anerkennt diese Haltung als sehr höfisch und süß, als *molt cortois et dols* (V. 4458–4465, hier V. 4459), töricht sei jeder, der ihn daraus habe aufstören wollen (V. 4460f.): *Et cil estoit fel et estols / Qui vostre cuer en romovoit.* Er erreicht sein Ziel durch die Wirkung der den Schnee zum Schmelzen bringenden Sonne und durch höfische Konversation. Die Ritter machen sich miteinander bekannt, umarmen sich und begeben sich freudig – *Si s'en vienent joie menant* (V. 4505) – zum Artushof. In Gauvains Zelt legen sie festliche Kleidung an (V. 4539f.), bevor beide vor den König Artus treten. Minnebann und Handlung Gauvains zeichnen sich als höfisch aus. Bei Wolfram wird Parzivals Minnebann nicht mehr als höfisch bezeichnet und ist zudem von höherer Intensität.[31] Denn während die Blutstropfen für Parzival potentiell sichtbar sind, wird er in den beiden Begegnungen mit Segramors und Keie zwar kampffähig, nimmt seine Umwelt jedoch nicht wahr. So erwacht Parzival erst nach Gawans Mantelwurf vollkommen aus seinem Minnebann. Erst jetzt wird Parzival kommunikationsfähig, spricht mit Gawan und lässt sich das Vorgefallene erklären. Parzival ist über das Geschehen, das sich während seines Minnebanns ereignet hat, verwundert. Sein Bewusstsein bleibt also bis zum Ende der Szene durch den Minnebann geprägt.[32] Es fällt allerdings auf, dass der Text unabhängig vom Bewusstseinszustand Parzivals die Unterbrechungen des Minnebanns durch die Präsenz von Frau Witze markiert, die das Bewusstsein bzw. die Vernunft oder den Verstand personifiziert. So erscheint inkongruent, dass Wolfram die Personifikationen Frau Witze und Frau Minne auftreten lässt, die auf einen Antagonismus zweier Bewusstseinszustände schließen lassen. Relationen zwischen Handlung und Personifikationen liegen auf einer anderen Ebene. Feststellbar ist nämlich, dass sich zwar Parzivals Bewusstseinszustand nicht ändert, das Auftreten der Personifikationen aber den Wechsel einer Aktionsweise einleitet. Frau Minne nimmt ihn gefangen, wenn er die Blutstropfen betrachtet, Frau Witze ergreift Besitz von ihm, wenn er sich von dem Anblick löst und die Kampfeshandlung einsetzt bzw. die Blutstropfen durch das Eingreifen Gawans verdeckt werden. Die in dieser Szene auftretenden Personifikationen Frau Witze und Frau Minne fungieren somit eher als Indikatoren des Wechsels von passiv-rezeptivem Verhalten zu aktivem Handeln, vom Minnebann zu Formen der Interaktion, wie dem

---

[31] Während in der französischen Vorlage Perceval die Angreifer erkennt und sich wehrt und er im Gespräch mit Gauvain später über diese Tjosten und seine Betrachtungen genau Auskunft geben kann (V. 4442–4456), so ist dies in Wolframs Adaptierung nicht der Fall. Parzival ist von dem Bild so eingenommen, dass ihm die Tjosten nicht bewusst sind und ihm die Ereignisse von Gawan nacherzählt werden müssen (V. 302,7–20; V. 304,19–24; V. 305,1–6). Vgl. zum Aspekt der Wahrnehmungsbeeinträchtigung Bumke, Blutstropfen (wie Anm. 6), S. 125–128.

[32] Vgl. Bumke (wie Anm. 1), S. 75.

Kampf oder schließlich dem Gespräch mit Gawan.[33] Die oben angedeuteten Inkongruenzen bleiben auch nach dieser Erklärung bestehen. Denn die Bedeutung der Personifikationen deckt sich nur bedingt mit Parzivals Bewusstseinszustand, weshalb die rhetorische Bildlichkeit einen Mangel an semantischer und rhetorischer Effizienz und Evidenz zeigt. Dieses rhetorische ‚Scheitern‘ kann ein Zeichen für eine eigentliche Unbeschreibbarkeit des überaus intensiven Minnebanns sein, das Versagen rhetorischer ‚Vernunft‘ andeuten[34] und eine poetologische Leerstelle kennzeichnen. Tatsächlich fehlt innerhalb dieser Szene eine ausführliche Beschreibung dessen, was in Parzival konkret vorgeht.

Wie diese Leerstelle im Hinblick auf ein situationsadäquates Handeln gefüllt werden kann, zeigt sich an der Figur des Gawan. Noch vor Gawans Treffen mit Parzival stellt sich heraus, dass der Artusritter in bestimmten Punkten Parzival ähnlich ist. Gawan wird nämlich als besonders empfänglich für die Minne charakterisiert. Keie wirft ihm spöttisch vor, er werde nicht ausziehen und ihn rächen, weil er durch ein Frauenhaar, und sei es noch so schwach, vom Kampf abzuhalten sei (V. 299,3–6). In dieser Charakterisierung deutet sich an – wenn auch durch Keies Spott gebrochen –, dass Gawan in dieser Szene eine ähnliche Disposition wie der durch die Minne gefesselte Parzival aufweist. Dies wird in der Begegnung mit Parzival weiter entfaltet. Im Unterschied zu Gauvain, der bereits von fern erkennt, dass Perceval in höfisches Denken versunken ist, versteht Gawan die Situation erst sukzessive aus der Nähe. Als er bei Parzival ankommt, grüßt er den nicht reagierenden Ritter und droht dann mit den Konsequenzen der vermeintlichen Verstocktheit des Gegners. Schließlich nennt er die Vorzüge einer freundschaftlichen Lösung (V. 300,23–301,4). Als dies keine Wirkung zeigt, stellt er Überlegungen an. Es zeigt sich, dass Gawan selbst bereits über eine Erfahrung des Minneleids verfügt (V. 301,8): *Gâwân was solher næte al wîs*. Er erinnert sich nämlich, dass er sich einst selbst mit einem Messer im Minnebann durch die Hand stach, wozu

---

[33] Vgl. auch Klaus Ridder, Parzivals schmerzliche Erinnerung, in: LiLi 114 (1999), S. 21–41, hier S. 32.
[34] Vgl. Bumke, Blutstropfen (wie Anm. 6), S. 130. Er macht für sein Urteil jedoch v.a. die formale Diskrepanz zwischen den Beteuerungen des Erzählers zur ‚Einfachheit‘ und der gelehrten rhetorischen Bildlichkeit geltend. Vgl. dazu auch Wolfgang Iser, Das Fiktive und das Imaginäre. Perspektiven literarischer Anthropologie (stw 1101), Frankfurt a.M. 1993. Er vertritt die Ansicht, dass das Bewusstsein den menschlichen Erfahrungen nicht angemessen sei. Sie zu inszenieren heiße, „ihnen eine Form zu geben, die jedoch nur ein Simulacrum sein kann, das Ohnmacht und Uneigentlichkeit der Form anzeigt, um so eine Erfahrung zur Erscheinung zu bringen, die sich jenseits dessen erstreckt, was das Bewußtsein einzuholen vermag.“ (S. 510) Bezogen auf die Blutstropfenszene greift diese eher antagonistische Auffassung jedoch nur partiell.

ihn die Kraft der Minne zwang und die werte Präsenz einer Dame (V. 301,10–12).[35] Die *getriwe* (V. 301,20) Königin Inguse von Pahtarliez bewahrte ihn vor dem Tode, indem sie ihr Haupt zum Pfand aussetzte, als der kühne Lähelin ihn mit einer schweren Tjost vollkommen bezwang (V. 301,13–20). Auch Gawans zurückliegende Erfahrung scheint deshalb von besonderer Intensität zu sein, weil der Minnebann dazu führte, dass er sich selbst Gewalt antat. Beim Anblick Parzivals erwägt Gawan aufgrund seiner Erinnerung die Möglichkeit, dass Parzival sich in einer Situation befindet, die eigenen Erfahrungen ähnelt. Seine Reflexionen münden in eine Parallelisierung (V. 301,22f.): *waz op diu minne disen man / twinget als si mich dô twanc.* Gawans Denken zeichnet sich durch einen Vergleich aus; die verschiedenen Zeitstufen von Präsens und Präteritum verdeutlichen die Aspekte von Erfahrung und Erfahrenheit. Gawans Erinnerungen führen zum Erkennen der Situation und zum adäquaten, weil erfolgreichen Handeln.[36] Er folgt mit seinen Augen dem Blick Parzivals (V. 301,26f.) und handelt. Er wirft einen kostbaren Mantel über die blutigen Zeichen (V. 301,26–30). Sobald das Tuch über den Tropfen im Schnee liegt, so dass Parzival sie nicht mehr sieht, gibt ihm Frau Witze seinen Verstand wieder zurück. Er wird ansprechbar, weshalb es Gawan gelingt, ihn an den Artushof zu holen.

Festhalten lässt sich deshalb, dass Wolfram das Prinzip einer vergleichbaren erinnerten bzw. präsenten Erfahrung breiter ausführt. Sie wird zum Erkenntnisprinzip dieser Handlungssequenz, verbindet die beiden Protagonisten und ermöglicht Gawans rationales Eingreifen in Parzivals Minnebann. Durch diese Neuakzentuierung erhalten *ratio* und *experientia* ein größeres Gewicht. Es ist daher zu fragen, ob sich diese Verbindung beider auch in anderen Teilen dieser Szene spiegelt.

III.

Wolfram schiebt zu Beginn der Szene Überlegungen zur Inkongruenz zwischen dem kalten Wetter – *ez enwas iedoch niht snêwes zît* (V. 281,14) – und der Präsenz des Königs Artus am Plimizœl ein: Artus, der dort lagert, ist ein *meienbære man* (V. 281,16). Erzählungen von ihm sind solche vom Pfingstfest oder vom Mai, dem Blumen- und Minnemonat. Dieser Schneefall wider-

---

[35] Auch in diesem Gedankengang fehlt wie in den vorangehenden Charakterisierungen der Minne eine Kritik an der Ursache der Minne oder an den Minnenden. Die negative Bewertung bezieht sich auf die Macht der Minne selbst.

[36] Vgl. Ridder (wie Anm. 33), S. 31–34, und Helmut Brackert, Wolfram von Eschenbach, Parzival, in: Literaturwissenschaft. Grundkurs 1, hg. v. H. B. u. Jörn Stückrath (rororo 6276), Reinbek bei Hamburg 1981, S. 119–134, hier S. 125.

spricht deshalb den üblichen an die Jahreszeiten gebundenen Erfahrungen und insbesondere auch jenen der Artuswelt.[37] Der Erzähler fügt eine weitere Reflexion ein (V. 281,21f.): *diz mære ist hie vast undersniten, / ez parriert sich mit snêwes siten.* Damit finden sich hier Hinweise auf eine Eigenlogik des Erzählten, auf übergreifende, auch überraschende Relationen und Sinnbezüge zwischen den verschiedenen Elementen der Erzählung.

Dies trifft auch auf die Symbolik der Blutstropfen zu. Denn es treten Gralswelt und Artuswelt am Plimizœl in eine besondere Nähe: Der die Blutstropfen verursachende Falke ist jener des Königs Artus. Zudem erinnert die Figur des Artus in dieser Szene daran, dass man sich in der Nähe von Munsalvæsche befindet (V. 286,10–14). Auch der regelwidrig gefallene Schnee wird später im neunten Buch von Trevrizent mit dem Schmerz des Gralskönigs Anfortas rückwirkend in einen ursächlichen Zusammenhang gebracht.[38] Weil der Kälte verursachende Saturn besonders intensiv wirkte, weil er an *sîn*[em] *zil* (V. 489,24f.) stand, litt Anfortas zum Zeitpunkt von Parzivals Besuch mehr als je an seiner Wunde, und so konnte dann auch der Schnee (V. 489,27) fallen.[39] Durch diesen Zusammenhang kann der Schnee auch das Leid des Anfortas mitrepräsentieren, wird gleichzeitig zum Träger des Bildes von Condwiramurs, das Parzival so sehr zu fesseln vermag. *Parriert* ist daher auch Parzivals Erfahrung. So ruft das Bild in Parzival nicht nur den Gedanken an Condwiramurs, sondern auch jenen an den Gral wach (V. 296,5–7): *sîne gedanke umben grâl / unt der küngîn glîchiu mâl / iewederz was ein strengiu nôt.* Ebenso schließen sich positive wie negative Aspekte der Minne zusammen. Das farbige Bild, von dem der Minnebann ausgeht, ist insofern positiv besetzt, als es Parzivals Gemahlin Condwiramurs gleicht (V. 283,1): *Sît ich dir hie gelîchez vant* (vgl. auch V. 283,4; V. 283,8). Das Bild erinnert ihn jedoch nicht nur an sie, sondern ihm entspringt echte und wahre Minne (*er* [Parzival] *pflac der wâren minne*; V. 283,14). Doch bleibt es nicht bei der Analogie zwischen Bild und Geliebtem, sondern das Bild scheint sogar den *lîp* Condwiramurs' präsent zu rufen (V. 302,8). Der Liebes-Affekt, der daraus resultiert, berührt Parzival, ergreift ihn völlig. Er ist schön und beseligend,[40] denn beim Anblick der Bluts-

---

[37] Siehe Nellmann (wie Anm. 3), S. 604.

[38] Vgl. dazu Nellmann (wie Anm. 3), S. 606, der darauf hinweist, dass einerseits Gral- und Artusbereich miteinander verbunden sind, gleichzeitig das Verhältnis beider zueinander unbestimmt bleibe; Bumke, Blutstropfen (wie Anm. 6), S. 64.

[39] Vgl. V. 489,24–29: *Dô der sterne Sâturnus / wider an sîn zil gestuont, / daz wart uns bî der wunden kuont, / unt bî dem sumerlîchen snê. / im getet der frost nie sô wê, / dem süezen œheime dîn.*

[40] Bumke, Blutstropfen (wie Anm. 6), akzentuiert diesen positiven Aspekt und mit ihm den psychologischen Aspekt, wodurch die in der Szene so breit entfaltete Leiderfahrung Parzivals in den Hintergrund tritt. Ähnlich bereits die komparatistische Studie

tropfen auf dem weißen Schnee preist Parzival sogar Gott in einem inneren Monolog für diesen Anblick: *mich wil got sælden rîchen* (V. 282,30). Diese positiven Konnotationen ähneln jenen der Vorlage. Das Denken Percevals ist ihm angenehm, gefällt ihm sehr (V. 4208: *tant li plaisoit*; V. 4425: *De son penser qui molt li plot*). Was jedoch bei Chrétien von Gauvain nur im Potentialis formuliert wird (V. 4360–4363) – nämlich die Möglichkeit, dass Perceval sich in einem Zustand der Minnenot befindet – das wird bei Wolfram zu einer fiktionsinternen Realität, die sowohl qualitativ wie quantitativ an Bedeutung gewinnt.

Schon in der ersten Beschreibung der Versunkenheit Parzivals angesichts der Schönheit des Bildes wird die Erinnerung an Condwiramurs nicht nur zum Anlass für Parzivals Gottes- und Schöpferlob, sondern auch zu einer Bedrängnis (V. 282,22). Das Bild aus Blut und Schnee, die Erinnerung an Condwiramurs bedeutet die Quelle seiner Not (V. 283, 18f.: *diu starke minne sîn dâ wielt, / sölhe nôt fuogt im sîn wîp*; vgl. ähnlich V. 288,3f.; V. 296,5–8). Diese liegt in seiner *triuwe* (V. 282,23) begründet und ist genealogisch verankert. Denn seine Abstammung, Vater- und Mutter-*art* sind für den Zustand Parzivals verantwortlich, sie verursachen seine *pîne*:

> *ungezaltiu sippe in gar*
> *schiet von den witzen sîne,*
> *unde ûf gerbete pîne*
> *von vater und von muoter art.*
> (V. 300,16–19)[41]

Die machtvolle Minne nimmt Parzival geradezu gefangen und entzieht ihm sogar den *wizzenlîchen sin* (V. 283,21f.; vgl. ähnlich V. 293,26f.), wird zu seinem *twanc* (V. 294,9). Somit schließt sich in Parzivals Erfahrung Gegensätzliches zusammen, denn das Denken an Condwiramurs wird durch ein Oxymoron charakterisiert,[42] die Sehnsucht nach ihr bedeutet *sîn süeze sûrez ungemach* (V. 295,4). Die Erfahrung Parzivals ist deshalb eine *parrierte*.[43] Nicht nur

---

von Brackert (wie Anm. 36), S. 125: Parzival werde als „in tiefer Reflexion" Bewegter dargestellt, „als ein Mann, in dem sich etwas Prozeßhaftes ereignet".

[41] Vergleichbares findet sich auch in der Gawanhandlung (vgl. V. 585,8–19). Als Gawan nach dem schweren Kampf auf Schastelmarveille seine Wunden nicht fühlt, weil der schmerzende Gedanke an Orgeluse schwerer wiegt, schaltet sich der Erzähler klagend ein. In diesen Erklärungen unterliegt die ganze Mazadanfamilie der Logik des Minneleids.

[42] Vgl. dazu Ina Karg, ... *sîn süeze sûrez ungemach* ... Erzählen von der Minne in Wolframs ‚Parzival' (GAG 591), Göppingen 1993, S. 78.

[43] Dies besitzt Übereinstimmungen mit der Semantik des Prologs (V. 1,3–5): *gesmæhet unde gezieret / ist, swâ sich parrieret / unverzaget mannes muot.* Bumke, Blutstropfen (wie Anm. 6), S. 144–147 und 155, bezieht das *parrieren*, das bereits im Prolog auf-

inhaltliche, sondern auch erfahrungsbezogene Aspekte laufen hier zusammen. Deshalb kann sich das *Parrierte* der Szene wie schon im Prolog (V. 1,3–5) auch auf den *muot*, die Gedanken, die Affekte, den Willen beziehen. Wolfram weitet das Prinzip der Verbindung auf semantischer Ebene aus. Der Erzähler macht den Minnezwang Parzivals durch die rhetorische Bildlichkeit des Minnebands deutlich (V. 288,30): *frou minne stricte in* [Parzival] *an ir bant.* Auch andere Minnesituationen in dieser Szene werden als *twanc* oder als Band charakterisiert: Diese Charakterisierungen beziehen sich auf das auktoriale Ich (V. 287,15), vergleichend auf Parzival und den biblischen König Salomon (V. 289,17),[44] ausweitend auf die Allgemeinheit (V. 292,28), spezifisch auf ein Publikum, in dem *twingende frouwen* präsent sind (V. 293,24), und auf Gawan (V. 299,5; sowie V. 301,11; V. 301,16; V. 301,23). In den Überlegungen Gawans werden *twanc* und *twingen* vergleichend wiederholt, der Begriff tritt hier innerhalb der Szene in dichtester Verwendung auf und verdeutlicht die Ähnlichkeit der Erfahrung. Vor dem Kampf mit Keie wird gar eine Partizipation an Parzivals Erfahrung verlangt: Betörende Frauen sollen nämlich an seinem Geschick Anteil nehmen und ihm Glück wünschen (V. 293,24f.): *swâ twingende frouwen sint, / die sulen im heiles wünschen nuo.* Es bleibt offen, wer genau damit angesprochen ist. Da dieser Appell an den Minneexkurs anschließt, dort Beispiele für die Allmacht der Minne entfaltet werden, Umsetzungen des auktorialen Ichs erfolgen und Verallgemeinerungen

---

geworfen wird (V. 1,3–6), auf Widersprüche in der Szenen- und Figurengestaltung wie der Bildsprache und Poetik. Das *parrieren* führe zu Ambivalenzen und zu komischen Effekten. Vgl. zur Komik der Blutstropfenszene L. Peter Johnson, Die Blutstropfenepisode in Wolframs Parzival: Humor, Komik und Ironie, in: Studien zu Wolfram von Eschenbach, FS Werner Schröder, hg. v. Kurt Gärtner u. Joachim Heinzle, Tübingen 1989, S. 307–320; vgl. allgemein auch Sebastian Coxon, Der Ritter und die Fährmannstochter. Zum schwankhaften Erzählen in Wolframs Parzival, in: Wolfram-Studien 17 (2002), S. 114–135, und Klaus Ridder, Narrheit und Heiligkeit. Komik im Parzival Wolframs von Eschenbach, in: Wolfram-Studien 17 (2002), S. 136–156. Vgl. auch Max Wehrli, Wolframs Humor, in: Überlieferung und Gestaltung, FS Theophil Spoerri, Zürich 1950, S. 10. Letzterer deutet diese „paradoxe Vorstellung" von Artuspräsenz und Schnee als humorvoll. Seine Auffassung ist prinzipiell nicht abwegig, letztlich jedoch nicht beweisbar, bedeutet zudem eine weitere Sinnebene, die hier nicht weiter verfolgt werden soll. Vgl. zum Prolog Walter Haug, Das literaturtheoretische Konzept Wolframs. Eine neue Lektüre des ‚Parzival'-Prologs, in: PBB 123 (2001), S. 211–229, hier S. 222 [Wiederabdr. in: ders., Die Wahrheit der Fiktion. Studien zur weltlichen und geistlichen Literatur des Mittelalters und der frühen Neuzeit, Tübingen 2003, S. 145–159].

[44] Zu diesem Vergleich Ulrike Draesner, Wege durch erzählte Welten. Intertextuelle Verweise als Mittel der Bedeutungskonstitution in Wolframs ‚Parzival' (Mikrokosmos 36), Frankfurt a.M. (u.a.) 1993, S. 250–252, bes. S. 252. Sie deutet den Verweis auf Salomo als eine positive Charakterisierung der Minnebetroffenheit Parzivals. Letzterer sei ebenso „der Macht der Minne hilflos ausgesetzt" wie einst Salomon.

formuliert werden, hat er auch für ein potentielles Publikum Gültigkeit. Das implizite Publikum wird dann ebenfalls aufgefordert, mit der Handlung, dem Protagonisten wohlwollend Glück wünschend, mitzugehen,[45] und wird in dieser Textaussage in eine handlungsinterne Perspektive ‚hineingezogen'.[46]

Das auktoriale Ich partizipiert mehrfach explizit am Geschick Parzivals. Denn während ihn die Blutstropfen bannen, klagt es über die eigene Not:

> *und ouch diu strenge minne,*
> *diu mir dicke nimt sinne*
> *unt mir daz herze unsanfte regt.*
> *ach nôt ein wîp an mich legt*
> (V. 287,11–14)

Erneut berichtet es in der Minneklage – die auf der Ebene der Handlung präsenten Inhalte auf sich übertragend und insofern interpretierend – von eigenem Leid (V. 292,5–15; V. 292,26; V. 293,15f.).[47] Es inseriert in der Klagerede seinen ‚eigenen' Erfahrungshorizont in die Reihe der dort aufgezählten Beispiele (vgl. auch V. 287,12–18), ja es autorisiert seine Rede durch negative Minneerfahrungen (V. 292,5f.): *Disiu rede enzæme keinem man, / wan der nie trôst von iu gewan.* Wäre Frau Minne nicht so mit ihm umgesprungen, dann könne es sie nun preisen (V. 292,5–17). Mit seiner Klage gegen die unentrinnbare Macht der Minne kann das auktoriale Ich sogar postulieren, für alle geredet zu haben: *ich hân geredet unser aller wort* (V. 293,17). Es deuten sich deshalb auf der Ebene der Klage, der Umsetzungen des auktorialen Ichs und der Publikumsaufforderungen Perspektiven einer affektiven Angleichung an das Erzählte an.[48] Die Reflexionen der Klage spiegeln somit partizipierend und dann zur Partizipation auffordernd die Handlungsebene, verdeutlichen sie anhand von Beispielen und Umsetzungen durch das auktoriale Ich.

---

[45] Vgl. Walter Haug (wie Anm. 43), S. 225, und ders., Literaturtheorie im deutschen Mittelalter. Von den Anfängen bis zum Ende des 13. Jahrhunderts, 2. überarb. u. erw. Aufl., Darmstadt 1992, S. 166. Vgl. auch Draesner (wie Anm. 44), S. 255, die hier einen Rezeptionsmodus vorgegeben sieht.

[46] Unter ‚Publikum' verstehe ich hier eine textinterne Kategorie; Appelle an das ‚implizite Publikum' als Textstrategie. Es geht also nicht darum, wie der Rezipient tatsächlich impliziert wird, sondern wie er aus Sicht des Textes impliziert werden soll.

[47] Vgl. Katharina Mertens Fleury, Leiden lesen. Bedeutungen von *compassio* um 1200 und die Poetik des Mit-Leidens im ‚Parzival' Wolframs von Eschenbach (Scrinium Friburgense 21), Berlin 2006.

[48] Das ist von einer Übertragung auf die Lebenswirklichkeit des Erzählers, wie Draesner (wie Anm. 44), S. 257, meint, zu unterscheiden. Gawans Handeln sei als Beispiel dafür verstehbar, „wie Erfolg in konkreten Lebenssituationen davon abhängt, auf vorgängige Handlungs- und Lebensmuster zurückgreifen zu können". Der Erfolg Gawans hängt jedoch nicht nur von der Anwendung erlernter Muster ab, sondern von seiner rationalen Analyse, in der er sich an eine analoge, einmalige und für ihn spezifische Situation erinnert.

Im Kontrast zu den am Leid Partizipierenden bzw. Partizipationsfähigen stehen die beiden Ritter Segramors und Keie. Ersterer ist in seinem Kampfeseifer gar nicht zu halten:

> *Beide lief unde spranc*
> *Segramors, der ie nâch strîte ranc.*
> *swâ der vehten wânde vinden,*
> *dâ muose man in binden.*
> (V. 285,1–4)

Der ungezügelte Segramors steht diesbezüglich in einem Gegensatz zu Parzival und auch zu Gawan, zum auktorialen Ich und zum angesprochenen impliziten Publikum. Auch Keie zeichnet sich durch ein forsches Auftreten aus. Sein Wort ist ein Menschen in Gute und Schlechte trennendes. Diese Eigenschaft könne er auch am Hof Hermanns von Thüringen, an dem sich Gute und Böse mischen, zur Geltung bringen (vgl. V. 296,13–297,29).[49] Damit eignet sich Keie – wie zuvor schon der kampfeseifrige Segramors – kaum zur Wahrnehmung von ambivalenten Verbindungen (V. 297,10). Es entstehen daher bei Wolfram auf der Ebene der Figurenbeschreibung Kontraste, die mit ‚wahr‘ und ‚falsch‘, ‚gut‘ und ‚böse‘ allein nicht zu charakterisieren sind. Gültig sind vielmehr Unterscheidungen zwischen den Fakultäten der Personen: zwischen jenen, die zur Wahrnehmung ambivalenter Erfahrungen fähig sind, die durch Minne bindbar sind, und den anderen. Die Fähigkeit, die Ambivalenzen der bannenden und bindenden Minne zu erfahren bzw. erfahren zu haben, zeichnet sich als eine verbindende Eigenschaft aus, durch sie wird gleichzeitig eine kognitive und daher hermeneutische Kompetenz markiert. Sie kann erinnernd, interpretierend und inszenierend die Leerstelle füllen, die sich durch den im Grunde genommen kaum erzählbaren Minnebann öffnet.[50]

Frau Minne tritt jedoch nicht nur unmittelbar in der Beschreibung von Parzivals Zustand auf. Sie wird auch in einem langen Exkurs in insgesamt neunmaliger direkter Anrede angeklagt. Diese an Umfang alle sonstigen Ein-

---

[49] Karg (wie Anm. 42), S. 79, erkennt in diesem Zitat den Anspruch auf eine Funktionsbestimmung von Literatur. Es wäre jedoch zu prüfen, inwiefern im ‚Parzival‘ Literatur tatsächlich als Mittel der Selektion und Trennung präsentiert wird. Vgl. zur Geltung von Literatur am Hof Peter Strohschneider, Fürst und Sänger. Zur Institutionalisierung höfischer Kunst, anläßlich von Walthers Thüringer Sangspruch 9,V [L. 20,4], in: Literatur und Macht im mittelalterlichen Thüringen, hg. v. Ernst Hellgardt, Stephan Miller u. P. S., Köln/Weimar 2002, S. 85–107.

[50] Bumke, Blutstropfen (wie Anm. 6), versucht, diese Leerstelle mithilfe der mittelalterlichen Erkenntnistheorie zu füllen. Vgl. dazu kritisch Waltenberger (wie Anm. 6), S. 160f., der darauf hinweist, dass diese Leerstelle weniger auktorial geklärt, sondern zusätzlich perspektiviert werde. Eben diese Perspektivierung jedoch fasse ich als Textstrategie, nämlich als Appell zu individueller Besetzung der Leerstelle auf.

griffe übertreffende Klage unmittelbar vor dem Kampf gegen Keie scheint nur schwach integriert zu sein und hat auf den ersten Blick wenig mit der Situation Parzivals zu tun.[51] Der Exkurs reiht Beispiele ihrer unvermeidbaren Gewalt[52] und Macht, ihres schädlichen Triumphs, der Hilflosigkeit derjenigen, die ihr ausgeliefert sind, und des Schadens, der manchem daraus erwächst. Sie spende dem Traurigen nur kurzzeitig Freude (V. 291,1–3), ja lasse ihn verschmachten (V. 291,4), demütige die Tapferen (V. 291,6–8), besiege ohne Ansehen alle, die sich gegen sie auflehnen (V. 291,9–12). Ehre habe nur Frau Liebe, die zu ihrem Hofstaat gehöre und ohne die ihre Macht schwach wäre (V. 291,15–18). Es kommt durch sie auch zu verlustbringenden Liebschaften. Denn Minne verursache Entehrung und Inzest (V. 291,19–22), sie säe Unfrieden zwischen Menschen, die einander hierarchisch oder freundschaftlich verbunden sind (V. 291,23–27). Das leibliche Begehren bringe der Seele Unheil (V. 291,28–30). Ihre Macht lasse Junge alt werden (V. 292,2f.), und überdies agiere sie hinterhältig (V. 292,4). Mit dieser Reihe von Beispielen des Un-Wesens der Minne nimmt Wolfram nun auch exemplarisch Bezug auf mögliche Minneerfahrungen.

Das auktoriale Ich kommt auch zu dem verallgemeinernden Schluss: *ir ladet ûf herze swæren soum* (V. 292,7) und lenkt von der eigenen Klage über zu Heinrichs von Veldeke Reden über die Minne. Heinrich habe dargelegt, wie man Minne erwirbt, aber nicht, wie man sie erhält (V. 292,18–23),[53] und deshalb habe jener nur einen Teil erzählt. Denn so mancher Tor finde etwas Wertvolles und lasse es dann verderben. Einerlei, ob das auktoriale Ich letztere Erfahrung bereits selbst gemacht habe oder sie noch machen werde (V. 292,26), das sei zu beklagen: *ir sît slôz ob dem sinne* (V. 292,28). Gegen sie sei der Minnende machtlos, denn es helfe weder Schild noch Schwert, weder Ross noch bewehrte Burg (V. 293,1): *Ir sît gewaldec ob der wer.* Sie sei so machtvoll, dass es nirgends möglich sei, ihr zu entrinnen (V. 293,3f.). Die Klagerede gleitet nach dieser Schilderung der Gewalt der Minne zur Handlung über und zum Vorwurf, dass Frau Minne auch Parzival Gewalt antue (V. 293,5–8), während er an seine reine Gemahlin denke, die ihren *lîp* sandte (V. 293,9–11). Doch stellt Minne eine Bedrohung dar, sie habe fatale Folgen, denn Condwiramurs' Bruder Kardeiz habe im Minnedienst sein Leben verloren (V. 293,12f.).

---

[51] Vgl. Bumke, Blutstropfen (wie Anm. 6), S. 11, und ders. (wie Anm. 1), S. 75.
[52] Vgl. Nellmann, Wolframs Erzähltechnik (wie Anm. 4), S. 142.
[53] Draesner (wie Anm. 44), S. 254, deutet den Gehalt der Minneklage und die Insertion des Hinweises auf Veldeke als Programm für das Erzählen im ‚Parzival'. Dort werde nicht nur die Entstehung geschildert, sondern vor allem auch der „Weg zu ihrem dauerhaften Erhalt".

Aus Bumkes Sicht geht es in dem Exkurs darum, „sündhafte Begierden" darzustellen,[54] die in einem Gegensatz zur Handlung stehen. Doch bilden diese moralischen Aspekte lediglich eine Facette dieses Einschubs.[55] Sie integriert sich in das vorgeführte Spektrum von Möglichkeiten der Minnenot. Auf der Ebene leidvoller Liebe ergeben sich thematische Verbindungen zur Handlung (vgl. V. 290,26–293,18),[56] semantische über den *twanc* bzw. das Minneband. Weitere Relationen zwischen Handlung und Exkurs stellt auf einer weiteren Ebene das auktoriale Ich her, indem es seine Klage durch die eigene Minnenot autorisiert, postuliert, für alle gesprochen zu haben, und überdies zu einer Partizipation auffordert. Minnenot wird dadurch zu einer überindividuellen Erfahrung stilisiert, die alle betreffen kann: die Figuren der Handlung, den Erzähler, das implizite Publikum. Der Facettenreichtum der angeführten Beispiele für Minnenot charakterisiert sie zudem als je subjektive Erfahrung, die individuell verschieden sein kann. Daraus erklären sich jene Brüche, die aus den negativen Konstellationen der Exempla und der positiven Grundeinstellung der *triuwe* zwischen Condwiramurs und Parzival, wie auch den glückhaften Aspekten des Minnebanns resultieren. Aus diesen Überlegungen ergeben sich poetologische Konsequenzen. Der Zusammenhalt der verschiedenen Teile und narrativen Ebenen der Szene wird nämlich nicht in kausaler Argumentation hergestellt. Vielmehr folgt der Diskurs einer Logik der thematischen und semantischen Verkettung. Verschiedene Erfahrungen werden so in eine Relation der Analogie gesetzt, überindividuelle Aspekte verbinden die Ebenen, Brechungen bleiben durch das Individuelle verschiedener Erfahrungen bestehen. Über die Ähnlichkeit von Erfahrungen wird allerdings rationales Handeln möglich: das sachverständige Reden über Minne, die Partizipation an der Handlung und nicht zuletzt auch Gawans Mantelwurf.

IV.

Die Blutstropfenszene situiert sich innerhalb der Parzivalhandlung bezüglich des Leids an einer Scharnierstelle der Erzählung. Denn in der sehnsuchtsvollen Erfahrung, die das Denken an Condwiramurs und den Gral einschließt, er-

---

[54] Vgl. Bumke (wie Anm. 1), S. 75.

[55] Bereits Draesner (wie Anm. 44), S. 254f., nimmt thematische Verbindungen zwischen Minneexkurs und Handlungsebene wahr, sieht dabei Verbindungen zwischen Klage und der Minnenot der beiden Protagonisten. Draesners Interesse an intertextuellen Verbindungen steht in ihrer Untersuchung jedoch stark im Vordergrund.

[56] Nellmann (wie Anm. 3), S. 608, meint, dass die Übertragung nicht passe. Denn Frau Minne wird als Abgesandte der *kiuschen* Condwiramurs bezeichnet, Parzivals Reaktion als ein Akt der *triuwe*.

füllen sich erstmals die Vorausdeutungen des Erzählers: Nach Parzivals Aufbruch von Condwiramurs deutet er an, der Protagonist werde nun großes Leid (*hôhen pîn*; V. 224,8) und erst später *freude und êre* (V. 224,9) erleben. Er kommentiert auch kurz nach Parzivals Frageversäumnis: *ob in nu kumber wecke, / des was er dâ vor niht gewent: / ern hete sich niht vil gesent* (V. 248,14–16). Die Blutstropfenszene situiert sich in narrativer, geografischer, zeitlicher und symbolischer Nähe zu diesen erzählten Inhalten; es konkretisiert sich im morgendlichen Minnebann der Blutstropfenszene auch erstmals narrativ das angekündigte Leid, dem Parzival später wiederholt Ausdruck verleiht.[57] Im siebten Buch trägt er den vor Bearosche besiegten Rittern auf, sie sollen Condwiramurs die Botschaft überbringen, jenem, der einst in ihrem Dienst gegen Kingrun und Clamide gekämpft habe, *sî nu nâch dem grâle wê, / unt doch wider nâch ir minne. / nâch bêden i'emer sinne* (V. 389,10–12).

Parzival beschreibt seinen Schmerz im neunten Buch auch Sigune (V. 441,10–14) als Minneleid und als Trauer, den Gral noch nicht gefunden zu haben. Ähnlich wiederholt sich dieses Motiv am Karfreitag in der Klage Parzivals bei Trevrizent: *mîn hôchstiu nôt ist umben grâl: / dâ nâch umb mîn selbes wîp* (V. 467,26f.). Die Aufgabe, Munsalvæsche in Sehnsucht nach seiner Gemahlin im Kampf zu suchen, wird prägend für Parzivals Klagen. Noch in der Nacht nach dem großen Friedens- und Hochzeitsfest zu Joflanze denkt er an Condwiramurs und an den Gral (V. 732,1–29). Parzival verlässt den Hof am folgenden Morgen als *freudenflühtec man* (V. 733,25). Seine doppelte Sehnsucht begleitet ihn bis zur Berufung zum Gral, die die Erlösung des Anfortas und die Zusammenführung mit seiner Gemahlin erst ermöglicht. In der Blutstropfenszene ist diese Leiderfahrung allerdings noch neu, es ist der Beginn von Parzivals Weg zur Erfahrenheit im Leiden. Die Blutstropfenszene markiert daher den Beginn der Konkretisierung seines auf die Rückgewinnung von Gral und Gemahlin ausgerichteten Leidenswegs. Parzival kann nur durch externes Eingreifen, nämlich durch die Berufung zum Gral von seinem Leid erlöst werden. Er wird in der Blutstropfenszene analog als Erlösungsbedürftiger charakterisiert. Gawan hat in dieser Situation die Position des Eingreifenden inne. Es treten deshalb auch bezüglich dieses Protagonisten Handlungsmuster hervor, die in weiteren Szenen erneut relevant werden. Der Artusritter wird in problematische Minnekonstellationen selbst hineingezogen, vermag es überdies, in solchen Situationen[58] analytisch

---

[57] Vgl. Ridder (wie Anm. 38), S. 34f.
[58] Dabei ist der Bezugspunkt seines Handelns letztlich der Artushof. Er wird nach seinem Aufbruch vom Plimizœl zunächst in eher unhöfische Minnesituationen eingebunden: Obwohl auf dem Weg zum Gerichtskampf, lässt er sich widerstrebend in den von der stolzen Obie ausgelösten Minnekonflikt involvieren, der als *unrehtiu minne* (V. 344,18) gekennzeichnet wird. Dabei tritt er nach einigen Überlegungen als

denkend einzugreifen.[59] Auch Gawans Aufgabe ist durch die Problematik von Schastelmarveille und der Liebessehnsucht zu Orgeluse eine doppelte, eine überindividuell-gesellschaftliche und eine individuelle.

Ihm bietet sich die Herausforderung, mit der Fahrt auf dem *Lit marveille* und dem Kampf gegen den Löwen den Verödungszauber der Burg Schastelmarveille zu lösen,[60] die Trennung der Geschlechter auf der Burg aufzuheben, den Hof neu zu ordnen und ihm neue höfische Minne und Freude (vgl. V. 639,25–28) zukommen zu lassen. Der von Gawan mit hohem Aufwand und strategischem Handeln unter Geheimhaltung seiner Ziele konstituierte Aufzug des Hofs von Schastelmarveille auf der Ebene von Joflanze ist schließlich höfisch strukturiert und motiviert (vgl. V. 669,1–671,30). Und es ist gemeinsam mit König Artus auch Gawans Aufgabe, nicht nur räumliche Trennungen, sondern auch die sozialen Spannungen der Gesellschaftskreise von Schastelmarveille und des Artushofs aufzuheben. Sie werden durch geregelte, höfische Minne ersetzt, dieser Zustand höfischen Friedens durch Ehen besiegelt und durch das unbestreitbar schönste aller Feste gekrönt (V. 730,30–731,1).[61]

Minneritter der Obilot ein. Sie ist eigentlich für den Minnedienst zu jung (V. 370,15f.), ihr fehlt sogar zunächst ein Minnepfand für ihn: Ihr gehören nur Puppen (V. 372,18). Im zehnten Buch kommt Gawan der verführerischen Antikonie nach einem ungastlichen Begrüßungskuss (V. 405,16–21) in die höfische Konventionen überschreitenden und deshalb konfliktauslösenden Situation ‚gefährlich' nahe. Vgl. dazu auch Bumke (wie Anm. 1), S. 167–169. Zu Beginn der Urjansszene (V. 504,21–30) denkt Gawan zunächst daran, einen Minnekampf mit einer Dame aufzunehmen. Das auktoriale Ich greift diese Kampfmetaphorik beim ersten Zusammentreffen Gawans mit Orgeluse auf. Direkt anschließend an die überwältigende Wirkung Orgeluses auf Gawan erklärt das auktoriale Ich die Beschreibung der Dame verkürzend: *kampfbæriu lide treit / ein wîp die man vindet sô: / diu wær vil lîhte eins schimpfes vrô* (V. 515,4–6). Aus der Perspektive der vorangehenden Anspielung in der Urjansszene bedeutet diese Bemerkung des auktorialen Ichs eine veranschaulichende Umsetzung des Erzählten auf einer weiteren Ebene.

[59] Vgl. zur Gawanhandlung den Überblick von Bumke, Blutstropfen (wie Anm. 6), S. 159–164; zur Minneproblematik dieses Handlungsteils ders. (wie Anm. 1), S. 167–169 mit Literatur. Vgl. Elisabeth Lienert, Begehren und Gewalt. Aspekte einer Sprache der Liebe in Wolframs ‚Parzival', in: Greenfield (wie Anm. 6), S. 193–209, und Sonja Emmerling, Geschlechterbeziehungen in den Gawan-Büchern des ‚Parzival'. Wolframs Arbeit an einem literarischen Modell (Hermaea NF 100), Tübingen 2003; sowie Schu (wie Anm. 4), S. 329–351.

[60] Vgl. Ulrich Ernst, Liebe und Gewalt im ‚Parzival' Wolframs von Eschenbach. Literaturpsychologische Befunde und mentalitätsgeschichtliche Begründungen, in: Chevaliers errants, demoiselles et l'Autre: höfische und nachhöfische Literatur im europäischen Mittelalter, FS Xenja von Ertzdorff, hg. v. Trude Ehlert (GAG 644), Göppingen 1998, S. 215–243, hier S. 219f.

[61] Vgl. zur Minne-Problematik der Gawanhandlung Schu (wie Anm. 4), S. 329–343, bes. S. 343. Sie vertritt die Meinung, dass in beiden Handlungsteilen die Minnerelationen der Protagonisten in einer chiastischen Verbindung zu sehen sind. Gawans

Gawans Handeln ist in der Blutstropfenszene in seiner höfischen Ausrichtung bereits vorgezeichnet.

Auch die Publikumsanreden weisen über diese Szene hinaus. Schon im Prolog wird dem impliziten Publikum die Beweglichkeit zum Nachvollzug laufender Perspektiven- und Standortwechsel und damit eine aktive Partizipation an den dargebotenen Inhalten abverlangt. Der Erzähler erklärt dort, dass jene, die das Hin und Her der ‚turnierenden‘ Erzählung nachvollziehen können, über die rechte Einsicht und Weisheit verfügen. Das *maere* ist dem fassbar, der sich das durchmischte, bewegliche Erzählte – das *parrierte maere*, das sich selbst zwischen *staete* und *unstaete* bewegt – verstehend nachvollzieht: *der sich niht versitzet noch vergêt / und sich anders wol verstêt* (V. 2,15f.).

In der Parzival- und in der Gawanhandlung finden sich vergleichbare Appelle: Als Gawan auf Schastelmarveille die gefährliche Fahrt auf dem *Lit marveille* und den Kampf gegen den mächtigen Löwen überstanden hat, schwer verletzt, doch von Arnive medizinisch versorgt, sich endlich schlafend erholen soll, überfällt ihn der Gedanke an seine unglückliche Liebe zu Orgeluse. Sie tritt so in Gawans Herz, *daz aller sîn smerze / von disem kumber gar verswant* (V. 584,16f.). Das Minneleid besitzt eine so hohe Intensität, dass es seine körperlichen Schmerzen übersteigt. Der Erzähler klagt wiederum Frau Minne an, wobei auch in diesen Klagen Beispiele für die Allmacht der Minne im Vordergrund stehen. Erneut folgt diesem Exkurs eine explizite Publikumsaufforderung zum Mitklagen mit Gawan (V. 587,10f.). Sie richtet sich an Minneerfahrene: *ez sollten minnære klagen, / waz dem von Norwæge was.* Der Erzähler gibt jedoch sowohl Gawans körperlichen Schmerz wie auch sein großes Minneleid zu bedenken, sollte jemand sich mit ihm vergleichen wollen (V. 588,1–6).

Weitere Appelle an das implizite Publikum finden sich in der Parzivalhandlung: In der Szene der Beschreibung der Hungersnot auf Pelrapeire verlangt er eine Anteilnahme am erzählten Leid: *nu solde erbarmen iuch ir nôt [...] nu hært mêr von den armen: / die solten iuch erbarmen* (V. 185,16–20). Das erzählte Leid soll explizit affizieren. Am Ende der ersten Szene auf Munsalvæsche nimmt das auktoriale Ich am Leiden teil, das Parzival und Anfortas durch das Frageversäumnis entsteht. Denn an die Szene schließt sich eine Interjektion an: *ôwê daz er niht vrâgte dô!* (V. 240,3) Das auktoriale Ich drückt an dieser Stelle explizit seine Anteilnahme am Unglück des Protagonisten aus

---

Ziel sei die „tiefe, unverbrüchliche Bindung zu einer Frau", d.h. zu Orgeluse, die Parzival mit der Vermählung mit Condwiramurs schon zu Beginn seines Weges erwirbt. Vgl. zu den gesellschaftlichen Aspekten Otto Neudeck, Das Stigma des Anfortas. Zum Paradoxon der Gewalt in Wolframs ‚Parzival‘, in: IASL 19 (1994), S. 52–75, hier S. 60, der in der Massenhochzeit (V. 729,27–731,1) am Ende des Werks die „Apotheose" des Pazifizierungswerks Gawans sieht.

(V. 240,4): *des pin ich für in noch unvrô*. Doch kommentiert es ebenso das Unglück des Gralskönigs (V. 240,7–9): *och riwet mich sîn süezer wirt, / den ungenande niht verbirt, / des im von vrâgn nu wære rât*. Damit wird nicht nur über Publikumsappelle ein affektiver Nachvollzug der erzählten Inhalte gefordert, sondern der Erzähler selbst folgt diesem Paradigma und setzt es in Relation zur Handlung empathisch um.

Die Blutstropfenszene spielt somit als Teil des *parrierten mæres* auf der Ebene der Handlung, der Erzählereinschübe und der Publikumsappelle umfassend mit den Möglichkeiten der *experientia*. Im Zentrum steht die Figur des Parzival, der die Blutstropfen im Schnee in beseligender wie leidvoller Minne gefangen betrachtet. Aus der Interaktion zwischen Gawan und Parzival wird deutlich, dass eine rationale, zielgerichtete und erfolgsversprechende sprachliche bzw. soziale Handlung auf der Basis einer vergleichbaren wissensgenerierenden Erfahrung möglich wird. So wie er die Erinnerung an den Schmerz der Minnenot in sich trägt, so berührt das Konzept Erfahrung der ambivalenten Kraft irrationaler Minne und deren negative Auswirkung, die Minnenot, in dieser Szene analog die verschiedenen Erzählebenen. Das auktoriale Ich spiegelt Parzivals Minnebann, ja im Exkurs autorisiert es seine Minneklage sogar durch eigene Erfahrung. Es setzt damit Aspekte von Handlung und Exkurs perspektivierend und beurteilend um und appelliert an die Partizipation eines minneerfahrenen Publikums. Erfahrungen bilden deshalb ein übergreifendes semantisches und inhaltliches Band, das die verschiedenen Diskurse miteinander verknüpft. Die Unterschiedlichkeit der Diskurse, die Inkongruenzen zwischen ihnen und die Individualität grundsätzlich ähnlicher Erfahrung bleiben jedoch deutlich markiert. Auf diese Weise zeichnet sich keine vertikal-kausale argumentative Logik im engeren Sinn, sondern eine Poetik der Vielstimmigkeit analoger, verbindender Erfahrungen ab, die in dieser Szene wie auch in weiteren Teilen des Romans präsent ist.

Abstract: Compared with the 'Roman du Graal' by Chrétien de Troyes the aspects of *ratio* and *experientia* in the scene of the blood drops in the snow has been significantly changed in Wolfram's von Eschenbach 'Parzival'. Confronted with the drops in the snow Parzival is engrossed in contemplation, unable to communicate, while he remembers his wife Condwiramurs. Gawan, on the other hand, excels in interacting with the dreaming hero, intervening in a ratio-based way: Recollecting his own experience of desperate love, he recognizes the situation of Parzival and covers the blood drops in the snow. Other elements of Wolfram's text (e.g. the newly included excurses and judgements of the 'experienced' authorial voice, his attacks on the personification of love as well as calls to the implicit audience) show that such models of experience are based on interaction as well.

Wolframstudien XX (2008)
Erich Schmidt Verlag Berlin

Wie die Ratio das Irrationale gebiert

Überlegungen zur Minnereflexion in Exkursen Hartmanns von Aue, Gottfrieds von Straßburg und Wolframs von Eschenbach

von SANDRA LINDEN

Minneexkurse sind im höfischen Roman bekanntlich zahlreich zu finden. Wenn die handelnden Figuren mit der radikalen Minne vor ein Erfahrungsfeld gestellt werden, das sie an die Grenzen ihrer Handlungsfähigkeit führt, eröffnen viele Autoren Reflexionsspielräume, wie mit dieser Macht umzugehen ist. Die Exkurse unterbrechen die Handlung und ragen als hybride Texte aus der Fiktion heraus, sie weichen also von der regulären Erzählfolge ab und stellen in direkter Publikumsansprache ein Moment gesteigerter Erzählergegenwart dar. Die große Frage, welche Rolle die Exkurse für die Gesamtinterpretation eines Romans spielen, ist freilich umstritten und läßt sich nicht pauschal beantworten: Während man in Gottfrieds Exkursen gerne eine höhere Wahrheit oder die Essenz der Dichtung vermutet,[1] sieht man Hartmanns Exkurswerk

---

[1] Vgl. etwa Walter Haug, Erzählung und Reflexion in Gottfrieds „Tristan", in: Der „Tristan" Gottfrieds von Straßburg. Symposion Santiago de Compostela 5. bis 8. April 2000, hg. v. Christoph Huber u. Victor Millet, Tübingen 2002, S. 281–294; Tomas Tomasek, Die Utopie im ‚Tristan' Gotfrids von Straßburg (Hermaea NF 49), Tübingen 1985, S. 180–211, vor allem S. 180f. und 204f., der insbesondere den *huote*-Exkurs als Interpretationszugang zum Romanganzen versteht, oder Christoph Huber, Die Aufnahme und Verarbeitung des Alanus ab Insulis in mittelhochdeutschen Dichtungen. Untersuchungen zu Thomasin von Zerklaere, Gottfried von Straßburg, Frauenlob, Heinrich von Neustadt, Heinrich von St. Gallen, Heinrich von Mügeln und Johannes von Tepl (MTU 89), München 1988, der den Exkursen eine tragende Rolle zuschreibt, indem er sie bildlich als „Pfeiler" (S. 132) des Romans bezeichnet. Jan-Dirk Müller, Gottfried von Straßburg: Tristan. Transgression und Ökonomien, in: Transgressionen. Literatur als Ethnographie, hg. v. Gerhard Neumann u. Rainer Warning, Freiburg i.Br. 2003, S. 213–242, setzt ein komplexes Wechselverhältnis zwischen Narration und Exkurs an und spricht S. 223 von „ineinander geschachtelten Schreibweisen". Gegen eine zentrale Sinnvermittlung über die Exkurse votiert Petrus W. Tax, Wort, Sinnbild, Zahl im Tristanroman. Studien zum Denken und Werten Gottfrieds von Strassburg, 2., durchges. u. erw. Aufl. (Philo-

meist wesentlich anspruchsloser, und so vertritt Kurt Ruh etwa für den ‚Iwein‘ die Auffassung, daß man die Exkurse als kompetenter Leser getrost überspringen könne, daß sie als „Milch für die *parvuli*"[2], denen es an Verständnis mangelt, konzipiert seien.

Eine Annahme jedoch setzen die meisten Positionen voraus: Romanhafte Exkurse bringt man gemeinhin mit einem Mehr an Rationalität in Verbindung, so hat etwa Klaus Ridder in seinem Beitrag zu den Rationalisierungsformen im höfischen Roman die Reflexion auf der Exkursebene als eine Form der rationalen Durchdringung des Erzählten bestimmt.[3] Reflexivität und Rationalität präsentieren sich im Aussagemodus des Exkurses verknüpft, der Exkurs scheint in sinnbildender Erschließungsfunktion einem neuen literarischen Anspruch geschuldet, nämlich daß der Autor alles, was er erzählt, auch logisch und objektiv nachvollziehbar erklären können muß. Das Nebeneinander und die kunstvolle Verflechtung von spannender Erzählung und abstrakter Spekulation geben den Blick frei auf ein Autorbild, das den perfekten Literaten immer auch als perfekten Philosophen versteht,[4] der die Geschehnisse der Handlungsebene auf einer zusätzlichen, anspruchsvolleren Sinnebene transparent werden läßt und mit den Exkursen den Bildungshorizont seiner Dichtung markiert.

Zeitgleich mit der Rationalisierung im 12. und 13. Jahrhundert, die sich für die unterschiedlichsten Lebensbereiche beobachten läßt,[5] vollzieht sich – das

---

logische Studien und Quellen 8), Berlin 1971, S. 194. Vgl. zur Bewertung der Exkurse im ‚Tristan‘ auch Monika Schausten, Erzählwelten der Tristangeschichte im hohen Mittelalter. Untersuchungen zu den deutschsprachigen Tristanfassungen des 12. und 13. Jahrhunderts (Forschungen zur Geschichte der älteren deutschen Literatur 24), München 1999, S. 194f., die weitere Forschungspositionen aufführt.

[2] Kurt Ruh, Zur Interpretation von Hartmanns ‚Iwein‘ (1965), in: Hartmann von Aue, hg. v. Hugo Kuhn u. Christoph Cormeau (WdF 359), Darmstadt 1973, S. 408–425, hier S. 412. Eine ähnliche Position vertritt Hans-Peter Kramer, Erzählerbemerkungen und Erzählerkommentare in Chrestiens und Hartmanns ‚Erec‘ und ‚Iwein‘ (GAG 35), Göppingen 1971, S. 6.

[3] Vgl. Klaus Ridder, Rationalisierungsprozesse und höfischer Roman im 12. Jahrhundert, in: DVjs 78 (2004), S. 175–199.

[4] Das im Mittelalter präsente Bild des *poeta doctus* ist geprägt durch das von Horaz proklamierte Ineinandergreifen von *ingenium* und *ars*; drei aufschlußreiche Fallstudien zum Zusammenhang zwischen Gelehrtheit und Autorschaft bietet Anna Mühlherr, Gelehrtheit und Autorität des Dichters: Heinrich von Mügeln, Sebastian Brant und Heinrich Wittenwiler, in: Mittelalter und frühe Neuzeit. Übergänge, Umbrüche und Neuansätze, hg. v. Walter Haug (Fortuna vitrea 16), Tübingen 1999, S. 213–236.

[5] Vgl. Ridder (wie Anm. 3), S. 181. Daß das Paradigma der Rationalität auch den volkssprachigen literarischen Diskurs prägt, betont der von Johannes Janota verfaßte Band III,1 in der von Joachim Heinzle herausgegebenen Literaturgeschichte: Geschichte der deutschen Literatur von den Anfängen bis zum Beginn der Neuzeit, Bd. III,1: Orientierung durch volkssprachige Schriftlichkeit (1280/90–1380/90),

hat Georg Wieland festgestellt[6] – im Bemühen um eine Identitätssicherung und Selbstrechtfertigung eine zunehmende Verinnerlichung,[7] und auch die Minneexkurse im höfischen Roman scheinen auf ein solches Interesse am menschlichen Innenraum zu reagieren. In seinem Bemühen, das Minnehandeln der Figuren zu verstehen und die psychologische Motivierung nachzuvollziehen, geht der Rezipient geradezu automatisch von einer Rationalitätsunterstellung oder zumindest einer Konsistenzunterstellung aus. Doch ein wesentlicher Faktor der Minne scheint es gerade zu sein, daß sie das rationale Handeln ausschaltet und den Betroffenen nach den Regeln einer höheren Macht, die für ihn nicht einsichtig ist, agieren läßt. Tatsächlich finden sich vor allem im geistlich-theologischen Diskurs Entwürfe, die die Liebe als radikale Gegenposition zum Verstand konzipieren und ihr im Aufstieg zu Gott eine heilige Verrücktheit, eine *sancta insania*, zuschreiben, mit der sie das Wissen an Erkenntnisqualität übertrifft. So heißt es etwa bei Richard von St. Viktor:

Feruntur effrenes in amoris abyssum [. . .] quadam sana et sancta insania mente translati parum amare se reputant sic amati. Vehemens quippe vis amoris ratione non compescitur, quia, teste Apostolo, supereminet scientiæ majestate.[8]

Tübingen 2004, wobei die Fokussierung auf das 14. Jh. für das grundsätzliche Argument eines Rationalisierungsschubs hier zu vernachlässigen ist. Zu einem ähnlichen Schwerpunkt für den Bereich geistlich-mystischen Schrifttums kommt Otto Langer, Christliche Mystik im Mittelalter. Mystik und Rationalisierung – Stationen eines Konflikts, Darmstadt 2004. Einen kritischen Blick auf den Inszenierungscharakter dieses hochmittelalterlichen Rationalitätsschubs liefert der Beitrag von Frank Bezner in diesem Band.

[6] Vgl. Georg Wieland, Rationalisierung und Verinnerlichung. Aspekte der geistigen Physiognomie des 12. Jahrhunderts, in: Philosophie im Mittelalter. Entwicklungslinien und Paradigmen, FS Wolfgang Kluxen, hg. v. Jan P. Beckmann, Ludger Honnefelder, Gangolf Schrimpf u. Georg Wieland, Hamburg 1978, S. 61–79, die These wird diskutiert von Ridder (wie Anm. 3), S. 181f.

[7] Zwar entwickelt sich keine eigene Wissenschaft der Anthropologie oder Psychologie, doch wird in den vorhandenen Disziplinen wie Seelenlehre, Ethik, Erkenntnislehre und Individuationslehre zunehmend das menschliche Innere zu einem prominenten Thema, vgl. Theodor W. Köhler, Grundlagen des philosophisch-anthropologischen Diskurses im dreizehnten Jahrhundert. Die Erkenntnisbemühungen um den Menschen im zeitgenössischen Verständnis (Studien und Texte zur Geistesgeschichte des Mittelalters 71), Leiden/Boston/Köln 2000, der in einer breiten Materialstudie diesen neuen anthropologischen Diskurs für den lateinisch-wissenschaftlichen Bereich nachgezeichnet hat. Was die Wissenschaft interessiert, wird auch für die Literatur relevant, so führen zumindest zeitgenössische Poetiken wie die ‚Ars versificatoria‘ des Matthäus von Vendôme (Mathei Vindocinensis Opera, hg. v. Frank Munari, Bd. 3 (Storia e letteratura 171), Rom 1988, I,74) die Darstellung des menschlichen Inneren als besonderes Anliegen auf.

[8] Richard von St. Viktor, Tractatus de Gradibus Caritatis, in: PL 196,1195–1208, hier cap. 1, Sp. 1196. Zu den ekstatischen Liebeskonzeptionen der Mystik vgl. Kurt Ruh, Geistliche Liebeslehren des XII. Jahrhunderts, in: PBB 111 (1989), S. 157–178.

Während hier die Verstandesferne der Liebe gerade als besondere Qualität festgestellt wird, scheinen die volkssprachigen romanhaften Exkurse in der festen Überzeugung zu operieren, daß das Phänomen der höfischen Minne, das auf der Handlungsebene in all seiner Radikalität und Paradoxie vorgeführt wird, sich nicht gänzlich dem menschlichen Verstand entzieht. Im Nachdenken über die Frage *Waz ist minne?* formt die Volkssprache einen differenzierten Diskurs aus, der sich über die Gattungsgrenzen hinweg zieht und in den sich jeder Autor, der sich kompetent über die Minne äußern will, mit intertextuellen Bezugnahmen neu einschreibt.[9]

I. Exkursorisches Sprechen und Rationalität

Im Versuch, die Minne zu erfassen, erscheint die Rationalität als das Mittel der ersten Wahl. Sie suggeriert mit formalen Denkmustern und Schlußregeln eine Machbarkeit, die sich wesentlich aus ihrer Erfolgsgeschichte in anderen Diskursen speist. Und so bedienen sich die Exkurse oftmals eines wissenschaftlich geprägten Sprechens und nutzen verstärkt rationale Sprachgesten,[10] was die frühere Forschung zu dem Urteil geführt hat, die Exkurse verfolgten keinen literarisch-ästhetischen Anspruch und dienten lediglich der Vermittlung von Sachwissen.[11] Der Erzähler, der mit dem Gestus wissenschaftlicher Fundiertheit im Exkurs das irrationale Wirken der Minne erklären will, strebt zunächst einmal eine formale Rationalität, eine rationale Darstellungsmetho-

---

[9]   Burghart Wachinger geht den Reflexionen nach, die sich in der Gattung des Minnesangs an Walthers Frage (L. 69,1: *Saget mir ieman, waz ist minne?*) anbinden: ders., Was ist Minne?, in: PBB 111 (1989), S. 252–267. Das Verständnis der höfischen Minne als Diskursform über das richtige Minneverhalten findet sich bei Rüdiger Schnell, „Höfische Liebe" als „höfischer" Diskurs über die Liebe, in: Curialitas. Studien zu Grundfragen der höfisch-ritterlichen Kultur, hg. v. Josef Fleckenstein (Veröffentlichungen des Max Planck-Instituts für Geschichte 100), Göttingen 1990, S. 231–301.

[10] Diese formale Beobachtung steht im Einklang mit einer breiten Forschungsrichtung, die den volkssprachigen romanhaften Exkurs aus dem Grundmodell des Kommentars erklärt, bei dem ein Prätext zum besseren Verständnis mit einem erklärenden Metatext versehen wird, vgl. etwa Christoph Huber, Formen des „poetischen Kommentars" in mittelalterlicher Literatur, in: Commentaries – Kommentare, hg. v. Glenn W. Most (Aporemata 4), Göttingen 1999, S. 323–352, der jedoch bereits auf eine Verselbständigung des epischen Stellenkommentars zur umfassenden, von der Ausgangshandlung abgelösten Reflexion hinweist (S. 350).

[11] Vgl. etwa Lore Peiffer, Zur Funktion der Exkurse im ‚Tristan' Gottfrieds von Straßburg (GAG 31), Göppingen 1971, S. 9. Nebenbei sei bemerkt, daß der volkssprachigen Literatur zur Vermittlung von Sachwissen freilich effektivere Gattungen als der romanhafte Exkurs zur Verfügung stehen.

de an: Er bemüht sich um eine genau strukturierte Argumentationsfolge, um die Richtigkeit der Setzungen in einem logischen Zusammenhang, die Plausibilität der einzelnen Aussagen. In der konkreten Arbeit an den Exkurstexten läßt sich die Frage nach der Rationalität so zunächst auf dieser eher formalen Ebene festmachen, nämlich als eine Frage nach der Methode des Darstellens, als eine Frage nach dem Einsatz basaler Denkschemata und Argumentationsordnungen. Ich meine hier etwa von der aristotelischen Topik geprägte Einordnungsschemata wie die Definition, Kategorisierungen entweder mit gleichgeordneten Elementen oder als Gattung und Untergattung, dann Vergleichs- und Gegensatzschemata wie Ähnlichkeit oder Widersprüchlichkeit, schließlich Kausalschemata wie Ursache und Wirkung, Mittel und Zweck, Grund und Folge.[12]

Die rationale Struktur eines Textes allein ist jedoch nicht hinreichend, um die Rationalität des beschriebenen Gehalts zu garantieren; eine formale Rationalität geht nicht notwendig mit einer inhaltlichen einher. Rationales Verhalten bestimmt man gern als ein Handeln, das aus guten Gründen geschieht, als ein Handeln, dem eine reflexive Rückvergewisserung vorangegangen ist, die auf erworbene Kenntnisse über die Lebenswelt zurückgreift.[13] Die Annahme, daß mein Gegenüber rational handelt, macht sein Verhalten für mich vorhersehbar und somit kalkulierbar; die wechselseitige Hypothese eines regelgeleiteten, den Prinzipien der Ratio folgenden Handelns schafft eine zur Interaktion notwendige gemeinsame Sphäre der Sicherheit.[14] Betrachtet man dies aus einer hermeneutischen Perspektive, so kann man sagen: Sobald man die Gründe des Gegenübers erfaßt hat, öffnet sich sein Verhalten den Möglichkeiten des Verstehens.[15]

---

[12] Vgl. Aristoteles, Topik (Organon V), übersetzt und mit Anmerkungen versehen v. Eugen Rolfes, mit einer Einleitung v. Hans Günter Zekl, 3. Aufl. (Philosophische Bibliothek 12), Hamburg 1992, vor allem die grundlegenden Bemerkungen im ersten Buch. Eine übersichtliche Zusammenstellung der Schemata liefert Manfred Kienpointner, Alltagslogik. Struktur und Funktion von Argumentationsmustern (problemata 126), Stuttgart-Bad Cannstatt 1992, S. 246.

[13] Vgl. Joachim Comes, Not und Bewährung. Zur Phänomenologie der okzidentalen Rationalität, Heidelberg 2004, S. 18.

[14] Zum Konzept der Handlungssicherheit vgl. etwa Viktor Vanberg, Rationalitätsprinzip und Rationalitätshypothesen: Zum methodologischen Status der Theorie rationalen Handelns, in: Rationalität im Prozeß kultureller Evolution. Rationalitätsunterstellungen als eine Bedingung der Möglichkeit substantieller Rationalität des Handelns, hg. v. Hansjörg Siegenthaler, Tübingen 2005, S. 33–63, besonders S. 34f.

[15] Die Rationalität als hermeneutische Prämisse der literarischen Analyse behandelt Hans Rott, Rationalitätsunterstellungen im Dienst der Interpretation von Texten, in: Rationalität im Prozess kultureller Evolution. Rationalitätsunterstellungen als eine Bedingung der Möglichkeit substantieller Rationalität des Handelns, hg. v. Hansjörg Siegenthaler, Tübingen 2005, S. 331–354. Einen Gegenentwurf zum rational-

Doch blickt man von den philosophischen Definitionen auf die lebensweltliche Praxis, an der sich die Literatur vornehmlich orientiert, liegen die Dinge nicht so klar: Man darf sich bei einem Thema wie der Minne darauf gefaßt machen, daß hier ein Freiraum für Erfahrungen bleibt, die nicht rational einholbar sind, für die es keine klar formulierbaren Gründe gibt, Erfahrungen und Handlungen, die man zwar ganz unmittelbar versteht und in ihrer Spontaneität akzeptiert, die aber nicht mit den Mitteln des Verstandes analysierbar sind. Und so gehen die Minneexkurse nicht selten weit über ihren Anknüpfungspunkt auf der Handlungsebene hinaus, verlieren sich in freien Spekulationen und scheinen dabei weniger eine sachlich erklärende als eine poetische Qualität im Blick zu haben. Wie die Lebenswelt bietet die Literatur ein Ineinander von stärkeren und schwächeren Formen von Rationalität,[16] von objektiver und subjektiver Begründung und sogar von Rationalität und Irrationalität, die in den Texten in engem Bezug auftauchen können, ohne einander aufzuheben.

Diese Verschränkung von Rationalität und Irrationalität soll im Zentrum der Betrachtung stehen; es soll aufgezeigt werden, wie die Exkurse rationale Denkmuster als formalen Zugang zur Minnereflexion nutzen, zugleich aber auch, an welchen Stellen schlaglichtartig irrationale Elemente als Kontrast einbrechen oder aber in die Argumentation integriert werden. Es ist zu prüfen, ob die Exkurse wirklich, wie sie vorgeben, zu einem strikt rationalen Verständnis des Phänomens beitragen wollen oder zugleich auch bewußt die Begrenztheit eines rational-erklärenden Zugriffs auf die Minne vorführen. Wird die Minne mit den Erläuterungen der Exkurse in ein rationales System integriert, oder manifestiert das Ringen um Rationalität bewußt die Irrationalität der Minne, so daß gerade der Versuch, das Phänomen rational zu durchdringen, den Rezipienten zur Erfahrung eines irrationalen Überschusses führt?

Ich möchte im folgenden unterschiedliche Formen psychologischer Festlegung und ihre Darstellung in rationalen Denkmustern untersuchen, als Beispiele dienen drei Minneexkurse aus der hochhöfischen Zeit:

---

hermeneutischen Verfahren bietet Gumbrechts Theorie der Präsenz, die die unmittelbare Sinnlichkeit des literarischen Textes betont, vgl. Hans Ulrich Gumbrecht, Diesseits der Hermeneutik. Die Produktion von Präsenz, übersetzt v. Joachim Schulte (es 2364), Frankfurt a.M. 2004.

[16] Daß man nicht von einer einheitlichen Rationalität sprechen kann, sondern vielfältige Formen ihrer theoretischen Konzeption und praktischen Realisierung annehmen muß, hat Herbert Schnädelbach vorgebracht und eine ausführliche, nicht in allen Punkten unumstrittene Rationalitätstypologie erstellt, vgl. ders., Rationalitätstypen, in: Ethik und Sozialwissenschaften 9 (1998), S. 79–89 (Kritik und Diskussion: S. 89–155, Replik Schnädelbachs: S. 155–164).

1) der Minne-Haß-Exkurs in Hartmanns ‚Iwein‘,[17] der unter dem Stichwort der Gegensätzlichkeit der beiden Emotionen stehen wird,

2) der *huote*-Exkurs in Gottfrieds von Straßburg ‚Tristan‘,[18] der mit dem Entwurf unterschiedlicher Frauentypen dem Denkschema der Kategorisierung folgt, und

3) der Minneexkurs in Wolframs von Eschenbach ‚Parzival‘,[19] der enger als die beiden anderen Beispiele mit der Handlungsebene verknüpft bleibt und Gawans Minnequalen über das spezifische Ordnungssystem der Genealogie erklärt.

Dabei müssen in dieser schmalen Skizze notwendig viele Gesichtspunkte der einzelnen Exkurse, die in der Forschung diskutiert worden sind, unerwähnt bleiben, vielmehr konzentriert sich die Textanalyse auf die Frage, wie die Autoren in den Exkursen Formen der Rationalität zur Darstellung des Phänomens Minne nutzen.

II. Unvereinbare Gegensätze? Verwicklungen um Minne und Haß in Hartmanns ‚Iwein‘

Das erste Beispiel, der Minne-Haß-Exkurs in Hartmanns ‚Iwein‘ (V. 7015–7074),[20] ist kein klassischer Minneexkurs, sondern thematisiert die Freundschaftsliebe. Der Exkurs ist in den Gerichtskampf zwischen Iwein und Gawein eingebettet, die als Kämpfer die Erbstreitigkeiten zwischen den Schwestern vom Schwarzen Dorn entscheiden sollen. Die beiden befreundeten Ritter treten inkognito auf und erkennen einander nicht, sie gehen mit äußer-

---

[17] Vgl. Hartmann von Aue, Iwein, hg. v. Georg Friedrich Benecke u. Karl Lachmann, neu bearb. v. Ludwig Wolff, Bd. 1: Text, 7. Aufl., Berlin 1968, V. 7015–7074.

[18] Vgl. Gottfried von Straßburg, Tristan und Isold. Text, hg. v. Friedrich Ranke, 15., unveränderte Aufl., Dublin/Zürich 1978, V. 17858–18114.

[19] Wolfram von Eschenbach, Parzival, nach der Ausgabe Karl Lachmanns revidiert und kommentiert v. Eberhard Nellmann, übertragen v. Dieter Kühn (Bibliothek des Mittelalters 8/1 und 8/2), Frankfurt a.M. 1994, 583,1–587,14. Man mag den Exkurs im engeren Sinne erst mit V. 585,5, der klagenden Anrede an Frau Minne, beginnen lassen, doch das reflektierende Element im Sprechen des Erzählers setzt bereits zu Beginn des 12. Buches, also mit V. 583,1, ein.

[20] Zum Minne-Haß-Exkurs vgl. Kramer (wie Anm. 2), S. 104–106; John Margetts, Gefühlsumschwung im *Iwein*: minne unde haz, luf und envy, in: Großbritannien und Deutschland. Europäische Aspekte der politisch-kulturellen Beziehungen beider Länder in Geschichte und Gegenwart, FS John W. P. Bourke, hg. v. Ortwin Kuhn, München 1974, S. 452–460; Wolfgang Harms, Der Kampf mit dem Freund oder Verwandten in der deutschen Literatur bis um 1300 (Medium Aevum 1), München 1963, S. 131f.

ster Härte gegeneinander vor, ein Ende des Kampfes ist aufgrund der ebenbürtigen Stärke nicht abzusehen. Ausgangspunkt des Exkurses ist die Beschwerde eines fiktiven Rezipienten: Dieser fordert den Erzähler mit Verweis auf die Plausibilität des Dargestellten auf, seine Behauptung zurückzunehmen, bei den beiden Kämpfern seien Minne und Haß gleichzeitig anwesend:

> Ich wæne, vriunt Hartman,
> dû missedenkest dar an.
> war umbe sprichestû daz,
> daz beide minne unde haz
> ensament bûwen ein vaz?
> wan bedenkestû dich baz?
> (V. 7027–7032)

Dem fiktiven Erzähler Hartmann wird *missedenken*, ein falscher, irriger Bezug zum Erzählten oder zum Erzählstoff vorgeworfen, d.h., der Einwand zielt in direkter Kritik der rationalen Kompetenz des Erzählers auf die Konsistenz der Figurenzeichnung und die Plausibilität der dargestellten Psychologie. Doch was hier als psychologische Krux und logische Unmöglichkeit behauptet wird, ist auf der Handlungsebene eigentlich kein Problem und wird beim realen Rezipienten kaum auf Verständnisschwierigkeiten gestoßen sein: Die beiden Freunde kämpfen gegeneinander, weil sie sich aufgrund des beiderseitigen Inkognitos nicht erkennen, Hartmann nutzt hier also den allgemein verbreiteten literarischen Topos vom Kampf gegen den Freund.[21] Die etwa von Ruh vertretene Forschungsmeinung,[22] daß Hartmanns Exkurse dem weniger verständigen deutschen Publikum den chrétienschen Ausgangstext erklären müßten, greift hier zu kurz. Schon Hartmanns Exkurse sind hintergründiger, als man ihnen gemeinhin zutraut, und erschöpfen sich nicht in einer simplen Erklärfunktion.

Das Erzählte wird durch den fiktiven Rezipienten einer Plausibilitätsprüfung unterworfen und scheint so dem fraglos vorausgesetzten Kriterium der Rationalität genügen zu müssen. Gleichzeitig wird jedoch in einer ironischen Volte deutlich das Verständnisdefizit des vermeintlich schlauen Kritikers markiert und die eingeforderte Rationalität als eine rein formale Gedankenfolge entlarvt, die ihr logisch durchaus korrektes Schlußgerüst auf dem sandigen Fundament eines Mißverständnisses erbaut. Doch der fiktive Erzähler läßt sich in einem ironischen Spiel mit *simulatio* und *dissimulatio* auf den Einwand ein und nutzt ihn, um die Elemente der Handlungsebene einer bewußten und inszenierten psychologischen Verkomplizierung zu unterziehen. Mit überle-

---

[21] Vgl. zu diesem Motiv Harms (wie Anm. 20).
[22] Vgl. Ruh (wie Anm. 2), S. 412, ähnlich auch Kramer (wie Anm. 2), S. 16.

gen-lässiger Geste löst er das monierte Paradox einer Gleichzeitigkeit von Minne und Haß in einem Herzen durch eine weitere Konkretisierung, indem er im Entwurf eines emotionalen Arrangements das Herz als konkreten Raum auffaßt und schlicht eine Trennwand zwischen den beiden Kräften einfügt. Das Nichterkennen der beiden Ritter wird zu einem Nichterkennen der beiden Emotionen verschoben:

> *sî hât aber underslagen*
> *ein want, als ich iu wil sagen,*
> *daz haz der minne niene weiz.*
> (V. 7047–7049)

Da sie sich in getrennten Kammern befinden, treten Minne und Haß nicht in Konflikt. Eine logische und anatomisch genaue Konkretisierung, die das fiktive Körperarrangement des geteilten Herzens mit dem Gestus wissenschaftlicher Präzision beschreibt, macht das unmögliche Nebeneinander doch noch möglich.[23]

In Hartmanns Vorlage ‚Yvain‘[24] löst Chrétien de Troyes dieselbe Problematik mit einer anderen Bildlichkeit, nämlich über die Metaphorik eines Gasthauses, in dem der Haß die vorderen Zimmer bezogen hat, während Frau Minne sich im Moment des Zweikampfs mit den hinteren begnügt. Beiden Varianten ist gemeinsam, daß sie die Gleichzeitigkeit zweier gegensätzlicher Emotionen durch den Kunstgriff einer räumlichen Trennung ermöglichen. Minne und Haß werden personifiziert und ganz konkret in getrennte Areale eingeteilt, so daß das Ordnungssystem des Raumes beiden nur einen beschränkten Einflußbereich gewährt. Doch während Chrétien die übertragene Sprechweise durch die Auswahl des Bildbereichs des Gasthauses deutlich markiert, entfaltet sich Hartmanns Metaphorik des Herzensraums innerhalb des Menschen und gibt sich weniger als vergleichendes Bild denn als Beschreibung eines tatsächlichen körperlichen Zustands. Bereits wenige Verse später wird die bildliche Aussageebene wieder aufgebrochen. Die so konkret verortete Trennwand wird in ihrer übertragenen Bedeutung benannt und als das gegenseitige Nichterkennen, als *unkünde*, identifiziert:

---

[23] Zum Entwurf fiktiver Körpervorstellungen in Hartmanns Exkursen vgl. Sandra Linden, Körperkonzepte jenseits der Rationalität. Die Herzenstauschmetaphorik im *Iwein* Hartmanns von Aue, in: Körperkonzepte im arthurischen Roman, hg. v. Friedrich Wolfzettel, Tübingen 2007, S. 247–267, zum Minne-Haß-Exkurs S. 264f.

[24] Chrestien de Troyes, Yvain, übersetzt und eingeleitet v. Ilse Nolting-Hauff (Klassische Texte des romanischen Mittelalters), München 1962, der Exkurs zum Verhältnis von *amors* und *haïne* findet sich in V. 5991–6105.

> *Diu unkünde was diu want*
> *diu ir herze underbant,*
> *daz sî gevriunt von herzen sint,*
> *und machets mit sehenden ougen blint.*
> (V. 7055–7058)

Auch die *unkünde* wird personifiziert und dem antithetischen Personenarrangement zwischen Minne und Haß als drittes Element hinzugefügt. Sie wird als Nichtwissen, als mangelnde intellektuelle Erfassung der Situation zum Handlungsauslöser, indem sie den Kampf gegen den unerkannten Freund gutheißt, und führt in der Konsequenz zu einer Umkehrung der Werte. Der Sieger wird, sobald er den Besiegten erkennt, seines Lebens nicht mehr froh, der Siegeswunsch wandelt sich zum Fluch. Das Ende des Exkurses wird in ähnlich paradoxen Formulierungen gestaltet, wie sie bereits Ausgangspunkt waren:

> *wan sweder ir den sige kôs,*
> *der wart mit sige sigelôs.*
> [...]
> *er hazzet daz er minnet,*
> *und verliuset sô er gewinnet.*
> (V. 7069f. u. V. 7073f.)

Was bleibt festzuhalten? Das Einfordern eines plausiblen und rationalen Erzählens wird im Minne-Haß-Exkurs zum Vorwand für eine Komplexitätssteigerung der Innendarstellung. Das Argument, daß man nicht gleichzeitig lieben und hassen könne, wird über das Mittel der Personifikation in eine komplexe psychologische Bildlichkeit überführt. Was eigentlich eine simple Verwechslung von Schein und Sein ist, wird so zu der sich ausschließenden Gegensätzlichkeit der beiden Emotionen Minne und Haß, die durch das literarische Stilmittel der Personifikation konträr gegeneinandergeführt werden. Das diskutierte Problem liegt also nicht auf der Handlungsebene, sondern wird erst vom Exkurs produziert, und zwar über das mit Ironiesignalen versehene Mißverstehen des fiktiven Rezipienten, das der reale Rezipient zusammen mit der überlegen agierenden Erzählerfigur belächelt. Innerhalb des Argumentationssystems des antwortenden Erzählers sind die einzelnen Schritte zwar logisch nachvollziehbar, so daß seine Erklärung den Anforderungen einer formalen Rationalität gehorcht, doch die Fiktivität des entworfenen menschlichen Innenraums, der zwischen Konkretion und Metaphorik, wörtlicher und übertragener Bedeutung schwankt, wirkt dem rationalen Erklären entgegen. Er entfaltet sein produktives Potential gegen Ende des Exkurses darin, zur Legitimation für weitere paradoxe Formulierungen zu werden. Als Motiv des Autors mag man weniger das Bedürfnis nach Aufschlüsselung einer schwer zugänglichen Handlungssequenz als vielmehr die Freude an der psychologischen Zergliederung, am fiktiven Arrangement menschlicher Innerlichkeit vermuten. Anders als der Exkurs suggeriert, bietet er nicht eine das Verständnis erleichternde Erklärung, sondern eine Verkomplizierung, die vielleicht weniger das Verhältnis zwischen Iwein und Gawein als das zwischen Iwein und seiner Frau Laudine im Blick hat.[25]

III. Die Mühen der Kategorisierung. Zum *huote*-Exkurs in Gottfrieds ‚Tristan'

Gottfrieds *huote*-Exkurs (V. 17858–18114)[26] ist der letzte große Minneexkurs im überlieferten Teil des Tristanromans und hat seinen Platz unmittelbar vor der Baumgartenepisode, die zur Entdeckung und Trennung der Liebenden führt. Der Exkurs setzt ein mit einer *huote*-Kritik, die eine Überwachung der Frau mit dem altbekannten Topos als unnötig ausweist, daß man die gute Frau nicht zu kontrollieren brauche, während die böse sich ohnehin nicht an die Beschränkungen halte und dadurch nur zusätzlich gereizt würde (V. 17872–17930). Diese wechselseitige Beeinflussung von Sünde und Gebot[27] bietet den Übergang zu einer Betrachtung des Sündenfalls mit dem Diktum, daß Eva nie vom Apfel gegessen hätte, wenn man es ihr nicht verboten hätte (V. 17948f.). Die anschließende Frage, wie die Frau trotz ihrer defizienten

---

[25] Auch der Konflikt zwischen Iwein und Laudine ergibt sich aus einer fehlerhaften Personenwahrnehmung, indem Laudine Iweins Terminversäumnis als Indiz dafür deutet, daß Iwein seine Liebe zu ihr in Haß oder zumindest Gleichgültigkeit verkehrt habe.

[26] Die Forschungsbeiträge zum *huote*-Exkurs sind Legion, ich nenne nur eine knappe Auswahl: Tomasek (wie Anm. 1), S. 180–211; Rüdiger Schnell, Suche nach Wahrheit. Gottfrieds „Tristan und Isolde" als erkenntniskritischer Roman (Hermaea 67), Tübingen 1992, S. 38–48; Werner Schröder, Zu Aussage und Funktion des *huote*-Exkurses im ‚Tristan' Gottfrieds von Straßburg (Text und Interpretation IV, Sbb. d. wiss. Ges. an der Johann Wolfgang Goethe Universität Frankfurt a.M. 30), Stuttgart 1993; Bernd Schirok, Handlung und Exkurse in Gottfrieds ‚Tristan'. Textebenen als Interpretationsproblem, in: Texttyp, Sprechergruppe, Kommunikationsbereich. Studien zur deutschen Sprache in Geschichte und Gegenwart, FS Hugo Steger zum 65. Geb., hg. v. Heinrich Löffler, Karlheinz Jakob u. Bernhard Kelle, Berlin/New York 1994, S. 33–51; Huber (wie Anm. 1), S. 115–127; Annette Volfing, Gottfried's *huote*-Excursus (*Tristan* 17817–18114), in: Medium Aevum 67 (1998), S. 85–103, sowie Haug (wie Anm. 1) und mit Blick auf die Münchener ‚Tristan'-Handschrift M (cgm 51), die eine Reihe von Textkürzungen aufweist, den *huote*-Exkurs aber mit geringen Eingriffen des Redaktors überliefert, Martin Baisch, Textkritik als Problem der Kulturwissenschaft. Tristan-Lektüren (Trends in Medieval Philology 9), Berlin / New York 2006, S. 248–256.

[27] Vgl. Röm 7,8 sowie Publius Ovidius Naso, Liebesgedichte. Amores. Lat. u. dt., hg. v. Walter Marg u. Richard Harder, 4. Aufl., Darmstadt 1976, III, 4, 9f.: *Cui peccare licet, peccat minus; ipsa potestas / Semina nequitiae languidiora facit.*

Eva-Natur in der Gegenwart glücklich und tugendhaft leben kann, beantwortet der Erzähler mit einer Kategorisierung unterschiedlicher Frauentypen.

Der erste Typus ist durch eine Disziplinleistung der Frau *wider ir art* (V. 17972) bestimmt, diese Frau ist *niwan mit namen ein wip / und ist ein man mit muote* (V. 17974f.). Mit diesem Modell der *femina virilis* bezieht sich Gottfried auf ein positives Orientierungsbild aus dem geistlichen Bereich.[28] Ab V. 17979f. weist er aber auf einen Umstand hin, der nicht so recht zu einem höfischen Minneroman der *edelen herzen* passen mag: Die *femina virilis* besiegt ihre Eva-Natur dadurch, daß sie ihr Herz, ihre weibliche Wesensart, ablegt, und ist in ihrer strengen Disziplin eher achtens- als im wörtlichen Sinne liebenswert. Es folgt mit dem *reinen wîp* eine Kategorie, die dem höfischen Lebensentwurf schon etwas mehr entgegenkommt. Dieser zweite Typus ist durch das Ideal der *maze* (V. 18010) charakterisiert, die in ihrer Bedeutung zwischen dem Ausgleichskonzept der aristotelischen *mesotes* und der Zügelung körperlicher Begierde changiert. Das *reine wip* kann *lip* und *ere*, persönliches Begehren und gesellschaftlichen Anspruch, in eine Balance bringen: *si sol den kampf so keren, / daz si den beiden rehte tuo* (V. 17992f.). Doch ist dieser Ausgleich nur mit größter Anstrengung in einer gewaltsamen Unterdrückung der Forderungen des *libes* durchzusetzen, es ist von *kampf* und von *micheler arbeit* (V. 18008) die Rede. Man mag ab V. 18015 eine dritte Kategorie annehmen und von dem *reinen wip* das *sælige wip* absetzen, das den Ausgleich zwischen *lip* und *ere* mühelos herstellt und *sich selben rehte liebe hat* (V. 18020). Infolge dieser selbstverständlichen Anerkennung der eigenen *wipheit* wird diese Frau auch von der Gesellschaft geachtet. Sie eröffnet dem Mann mit ihrer Minne das *lebende paradis* (V. 18066) und kann den Sündenfall bereits auf Erden wieder aufheben. Ab V. 18088 wendet sich so der Blick auf die Lebenssituation des Rezipienten, der für sich eine ebensolche Minneidealität verwirklichen könne.

Nach diesem kurzen Textdurchgang gilt es, die verschiedenen Frauentypen und die rationale Ordnungsstruktur dieser Kategorisierung in den Blick zu nehmen. Dabei kann es nicht darum gehen, die einzelnen Typen in einer ge-

---

[28] Beispiele für die Tradition der *femina virilis* im geistlichen Diskurs liefert R. Howard Bloch, Medieval Misogyny and the Invention of Western Romantic Love, Chicago / London 1991, S. 106–109, sowie Christiane Haag, Das Ideal der männlichen Frau in der Literatur des Mittelalters und seine theoretischen Grundlagen, in: Manlîchiu wîp, wîplîch man. Zur Konstruktion der Kategorien ‚Körper‘ und ‚Geschlecht‘ in der deutschen Literatur des Mittelalters, hg. v. Ingrid Bennewitz u. Helmut Tervooren (Beihefte zur Zeitschrift für deutsche Philologie 9), Berlin 1999, S. 228–248, die sich S. 230 auf Gottfrieds *huote*-Exkurs bezieht. Vgl. auch Burghart Wachinger, Geistliche Motive und geistliche Denkformen in Gottfrieds „Tristan", in: Huber und Millet (wie Anm. 1), S. 243–255, vor allem S. 252.

naueren Textanalyse zu bestimmen, sondern wichtig für die Frage nach der Rationalität sind die Konsequenzen eines solchen kategorisierenden Zugriffs im Hinblick auf die Rezeption. Welche Verständnisbemühungen regt der Exkurs also an? Man kann trotz der zeitlichen Differenz näherungsweise einmal davon ausgehen, daß sich die Forschung und der zeitgenössische Leser/Hörer in ihrem Rezeptionsverhalten zumindest ungefähr ähneln: Konfrontiert mit dem Text, folgt man der grundsätzlichen Annahme, daß im Exkurs auf der Basis bestimmter Verhaltens- und Wertschemata eine Typologie der Frauen erstellt wird, d.h., es werden für jeden Typus bestimmte Kriterien definiert. Da der Autor die Abschnitte, in denen er mit einem neuen Frauentyp beginnt, nicht eindeutig kennzeichnet, wird zunächst über die Frage spekuliert, wie viele Kategorien überhaupt anzusetzen sind, ob es sich um zwei oder drei Frauentypen handelt, d.h., ob das *reine wip* und das *sælige wip* nur zwei Perspektiven auf denselben Typus oder zwei unabhängige Modelle darstellen.[29] Wenn man die Kriterien der einzelnen Kategorien möglichst genau bestimmt hat, gilt es, das Verhältnis der einzelnen Frauentypen zueinander zu analysieren: Handelt es sich um gleichgeordnete Alternativen oder um Stufen, die in einer zeitlichen Abfolge oder einer Wertehierarchie zueinander angeordnet sind?[30] Ein alternativer Zugriff besteht darin, eine Verbindung zwischen Handlungs- und Exkursebene zu suchen und Isolde einem der aufgezeigten Frauentypen zuzuordnen.[31]

---

[29] Für zwei Frauentypen votieren beispielsweise Schnell (wie Anm. 26), S. 38–48, der auch eine Zusammenfassung der Forschungsdiskussion bietet, Schirok (wie Anm. 26), S. 36f., sowie Schröder (wie Anm. 26), S. 22: „Das Prädikat *saelic* ist keine Steigerung von *reine*, ist nur dessen nach außen gekehrte Seite, bezeichnet die beglückenden Wirkungen, die von einer reinen Frau, die Natürlichkeit und Sitte zu verbinden weiß, ausgehen können." Mit einem dritten Frauentyp, der ab V. 18015 eingeführt wird, rechnet bereits der frühe Beitrag von Ingrid Hahn, *daz lebende paradis* (Tristan 17858–18114), in: ZfdA 92 (1963), S. 184–195, vor allem S. 189–193; dieser Position haben sich Tomasek (wie Anm. 1), S. 191–196, und Huber (wie Anm. 1), S. 124f., angeschlossen.

[30] Die These eines gestuften heilsgeschichtlichen Restitutionsmodells vertritt beispielsweise Huber (wie Anm. 1), S. 119–128; Wachinger (wie Anm. 28), S. 252, hält die dargestellten Kategorien nicht für eine zeitliche Stufung, sondern für Positionen eines fortlaufenden Denkprozesses.

[31] Laut Hahn (wie Anm. 29) haben Tristan und Isolde das *lebende paradis*, das im Exkurs als Minneideal entworfen wird, verwirklicht, doch für Schröder (wie Anm. 26), S. 20, Roy Wisbey, The *renovatio amoris* in Gottfried's Tristan, in: London German Studies 1 (1980), S. 1–66, vor allem S. 41f., Peiffer (wie Anm. 11), S. 205f., und mit Einschränkung Tomasek (wie Anm. 1), S. 20, reicht die Figur der Isolde nicht an das Ideal des *sæligen wibes* heran und führt die Baumgartenepisode zu einer Relativierung des Minneideals.

Die aufgezählten Möglichkeiten offenbaren: Eine Kategorisierung, wie Gottfried sie im *huote*-Exkurs präsentiert, ist für den um Verständnis bemühten Rezipienten eine deutliche Arbeitsanweisung: Ihm ist in einem stark definitorischen Stil signalisiert worden, daß hier eine auf fest umrissenen Kriterien basierte Einteilung erfolgt, die man mit den Mitteln des Verstandes erschließen und nachvollziehen kann. Der Verweis auf eine Anwendung in der Rezipientenrealität bietet einen zusätzlichen Anreiz: Wenn der Rezipient die dargebotenen Kriterien in seinem Handeln berücksichtigt und ein *sæligez wip* findet, winkt ihm vollkommene Minne im *lebenden paradis*.

Doch die breite Forschungsdiskussion ist Beweis genug dafür, daß das, was sich als eine klare Einteilung gibt, nicht ohne weiteres aufgeschlüsselt werden kann. So herrscht etwa innerhalb des Exkurses keine Begriffskonsistenz: Während bei der virilen Frau das Substantiv *lîp* in V. 17973 eher die Ganzheit der Person bezeichnet, die es zu bewahren gilt, wird der Terminus in V. 17988 zur Bezeichnung der körperlichen Begierde genutzt, ähnliche Differenzen lassen sich für die Zentralbegriffe *ere* und *wipheit* feststellen.[32] Irritierend ist zudem, wie durch den unsicher zu bestimmenden Einsatz von Ironie eindeutige Wertzuweisungen ins Schwanken geraten, so etwa bei den hymnisch-preisenden Adynata, mit denen die *femina virilis* beschrieben wird.[33] Dies soll keineswegs zu der Behauptung führen, der *huote*-Exkurs sei einer rationalen Interpretation nicht zugänglich, es geht vielmehr um die Feststellung, daß Gottfried die Kategorisierung bewußt komplex bzw. ambivalent gestaltet, um den Rezipienten mit einer anspruchsvollen hermeneutischen Aufgabe zu konfrontieren.

Während der Rezipient also noch über die Frauentypen reflektiert – man möge sich getrost einmal eine mündliche Aufführungssituation vorstellen –, geht es auf der Handlungsebene munter weiter, und zwar mit rasanter Geschwindigkeit. Der Autor wechselt für die Baumgartenepisode (V. 18139–18404), die mit der Entdeckung der Liebenden einen Wendepunkt des Romans markiert, zu einem Erzählstil, der die äußeren Handlungen linear und in dichter Folge abspult, ohne eine Innenperspektive auf die Figuren freizugeben. Nachdem der Erzähler die Entdeckung der Liebenden bereits angekündigt hat (V. 18124–18128), läuft die Handlung eilig auf das unvermeidliche Ergebnis zu und bietet entgegen der Ankündigung als *liste* (V. 18137) in bekenntnishaft-unbedingter Offenheit einen radikalen Kontrast zu den komplexen Scharaden der Heimlichkeit, die die Liebenden bisher praktiziert haben. Es geht alles sehr

---

[32] Während die *femina virilis* die *wipheit* (V. 17979) als etwas Negatives ablegt, wird sie vom *sæligen wip* laut V. 18051 als positiver Wert bejaht. In V. 17970 bezeichnet *ere* im konventionellen Sinne das öffentliche Ansehen, in V. 17989 jedoch ist der Begriff stärker auf das Innere der Person bezogen und fungiert als Gegenposition zu den körperlichen Begierden.

[33] Vgl. V. 17982–17985 sowie die Diskussion bei Hahn (wie Anm. 29), S. 189.

schnell: Isolde sucht einen schattigen Platz im Baumgarten. Als sie den gefunden hat, läßt sie dort ein prächtiges Bett errichten. Als das Bett fertig ist, legt sie sich hinein und läßt Tristan zu sich rufen. Als dieser die Nachricht erhält, macht er sich auf den Weg zu ihr.

Für all dies braucht Gottfried kaum vierzig Verse. Es scheint, also folgten beide Figuren automatisch ohne Überlegung einem vorgegebenen Schema und als bilde der Autor die veräußerlichte reflexionslose Handlung entsprechend in seinem Erzählen ab. Die einzige Innensicht, die der Rezipient in dieser Passage erhält, ist bezeichnenderweise die der stets rational kalkulierenden Brangäne, die sich über das Verhalten ihrer Herrin nicht wenig sorgt (V. 18174–18177). Erst mit dem Erwachen des Paares nach der Entdeckung wird das holzschnittartige Erzählen wieder zugunsten einer detaillierteren Beschreibung der Protagonisten und ihrer Gedanken aufgegeben. Auf den feinsinnig jeden Gedanken genau auslotenden *huote*-Exkurs folgt eine Art narrativer Paukenschlag, der den Rezipienten, der noch die Möglichkeiten einer Sündenfallrestitution abwägt, mit der Unbedingtheit der Begierde und der Sündenfallwiederholung[34] konfrontiert. Das durch die formale Rationalität im Exkurs evozierte distanziert-reflektierende Rezeptionsverhalten wird durch diesen Umschlag effektvoll durchkreuzt und mit der Notwendigkeit eines unmittelbaren Handlungsnachvollzugs konfrontiert.

Die Forschung hat Isoldes Entschluß, ohne jede Tarnungsbemühung ein repräsentatives Minnelager im Garten aufzubauen und sich dort am hellichten Tag mit Tristan zu vergnügen, allgemein als Leichtsinn und Dummheit kritisiert und den *huote*-Exkurs als exkulpatorischen Eingriff des Autors verstanden.[35] Betrachtet man den Umbruch aus gendertheoretischer Perspektive, so mag in der Konstellation, daß sich ein männlicher Autor ausführliche Gedanken über verschiedene Frauenkategorien macht und Isolde dann doch quer zu den vorgeführten Rastern handeln läßt, durchaus eine augenzwinkernde Ironie mitschwingen. Doch vielleicht liegt zwischen Exkurs und Handlung nicht nur ein inhaltlicher Deutungsbezug, sondern eine Verbindung, die ihre Produktivität primär über die Unterschiedlichkeit des literarischen Ausdrucks entfaltet. Gerade als im *huote*-Exkurs mit der exakten Einordnung der Frauentypen ein Höhepunkt rationaler Minnekonstruktion erreicht ist, lassen die Figuren auf der Handlungsebene in einer Art Gegenbewegung alle rationalen Erwägungen zurück und übergeben sich unmittelbar einer radikalen Minnekraft. In der Abfolge von *huote*-Exkurs und Baumgartenepisode werden ethische Rationalität und das Zwanghafte der Minne enggeführt. Der Rezipient,

---

[34] Ein kurzer Einschub des Erzählers gibt diese Deutung unmißverständlich vor, vgl. V. 18162–18164: *nu tet er* [sc. Tristan – S.L.] *reht als Adam tete: / daz obez, daz ime sin Eve bot, / daz namer und az mit ir den tot.*

[35] Vgl. Schröder (wie Anm. 26), S. 18, und Baisch (wie Anm. 26), S. 251 und 255.

dem der Exkurs zuvor noch eine Verstehensmöglichkeit mit den Mitteln der rationalen Hermeneutik suggeriert hat, wird in diesem Umschlagsmoment wieder auf den im Prolog geforderten distanzlosen Mitvollzug des erzählten Geschehens eingeschworen, dessen emotionale Präsenzwirkung sich vor dem Hintergrund der vorangehenden abstrakten Spekulation um so stärker entfaltet. Gerade der rational kategorisierende Zugriff des Exkurses läßt im Kontrast das irrationale Moment der Baumgartenszene, die eher mit mythischen Setzungen als mit nachvollziehbaren Denkmustern operiert, deutlicher hervortreten und ermöglicht in dieser Wiedergewinnung des Konkreten nach dem Durchlaufen der Reflexion einen prägnanteren literarischen Effekt.[36] Eine Hinwendung zum Mythos also, die nicht als dumpfe Ergebung in eine ganzheitliche Sinnhaftigkeit des sich schicksalhaft abspielenden Kontinuums zu verstehen ist, sondern als eine bewußte Bewegung, die der Rezipient auf der Basis der rationalen Exkursreflexion vollzieht und somit als eine reflektierte Irrationalität wahrnehmen kann.

IV. *amor vincit omnia.* Gawans Minneschicksal als genealogische Determination im dritten Minneexkurs des ‚Parzival‘

Im letzten Beispiel, dem dritten Minneexkurs in Wolframs ‚Parzival‘ (583,1–587,14),[37] wird eine genealogische Linie konstruiert, um das Wirken

---

[36] Wie gezielt Gottfried das Mythische als poetologische Kategorie einsetzt, hat Susanne Köbele vor allem für die Brotmetapher des Prologs gezeigt, vgl. dies., Mythos und Metapher. Die Kunst der Anspielung in Gottfrieds *Tristan*, in: Präsenz des Mythos. Konfigurationen einer Denkform in Mittelalter und Früher Neuzeit, hg. v. Udo Friedrich u. Bruno Quast (Trends in Medieval Philology 2), Berlin / New York 2004, S. 219–246. Zum Verhältnis von Mythos und Ratio vgl. auch Winfried Christ, Rhetorik und Roman. Untersuchungen zu Gottfrieds von Straßburg ‚Tristan und Isold‘ (Deutsche Studien 31), Meisenheim am Glan 1977, S. 230–245. Auf einer anderen Ebene, nämlich der einer auf Präsenzwirkung zielenden Klangkunst, hat Bruno Quast für Gottfrieds Literaturschau den Konflikt zwischen rationaler Hermeneutik und einer Irrationalität unmittelbarer Präsenz analysiert: Gottfried von Straßburg und das Nichthermeneutische. Über Wortzauber als literarästhetisches Differenzkriterium, in: Mitteilungen des Deutschen Germanistenverbandes 51 (2004), H. 3: Schlechte Literatur, hg. v. Ute von Bloh u. Friedrich Vollhardt, S. 250–260.

[37] Vgl. Herbert Ernst Wiegand, Studien zur Minne und Ehe in Wolframs Parzival und Hartmanns Artusepik (Quellen und Forschungen zur Sprach- und Kulturgeschichte der germanischen Völker 49), Berlin / New York 1972, S. 186–193, sowie Sonja Emmerling, Geschlechterbeziehungen in den Gawan-Büchern des „Parzival“. Wolframs Arbeit an einem literarischen Modell, Tübingen 2003, S. 187–194.

von Frau Minne zu erklären. Während der erste Minneexkurs des Romans (291,1–293,18) im Kontext der Blutstropfenszene steht, sind die beiden übrigen in Gawans Dienst für Orgeluse integriert, wobei alle drei Exkurse einen Zusatz gegenüber der Chrétienschen Vorlage darstellen und somit von einer selbständigen Sinnsetzung Wolframs zeugen. Was auf der Handlungsebene der Blutstropfenepisode durchaus positiv als Ausweis von Parzivals tiefer Empfindung für Condwiramurs inszeniert wird, gibt dem Erzähler im ersten Exkurs Anlaß zur Klage gegenüber der kriegerischen Minne, die den Menschen in einen Zustand wehrloser Passivität zwinge.[38] Die Minne wird als ein Phänomen angeklagt, das sich der Lenkbarkeit und der Erkenntnis verschließt. Sie ist *slôz ob dem sinne* (292,28), ein Riegel vor dem Verstand, und setzt die Ratio des Menschen so außer Kraft, daß Parzival ihr wehrlos ergeben ist. Im zweiten Exkurs (532,1–534,8)[39] referiert der Erzähler zunächst ein gängiges Minnemodell anderer Dichter, die die Minne effektvoll als das Wirken der antiken Liebesgötter Venus, Amor und Cupido darstellen und die unkontrollierbare Minnewirkung in ein plastisches mythisches Bild fassen. Als Alternative zu dieser *ungehiuren* Minne, die von außen schicksalhaft über den Menschen hereinbricht, entwirft der Erzähler eine *triuwe* Minne, die im menschlichen Inneren gründet und anders als die antike Zwangsminne klar einsehbar ist. In der Diskussion, ob die Liebe eine Macht außerhalb des Menschen oder ein in ihm selbst entstehender Affekt ist, votiert der zweite Exkurs für eine Eigenverantwortlichkeit des Menschen und fordert eine rationale Differenzierung verschiedener Minneformen ein: *man sol sis underscheiden baz* (533,20). Doch während der Erzähler sich selbst in einem Akt freier Wahl dem Zugriff der gewaltsamen Minne entziehen kann, ist dem Minneopfer Gawan nicht zu helfen. Und so wird die Reflexion über sein Minneschicksal auch im dritten Exkurs weitergeführt, der Gawans erfolgreicher Aventiure auf dem Zauberbett von Schastel Marveile folgt und stärker als die beiden anderen mit der Handlung verzahnt bleibt.

---

[38] Vgl. die grundlegende und wohl umfassendste Interpretation von Joachim Bumke, Die Blutstropfen im Schnee. Über Wahrnehmung und Erkenntnis im „Parzival" Wolframs von Eschenbach (Hermaea 94), Tübingen 2001, sowie die kritische Einschätzung von Walter Haug, in: ZfdPh 121 (2002), S. 134–139. Wie in der Blutstropfenszene Handlung und Kommentar über die Betonung personaler *experientia* in ein konstruktives Spiegelverhältnis treten, zeigt der Beitrag von Katharina Mertens Fleury in diesem Band, S. 73–94.

[39] Der zweite Exkurs hat die Forschung vor allem wegen der Bezüge zur Minnekonzeption Veldekes interessiert, vgl. James F. Poag, Heinrich von Veldeke's *Minne*, Wolfram von Eschenbach's *Liebe* and *Triuwe*, in: JEGP 61 (1962), S. 721–735, sowie Rüdiger Schnell, Causa amoris. Liebeskonzeption und Liebesdarstellung in der mittelalterlichen Literatur (Bibliotheca Germanica 27), Bern/München 1985, S. 187–224.

Der Exkurs setzt ein mit einer vergleichenden Geste, die Gawans Leiden im Minnedienst für Orgeluse in einen überbietenden Bezug zu den Leistungen anderer romanhafter Helden setzt (583,8–584,4). Nachdem in einem zweiten Abschnitt das Bild von der Einwohnung im Herzen[40] bemüht wird, um Gawans Minnequal zu illustrieren (584,8–21), wendet sich der Erzähler ab V. 585,5 an Frau Minne und empört sich über ihre Ungerechtigkeit: Der Angriff gegenüber Gawan sei für Frau Minne *ân êre* (585,7), denn sie kämpfe hier nicht gegen einen Feind, sondern gegen ihren eigenen Dienstmann: *Gâwân lebt ie sîne zît / als iwer hulde im gebôt* (585,8f.). Über knapp fünfzig Verse hinweg wird dieses Dienstverhältnis mit einer historischen Dimension versehen und in ein genealogisches System integriert: Gawans Dienst ist keine individuelle Bindung, sondern ergibt sich aus dem ihm angeborenen Wesen, aus seiner Zugehörigkeit zum Mazadan-Geschlecht. Nicht Gawan allein dient der Minne, sondern

> *daz tet ouch sîn vater Lôt.*
> *muoterhalp al sîn geslehte*
> *daz stuont iu gar ze rehte*
> *sît her von Mazadâne*
> (585,10–13).

Seit der Verbindung des Stammvaters Mazadans mit der Fee Terdelaschoye steht das gesamte Geschlecht in einer besonderen Beziehung zu Frau Minne:

> *Mazadânes nâchkomn,*
> *von den ist dicke sît vernomn*
> *daz ir enkein iuch* [sc. die Minne – S.L.] *nie verliez.*
> (585,17–19)

Im folgenden wird mit deutlich lehnsrechtlichen Begriffen wie *insigel* (585,21) oder *dienst* (585,28) eine ganze Ahnenreihe von prominenten Minneopfern eröffnet: Die Aufzählung beginnt mit Ither (585,20–28), gefolgt vom tragischen Schicksal des Artussohns Ilinot (585,30–586,11), auch Parzival selbst reiht sich ein (586,16–18), kurz erwähnt werden Gahmuret sowie dessen Bruder Galoes (586,19–21), und die Minne macht in ihrer grausamen Gewalt selbst vor weiblichen Opfern wie Gawans Schwestern Itonje (586,22–25) und

---

[40] Zu diesem gängigen Topos vgl. Friedrich Ohly, Cor amantis non angustum. Vom Wohnen im Herzen, in: ders., Schriften zur mittelalterlichen Bedeutungsforschung, Darmstadt 1977, S. 128–155, sowie mit Bezug auf den Minneexkurs im ‚Parzival': Nigel F. Palmer, *Herzeliebe*, weltlich und geistlich. Zur Metaphorik vom ›Einwohnen im Herzen‹ bei Wolfram von Eschenbach, Juliana von Cornillon, Hugo von Langenstein, und Gertrud von Helfta, in: Innenräume in der Literatur des deutschen Mittelalters. 19. Anglo-deutsches Colloquium, hg. v. Burkhard Hasebrink, Hans-Jochen Schiewer u.a., erscheint Tübingen 2008.

Surdamur (586,26f.) nicht Halt. Die umfangreichen Stammbäume, die allen gängigen Editionen des Parzivalromans beigegeben sind, bilden diese assoziative Verwandtschaftsreihe in einer klaren Baumstruktur ab. Mit V. 586,28 ist die ausführliche genealogische Schau abgeschlossen, der Exkurs endet mit einer nochmaligen Aufforderung an Frau Minne, den ohnehin verletzten Gawan zu schonen und sich den Gesunden zuzuwenden, was in eine Wolfram-typische Spitze gegen die Minnesänger mündet.

Was läßt sich festhalten? Es kommt zu einer historischen Perspektivierung, in der Gawans Minneschicksal mit einer ererbten Anfälligkeit des Mazadan-Geschlechts für die Minne erklärt wird. Der Blick wird genealogisch geöffnet, hier wirkt sich eine vererbbare Eigenschaft einer ganzen Familie auf das Schicksal einzelner Mitglieder aus. Die Mitglieder des Geschlechts werden als tragische Opfer der Minne inszeniert, zugleich wird durch positive Epitheta deutlich, daß es sich um eine herausragende höfische Familie handelt, der immerhin auch Artus selbst angehört – der Dienst für die Minne ist Gefährdung und Auszeichnung zugleich. In der Diskussion über zwanghafte und *lûter minne*, über das Wirken äußerer Liebesgottheiten und der im Inneren des Menschen verankerten *triuwe* wirkt dieser Verweis auf die historische Ahnenreihe eigenartig, wie eine äußerliche Zutat, die man Wolframs Vorliebe für ein übergeordnetes Verwandtschaftsnetz[41] zugeschrieben und nicht elementar mit der vorangehenden Minnediskussion verbunden hat.

Beate Kellner hat 2004 in einer umfassenden Studie[42] die Genealogie als grundlegende Möglichkeit der Systembildung untersucht und als eine wichtige mentale Strategie des Mittelalters identifiziert, mit der man unterschiedliche Elemente in eine Ordnung integrieren kann. Indem der Einzelne in einem verzweigten Beziehungsgefüge positioniert wird, wird ein Zusammenspiel von

---

[41] Es gibt eine Reihe von Untersuchungen zu den Verwandtschaftsbeziehungen im ‚Parzival‘, die aber meist die Gralsthematik in den Mittelpunkt stellen, vgl. grundlegend Karl Bertau, Versuch über Verhaltenssemantik von Verwandten im ›Parzival‹, in: ders., Wolfram von Eschenbach. 9 Versuche über Subjektivität und Ursprünglichkeit in der Geschichte, München 1983, S. 190–240; Elisabeth Schmid, Familiengeschichten und Heilsmythologie. Die Verwandtschaftsstrukturen in den französischen und deutschen Gralromanen des 12. und 13. Jahrhunderts (Beihefte der Zeitschrift für romanische Philologie 211), Tübingen 1986, sowie in jüngerer Zeit und mit einer Wendung ins Poetologische Martin Przybilski, Verwandtschaft als Wolframs Schlüssel zur Erzählten Welt, in: Zeitschrift für Germanistik 15 (2005), S. 122–137.

[42] Vgl. hierzu und zum folgenden Beate Kellner, Ursprung und Kontinuität. Studien zum genealogischen Wissen im Mittelalter, München 2004. Auf die Möglichkeiten des Weltverstehens mittels der Genealogie verweist auch der Sammelband: Genealogie als Denkform in Mittelalter und Früher Neuzeit, hg. v. Kilian Heck u. Bernhard Jahn (Studien und Texte zur Sozialgeschichte der Literatur 80), Tübingen 2000, insbesondere die Einleitung der Herausgeber, S. 1–9.

Kontinuität und Veränderung, von ererbter Prägung und personalem Lebenslauf sichtbar, zugleich wird die Einzelperson über die zwingende Logik der Vererbung auf ein Allgemeineres zurückgeführt. Genealogische Schemata behaupten immer eine sinntragende, wesenhafte Verknüpfung, indem sie auf einen Spitzenahn zulaufen, dessen zentrale Eigenschaften in den nachfolgenden Generationen fortleben. Indem das genealogische Denkschema Generation um Generation zurück zu einem Ursprung reicht, verfolgt es ein deduktives Erkenntnismuster: Bestehendes wird durch den Verweis auf Vorhergehendes erklärt, doch dieses sich über Generationen fortsetzende Erklärmodell mündet unmerklich in die Grundlosigkeit, und so wird der Ursprungspunkt einer Genealogie oft so markant gewählt, daß er als deutliche Zäsur in der Generationenfolge jegliche Warum-Fragen erstickt. Dabei kommt es häufig zu einer mythischen Verklärung, die dem Geschlecht – etwa in der Verbindung eines Sterblichen mit einem überirdischen Wesen – einen transzendenten Raum eröffnet.[43] Der Spitzenahn kann ebenso Halbgott (Trojaner) oder Heiliger (Karl der Große), ebenso Dämon (Melusine) oder wie im vorliegenden Minneexkurs Fee (Terdelaschoye) sein, d.h., das streng rational geordnete System der Genealogie bietet auch jenseits eines konventionellen Gut-Böse-Schemas massive Einbruchsmöglichkeiten für die Irrationalität.

Nimmt man in diesem Sinne die Genealogie als Ordnungssystem ernst, verliert sie den Status einer stilistischen Laune des Autors und wird zu einer Funktion im Erkenntnisbemühen gegenüber dem Phänomen Minne: Wolfram integriert Frau Minne in eine geordnete Familienhistorie und betont dadurch ihre ausgedehnte Macht, vermindert zugleich aber auch die Willkür ihrer Handlungen. Wie ein Lehnsherr steht sie zum Mazadan-Geschlecht in einer festen, permanenten und daher auch kalkulierbaren Beziehung, ihre Wirkungen treffen anders als Amors Liebespfeile nicht mehr aus heiterem Himmel ein, sondern sind in einer Geschlechterhistorie genau dokumentierbar und prognostizierbar. Auch wenn Wolfram zuvor mit der *triuwe* ein im Menschen verankertes sittlich-ethisches Moment in die Minnediskussion eingebracht hat, liefert er zugleich über die Genealogie eine gewisse Vorprägung, die dem Familienmitglied dann doch keine rationale Entscheidung für oder gegen die Minne zugesteht, sondern ihn über die schicksalhafte Bindung an das Erbe Mazadans wieder ein Stück weit aus der Eigenverantwortlichkeit entläßt und über die Hintertür erneut den Mythos einführt. Das Numinose liegt nun aber

---

[43] Klaus Heinrich hat als spezifische Leistung der Denkform Genealogie herausgearbeitet, daß sie ein ursprungsmythisches Denken über die streng geordnete Abfolge der einzelnen Generationen mit dem Prinzip logischer Deduktion verknüpft, vgl. ders., Die Funktion der Genealogie im Mythos, in: ders., Parmenides und Jona. Vier Studien über das Verhältnis von Philosophie und Mythologie, Frankfurt a.M. 1966, S. 9–28. Vgl. auch Kellner (wie Anm. 42), S. 108–119.

nicht mehr in den antiken Liebesgöttern, auch nicht in der personifizierten Minne als ihrem höfischen Pendant, sondern im Strukturierungselement der Genealogie, die den einzelnen in einen für ihn erkennbaren, aber nicht zu beeinflussenden Weltzusammenhang stellt. Gawans Hang zur Minne ist eine personale Fähigkeit, aber eben keine individuelle, sondern eine erblich geprägte und daher für ihn nicht gänzlich kontrollierbare. Eine Determination der menschlichen Willensfreiheit, wie sie bei der *ungehiuren* Minne durch die antiken Gottheiten, die pfeilschießend Schicksal spielen, ins Bild gesetzt ist, lehnt der Erzähler strikt ab, doch mit einer erblichen Determination, die im Inneren des Menschen verankert ist, scheint er beim Thema Minne durchaus leben zu können. Die Genealogie ermöglicht hier eine Art Mittelweg, der eine Minne zwischen Determination und Selbstbestimmung, zwischen objektivem Zwang und personaler Freiheit entwirft.

Das Denkmodell der Genealogie zieht eine rationale Schiene in den höfischen Roman ein und öffnet ihn in die Richtung des historischen Diskurses, denn letztlich ist die genealogische Strukturierung eine Anleihe bei der Chronistik, wo sie in ihrer machtpolitischen Funktion zur Begründung und Durchsetzung von Herrschaftsansprüchen abgebildet wird.[44] Doch bietet die Integration des Ordnungssystems der Genealogie in die Minnediskussion nur eine scheinbar rationale Fundierung, denn die Frage nach Gawans besonderer Anfälligkeit für die Minne wird durch die historische Perspektivierung lediglich in die Vergangenheit verschoben. Über die erbliche Prägung stellt Wolfram sicher, daß das Minneverhalten seines Helden zwar genealogisch begründbar, aber in der Konsequenz doch nicht ganz rational erklärbar ist. Ihren Ausgangspunkt erhält die Linie nämlich in einer nicht rationalisierbaren mythischen Setzung, in der Verbindung eines Sterblichen mit einer Fee.[45] Die Wirk-

---

[44] Zur genealogischen Strukturierung in der Chronistik vgl. Gert Melville, Geschichte in graphischer Gestalt. Beobachtungen zu einer spätmittelalterlichen Darstellungsweise, in: Geschichtsschreibung und Geschichtsbewußtsein im späten Mittelalter, hg. v. Hans Patze (Vorträge und Forschungen 31), Sigmaringen 1987, S. 57–154, der auf S. 114–148 zahlreiche Abbildungen von mittelalterlichen Stammbaumdarstellungen bietet. Althoff hat mit kritischem Blick auf die genealogischen Konstrukte darauf hingewiesen, daß historiographische Genealogie und Fiktion einander nicht ausschließen, vgl. Gerd Althoff, Genealogische und andere Fiktionen in mittelalterlicher Historiographie, in: ders., Inszenierte Herrschaft. Geschichtsschreibung und politisches Handeln im Mittelalter, Darmstadt 2003, S. 25–51.

[45] Man mag hier das Stichwort der Remythisierung bemühen, vgl. Bruno Quast, *Diß kommt von gelückes zuoualle.* Entzauberung und Remythisierung in der *Melusine* des Thüring von Ringoltingen, in: Präsenz des Mythos. Konfigurationen einer Denkform in Mittelalter und Früher Neuzeit, hg. v. Udo Friedrich u. Bruno Quast, Berlin/New York 2004, S. 83–96, der für die mythische Genealogie des Melusinenromans von einem nicht zu unterschätzenden „Beharrungsvermögen des Dämonischen" (S. 96) spricht.

kraft der Minne erfährt hier zwar eine historische Systematisierung und man kann sich in linearen Schritten über die Generationen hinweg zum Urvater Mazadan vorarbeiten, aber am Ende der Schlußkette steht der Mythos der Fee. Am Ende des Weges wird nichts aufgeklärt, sondern eine wunderbare Geschichte erzählt.

V. Rationalisierende Denkformen als Darstellungsstrategie für das Irrationale

In allen drei Beispielexkursen ließ sich ein Zweifaches beobachten: Einerseits nutzen die Exkurse mit einem deutlichen Anspruch auf fundierte und exakte Aussagen rationale Denkmuster zum Zugriff auf das Thema der höfischen Minne, zum anderen wird immer wieder deutlich, daß es noch etwas jenseits der Erklärungsbemühungen gibt, werden die rationalisierenden Passagen erstaunlich oft von irrationalen Momenten flankiert. Nun ist freilich die Feststellung, daß die Literatur in ihrer Bearbeitung des Themenfelds Minne irrationale Elemente transportiert, nicht sonderlich erstaunlich, begründet sie ihre Sonderstellung gegenüber dem stärker wissenschaftlich geprägten Diskurs doch gerade über diese Freiräume jenseits des Rationalen. Festzuhalten bleibt jedoch, daß diese Freiräume auch und gerade in einem Teilbereich des Romans zu finden sind, wo man sie konventionellerweise nicht vermutet, nämlich in der vermeintlich rationaleren Aussageform des Exkurses. Die Funktion des Minne-Haß-Exkurses besteht nicht im Erklären der Handlungsebene, sondern in einer Komplexitätssteigerung der Innendarstellung, der *huote*-Exkurs ist in seiner Kategorisierungsleistung wesentlich als Kontrastfolie für die sich unmittelbar durchsetzende Begierde in der Baumgartenepisode konzipiert, und Gawans Einordnung in eine Minnegenealogie landet schließlich beim mythischen Ausgangspunkt der Fee.

Die rationalisierenden Denkformen des Exkurses gehen trotz oder vielleicht gerade wegen ihrer oftmals bestechenden logisch-argumentativen Stringenz nicht glatt auf. Vielmehr produzieren sie Signale, daß das Wesen der Minne nicht in einer rein verstandesbasierten Analyse zu erschließen ist. Daß man in einem Minneexkurs oftmals die Argumentation formal in allen Schritten nachvollziehen kann, nach der Lektüre aber keine klare Antwort auf die Frage *Waz ist minne?* geben kann, ist keine Unzulänglichkeit der Darstellung, sondern literarisches Kalkül. Aus der zügig zu gewinnenden Einsicht, daß die Minne jenseits der vorgegebenen Erkenntniskategorien operiert, könnten die Romanautoren den logischen Schluß ziehen, auf Erklärungsversuche zu verzichten, und statt dessen wortreich die Minnefreuden und -qualen der Protagonisten ins Bild setzen. Dennoch bleiben die rational reflektierenden Exkurse ein bevorzugtes Mittel der Diskursivierung des Phänomens. Rationale und irrationale Elemente treffen aufeinander, ohne daß die Irrationalität den Geltungsanspruch der rationalen Überlegungen zerstört – ein Nebeneinander, das den mittelalterlichen Rezipienten vielleicht weniger irritiert hat als den modernen.

Die höfischen Romane zeigen sich so mit ihren exkursorischen Reflexionen in dieselben Rationalisierungsprozesse, wie man sie zu dieser Zeit für andere Lebensbereiche wie Herrschaft, Religion oder Handelswirtschaft beobachten kann, verstrickt und unterlaufen sie zugleich. Die Rationalität wird zu einem poetischen Instrument, mit dem man sich diskursiv über die Minne verständigt und in immer neuen Zugriffen abarbeitet, das formulierte Ziel einer klaren Erschließung des Untersuchungsgegenstands jedoch absichtsvoll nie erreicht. Man kann nicht im strengen Sinne von einer Begründungsrationalität sprechen, vielmehr geben sich die Exkurse rational und nutzen rationale Argumentationsformen und Denkschemata, um sich dem Thema Minne zu nähern. An die Stelle der verstandesbasierten Durchdringung eines Problems tritt die Inszenierung von Rationalität, die unterderhand das Unerklärliche der Minne, ihre Irrationalität verstärkt. Die Irrationalität der Minne bedingt ihre Nichtauflösbarkeit mit den Mitteln des Verstandes, sie sperrt sich gegen die Integration in eine rationale Welt, dennoch kann die Literatur Strukturen und Denkmuster einer formalen Rationalität zu ihrer Darstellung fruchtbar machen und über die Spannung, die daraus entsteht, daß man sich mit rationalen Instrumenten einem irrationalen Untersuchungsgegenstand zuwendet, einen ästhetischen Gewinn erzielen. Die Exkurse dienen in den untersuchten Beispielen nicht der Rationalitätssteigerung, sondern nutzen gerade die Brüche, die im rationalen Kalkül auftauchen und bewußt gesetzt sind, als poetische Möglichkeit, um die Irrationalität, das Wundersame der Minne zu unterstreichen. Die Rationalität ist in dieser dezidiert poetologisch motivierten Verwendung kein Mittel der Welterschließung, sondern primär eine darstellerische Möglichkeit. Mythische Aura und verstandesmäßiges Kalkül schließen einander für das Thema Minne nicht aus, vielmehr entfaltet die Ratio ein produktives Potential als Darstellungsmittel für das Irrationale, sie wird zu einer literarischen Strategie in der Veranschaulichung von Irrationalität.

Abstract: This essay discusses the common preconception that excurses, which frequently have the tendency to present themselves as scientific reasoning, have a rationalizing influence on the narrative structure of courtly romance, and challenges this idea with the observation that the attempt to deal with *minne* confronts the author with a surplus of irrationality. Rational discourse does not answer the question "What is *minne*?", but, rather demonstrates that *minne* cannot be adequately considered with rational means. The excursus about love and hate in Hartmann von Aue's 'Iwein' (V. 7015–74), the *huote*-excursus in Gottfried von Strassburg's 'Tristan' (V. 17858–18114), and the third *minne*-excursus in Wolfram von Eschenbach's 'Parzival' (583,1–587,14) are used to show rather that rational elements in excursus are a poetic strategy to deal with irrationality. Moreover, the coincidence of rational and irrational elements creates a special aesthetic quality of the text.

Wolframstudien XX (2008)
Erich Schmidt Verlag Berlin

Gedankenrede und Rationalität in der mittelhochdeutschen Epik

von Nine Miedema

I. Einleitung

Für die Entwicklung des höfischen Romans um 1200 spielt der Prozess der zunehmenden Individualisierung der Protagonisten eine entscheidende Rolle.[1] Auf dem von Chrétien de Troyes eingeführten Schema des Doppelweges beruhend,[2] thematisieren die Texte nach dem anfänglichen Erfolg des Protagonisten zunächst dessen gravierenden Verhaltensfehler; die nachfolgende Krise, die zur Selbstreflexion zwingen kann, ermöglicht erst im zweiten Handlungszyklus eine innere Vervollkommnung. Im Zuge dieser Selbstreflexion gewinnt die Gedankenrede seit dem späten 12. Jahrhundert als Mittel zur „Fokalisierung", zur „Innenweltdarstellung" der Figuren[3], als Mittel „personalen Er-

---

[1] Vgl. allgemein Walter Haug, Strukturen als Schlüssel zur Welt. Kleine Schriften zur Erzählliteratur des Mittelalters, Tübingen 1989; ders., Brechungen auf dem Weg zur Individualität. Kleine Schriften zur Literatur des Mittelalters, Tübingen 1995; Frank Ringeler, Zur Konzeption der Protagonistenidentität im deutschen Artusroman um 1200. Aspekte einer Gattungspoetik (Europäische Hochschulschriften, Reihe I, 1752), Frankfurt a.M. u.a. 2000; Anette Sosna, Fiktionale Identität im höfischen Roman um 1200. *Erec, Iwein, Parzival, Tristan*, Stuttgart 2003.

[2] Trotz der Einwände Elisabeth Schmids ist festzuhalten, dass der Doppelweg ein Muster vorgibt, dessen Grundstruktur (wenn auch immer neu variiert) zu den wichtigsten Merkmalen des Artusromans gehört. Vgl. Elisabeth Schmid, Weg mit dem Doppelweg. Wider eine Selbstverständlichkeit der germanistischen Forschung, in: Erzählstrukturen der gattungskonstituierenden Artusliteratur. Forschungsgeschichte und neue Ansätze, hg. v. Friedrich Wolfzettel unter Mitwirkung v. Peter Ihring, Tübingen 1999, S. 69–85.

[3] Gert Hübner, Erzählform im höfischen Roman. Studien zur Fokalisierung im ‚Eneas', im ‚Iwein' und im ‚Tristan', Tübingen/Basel 2003 (Bibliotheca Germanica 44), S. 6 u.ö. Hübner bringt die Fokalisierungstechniken auf folgende Formel: Sie „machen im höfischen Roman aus einer zweistelligen Relation eine dreistellige; der (1) Erzähler erzählt nicht mehr einfach von (2) Figuren in der Welt der Geschichte,

zählens"[4] zur „Erforschung des ‚inneren' Menschen"[5], an Bedeutung. Die Gedankenrede ist funktional als ein Vorläufer des inneren Monologs der Moderne zu sehen,[6] während sie sich formal noch von diesem unterscheidet: So ist in den Gedankenreden der mittelalterlichen Epen, anders als im inneren Monolog, in der Regel eine Redeeinleitung vorhanden.[7] Dabei verweist allerdings die in den mittelalterlichen Texten häufig überlieferte Möglichkeit, durch eine ein- statt vorgeschobene Inquitformel erst n a c h Anfang der *oratio recta* zu kennzeichnen, dass es sich bei der betreffenden Passage um Gedankenrede handelt,[8] bereits auf das Spiel mit den vom Rezipienten zu erschließenden

---

    sondern der (1) Erzähler erzählt vom (2) Welterleben der Figuren in der (3) Welt der Geschichte" (S. 75).

[4]   Jochen Vogt, Aspekte erzählender Prosa. Eine Einführung in Erzähltechnik und Romantheorie (UTB 2761), München ⁹2006, S. 187, 186.

[5]   Joachim Bumke, Die Blutstropfen im Schnee. Über Wahrnehmung und Erkenntnis im ‚Parzival' Wolframs von Eschenbach (Hermaea, NF 94), Tübingen 2001, S. 16.

[6]   Peter Stocker, Innerer Monolog, in: Reallexikon der deutschen Literaturwissenschaft, hg. v. Harald Fricke u.a., Bd. 2, Berlin/New York 2000, S. 148f., hier S. 148, definiert für den modernen Roman wie folgt: „Der Innere Monolog gibt (1) Gedanken, Gefühle und Wahrnehmungen (2) als reine Figurenrede ohne Erzähleranteil wieder. Er läßt sich von der [...] Erlebten Rede abgrenzen durch grammatische Person und Zeitform des Verbs: Die Figur spricht von sich (3) in der 1. Person (bei inneren ‚Dialogen' ersatzweise in der 2. Person) und verwendet (4) für den Gegenwartsbezug Präsens. Der Innere Monolog unterscheidet sich (5) von direkter Rede durch fehlende Signale beim Wechsel der Redeinstanz (Wegfallen der Redeeinleitung). Außerdem hat er (6) keinen fiktionsinternen Adressaten und ist im Unterschied zum Selbstgespräch stumme Rede. Der Innere Monolog kann (7) stilistische Merkmale mündlicher und emphatischer Rede aufweisen". Funktional beschreibt Stocker den inneren Monolog als eine „Form der psychologisierenden Redewiedergabe in erzählenden Texten" (S. 148); vgl. dazu das „affektpsychologische Interesse", das Bernhard Asmuth, „Monolog, monologisch", in: Historisches Wörterbuch der Rhetorik, hg. v. Gert Ueding, Bd. 5, Tübingen 2001, Sp. 1458–1476, hier Sp. 1461, bereits den antiken Verfassern von Monologen zuschreibt.

[7]   Vgl. auch Vogt (wie Anm. 4), S. 185, der das Fehlen der *verba credendi* als das wichtigste Merkmal zur Unterscheidung von Monolog und Selbstgespräch auf der einen Seite sowie innerem Monolog auf der anderen Seite aufführt. Die im inneren Monolog ebenfalls fehlenden Anführungszeichen (ebd.) können für die mittelalterlichen Texte nicht als weiteres Distinktionskriterium verwendet werden. – Vogt verweist bei seinen Ausführungen über den inneren Monolog als die „wichtigste Innovation der *modernen* Erzählliteratur" (ebd., S. 182, Hervorhebung im Original) nicht auf die mittelalterlichen Vorläufer.

[8]   Als beliebige Beispiele aus unterschiedlichen Teilgattungen der mittelhochdeutschen Epik seien die folgenden Belege genannt: Eilhart von Oberg, ‚Tristrant', V. 3516–3518: *„der riche got gesegen mich," / daht diu chuneginne, / „waz ist disem jungelinge [...]"* (Fragment Rr, ähnlich in D, während H *Sprach* liest; hier und im Folgenden, wenn nicht anders angegeben, zitiert nach: Eilhart von Oberg, Tristrant. Synoptischer Druck der ergänzten Fragmente mit der gesamten Parallelüberliefe-

Gebrauch unterschiedlicher Redeformen bzw. Sprecherinstanzen vor, das für den inneren Monolog im modernen Roman charakteristisch ist.

Auch Peter Stockers für den modernen Roman entwickelte Beschreibung des inneren Monologs als „stumme Rede" (s. Anm. 6) unterscheidet diesen von den mittelalterlichen Texten: Nicht selten treten insbesondere in den früh-höfischen Texten (möglicherweise nach antikem Vorbild) noch Gedankenre-den auf, die offensichtlich nicht als laut gesprochen zu verstehen sind und dennoch mit der Inquitformel *er / sie sprach* eingeleitet werden.[9] Eine genaue Unterteilung der Formen der *oratio recta* in Monolog, Selbstgespräch und Gedankenrede ist somit für die mittelalterliche Epik nicht immer möglich.[10]

---

rung, hg. v. Hadumod Bußmann [ATB 70], Tübingen 1969); ‚Nibelungenlied‘, Str. 453: *„Waz hât mich gerüeret?"* *dâhte der küene man* (hier und im Folgenden zitiert nach: Das Nibelungenlied. Mittelhochdeutsch/Neuhochdeutsch, nach dem Text v. Karl Bartsch u. Helmut de Boor ins Neuhochdeutsche übers. u. kommentiert v. Siegfried Grosse [RUB 644], Stuttgart 1997, 2002); ‚Reinfrid von Braunschweig‘, V. 13254f.: *„ei rîcher got erbarme,"* / *dâht er, „dich über mînen lîp* [...]*"* (hier und im Folgenden zitiert nach: Reinfrid von Braunschweig, hg. v. Karl Bartsch [Bibliothek des Litterarischen Vereins in Stuttgart 109], Tübingen 1871, Nachdruck Hildesheim u.a. 1997; vgl. auch ‚Reinfried von Braunschweig‘. Faksimileausgabe der Hand-schrift Memb. II 42 der Forschungsbibliothek Gotha, mit einer Einleitung hg. v. Wolfgang Achnitz [Litterae 120], Göppingen 2002). – Hier und in den nachfolgenden Zitaten wurden die Anführungsstriche zur Kennzeichnung der Gedankenrede (ggf. gegen die Editionen) vereinheitlicht.

9 So kann etwa Tristrants Monolog in der Baumgartenszene nicht als laut gesprochen verstanden werden (*zo im selbin er do sprach:* / *„nu mûz ich leider tot sin!* / *owi, wiste diu cûnigin* / *di hute, di uns is getan!"*, V. 3500–3503, Fragment M; ähnlich Rr, D und H). Möglicherweise zeigt sich hier der Einfluss antiker Versepen, in denen insbeson-dere der als laut gesprochen imaginierte Monolog „dem Ausdruck von Gefühlen und handlungswichtigen Überlegungen" diente (Asmuth [wie Anm. 6], Sp. 1461). Vogt (wie Anm. 4), S. 182, verweist zu Recht darauf, dass auch in jüngeren Texten keinesfalls immer eindeutig ist, ob ein innerer Monolog „wörtlich oder metaphorisch gemeint ist, vernehmbar wird oder stumm bleibt". – Die Frage nach der (durch die Jahrhunderte hindurch unterschiedlich beurteilten) Realitätsnähe des laut gespro-chenen Monologs (insbesondere des Versmonologs) braucht hier nicht weiter dis-kutiert zu werden (vgl. Asmuth [wie Anm. 6], Sp. 1460f., 1467f.).

10 Für die mittelalterlichen Texte hat sich keine einheitliche Terminologie durchgesetzt. Cecilie Eckler, Der Monolog im älteren mhd. Epos. Auszug aus der Dissertation zur Erlangung der Doktorwürde [...], Gießen 1924, S. 2f., S. 9, verwendet die genauere Definition die Begriffe „Monologe", „Gedankenmonolog[e]", „Gedankenrede", „Einzelgespräche" und „Einzelmonolog[e]". Emil Walker, Der Monolog im höfi-schen Epos. Stil- und literaturgeschichtliche Untersuchungen (Tübinger Germani-stische Arbeiten 5), Stuttgart 1928, S. 16f., unterscheidet „Gedankenrede [...], d.i. von einer oder mehreren Personen der Dichtung (vom Dichter mit ‚er, sie dachte(n)‘ eingeführt) Gedachtes, im Wortlaut angeführt", das „eigentliche Selbstgespräch" und „allein Gesprochenes", ohne dass eine scharfe Trennung zwischen diesen Berei-chen möglich wäre. Werner Schwartzkopff, Rede und Redeszene in der deutschen

Die nachfolgenden Überlegungen konzentrieren sich (anders als frühere, umfassendere Darstellungen[11]) auf einen Teilbereich der mittelalterlichen Monologe: Sie beruhen auf einer systematischen Untersuchung des Verbes *denken* als Inquitformel. Dabei werden insbesondere durch die Formel *er* oder *si dâhte* eingeleitete Passagen in d i r e k t e r Rede berücksichtigt,[12] da nur für diese sicher festzustellen ist, dass sie bewusst als Verbalisierung innerer Befindlichkeiten seitens der Figuren (als Aussagesubjekte, nicht als Erzählobjekte) gestaltet wurden. Wichtig erschiene es, das gesamte Wortfeld des Denkens zu untersuchen, das sich seit dem späten 12. Jahrhundert immer stärker ausdifferenziert;[13] im Rahmen dieses Artikels können allerdings die semantisch verwandten mittelalterlichen *verba credendi* wie *dünken, wænen, versinnen, trahten* usw. nicht berücksichtigt werden.[14]

Auf die Thematik des Sammelbandes bezogen, ist insbesondere nach dem Zusammenhang von Gedankenrede und Rationalität[15] zu fragen. Noch 2001

Erzählung bis Wolfram von Eschenbach (Palaestra 74), Berlin 1909, Nachdruck New York / London 1970, S. 28–35, spricht von „Selbstgespräch und Gedankenrede". – Vogt (wie Anm. 4), S. 182–187, verweist auch für die moderne Literatur auf die „Problematik der Benennung" (S. 184) des inneren Monologs, des zitierten Monologs, des Selbstgesprächs, der stummen direkten Rede und des *stream of consciousness*.

[11] Vgl. Walker (wie Anm. 10), der seine Untersuchungen nach dem Inhalt der Monologe gliedert, während im vorliegenden Beitrag chronologisch vorgegangen wird: Im Überblick über alle Gedankenreden innerhalb eines Textes lassen sich andere Schlussfolgerungen ziehen als bei einer thematischen Gliederung. Vgl. auch Hübner (wie Anm. 3), S. 48f., der ebenfalls zwischen „gesprochene[n]" und „gedachte[n] Soliloquien" nicht systematisch differenziert.

[12] Zur Verwendung indirekter Rede bzw. erlebter Rede, die insbesondere bei Hartmann von Aue nachweisbar ist, s. Hübner (wie Anm. 3), S. 49–53.

[13] Die Entwicklung der Vielfalt der Inquit-Verben für laut gesprochene Rede wurde untersucht von Franz Hundsnurscher, *Sprechen* und *sagen* im Spätmittelalter und in der frühen Neuzeit. Zum Wechsel der Inquit-Formel *er sprach / er sagte*, in: Literatur – Geschichte – Literaturgeschichte. Beiträge zur mediävistischen Literaturwissenschaft. FS Volker Honemann zum 60. Geburtstag, hg. v. Nine Miedema u. Rudolf Suntrup, Frankfurt a.M. u.a. 2003, S. 31–52; s. auch ders., Das literarisch-stilistische Potential der *inquit*-Formel, in: Formen und Funktionen von Redeszenen in der mittelhochdeutschen Großepik, hg. v. Nine Miedema u. Franz Hundsnurscher (Beiträge zur Dialogforschung 36), Tübingen 2007, S. 103–115. Für die Verwendung der *verba credendi* fehlt eine entsprechende Untersuchung bislang.

[14] Nur am Rande sei darauf hingewiesen, dass auch eine Untersuchung über das mittelalterliche Wortfeld der Rationalität (*bescheidenheit, sinne, vernunst, witze, rede*) fehlt.

[15] Für die Ausführungen werden die Begriffe Affekt und *ratio* nicht als kontrastiv, sondern als komplementär verstanden (vgl. Susanne Rikl, Erzählen im Kontext von Affekt und Ratio. Studien zu Konrads von Würzburg ‚Partonopier und Meliur' [Mikrokosmos 46], Frankfurt a.M. u.a. 1996, insbesondere S. 23–26). Vgl. auch

gab Bernhard Asmuth an, das Mittelalter sei im Hinblick auf den Monolog und dessen rhetorische Ausgestaltung „weniger ergiebig" als die Antike;[16] Beachtung verdienten seines Erachtens lediglich die Selbstgespräche der höfischen Epen, die mit den „von ihnen bevorzugten Liebesmonologen" französischen Quellen und letztlich dem Vorbild Ovids folgten. Der mittelalterliche Monolog, auch die Gedankenrede, wird zwar, so zeigt sich bei näherer Untersuchung, bevorzugt für die Wiedergabe des Affekts der Liebe verwendet und dient des Weiteren der Darstellung der Furcht[17] und des Zorns[18]. Darüber hinaus spiegelt er jedoch auch reflexives, analytisches Argumentieren wider, sowohl mit Bezug auf den kognitiven Gehalt der Emotionen[19] als auch mit Bezug auf sonstige kognitive Zusammenhänge. Über Asmuth hinausgehend wird somit überblicksartig darzustellen sein, welchen Reflexionsraum die Gedankenrede inszeniert, welchen Inhalten sie sich widmet und inwiefern die Autoren des 12. und 13. Jahrhunderts den in direkter Rede wiedergegebenen Denkvorgang als e i n mögliches Stilmittel benutzten, um rationale Gedanken

---

Klaus Ridder, Emotion und Reflexion in erzählender Literatur des Mittelalters, in: Codierungen von Emotionen im Mittelalter, S. 203–221, hier S. 208, der die „Steuerfunktion" der Emotionen für kognitive Prozesse beschreibt.

[16] Asmuth (wie Anm. 6), Sp. 1463; er bezieht sich für seine diesbezüglichen Ausführungen auf Walker (wie Anm. 10).

[17] Als beliebiges Beispiel für eine Gedankenrede zum Ausdruck der Furcht s. Konrads von Würzburg Partonopier und Meliur, aus dem Nachlasse v. Franz Pfeiffer hg. v. Karl Bartsch, Wien 1871, Nachdruck 1970, V. 1284–1302. Auch im ‚Eneasroman' wird auffällig häufig auf die *vorhte* des Helden hingewiesen, s. z.B. V. 84,25; 89,29; 89,39; 90,3 u.ö. (hier und im Folgenden zitiert nach: Heinrich von Veldeke, Eneasroman. Mittelhochdeutsch / Neuhochdeutsch, nach dem Text v. Ludwig Ettmüller ins Neuhochdeutsche übers., mit einem Stellenkommentar u. einem Nachwort v. Dieter Kartschoke [RUB 8303], Stuttgart 1986), jedoch folgt solchen Hinweisen keine Gedankenrede bzw. kein Monolog. Zur Bedeutung der Furcht für die Figurenzeichnung s. Andrea Sieber, Die *angest* des Herkules. Zum Wandel eines emotionalen Verhaltensmusters in mittelalterlichen Trojaromanen, in: Codierungen von Emotionen im Mittelalter / Emotions and Sensibilities in the Middle Ages, hg. v. C. Stephen Jaeger u. Ingrid Kasten (Trends in Medieval Philology 1), Berlin / New York 2003, S. 222–234; Ridder (wie Anm. 15), S. 210–217.

[18] Ein Beispiel für in Gedankenrede ausgedrückte Wut findet sich etwa im ‚Erec', V. 9191f., hier und im Folgenden zitiert nach: Erec von Hartmann von Aue. Mit einem Abdruck der neuen Wolfenbütteler und Zwettler Erec-Fragmente hg. v. Albert Leitzmann, fortgef. v. Ludwig Wolff, 7. Aufl. bes. v. Kurt Gärtner (ATB 39), Tübingen 2006. Vgl. zum Thema außerdem Klaus Grubmüller, Historische Semantik und Diskursgeschichte: *zorn, nît, haz*, in: Codierungen von Emotionen im Mittelalter (wie Anm. 17), S. 47–69; Ridder (wie Anm. 15); ders., Kampfzorn: Affektivität und Gewalt in mittelalterlicher Epik, in: Eine Epoche im Umbruch. Volkssprachliche Literalität 1200–1300. Cambridger Symposium 2001, hg. v. Christa Bertelsmeier-Kierst u. Christopher Young, Tübingen 2003, S. 221–248.

[19] Der Begriff nach Ridder (wie Anm. 15), S. 206.

beschreibbar zu machen bzw. Rationalität im Sinne von nicht rein affektgesteuertem, sondern argumentativ begründetem Verhalten zu inszenieren.

Vorweg ist festzuhalten, dass k o m m u n i k a t i v e Rationalität[20] in den deutschen Erzähltexten von Anfang an dargestellt wird: Alle Ratsversammlungen etwa, die gerade in vorhöfischen Epen wie dem ‚Rolandslied‘ des Pfaffen Konrad oder dem ‚Alexanderlied‘ des Pfaffen Lamprecht eine wichtige Rolle spielen,[21] dienen dem Zweck einer gemeinsamen Entscheidungsfindung, bei der allerdings durchaus irrationale, affektgelenkte Elemente ausschlaggebend sein können; nicht selten wiegen in Ratsszenen z.B. die im Affekt des gerechten Zorns geäußerten Argumente letztlich schwerer als die im engeren Sinne rationalen Elemente.[22] Affekte können damit rationalen Argumenten gleichgestellt oder auch überlegen sein. Die Ratsszenen vermitteln seit Beginn der deutschen Epik anhand der (auffällig monologisch gestalteten) Dialoge mehrerer Figuren, die jeweils eine mögliche Position vertreten, verschiedene Sichtweisen auf einen jeweiligen Sachverhalt; es interessieren die Standpunkte an sich, nicht jedoch die Tatsache, dass und wie eine einzelne Figur zu ihrer Position gefunden hat (nicht selten treten in Ratsszenen Figuren in Erscheinung, die für den Handlungsverlauf eine völlig nebensächliche Rolle spielen, sie fungieren lediglich als Argumentträger).

Die Ratsszenen beruhen auf der Idealvorstellung der Konsensherstellung; reflektiert wird, so zumindest das literarische Idealbild, laut und gemeinsam. In diesem Beitrag gilt es zu zeigen, seit wann die Autoren den Reflexionsprozess ins I n n e r e einer Figur verlagern: Hier ist Rationalität nicht mehr kommunikativ, zumindest nicht textintern. In dieser Perspektive wird die Gedankenrede zu einem Ausdrucksmittel dessen, was als „fiktionale Identität" bezeichnet werden kann,[23] und erhält distinktive Funktion: Der Einzelne un-

---

[20] Zur Terminologie s. Klaus Ridder, Rationalisierungsprozesse und höfischer Roman im 12. Jahrhundert, in: DVjs 78 (2004), S. 175–199, hier S. 178f. (mit weiterführender Literatur).
[21] Vgl. Joseph M. Sullivan, Counsel in Middle High German Arthurian Romance (GAG 690), Göppingen 2001.
[22] Vgl. z.B. ‚Eneasroman‘, V. 232,33; 234,4 u.ö. – Auch in Kampfszenen werden vernunftgesteuerte Argumente häufig offenbar als unangebracht empfunden. So werden im ‚Rolandslied‘ in der Szene, in der sich Roland und Olivier darüber streiten, ob Roland Karl den Großen durch das Hornsignal warnen soll oder nicht, Oliviers durchaus rationale Argumente von der ganz anders gearteten Logik des Gottesvertrauens und des Wunsches nach dem Märtyrertum widerlegt (Das Rolandslied des Pfaffen Konrad. Mittelhochdeutsch/Neuhochdeutsch, hg., übers. u. komm. v. Dieter Kartschoke [RUB 2745], Stuttgart 1993, V. 3845–3989). Anders dagegen Veldekes ‚Eneasroman‘, V. 245,40–246,5: Eneas greift Turnus nicht an, da ihm bewusst ist, dass er über ein zu kleines Heer verfügt. Das irrationale Handeln Erecs im zweiten Kampf gegen Guivreiz wird, weiterführend, eindeutig negativ bewertet (V. 7007–7023). Zu diesem Komplex s. Ridder (wie Anm. 18).
[23] Sosna (wie Anm. 1).

terscheidet sich durch seine (so die fingierte Situation) nur i h m bekannten Gedanken von allen anderen textinternen Figuren.[24] Es wird ein individueller oder zumindest subjektiver Innenraum fingiert; potentiell scheint dies ein geeigneter Raum für rationale Reflexion.

II. Die vorhöfischen Texte

Ein kurzer chronologischer Durchgang durch die frühesten deutschsprachigen Erzähltexte soll einen Eindruck davon vermitteln, mit welcher Frequenz und Intention die Gedankenrede verwendet wird, bevor die Häufigkeit ihrer Verwendung in der höfischen Epik signifikant steigt.[25]

Bereits in den althochdeutschen Texten sind gelegentlich Gedankenreden nachweisbar. So wird im ‚Heliand' (wohl in der ersten Hälfte des 9. Jahrhunderts entstanden) Herodes' grausame Absicht des Kindermordes in direkter Gedankenrede mithilfe des einleitenden Inquit-Verbs *githenkien* mitgeteilt (V. 724–727):[26]

> [...] *Thô he sô hriuuig sat,*
> *balg ina an is briostun,   quað that he is mahti betaron râd,*
> *ôðran githenkien: „nu ic is aldar can,*
> 725   *uuêt is uuintergitalu: nu ic giuuinnan mag,*
> *that he io obar thesaro erðu   ald ni uuirðit,*
> *hêr undar thesum heriscepi."*

---

[24] Dass die Exklusivität der Gedanken gerade durch deren Vermittlung an den textexternen Rezipienten eine fiktionale Illusion ist, die dessen enge Verbindung mit dem Erzähler aufrecht erhalten soll und handlungsfunktional betrachtet bedeutungslos ist, sei hier nicht weiter diskutiert. Auch auf die Profilierung der Erzählerinstanz durch direkte Rede, die den Erzähler nur scheinbar hinter seine Figuren zurücktreten lässt und in diesem Sinne keine grundsätzlich anderen Funktionen erfüllt als etwa der Erzählerexkurs, kann hier nicht näher eingegangen werden; vgl. dazu Nine Miedema u. Franz Hundsnurscher, Einleitung, in: Formen und Funktionen von Redeszenen (wie Anm. 13), S. 1–17, hier S. 1f., 13–15.

[25] Die Tabelle bei Walker (wie Anm. 10), S. 264, stellt Belege für Gedankenreden zusammen (vierte Spalte), die für diesen Artikel erweitert und korrigiert wurden. Die Belegsammlung bei Eckler (wie Anm. 10), S. 3–6, kennzeichnet die Gedankenrede nicht eigens.

[26] Heliand und Genesis, hg. v. Otto Behaghel, 10., überarb. Aufl. v. Burkhard Taeger (ATB 4), Tübingen 1996. Walker (wie Anm. 10), S. 181, vermerkt, dass zwei Drittel der von ihm erfassten Willensakte bzw. Absichtsmonologe als Gedankenrede gestaltet werden. – Es ist dies der einzige Gedankenmonolog im ‚Heliand'; die von Schwartzkopff (wie Anm. 10), S. 29, für V. 5011–5020 genannte Passage enthält eine Klage in direkter Rede, die, da sie durch *quað* in V. 5011 eingeleitet wird, wohl als laut gesprochener Monolog zu denken ist (es ist allerdings in diesem Moment sonst keine der textinternen handelnden Figuren anwesend).

Otfrids von Weißenburg ‚Evangelienbuch' (um 868) enthält einen weiteren frühen Beleg. Hier werden, entgegen allen bisher bekannten lateinischen Fassungen der Bibel (vgl. Mt 4,1–7), in V. II.4,29–34 bei der Versuchung Christi in der Wüste die Gedanken des Teufels in direkter Gedankenrede wiedergegeben, wofür die Verben *drahton* und *ahton* verwendet werden:[27]

> *Wanta er nan harto forahta,   in alla wisun korata,*
> *bi thiu moht er odo drahton,   in thesa wisun ahton:*
> *„Oba thiz ist thes sun   der liuti fuarta herasun*
> 30 *thuruh thaz einoti   in manageru noti,*
> *Mit wati si thar werita,   fon himile sie ouh nerita,*
> *bi managemo jare   sie pruantota thare:*
> *Nu scephe er imo hiar brot,   ther hungar duit imo es not,*
> *bilido nu in noti   thes sines fater guati!"*

Im frühmittelhochdeutschen ‚Leben Jesu' der Frau Ava († 1127) drückt das einzige Vorkommen von Gedankenrede (V. II,860–864) die Zweifel eines Mannes an Christi Prophetentum aus, da er der Meinung ist, Christus müsse erkennen, dass Maria Magdalena eine Sünderin sei (vgl. Lk 7,39):[28]

> *er dâhte in sînem muote:*
> 860 *„wâre dirre guote*
> *äin rehter prophête,*
> *alse ich gedâht hête,*
> *er erchande daz wîp;*
> *ir was vil sundich der lîp".*
> 865 *er sprach, daz wâre*
> *äin gemäiniu sundârîn.*

---

[27] Otfrids Evangelienbuch, hg. v. Oskar Erdmann, 6. Aufl. besorgt v. Ludwig Wolff (ATB 1973), Tübingen 1973. Der Text enthält keine weiteren Gedankenreden. Zu Otfrids Gestaltung von Redeszenen s. auch Wolfgang Haubrichs, Heilige Fiktion? Die Gestaltung gesprochener Sprache in Otfrids von Weißenburg *Liber Evangeliorum*. Vier Fallbeispiele zur inneren Sprachreflexion des karolingischen Dichtertheologen, in: Vox Sermo Res. Beiträge zur Sprachreflexion, Literatur- und Sprachgeschichte vom Mittelalter bis zur Neuzeit. FS Uwe Ruberg, hg. v. Wolfgang Haubrichs, Wolfgang Kleiber u. Rudolf Voß, Stuttgart/Leipzig 2001, S. 99–112; ders., Rituale, Feste, Sprechhandlungen. Spuren oraler und laikaler Kultur in den Bibelepen des Heliand und Otfrids von Weißenburg, in: Orality and Literacy in the Middle Ages. Essays on a Conjunction and its Consequences in Honour of D.H. Green, hg. v. Mark Chinca u. Christopher Young (Utrecht Studies in Medieval Literacy 12), Turnhout 2005, S. 37–66, insbesondere S. 59–66. Haubrichs geht in beiden Beiträgen nicht näher auf die Gedankenreden ein.

[28] Die Dichtungen der Frau Ava, hg. v. Kurt Schacks (Wiener Neudrucke 8), Graz 1986. In diesem Fall gibt das Lukas-Evangelium die Gedankenrede vor.

Auffällig ist bei allen diesen Beispielen, dass die Gedankenrede jeweils für negativ besetzte Figuren verwendet wird: Sie gibt Aufschluss über deren verwerfliche Absichten oder zu Unrecht gehegte Zweifel;[29] sie dient damit der Darstellung von Intentionalität bzw. falschen Einsichten und macht das anschließende negative Handeln der Figuren rational beschreibbar.[30]

Obwohl sich damit nachweisen lässt, dass die Gedankenrede bereits in althochdeutschen Texten verwendet wurde, findet sich diesbezüglich keine ununterbrochene Traditionslinie zwischen Früh- und Hochmittelalter: Das ‚Annolied' etwa (1077–1081?, nach 1106?) enthält keine Gedankenreden in direkter Rede, ähnlich wie Lamprechts ‚Tobias' (vor 1150), der ‚Trierer Aegidius' (wohl vor 1160), die ‚Kaiserchronik' (ca. Mitte des 12. Jahrhunderts), Heinrichs von Melk ‚Von des todes gehugde' (2. Hälfte des 12. Jahrhunderts) und Wernhers ‚Marienleben' (ca. 1172).

Auch im ‚Vorauer Alexander' (um 1150–1160) findet sich kein einziges Beispiel für eine Gedankenrede; bei allen Monologen ist hier ein textinternes Publikum anwesend, das auf die geäußerten Inhalte reagiert. Nur selten finden sich kurze Hinweise auf die Gedanken der Figuren in indirekter Rede;[31] so heißt es in V. 1091f.: *Alexander bedâhte sich, / er wart den boten genâdich.*

---

[29] Das ‚Anegenge' (nach 1173) bildet nur scheinbar eine Ausnahme (s. Dietrich Neuschäfer, Das Anegenge. Textkritische Studien, diplomatischer Abdruck, kritische Ausgabe, Anmerkungen zum Text [Medium Aevum 8], München 1966, V. 451–494): Betont wird hier zwar, *Mit gedanchen disiu rede ergie: / dâne wart dehein wort nie / under in gesprochen* (V. 495–497), es handelt sich dabei jedoch nicht um heimliche und unausgesprochene Gedanken, sondern um ein innertrinitarisches Gespräch, bei dem sich die Personen der Dreieinigkeit wortlos verständigen. Das ‚Anegenge' verwendet für die Versuchung Jesu in der Wüste lediglich indirekte Gedankenrede, s. V. 3002–3012.

[30] Ridder (wie Anm. 20), S. 179. Diese Form der Rationalisierung wird somit in deutschsprachigen Texten bereits seit dem 9. Jh. dargestellt.

[31] Solche Beispiele werden von Walker (wie Anm. 10) nicht erfasst; obwohl seine Untersuchungen für die vorliegende Fragestellung grundlegend sind, wäre somit dennoch eine erneute Sichtung aller betreffenden Texte auf das Wortfeld des Denkens hin notwendig. Problematisch ist bei Walkers Belegen für Monologe (S. 264, zweite Spalte), dass sie zu einem nicht unerheblichen Anteil aus Halbdialogen und halbdirekten Dialogen bestehen: Sie richten sich an ein textinternes Publikum, das z.T. in indirekter Rede reagiert (zur Terminologie s. Jane Emberson, Speech in the Eneide of Heinrich von Veldeke [GAG 318], Göppingen 1981, S. 21f.). Im Übrigen bleiben die von Walker mit berücksichtigten Klagemonologe und Gebete bis in die Frühe Neuzeit hinein Teilbereiche des Monologs, die als Formen ritualisierter Kommunikation eindeutig Öffentlichkeitscharakter haben. Sie werden häufig laut ausgesprochen imaginiert und sind somit ebenfalls nicht zu den Gedankenreden zu zählen; sie behalten bis weit in die Neuzeit hinein die sonst durch *er dâhte* abgelöste Inquitformel *er sprach* bei und sind für die vorliegende Fragestellung insgesamt wenig ergiebig.

Bedenken wird hier im Sinne von ‚es sich anders überlegen‘ verwendet; was der Betreffende denkt, zeigt sich entweder durch auktoriale Wiedergabe (wie hier: *er wart den boten genâdich*) oder durch das direkte Sprechen der Figur selbst, das in diesem Beispiel wenige Verse später folgt (V. 1096–1128). Die Gedanken der Figuren sind in diesen frühen Texten nur dann von Bedeutung, wenn diese öffentlich geäußert werden können, Denken und Sprechen rücken nahe zusammen. Dass das heimliche, unausgesprochene Denken auch in diesen Texten noch eher negativ besetzt ist, zeigt ein zweites Zitat aus dem ‚Vorauer Alexander‘, V. 1031f.: *derwider dâhter alsus: / Alexander dûhte in lutzel.* ‚Denken‘ und ‚dünken‘ stoßen hier aufeinander, durch die Wahl des Verbes ‚dünken‘ distanziert sich der Erzähler vom Inhalt des Gedachten – Darios ist eine negativ besetzte Figur, und nur hier gewährt der Erzähler Einblick in seine (öffentlich nicht mitteilbaren) Gedanken.[32]

Vergleichbares lässt sich für den ‚König Rother‘ (ca. 1165–1180) zeigen. ‚Denken‘ als Inquitformel fehlt, es fehlt damit die Gedankenrede in direkter Rede. Bei den wenigen Ansätzen zu einer Wiedergabe von Gedanken wird das Gedachte zumeist direkt ausgesprochen, wie in V. 811f.:[33] *der kuninc gedachte eine wisheit. / er sprach [...]*, wonach Rother unmittelbar in direkter Rede seinen Plan mitteilt.[34] Das Versunkensein in Gedanken wird sogar explizit

---

[32] Im später entstandenen ‚Straßburger Alexander‘ wird diese Passage umformuliert und äußert Darius seine Gedanken in der Öffentlichkeit (*der antworte*, V. 1439).

[33] König Rother. Mittelhochdeutscher Text und neuhochdeutsche Übersetzung v. Peter K. Stein, hg. v. Ingrid Bennewitz unter Mitarbeit v. Beatrix Koll u. Ruth Weichselbaumer (RUB 18047), Stuttgart 2000.

[34] An anderen Stellen gewinnt der Text dadurch an Spannung, dass gerade nicht mitgeteilt wird, welche Pläne die Figuren geschmiedet haben: So erfährt der Rezipient des Textes erst durch den Verlauf der Handlung, welche Absichten Rother damit verfolgt, dass er der Tochter Constantins zwei identische Schuhe schenkt (V. 2015–2024). Jedoch ist dies im Text kein generelles Merkmal der Erzählweise über die klugen Absichten der handelnden Figuren: In anderen Situationen kennzeichnet der Erzähler Rothers Handlungsmotivationen durchaus und verschafft somit dem textexternen Rezipienten einen Wissensvorsprung vor den textinternen Figuren (vgl. etwa V. 3994–3996: *daz wart durch list gesprochen: / dar he sich bat han, / dar lach sin here nain*). – Auch wenn in den ‚Spielmannsepen‘ der listige Heldentyp vorherrscht, wird die Gedankenrede als Stilmittel in diesen Texten selten verwendet. In ‚Salman und Morolf‘ (spätes 12. Jh.) finden sich vier kurze Gedankenreden mit Absichtserklärungen (Salman und Morolf, hg. v. Alfred Karnein [ATB 85], Tübingen 1979, Str. 124 [Salome], 132 [Morolf], 148 [Salman], 266 [Morolf]), im ‚Graf Rudolf‘ (1170–1187?), im ‚Orendel‘ (um 1190) und im ‚Münchner Oswald‘ (spätes 12. Jh.) keine (vgl. jedoch Der Münchner Oswald. Mit einem Anhang: die ostschwäbische Prosabearbeitung des 15. Jahrhunderts, hg. v. Michael Curschmann [ATB 76], Tübingen 1974, V. 44, *sein hertz im zuo den sinnen rief*, und das Sprechen des Raben *wider sich selber* [V. 806, 817], das im ‚Wiener Oswald‘ fehlt, s. Der Wiener Oswald, hg. v. Gertrud Fuchs [Germanistische Abhandlungen 52], Breslau

negativ bewertet, erneut bei einer umstrittenen Figur: *[D]o saz in leiden trechtin / Constantin der riche / ime harde lasterliche.*[35] Geschieht es Rother selbst, dass er grübelnd in Gedanken versinkt, so durchbricht er diesen (nur auktorial dargestellten) gedanklichen Teufelskreis dadurch, dass er den Rat anderer einholt, wie in V. 448–462 skizziert:

> *Rother uf eime steine saz*
> *– we trurich ime sin herze was! –*
> 450 *dre tage unde drie nacht,*
> *daz er zo niemanne nicht ne sprach,*
> *wene daz her allez dachte,*
> *we er kumen mochte*
> *zo Kriechin in daz lant [...].*
> *do heiz er gen vor sich*
> *Berter [...].*
> *her sprach: „du salt mir ratin, Berter [...]".*

Das einsame und unkommunikative Nachsinnen bleibt erfolglos, die Lösung wird dialogisch (durch *ratin*, d.h. durch das Einberufen einer Ratsversammlung) gefunden.[36]

Im ‚Rolandslied' des Pfaffen Konrad (um 1170) findet sich die gleiche Tendenz, die Gedanken der Figuren unmittelbar in Dialog bzw. Halbdialog umzusetzen oder sie lediglich auktorial anzudeuten.[37] Darüber hinaus überliefert das ‚Rolandslied' im Bereich der mittelhochdeutschen Erzählliteratur jedoch den frühesten Beleg für eine Gedankenrede in direkter Rede:

1920, Nachdruck Hildesheim/New York 1977). Die Fassung B des ‚Herzog Ernst' (um 1198–1208) enthält eine einzige Gedankenrede (Herzog Ernst. Ein mittelalterliches Abenteuerbuch, in der mittelhochdeutschen Fassung B nach der Ausgabe v. Karl Bartsch mit den Bruchstücken der Fassung A hg., übers., mit Anmerkungen u. einem Nachwort versehen v. Bernhard Sowinski [RUB 8352], Stuttgart 1979, 2000, V. 1245: *dô dâhter „benamen, ich muoz dar [...]"*); dass in der älteren Fassung A (1176–1181?) an dieser Stelle eine Gedankenrede fehlt (ebd., S. 343f.), legt nahe, dass dieses Stilmittel in den meisten ‚Spielmannsepen' erst unter Einfluss der höfischen Texte auch für positiv besetzte Figuren Verwendung fand.

[35] V. 4330–4332; ähnlich V. 4569f.: *Constantin saz in trehtin, / wie he genesen mochte [...].*

[36] Ähnlich verweist noch der ‚Eneasroman', V. 19,7–12, nur kurz und in indirekter Rede auf Eneas' Gedanken, bevor dieser den Rat zusammenruft: *Ênéas der hêre / der gedahte im vile sêre, / dô ime diu sorge zû quam. / sîne frunt her zû im nam, / sîne mâge und sîne man, / mit in her sprâchen began [...].* – Zu erwägen ist, ob das Nachdenken in solchen Zusammenhängen mit der *melancholia* in Verbindung gebracht wird, die nach mittelalterlicher Humoralpathologie ein Zuviel an (kalter und trockener) schwarzer Galle bedeutet; mit *trurich* (‚König Rother', V. 449) könnte auch auf die Todsünde der *acedia* angespielt sein.

[37] Beispiele: *er dâchte in manigen ende [...]* (V. 401); *er gedâchte an die brœde, / sô der botich liget œde, / diu sêle hin zücket, / der arme lîchename sich stüppet* (V. 3007–3010).

> *dô gedâchte der haiden:*
> *„unter disen vier stainen*
> *dâ erstirbet Ruolant.*
> *Durndarten nim ich ze mîner hant*
> 6785 *unt Olivantem.*
> *sô sage ich in dem lante,*
> *daz wir gesiget haben*
> *unt ich habe Ruolanten erslagen.*
> *des fröut sich iemer mêre*
> 6790 *elliu arabiskiu erde."*

Dies ist umso auffälliger, als die ‚Chanson de Roland‘ die Gedankenrede an dieser Stelle (V. 2274–2296) nicht vorgibt und auch sonst lediglich den Ausdruck des Sprechens oder Klagens *a sei meïsme* verwendet.[38] Erneut disqualifizieren die in direkter Rede wiedergegebenen Gedanken die betreffende Figur; ihre Intentionen und Absichtserklärungen (z.B. *„Durndarten nim ich ze mîner hant"*) erweisen sich rasch als falsch, in diesem Fall als Ausdruck der *superbia*. Die Funktion der Gedankenrede ist (wie im ‚Heliand‘, bei Otfrid und Frau Ava) die Motivation des Geschehens, d.h. der Handlungsweise des Heiden; diese hätte auch auktorial erläutert werden können, es zeigt sich kein Interesse für die Figur als solche. Bei einer wichtigeren negativen Figur des ‚Rolandsliedes‘ enthält sich der Erzähler solcher Gedankenwiedergaben, der gerade zitierte Beleg ist im Rahmen des Textes singulär: Über Geneluns Gedanken und Absichten erfährt der Rezipient des Textes nur durch die öffentlichen Äußerungen seines Unmutes (V. 1384–1403, 1420–1423, 1443–1467 u.ö.) und durch Erzählerkommentare mit stark religiös-didaktischem Charakter, wie z.B. durch den Vergleich mit dem von außen schönen, innen jedoch morschen Baum (V. 1960–1973).[39] Die Handlungsweisen der Figur Geneluns werden mit einiger Sorgfalt plausibilisiert, das wichtigste Mittel dazu ist jedoch der auktoriale Verweis auf den Einfluss des Teufels und nicht die Innenperspektive: *Genelûn inmitten gestuont. / trüebe was ime sîn muot / mit lachenten ougen. / sînes herzen tougen / newesse nieman innen. / da wurzelt der tiuvel inne. / er sprach […]* (V. 2853–2859).

---

[38] Dafür gibt es drei Belegstellen: *qu[e]iement le dit a sei meïsme* (V. 1483); *A sei meïsme la cumencet a pleindre* (V. 2315); *Mult dulcement la pleinst a sei meïsme* (V. 2343). Verwendete Ausgabe: La Chanson de Roland, übersetzt v. Hans-Wilhelm Klein (Klassische Texte des romanischen Mittelalters in zweisprachigen Ausgaben), München 1963.

[39] Noch der Stricker respektiert in seiner Nacherzählung dieses Erzählprinzip, vgl. Karl der Große von dem Stricker, hg. v. Karl Bartsch (Bibliothek der gesammten deutschen National-Literatur 35), Quedlinburg/Leipzig 1857, Nachdruck Berlin 1965, V. 1989–2008, 2027–2032, 2053–2068 u.ö. (Unmutsäußerungen Geneluns in direkter Rede), V. 2505–2518 (Baumvergleich). Im ‚Karl‘ des Strickers fehlen Gedankenreden in direkter Rede insgesamt.

So lässt sich zusammenfassend für die frühen Texte formulieren: Die Gedanken der Figuren sind entweder von allgemeinem Interesse und werden dann öffentlich (bzw. vor ausgewählten Zeugen) geäußert, oder sie haben (als Gedankenreden wiedergegeben) ein deutlich negatives Potential, da sie vor den anderen intradiegetischen Figuren bewusst verborgen gehalten werden. Dies verleiht den Figuren, für die Gedankenreden wiedergegeben werden, eine Aura von mangelnder Offenheit bzw. Ehrlichkeit, die ein Gefahrenpotential darstellt.

III. Die früh- und hochhöfischen Texte

Das Interesse für den Monolog wächst mit dem Import französisch-höfischer Texte, während gleichzeitig die deutschen Texte bei der Gestaltung der Monologe eigene Wege gehen. Emil Walker bezeichnet die anhand französischer Vorbilder im Deutschen ausgestalteten Liebesmonologe, wie sie insbesondere in Veldekes ,Eneasroman' (um 1180) zu finden sind, zu Recht als eine „literarische Sensation";[40] Gert Hübner führt aus, der ,Eneasroman' sei derjenige Text, mit dem die konsequente „fokale Innenweltdarstellung in die höfische Erzählkunst gelangte[]".[41] Der deutsche ,Eneasroman' inszeniert diese Monologe nicht als Gedankenrede und verwendet das Verb *denken* nicht in Inquitformeln,[42] obwohl es der ,Roman d'Eneas' immerhin einmal vorgibt.[43]

---

[40] Walker (wie Anm. 10), S. 4, 34; vgl. auch Eckler (wie Anm. 10), S. 7f. Vgl. zu den Monologen im ,Eneasroman' auch Emberson (wie Anm. 31), S. 132–137.

[41] Hübner (wie Anm. 3), S. 202–263, das Zitat S. 206.

[42] Schwartzkopff (wie Anm. 10), S. 34. Walker (wie Anm. 10), S. 264, vermerkt deswegen, der ,Eneasroman' enthalte keine einzige Gedankenrede. Die Interpretation der Monologe ist umstritten; Ridder (wie Anm. 20), S. 191f., bespricht Eneas' Monolog als „inneren Monolog[ ]" (S. 191). – In Veldekes ,Servatius' fehlt die Gedankenrede ebenfalls; es findet sich lediglich an einer Stelle die Formulierung *si dachten ende si spraken / „wir sin bedrogen sere [...]"*, die auf ein Nacheinander von Denken und Sprechen verweist (Die epischen Werke des Henric van Veldeken, Bd. 1: Sente Servas / Sanctus Servatius, hg. v. Theodor Frings u. Gabriele Schieb, Halle a.d.S. 1956, V. 898f.).

[43] Le Roman d'Eneas, übers. u. eingeleitet v. Monica Schöler-Beinhauer (Klassische Texte des romanischen Mittelalters in zweisprachigen Ausgaben 9), München 1972: *chascun jor pens: „ce n'iert hui / que saisiz seie de s'amor"* (V. 10020f.). Die Handschriften des ,Roman d'Eneas' differieren untereinander; da die Handschrift G, die Veldekes Text am nächsten steht, nicht ediert ist, muss hier auf die an Handschrift A orientierte Ausgabe Schöler-Beinhauers zurückgegriffen werden (vgl. Michel Huby, L'adaptation des romans courtois en Allemagne au XIIe et au XIIIe siècle, Paris 1968, S. 124–143). – Vergils ,Aeneis' kennt die Gedankenrede ebenfalls, wenn auch an lediglich einer Stelle (V. I.533f.: *sic adeo insistit secumque ita corde volutat: / „en*

Veldeke nimmt darüber hinaus an einer Stelle das *ele* [Dido] *comence a so-spirer,* / *a sei meïsme dementer:* / *„Heu lasse* [...]*"* (V. 1973f.), d.h. das auf den stillen Monolog hinweisende Sprechen zu sich selbst, zurück (V. 76,10: *sie sprach*). An einer anderen Stelle tauscht er dagegen das offensichtlich leise, aber hörbare Sprechen *entre les denz* gegen einfaches *sprechen* aus, so dass diese Stelle auch als still gedacht verstanden werden kann.[44] Es lässt sich für den ‚Eneasroman' somit keine eindeutige Tendenz nachweisen, die Gedanken der Figuren explizit in ihr Inneres zu verlagern.[45]

Die Monologe, die die Figuren des ‚Eneasromans' für sich sprechen, befassen sich in der Mehrzahl mit den Auswirkungen der *minne*; die Minnereflexion wird seitdem zu einem wichtigen Mittel zur Darstellung der Symptome der „Liebe als Krankheit".[46] Diese Monologe sind stark vom klassisch-rhetorischen, geradezu dramatischen Stil der Klagemonologe und der halbdialogischen Ansprachen beeinflusst. Sie zeigen einen ausgeprägten Stilwillen durch

---

quid ago [...]*"*); es findet sich hier außerdem das (wohl laute) Sprechen *secum* (V. I.37). Benutzte Ausgabe: Vergil, Aeneis. Lateinisch/Deutsch, in Zusammenarbeit mit Maria Götte hg. u. übers. v. Johannes Götte, Darmstadt [6]1983.

44 Vgl. ‚Roman d'Eneas', V. 8423–8426: *et apelot celui de Troie* / *tot soavet, qu'l'en ne l'oie.* / *Entre ses denz dit belement: „Amors me meine malement* [...]*"* – eine Entsprechung fehlt bei Veldeke. Ähnlich auch ‚Roman d'Eneas', V. 9928f.: *entre ses denz diseit:* / *„Que ai ge fait* [...]*"*, s. ‚Eneasroman', V. 334,27; 335,3 (*sprach*). Dieses leise zur-Seite-Sprechen könnte seine Basis in den antiken Dramen haben, die im Mittelalter als Lesetexte für den Schulunterricht weit verbreitet waren; s. Nikolaus Henkel, Dialoggestaltung in deutschen und französischen Romanen des 12. Jahrhunderts. Das Modell der Dramen des Terenz und Seneca, in: Redeszenen in der mittelalterlichen Großepik. Komparatistische Perspektiven, hg. v. Monika Unzeitig u. Nine Miedema (in Druckvorbereitung). Vgl. außerdem ‚Roman d'Eneas', V. 8939f.: *rediseit en son corage:* / *„Amors me fait molt grant oltrage* [...]*"* vs. ‚Eneasroman', V. 292,32f.: *in zorne er zime selben sprach* / *„waz is diz oder waz sal ez sîn?* [...]*"*.

45 Der bereits um 1170 entstandene ‚Trierer Floyris' dagegen verwendet die Gedankenrede mit *denken* als *verbum credendi* und nachfolgender direkter Rede an drei Stellen; vgl. IIa2, V. 126–134: *ende dachte an siñ mûte* / *„rike got die gV̆te* [...]*"*; IIb2, V. 164f.: *Do dahte uro cloyris* / *„dit is blantscheflV̆res amis"*; IIIb1, V. 246: *ende dachte an siñ mV̆ete* [das Fragment endet mit dieser Redeeinleitung] (zitiert nach: Max Roediger, Trierer Bruchstücke, in: ZfdA 21 [1877], S. 307–412, hier S. 320–331). Der ‚Floyris' stellt damit eine weitere frühe Entwicklungsstufe der Gedankenrede dar, deren Einfluss auf die späteren mittelhochdeutschen Texte allerdings gering gewesen sein dürfte.

46 Vgl. Liebe als Krankheit. Vorträge eines interdisziplinären Kolloquiums, hg. v. Theodor Stemmler (Kolloquium der Forschungsstelle für europäische Lyrik des Mittelalters 2), Tübingen 1990; Hartmut Kugler, Liebeskrankheit im mittelalterlichen Roman. Einige Beobachtungen unter dem Aspekt der Geschlechterdifferenz, in: Medizin, Geschichte und Geschlecht. Körperhistorische Rekonstruktionen von Identitäten und Differenzen, hg. v. Frank Stahnisch u. Florian Steger (Geschichte und Philosophie der Medizin 1), Stuttgart 2005, S. 181–195.

die Verwendung von z.B. Anaphern,[47] die der Illusion, es handle sich um Äußerungen spontaner Gedanken, zuwiderlaufen. Deutlich dialogischen (und erneut eher rhetorischen als mimetischen) Charakter erhalten einige der Monologe dadurch, dass gehäuft Personifikationen oder Götter (*minne* bzw. Amor und Venus) direkt angesprochen werden,[48] und dadurch, dass sich die Figuren mithilfe des Stilmittels der *dubitatio*[49] selbst Fragen stellen und diese anschließend zu beantworten versuchen, so, als ob sie mit einer zweiten Figur sprächen.[50] Es lässt sich vermuten, dass hier eher ein an der Theorie der *artes amandi* und der lateinischen Rhetorik orientierter Diskurs über die Liebe inszeniert wird, der nicht zuletzt der Demonstration der *kunst* des Autors dient, als eine psychologisierende und selbstreflexive Darstellung von Emotionen; dennoch lässt sich solchen Monologen die Funktion einer (fingierten) „Selbstreferentialität und Reflexivität",[51] die für das 12. Jahrhundert neu ist, nicht absprechen.

---

[47] ,Eneasroman', V. 272,38; 272,40; 273,1; 273,3; 273,5; 294,8; 294,10; 294,12; 294,16; 294,18; 294,20; 294,22; 294,24; 294,26 u.ö. Vgl. auch unten, Anm. 89.

[48] Beispiele: ,Eneasroman', V. 76,28; 272,23f.; 272,38; 273,23; 278,28; 284,36; 295,19; 295,21; 295,32 u.ö. Vgl. auch die direkte Anrede an Eneas in Didos Klagen, V. 76,11; 78,16 u.ö. Vgl. dazu Hübner (wie Anm. 3), S. 48f.; ebd., S. 214, führt Hübner aus, „[w]ie weit Veldeke von Techniken fokalisierten Erzählens [...] entfernt ist".

[49] Heinrich Lausberg, Handbuch der literarischen Rhetorik. Eine Grundlegung der Literaturwissenschaft, München ²1973, § 776–778.

[50] Vgl. ,Eneasroman', V. 77,22–26; 268,19–21; 269,37–270,1; 270,20; 271,23–25; 297,10; 297,22–27; 298,2–5 u.ö. Die Grenze zwischen Monolog und Dialog ist im ,Roman d'Eneas' dadurch noch stärker verwischt, dass sich die Protagonisten hier z.T. soweit von sich selbst distanzieren, dass sie sich unter Nennung des eigenen Namens und unter Verwendung der 2. Person Sg. selbst ansprechen (vgl. z.B. V. 8961, 9867; Hübner [wie Anm. 3], S. 251, spricht für solche Fälle von einem „Dialog zwischen zwei Rollen der Person", der allerdings bei Veldeke gegenüber der französischen Vorlage deutlich reduziert sei, S. 256f.). Ein Musterbeispiel für solche dialogischen Monologe findet sich auch in Eilharts ,Tristrant', dessen (in V. 2398 mit *sprach dô die juncfrauwe* eingeleiteter) Monolog Isaldes allerdings in den alten Bruchstücken nicht überliefert ist: Hier verdichtet sich das Selbstgespräch (der französischen Vorlage folgend) dahingehend, dass stichomythisches Sprechen vorkommt (V. 2444–2447; zitiert nach: Eilhart von Oberge, hg. v. Franz Lichtenstein [Quellen und Forschungen zur Sprach- und Culturgeschichte der germanischen Völker 19], Straßburg/London 1877, Nachdruck Hildesheim/New York 1973). Vgl. zu diesem Monolog Hans Eggers, Der Liebesmonolog in Eilharts Tristrant, in: Euphorion 45 (1950), S. 275–304; Hadumod Bußmann, Der Liebesmonolog im frühhöfischen Epos. Versuch einer Typbestimmung am Beispiel von Eilharts Isalde-Monolog, in: Werk – Typ – Situation. Studien zu poetologischen Bedingungen in der älteren deutschen Literatur, hg. v. Ingeborg Glier u.a., Stuttgart 1969, S. 45–63. ,Gedankendialoge' nach gleichem Muster, die mit *denken* als Inquit-Formel eingeleitet werden, sind in der deutschen mittelalterlichen Literatur bisher nicht nachweisbar.

[51] Ridder (wie Anm. 20), S. 180.

Der einzige Minnemonolog im ‚Eneasroman', der nicht ausschließlich um die affektiven Auswirkungen der *minne* kreist, sondern diese rational zu überwinden versucht, ist derjenige des Eneas,[52] dem die Minnemonologe der Dido, die Minnedialoge zwischen Lavinia und ihrer Mutter sowie Lavinias Minnemonologe vorangegangen sind; das Thema selbst ist damit innerhalb des Textes bereits mehrfach (und mit deutlichen Parallelen bzw. Wiederholungen) angesprochen worden. Im französischen Text umfasst Eneas' Monolog ungefähr 150 Verse (V. 8940–9099), im deutschen 300 (V. 292,33–300,8); inhaltlich griff Veldeke sehr stark in die Vorlage ein. Eneas weist, so beschreibt der Erzähler einleitend, alle Symptome der *minne* als Krankheit auf; diese beeinträchtigen ihn ebenso wie Dido und Lavinia, jedoch steht Eneas am nächsten Tag der Kampf gegen seinen Rivalen Turnus bevor, so dass er dieser Schwäche nicht nachgeben kann. Um dieses vorlagenbedingte Problem zu lösen, reduziert Veldeke die Ausführlichkeit, mit der Eneas' Minnesymptome beschrieben werden, und verringert ihre Kraft.[53] Während der ‚Roman d'Eneas' Eneas im Monolog zuerst *mornes et pensis* (V. 8938) seiner Minnebetroffenheit Ausdruck verleihen lässt (V. 8940–8960), äußert er im ‚Eneasroman' als erstes seinen *zorn* über diese Gefühle[54] und seine Furcht, durch sie kampfunfähig zu werden (V. 294,6). Die darauf folgenden Äußerungen der Minnebetroffenheit (V. 294,7–297,18) flechten bereits deutlich früher den Hinweis auf Eneas' genderspezifischen Umgang mit dem Affekt der *minne* ein als der ‚Roman d'Eneas';[55] dieser Gedanke wiederholt sich in den nachfolgenden Monologen mehrfach (V. 296,20–23; 298,26–29; 299,6–11) und lässt Eneas zuletzt [m]*anlîche* (V. 299,21) äußern, „[…] *ichn vorhte Turnûm nû niet* […]" (V. 299,34), denn „[…] *Lavîne hât mir gegeben / kûnheit unde sin* […]" (V. 300,4f.).[56] So führt nicht erst die in V. 297,10 geäußerte „Einsicht in die Irrationalität des Gedankens, daß er sich an dem Brief rächen muß, […] den

---

[52] „Veldeke läßt seinem Protagonisten eine ausführlich dargestellte Innenwelt erst zuteil werden, als Eneas sich in Lavinia verliebt", Hübner (wie Anm. 3), S. 217; vgl. auch S. 249–260, insbesondere S. 254f., 257–259.

[53] Vgl. z.B. die im deutschen ‚Eneasroman' fehlende Angabe, Eneas sei kaum imstande, in den Sattel zu steigen (‚Roman d'Eneas', V. 9109).

[54] ‚Eneasroman', V. 292,33–294,6, Zitat V. 292,32, vgl. V. 292,30; 293,3. Im ‚Roman d'Eneas' fehlt hier der Hinweis auf den Zorn; s. Hübner (wie Anm. 3), S. 258.

[55] ‚Eneasroman', V. 294,16: „[…] *jan bin ich doch nicht ein wîb* […]" (eventuell bereits direkt zu Anfang des ersten Monologs, V. 292,34f.: „[…] *wer hât* […] *mîne manheit mir benomen?* […]"); vgl. im ‚Roman d'Eneas' erst V. 8991f. Zu dieser Passage und der geschlechtsspezifischen Konnotation des Zorns s. Ridder (wie Anm. 18), S. 233–236, 246; Hübner (wie Anm. 3), S. 258.

[56] Damit ist gleichzeitig die anfangs gestellte Frage, „[…] *waz bedarf ich dirre minnen?* […]" (V. 292,37), beantwortet. Hübner (wie Anm. 3), S. 259, sieht hierin den Vollzug des Schrittes „vom Heroen zum Romanprotagonisten".

Umschwung in der Bewertung der Liebe herbei",[57] sondern bietet bereits von Anfang an Eneas' Zorn über den Verlust der *„wîsheit"* (V. 292,36) ein Gegenwicht gegen die *minne*. Die rationalen Einsichten, „[...] *nû nâhet daz ich vehten mûz / wider den kûnen Turnûm* [...]" (V. 293,26f.) und „[...] *nû solde ich mîniu wâfen / ze kampfe bereiten* [...]" (V. 293,40–294,1), bereiten die „Erkenntnis, daß Liebe, Verstand und Kampfkraft nicht als unüberbrückbare Gegensätze, sondern als sich ergänzende Kräfte gedacht werden können", vor;[58] sie zeigen, dass die Monologe keine Wiedergabe eines rein „von Emotionen gesteuerte[n] Hin- und Hergeworfensein[s] des Protagonisten" sind, sondern gleichzeitig einen „kognitiv-rationale[n] Entscheidungsprozeß" darstellen.[59]

Nahezu gleichzeitig (nach 1180?) entstand der ‚Tristrant' Eilharts von Oberg, der im Bereich der Gedankenrede deutlich eigene Akzente setzt, indem er sie häufiger für rationale Überlegungen verwendet als der ‚Eneasroman': Stoffbedingt wird hier insbesondere dann Einblick in die Innenwelt der Protagonisten gegeben, wenn diese in Gefahrensituationen dazu veranlasst werden, ihre gesamten *potentiae intellectivae* einzusetzen, um die drohende Gefahr abzuwenden.[60] In solchen Erzählzusammenhängen verschaffen die Gedankenreden den textexternen Rezipienten besonders nachdrücklich einen Wissensvorsprung vor den intradiegetischen Figuren, der hier (anders als in den vorhöfischen Texten) nicht zuletzt auch dem Ziel der Identifikationsstiftung dient.[61] Im ‚Tristrant' wird *denken* als Inquitformel im Wechsel mit *sprechen* verwendet, welches gelegentlich auch für Situationen verwendet wird, in denen offensichtlich geschwiegen, d.h. still gedacht wird; es ist auch hier somit noch keine eindeutige Trennung zwischen laut geäußerten und still gedachten Erwägungen vorhanden.[62] Da nur für die alten Bruchstücke sicher ausgesagt werden kann, dass sie keine Anpassungen an den literarischen Geschmack

---

57 Ridder (wie Anm. 20), S. 191.
58 Ebd., S. 192.
59 Ebd.
60 Im ‚Tristrant' in der (jüngeren) Fassung H/D (vgl. die Edition Lichtensteins [wie Anm. 50]) finden sich 9 explizit als Gedankenreden gekennzeichnete Passagen, jedoch weichen die Handschriften untereinander teilweise ab; s. V. 1874–1880 (Isalde), 2692–2698 (Tristrant), 3525–3527 (Isalde), 3904–3908 (Tristrant), 4157–4163 (Kurneval), 6941–6944 (Tristrant), 7717–7722 (Tristrant), 7748 (Tristrant), 9149–9151 (Nampetenis). Keine dieser Gedankenreden dient dem Ausdruck der Affekte.
61 Hübner (wie Anm. 3), S. 129, formuliert, solche Einblicke in die Abwägungen der Figuren machten den Rezipienten zum „Komplizen des Protagonisten".
62 Vgl. in den alten Bruchstücken (Edition Bußmanns [wie Anm. 8]) das Sprechen *wider sich* oder im *hertzen* mit nachfolgender direkter Rede in V. 1391, 3500, 3517, 6608; auch Isaldes Minnemonolog wird mit *sprechen* eingeleitet (V. 2399). Ein durch *sprach sú jämerlichen* (V. 2637) eingeleiteter Monolog Brangenes wird abgeschlossen mit dem Erzählerkommentar *zwifenlich waß ir gedanck* (V. 2638).

späterer Jahrhunderte enthalten, sei lediglich auf die Fragmente eingegangen, in welchen die Baumgartenszene einmal Gedankenrede enthält. Nachdem Tristrants Erschrecken über die Entdeckung Markes und des Zwerges bereits im (offensichtlich leisen) Monolog Ausdruck verliehen worden ist,[63] und nachdem der Erzähler dargestellt hat, dass Tristrant, um Isalde zu warnen, nonverbale Zeichen wählt, zeigt Isaldes Gedankenrede sehr deutlich die einzelnen Schritte ihrer Reaktion, die (anders als in den Minnemonologen) keine Äußerung von Affekten und keine Selbstreflexion ist, sondern eine überlegene Analyse der Situation, die sie schließlich zu einem Handeln (bzw. lauten Sprechen) *mit grozem liste* befähigt (V. 3536):[64]

> *„der riche got gesegen mich,"*
> *daht diu chuneginne,*
> *„waz ist disem jungelinge,*
> *daz er niht uf nest*[et]
> 3520 *und niht engegin mir get?*
> *des was ih harte ungew*[ane]*,*
> *ich ne weiz niht, wa von iz cham*[e."]
> *Do gesah si daz winchin*
> *und begund san denchin,*
> 3525 *„im wirret svaz, so iz si.*
> *ih waene, hier is etteswer bi,*
> *der unsir habe g*[ehů]*t".*

Nach einem kurzen Stoßgebet (V. 3516) benennt Isalde somit in einem ersten Schritt ihrer Analyse (V. 3518–3522) das Ungewöhnliche an der vorgefundenen Situation:[65] Tristrant kommt nicht auf sie zu und steht sogar nicht für sie

---

[63] [Z]*o im selbin er do sprach* | *„nu mǔz ich leider tot sin!* | *owi, wiste diu cǔnigîn* | *di hute, di uns is getan!"* (V. 3500–3503, zitiert nach M; ebenso in Rr, D, H); vgl. Hartmut Semmler, Listmotive in der mittelhochdeutschen Epik. Zum Wandel ethischer Normen im Spiegel der Literatur (Philologische Studien und Quellen 122), Berlin 1991, S. 86f. Für die Liebesmonologe in Eilharts Werk enthalten die alten Bruchstücke kein Vergleichsmaterial, so dass es nicht möglich ist, diesbezüglich einen direkten Vergleich von Eilharts und Veldekes Umgang mit den Vorlagen zu versuchen. – Gottfried von Straßburg hat die entsprechende Inquitformel in V. 3500 durch *dâht er wider sich* ersetzt, s. V. 14641 (hier und im Folgenden zitiert nach Gottfried von Straßburg, Tristan, hg. v. Karl Marold, unveränderter vierter Abdruck nach dem dritten, mit einem auf Grund von Friedrich Rankes Kollationen verbesserten Apparat bes. v. Werner Schröder, Leipzig 1906, Nachdruck Berlin / New York 1977); Gottfried markiert somit die Unterschiede zwischen nicht für andere zugänglichem Denken und lautem Sprechen deutlicher als Eilhart. Vgl. zu Gottfrieds Umgang mit den Innenweltvorgängen der Protagonisten Hübner (wie Anm. 3), S. 312–392, hier S. 372.

[64] Zitiert nach Rr; in M unvollständig überliefert. Vgl. Anm. 8. Zur Passage kurz Hübner (wie Anm. 3), S. 293.

[65] Walker (wie Anm. 10), S. 47, spricht für solche Beispiele von „Orientierungsreden".

auf; noch weiß sie, wie der Erzähler sie selbst äußern lässt (V. 3522), nicht, warum er sich so verhält. Im zweiten Schritt (V. 3525–3527) analysiert sie Tristrants weiteres nonverbales Verhalten: Er winkt, also müsse ihn etwas *wirren*; in ihrer gemeinsamen Situation (d.h. im Kontext des außerehelichen Verhältnisses und des konkreten Ortes, des Baumgartens, in dem sie sonst immer nur zu zweit zusammenfinden) kann dies nur bedeuten, *„hier is etteswer bi, / der unsir habe g[ehů]t"*. Als *wisheit* (V. 3532) wird bezeichnet, dass auch Isalde ihr nonverbales und verbales Verhalten sofort und kühl kalkulierend der Situation anpasst, indem sie, sich doppelt verstellend, so tut und so spricht, als ob sie nicht wüsste, dass sich die beiden Späher im Baum versteckt haben, und als ob sie Tristrant abweisen würde. Hier gebiert somit textintern das Irrationale, die Liebe zwischen Tristrant und Isalde, das Rationale, das rationale Handeln steht im Dienste des Affekts – dieses exakt planende und gerade nicht von blinder Minne geprägte Handeln ist ein (stoffbedingtes) Element, das für die Darstellung von Protagonisten in prekären Minnebeziehungen generell charakteristisch wird. Die Gedanken können in diesen Situationen nicht öffentlich geäußert werden, sie werden jedoch (anders als noch in den unter II besprochenen frühen Texten) nicht negativ bewertet.[66] Funktional sind dies Formen einer mit dem *list* der ‚Spielmannsepik‘ verwandten ‚subversiven Rationalität‘, die im höfischen Roman jedoch, anders als in den ‚Spielmannsepen‘, in (hier deutlich positiv konnotierten) Gedankenreden darstellbar wird.[67] Die kognitiven Rationalisierungsprozesse, die für das Hochmittelalter postuliert werden, werden im Bereich der Gedankenrede damit gerade in denjenigen frühhöfischen Erzähltexten greifbar, die besonderen Wert auf die Inszenierung von affektiver Bewegung legen, wenn auch an anderen Stellen.[68] Im

---

[66] Es sei betont, dass die Gedankenrede in diesen Texten häufiger als Ausdruck listiger Erwägungen als zur Affektdarstellung verwendet werden; vgl. Anm. 60.

[67] Semmler (wie Anm. 63) geht nicht näher auf die Funktion der Gedankenreden im Zusammenhang mit dem *list*-Motiv ein. Zu den ‚Spielmannsepen‘ s. Anm. 34.

[68] Die Entwicklung dieser Tendenz in späteren Epen, die heimliche Minnebeziehungen darstellen, kann hier nicht ausführlicher skizziert werden. Angedeutet sei lediglich, dass Gottfrieds ‚Tristan‘ die Gedankenrede in direkter Rede etwas seltener verwendet als Eilharts ‚Tristrant‘ und stattdessen die *minne* und den *list* der Protagonisten überwiegend auktorial darstellt (vgl. z.B. V. 7297–7314); in direkter Gedankenrede werden (neben der in Anm. 63 besprochenen Baumgartenszene) Tristans Zweifel, bevor er Isolde seine Liebe gesteht (V. 11749–11751, 11785–11787; vgl. Hübner [wie Anm. 3], S. 349), seine Erwägungen in der Szene mit dem Mehl (V. 15173–15175), seine Minnezweifel in Bezug auf Isolde Weißhand (V. 19258–19260, 19428–19552, dort Abbruch des Textes; s. Hübner [wie Anm. 3], S. 389) und Isoldes Selbsttadel in der Petitcreiu-Szene (V. 16372–16391) wiedergegeben. Vgl. außerdem die Gedankenreden im negativen Sinne, wie in den unter II behandelten Texten: des Truchsessen (V. 9107–9110, 9176–9179, 9190–9197), der Isolde in Bezug auf Brangæne (V. 12624–12632) und möglicherweise auch Tristans (wie oben: V. 19258–19260,

137

Bereich der hochhöfischen Texte zeigt sich, dass die Vorliebe der frühhöfischen Autoren für den umfangreichen Minnemonolog nicht übernommen wurde.

Im ersten deutschen Artusroman etwa, dem ‚Erec‘ Hartmanns von Aue (um 1185?, nach 1190?) werden laut gesprochene Monologe sehr deutlich markiert;[69] sie thematisieren ausschließlich die Verzweiflung Enites. Das laute Sprechen aller dieser Monologe ist (im Gegensatz zum deutschen ‚Eneasroman‘ und zu Eilharts ‚Tristrant‘) handlungsfunktional, denn dass Enites Worte sowohl in der *verligen*- als auch in der Oringles-Szene von anderen intradiegetischen Figuren gehört werden, leitet entscheidende nächste Handlungsschritte ein und bildet damit eines der vielen gespiegelten Motive im ‚Erec‘. Die Anzahl der in direkter Rede verbalisierten stummen Gedankenreden (die in Chrétiens Fassung insgesamt fehlen) ist in diesem Text relativ hoch,[70] ohne dass diese (stoffabhängig) entweder die listigen Überlegungen der Liebenden oder ihre Minnebetroffenheit[71] in der gleichen Ausführlichkeit wiedergeben wie die frühhöfischen Texte.[72]

19428–19552). – Dagegen verwendet Konrad Fleck die Gedankenrede insgesamt selten und lediglich einmal für Flores heimliche Gedanken in Bezug auf seine *minne* zu Blanscheflur, s. Tristan und Isolde und Flore und Blanscheflur, hg. v. Wolfgang Golther (Deutsche Nationalliteratur 4), Berlin/Stuttgart o.J., V. 3974–3983 (vgl. dort außerdem die unterstellten [negativen] Gedankenreden des Turmwächters in V. 4756–4758, 4804–4808, mit deren Wiederholung in V. 5143–5148, sowie die positiv konnotierte Gedankenrede des Turmwächters in V. 5029–5048).

69 Monologe im engeren Sinn, d.h. ohne (Bewusstsein der) Anwesenheit anderer Figuren gesprochene direkte Rede: V. 3029–3032, 5759, 5775–5841, 5844–5856, 5875–5907, 5915–6061 (beendet mit „[...] *entriuwen, ich hân nû wol gedâht*", V. 6061), 6083, 6087–6109. Die Analysen gehen notwendigerweise von der Textgestalt des ‚Erec‘ im Ambraser Heldenbuch aus, obwohl unsicher ist, ob diese tatsächlich der ursprünglichen Fassung des Textes entspricht. Die deutlich früheren Zwettler und Wolfenbüttler Fragmente überliefern eine abweichende Textfassung des ‚Erec‘; hier fehlen jedoch die für den hier dargestellten Zusammenhang entscheidenden Szenen.

70 Es finden sich die folgenden 12 Nachweise: V. 264–269 (Erec), 1873–1875 (Erec und Enite), 3149–3166 (mit *nû redete si* [Enite] *in ir muote* eingeleitet, V. 3148), 3168–3179 (Enite), 3353–3377 (Enite), 3974–3992 (Enite), 4366f. (Guivreiz), 8147–8153 (Erec), 8295–8305 (beendet mit *ze dem gedanke er* [Erec] *stille dagete*, V. 8304), 8351–8355 (Erec), 9191f. (Mabonagrin), 9273 (Mabonagrin). – Zur Lücke im Text des Ambraser Heldenbuchs, die wahrscheinlich eine weitere Gedankenrede Enites enthielt, vgl. Peter Wiehl, Die Redeszene als episches Strukturelement in den Erec- und Iwein-Dichtungen Hartmanns von Aue und Chrestiens de Troyes (Bochumer Arbeiten zur Sprach- und Literaturwissenschaft 10), München 1974, S. 90, 98.

71 Als einzige Ausnahme im ‚Erec‘ ist auf die kurze gemeinsame Gedankenrede Enites und Erecs hinzuweisen (V. 1873–1875). Solche kollektiven Gedankenreden, die eine besondere Verbundenheit der betreffenden Figuren zum Ausdruck bringen (vgl. Wiehl [wie Anm. 70], S. 57f.), sind in den deutschen Erzähltexten wohl nicht zuletzt aufgrund ihrer hohen Artifizialität und geringen Plausibilität selten. Vgl. auch ‚Iwein‘, V. 7135–7137 (Iwein und Gawein; hier und im Folgenden zitiert nach: Iwein.

Rein affektgesteuerte Gedankenreden finden sich im ‚Erec' nur selten (Mabonagrins *zorn*: V. 9191f.; Erecs und Enites gemeinsame *minne*: V. 1873–1875). Alle anderen Belege zeigen, dass Hartmann die Gedankenrede insbesondere nutzte, um die rationalen Erwägungen der Protagonisten darzustellen, ohne den Aspekt des *listes* zu betonen.[73] Dabei weisen die Gedankenreden Enites und Erecs deutlich unterschiedliche Profile auf: Während Erecs erste Gedankenrede (V. 264–269) eine nüchterne (wenn auch falsche) Einschätzung der Burg des Koralus bietet,[74] fehlen danach über 8000 Verse hinweg weitere Einblicke in seine Gedanken;[75] kurz nach der *verligen*-Szene wird sogar explizit angegeben, *dô enwas aber niemen / der sich des mohte verstân / wie sîn gemüete was getân* (V. 3077–3079), eine rationale Bewältigung der gemeinsamen Krise des Paares findet auf Erecs Seite nicht statt.[76] Erecs erster Gedankenmonolog und seine erst nach seinem Bewährungsweg, in der Joie de la curt-Episode,

---

Eine Erzählung von Hartmann von Aue, hg. v. Georg F. Benecke u. Karl Lachmann, neu bearb. v. Ludwig Wolff, Bd. 1: Text, Berlin [7]1968); ‚Tristan', V. 10858–10863 (Brangæne, die blonde Isolde, deren Mutter Isolde); ‚Nibelungenlied', Str. 296 (*manec recke*), 430 (Dankwart und Hagen); ‚Reinfrid von Braunschweig', V. 2486f., 3027–3035, 25810–25812 (Kollektivreden nicht näher spezifizierter Nebenfiguren).

[72] Noch höher ist die Anzahl derjenigen Stellen, an denen die Gedanken der Figuren in indirekter Rede wiedergegeben werden, vgl. ‚Erec', V. 66–69, 150–159, 257–259, 528–531, 765, 853f., 930–939, 1056–1061, 1205f., 1353–1355, 1806–1808, 1845–1856, 2248–2257, 2388–2390, 2545f., 3004–3008, 3023f., 3134–3140, 3485–3487, 3668–3674, 3717–3721, 4028–4033, 4407–4412, 4629.56–4632, 6178–6182, 6335f., 6525–6528, 6735f., 7242f., 7798–7800, 8400–8405, 9182–9187, 9194f., 9320f., 9785.

[73] Der *list* zeigt sich im ‚Erec' insbesondere in Dialogen (V. 3842, 3907, 5458, 5664). Vgl. dazu Martin H. Jones, *Durch schœnen list er sprach*: Empathy, Pretence and Narrative Point of View in Hartmann von Aue's ‚Erec', in: Blütezeit. FS L. Peter Johnson zum 70. Geburtstag, hg. v. Mark Chinca, Joachim Heinzle u. Christopher Young, Tübingen 2000, S. 291–307.

[74] Walker (wie Anm. 10), S. 50, unterscheidet in dieser Gedankenrede die Elemente Konstatierung, Motivierung und Entschlussfassung.

[75] Die einzige Ausnahme ist die bereits erwähnte gemeinsame Gedankenrede Erecs und Enites in V. 1873–1875; diese verbindet in ihrer Maßlosigkeit die Liebe der Protagonisten mit derjenigen Mabonagrins und seiner *vriundinne* (V. 9478f.; Zitat V. 8475).

[76] Anders wird die Überwindung der Krise im ‚Iwein' dargestellt: Obwohl für Iwein wie für Erec von einer rationalen Bewältigung keine Rede sein kann, da Iweins Wahnsinn in erster Linie durch die Salbe der Dame von Narison geheilt wird, versucht der nachfolgende Monolog (V. 3509–3583, eingeleitet durch *wider sich selben er dô sprach*, V. 3508; vgl. Hübner [wie Anm. 3], S. 141f.), einen Einblick in Iweins nachträgliche Verarbeitung des Geschehenen zu geben. Umgekehrt fehlen im ‚Iwein' Hinweise auf die gedankliche Durchdringung der gemeinsamen Krise bei Laudine (die auf Iwein konzentrierte Erzählperspektive lässt sie erst im Dialog einige Angaben machen, s. V. 8080–8096, 8122–8129; vgl. ebd., S. 144f.).

wiedergegebenen Gedankenreden (V. 8147–8153, 8295–8305, 8351–8355) bilden somit eine formale und strukturelle Klammer.[77] Jedoch durchläuft nicht nur Erec nach dem *verligen* einen Bewährungsweg, sondern auch Enite: Das Schweigen, das sie in der *verligen*-Szene zu Unrecht für die richtige Verhaltensweise hielt, wird durch Erecs Redeverbot ersetzt und zwingt Enite dazu, noch genauer als zuvor zu erwägen, wann sie es nicht (wie in der *verligen*-Szene) versäumen darf, Erec zu warnen;[78] sie bewältigt somit die Krise, den Tiefpunkt in der Doppelwegstruktur, durch Reflexion. Nur solange Erecs Schweigegebot andauert, gibt der Erzähler ihre Gedanken in direkter Rede wieder;[79] diese werden somit von Erecs Gedankenreden umrahmt.

Chrétien lässt Enide zweimal laut sprechend zögern, bevor sie sich entscheidet, das Schweigegebot zu brechen: *a li seule molt se demante, / soëf en bas, que il ne l'oie.*[80] Die Szene mutet aufgrund des Schweigegebots und der Gefahr, dass Erec Enide hören könnte, etwas forciert an; Hartmann ändert sie dahingehend, dass Enites Zögern nur noch gedacht ist. Er lässt Enite dreimal zögern und verlagert ihre Überlegungen ganz in ihr Inneres.[81] Als Beispiel sei Enites erste Gedankenrede kurz besprochen:

> *dô si in selhem zwîvel reit,*
> *ob si imz torste gesagen*
> *oder solde gedagen,*
> *nû redete si in ir muote:*
> *„rîcher got der guote,*

---

[77] Damit ist den Ausführungen Wiehls zu widersprechen: „Hartmann hat die wenigen neu eingeführten Erec-Monologe hauptsächlich in das Geschehen um Brandigan eingebaut, so daß auch sie kaum als strukturbildendes Mittel für das gesamte Epos gelten können" (Wiehl [wie Anm. 70], S. 90). Die Gedankenreden haben im ‚Erec' keineswegs „rein ornamentale Funktion" (ebd.); dies zeigt sich jedoch erst dann, wenn man sie (anders als bei Wiehl geschehen) unabhängig von den laut gesprochenen Monologen untersucht.

[78] Vgl. Britta Bußmann, *Dô sprach diu edel künegîn ... Sprache, Identität und Rang in Hartmanns ‚Erec'*, in: ZfdA 134 (2005), S. 1–29, insbesondere S. 18–20.

[79] V. 3149–3166, 3168–3179, 3353–3377, 3974–3992; wahrscheinlich auch die vermutete Gedankenrede in der Lücke nach V. 4318, vgl. Wiehl (wie Anm. 70), S. 98.

[80] Zitiert nach: Chrétien de Troyes, Erec et Enide. Erec und Enide. Altfranzösisch/ Deutsch, übers. u. hg. v. Albert Gier (RUB 8360), Stuttgart 1987, V. 2776f. Vgl. zur Szene Wiehl (wie Anm. 70), S. 96.

[81] Zu Hartmanns genereller „Bearbeitungstendenz, die [...] auf eine Ausdehnung der Innenweltdarstellung" zielt, im ‚Iwein' s. Hübner (wie Anm. 3), S. 122–201 (das Zitat S. 6). Iweins Gedankenrede in V. 4870–4913 weist z.T. wörtliche Parallelen zu diesem Textpassus auf, vgl. ‚Iwein', V. 4883f. („[...] *sus enweiz ich mîn deheinen rât. / ich bin, als ez mir nû stât* [...]"), 4873f. („[...] *mir ist ze spilne geschehen / ein gâch geteiltez spil* [...]"), 4871 („[...] *sol ich daz wægest ersehen* [...]"), 4877f. („[...] *ich weiz wol, swederz ich kiuse, / daz ich an dem verliuse* [...]"). Vgl. auch unten, Anm. 107.

3150 *ze dînen genâde suoche ich rât:*
dû weist al eine wiez mir stât.
mîner sorgen der ist vil,
wan mir ein unsenftez spil
in einer alsô kurzen vrist
3155 *ze gâhes vor geteilet ist.*
nune kan ich des wægesten niht ersehen:
waz sol mir armen geschehen?
wan swederz ich mir kiese
daz ich doch verliese.
3160 *warne ich mînen lieben man,*
dâ genim ich schaden an,
wan sô hân ich den lîp verlorn.
wirt aber diu warnungen verborn,
daz ist mînes gesellen tôt.
3165 *jâ ist einer selhen nôt*
wîbes herze ze kranc."
nû kam der muot in ir gedanc:
„bezzer ist verlorn mîn lîp,
ein als unklagebære wîp,
3170 *dan ein alsô vorder man,*
wan dâ verlür maneger an.
er ist edel unde rîche:
wir wegen ungelîche.
vür in wil ich sterben
3175 *ê ich in sihe verderben,*
ez ergê mir swie got welle.
ez ensol mîn geselle
daz leben sô niht enden
unz ich ez mac erwenden."
3180 *hin umbe si zuo im sach*
vorhtlîchen unde sprach [...]

Nach der Gebetseinleitung (V. 3149–3151) und der allgemeinen Situationsskizze, die insbesondere auf das Problem eingeht, dass Enite bei jeder Entscheidung *verliesen* werde (V. 3152–3159), stellt die Gedankenrede ab V. 3160 die beiden Alternativen dar: *„warne ich mînen lieben man, / dâ genim ich schaden an, / wan sô hân ich den lîp verlorn. / wirt aber diu warnungen verborn, / daz ist mînes gesellen tôt"*. Der neue *muot* (V. 3167), der in ihre Gedanken eindringt (wohl nicht nur Tapferkeit, sondern auch Klugheit, Einfall), lässt sie die beteuerte genderspezifische Schwäche (V. 3165f.) überwinden und rational erkennen, dass eine der beiden Möglichkeiten die bessere ist: Ihr Tod ist ein geringerer Verlust als sein Tod, ihr Opfer somit ein geringeres; entsprechend ist es rational notwendig, das Schweigegebot zu brechen; der Handlungsverlauf gibt ihr (trotz Erecs Bestrafung, V. 3273–3276) Recht.[82]

---

[82] Die weiteren Entscheidungsmonologe Enites werden dieses rational abwägende Verfahren noch steigern; vgl. Wiehl (wie Anm. 70), S. 96–98.

In Hartmanns ‚Erec' ist die Wiedergabe der Gedanken in direkter Rede somit offensichtlich positiv konnotiert; die kognitiven Fähigkeiten, die auf diese Art und Weise zum Ausdruck gebracht werden, zeigen grundsätzlich die Ebenbürtigkeit Erecs und Enites, auch wenn ihre Gedankenreden situationsabhängig komplementär eingesetzt werden. Wie weit sich Hartmann mit seiner Verwendung der Gedankenrede von den frühen Texten entfernt, beweist die Tatsache, dass für keine der negativ konnotierten Figuren im ‚Erec' eine Gedankenrede formuliert wird.[83]

Im ‚Parzival' Wolframs von Eschenbach (um 1200–1210) erhält die Gedankenrede wiederum eigene Charakteristiken. Sie wird (anders als in Chrétiens ‚Perceval', der keinerlei Gedankenmonologe enthält) insgesamt häufig verwendet, wobei insbesondere in Gawans Gedanken Einblick gegeben wird.[84] Im

---

[83] Diese Tendenz setzt sich im ‚Iwein' fort, vgl. die 12 dort enthaltenen Gedankenreden, für die Chrétien allenfalls (laut gesprochene) Monologe vorgibt: V. 911–944 (Iwein), 1425 (Iwein, *minne*), 1610–1690 (Iwein, *minne*), 2015–2050 (Laudine), 2058–2072 (Laudine), 2682 (Laudine), 3296–3302 (Einsiedler), 3494–3501 (Dienerin der Gräfin von Narison), 4870–4912 (Iwein), 5972–5986 (Botin der jüngeren Schwester vom Schwarzen Dorn), 7134–7136 (Iwein und Gawein), 7792–7804 (mit auffälliger Klammerstruktur in den Gedankenreden V. 911–944 und 7792–7804, die beide Iweins Absichten, den Brunnen zu begießen, ausdrücken; insofern relativiert sich auch hier Wiehls Angabe, die Gedankenmonologe seien für den „Fortgang der Handlung" sowie für die „Szenenstruktur" „von untergeordneter Bedeutung"; Wiehl [wie Anm. 70], S. 210). Im ‚Iwein' dient die Gedankenrede insgesamt jedoch öfter dem Ausdruck der Affekte als im ‚Erec'. – Zur Kennzeichnung negativer Figuren verwendet Hartmann nicht die Gedankenrede, sondern auffällig häufig die Stichomythie, s. Nine Miedema, Stichomythische Dialoge in der mittelhochdeutschen Großepik, in: Frühmittelalterliche Studien 40 (im Druck).

[84] Wolfram von Eschenbach, Parzival, nach der Ausgabe Karl Lachmanns revidiert u. kommentiert v. Eberhard Nellmann, übertragen v. Dieter Kühn (Bibliothek des Mittelalters 8), Frankfurt a.M. 1994. Es finden sich folgende 34 Gedankenreden in direkter Rede: V. 37,16–20 (Hiuteger), 126,22f. (Herzeloyde), 126,25–29 (Herzeloyde), 188,2–5 (Parzival), 188,26–189,5 (Condwir amurs), 202,6–18 (verallgemeinernd: der *getriwe stæte man*), 239,11–17 (Parzival), 246,6–22 (Parzival; eingeleitet mit *dô sprach er zim selben sân*), 248,19–30 (Parzival), 282,26–283,9 (Parzival), 301,22–25 (Gawan), 339,24f. (Gawan), 340,7–13 (Gawan), 350,1–9 (Gawan), 351,17–22 (Gawan), 363,9f. (Lyppaut), 365,26–30 (Obie), 444,4–10 (Parzival), 450,12–22 (Parzival), 504,15–30 (Gawan), 519,19f. (Secundille), 536,18–30 (Gawan), 539,26–28 (Gawan), 542,9f. (Gawan), 543,10–23 (Gawan), 553,19f. (Gawan), 567,7–10 (Gawan), 570,10f. (Gawan), 571,7–10 (Gawan), 572,25–30 (Gawan), 698,3–14 (Itonje), 722,14–28 (Gramoflanz), 732,15–29 (Parzival), 733,1–20 (Parzival). Es entfallen somit 9 Gedankenreden auf Parzival, 15 auf Gawan. – Eine umgekehrte Tendenz zeigt der ‚Wigalois' (ca. 1200–1220?, 1230–1240?), von dessen 8 Gedankenreden insgesamt 6 Wigalois zugeschrieben sind (V. 3325–3328, 4576–4583, 5015–5017, 5995–6016, 6268f., 6797–6807), während Gawans Gedanken lediglich einmal in direkter Rede wiedergegeben werden (V. 1171f.; vgl. sonst die Königstochter von Persia in V. 2736–2738; s. Wigalois, der Ritter mit dem Rade, von Wirnt von Gravenberc,

Gegensatz zu Parzival ist Gawan „so konstruiert, daß er alles, was er hört und sieht, sogleich in rational begründete Erkenntnis umzusetzen vermag",[85] und dies zeigt sich nicht zuletzt in der wörtlichen Wiedergabe seiner Gedanken. Dadurch entsteht ein deutlicher Kontrast zu Parzival, dessen erste Gedankenrede (V. 188,2–5) affektive Defizite erkennbar werden lässt (V. 188,2: *„Lîâze ist dort, Lîâze ist hie* [...]*"*), während er noch in seinem letzten Gedankenmonolog (V. 733,1–20) mangelndes Gottesvertrauen äußert (V. 733,8: *„*[...] *got wil mîner freude niht* [...]*"*); das Motiv der *tumpheit* Parzivals lässt sich somit auch anhand seiner Gedankenreden verfolgen.

Die Blutstropfenszene zeigt jedoch, dass Parzivals defizitäre affektive und kognitive Fähigkeiten durch andere Qualitäten aufgehoben werden. Die Gedankenrede stößt hier an ihre Grenzen, trotz ihrer auch bei Wolfram grundsätzlich gegebenen positiven Bewertung (vgl. Gawan):[86] Denn auffällig ist, dass der Erzähler in der Blutstropfenszene nur einmal, einleitend, eine Gedankenrede Parzivals wiedergibt.[87] Durch seine Angabe, *sus begunder sich verdenken, / unz daz er unversunnen hielt,*[88] beschreibt der Erzähler anschließend präzise den Prozess der voranschreitenden Selbstvergessenheit, wonach (in dieser Szene) weitere Einblicke in Parzivals wörtliche Gedanken fehlen. Die Versunkenheit bedeutet zwar einerseits, dass Parzival kommunikationsunfähig wird und lediglich unbewusst handelt, die in direkter Gedankenrede dargestellte Frage nach dem Urheber des Bildes der drei Blutstropfen im Schnee (V. 282,27f.) führt Parzival jedoch andererseits zu einem wortlosen Minne-,[89] Selbst- und Gottesverständnis[90], das ihn von allen anderen

---

     hg. v. Johannes M.N. Kapteyn, Bd. 1: Text [Rheinische Beiträge und Hülfsbücher zur germanischen Philologie und Volkskunde 9], Bonn 1926). Die ‚Crône' (1215–1230) enthält trotz ihres Umfangs lediglich drei Gedankenreden, die hier nicht näher besprochen seien.

[85] Bumke (wie Anm. 5), S. 159. Vgl. Walter Haug, Paradigmatische Poesie. Der spätere deutsche Artusroman auf dem Weg zu einer ,nachklassischen' Ästhetik, in: ders., Strukturen als Schlüssel zur Welt (wie Anm. 1), S. 651–671 (Erstveröffentlichung 1980), hier S. 659: Gawan fehle die „religiöse ,Problemebene' des Parzivalweges".

[86] Bumke (wie Anm. 5), S. 44–47; Michael Waltenberger, Hermeneutik des Verdacht-Seins. Über den interpretativen Zugang zu mittelalterlichen Erzählwelten, in: Mitteilungen des Deutschen Germanistenverbandes 49.1 (2002), S. 156–170.

[87] V. 282,26–283,9: *dô dâhter „wer hât sînen vlîz / gewant an dise varwe clâr? / Cundwier âmûrs, sich mac für wâr / disiu varwe dir gelîchen. / mich wil got sælden rîchen, / sît ich dir hie gelîchez vant. / gêret sî diu gotes hant / und al diu crêatiure sîn. / Condwîr âmûrs, hie lît dîn schîn. / sît der snê dem bluote wîze bôt, / und ez den snê sus machet rôt, / Cundwîr âmûrs, / dem glîchet sich dîn bêâ curs: / des enbistu niht erlâzen".*

[88] V. 283,16f.; vgl. die betonten Wiederholungen des *unversunnen* in V. 287,9 und 288,9 bzw. des Mangels an *witzen* in V. 288,14; 289,2; 293,7; 295,8; 300,17 und 302,3, sowie auch den Hinweis auf das *trûren*, V. 296,9.

[89] Mit expliziter Kritik an Veldeke (V. 292,18–21) weist Wolfram hier den an die Minne

textinternen Figuren unterscheidet.[91] „Den Erkenntnisgewinn, den Parzival bei der Betrachtung der Blutstropfen erzielt, verdankt er nicht seinen rationalen Fähigkeiten [...], sondern er wird durch eine visio, eine Schau erlangt".[92] So ist der Beginn des Weges zu Gott in Wolframs Fassung des Stoffes noch in Gedankenrede verbalisierbar, während seine Erkenntnis danach wortlos bleibt und „nurmehr [vom Erzähler] begrifflich umschrieben" werden kann.[93]

Wenn Trevrizent somit äußert, „[...] *gedanc ist âne slôz bespart, / vor aller crêatiure bewart: / gedanc ist vinster âne schîn. / diu gotheit kan lûter sîn, / si glestet durch der vinster want, / und hât den heleden sprunc gerant, / der endiuzet noch erklinget, / sô er vom herzen springet [...]*" (V. 466,17–24), verweist er unwissentlich auf Parzivals Fähigkeit, sich so in Gedanken zu verlieren, dass er Gott den *sprunc* in sein Bewusstsein ermöglicht. Es ist dies nicht der einzige Nachweis dafür, dass der Figur Trevrizent zwar sehr gute Menschenkenntnisse zugeschrieben werden können, dass ihr jedoch bis zum Schluss ein wirkliches Verständnis für die Auserkorenheit Parzivals fehlt.[94]

Zum Abschluss der Ausführungen zu den vor- und hochhöfischen Texten sei kurz auf das ‚Nibelungenlied‘ eingegangen, das seiner Entstehungsgeschichte nach zwar zur vorhöfischen Heldenepik gehört,[95] das jedoch in den vorliegen-

---

gerichteten Monolog (V. 291,1–293,16 und 294,21–30, mit Anaphern durch die wiederholte direkte Anrede der *frou Minne* in V. 291,1; 291,15; 291,19; 291,28; 292,1; 294,21; 294,26 u.ö.) dem extradiegetischen Erzähler zu. Vgl. oben, Anm. 47.

[90] In V. 296,5 wird erstmalig in dieser Szene die explizite Verbindung zwischen *grâl* und Condwir amurs hergestellt, obwohl *an im wac für der minnen lôt* (V. 296,8), während seit V. 282,26 ausschließlich von der *minne* als Anlass für Parzivals Versunkenheit die Rede war (vgl. V. 287,6; 287,11; 288,4; 288,30; 289,16; 294,27; 294,9; 295,5; vgl. danach auch V. 300,1; 300,14; 302,4).

[91] Bumke (wie Anm. 5), S. 46f.

[92] Ebd., S. 44.

[93] Waltenberger (wie Anm. 86), S. 157. Zu Waltenbergers Interpretation der lediglich umschriebenen „Leerstelle" s. ebd., S. 160–162, 167.

[94] Vgl. auch Trevrizents Interpretation, Parzival habe sein Gralskönigtum *ab got erzürnet* (V. 798,3; vgl. V. 463,1). S. dazu insbesondere Petrus W. Tax, Trevrizent. Die Verhüllungstechnik des Erzählers, in: Studien zur deutschen Literatur und Sprache des Mittelalters. FS Hugo Moser zum 65. Geburtstag, hg. v. Werner Besch u.a., Berlin 1974, S. 119–134; Bernd Schirok, Trevrizent und Parzival. Beobachtungen zur Dialogführung und zur Frage der figurativen Komposition, in: ABäG 10 (1976), S. 43–71; ders., *ich louc durch ableitens list*. Zu Trevrizents Widerruf und den neutralen Engeln, in: ZfdPh 107 (1987), S. 46–72.

[95] Aufgrund der in der Regel späten Überlieferung erweist es sich als schwer, die Ursprünglichkeit der Verwendung des Stilmittels der Gedankenrede in der Heldenepik zu untersuchen. Der ‚Ortnît‘ (um 1230?) überliefert einmal Gedankenrede innerhalb einer direkten Rede (Alberich: II,98 „*Ich gedâhte in mînem muote   ‚unt stirbet nuo*

den, um 1200 entstandenen Fassungen einigen Einfluss der höfischen Kultur und Literatur aufweist. Das ‚Nibelungenlied' enthält zwar keine Darstellung längerer affektgesteuerter oder rationaler Reflexion wie etwa der ‚Eneasroman' oder der ‚Erec', jedoch wird die Gedankenrede hier keinesfalls, wie in den vorhöfischen Epen, nur im negativen Sinne verwendet.[96] So finden sich an vielen Stellen kurze Hinweise auf handlungsfunktional wichtige rationale Überlegungen der Figuren, etwa für Brünhild[97] und Siegfried[98]. Dass daneben insbesondere Kriemhilds heimliche Gedanken wiedergegeben werden, seitdem sie den Plan hegt, Siegfrieds Tod zu rächen,[99] verwundert kaum. Bereits kurz nach Ankunft der Boten Etzels wird der allmähliche Umschwung in ihren Gedanken durch deren unmittelbare Wiedergabe demonstriert, die in diesem Fall eine für das ‚Nibelungenlied' ungewöhnliche Länge erfährt (Str. 1259f.):

---

der man, / sô wirt zehant verstôzen   diu vrouwe wol getân. / daz lant muoz iemer mêre   mit unsælden leben'"); auch sonst finden sich, vergleichbar mit der ‚Spielmannsepik', kurze Gedankenreden, die eine Absicht oder einen sonstigen Gedanken der Figur erkennen lassen, ohne dass diese dadurch als negativ gekennzeichnet werden soll (Str. VII,26: Ortnit; Str. VII,1: Ortnits Ehefrau; s. Künec Ortnîdes mervart unde tôt, hg. v. Ludwig Ettmüller, Zürich 1838). Vergleichbar verwendet die ‚Kudrun' (Mitte des 13. Jahrhunderts) die Gedankenrede, vgl. Str. 707, 963, 1421 (*Ortwîn sagete im selbe* [...]), 1441f., 1634 (Kudrun, nach der Ausgabe v. Karl Bartsch hg. v. Karl Stackmann [ATB 115], Tübingen 2000). Das ‚Eckenlied' enthält lediglich in der (erst im 16. Jh. überlieferten) Fortsetzung e5 einmal eine Gedankenrede Dietrichs (Das Eckenlied. Mittelhochdeutsch/Neuhochdeutsch, Text, Übersetzung u. Kommentar v. Francis B. Brévart [RUB 8339], Stuttgart 1986, Str. 267).

[96] Negativ kennzeichnet sie allerdings Gunther, dessen Furcht mehrfach in Gedankenrede wiedergegeben wird: *er dâhte in sînem muote: „waz sol diz wesen? / der tiuvel ûz der helle   wie kund er dâ vor genesen? / wær' ich ze Burgonden   mit dem lebene mîn, / si müeste hie vil lange   vrî vor mîner minne sîn"* (Str. 442); *„Waz hât mich gerüeret?"   dâhte der küene man* (Str. 453). – Insgesamt enthalten folgende 20 Passagen des ‚Nibelungenliedes' Gedankenrede in direkter Rede: Str. 136 (Siegfried), 285 (Siegfried), 296 (*manec recke*), 430 (Dankwart und Hagen), 442 (Gunther), 453 (Gunther), 459 (Siegfried), 632 (Gunther), 673 (Siegfried), 724 (Brünhild), 845 (Brünhild), 1248 (Kriemhild), 1259f. (Kriemhild), 1396 (Kriemhild), 1399 (Kriemhild), 1580 (Hagen), 2048 (Irinc), 2051 (Hagen), 2141 (Rüdeger), 2351 (Dietrich).

[97] *Nu gedâht' ouch alle zîte   daz Guntheres wîp: / „wie treit et alsô hôhe   vrou Kriemhilt den lîp? / nu ist doch unser eigen   Sîfrit ir man: / er hât uns nu vil lange   lützel dienste getân"* (Str. 724); *si gedâhte: „mich muoz Kriemhilt   mêre hœren lân, / des mich sô lûte zîhet   daz wortrœze wîp. / hât er sichs gerüemet,   ez gêt an Sîfrides lîp"* (Str. 845). Vgl. ähnlich die Gedankenrede Dietrichs in Str. 2351.

[98] Str. 459: *Er dâhte: „ich wil niht schiezen   daz schœne magedîn".*

[99] Vgl. auch bereits früher, Str. 1248: *Si gedâhte in ir sinne: „und sol ich mînen lîp / geben einem heiden   (ich bin ein kristen wîp), / des muoz ich zer werlde   immer schande hân. / gæb' er mir elliu rîche,   ez ist von mir vil ungetân"*; später, Str. 1399: *Si dâhte z'allen zîten: „ich wil den künec biten", / daz er ir des gunde   mit güetlîchen siten, / daz man ir friunde brœhte   in der Hiunen lant. / den argen willen niemen   an der küneginne ervant.*

> *Do gedâhte diu getriuwe:*   *„sît ich vriunde hân*
> *alsô vil gewunnen,*   *sô sol ich reden lân*
> *die liute, swaz si wellen,*   *ich jâmerhaftez wîp.*
> *waz ob noch wirt errochen*   *des mînen lieben mannes lîp?"*

> *Si gedâhte: „sît daz Etzel*   *der recken hât sô vil,*
> *sol ich den gebieten,*   *sô tuon ich, swaz ich wil.*
> *er ist ouch wol sô rîche,*   *daz ich ze gebene hân.*
> *mich hât der leidege Hagene*   *mînes guotes âne getân."*

Den stärksten Einfluss der höfischen Literatur zeigt das ‚Nibelungenlied‘ bei Siegfried, im Rahmen seines Minneverhältnisses zu Kriemhild, das zweimal Anlass für eine Darstellung seiner Affektbetroffenheit in Gedankenrede bietet:[100]

> *Er gedâht' ouch manege zîte:*   *„wie sol daz gescehen,*
> *daz ich die maget edele*   *mit ougen müge sehen?*
> *die ich von herzen minne*   *und lange hân getân,*
> *diu ist mir noch vil vremde:*   *des muoz ich trûric gestân"* (Str. 136);

> *Er dâht' in sînem muote:*   *„wie kunde daz ergân,*
> *daz ich dich minnen solde?*   *daz ist ein tumber wân.*
> *sol aber ich dich vremeden,*   *sô wære ich sanfter tôt."*
> *er wart von den gedanken*   *vil dicke bleich unde rôt* (Str. 285).

Die früh- und hochhöfischen Texte entfalten somit ein großes Spektrum von Verwendungsmöglichkeiten für Gedankenreden. Die Wiedergabe von Gedanken in direkter Rede und in der 1. Person wird, deutlich stärker als in den französischen Vorlagen, die allenfalls den ersten Anlass zur Gestaltung von Gedankenreden gaben, zum immer häufiger angewandten Stilmittel;[101] dieses ist nunmehr, im Gegensatz zu den vorhöfischen Texten, überwiegend positiv konnotiert. Nicht nur die vom Minnediskurs angeregten laut gesprochenen Monologe und stumm gedachten Gedankenreden zum Ausdruck der Affekte werden zu einem möglichen Bestandteil der Erzähltexte, sondern auch die rational reflektierenden Gedankenreden, sei es im Sinne des listigen Planens im Dienste der *minne* oder im Sinne genereller affektkontrollierender, ratio-

---

[100] In diesem Sinne ist zu modifizieren, dass Siegfried ein „Mann ohne Angst – aber eben auch ohne Reflexion" sei (vgl. Ridder [wie Anm. 15], S. 211); vgl. außerdem den Gedankenmonolog, in dem Siegfried seine Befürchtung äußert, wenn Brünhild siege, würde dies alle Frauen zu *gelpfe[m] muot* veranlassen (Str. 673: *„Owê", dâht' der recke,*   *„sol ich nu mînen lîp / von einer magt verliesen,*   *so mugen elliu wîp / her nâch immer mêre*   *tragen gelpfen muot / gegen ir manne,*   *diu ez sus nimmer getuot"*).

[101] Vgl. Eckler (wie Anm. 10), S. 8.

naler Erwägungen. Als Funktionen der Gedankenrede sind die Plausibilisierung des Geschehens und die Charakterisierung der Figuren zu nennen, deren emotionales wie auch reflexives Innenleben ein wachsendes Interesse fand, sowohl auf der Seite der Autoren als offensichtlich auch des Publikums. Die Teilgattungen der Epik (Heldenepik, Antikenroman, ‚Spielmannsepik‘, Artusepik) lassen generell einen unterschiedlichen Einsatz der diversen literarischrhetorischen Stilmittel erkennen, ebenso wie einzelne Autoren innerhalb der Teilgattungen; dies lässt sich auch für den Einsatz der Gedankenrede nachvollziehen.

IV. Ausblick: Beispiele aus nachklassischen Texten

Aufgrund der Vielfalt der Texte seien für die nachklassischen Texte lediglich einige Beispiele besprochen, insbesondere aus denjenigen Texten, die das Stilmittel der Gedankenrede häufig und von den bisher dargestellten Tendenzen abweichend einsetzen. Vollständige Untersuchungen wären vielversprechend, können an dieser Stelle jedoch nicht geleistet werden.

Eine der wichtigsten Entwicklungen im Bereich der nachklassischen Texte ist bekanntlich die Veränderung des Heldenbildes. Nicht selten werden die Helden seit dem zweiten Drittel des 13. Jahrhunderts eindimensionaler gestaltet; es fehlt ihnen das Moment der inneren Krise, da sie bereits zu Anfang der Texte die innere Vervollkommnung erreichen, die den Helden der hochhöfischen Texte erst nach ihrem Bewährungsweg zukommt.[102] Mit dieser Tendenz geht einher, dass affektive Verstrickungen in vielen späthöfischen Texten weniger ausführlich dargestellt werden.

So fehlt in des Strickers ‚Daniel von dem Blühenden Tal‘ (ca. 1220–1250 entstanden) das Thema der *minne*; wenn *zwîvel* inszeniert wird, ist dieser nur von kurzer Dauer und rational behebbar.[103] Durch die Betonung des *listes* in

---

[102] Vgl. stellvertretend für weitere Untersuchungen Haug, Paradigmatische Poesie (wie Anm. 85); ders., Über die Schwierigkeiten des Erzählens in ‚nachklassischer‘ Zeit, in: ders., Brechungen (wie Anm. 1), S. 265–300 (Erstveröffentlichung 1991); Volker Mertens, Der deutsche Artusroman (RUB 17609), Stuttgart 1998, S. 176–249.

[103] Vgl. Guido Schneider, er nam den spiegel in die hant, als in sîn wîsheit lêrte. Zum Einfluß klerikaler Hofkritiken und Herrschaftslehren auf den Wandel höfischer Epik in groß- und kleinepischen Dichtungen des Stricker (Item mediävistische Studien 1), Essen 1994, S. 157–166. Vgl. auch Dorothea Müller, ‚Daniel vom Blühenden Tal‘ und ‚Garel vom Blühenden Tal‘. Die Artusromane des Stricker und des Pleier unter gattungsgeschichtlichen Aspekten (GAG 334), Göppingen 1981, S. 93: Die Gedankenmonologe zeigen eine „Verhaltensunsicherheit", die nicht auf „eine Unsicherheit im ritterlichen Verhaltenskodex" zurückgeführt werden könne, „sondern auf die Unzulänglichkeit des tradierten ritterlichen Konfliktlösungsmittels, dem [!] Zwei-

diesem Text erhellt, dass Daniel „nach Handlungsmustern [agiert], die aus der Spielmannsepik und dem Tristanroman kommen, nicht aus dem arthurischen Bereich".[104] Die verschiedenen Formen listigen Handelns werden auktorial dargestellt; Daniels Gedankenreden[105] dagegen inszenieren aufgrund des Fehlens der Minnethematik ausschließlich das rationale Nachdenken über verschiedene Handlungsmöglichkeiten[106] und stellen ohne Ausnahme ein (teilweise durch eingeschobene Inquit-Formeln auch formal zweigeteiltes) Zweifeln zwischen rational vertretbaren Handlungsalternativen dar, von denen schließlich eine bevorzugt wird. Ihr eindeutiges Vorbild, das im ‚Daniel' lediglich wiederholt, erweitert und variiert wird, gibt die Gedankenrede Iweins vor, als dieser in Terminnot gerät (‚Iwein', V. 4870–4912). Es sei für den ‚Daniel' nur ein Beispiel aufgeführt:[107]

> *er dâhte in sînem muote:*
> *„kunde ich nû lêre guote,*
> 1355 *daz wære mir ein sælikeit.*
> *ich wæne darnâch ich ûz reit,*
> *des wil mir volliu hant komen.*

---

kampf zu Pferd und zu Fuß"; sie lassen die „Unsicherheit des Helden angesichts einer mit dem überlieferten ritterlichen Verhaltensschema nicht zu bewältigenden Situation" erkennen (S. 94), der Daniel bereits in den ersten *âventiuren* durch *list* zu begegnen lernt.

[104] Mertens (wie Anm. 102), S. 213; ähnlich Müller (wie Anm. 103), S. 11f., Haug (wie Anm. 85), S. 662, und Peter Kern, Die Artusromane des Pleier. Untersuchungen über den Zusammenhang von Dichtung und literarischer Situation (Philologische Studien und Quellen 100), Berlin 1981, S. 158–160.

[105] Vgl. V. 1056–1072, 1076–1110, 1144–1174, 1354–1384, 2702–2735 (s. auch die Gedankenreden der Gräfin vom Liehten Brunnen in V. 2341–2346, 2348–2350). Vgl. außerdem die mit *in sînem herzen er jach* (V. 1002) und *wider sich selber er sprach* (V. 2166, 2568, 2742) eingeleiteten Monologe. Zu den Gedankenreden im ‚Daniel' s. Müller (wie Anm. 103), S. 92–94, und Volker Honemann, Daniel monologisiert, der Riese berichtet, drei Damen erzählen. Aspekte der Figurenrede im ‚Daniel von dem Blühenden Tal' des Strickers, in: Erzählungen in Erzählungen. Phänomene der Narration in Mittelalter und Früher Neuzeit, hg. v. Harald Haferland u. Michael Mecklenburg (Forschungen zur Geschichte der älteren deutschen Literatur 19), München 1996, S. 221–232, hier S. 224–228.

[106] Dies trotz des Einwandes Schneiders (wie Anm. 103), S. 160 („[d]ie Reflexionen Daniels werden zumeist als frühe Indizien für die regsame und flexible Intellektualität des neuen Helden gewertet. Die Schwerfälligkeit, die Daniel darin zeigt, um sich für das Naheliegende zu entscheiden, spricht aber eher dagegen"): Da Vergleichbares in den früheren Texten fehlt, ist eine Bezeichnung wie „Schwerfälligkeit" hier kaum angemessen. Vgl. differenzierter Honemann (wie Anm. 105), S. 227.

[107] Vgl. die z.T. wörtlichen Parallelen: z.B. ‚Iwein', V. 4876 (*ich bedarf wol guoter lêre*), 4885–4887 (*ich bin, als ez mir nû stât, / gunêret ob ich rîte / und geschendet ob ich bîte*). Vgl. auch oben, Anm. 81.

> *ich hân beidiu wol vernomen,*
> *ich endarf hie niht strîten*
> 1360 *noch mit der frouwen rîten.*
> *ez muoz ein grôz heil wesen,*
> *sol ich vor den genesen*
> *die sô getânen mort tuont*
> *daz sie nieman bestuont,*
> 1365 *wan der den tôt hât erliten.*
> *ich bin ze fruo ûz geriten.*
> *owê! wære ich dâ heime noch!*
> *ich enquam nie in leider loch,*
> *daz wizze got der rîche.*
> 1370 *nû denke ich bæslîche:*
> *swie lange ich stille læge*
> *und mînes gemaches pflæge,*
> *sô kunde niht von mir geschehen*
> *daz man mir möhte gejehen*
> 1375 *deheiner frümekeite.*
> *waz ob ich gearbeite*
> *ze disen zîten sô wol*
> *daz ez mich iemer helfen sol!*
> *mac aber des niht ergân,*
> 1380 *sô ist mir bezzer getân,*
> *alz ez mir nû gewant ist*
> *daz ich den lîp in kurzer frist*
> *frümeclîche ûf gebe*
> *denn ich mit schanden iemer lebe."*

Nach dem Ausdruck des Wunsches nach *lêre* (V. 1354f.) und der Feststellung, die *âventiure*, um deretwillen er ausgeritten sei, werde ihm jetzt in vollem Maß zuteil (V. 1356f.), skizzieren die Verse 1358–1360 die beiden Alternativen, zwischen denen (wie in Enites Gedankenrede, oben S. 140f., und wie im ,Iwein', V. 4877f.) zunächst keine Wahl möglich erscheint. Einem Moment der Resignation, der Bereitschaft zur Aufgabe sogar (V. 1361–1369), folgt die Selbstbeurteilung und Einsicht, *nû denke ich bæslîche*, die anschließend mithilfe des überlegenen Argumentes der *frümekeite* rational begründet wird (V. 1371–1384).

Es entsteht in solchen Texten ein neuer Heldentyp, der auf Ratgeber nicht länger angewiesen ist, da er selbst zur rationalen Analyse der Umstände, zur Selbstkritik und zur Selbstkorrektur seiner (kaum schwerwiegenden) Fehler fähig ist, und der klug handelt, ohne seine rationalen Fähigkeiten in den Dienst der *minne* zu stellen, so dass jegliche Betroffenheit durch Affekte in den Gedankenreden vermieden werden kann.

Eine unmittelbare Reaktion auf des Strickers neuen Umgang mit den arturischen Helden ist in ,Garel vom Blühenden Tal' des Pleiers (1250/1260) nachweisbar. Dieser Text enthält eine deutlich höhere Anzahl von Gedankenreden als der ‚Daniel‘,[108] die jedoch wohl bewusst andere Akzente setzen. „Daniel, dem listigen Helden, wird [...] mit Garel der ‚richtige‘ Kämpfer-Held entgegengesetzt";[109] der *list* werde im ‚Garel‘ „radikal eliminiert".[110] Jedoch greift es zu kurz, wenn behauptet wird, der reflektierende (Gedanken-)Monolog, wie er im ‚Daniel‘ überliefert ist, finde im ‚Garel‘ „keine Entsprechung [...]", da das „Wiedereinführen des ritterlichen Zweikampfs als ausschließlichem [!] Mittel zur Konfliktbewältigung" die „Verhaltenssicherheit des Helden" garantiere und ihm vorgeschrieben sei, was er zu tun habe, wodurch sich „die situative Vorüberlegung" erledige:[111] Die Gedankenreden Daniels stellen gerade nicht die Entstehungsprozesse der *liste* dar (wie der Überwindung des Bauchlosen Ungeheuers mithilfe des Spiegels oder der Überlistung des Kahlen Siechen),[112] sondern skizzieren einfachere binäre Entscheidungsmöglichkeiten. So enthält der ‚Garel‘ mehr Gedankenreden als der ‚Daniel‘, o b w o h l der Aspekt des *listes* eliminiert wurde. Inhaltlich beschreiben die Gedankenreden Garels insbesondere seine Einschätzungen der jeweiligen Situationen (oder seine Verwunderung über diese) und kündigen sein zukünftiges Handeln an,[113] jedoch finden sich auch gedankliche Auseinandersetzungen mit dem Ritterethos.[114] Einmal enthält eine Gedankenrede einen Empathieausdruck

---

[108] In den folgenden 17 Passagen werden eindeutig als Gedankenreden gekennzeichnete Monologe Garels wiedergegeben: V. 1436–1450, 1467–1473, 2260–2268, 3768–3782, 5975–5981, 5983, 6114–6120, 6602–6606, 7269–7273, 7281–7295, 7337–7342, 7538–7545, 7546–7577, 8225–8229, 8235f., 9374–9378, 17972–17978 (Garel); hinzu kommen vier Gedankenreden anderer Figuren, s. V. 1367 (Rialt), 15651–15657 (Ekunaver), 18160–18178 (Kei), 11651–11658 (Malseron). Des Weiteren finden sich einige Passagen, in denen das Sprechen *wider sich selben* als Gedankenrede aufgefasst werden kann (vgl. z.B. V. 11605–11632; zitiert nach: Garel von dem blüenden Tal. Ein höfischer Roman aus dem Artussagenkreise von dem Pleier, hg. v. Michael Walz, Freiburg i.Br. 1892).
[109] Mertens (wie Anm. 102), S. 219.
[110] Müller (wie Anm. 103), S. 38 (ähnlich S. 10); vgl. auch Kern (wie Anm. 104), S. 160–163.
[111] Müller (wie Anm. 103), S. 94.
[112] Honemann (wie Anm. 105), S. 228.
[113] V. 1436–1450, 1467–1473, 5975–5981, 5983, 6114–6120, 7269–7273, 7281–7295, 7337–7342, 8225–8229 (mit Ansatz eines Dilemmas, wie für Daniel charakteristisch: *„ez ist entwiht, / ich mac sîn niht gewinnen. / ich mac ouch nicht entrinnen. / nu gebe mir got guoten rât, / der mich her behüetet hât!"*), 8235f., 9374–9378.
[114] Vgl. z.B. V. 2259–2268, nach dem Sieg über Gilan, der *sicherheit* (V. 2257) anbietet: *Dô gedâht mîn her Gârel / „durch waz slüeg ich [den] degen snel? / der hât mir leides niht getân. / ich wil in gerne leben lân / durch sînen ellenthaften muot. / er ist für wâr ein ritter guot, / küene unde manhaft / und phliget sô guoter ritterschaft, / daz ers von rehte geniezen sol. / ich bedarf ouch sîner helfe wol"* (fast wörtlich wiederholt nach dem Kampf gegen Eskalibon, V. 3768–3782). Der letzte Vers zeigt, dass Garels

(V. 6602–6606), der durch seine sehr allgemeine Formulierung (vgl. *swer*, V. 6603) jedoch eher die Funktion einer Tugendlehre für den textexternen Rezipienten erfüllt als der Vertiefung der Figurenzeichnung dient. Obwohl der Pleier eine Rückkehr zur ursprünglichen Form und Thematik der Artusepik anstrebte, spielen auch bei ihm die Minnethematik wie auch das Moment der inneren Krise keine entscheidende Rolle, so dass Gedankenreden mit stark affektivem Impetus kaum vorkommen.[115] Die Gedankenreden dienen somit weder einer besonderen Hervorhebung der kognitiven Fähigkeiten des Protagonisten noch der Darstellung seiner Affekte; sie schärfen bis zu einem gewissen Grad das Figurenprofil Garels als eines besonnenen und ritterlich handelnden Protagonisten, bleiben im Gesamt des Textes gegenüber denjenigen des ‚Daniel‘ jedoch relativ aussagearm.

Andere nachklasssische Texte, wie z.B. der ‚Partonopier‘ Konrads von Würzburg (1277?), beruhen dagegen auf Vorstellungen von einem Krisen nicht ausschließenden Heldentum, die mit denjenigen der früh- und hochhöfischen Texte vergleichbar sind. Susanne Rikl hat für den ‚Partonopier‘ dargestellt, dass die *potentiae intellectivae* hier eine gewisse Dominanz über die Affekte erlangen,[116] jedoch dient Gedankenrede in diesem Text nicht in erster Linie der Darstellung dieser Rationalisierungsprozesse.[117] Zwar scheint der Gedankenmonolog zunächst tatsächlich programmatisch der Darstellung kognitiver Fähigkeiten zu dienen: Partonopiers kindliche Furcht bei seinem ersten Besuch auf Meliurs menschenleerer Burg wird auktorial dargestellt,[118] wonach die explizite Angabe, *wan daz im an der stunde / von edeles herzen grunde / wart ein sô redelîch muot gesant, / daz er gedâhte sâze hant [...]* (V. 911–914), den Um-

---

Überlegungen dabei nicht immer rein altruistischer Natur sind; der Erzähler lässt ihn einige Male in Gedankenreden den eigenen Nutzen, den er aus einer vorgegebenen Situation ziehen kann, reflektieren (vgl. V. 1438f., 3782). Vgl. auch V. 17972–17978.

[115] Vgl. allerdings seine Gedankenrede mit dem Minnebekenntnis zu Laudamie und einem Selbstwiderruf („[...] *ich hân vil gar vergezzen, / ob ie hôhen muot gewan. / owê, ich vil tumber man“ / gedâht er „wes denk ich mir?* [...]“, V. 7544–7557), der entfernt an die bewegten Minnemonologe der frühhöfischen Texte erinnert.

[116] Vgl. Rikl (wie Anm. 15), insbesondere S. 105–173. Vgl. auch Haug, Über die Schwierigkeiten des Erzählens (wie Anm. 102), S. 274f.

[117] Insgesamt finden sich im ‚Partonopier‘ folgende 8 eindeutige Gedankenreden Partonopiers: V. 788–790, 915–938, 1058–1076, 1284–1302, 1561–1565, 7170–7196, 10157–10181, 12637–12660. Daneben wird Mareis (V. 5639–5656), Sornagiur (V. 6194–6211), Cursanz (V. 13744–13747) und Irekel (V. 14746–14755) je eine Gedankenrede zugeschrieben. Darüber hinaus werden weniger eindeutige Redeeinleitungen verwendet, wie etwa V. 6010 (*vil tougen sprach er*). Konrad weicht in seiner Verwendung der Gedankenrede deutlich von der französischen Vorlage ab.

[118] V. 885–897 (mit *Partonopier als er gesach* in V. 885; vgl. dazu Rikl [wie Anm. 15], S. 38–55); V. 1050–1055. Der Erzähler benutzt hier allerdings die Möglichkeit der Wiedergabe von Gedanken in indirekter Rede, vgl. V. 888–895.

schwung zu einem in Gedankenrede dargestellten rationalen Umgang mit dem Unerklärbaren einleitet.[119] Auf den Bruch des Tabus hin gewinnt nach anfänglicher, auktorial (und im Dialog mit der Mutter) dargestellter Verzweiflung erneut *sîn angest trôst / mit einer niuwen zuoversiht* (V. 7168f.), die in Gedankenrede wiedergegeben wird (V. 7270–7296). Dass Konrad die Möglichkeit der Verwendung von Gedankenmonologen für die Wiedergabe kognitiver Erkenntnisse zwar erkannte, sie aber in der Entwicklung der Figurenperspektive nicht konsequent einsetzte, wird dadurch ersichtlich, dass er umgekehrt Partonopiers Furcht in Meliurs Bett mithilfe von Gedankenreden wiedergibt (V. 1191–1347, insbesondere V. 1284–1302), während die Überwindung dieser Ängste hier ausschließlich auktorial dargestellt wird (V. 1348–1361).[120]

Als letztes Beispiel sei der an Gedankenreden sehr reiche ‚Reinfrid von Braunschweig‘ (nach 1291) besprochen,[121] der eindrucksvolle Beispiele für Fokalisierung enthält, nicht zuletzt mithilfe von Gedankenmonologen, die im Verlauf der Handlung abwechselnd Einsicht in Yrkanes, Reinfrids und des namenlosen Rivalen Gedanken erlauben.[122] Einen besonders differenzierten Umgang

---

[119] V. 907–937, V. 1056–1076, speziell V. 915–938 und 1058–1976. – Konrad benutzt (als erster Autor eines deutschen weltlichen Erzähltextes?) das Wort *vernunst*; es bezeichnet Meliurs kognitive Fähigkeiten und ihre Gelehrsamkeit, wird jedoch nur einmal beiläufig von ihr selbst erwähnt (V. 8084).

[120] Auch für Irekel wird die Gedankenrede lediglich einmal verwendet, obwohl Meliurs Schwester sich „vor allem durch ihre intelligiblen Fähigkeiten von den anderen Protagonisten ab[hebt]“, Rikl (wie Anm. 15), S. 124.

[121] Vgl. zum Text Gunda Dittrich-Orlovius, Zum Verhältnis von Erzählung und Reflexion im ‚Reinfried von Braunschweig‘ (GAG 34), Göppingen 1971; Beat Koelliker, Reinfrid von Braunschweig, Bern 1975; Haug, Über die Schwierigkeiten des Erzählens (wie Anm. 102), S. 274; ders., Von *âventiure* und *minne* zu Intrige und Treue. Die Subjektivierung des hochhöfischen Aventürenromans im ‚Reinfried von Braunschweig‘, in: ders., Brechungen (wie Anm. 1), S. 301–311 (Erstveröffentlichung 1988); Klaus Ridder, Mittelhochdeutsche Minne- und Aventiureromane. Fiktion, Geschichte und literarische Tradition im späthöfischen Roman: ‚Reinfried von Braunschweig‘, ‚Wilhelm von Österreich‘, ‚Friedrich von Schwaben‘ (Quellen und Forschungen zur Literatur- und Kulturgeschichte 12 [246]), Berlin / New York 1998; Wolfgang Achnitz, Babylon und Jerusalem. Sinnkonstituierung im ‚Reinfried von Braunschweig‘ und im ‚Apollonius von Tyrland‘ Heinrichs von Neustadt (Hermaea, N.F. 98), Tübingen 2002.

[122] Der Text enthält folgende 43 eindeutig als Gedankenreden gekennzeichnete Passagen: für Yrkane (15 Belege) V. 1353–1386, 2330–2332, 4438–4441, 4752–4773, 5654–5661, 5670–5679, 5692f., 6488–6507, 6510–6519, 8192–8231, 8721–8745, 9207–9255, 14728–14741, 14915–14925, 14934f.; für Reinfrid (9 Belege) V. 2706–2715, 10524–10529, 13254–13261, 13420–13425, 13427–13496, 13600–13603, 17876–17895, 21215–21229, 22090–22097; für Reinfrids namenlosen Rivalen (15 Belege) V. 3940–3945, 3968–3971, 3983–3985, 3988–3997, 3998–4003, 4010–4013, 4093–4099, 4121–4139, 4506f., 4514–4533, 4538–4551, 4992–5011, 5315–5330,

mit diesem Kunstmittel in der Darstellung des Schwankens zwischen Affekt und *ratio* ist für den namenlosen Rivalen nachweisbar, dessen Innenperspektive hier deswegen näher beschrieben sei.[123]

Der namenlose Fürst beobachtet, dass eine Hofdame (V. 3928–3931) eine *hütten* verlässt (V. 3920). Er hatte, so vermerkt der Erzähler rückblickend, die *juncfrouwen* bereits früher zur Kenntnis genommen, *iedoch dekein geværde / sîn sin dâ von beruorte* (V. 3932f.): Ihr bisheriges Verhalten war nicht weiter auffällig. Nun verlässt nach ihr jedoch auch Yrkane das Versteck, und die *ougen* (d.h. die visuellen Wahrnehmungen[124]) des Ritters lassen *gedenke in sînem sinne* entstehen (V. 3938f.): *„waz schuof diu küneginne", / gedâht er, „dâ sus eine? / waz betiut diu meine / ald war umb ist ez beschehen, / daz diu juncfrowe gesehen / wart ân sî ê und sî nu kunt?"* (V. 3940–3945). Weitere visuelle Eindrücke (*er sach*, V. 3952), vor allem das Erröten Yrkanes und ihre in Unordnung gebrachte Frisur, *verwirren* ihm *sîn herze* (vgl. V. 3954f.) und veranlassen ihn dazu, über die Ursache für diese Zeichen nachzudenken (V. 3956–3959); *alsus stuont der ritter guot / verdâht in manger wîse* (V. 3960f.).[125] Nun verlässt auch Reinfrid das Versteck (V. 3962–3965). Erneut geben die *ougen* des Ritters

---

5856–5889, 9124–9128; für andere (4 Belege) V. 21432–21435 (Savilon); V. 2486f., 3027–3035, 25810–25812 (Kollektivreden nicht namentlich genannter Nebenfiguren). Vgl. außerdem die Formulierungen *sîn* [Reinfrids] *herze dicke tougen sprach* (V. 1917), *in ir* [Yrkanes] *herze sî tougen jach* (V. 2076) und *daz sî* [Yrkane und Reinfrid] *niht anders sinneten / wan „ich bin dîn* [...]*"* (V. 4223f.). Dabei zeigen sich gewisse Schwerpunkte in den Inhalten der Gedankenreden, die beweisen, dass der ‚Reinfrid'-Dichter dieses Stilmittel flexibel und nicht grundsätzlich wertend einsetzte: Yrkane denkt insbesondere über die *minne* nach, zweifelt, ob Reinfrid die gleichen Gefühle für sie hegt, und erwägt, welches Verhalten dem namenlosen Ritter gegenüber angebracht ist (V. 1342–1386, 2330–2332, 4438–4441, 4752–4773, 5654–5661, 5670–5679, 5692f., 6510–6519, 8192–8231, 8721–8745, 9207–9255). Reinfrid werden insbesondere Gedankenreden über die Visionen zugeschrieben (V. 13254–13261, 13420–13425, 13427–13496; seine Erwägungen über die Taufe in V. 17876–17895 sind offensichtlich eine Reaktion auf Partonopiers Gedankenrede, dort V. 10157–10181); zum namenlosen Rivalen s. unten. – Auffällig ist, dass die „Bedrohung des Minne- und Herrscherglücks" im Orientteil, die „von der inneren Verfaßtheit Reinfrieds aus[geht]" (Ridder [wie Anm. 121], S. 60f.), nicht in Gedankenreden dargestellt wird.

[123] Zur „psychologischen Studie" dieser Figur s. Walker (wie Anm. 10), S. 154–156 (Zitat S. 156); vgl. außerdem Koelliker (wie Anm. 121), S. 134–139.

[124] Zur Gefahr der ausschließlich visuellen Wahrnehmung s. Dittrich-Orlovius (wie Anm. 121), S. 159–161.

[125] Das *verdâht*-Sein ist hier nicht wie in den vorhöfischen Texten grundsätzlich negativ zu verstehen; es wird auch für Reinfrids und Yrkanes Verliebtheit verwendet, s. V. 397, 1140, 1628, 2103, 2653, sowie für Reinfrids Wunsch nach einem Erben, V. 13213. Vgl. allerdings im negativen Sinne auch V. 5848f.: *verstummet und verdâht er* [der Rivale] *saz, / als ob er hette niender sin*; Reinfrid wird nach seiner Begegnung mit der Sirene als *verdâht* bezeichnet (V. 22720).

(V. 3966) Anlass für eine Reflexion, die nunmehr eine Interpretation der Zeichen formuliert, denn *er dâhte wider sich / „zwâr, diz ist der minne strich: / daz spürt man an ir varwe. / wie sint sî beide garwe / sô durliuhtic fiurîn rôt!"* (V. 3967f.).

Obwohl die Zeichen objektiv kaum eine andere Deutung zulassen, ergreift sofort *zwîvel* Besitz von *sînem herzen, ob ez wære oder niht* (V. 3962–3964), und lässt sein Herz *manic wilde krumbe / und slihte mit gedenken* vollziehen (V. 3975–3977). Präzise wird das Schwanken zwischen zwei rational begründbaren Möglichkeiten zunächst jeweils durch Erzählerrede getrennt, bis sich das Tempo so sehr erhöht, dass sogar auf die zwischengeschobene Inquit-Formel verzichtet werden kann:

als er sich nu senken	
wolt ûf ein sin, sô was ez niht,	
3980 *wan sô kan diu zuoversiht*	
diu im ein anderz brâhte,	
alsô daz er gedâhte	
zuo im selb „dâ ist niht an.	Die Interpretation *minne* trifft nicht
wie getörst er understân	zu: Etwas so Ungeheures würden
3985 *als sî ein alsô grôzez dinc?"*	Yrkane und Reinfrid nicht tun.
ûf der stat der jungelinc	
gedâht in sînem sinne	
„zwâr sî hât diu minne	Die Interpretation *minne* trifft zu:
mit ir kunst gebunden.	
3990 *ich hân ez befunden*	Die Zeichen sind eindeutig.
an irre varwe zeichen[126].	
sô man die siht bleichen,	
nu sô sint sî denne rôt.	
minne dise selbe nôt	
3995 *an in beiden füeget.*	
sî meldet unde rüeget	
ir minneclîchez triuten.	
sî wæren bî den liuten",	Die Interpretation *minne* trifft
gedâht er aber, „niht gesîn,	nicht zu: Sie würden sich nicht
4000 *wær ez wâr dar an mich mîn*	so öffentlich unter Leute begeben.
sin mit wâne bringet.	Die Interpretation *minne* trifft zu:
ei zwâre minne twinget	*Minne* vermag Größeres als dieses.
noch græzer sache denne alsô."	

Im Erzählerkommentar wird im lebhaften Wechsel von Präteritum und Präsens zusammengefasst: *nu zêh er sî der minne, / nu lât er sî unschuldic*

---

[126] Yrkane gegenüber wird der Ritter später davon sprechen, er habe *offenlîchiu zeichen* der *minne* an ihr wahrgenommen (V. 5179).

(V. 4006f.); eine erneute Gedankenrede wiederholt die beiden Positionen, die letztlich einerseits auf der Interpretation untrüglicher Zeichen, andererseits auf der extremen Unwahrscheinlichkeit dieser Interpretation beruhen (V. 4010–4013); der Erzähler kommentiert, *sîn sinne sêre vâhten, / ob ez wære oder niht* (V. 4014f.). Woraus sich die *zuoversiht / dar an, ez wære sicherlich / wâr* (V. 4016–4018), letztlich entwickelt, wird verschwiegen; entscheidend für den Handlungsverlauf ist, dass der namenlose Ritter derart von der Sicherheit, Yrkane und Reinfrid hätten ein heimliches Minneverhältnis, überzeugt ist, dass *er wiste sunder wænen / und wolt sîn sin dâ von niht lân* (V. 4026f.).

Ein erzähllogisches Problem ergibt sich dadurch, dass der namenlose Ritter mit seinen Beobachtungen wie auch mit seiner rationalen Interpretation der Zeichen Recht hat, er handlungsfunktional jedoch eine negative Rolle übernehmen muss. In wenigen Versen wird der Kunstgriff verwendet, es sei der *arcwân* (V. 4028) gewesen,[127] der den Fürsten die (trotz ihrer Zuneigung vorhandene) Unschuld der beiden nicht habe erkennen lassen; der dadurch erstmalig eindeutig negativ dargestellte Ritter erweist sich jetzt erst als jemand, der die Minnezeichen zwar kognitiv erfassen kann, der jedoch die *minne* als solche nicht versteht. Nachdem der Erzähler als Einleitung zur nächsten Gedankenrede gewertet hat, das *herz* des Ritters habe sich *vergâht* (vgl. V. 4091),[128] stellt er dessen neuen Entschluss vor: *zehant er dô gedâhte / „ei war umb würbe du niht vor? / minne het ir sælden tor / lîht dir ûf entslozzen [...]“* (V. 4092–4095). Obwohl er die Zeichen somit richtig als Minnezeichen interpretiert hat, reichen seine kognitiven Fähigkeiten nicht aus, ihn einsehen zu lassen, dass die *minne* zwischen Reinfrid und Yrkane grundsätzlich keine *minne* zwischen ihm und Yrkane erlauben kann. Der namenlose Rivale wird so zu einem Demonstrationsobjekt der in den Minneexkursen dargestellten Möglichkeit, dass denjenigen, denen *mangel [...] rehter minne* (V. 2400f.) nachgewiesen werden kann, *den sinnen wol ze gâch* wird (V. 2412).

Er gibt sich nun seinen Gedanken hin auf eine Art und Weise, die an die negative Darstellung des Grübelns in den vorhöfischen Texten erinnert, woraufhin als Erzählerkommentar folgt: *sîner sinne vernunste / leit er sô völleclîch dar zuo, / daz er âbent unde fruo / niht wan dar an gedâhte* (V. 4106–4109). Die rational analysierenden Gedankenschritte in der vorhergehenden Passage wer-

---

[127] Vgl. auch die Wiederholung des Motivs des *arcwân* in V. 4172.

[128] Bereits sehr früh hat der Erzähler auf die Gefahr des *vergâhens* hingewiesen: *ein oug sich mac vergâhen / sô daz ein herze umbehuot / dick wider sînem willen tuot / an unbesinter minne* (V. 534–537); vgl. auch V. 2404–2407: *swer sich sô hât in huote / daz er sich niht vergâhet / mit sinnen, seht dem nâhet / von minnen hôher sælden funt* (s. auch V. 2412–2415). Achnitz (wie Anm. 121), S. 219, verweist darauf, dass das *vergâhen* des namenlosen Ritters auf Reinfrids Fehlverhalten in der zweiten Romanhälfte vorausweist.

den zwar an sich nicht negativ beurteilt, im Kontrast zwischen Reinfrid und dem Ritter kennzeichnet letzteren jedoch eine fehlgeleitete *vernunste*,[129] die ihn zu einem falschen Umgang mit der *minne* veranlasst. Wie sehr sich seine Vorstellung von *minne* von derjenigen Reinfrids unterscheidet, zeigt sich in der letzten Gedankenrede in dieser Szene (V. 4121–4139): Der zum Rivalen gewordene Ritter, dessen Herz *diu minne* jetzt selbst *ein teil gebunden* hat (V. 4146f.),[130] hofft, Yrkane dadurch zur *minne* zwingen zu können, dass er sie mit seinem Wissen über das (angebliche) heimliche Verhältnis konfrontiert.[131] Dass nach seinen bisher ausgesprochen rationalen Erwägungen die *minne* von ihm Besitz ergreift, wie er in einer weiteren Gedankenrede mit stark affektivem Charakter preisgibt,[132] verhindert, dass er zur allzu schlichten Kontrastfigur wird: Der Einblick in die *nôt* (V. 4520, 4524, 4532), die er empfindet, erlaubt in einem gewissen Maß eine Identifikation,[133] auch wenn Erzählerkommentare seine Art und Weise, der *minne* zu begegnen, eindeutig als negativ charakterisieren,[134] denn auch jetzt versteht der Ritter offensichtlich nicht,

---

[129] Vgl. auch V. 6396 zur *vernunst* des Ritters, die ihn hier ebenfalls zu falschen Entscheidungen veranlasst (zu *liegen / und wandellîchen biegen / das herze mit der zungen*, V. 6463–6465). Der Begriff wird für Reinfrid nicht verwendet. Im ‚Binnenprolog‘ wünscht sich der Erzähler *vernunst*, um seine Geschichte erzählen zu können, hier allerdings unter dem Hinweis, es möge sich um *redelîch vernunst* handeln (V. 12764). Yrkane äußert, „[...] *minne gît vernünste / die niemen ân sî vinden kan* [...]“, V. 3640f.; im positiven Sinne auch V. 7016, 7482, 11144. Vgl. darüber hinaus den Ausdruck *von vernunst bringen* (V. 27086f.).

[130] Zum Motiv, dass der Ritter sich durch seine Gedanken an Yrkane zur *minne twinget*, vgl. Koelliker (wie Anm. 121), S. 136.

[131] Zur kombinierten Rolle des Rivalen und des *merkære* s. Achnitz (wie Anm. 121), S. 73–77.

[132] Der Hinweis, dass er seine Gefühle „als *minne* mißdeutet“ (ebd., S. 75), ist nicht zutreffend: Nicht nur der Ritter selbst, sondern auch der Erzähler weist mehrfach auf die Minnebetroffenheit des Ritters hin (V. 4146, 4458, 4462, 4465, 4476, 4482, 4487, 4494). Was diese *minne* zu *unminne* macht, sind die Konsequenzen, die er aus seinen Gefühlen zieht. Ebenso sehe ich keinen Anlass, die *minne* des Ritters als „rein körperliche[s] Verlangen“ zu bezeichnen (ebd.; ähnlich Dittrich-Orlovius [wie Anm. 121], S. 162f.). Vgl. allerdings zur möglicherweise negativen Konnotation von *verbunste* (V. 4054, 4057, 4105, 4461, 4844, 6321), das insbesondere für den Rivalen verwendet wird, ebd., S. 163 mit Anm. 5.

[133] V. 4514–4533. Vgl. die z.T. wörtlichen Parallelen zu einem Monolog Yrkanes (V. 2077–2101; s. z.B. V. 4519/2087, 4521/2090, 4530/2086). Unklar bleibt, inwiefern hier nicht zu einer „Subjektivierung oder Psychologisierung der Figuren“ beigetragen werde (Achnitz [wie Anm. 121], S. 105).

[134] Vgl. etwa: *ob in diu minne brante? / nein, ez tet unminne, / wan er sich mit unsinne / hielt und hât vergâhet, / dâ von im schade nâhet* (V. 4190–4194). Vgl. auch die *frô Minne* (V. 4826) in den Mund gelegten Worte, *daz ist niht rehtiu minne, / ob sich en herze bindet / dar dâ ez vor bevindet / daz man mit liebe ist behaft*, V. 4848–4851 (ähnlich V. 6319–6360); dazu der Erzählerkommentar: *ein tumbez huon daz brüetet /*

dass Yrkanes Liebe zu Reinfrid die *minne* zu ihm selbst grundsätzlich verhindert. Seine Art der Liebe ist damit als *unbesint* (vgl. V. 537) zu bezeichnen. In dieser Weise wird explizit postuliert, dass sich die Affekte einer gewissen Kontrolle durch die *ratio* nicht entziehen sollten.[135]

Nach dem misslungenen Versuch, Yrkane aufgrund seines Wissens um das Verhältnis zu Reinfrid zur *minne* zu zwingen, beklagt der Ritter in einem offensichtlich lauten Monolog (*mit trüeber stimme* gesprochen, V. 5284) sein Minneleid. Kurz scheint das erzählerische Verfahren des ‚Reinfrid‘ mit den frühhöfischen Texten vergleichbar, bis jedoch eine inhaltlich rational argumentierende Gedankenrede die Vermutung entstehen lässt, die Minneklage sei lediglich ein Zugeständnis an die literarische Konvention bzw. ein weiterer Ausdruck des falschen Minneverständnisses des Ritters: Nach außen hin klagend, zeigt der abrupt anschließende Einblick in seine inneren Gedanken (V. 5314–5330), dass der Rivale rational erkannt zu haben glaubt, er könne Yrkane vergessen, wenn er das Land verlasse („[...] *swenn du von dem lande kunst, / dîn herze ir vergizzet / alsô daz ez niht mizzet / sô grundelôse sinne dar* [...]", V. 5322–5325).[136] Dass dies ein Trugschluss ist, bestätigen Erzählerkommentare (V. 5436–5443, 5746–5777) und später – erneut – eine Gedankenrede des Rivalen.[137]

---

ein tôtez ei, unz dâ von wirt / ein lebendez huon: reht alsô birt / daz herz mit tôten sinnen / ein lebende kraft von minnen / und hebt daz liederlîche, / dâ man doch kumberlîche / ald niemer von bekumen kan. / dâ ist niemen schuldic an / wan der sin gedenken (V. 4912–4921). Vgl. auch die Angabe, *er* [...] *ritters orden gar vergaz* (V. 5106f.). Die Bezeichnung *der minne marterære* (V. 5348, 6372) erhält vor diesem Hintergrund eher ironische Züge. Auch spätere Rehabilitationsversuche seitens des Erzählers (z.B. V. 5394–5401, 5575) klingen nach diesen sehr eindeutigen negativen Bewertungen wenig glaubhaft. – Haug, Von *âventiure* und *minne* zu Intrige und Treue (wie Anm. 121), S. 306, fasst zusammen: „Diese Figur ist an sich positiv gezeichnet, aber die Liebe macht ihn zum Schurken" (ähnlich S. 309), er werde „aus verschmähter Liebe zum Bösewicht". Gegenüber den klassischen Artusromanen werde dadurch der *aventiure*-Weg, der in eine unbekannte Welt führt, durch Intrigen in der höfischen Welt ersetzt (S. 309).

135 Vgl. Achnitz (wie Anm. 121), S. 63 mit Anm. 169 zu weiteren mittelalterlichen Belegstellen für diesen Gedanken. Genderspezifisch scheint es Yrkane, wie ihre zweifelnden Gedankenreden nahe legen, schwerer zu fallen als Reinfrid, zu einer von der Vernunft in geordnete Bahnen gelenkten *minne* zu finden.

136 Das Motiv, dass die Entfernung zwischen Geliebten die *minne* schwinden lassen könnte, ist traditionell; es wird jedoch üblicherweise den Feinden der Liebenden in den Mund gelegt, nicht den Liebenden selbst (vgl. z.B. Kleinere Dichtungen Konrads von Würzburg, hg. v. Edward Schröder, mit einem Nachwort v. Ludwig Wolff, Bd. 1: Der Welt Lohn – Das Herzmaere – Heinrich von Kempten, Dublin/Zürich ¹⁰1970, ‚Herzmære‘, V. 104–107, Gedankenrede des Ehemannes: „[...] *ich hôrte sagen ie daz deme / sîn liep vil sanfte würde leit / daz mit langer stætekeit / von im gescheiden würde gar* [...]").

137 V. 5856–5889. Im Rahmen dieses Passus wird erneut ein Schwanken zwischen *zuo-*

In der Figur des namenlosen Rivalen werden somit verschiedene Aspekte der Gedankenrede auf eine sehr innovative Art und Weise kombiniert: Es finden sich Aspekte der negativen Wertung des Grübelns der vorhöfischen Texte, der affektbetonten Minnemonologe der frühhöfischen Epik und der Rationalität des Handelns einiger späthöfischer Epen. Nicht zuletzt durch die Gedankenrede werden Yrkane und Reinfrids namenloser Rivale über längere Strecken zu den eigentlichen Protagonisten des Textes.

Ein letzter Aspekt der Gedankenrede im ungewöhnlich variationsreich mit diesem Stilmittel umgehenden ‚Reinfrid‘ sei anhand zweier der Gedankenreden Reinfrids angedeutet. In V. 13420–13425 und 13427–13496, kurz nach der dritten Marienvision, die ihn zum Kreuzzug veranlassen wird, versucht Reinfrid, das rational eigentlich nicht erfassbare Ereignis zu verstehen. Er äußert zunächst Zweifel daran, ob das, was er „*in tröumen*" geschaut hat, „*wâr*" sei (V. 13420f.), und entscheidet zunächst, der Traum habe ihn „*getrogen*" (V. 13425). Die rationale Überzeugungsarbeit, die er daraufhin aufwendet, wäre in anderen Texten dialogisch gestaltet worden; hier ist sie ganz in Reinfrids Inneres verlagert. Reinfrid überzeugt sich selbst anhand von biblischen Parallelen,[138] dass „[...] *swaz got wîlent meinde, / daz er daz erscheinde / dicke in slâfe tougen* [...]" (V. 13429–13431), wobei er das predigthafte ‚Gemeinde-Wir‘ verwendet („[...] *wir hân gelesen offenbâr* [...]", V. 14328). Nach dieser exkursartigen Darstellung vertrauenswürdiger Parallelbeispiele enden Reinfrids gedachte Äußerungen in Versicherungen seines Gottesvertrauens (V. 13448–13471), einem Gebet (V. 13472–13493) und einer Willenserklärung (V. 13494–13496). Durch den Exkurscharakter der Ausführungen über die biblischen Traumvisionen, mit denen Reinfrid „sich und de[n] Hörer"[139] von der Authentizität der Visionen überzeugt, werden die im Laufe der Jahrhunderte immer stärker erweiterten Grenzen der Gedankenrede erneut überschritten.

---

versiht und *zwîvel* inszeniert, ähnlich wie in V. 3978–4027. – Dass die „erzieherische Wirkung", der „läuternde Effekt des Minnedienstes fern der Geliebten" (Achnitz [wie Anm. 121], S. 77), nicht grundsätzlich gegeben ist, erhellt aus Konrads von Würzburg ‚Herzmære‘; ich sehe in der Wiederaufnahme dieses Motivs keine grundsätzliche Abwertung der *minne* des namenlosen Ritters im ‚Reinfrid‘.

[138] Genannt werden die Visionen des Johannes (V. 13437), des Paulus (V. 13438) und des Samuel (V. 13447); es folgt: „[...] *mir ist ouch sô gelungen* [...]" (V. 13448).

[139] Ridder (wie Anm. 121), S. 69.

V. Schluss

Der Ausgangspunkt für die vorliegenden Überlegungen war, dass die mittelalterlichen Erzähltexte seit dem späten 12. Jahrhundert immer differenzierter zwischen Formen lauten Sprechens und lautlosen Denkens unterscheiden. Untersucht wurden insbesondere diejenigen Textpassagen, die das Verb *denken* als Inquit-Formel verwenden, gefolgt von direkter Rede: In diesen Fällen entschieden sich die Autoren dafür, eine Figur einen inneren Vorgang selbst verbalisieren zu lassen, und schufen somit eindeutig die Illusion der subjektiven, individuellen Innensicht.

Während die althochdeutschen und z.T. noch die frühmittelhochdeutschen Texte die Gedankenrede insbesondere im Zusammenhang mit negativ konnotierten Figuren verwendeten, entwickelten sich durch die Übernahme französischer höfischer Epik in Deutschland rasch Vorstellungen von der Darstellbarkeit sowohl der *ratio* als auch der Affekte in Gedankenrede, die nunmehr überwiegend positiv konnotiert wurde. Stoffbedingt finden sich in den früh- und hochhöfischen Texten auf der einen Seite stark von den Affekten geprägte Monologe (,Eneasroman'), selten jedoch Gedankenmonologe mit diesem Thema. Auf der anderen Seite finden sich Gedankenreden, die gerade die kognitiven Fähigkeiten der Protagonisten demonstrieren, sei es als *list* im Dienste der *minne* (wie im Tristan-Stoff vorherrschend), sei es als Darstellungen einer umfassenderen Rationalität (,Erec'; in Ansätzen auch die ,Spielmannsepik' und die Heldenepik). Die deutschen Texte benutzen den Gedankenmonolog im Vergleich zu ihren französischen Vorlagen signifikant häufiger und entwickeln ihn von Anfang an auf ihre eigene Art und Weise weiter; dabei werden gattungs-, stoff- und autorspezifische Unterschiede erkennbar. Besonders auffällig ist der Umgang mit Gedankenreden im ,Parzival', in dem anhand der Figur Gawans zwar die grundsätzlich positive Bewertung der *potentiae intellectivae* nachweisbar ist, in dem allerdings Parzival selbst die Grenzen eines solchen rationalen Verstehens in der Blutstropfenszene überschreitet. Ihm wird dabei ein wortloses Verständnis der *minne* und des Grals zuteil, das seine überlegene Position gegenüber allen anderen intradiegetischen Figuren verdeutlicht.

Während die früh- und hochhöfischen Texte auf dem Gebiet der Gedankenreden je entscheidende Neuerungen gegenüber den vorhöfischen Texten vornehmen, vermehrt die Nachklassik die Zahl der Belegstellen zwar erheblich und weist (je nach Stoffgeschichte) gelegentlich auch Protagonisten auf, deren Gedankenreden ausschließlich rational-analytisch sind (,Daniel'), sie weist den Gedankenmonologen dabei jedoch selten wesentlich neue Funktionen zu. Es kommt seit dem 13. Jahrhundert eher zu einer Pluralität mehrerer Möglichkeiten des Einsatzes der Gedankenrede als zur Ablösung eines literarischen Modells durch ein neues. Es fällt allerdings die Differenziertheit der Darstellung der einzelnen Schritte des Schwankens zwischen Affekt und *ratio* auf, die im ‚Reinfrid von Braunschweig' nachweisbar ist. Der ‚Reinfrid' führt außerdem die spätmittelalterliche Tendenz vor, die Gedankenrede für weitere Inhalte zu öffnen: Reinfrids Gedankenreden nach seinen Visionen entwickeln exkursartige Tendenzen, durch die die Gedankenrede Funktionen übernimmt, die traditionell dem Erzählerexkurs oder allenfalls der dialogischen Belehrung vorbehalten waren.

So erhellt aus den vorliegenden, keinesfalls erschöpfenden Analysen, dass die Untersuchung des jeweiligen Umgangs mit Affekt und *ratio* in der Gedankenrede die Profile der Figuren, der Erzähler bzw. Autoren sowie auch der Teilgattungen der mittelhochdeutschen Epik genauer zu beschreiben erlaubt.

Abstract: Representations of thought in direct speech are the medieval equivalents of interior monologues. They allow insights into the inner life of the protagonists and offer a useful rhetoric device for the representation of emotions as well as rational analyses. In Old High German and early Middle High German texts such monologues in thoughts are only used for negative characters, who are disguised by the direct quotation of their destructive thoughts. Early courtly epics use monologues for the expression of emotions (Heinrich von Veldeke's 'Eneasroman') and introduce positive aspects of the representation of thoughts by quoting the clever reactions and plans of lovers forced to protect their secret liaison against other characters within the text (Eilhart von Oberg's 'Tristrant'). Later German texts develop the use of representations of thought in ways distinctly different from their French counterparts: within his 'Gedankenreden' Hartmann von Aue concentrates on rational thinking, whereas Wolfram von Eschenbach's 'Parzival' shows the limits of such thinking when Parzival is confronted with the three drops of blood in the snow. Post-classical texts tend to expand the number of situations in which representations of thought in direct speech are used: either for rational considerations, or for the expression of emotions, or even for digressions which are normally formulated by the narrators themselves ('Reinfrid von Braunschweig'). Thus, the analysis of the use of representations of thought in direct speech enables a better understanding of the different ways in which single characters, individual authors and literary subgenres deal with emotions and rationality.

Wolframstudien XX (2008)
Erich Schmidt Verlag Berlin

Wunder und wie man sie erklärt

Rationale Tendenzen im Werk des Strickers

von INES HEISER

Auf den ersten Blick scheint die Kategorie des Wunderbaren[1] wenig geeignet, um sich mit Fragen der Inszenierung von Rationalität in mittelalterlichen Texten auseinanderzusetzen. Mirabilia, so unterschiedlich sie sich auch sonst gestalten können, definieren sich schließlich grundsätzlich gerade darüber, dass sie in gewisser Weise die Grenzen des Rationalen überschreiten und auf der Grundlage empirisch erfahrenen Weltwissens nicht vorhersehbar und logisch nachvollziehbar sind. Wunder können als überwältigendes Ereignis nur erlebt werden und erhalten ihren Status als solche durch den Glauben der Betroffenen – erklären kann man sie dagegen nicht[2]: Ein vorherzubestimmendes, rational aufzulösendes und durch den Menschen beeinflussbares Ereignis ist kein Wunder mehr.

Obwohl oder gerade weil das Wunder dem rational Erklärbaren entgegengesetzt scheint, stellt sich besonders im Kontext des Erzählens von Mirabilia und wundersamen Begebenheiten die Frage nach dem Umgang mit Rationalität, nicht nur in mittelalterlichen Texten: Ein Wunder zu erzählen heißt im-

---

[1] Eine umfassende Definition dieser – gerade für das Mittelalter viel diskutierten – Kategorie soll an dieser Stelle nicht geleistet werden: Zum einen ist es kaum möglich, die verschiedenen widerstreitenden Konzepte zu einem kohärenten Bild zusammenzufügen, zum anderen liegt den Texten des Strickers selbst ein eher allgemeiner Wunderbegriff zugrunde; als ‚wunderbar‘ wird hier nicht nur Religiöses, sondern auch vieles aus dem Bereich überraschender und unvorhersehbarer Naturereignisse, wie auch Magisches und Exotisches verstanden; vgl. zu diesem weiten Wunderkonzept Arnold Angenendt, s.v. ‘Wunder. Christlicher Westen‘, LMA IX, München 1998, Sp. 351–353.
[2] Als grundsätzlicher Ursprung bzw. grundsätzliche Erklärung ist dabei in letzter Instanz natürlich auch für übernatürliche, wunderbare Effecte jeweils die göttliche Allmacht zu denken, vgl. dazu Angenendt (wie Anm. 1), Sp. 351: „[Gott] hat alles geschaffen, erhält es weiter im Dasein und verfügt darüber [...]; insofern ist das Wunder ‚normal‘“.

mer auch, eine Grenze des rational Alltäglichen festzusetzen, die in diesem
Fall überschritten wurde – das Wunder als solches lotet also immer wieder neu
den Verfügungsbereich des Rationalen aus, die Erzählung darüber trifft eine
Vereinbarung zwischen Erzähler und Publikum, welche Ereignisse als uner-
klärlich und überrational zu definieren sind. Damit ist ein Ereignis nie Wunder *sui generis*, sondern immer *per definitionem* – über seine Existenz entscheidet die Erzählung.

Dem Stricker war dieses Spannungsfeld zwischen Wunderbarem und All-
täglichem offensichtlich sehr bewusst, in mehreren seiner Texte – hier besonders natürlich im ‚Pfaffen Amis‘, aber auch in seiner Kleinepik – unternimmt
er es, diese Grauzone am Rande des Rationalen überlegt und – wie zu zeigen
sein wird – erzählerisch gekonnt abzuschreiten.

Ein prominenter Text des Strickers, der sich in sehr expliziter Weise mit der
Thematik des Wunderbaren kritisch auseinandersetzt, ist die Reimrede ‚Von
Edelsteinen‘.[3] Bei dieser Reimrede handelt es sich um eine propagandistische
Reaktion auf die in mehreren Versionen von verschiedenen Verfassern kursie-
renden Steinbücher, in denen jeweils die magisch-übernatürliche Wunderwirkung einer Anzahl Edelsteine erklärt und angepriesen wird.[4] Dem Stricker ist
die Verbreitung dieses Glaubens an Wundersteine gut bekannt, seine Position
dazu macht er allerdings sofort zu Beginn unmissverständlich klar: Nützlich
sind für ihn Schleif-, Mahl- und Wetz- oder auch Mauersteine; was aber die
Edelsteine betrifft, erklärt er:

> *von den hat man uns her gelogen*
> *und so vil guotes mit ertrogen,*
> *daz man die henchen solde,*
> *der ir rehte lonen wolde,*
> *die si unz her veile gehabt hant*
> (V. 17–21),

und später:

> *si* [die Edelsteine] *sint von lugen worden wert,*
> *si gulten anders cleine*
> *ditz verchoufet die steine,*
> *daz diu maere da von uz chomen sint.*
> (V. 44–47)

---

3   Edition: Der Stricker, Von Edelsteinen, in: Die Kleindichtung des Strickers, Bd. IV:
    Gedicht Nr. 105–138, hg. v. Wolfgang Wilfried Moelleken, Gayle Agler-Beck u. Ro-
    bert E. Lewis (GAG 107, IV), Göppingen 1977, S. 206–214.
4   Vgl. dazu z.B. William C. Cossgrove, s.v. ‚Volmar‘, ²VL Bd. 10, Berlin / New York
    1999, Sp. 497–500.

Die allgemein angenommene wunderbare Steinwirkung soll also erlogen sein – der Stricker tritt den Beweis für diese Behauptung an, indem er bekannte Fälle aufzählt, in denen der Besitz von Edelsteinen nicht vor negativen Ereignissen geschützt hat; so erwähnt er die Zerstörung der reichen und prächtigen Stadt Konstantinopel 1203/04 (V. 68–75) und die Ermordung Philipps von Schwaben 1208 (V. 83–85) sowie den mangelnden Erfolg von dessen Gegenspieler Otto IV. (V. 87–89) im deutschen Thronstreit. Über die Fähigkeit eines anderen Edelsteins, Grashalme anzuziehen und hochzuheben, äußert der Stricker zwar, er habe dies (oder nur den Stein?) tatsächlich gesehen (V. 108–116), fragt aber anschließend ironisch, welchen praktischen Nutzen diese Wirkung für einen potentiellen Käufer haben solle. Anschließend befasst er sich in einem längeren Abschnitt (V. 117–156) mit sogenannten ‚Siegsteinen‘[5], die ihren Träger angeblich unbesiegbar machen. In dieser Frage argumentiert der Stricker zweigleisig: Zum einen, so führt er aus, müsste diese Kondition sich entsprechend auf jedes Lebewesen übertragen – ‚Siegsteine‘ würden aber aus Kröten oder Schlangen gewonnen, die getötet werden müssen, bevor der Stein entnommen werden könne. Allein diese Art der Herstellung würde schon beweisen, dass die Steine keine Unbesiegbarkeit verliehen, da sonst auch diese *würme* überleben müssten. Sein zweites Argument ist politischer Natur: Gäbe es Siegsteine, so hätten im Konflikt um das Heilige Land Juden, Christen oder Muslime sich solche längst beschafft. Dass aber keine der Konfliktparteien über dieses Wundermittel verfüge, sei der endgültige Beweis, dass Siegsteine nicht existierten.

Anschließend zählt er in lockerer Folge weitere Steine auf, nennt jeweils deren exorbitanten Preis und die angebliche Wirkung, die damit erzielt werden kann; dazu schlägt er dann jeweils ein einfacheres und billigeres Mittel vor, wodurch die gleiche Wirkung sicher erreicht wird. So soll beispielsweise ein Topas zwölf Mark wert sein, weil er kochendes Wasser sofort abkühlt, wenn man ihn hineinwirft – der Stricker traut sich zu, den gleichen Zauber mit einer Schüssel kalten Wassers vollbringen zu können; ähnlich äußert er sich zu der Wirkung des Saphirs: Dieser soll, in Kontakt mit Ausschlägen[6] (*blatern*) gebracht, diese dazu veranlassen, dass sie aufbrechen – der Stricker bietet an, persönlich das gleiche Wunder mit einer Nadel zu bewirken:

---

[5] Vgl. allgemein zu diesem Konzept Karl Olbrich, s.v. ‚Siegstein‘, Handwörterbuch des deutschen Aberglaubens, hg. v. Hanns Bächthold-Stäubli, Bd. VII, Berlin / Leipzig 1935, Sp. 1708f.

[6] Welche Erkrankung mit dem Begriff *blater* hier genau gemeint sein soll, lässt sich aus dem Kontext nicht erschließen; unter dieser Sammelbezeichnung wurden bis in die Frühe Neuzeit neben den Pocken verschiedene Hauterkrankungen mit Blasen- bzw. Geschwürbildung gefasst; vgl. BMZ I, ausgearb. v. Wilhelm Müller, reprograph. Nachdr. d. Ausg. Leipzig 1854, Hildesheim 1963, 203a; Jakob und Wilhelm Grimm, Deutsches Wörterbuch, Bd. II, Leipzig 1860, Sp. 77.

> *Swer eine blater hat,*
> *ist daz er michz versuchen lat,*
> *ich briches im vil wol en zwei*
> *und choufe zwo nadel umbe ein ei*
> *und briches da mit – – ob ich sol,*
> *funf hundert plater wol.*
> (V. 179–190)

Seine Argumentation beendet der Stricker wieder mit einem historischen Bei-spiel: Es sei erwiesen, dass Smaragde nicht – wie behauptet – wieder sehend machen könnten: Enrico Dandalo, der Doge von Venedig (*zevenedie herzoge heinriche*)[7], habe immer aus einem Smaragdgefäß getrunken und sich die Au-gen mit Smaragden bestrichen – es habe ihm aber nicht geholfen. Die Schluss-worte der Rede klingen danach beinahe schon versöhnlich, wenn der Stricker feststellt, Edelsteine seien nicht ganz und gar schlecht, sie würden nur viel zu teuer verkauft:

> *Sine sint niht ane tugent, die steine.*
> *Sie helfent mich aber chleine,*
> *daz min stritz immer dar an wert.*
> *Sine sint niht grozes gutes wert.*
> (V. 217–220)

Die Reimrede ,Von Edelsteinen' setzt sich also insgesamt recht umfassend und grundsätzlich mit der Frage nach ,Steinwundern' auseinander. Die Ebene, auf der der Stricker die mögliche Wunderwirkung dieser Edelsteine diskutiert, ist dabei geschickt gewählt: Es handelt sich nicht um eine wissenschaftlich-abstrakte Erörterung der Frage, wie sie etwa anhand von biblischen Texten, Auszügen aus Bestiarien oder anderem gelehrten Schrifttum sicherlich auch möglich gewesen wäre – der Stricker betreibt allerdings auch keine rein apo-diktische Propaganda, indem er einen Nutzen oder Nichtnutzen einfach nur behaupten oder beschreiben würde. Stattdessen unternimmt er es, sein Publi-kum in einem kommunikativen Prozess auf fast schon sokratische Weise durch eigenes Nachdenken zu der gewünschten Einsicht zu führen: Er lässt das behauptete Wunder zunächst als Hypothese gelten, unterwirft es aber an-schließend einer pragmatisch-rationalen Analyse, indem er einen Fragenka-

---

[7] Zur Identifizierung dieses *herzoge heinrich* vgl. Hans-Joachim Ziegeler, s.v. ,Der Stricker', [2]VL, Bd. 9, Berlin/New York 1995, Sp. 417–450, bes. Sp. 433. Der Tod des Dogen 1205 bietet in Zusammenhang mit den weiteren in ,Von Edelsteinen' ange-führten politischen Ereignissen eine Grundlage für eine Datierung dieses Textes auf das erste Drittel des 13. Jhs., wobei die Frage nach der Gesamtdatierung des Strik-kerschen Werkes, insbesondere auch die nach der chronologischen Abfolge der Ein-zeltexte, weiterhin nicht abschließend geklärt ist.

talog zu erwiesener Wirkung und tatsächlichem, konkretem Nutzen entwickelt. Dabei bezieht er den Vorstellungs- und Wissenshorizont seines Publikums aktiv mit ein, um die Hörer dazu zu animieren, seinen Überlegungen zu folgen; in der Regel geht er so vor, dass er passende Fakten oder Ereignisse so kombiniert und präsentiert, dass das Publikum aus dem Dargestellten fast zwangsläufig den Schluss ziehen muss, dass der Glaube an Steinwunder töricht ist.

Ein Beispiel für diese Argumentationstechnik findet sich direkt zu Beginn der Ausführungen, die der Stricker mit einem ‚Maximalbeispiel‘ anfangen lässt: Die mächtigsten irdischen Instanzen – der oströmische und weströmische Kaiser – haben große Mengen an sorgfältig ausgesuchten Edelsteinen zusammengerafft. Entsprechend der These einer wundersamen Schutzwirkung dieser Steine müssten also diese Herrscher besonders vom Glück begünstigt und vor allen negativen Einflüssen geschützt sein. Dennoch sind aber beide Herrschaften in der jüngeren Vergangenheit von tiefgreifenden Krisen getroffen worden – der Stricker verweist hier ganz konkret auf die Zerstörung Konstantinopels und die Ereignisse des deutschen Thronstreits, die dem Publikum noch relativ frisch im Gedächtnis gewesen sein dürften. Den Schluss aus diesen Vorkommnissen lässt der Dichter seine Hörer selber ziehen:

> *Swie groze tugent die steine han,*
> *sine mohten doch niht understan,*
> *der chunich philippe wrde erslagen.*
> *Wem suln si danne wol behagen?*
> (V. 83–86)

Die erste Frage also, die sich die mittelalterliche Hörerschaft nach Ansicht des Strickers in Zusammenhang mit behaupteten Wundern jeweils stellen sollte, ist die, ob der angegebene Effekt tatsächlich praktisch in ihrer Erfahrungswelt nachweisbar ist – diese Frage ist nicht nur in Zusammenhang mit dem deutschen Thronstreit, sondern beispielsweise auch im Kontext der Siegsteine, welche nicht einmal die Kröten, die sie angeblich produzieren, schützen können, zu verneinen.

Ist ein Effekt tatsächlich festzustellen, wie ihn der Stricker beispielsweise für einen nicht namentlich bezeichneten Stein zugibt, der Grashalme anziehen kann, und wie er ihn auch für den wasserabkühlenden Topas, den durstlöschenden Hahnenstein oder den blatternheilenden Saphir nicht ausdrücklich abstreitet, so schließen sich zwei weitere Fragen an: Zunächst ist zu fragen, ob die Wunderwirkung auch eine nützliche ist, ob sie also für den Steinbesitzer tatsächlich einen konkreten, praktischen Vorteil hat und mehr als eine interessante Spielerei darstellt. Dies ist wenigstens für den grasanziehenden Stein nicht gegeben, wie der Stricker sein Publikum mittels einer rhetorischen Frage erneut selbst schließen lässt:

Der in choufet umbe zehen pfunt,
dem ensint niht gute witze chunt.
Waz gewinnet man dar an,
daz er den halm uf haben chan?
(V. 113–116)

Ist eine praktische Nützlichkeit dagegen erwiesen, so muss dem mittelalterlichen Publikum noch eine weitere Frage vorgelegt werden, nämlich die, ob sich im Rahmen einer umfassenderen Betrachtungsweise nicht auch ein anderer, alltäglicherer Auslöser für den gleichen Effekt finden ließe. Der Stricker nennt im Kontext der von ihm präsentierten angeblichen Wundersteine jeweils alternative Maßnahmen, mit denen die gleiche Wirkung hervorgerufen werden kann: Eine Schüssel kaltes Wasser kühlt kochendes Wasser ebenso wie der Topas, ein Schluck Wein löscht den Durst wie der Hahnenstein, eine Nadel öffnet Hautblasen wie der Saphir, faulendes Holz leuchtet im Dunkeln genauso wie Rubine. Diese alternativen Mittel, so das Hauptargument in der Invektive des Strickers gegen den Kauf der überteuerten Edelsteine, seien nicht nur leichter zu gewinnen und in ihrer Wirkung erprobt, sie seien vor allem auch deutlich billiger als die Wundersteine.

Die kritisch reflektierte, rationale Fragehaltung, zu der der Stricker sein Publikum mit seinen Ausführungen aufrufen will und die er in dieser Reimrede exemplarisch am Beispiel der angeblichen Wunderwirkung von Edelsteinen demonstriert, setzt sich demnach aus zwei Prüfungsschritten zusammen: Zunächst ist zu überlegen, ob ein bestimmter Effekt tatsächlich nachweisbar ist oder wenigstens im Rahmen der vorgegebenen Parameter theoretisch möglich erscheint; ist der Effekt als solcher gesichert, so ist nach alternativen, ‚natürlichen' Erklärungsmöglichkeiten zu fragen.

Dieses rationale Prüfungsschema, das der Stricker in der polemischen Rede ‚Von Edelsteinen' seinem Publikum empfiehlt, liegt in weniger expliziter Form ganz ähnlich auch seinen narrativen Werken zugrunde. Dass dabei gerade das Gebiet der alternativen Ursachen für behauptete Mirakel dem Stricker am Herzen liegt, tritt besonders in seinen Schwankerzählungen über den Pfaffen Amis[8] hervor, die sich über weite Strecken gleichsam als Anleitung zur Wunderfälschung lesen lassen: Amis, der „erste Lügner und Betrüger", lehrt einen Esel das Lesen, indem er Haferkörner zwischen die Seiten eines Buches streut, malt für den französischen König unsichtbare Bilder, die angeblich nur von ehelich geborenen Kindern wahrgenommen werden können, erweckt einen Hahn wieder zum Leben, indem er ihn einfach durch einen identisch ausse-

---

[8] Der Stricker, Der Pfaffe Amis. Mittelhochdeutsch/Neuhochdeutsch. Nach der Heidelberger Handschrift cpg 341 hg., übers. u. kommentiert v. Michael Schilling (RUB 658), Stuttgart 1994.

henden ersetzt, lässt auf überraschende Weise Fische in einem Brunnen erscheinen oder einen Ballen Tuch in Flammen aufgehen und vollbringt dergleichen ‚Wunder' mehr.

Erzählpraktisch sind diese Geschichten genau umgekehrt zu der Reimrede ‚Von Edelsteinen' konstruiert: Nicht das angeblich wundersame Ereignis steht am Anfang, stattdessen werden dem Publikum schon zu Beginn jeweils die – ganz und gar prosaischen und erklärbaren – Vorbereitungen des Pfaffen Amis geschildert, mit denen er später den überraschenden Effekt zustande bringt, so etwa in ‚Der auferstandene Hahn':

> Er [Amis] *verlie keinen tac,*
> *ern sante einen kneht fur,*
> *daz er spehet und erfur,*
> *da eine gebeurinne were*
> *rich und albere.*
> [...]
> *Do hiez er ouch den kneht spehen,*
> *wie ir han getan were.*
> *Als er vernam daz mere,*
> *da hiez er in balde loufen*
> *einen han koufen,*
> *daz si beide gelich ein ander weren.*
> *Den verbark er in der baren.*
> (V. 932–947)

Und später, nachdem der erste Hahn geschlachtet und gegessen wurde:

> *Do daz leute slafen quam,*
> *sinen han er her fur nam,*
> *den er in der bare het*
> *und liez in an die selben stat,*
> *do iener han waz genumen.*
> (V. 965–969)

Der folgende Eindruck eines ‚Wunders' in Form einer ‚Auferstehung' des Hahns kommt durch diesen Handlungsaufbau nur für einige Figuren der Erzählung – die erstaunte Bäuerin und ihre Familie – zustande; sie erstreckt sich nicht auf das Publikum: Diesem wurde die alternative, alltägliche Ursache für den überraschenden Auftritt des Hahns zuvor ja detailliert geschildert, die Einschätzung des Ereignisses als ‚Wunder' muss es daher als Missdeutung verstehen. In einigen der Episoden nimmt die Schilderung der betrügerischen Vorbereitungen dabei sogar deutlich mehr Platz ein als die anschließende Zelebrierung des angeblich wunderbaren Effekts, so etwa in ‚Amis als Wahrsager': Hier wird über etwa dreißig Verse berichtet, wie der Pfaffe Amis Familiendaten ausspionieren lässt und diese archiviert; die darauffolgende knappe

Erzählung über deren Verwendung in Form von Prophezeiungen umfasst gerade fünfzehn Verse.

Diese Erzählstrategie des Strickers führt im Ergebnis zur Konstruktion einer Komplizenschaft zwischen dem schlitzohrigen Protagonisten und dem Publikum: Indem die Hörer Vorbereitung und Durchführung der Streiche in allen Einzelheiten folgen können, befinden sie sich in einer privilegierten Position gegenüber den leichtgläubigen Figuren der Erzählung, die nur das Ergebnis einer Reihe von Aktionen zu sehen bekommen und dieses in der Folge falsch deuten; das Publikum kann zusammen mit dem Erzähler deren ‚Dummheit' kritisieren und über sie lachen.

Gerade im Kontext dieser Erzählungen aus dem ‚Pfaffen Amis' wird damit allerdings die Frage nach dem literarischen Talent des Strickers, die in der Vergangenheit mehrfach gestellt wurde, äußerst virulent: Handelt es sich bei dieser Art von Erzählung um billige Effekthascherei, um sehr direktes Buhlen um die Gunst eines Publikums, das sich ohne viel erzählerischen Aufwand durch gemeinsames Verspotten Dritter amüsieren lässt? Anders formuliert: Welchen Zweck verfolgt der Stricker mit seinen Berichten über die Aktivitäten des betrügerischen Pfaffen? Moralisch – darauf wurde an anderer Stelle in Zusammenhang mit den Verserzählungen zuletzt durch Walter Haug hingewiesen[9] – ist das Konzept der Strickerschen Schwankdichtungen durchaus angreifbar: Zwar werden in einigen der Geschichten schlechte Eigenschaften der Übertölpelten entlarvt, so etwa in der ‚Kirchweihpredigt', wenn der Pfaffe Amis hohe Spenden von allen Frauen erhält, nachdem er verkündet hat, nur von unbescholtenen und treuen Ehefrauen Gelder anzunehmen, oder in der Geschichte über die unsichtbaren – weil nicht gemalten – Bilder am französischen Königshof, in der die Höflinge mehr um ihren guten Ruf besorgt als auf die Wahrheit bedacht sind; genauso häufig, wenn nicht öfter, sind die Opfer indessen ehrliche Figuren, denen es allein um ihr Seelenheil geht und die konform zu den Werten und Verhaltensregeln ihrer Zeit agieren, indem sie dem augenscheinlich heiligen Mann ihre Spende zukommen lassen. Der von Ragotzky geäußerten These, dass hier ein unkorrigierbarer *wân* dieser Opfer vorliege, der zu Recht durch Zerstörung der sozialen Person der Figuren bestraft werden müsse,[10] ist aus den Texten so nicht zu belegen.

---

[9] Vgl. Walter Haug, Schlechte Geschichten – böse Geschichten – gute Geschichten oder: Wie steht es um die Erzählkunst in den sog. Mären des Strickers?, in: Die Kleinepik des Strickers. Texte, Gattungstraditionen und Interpretationsprobleme, hg. v. Emilio González u. Victor Millet (Philologische Studien und Quellen 119), Berlin 2006, S. 9–27.

[10] Vgl. Hedda Ragotzky, Gattungserneuerung und Laienunterweisung in Texten des Strickers, Tübingen 1981, v.a. S. 90f.

Dass es dem Stricker kaum auf eine Läuterung von angeblich schlechten Eigenschaften der Betrogenen ankommt, lässt sich meines Erachtens zusätzlich bereits recht klar daran erkennen, dass es innerhalb der erzählten Episoden nur selten zu einer Aufklärung des Betruges kommt. So endet etwa die ‚Kirchweihpredigt' nicht mit einer Entlarvung des Pfaffen, stattdessen resümiert der Stricker:

> *Da man siner predigt vernam,*
> *da wurden die vrowen vil vro*
> *und wurden ouch also*
> *unschuldick valscher minnen.*
> (V. 466–469)

Die Erzählung über die Aktivitäten des Pfaffen als Wahrsager endet schlicht mit den Worten:

> *Si begonden im also vil geben,*
> *daz iz in schadete zehen jar. [...]*
> *Si wanten, er wer ein wissage.*
> *Des geloubten si vil sere.*
> *Do beleip er do niht mere*
> (V.1060–1068),

die über die im Brunnen ausgesetzten Fische:

> *Untz si gezzen hatten,*
> *do heten si sich beraten,*
> *daz si im gaben zehen phunt.*
> *Da wider tet er in kunt,*
> *swaz si ie getaten,*
> *daz si des antlaz hatten.*
> *Als er daz gut zu sich genam,*
> *do schiet er vrolichen dan.*
> (V. 1135–1142)

Keine der hier betrogenen Figuren erfährt also, dass sie durch ein fingiertes, ein ‚unechtes' Wunder betrogen wurde und eventuell ihr Verhalten hin zu einer rationaleren und kritischeren Betrachtungsweise ihrer Umwelt ändern sollte. Damit unterbleibt eine Katharsis-Wirkung auf der erzählten Ebene – im Rahmen eines didaktisch-erzieherischen Erzählprogramms hin zu einer rational hinterfragenden Haltung der Hörerschaft ist eine solche dagegen allerdings innerhalb der Kommunikationssituation zwischen Erzähler und zuhörendem Publikum durchaus anzusetzen: Anders als die *albernen* Opfer des Pfaffen Amis haben die Rezipienten der Erzählung in deren Vollzug gerade die Möglichkeit unterschiedlicher Ursachen, die zum gleichen Effekt führen können, plastisch erfahren: Neben einer konventionellen Deutungsmöglichkeit der Ereignisse als ‚Wunder‘, wie sie von den Figuren der Erzählung geglaubt wird, steht für die Rezipienten nun das komplexere Erklärungsmodell der Herbeiführung des wunderbaren Effekts durch menschliche profane Einwirkung, welches zudem durch die Erzählhandlung als die richtigere Deutung des Ereignisses propagiert wird.

Indem also der Stricker praktisch vorführt, wie Wunder intentional auf natürlichem Wege produziert werden können, provoziert er eine kritisch-hinterfragende Irritation Ereignissen gegenüber, die zunächst übernatürlich erscheinen mögen. Gerade die Tatsache, dass die angeblichen Wunder auf der erzählten Ebene nicht immer aufgelöst werden, mag dabei als Appell an das Publikum zu erhöhter Wachsamkeit gegenüber seiner realen, außerliterarischen Umwelt gelesen werden.

Es wird deutlich, dass es dem Stricker bei diesem Plädoyer für selbständiges und rationales Denken nicht allein um die unkritische Akzeptanz von festgelegten Erklärungsschemata für bestimmte wundersame Ereignisse geht, wenn man die weiteren Verserzählungen in die Untersuchung mit einbezieht: Die Kritik des Dichters richtet sich darüber hinausgehend in gleichem Maße gegen zu große Leichtgläubigkeit Personen und Institutionen gegenüber. Dies wird bereits im ‚Pfaffen Amis‘ in den beiden Kaufmannsschwänken deutlich, in denen nicht künstlich produzierte ‚Wunder‘ das Thema sind: In ‚Der Maurer als Bischof‘ überzeugt der Pfaffe einen Maurer – anfänglichen Zweifeln zum Trotz – davon, zum Bischof gewählt worden zu sein, und erschwindelt mit dessen unfreiwilliger Unterstützung einen großen Posten wertvolle Tuche; in ‚Der Edelsteinhändler‘ macht er einem Arzt weis, ein von ihm zuvor betrogener Kaufmann sei wahnsinnig und stelle allein aus diesem Grund die erhobenen Forderungen. In beiden Geschichten kann der Pfaffe Amis sich nur deshalb so erfolgreich aus der Affäre ziehen, weil die anderen Figuren seinen Worten unbesehen Glauben schenken und seine Behauptungen nicht – wie es ebenso gut möglich gewesen wäre – zuvor aus anderer Quelle auf deren Wahrheitsgehalt hin überprüfen.

Ähnliche Konfliktsituationen konstruiert der Stricker auch in einigen Verserzählungen, wie z.B. in ‚Der begrabene Ehemann‘[11], wo ein Mann alle Worte seiner Frau aufgrund eines zuvor törichterweise geleisteten Eides auch wider besseres Wissen als wahr akzeptiert, bis er schließlich als angeblich tot bestattet wird, oder in ‚Edelmann und Pferdehändler‘[12], wo ein Pferdehändler

---

[11] Der Stricker, Der begrabene Ehemann, in: Der Stricker, Verserzählungen I, hg. v. Hanns Fischer, 4. überarb. Aufl. v. Johannes Janota (ATB 53), Tübingen 1979, Nr. IV.

[12] Der Stricker, Edelmann und Pferdehändler, in: Der Stricker, Verserzählungen II, hg. v. Hanns Fischer, 4. überarb. Aufl. v. Johannes Janota (ATB 68), Tübingen 1997, Nr. XV.

trotz ausbleibender Zahlungen immer weiter teure Pferde für einen geizigen
Adeligen beschafft, bis er schließlich finanziell ruiniert ist.

Walter Haug betont gerade bezüglich dieser beiden zuletzt genannten Geschichten zu Recht, dass die Moral in Form einer geschickten und gerechten
Wiederherstellung des *ordo* mit Hilfe *geviuger kündikeit*, wie sie laut Hedda
Ragotzky als übergeordnetes Ziel der Strickerschen Erzählungen anzunehmen
sei, hier zu kurz kommt:

> Es wird gebilligt, dass derjenige, der die Ordnung verletzt hat, ungeschoren davon-
> kommt, während der, dem Unrecht getan worden ist, bestraft wird. [...] Die Erzäh-
> lung verhöhnt jede Moral. Sie bricht mit dem von Ragotzky angesetzten Grundprin-
> zip, demzufolge am Schluss die gerechte Ordnung wiederhergestellt sein sollte – es sei
> denn, es wäre möglich, über den Düpierten zu lachen; doch gerade dies schließt sich
> hier aus.[13]

Dem ist wohl entgegenzuhalten, dass es dem Stricker auf die Aufrechterhal-
tung oder Wiederherstellung einer solchen Ordnung insgesamt sehr wenig an-
zukommen scheint: Wie oben bereits angeführt, haben die Streiche des Pfaffen
Amis kaum breitere ‚gesamtgesellschaftliche‘ Auswirkungen – ihr Aktionsra-
dius beschränkt sich allein auf die einzelnen betroffenen Figuren; tiefgreifende
Konsequenzen für die gesellschaftliche Ordnung können sie schon allein deshalb nicht haben, weil sie in den meisten Fällen unentdeckt bleiben. Ähnliches
gilt auch für die vorhin angeführten Erzählungen: Sowohl in ‚Edelmann und
Pferdehändler‘ als auch in ‚Der begrabene Ehemann‘ kommen die betrügerischen Figuren mit ihrem negativen Verhalten davon. Das Ziel des Strickers
scheint demnach weniger zu sein, eine gute Weltordnung zu verteidigen, vielmehr geht es ihm darum, seinem Publikum überlegtes, rationales und eigen-
ständiges Denken als Richtlinie für erfolgreiches Handeln nahezubringen, individuell unabhängig von und, wenn notwendig, auch gegen die bestehende
Weltordnung und ihre Institutionen. Dieser kritische Ansatz wird so auch in
der Anlage des ‚Pfaffen Amis‘ deutlich: Ginge es um die Propagierung einer
guten Weltordnung, so wäre hier wohl eher das unchristliche und unlautere
Besitzstreben des Pfaffen zu tadeln und nicht die teilweise fromme, mildtätige
Haltung seiner Opfer.

In seiner erzählpraktischen Konsequenz geht der Stricker dabei in einigen
der Verserzählungen sogar so weit, dieses rationale und eigenständige Denken
seines Publikums auch gegenüber sich selbst und seinen Erzählungen einzu-
fordern, wie beispielhaft die Geschichte ‚Das heißen Eisen‘[14] zeigt. Erzählt
wird darin der Ablauf eines Gottesurteils: Eine Frau verlangt von ihrem

---

[13] Haug (wie Anm. 9), S. 22.
[14] Der Stricker, Das heiße Eisen, in: Der Stricker (wie Anm. 11), Nr. V.

Mann, dass er sich zum Beweis seiner ehelichen Liebe und Treue einem Feu-
erordal unterziehen und ein glühendes Eisen für sie tragen solle. Der Mann
entspricht dieser Bitte und besteht die Probe unverletzt, indem er das Eisen
nicht mit der Hand, sondern mit einem im Ärmel versteckten Holzscheit trägt.
Im Gegenzug verlangt er daraufhin von seiner Frau, dass sie sich der gleichen
Prüfung unterziehen solle. Diese versucht zunächst, mit ihm zu verhandeln,
bittet ihn darum, ihr zuerst einen, dann zwei und schließlich drei (frühere)
Liebhaber durchgehen zu lassen. Obwohl der Mann ihr sie, wie gefordert,
erlässt, verbrennt sie sich bei der folgenden Feuerprobe schwer. Der Mann
beschimpft sie und droht, ihr ihr weiteres Leben lang nur Leid zuzufügen:

> *Allez, daz dir leid ist,*
> *daz will ich tuon nâch dirre vrist.*
> *Nu hât du ûf dich geladen*
> *beidiu laster und schaden;*
> *diu will ich dir helfen mêren.*
> (V. 191–195)

Vordergründig scheint die Botschaft dieser Geschichte sehr klar zu sein: Die
Frau wird dafür bestraft, dass sie von ihrem Mann etwas verlangt hat, das sie
selbst nicht leisten kann. Bezieht man jedoch den anfänglichen Betrug des
Ehemannes mit in die Deutung ein, so kippt dieser zunächst offensichtlich
scheinende Interpretationsansatz und die Frage nach der intendierten Botschaft wird zu einem verwirrenden Vexierbild: Soll deutlich gemacht werden,
dass ein Gottesurteil nicht der zuverlässige Weg zum Erweis ehelicher Treue
ist? Soll die Frau dafür getadelt werden, dass sie sich auf die Zuverlässigkeit
dieses ‚Wunders‘ verlässt? Ist der Mann dafür zu tadeln, dass er – obwohl er
selbst betrogen hat – seine Frau der Verletzungsgefahr aussetzt? Ragotzkys
Vorschlag, diese Geschichte als Erzählung über durch die Bestrafung der Frau
wiederhergestelltes Recht zu lesen,[15] geht insgesamt so glatt eben nicht auf.

Vor dem Hintergrund der eingangs angesprochenen Reimrede ‚Von Edelsteinen‘ und der verschiedenen Wundererzählungen im ‚Pfaffen Amis‘ scheint
die hier entstehende Uneindeutigkeit allerdings nicht auf literarische Unfähigkeit des Strickers zurückzuführen, sondern absichtlich in eben dieser Form
angelegt zu sein: ‚Das heiße Eisen‘ ist eine Erzählung, die ihr Publikum dazu
einlädt, die dort berichteten Ereignisse einer rationalen Analyse zu unterziehen, wie sie der Stricker in ‚Von Edelsteinen‘ vorgeschlagen hat. Die erste

---

[15] Ragotzky (wie Anm. 10), S. 90, ordnet diese Erzählung in die Kategorie der Ehe-
schwänke ein, bei denen „*gevüegiu kündikeit* […] sich rechtswirksam auf der Handlungsebene [vermittelt]: Der die Norm verletzt hat, erweist sich als unfähig zur Erkenntnis (*tump*), seine soziale Geltung wird zerstört, auf diese Weise stellt sich Recht
wieder her.“

Frage, ob nämlich ein wunderbarer Effekt wirklich festzustellen sei, ist zu bejahen: Der Mann trägt das heiße Eisen, ohne dass eine Brandverletzung, die als natürliche Folge zu erwarten wäre, eintritt; er bleibt ‚wie durch ein Wunder‘ unverletzt. Die zweite Frage, ob dieses Wunder auch auf profanem Wege zu erklären sei, ist ebenfalls zu bejahen: Der Stricker berichtet selbst im Rahmen seiner Erzählung, dass die Hand des Mannes nicht durch ein göttliches Wunder, sondern durch das schützende Holzscheit von der Verbrennung verschont bleibt. Die dritte Frage, ob das angebliche Wunder irgendeinen praktisch anwendbaren Nutzen hat, ist dagegen an dieser Stelle zu verneinen: Dadurch, dass verschiedene Ursachen für den auftretenden Effekt verantwortlich gemacht werden können, kann das heiße Eisen keine eindeutige Gewissheit darüber geben, ob eine der Figuren ihrem Partner treu ist oder nicht. Konsequenterweise bleibt in der Erzählung daher auch ungeklärt, warum der Mann anfangs den Betrug inszenierte: Es wird nicht gesagt, ob er seiner Frau untreu war oder ob er eventuell grundsätzlich an der Wirksamkeit der umstrittenen Ordale zweifelt. Auch hier schlägt der Stricker allerdings eine alternative Möglichkeit vor, wie der Effekt der Wahrheitsfindung auf anderem Wege erzielt werden kann: Ein schlechtes Gewissen und Angst vor Entlarvung bzw. Verletzung durch das heiße Eisen führen bereits vor der – eher wohl als Strafe in die Tat umgesetzten – Feuerprobe dazu, dass die Frau ihre Untreue zugibt.

Rationale Tendenzen im Werk des Strickers lassen sich mithin in zwei Bereichen explizit nachweisen: Zum einen erzählt der Stricker zwar gern und häufig von wundersamen Ereignissen, er plädiert jedoch in fast allen Fällen ausdrücklich dafür, zunächst eine rationale, profane Erklärung für diese Effekte in Betracht zu ziehen. Zum anderen ist die Erziehung seines Publikums hin zu mehr kritischem und rationalem Hinterfragen eines der ersten Anliegen des Strickers: Fast schon in aufklärerischer Attitüde ruft er mit seinen Geschichten dazu auf, sich weder auf den ersten Anschein noch auf Versicherungen von Autoritätspersonen zu verlassen – Richtlinie für das eigene situationsangemessene Verhalten sollte immer der eigene *sinne, den man scholte han,* sein. Vor dem Hintergrund dieser didaktischen Prämisse können die Kurztexte des Strickers wie auch der ‚Pfaffe Amis‘ als literarisch durchaus gelungen gelten – auch und gerade wenn sie nicht immer auf Wiederherstellung der bestehenden Ordnung abzielen.

Ragotzkys Überlegungen zum Aspekt der *gevüegen kündikeit* behalten insofern dennoch wenigstens teilweise ihre Gültigkeit, als situationsbezogen angemessenes und kluges Verhalten tatsächlich eine vom Stricker geforderte Tugend darstellt – allerdings erhebt er diese Forderung nicht mit dem Ziel, Normverletzungen zu korrigieren oder die gute Ordnung zu erhalten: Er äußert sie vielmehr gerade vor dem Hintergrund eines Wissens um den grundsätzlich defizitären Zustand des *ordo,* auf den – so die Botschaft des Strickers –

flexibel und rational eigenständig zu reagieren ist. Gerade weil die alten Normen nicht mehr als grundsätzlich zuverlässig angesehen werden können, ist für ihn die *ratio* die einzige Richtlinie, die ein erfolgreiches Überleben in einer sich wandelnden Welt sicherstellen kann.

Postskript

Im Rahmen der Tagungsdiskussion wurde die Frage aufgeworfen, inwiefern dieser rationale Ansatz des Strickers in Zusammenhang zu bringen ist mit dem im 13. Jahrhundert geführten theologischen Mirakel- und Wunderdiskurs und ob hier nicht sogar möglicherweise genauere Rückschlüsse auf den Bildungshintergrund des Dichters zu ziehen sein könnten. Diese Frage ist nicht leicht zu beantworten: Oft kontrovers geführte Streitigkeiten um Existenz und zureichenden Nachweis von wunderbaren Phänomenen, gerade im Kontext von Kanonisationsverfahren, durchziehen Kirchengeschichte und theologisches Schrifttum seit ihren Anfängen. Hans-Werner Goetz betont die grundlegende Bedeutung, die die Konzeption des Wunders[16] besonders für den Bereich der Heiligenverehrung besaß:

> Als charakteristisches Element der Heiligkeit zählten Wunder nicht nur zum gängigen Repertoire hagiographischer Schriften, [...] sondern zu deren – geradezu topischen – Kernbestand: Gott wirkte durch seine Heiligen Wunder (*miracula*) als Zeichen (*signa*) seiner Macht und der Heiligkeit der Heiligen. Zwar gibt es durchaus Heiligenviten ohne Wunderbericht, doch wird das Fehlen dann in der Regel ausdrücklich begründet (und somit die Bedeutung des Wunders doch indirekt bestätigt). Letztlich [...] hatten die Menschen ein großes Interesse an Wundern, die damit (nahezu) unverzichtbarer Bestandteil des Heiligenideals waren, auch wenn sich das nie als ein theologischer Grundsatz durchsetzen konnte und das Wunder stets ein theologisches Problem bildete. Das beschränkte sich jedoch [...] auf die Wahrheit bestimmter Zeichen, während die Möglichkeit des Wunderwirkens stets anerkannt war.

Die Möglichkeit der Fingierung von Mirakeln – etwa mit dem Ziel der Durchsetzung einer Kanonisation oder mit Blick auf die wirtschaftlichen Vorteile einer Wallfahrtsgründung – war in diesem Rahmen durchaus bekannt[17] und führte zu fortschreitenden Regulierungsversuchen durch die Kurie wie den

---

[16] Vgl. Hans-Werner Goetz, Wunderberichte im 9. Jahrhundert. Ein Beitrag zum literarischen Genus der frühmittelalterlichen Mirakelsammlungen, in: Mirakel im Mittelalter, hg. v. Martin Heinzelmann, Klaus Herbers u. Dieter R. Bauer. Stuttgart 2002, S. 180–226, hier S. 186f.

[17] Vgl. Klaus Schreiner, „Discrimen veri ac falsi". Ansätze und Formen der Heiligen- und Reliquienverehrung des Mittelalters, in: AKG 48 (1966), S. 1–53, S. 5f.

Bestimmungen des IV. Laterankonzils 1215, wonach Reliquien nur noch aufgrund päpstlicher Approbation verehrt werden durften, und den Dekretalien Gregors IX. von 1234, die das päpstliche Kanonisationsvorrecht festschrieben.[18]

Dem Stricker, der – wie seine religiösen Kurztexte zeigen – über ein recht fundiertes theologisches Wissen verfügte, dürfte dieser Diskurs durchaus vertraut gewesen sein, insbesondere, da gerade die Entstehungszeit der beiden oben genannten Grundsatzbestimmungen mit seiner Schaffenszeit zusammenfällt. Fraglich muss allerdings bleiben, inwiefern für seine kritische Haltung ein solches theologisches ‚Spezialwissen' als notwendig bzw. entscheidend vorauszusetzen ist: Eine vorsichtig-misstrauische Haltung Wunderberichten gegenüber ist in den Quellen nicht nur im Rahmen gelehrter theologischer Auseinandersetzungen, sondern als eine der möglichen Reaktionen auf die Konfrontation mit Mirakeln nicht selten auch für bildungsfernere Schichten belegt[19]. Die Forderung des Strickers, wunderbar erscheinende Ereignisse zunächst kritisch-rational zu prüfen, bewegt sich in den hier vorgestellten Texten auf einem sehr grundsätzlichen, theoretisch wenig differenzierten Niveau: Über die schlichte Mahnung zur Wachsamkeit möglichen Fälschern und Betrügern gegenüber und die Beschreibung einiger Techniken zur Fingierung von Wundern geht er kaum hinaus, speziellere theologische Diskussionspunkte, wie etwa die Frage, welche Folgen die Verehrung ‚falscher' Reliquien für den Frommen haben kann, werden ausgespart – aussagekräftige Anhaltspunkte für die Verortung des Strickers innerhalb eines bestimmten theologischen Umfeldes lassen sich aus dieser allgemein gehaltenen Wunderkritik wohl nicht ableiten.

Abstract: Miracles are made by telling – it is the author of a story who, by representing events in a certain way, decides if they are to be interpreted as a result of the 'natural actions' of protagonists, or if they should appear to be caused by the supernatural. In his work, Stricker opts for the first of these possibilities. Presenting the intentional construction of false miracles in 'Pfaffe Amis' and their misinterpretation as supernatural acts by Amis's victims, the poet demonstrates to his readers that in most cases there are several ways to explain an apparently supernatural event or situation. This rational, questioning attitude may be understood as Stricker's first aim as a literary author. Although in his *Mären* rational behaviour does not always necessarily lead to the restoral of good order, Stricker presents rational thinking and acting as the only way to deal successfully with a changing world.

---

[18] Einen Überblick über die zunehmende Formalisierung der Reliquien- und Heiligenverehrung bietet Christian Krötzl, Pilger, Mirakel und Alltag. Formen des Verhaltens im skandinavischen Mittelalter (Studia Historica 46), Helsinki 1994, S. 47–54; vgl. auch Schreiner (wie Anm. 17), S. 8f.

[19] Eine Aufzählung von Beispielen solcher Wunderkritik in den „Niederschichten der mittelalterlichen Gesellschaft" findet sich bei Schreiner (wie Anm. 17), S. 12–14.

Wolframstudien XX (2008)
Erich Schmidt Verlag Berlin

Vergebliche Rationalität

Erzählen zwischen Kasus und Exempel in Wittenwilers ‚Ring'

von HARTMUT BLEUMER und CAROLINE EMMELIUS

I. Literarische Freiräume jenseits des Rationalen?

Literarizität und Rationalität scheinen merkwürdig unvereinbare Begriffe zu sein. Bestimmt man den poetischen Mehrwert von Literatur durch ihren Widerstand gegenüber jenen kulturellen Diskursen, denen der Glaube an Rationalität innewohnt, dann wäre zwar Rationalität eine notwendige Vorbedingung der Literatur. Aber umgekehrt gäbe es im Literarischen gewisse Freiräume, die dem Rationalen nicht einfach entgegenstehen, sondern gerade dadurch einen Widerstand zum Rationalen erzeugen, daß sie ihm schlicht fremd sind. In der Literatur fände Rationalität demnach eine Grenze, jenseits dieser Grenze gäbe es aber etwas, das die Rationalität nicht mehr zu fassen vermag. Diese Grenze des Rationalen zeigt sich schon in jener Rede, die Literatur als irrational qualifiziert: Das Irrationale ist ein rationaler Begriff für das Andere, für eine Fremdheit, die Rationalität ausgrenzt, ohne sie noch zu begreifen.[1] Daß die Rede vom Irrationalen angesichts der Literatur auftaucht, wäre demnach ein Eingeständnis vergeblicher Rationalität.

Man könnte nun meinen, daß diese Schwierigkeit der Verbindung von Rationalität und Literatur etwas mit der modernen Vorstellung von literarischer Autonomie zu tun hat. Doch obwohl das richtig sein dürfte, erlaubt auch dies nicht den Umkehrschluß, daß unter den pragmatischen Bedingungen mittelalterlicher Literatur noch kein Rationalitätsproblem vorliegt. Nicht umsonst

---

[1] Vgl. die Zuspitzung, daß Literatur diese Grenze geradezu verkörpert und dadurch dem als irrational Ausgegrenzten einen ausgezeichneten Spielraum eröffnet, bei Shoshana Felman, Writing and Madness (Literature/Philosophy/Psychoanalysis) (Meridian. Crossing aesthetics), Palo Alto, California 2003, S. 15–17, 46–50, die ihrerseits auf Michel Foucault, Wahnsinn und Gesellschaft. Eine Geschichte des Wahns im Zeitalter der Vernunft (stw 39), Frankfurt a.M. 1973, basiert.

hat man das vermehrte Aufkommen von wissensvermittelnder Literatur im Spätmittelalter gerade als Ausdruck dieses Rationalitätsproblems angesehen: Die verstärkte Ausstellung von Wissensdiskursen dürfte auf ein wachsendes Bedürfnis nach Orientierung antworten,[2] nur operiert diese Orientierung wiederum mit jenen rationalen Gewißheiten, die im Schwinden begriffen sind.[3] Schließlich scheint die Vergeblichkeit dieser paradoxen Gegenbewegung sogar in bestimmten Bereichen des literarischen Diskurses selbst aufgeklärt zu werden: etwa im Schwank oder in der Narrenliteratur. Beide Textbereiche zeigen die Folgen des Rationalen und markieren seine Grenze. Die im literarischen Medium freigesetzte Rationalität stellt so gerade hier fest, daß sie sich selbst nicht genug ist.

Woran die Rationalität scheitert, das vermag sie selbst demnach nicht zu sagen, jedenfalls dann nicht, wenn dieses Scheitern durch etwas verursacht wird, das ihr fremd ist. Dann wäre aber, so lautet unsere These, dieses Andere der Rationalität in der literarischen Darstellung ästhetisch zu begreifen. Im Prozeß der ästhetischen Erfahrung müßte aufgrund seiner konstitutiven Dialektik aus Reflexion und sinnlicher Teilhabe die Grenze des Rationalen überschritten werden.[4] Der ‚Ring‘ Heinrich Wittenwilers scheint hierfür ein besonders charakteristisches Beispiel zu sein.

---

[2] Vgl. Johannes Janota, Orientierung durch volkssprachige Schriftlichkeit (1280/90–1380/90) (Geschichte der deutschen Literatur von den Anfängen bis zum Beginn der Neuzeit III/1), Tübingen 2004, S. 23–27.

[3] Vgl. Christoph Huber, „Der werlde ring“ und „was man tuon und lassen schol“: Gattungskontinuität und Innovation in moraldidaktischen Summen, Thomasin von Zerklaere – Hugo von Trimberg – Heinrich Wittenwiler und andere, in: Mittelalter und frühe Neuzeit. Übergänge, Umbrüche und Neuansätze, hg. v. Walter Haug (Fortuna vitrea 16), Tübingen 1999, S. 187–212, hier S. 187f., mit Bezug auf die von Janota abweichende Betonung der Kontinuität alter Ordnungsschemata im Spätmittelalter bei Thomas Cramer, Geschichte der deutschen Literatur, München 1990.

[4] Zum Begriff des Ästhetischen und der ästhetischen Erfahrung vgl. die klassische Position von Hans Robert Jauß, Ästhetische Erfahrung und literarische Hermeneutik. Bd. 1: Versuche im Feld der ästhetischen Erfahrung (UTB 692), München 1977, S. 9, S. 24–36, S. 56–64. Zur vorausgehenden These von Felman (wie Anm. 1) bleiben wir mindestens insofern auf Distanz, als die postmodernen Überpointierungen auf historische Schwierigkeiten stoßen und Felmans philosophisch begründete Gleichsetzung von *madness* und Literatur bei ihr dazu führt, daß sich ihr eigener wissenschaftlicher Diskurs in Literatur auflöst.

II. Der ‚Ring‘: Wissensordnung oder narrative Form?

Der ‚Ring‘ ist ein durch und durch dilemmatischer Text. Entsprechend teilt sich die Forschung in zwei Lager auf:[5] Über die Benutzerspuren in der einzigen Handschrift hinausgehend,[6] gibt es keine Indizien für irgendeine literarhistorische Wirkung des Textes. Dennoch wird der ‚Ring‘ heute für eine literarästhetische Qualität gefeiert,[7] über die man ihm eine Schlüsselstellung in der Literaturgeschichte zuweist.[8] Die Beschreibung dieser Qualität wirkt indes ähnlich zweideutig. Entweder liest man den Text als didaktische Summe, die über ein breites Wissensspektrum verfügt,[9] oder man verfolgt eine Geschichte

---

[5] Die Verlegenheit der Forschung, zu einer eindeutigen Positionierung gegenüber dem mehrdeutigen Text zu gelangen, zeigt sich in der auffälligen Tendenz zum Forschungsbericht in den Monographien der 1970er und 80er Jahre. Diese kommt zum Ende mit Ortrun Riha, Die Forschung zu Heinrich Wittenwilers ›Ring‹ 1851–1988 (Würzburger Beiträge zur deutschen Philologie 4), Würzburg 1990; ergänzend dies., Die Forschung zu Heinrich Wittenwilers ‚Ring‘ 1988–1998, in: Vom Mittelalter zur Neuzeit. FS Horst Brunner, hg. v. Dorothea Klein, Elisabeth Lienert u. Johannes Rettelbach, Wiesbaden 2000, S. 423–430. Mit Rihas Bündelungsleistung ist die ältere Forschung leichter zu handhaben. Dies hat jedoch den Nachteil, daß die Fülle der dort gemachten Beobachtungen und treffenden Formulierungen in den jüngeren Arbeiten zu wenig Beachtung findet.

[6] Zur Handschrift besonders: Heinrich Wittenwiler, Der Ring. In Abbildung der Meininger Handschrift hg. v. Rolf Bräuer u.a. (Litterae 106), Göppingen 1990; Eckart Conrad Lutz, *Spiritualis fornicatio*. Heinrich Wittenwiler, seine Welt und sein ›Ring‹ (Konstanzer Geschichts- und Rechtsquellen 32), Sigmaringen 1990, S. 415–441, bes. 427–429 zu Benutzerspuren, sowie zuletzt der Ausstellungskatalog: Deutsche Literatur des Mittelalters. Handschriften aus dem Bestand der Bayerischen Staatsbibliothek München mit Heinrich Wittenwilers ‚Ring‘ als kostbarer Neuerwerbung (Schatzkammer 2003 = Patrimonia 249), München 2003, S. 76–79.

[7] Das Stichwort der ‚Genialität‘ z.B. bei Brunner im Vorwort zu seiner Ausgabe: Heinrich Wittenwiler, Der Ring. Frühneuhochdeutsch/Neuhochdeutsch. Nach dem Text von Edmund Wießner ins Neuhochdeutsche übersetzt und hg. v. Horst Brunner (RUB 8749), Stuttgart 1991, S. 4.

[8] Zu den Urteilen im Zusammenhang der Literaturgeschichtsschreibung Riha (wie Anm. 5), S. 68–92.

[9] Vgl. die klassische Position bei Kurt Ruh, Heinrich Wittenwilers ‚Ring‘, in: FS Herbert Siebenhüner. Zum 70. Geburtstag am 10. März 1978, hg. v. Erich Hubala u. Gunter Schweikhart, Würzburg 1978, S. 59–70; auch in: ders., Kleine Schriften, Bd. 1: Dichtung des Hoch- und Spätmittelalters, hg. v. Volker Mertens, Berlin / New York 1984, S. 185–199; sowie ders., Ein Laiendoktrinal in Unterhaltung verpackt. Wittenwilers ‚Ring‘, in: Literatur und Laienbildung im Spätmittelalter und in der Reformationszeit. Symposion Wolfenbüttel 1981, hg. v. Ludger Grenzmann u. Karl Stackmann (Germanistische Symposien. Berichtsbände 5), Stuttgart 1984, S. 344–354. Zum Verhältnis von Didaxe und Allegorie Lutz (wie Anm. 6), S. 297–414 passim; die Reaktionen hierauf verzeichnet Michael Bärmann, Helden unter Bauern: Versuch zu Heinrich Wittenwilers „Ring“, in: Verein für Geschichte des Bodensees

von zum Teil grotesker Körperlichkeit, in der die affektiven Handlungsantriebe der Akteure den normativen Anspruch des präsentierten Wissens unterwandern.[10] Eine deutliche Sinnlinie des Textes scheint sich dabei immer nur durch eine einseitige Interpretation gewinnen zu lassen. Wer für den Vorrang der Wissensordnungen im ‚Ring‘ plädiert, muß offenbar die erzählte Geschichte vernachlässigen, wer hingegen der Geschichte folgt, für den hebt sich die Verbindlichkeit des Wissens auf.

Daß es aus diesem Dilemma auf rationalem Wege kein Entrinnen gibt, zeigt sich besonders unter der Ägide eines systemtheoretischen Rationalismus. So möchte man nach einer ersten Textlektüre mit Bachorski vielleicht von einem „Prinzip der symmetrischen Negation" sprechen, über das die Wissenssysteme im Text organisiert sind.[11] Kaum daß eine Lehre vorgetragen wurde, scheint diese in der Handlung auch schon in beeindruckender Konsequenz negiert zu werden. Akzeptiert man diese rationale Auffassung, dann erscheint der Text freilich als sinnlos. Er generiert ein absurdes Nullsummenspiel. Die Absurdität liegt im Doppelcharakter des Spiels, der sich insbesondere am Verhältnis von Ernst und Scherz zeigt. Der Ernst der Wissensdiskurse wird durch die Lächerlichkeit der Figuren entwertet, die das Wissen vortragen, aber die Lächerlichkeit beruht wiederum auf dem Ernst gültiger Normen.[12] Das Ergebnis

---

und seiner Umgebung 119 (2001), S. 59–105, hier S. 82, Anm. 3. Vgl. schließlich den jüngsten, dezidierten Vorschlag, den Text als ‚Hausbuch‘ zu lesen, von Frank Fürbeth, nutz, tagalt oder mär. Das wissensorganisierende Paradigma der „philosophia practica" als literarisches Mittel der Sinnstiftung in Heinrich Wittenwilers ‚Ring‘, in: DVjs 76 (2002), S. 497–541, der die strukturelle Spannung des Textes jedoch weitgehend auflöst.

[10] Besonders Hans-Jürgen Bachorski, *per antiffrasin*. Das System der Negationen in Heinrich Wittenwilers ›Ring‹, in: Monatshefte 80 (1988), S. 469–487; ders., ›Der Ring‹. Dialogisierung, Entdifferenzierung, Karnevalisierung, in: JOWG 8 (1994/95), S. 239–258; ders., Irrsinn und Kolportage. Studien zum *Ring*, zum *Lalebuch* und zur *Geschichtklitterung* (Literatur – Imagination – Realität 39), Trier 2006, S. 74–258; sowie Werner Röcke, Das Lachen, die Schrift und die Gewalt. Zur Literarisierung didaktischen Schreibens in Wittenwilers ›Ring‹, in: JOWG 8 (1994/95), S. 259–282.

[11] Bachorski, *per antiffrasin* (wie Anm. 10), S. 476; vgl. ders., Irrsinn und Kolportage (wie Anm. 10), S. 206–210.

[12] Vgl. Bachorski, *per antiffrasin* (wie Anm. 10), S. 482. Ferner Röcke (wie Anm. 10), S. 270. Um dieses gegenläufige Spannungsverhältnis hat sich in der älteren Forschung besonders Boesch bemüht: Vgl. hier nur Bruno Boesch, Phantasie und Wirklichkeitsfreude in Heinrich Wittenwilers „Ring", in: ZfdPh 67 (1942), S. 139–161, hier S. 140f. Ferner Fritz Martini, Heinrich Wittenwilers ‚Ring‘, in: DVjs 20 (1942), S. 200–235, hier S. 203f.; Richard Brinkmann, Zur Deutung von Wittenwilers ‚Ring‘, in: DVjs 30 (1956), S. 201–231, S. 203; Rudolf Voss, Weltanschauung und poetische Totalität in Heinrich Wittenwilers Ring, in: PBB (Tüb.) 93 (1971), S. 351–365, hier S. 255; Jürgen Belitz, Studien zur Parodie in Heinrich Wittenwilers „Ring" (GAG 254), Göppingen 1978, S. 259.

dieser Relation ist jene groteske Komik, in der das Vernichtende des Lächerlichen ästhetisch aufgelöst, in der aber auch die Welt des ‚Ring' praktisch vernichtet wird. Von der Lappenhausener Welt bleibt nur ihr triefnasiger Protagonist, der nichts gelernt hat, und ein Wissenskatalog mit absurden Folgen. Die Geschichte des Protagonisten verliert sich ohne rechtes Ende irgendwo im Schwarzwald,[13] und die Lehren wirken ebenso korrekt wie narrativ wertlos.

Es ist nun auffällig, daß Bachorskis These von der „Dekonstruktion jeglicher Sinnhaftigkeit",[14] so systemtheoretisch-rational sie auch hergeleitet wird, auf einen ästhetischen Effekt reagiert, der außerhalb des Ansatzes liegt. Die Vorstellung der Auflösung von Wissensordnungen durch die Geschichte privilegiert das Narrativ des Erzählers,[15] der rationale Ansatz erfaßt den Text aber lediglich über die Wissensordnungen des Autors und deren Negationen. Im Erzählen der Geschichte wird etwas Positives vernommen, aber diese Wirkung des Narrativen kann im rationalen Zugriff nicht mehr erfaßt werden. Sie erscheint nur als Negation von Sinn. Damit geht es diesem Ansatz wie den Redeinstanzen des Textes, die den Ablauf der Geschichte in Lappenhausen rational zu beurteilen versuchen, aber ebenfalls nicht verstehen können.

---

[13] Die These in der im übrigen immer noch anregenden Studie von Gaier zur Entwicklung des Protagonisten und Gaiers Insistieren auf einer positiven Weisheitslehre des Textes (vgl. Ulrich Gaier, Satire. Studien zu Neidhart, Wittenwiler, Brant und zur satirischen Schreibart, Tübingen 1967, bes. S. 140–149 und 163–166) gelten in der Forschung allgemein als widerlegt. Hierfür läßt sich auch die Wirkungs- und Funktionslosigkeit der Weltabkehr Bertschis anführen. So schon Bruno Boesch, Bertschis Weltflucht. Zum Schluß von Wittenwilers ‚Ring', in: Studien zur deutschen Literatur und Sprache des Mittelalters. FS Hugo Moser zum 65. Geburtstag, hg. v. Werner Besch u.a., Berlin 1974, S. 228–237; sowie zuletzt Corinna Biesterfeldt, Das Schlußkonzept *moniage* in mittelhochdeutscher Epik als Ja zu Gott und der Welt, in: Wolfram-Studien 18 (2004), S. 211–231, bes. S. 229f., die betont, daß Wittenwilers Schluß die Implikationen des Motivs unterlaufe.

[14] Bachorski, *per antiffrasin* (wie Anm. 10), S. 483. Vgl. ders., Irrsinn und Kolportage (wie Anm. 10), S. 253–258. Das Stichwort zuvor schon bei Kristina Jürgens-Lochthove, Heinrich Wittenwilers „Ring" im Kontext hochhöfischer Epik (GAG 296), Göppingen 1980, S. 276–279. Vgl. auch Werner Röcke, Bilder vom Bauern, vom Untergang und vom glücklichen Landleben. Zum Verhältnis von Individuum und Gesellschaft in Johann Fischarts ‚Fürtreffliches artliches Lob / deß Landlustes / Mayersmut und lustigen Feldbaumans leben' und in Heinrich Wittenwilers ‚Ring', in: Typus und Individualität im Mittelalter, hg. v. Horst Wenzel (Forschungen zur Geschichte der älteren deutschen Literatur 4), München 1983, S. 103–122, S. 110–112.

[15] Vgl. Bachorski, Irrsinn und Kolportage (wie Anm. 10), S. 166f., der den Gegensatz von Narration und Wissensordnung ausdrücklich reflektiert, den Primat des Narrativen aber nicht hinterfragt, was sich etwa darin niederschlägt, daß für den ‚Ring' die Gattungsbezeichnung ‚Roman' (S. 257f. u.ö.) verwendet wird.

Diese Schwierigkeit betrifft schon die Sprecherrollen des Prologs. Der Text gibt sich von Anfang an als ein Schriftwerk, als ein Buch mit einem Titel und einem Autor: *Ein puoch, daz ist „DER RING" genant /* [...] *Wan es ze ring umb uns beschait / Der welte lauff* (V. 8–11).[16] Das Werk erhebt so schon im Titel den Anspruch darauf, ein universales Wissen als überschaubare Ganzheit zu präsentieren. Dieses Wissen hat als *der welte lauff* eine eigene Dynamik, die für die Redeinstanz des Prologs uneingesehen in der Totalität des Wissens aufgeht. Das Wissen, das der Text präsentiert, wäre damit prinzipiell verfügbar. Der Begriff des Verfügungswissens drängt sich hier auf, er ist aber auch auf jenen Wissensbereich ausgedehnt, der im Gegenzug zum Verfügungswissen als Orientierungswissen zu bezeichnen wäre. Das Buch *lert auch wol, / Was man tuon und lassen schol* (V. 11f.). Die Trennung in normbildendes Orientierungswissen und technisches Verfügungswissen, mit der insbesondere Jürgen Mittelstraß die Entwicklung der neuzeitlichen Wissensgesellschaft beschrieben hat,[17] sie scheint also noch nicht vollzogen, obwohl die Dominanz des Verfügungsgedankens bereits deutlich ist. Darum ist der Zusammenhang zwischen den beiden Wissensbereichen hier noch sichtbar, der in der späteren historischen Entwicklung verdeckt wird: Es gibt Formen des Orientierungswissens, die man in technisch-rationale Handlungsanweisungen verwandeln und damit wie Verfügungswissen behandeln kann. Aber umgekehrt gibt nicht jedes technische Wissen auch Orientierung. Darum wird die Orientierung schwierig, wenn das Verfügungswissen dominiert.

Im ‚Ring‘ führt diese Herrschaft des Verfügungs- über das Orientierungswissen zunächst dazu, daß der Autor den Text – um einen Ausdruck aufzunehmen, den Christoph Huber für den ‚Welschen Gast‘ mit unaufdringlicher Treffsicherheit verwendet hat – als ‚Architektur‘ versteht.[18] Das hat für das Verhältnis dieser Sprechinstanz zur erzählten Geschichte fatale Folgen. Denn didaktische Summen, die ihr Wissen architektonisch ordnen, haben gewiß einen Autor, aber sie haben keinen Erzähler. So sieht es auch der Autor im

---

[16] Textzitate folgen der Ausgabe von Edmund Wießner: Heinrich Wittenwilers Ring. Nach der Meininger Handschrift hg. v. Edmund Wießner (Deutsche Literatur in Entwicklungsreihen. Reihe Realistik des Spätmittelalters 3), Leipzig 1931.

[17] Besonders: Jürgen Mittelstraß, Hat Wissenschaft eine Orientierungsfunktion?, in: ders., Wissen und Grenzen (stw 1566), Frankfurt a.M. 2001, S. 13–32; ders., Wissenschaft als Lebensform. Zur gesellschaftlichen Relevanz und zum bürgerlichen Begriff der Wissenschaft, in: ders., Wissenschaft als Lebensform. Reden über philosophische Orientierungen in Wissenschaft und Universität (stw 376), Frankfurt a.M. 1982, S. 11–36. Vgl. den Ansatz ferner in: ders., Die Möglichkeit von Wissenschaft (stw 62), Frankfurt a.M. 1974.

[18] Huber (wie Anm. 3), S. 198, spricht von ‚architektonischer Originalität‘. Daß dies nichts mit dem Bachtinschen Begriff der architektonischen Form zu tun hat, ist angesichts der in der ‚Ring‘-Forschung flottierenden Termini Bachtins festzuhalten.

‚Ring': Es wird eine architektonische Ordnung angekündigt, sie ist dreiteilig und besteht aus einer Hoflehre, einer allgemeinen Lebenslehre und einer Kriegslehre (V. 15–28). Und wenn in dieser Anlage außerdem, wie Eckart Conrad Lutz und zuletzt deutlicher Frank Fürbeth wahrscheinlich gemacht haben, etwas von den Anordnungsprinzipien spätmittelalterlicher Wissenskompendien steckt, wenn die Anordnung also sogar kodikologische Konventionen widerspiegelt, dann liegt die Kategorie des Erzählers ohnehin fern.[19]

Der intendierte Rezipient scheint ganz entsprechend eher als ein Sammler von Wissen denn als aktiver Teilnehmer am ästhetischen Realisationsprozeß einer Narration gedacht zu sein. In seine architektonische Form inseriert der Autor nämlich nur deshalb *der gpauren gschrai* (V. 36), weil er die Rezeption seines Textes erleichtern möchte: Der Prolog geht ganz im Sinne der klassischen Rhetorik von einem Modellrezipienten aus, dessen Konzentrationsvermögen begrenzt ist (vgl. V. 32–35), der deshalb nicht fortwährend Ernsthaftes aufnehmen kann und Phasen scherzhafter Entspannung braucht.[20] Die scherzhafte Darstellung der Bauerntölpel verschafft dem Rezipienten einen Freiraum, dieser ist jedoch rational begründeter Teil einer Zweck-Mittel-Relation: Die Unterhaltung sichert die Nützlichkeit des Textes. Darüber hinaus deutet der Autor zwar noch eine weitere Freiheit an, für diese will er aber nicht mehr verantwortlich zeichnen. Sie liegt nämlich jenseits der Grenze einer Rationalität des Nützlichen:

> *Secht es aver ichts hie inn,*
> *Das weder nutz noch tagalt pring,*
> *So mügt irs haben für ein mär,*
> *Sprach Hainreich Wittenweilär.*
> *Derschallend in dem hertzen fro*
> *Hebt die taiding an also:*
> (V. 49–54)

---

[19] Vgl. Lutz (wie Anm. 6), S. 384–396; Fürbeth (wie Anm. 9), S. 198; sowie den neuen Vorschlag von Christine Putzo, die Farblinien im genannten Sinne als Orientierungs- und Findehilfen zu verstehen: Komik, Ernst und *Mise en page*. Zum Problem der Farblinien in Heinrich Wittenwilers ‚Ring' (erscheint in: Archiv für das Studium der neueren Sprachen und Literaturen 245 [2008]).

[20] Dies entspricht auch der mittelalterlichen Komik-Theorie: Vgl. hierzu Joachim Suchomski, ‚Delectatio' und ‚Utilitas'. Ein Beitrag zum Verständnis mittelalterlicher komischer Literatur (Bibliotheca Germanica 18), Bern/München 1975, S. 30f., S. 67–81; Glending Olson, Literature as Recreation in the Later Middle Ages. Ithaca/London 1982, S. 19–127; sowie Elisabeth Arend, Lachen und Komik in Giovanni Boccaccios Decameron (Analecta Romanica 68), Frankfurt a.M. 2004, S. 44–72, S. 108–140.

Das *mære*, d.h. die Geschichte, von der Wittenwiler hier spricht, rangiert außerhalb des rationalen Entweder-Oder von *prodesse* (*nutz*) und *delectare* (*tagalt*).[21] Der Versuch, dem Projekt des ‚Rings' eine binär strukturierte Ordnung zu verleihen, scheitert so schon in den letzten Versen des Prologs. Und auch die diese binäre Systematik sichernde optische Markierung mit roten und grünen Farblinien kann nicht verhindern,[22] daß sich quer zu ihr ein nicht näher definiertes Anderes einstellt, das sich als Verstehensmöglichkeit behauptet: Die Geschichte, von der der Autor selbst gar keinen Begriff hat. Seine Worte gelten ihm nämlich nicht als Erzählung einer Geschichte, sie bilden ein *taiding*, eine Gerichtsrede.[23] Damit geschieht etwas höchst Irritierendes: Der Autor im Text[24], dessen Name gewiß nicht zufällig metrisch hingestolpert daherkommt,

---

[21] Zum Verhältnis des Wortes *mære* zum Geschichtsbegriff vgl. Hartmut Bleumer, Im Feld der *âventiure*. Zum begrifflichen Wert der Feldmetapher am Beispiel einer poetischen Leitvokabel, in: Im Wortfeld des Textes. Worthistorische Beiträge zu den Bezeichnungen von Rede und Schrift im Mittelalter, hg. v. Gerd Dicke, Manfred Eikelmann u. Burkhard Hasebrink (Trends in Medieval Philology 10), Berlin 2006, S. 347–367.

[22] Vgl. zu den Farblinien die tabellarische Übersicht in der detaillierten Textdurchsicht bei Helmut Funke, Die graphischen Hinweise Heinrich Wittenwilers für das Verständnis seiner Dichtung „Der Ring". Phil. Diss., Münster i.W. 1973, S. 151–159, deren Bewertung jedoch auf einem Zirkelschluß beruht: Weil in der tabellarischen Auflistung das narrative Moment ausgeklammert wird, das die Gültigkeit der Markierungen unterwandern könnte, ist das Ergebnis, die roten Markierungen seien zutreffend, zwangsläufig. Vgl. die Relativierungen bei Christa Maria Puchta-Mähl, „Wan es ze ring umb uns beschait". Studien zur Narrenterminologie, zum Gattungsproblem und zur Adressatenschicht in Heinrich Wittenwilers „Ring", Heidelberg 1986, S. 212–273.

[23] Symptomatisch für das allgemein vorherrschende Verständnis ist die anderslautende Übersetzung bei Brunner als ‚Erzählung' (wie Anm. 7), S. 11, die, ansonsten ‚kongenial', diese wichtige Nuance verdeckt. *taiding* ist jedoch ein häufig im ‚Ring' verwendetes Wort, das in den meisten Fällen rechtliche Konnotationen aufweist. Vgl. die Belegzusammenstellung bei Edmund Wießner, Der Wortschatz von Heinrich Wittenwilers „Ring", hg. v. Bruno Boesch, Bern 1970, S. 185; sowie Fürbeth (wie Anm. 9), S. 522f., der vor dem Hintergrund der Arbeit von Elmar Mittler, Das Recht in Heinrich Wittenwilers „Ring" (Forschungen zur oberrheinischen Landesgeschichte 20), Freiburg i.Br. 1967, die juristische Bedeutung erstmalig hinlänglich stark gemacht hat. Die Neigung des Textes zur juristischen Verhandlung zeigt sich gleich zu Beginn auf der Figurenebene: Die Bauern führen, kaum daß sie einen ersten vergeblichen Handlungsanlauf unternommen haben, eine Debatte über Nutzen und Nachteil ihrer Niederlagen, was ebenfalls als *taiding* (V. 317) bezeichnet wird. Die Debatte wird durch Kunz vom Stadel mit dem Hinweis auf einen Formfehler beendet, was diesem den passenden Spott einträgt: *Ist daz nit ein wunder, / Daz Chuontz da haim uf sinem mist / Ist worden ein so guot jurist?* (V. 310–312).

[24] Zum Begriff Monika Unzeitig, Von der Schwierigkeit, zwischen Autor und Erzähler zu unterscheiden. Eine historisch vergleichende Analyse zu Chrétien und Hartmann, in: Wolfram-Studien 18 (2004), S. 59–81, hier S. 60–63.

weil er sich auf das *mære* reimen muß,[25] er verfehlt die narrative Struktur seines eigenen Werkes. Mehr noch: Seine Sprechinstanz löst sich auf und läßt nun die Rede als *taiding* selbst agieren.[26] Der juristische Diskurs scheint sich so schon hier gegen die Geschichte behaupten zu wollen,[27] aber dabei verschwinden sowohl der Autor als auch der Erzähler.

III. Verhandlung ohne Kasus: Die Ehedebatte

Das ist nur folgerichtig, denn ein Text, der sich als Gerichtsrede bezeichnet, benötigt weder einen Erzähler noch einen Autor, sondern einen Orator, der die Redeteile der rationalen Logik eines Prozesses folgend anordnet: In der *narratio* hat er einen Kasus darzulegen, der ein Problem enthält. Dieses ist unter Berücksichtigung der entsprechenden Rechtsnormen in der *argumentatio* abwägend zu verhandeln und schließlich in der *peroratio* der Beurteilung vorzulegen. Der Text definiert sich damit als gänzlich diskursives System. In die-

---

[25] Die Lösung von Schlaffke, zu einem glatten Metrum zu gelangen, ist wenig überzeugend, vgl. Winfried Schlaffke, Heinrich Wittenweilers Ring. Komposition und Gehalt (Philologische Studien und Quellen 50), Berlin 1969, S. 13. Daß sich die Brechungen des Prologs auf die Autorfigur erstrecken, hat besonders Bachorski, Irrsinn und Kolportage (wie Anm. 10), S. 74–88, betont, der fiktive Status des Sprechers führt aber auch bei ihm zum Kurzschluß von Autor- und Erzählerinstanz.

[26] Nimmt man die Konjektur Wießners zur Wortabtrennung in V. 53 zurück und liest mit der Handschrift *der schallend* statt *derschallend*, verschiebt sich das Problem, bleibt jedoch prinzipiell erhalten: Ein *taiding* ist kein *mære*, und auch wenn hier der Autor Wittenweiler eine Verhandlung beginnen läßt, räumt er seine Position als dominante Redeinstanz. Zu diesem Problem auch Fürbeth (wie Anm. 9), S. 523, Anm. 113.

[27] Zur Dominanz rechtlicher Begriffe und Verfahren im ,Ring' vor allem Mittler (wie Anm. 23); sowie Ruth Schmidt-Wiegand, ,Kaiserrecht' bei Heinrich Wittenwiler und Oswald von Wolkenstein, in: JOWG 9 (1996/97), S. 45–58; Fürbeth (wie Anm. 9), S. 522f., und zuletzt Monika Schulz, Eherechtsdiskurse. Studien zu *König Rother, Partonopier und Meliur, Arabel, Der guote Gêrhart, Der Ring*, Heidelberg 2005, S. 157–183. Den Versuch, auch den Titel juristisch auszulegen, unternimmt Christa Wolf Cross, Magister ludens. Der Erzähler in Heinrich Wittenweilers *Ring* (Univ. of North Carolina Studies in the Germanic Languages and Literatures 102), Chapel Hill 1984, S. 9f. Den kasuistischen Charakter der Lehren betonen Bernhard Sowinski, Der Sinn des „Realismus" in Heinrich Wittenwilers „Ring", Phil. Diss. Köln 1960, S. 34, 103; Gaier (wie Anm. 13), S. 185; Christoph Gruchot, Heinrich Wittenwilers „Ring". Konzept und Konstruktion eines Lehrbuches (GAG 475), Göppingen 1988, S. 12. Das Stichwort der Kasuistik findet auch ansonsten häufig in der älteren Forschung Verwendung – so z.B. bei Schlaffke (wie Anm. 25), S. 50–58; Rainer Helfenbein, Zur Auffassung der Ehe in Heinrich Wittenwilers „Ring", Phil. Diss. Bochum 1976, S. 190; Ruh, Laiendoktrinal (wie Anm. 9), S. 351 –, bezeichnet aber in der Regel unspezifisch die Rationalität der Auseinandersetzungen.

sem System ist „der Orator der Narrator"[28], folglich nimmt die *argumentatio* jene Position ein, die in einer Erzählung dem Erzählerkommentar zukommt.[29] Das Verhältnis von Geschichte und Diskurs ist jedoch ein gänzlich anderes. Das Narrative, die Handlung des Fallberichts, hat im System der Gerichtsrede zwar eine klar definierte Position, es bleibt der diskursiven Verhandlung als deren Gegenstand aber stets untergeordnet: Aus Sicht der Logik der Gerichtsrede ist die *narratio* genaugenommen gar keine Geschichte, also keine abgeschlossene, wertbesetzte Struktur mit Anfang, Mitte und Ende. Indem sie zur Exposition einer Frage dient, zu der die *argumentatio* die Antwort sucht, bleibt die *narratio* vielmehr eine offene, axiologisch erst noch zu determinierende Struktur. Insofern verschwindet das narrative Moment der *narratio* im Vorgang der *argumentatio* aus der Rede. Das Modell der Gerichtsrede liefert also eine Struktur, in der Handlung und Diskurs einerseits aufeinander bezogen, andererseits immer schon entkoppelt sind. In der Annahme, damit ein rationales System zur Bewältigung von Handlung gefunden zu haben, ist der ‚Ring' bemüht, an dieser Struktur zu partizipieren.[30] Die Folgen des dialektischen Mechanismus' bleiben dabei jedoch unbegriffen.

Symptomatisch dafür ist die Ehedebatte, die den zweiten Teil des ‚Rings' eröffnet. Sie führt auf breitem Raum eine kommunikative Situation mit mehreren Beteiligten vor, in der die Frage, ob man heiraten solle, kontrovers zwischen zwei Parteien verhandelt und letztlich von einer dritten Instanz entschieden wird. Dies vollzieht sich über drei Diskursmuster. Diese liefern das Beratungsgespräch des politischen und die Disputation des wissenschaftlichen Diskurses; mit dem abschließend formulierten Urteil des Dorfschreibers wird zudem der juristische Diskurs zitiert.[31]

---

[28] Joachim Knape, Artikel ‚Narratio', in: HWRh 6 (2003), Sp. 98–106, hier Sp. 99.
[29] Für den ‚Ring' ist argumentiert worden, daß der Diskurs der Figuren die nur schwach ausgebildete Kommentarfunktion des Erzählers übernehme, vgl. den Hinweis bei Jürgens-Lochthove (wie Anm. 14), S. 301f. Allerdings ist – so soll im folgenden gezeigt werden – das Verhältnis von Kommentar und Kommentiertem damit nicht mehr das eines Erzählers zu seiner Geschichte, sondern das von Disputanten zu einem Kasus.
[30] Indem er das Erzählen im ‚Ring' mit einem aus der klassischen Rhetorik abgeleiteten Begriffsinventar analysiert, kommt Babendreier diesem Zusammenhang besonders dicht auf die Spur, allerdings ohne die Hinweise im Prolog für seine Argumentation zu nutzen: Jürgen Babendreier, Studien zur Erzählweise in Heinrich Wittenwilers ‚Ring', Diss. Kiel 1973, programmatisch S. 6–8.
[31] Die Forschung hat bislang zumeist versucht, die Szene einem Diskursmuster zuzuordnen. Auf die Nähe der Ehedebatte zum formalen Muster der scholastischen Disputation verweisen ausführlich Schlaffke (wie Anm. 25), S. 50–58; Ingrid Kasten, Studien zu Thematik und Form des mittelhochdeutschen Streitgedichts, Diss. Hamburg 1973, S. 184–197; sowie Detlef Roth, Von der *dissuasio* zur *quaestio*. Die Transformation des Topos *An vir sapiens ducat uxorem* in Wittenwilers ‚Ehedebatte', in:

Die Szene beginnt als Beratungsgespräch: Bertschi versammelt Freunde und Verwandte kreisfömig um sich und bittet diese um *consilium et auxilium*:

> *Lieben freunt, vernempt mich eben*
> *Und geruocht mir rat ze geben!*
> *Ich mag nicht lenger sein an weib,*
> *Scholtz mich chosten meinen leib.*
> *Ich han mir eineu ausderkorn,*
> *Die mir ze sälden ist geporn.*
> *Ich muoss sei han, es tuot mir not:*
> *Anders ich würd ligen tot.*
> *Daz ist ein dink, daz ich euch bitt,*
> *Und trauw, ier sait mier treuleich mit*
> *An rat und auch an hilf dar zuo.*
> (V. 2657–2667)

Die Bitte um Rat und Hilfe hat ihren literarischen Ort innerhalb der Brautwerbung Bertschis, sie ist damit Teil der narrativen Handlung.[32] Aber die Beratung kommt zu spät, denn Bertschi hat ja bereits entschieden zu heiraten, und die richtige Frau hat er in Gestalt von Mätzli dafür auch schon gefunden. Indem er ein Beratungsgespräch, ein *parlament* (V. 2655),[33] einberuft, wählt er also eine traditionelle Form, zu einer Entscheidung zu gelangen, für die er gar keine offene Frage hat.[34] Zwar ist es nützlich, Freunde und Verwandte um

---

Euphorion 91 (1997), S. 377–396, hier S. 395. Dagegen sieht Mittler (wie Anm. 23), S. 36, das Muster für den Ablauf der Debatte im Schöffenprozeß. Daß der von Bertschi einberufene Familienrat ein weiteres distinktes Diskursmuster aufruft, beobachtet Babendreier (wie Anm. 30), S. 15f.

[32] Die ausführliche Darstellung der Eheanbahnung und -schließung rekurriert auf entsprechende Rechtsbräuche, vgl. Bruno Boesch, Fragen rechtlicher Volkskunde in Wittenwilers ‚Ring‘, in: Schweizerisches Archiv für Volkskunde 71 (1975), S. 129–157, hier S. 131f., die ausführliche Beratungsszene scheint aber als bäuerliche Variante des epischen Werbungsschemas eher intertextuellen Charakter zu haben. Dazu bislang nur in Andeutungen Jürgens-Lochthove (wie Anm. 14), S. 167–176.

[33] Im Unterschied zu Wießner (wie Anm. 23), S. 145, und Brunner (wie Anm. 7), S. 157, sehen wir die institutionellen Konnotationen des Ausdrucks hier im Vordergrund. Wießner übersetzt mit ‚Rede in der Versammlung‘ und bezieht den Ausdruck damit ganz auf den folgenden Redebeitrag Bertschis. Auch Brunners Übersetzung ‚Palaver‘ verschleiert auf Grund der im umgangssprachlichen Gebrauch vorhandenen abwertenden Konnotationen den institutionellen Charakter des Ausdrucks.

[34] Im politischen Kontext sind natürlich auch Beratungsgespräche denkbar, die stattfinden, obgleich der Herrscher seine Entscheidung bereits getroffen hat, die somit nur einer nachträglichen Absicherung des Standpunktes dienen. In diesem Fall wird der Herrscher den Beratern seine Ansicht aber kaum kundtun, um deren Ansichten nicht zu beeinflussen. Vgl. Gerd Althoff, Colloquium familiare – colloquium secretum – colloquium publicum. Beratung im politischen Leben des früheren Mittelalters, in: ders., Spielregeln der Politik im Mittelalter. Kommunikation in Frieden und Fehde, Darmstadt 1997, S. 157–184.

Hilfe bei der weiteren Brautwerbung zu bitten – diese Hilfe wird ihm später auch ganz regelkonform zuteil –,[35] aber eine Beratung, die auf den Sinn der Ehe im Kontext des narrativen Schemas verwiese, benötigt Bertschi nicht. Diskurs (*rat*) und Handlung (*hilf*) bilden damit nicht – wie für ein Beratungsgespräch zu erwarten – eine Einheit, sondern spalten sich schon in Bertschis Eröffnungsrede auf: Aus dem Sowohl-als-Auch wird ein binäres Entweder-Oder. Damit entsteht genau jenes Dilemma, das auch das Wirkungsproblem des ‚Ring‘ insgesamt ausmacht. Bertschis Onkel Farindkuo bringt es genau auf den Punkt:

> ‚*Ich chan dir nicht geraten bas:*
> *Tuo ein dink, daz wesen muoss,*
> *Und aht nicht um einr hennen fuoss,*
> *Was man sing und was man sag!*
> *Des hilf ich dir, so vil ich mag.*
> *Des wunders mich joch gar bevilt,*
> *Daz du von uns nu haben wilt*
> *Rat umb sach nach deiner sag,*
> *Die anders nit gewesen mag.*‘
> (V. 2670–2678)

Die aporetische Situation des Ratgebers, in einer Sache zu raten, die bereits entschieden ist, spiegelt sich in den Antworten, die Bertschi bekommt: Farindkuos paradoxer Ratschlag lautet, nicht auf Ratschläge zu achten und Mätzli zu nehmen.[36] Die Lösung von Gumpost liegt dagegen im Verstummen: Er hält die Ehe ganz allgemein nicht für ratsam und verweigert daher, als *rategebe* zu fungieren (V. 2692): Weil das Ergebnis der Beratung ja schon feststeht und er zur Ehe nicht raten will, muß er schweigen. Rüerenmost schließlich erklärt, daß sowohl die Ehe als auch Ehelosigkeit fatale Ergebnisse hätten (V. 2705–2716).[37] Die Beratungshandlung stockt, weil die drei Befragten sich

---

[35] So wenn Nabelreiber und Rüerenmost als Boten zu Mätzlis Vater gehen (V. 3535–3544).

[36] Zu dieser und den weiteren logischen Widersinnigkeiten die Zusammenstellung bei Bernward Plate, Wittenwilers »Ehedebatte« als Logik-Persiflage, in: FS Paul Klopsch, hg. v. Udo Kindermann (GAG 492), Göppingen 1988, S. 370–383, bes. S. 375f.

[37] Schon Edmund Wießner, Kommentar zu Heinrich Wittenwilers Ring (Deutsche Literatur in Entwicklungsreihen. Reihe Realistik des Spätmittelalters, Kommentar zu Bd. 3), Leipzig 1936, S. 112f., und zuletzt Roth (wie Anm. 31), S. 383f., haben darauf hingewiesen, daß hier eine Sokrates-Anekdote vorliegt, mit der in der literarischen Tradition üblicherweise die *molestiae nuptiarum* eingeleitet werden. Bildet die Aussage in den Prätexten also den Auftakt zu einer *dissuasio*, die den Adressaten von den Nachteilen der Ehe überzeugen soll, so wird sie im Kontext der Ehedebatte genau gegensätzlich verwendet: Hier bildet sie die Klimax beratungsverweigernder Redebeiträge.

der Beratungssituation entziehen wollen. Darum muß Bertschi versuchen, die Handlung in Gang zu halten. Er tut dies, indem er weiterhin auf Rat insistiert: *Nie chain dinch daz ward so schlecht, / Guoter rat der chäm im reht* (V. 2683f.). Wie also solle er sich verhalten (V. 2685f.)? Und angesichts des von Rüerenmost skizzierten Dilemmas modifiziert er noch einmal grundsätzlicher: Wie solle sich ein Christ verhalten (V. 2722)? Der Widerstand der Berater generiert also erst die zu beratende Frage, wobei deren Bezug, die Ehe, hier nicht einmal explizit formuliert wird. Gerade dadurch hat die Beratung nun endlich einen Gegenstand, und das Dilemma der Beratungssituation ist somit gelöst. Aber diese Lösung ist in Wahrheit eine Verschiebung: Indem sich die Frage zunehmend von der konkreten Person Bertschis entfernt und ins Allgemeine öffnet, beginnt der Diskurs der Figuren sich von der Handlung abzukoppeln und verändert sich grundsätzlich. Die Beratungssituation geht in eine Disputation über. Der Beitrag des vierten Redners, Fesafögili, ist in dieser Hinsicht eine Gelenkstelle, die einerseits versucht, die Beratung zu retten, andererseits genau den Übergang zur Disputation markiert: Die Ehe sei eine schlechte Institution, und daraus sei abzuleiten, auch Bertschi solle ehelos bleiben (V. 2729f.). Damit ist Fesafögili paradoxerweise der erste Redner, der sich tatsächlich auf die Beratungssituation einläßt. Aber gerade das eindeutige Votum gegen die Ehe bewirkt, daß die Unterredung eine neue Struktur gewinnt, in der sich die agonale Dynamik einer Disputation entfaltet:[38] Auf Fesafögili reagiert nicht Bertschi, sondern eine seiner weiblichen Verwandten, die sich von der grundsätzlichen Ablehnung der Ehe herausgefordert sieht und Einspruch erhebt. Damit ist der Auftakt zu einem kontroversen Rededuell um das Für und Wider der Institution Ehe gegeben, das seinerseits eine zweiteilige Struktur zeigt.[39] Der Schritt in den Diskurs ist vollständig vollzogen, der Diskurstyp hat dabei gewechselt.

In einem ersten Teil werden die Redebeiträge der männlichen Teilnehmer von denen der weiblichen Teilnehmerinnen gekontert, wobei die Männer gegen und die Frauen für die Ehe argumentieren (V. 2723–3425).[40] Die Entkopp-

---

[38] Vgl. Gaier (wie Anm. 13), S. 155.

[39] So auch Babendreier (wie Anm. 30), S. 22–24, und Helfenbein (wie Anm. 27), S. 172. Gaier (wie Anm. 13), S. 153f., plädiert dagegen für eine dreiteilige Struktur.

[40] Roth (wie Anm. 31) hat – wie vor ihm bereits Helfenbein (wie Anm. 27), S. 179–191, und John Michael Clifton-Everest, Wittenwiler's Marriage Debate, in: Modern Language Notes 90 (1975), S. 629–642, hier S. 631f. – gezeigt, daß die dissuasiven Argumente der Männer aus dem klerikalen Zölibatdiskurs stammen, während die Frauen Argumente verwenden, die der Ökonomik zuzuordnen sind und damit einen Diskurs repräsentieren, in dem die Ehe als für Laien beste Lebensform gilt. Bei Wittenwiler werden die Argumente aus ihren ursprünglichen Funktionszusammenhängen gelöst und innerhalb einer Disputation gegeneinander gestellt. Allerdings nutzt Roth diesen Befund nicht, um nach der literarischen Wirkung des Spannungsverhältnisses der Argumenttraditionen in der Ehedebatte zu fragen.

lung von Handlungs- und Diskursebene zeigt sich in dieser Szene daran, daß Bertschi als Protagonist der Geschichte sukzessive verschwindet. In der Verhandlung kommt er weder als Figur noch als Gegenstand vor. Selbst seine Rolle als Moderator, der Redebeiträge zuweist und sie als Adressat entgegennimmt, wird entbehrlich, denn die diskursordnende Instanz, die Bertschi in der Beratungssituation zukommt, hat in der Disputation der Bauern keine Entsprechung. Dadurch verselbständigt sich deren agonales Prinzip. Das zeigt sich insbesondere im Übergang zum zweiten Teil der Debatte, in dem die beiden Diskursformen mit den entsprechenden Ausdrücken *rat* und *strit* (V. 3050) nicht nur explizit thematisiert werden, sondern in dem der Agon der Sprachhandlung auch die Interaktion der Körper zu beherrschen beginnt (V. 3028–3068). Im Anschluß an die Rede der Jungfer Fina meldet sich Berchta Leichdenman mit einem Beitrag zum Verfahren an sich zu Wort: Die Redeordnung sei nicht eingehalten worden, denn in einer ordnungsgemäß ablaufenden Beratung hätte zunächst der Älteste, in diesem Fall der alte Colman, gehört werden müssen (V. 3029–3036). Stattdessen habe einer nach dem anderen einfach *ungefragt* gesprochen (V. 3036). Die Divergenz von erwarteter und tatsächlicher Diskursform könnte nicht deutlicher kommentiert werden: Leichdenman befindet sich noch ganz in der anfänglichen Situation des Familienrats. Diese läßt sie eine Diskursform erwarten, in der bestimmte Regeln eingehalten werden: Das Alter spricht zuerst, und einen Ratschlag gibt man nur nach vorheriger Aufforderung ab. Den Umschlag vom Beratungsgespräch zur Disputation nimmt sie nur als Bruch dieser Regeln wahr. Da jedoch das agonale Moment der Disputation die Sprechgegenwart bestimmt, wird ihr Einwand von den übrigen Teilnehmern auch entsprechend aufgefaßt: Engelmar gibt ihr zwar, was den Zusammenhang von Beratungssituation und Redeordnung angeht, inhaltlich recht (*Die red ist an ier selben war* [V. 3038]), er hält ihren Einwand aber nur für ein im Rahmen der erhitzten Disputation eigennütziges Mittel zu dem Zweck, endlich selbst das Wort zu ergreifen, schließlich sei sie ja die älteste Anwesende (V. 3038–3040). Dieser Vorwurf läßt den disziplinierten Agon der Sprachhandlung in undisziplinierte Aggression umschlagen, die auf die Körper der Bauern übergreift und die Institution des Rats grundsätzlich gefährdet. Die Ordnung läßt sich nur dadurch restituieren, daß man den ‚Körperdiskurs‘ der Bauern mit denkbar groben Instrumenten entwirrt: *Der rat wär graten zschanden, / Hiet mans nit understanden / Mit stangen und mit rechen* (V. 3041–3043).

Mit dieser Restitution des Rats beginnt der zweite Teil der Ehedebatte, der die kommunikativen Bedingungen und Verfahren des ersten Teils konzentriert wiederholt. Die Beratungssituation bringt zunächst denjenigen in die Handlung zurück, der für die Dauer der Disputation aus ihr verschwunden war: Bertschi ruft die Streitenden zur Ordnung und erteilt, indem er den Einwand der Leichdenman aufgreift, Colman das Wort, denn: *In dem rat und in dem strit / Die ersten und die lesten / Schüllen sein die besten* (V. 3050–3052). Damit signalisiert er nicht nur, daß er anders als Leichdenman den Wechsel der Diskursformen von *rat* zu *strit* wahrgenommen hat, sondern adaptiert auch ihre Forderung für beide Redemodi. Das ist insofern weitsichtig, als der Modus der Beratung wiederum umgehend von der Disputation abgelöst wird. Dabei verdoppelt sich auf engem Raum die zu Beginn der Debatte beobachtete Struktur: Colman verweigert zunächst die Rolle des Ratgebers (V. 3056–3062), dann beugt er sich Bertschis erneuter Bitte und rät ganz allgemein von der Ehe ab (V. 3071–3156), woraufhin Leichdenman sich zu einer Gegenrede herausgefordert sieht. Diejenige, die das Abweichen vom Beratungsmodus angeprangert hatte, verfällt damit selbst der Macht des agonalen Diskurses. Die ab- bzw. zuratenden Positionen der Männer und Frauen aus dem ersten Teil der Debatte finden im Streitgespräch zwischen Colman und Leichdenman profilierte Stellvertreter, die so überzeugend agieren, daß sich die übrigen Anwesenden wechselnd auf die eine oder andere Seite schlagen (V. 3157–61, 3415–17). Dabei stellen sich Steigerungseffekte ein: Colman und Leichdenman setzen die Disputation der abstrakten Frage *an vir sapiens ducat uxorem* fort und finden immer gelehrtere Strategien der Argumentationsführung. Insbesondere Leichdenman erweist sich als eine scholastisch so versierte Disputantin, daß Colman sich zwischenzeitlich geschlagen geben muß:

> [...] *Dis muoss der tiefel geben*
> *Oder got mit sinem segen,*
> *Daz ein weib zuo disen stunden*
> *So gentzleich hat mich überwunden*
> *An bschaidenhait und an der gschrift.*
> (V. 3421–3425)

Aber mit der Steigerung hat bereits ein Automatismus eingesetzt, der offenbar nicht aufzuhalten ist. Trotz des Eingeständnisses seiner Niederlage kann sich Colman der Macht des agonalen Diskurses nicht entziehen (V. 3419f.) und greift daher zu einem rhetorischen Trick, der die Debatte in Gang hält: Er versucht, seine Unterlegenheit dadurch zu kompensieren, daß er auf die Diskrepanz zwischen abstrakter *quaestio* und konkretem Fall verweist: *Doch so mag ich glauben nicht, / Daz Mätzli füeg dehainem man, / Dem die welt der eren gan* (V. 3426–3428).

Mit Mätzli kehrt punktuell die Geschichte in die Debatte zurück.[41] Damit kann die Debatte aber nicht mehr zu einem Ergebnis kommen, weil sie die alte

---

[41] Gaier (wie Anm. 13), S. 153, hat in der Bemerkung Colmans einen signifikanten, inhaltlichen Bruch gesehen: Nach dem ersten Teil, der die *quaestio infinita*, ob man heiraten solle, diskutiere (V. 2668–3425), stelle sie den Auftakt zum zweiten Teil der Debatte dar, der der *quaestio finita*, ob Bertschi heiraten solle, gewidmet sei

Aporie des Anfangs wieder aufgreift. Obwohl Leichdenman im Anschluß an eine emphatische Verteidigungsrede zu Gunsten Mätzlis sogar in den Modus der Ratgeberin zurückfällt, indem sie – singend[42] – konkludiert: *Pertschi Mätzen nemen schol / Zuo seinem weib, so tuot er wol!* (V. 3491f.), und obwohl Bertschi hierauf diskurskonform antwortet (V. 3493f.), hört die Debatte einfach nicht auf. Der Diskurs hat sich verselbständigt und findet nicht in die Beratungssituation zurück. Es kommt zum „nachturner“:[43] *Noch ward der tädinch also vil / Hin und wider ze dem zil, / Daz in swindelt in den sinnen* (V. 3495–97).

Aufs Ganze gesehen scheitert damit nicht nur der Familienrat, sondern auch die Disputation:[44] Denn indem die Redebeiträge einander generieren, sich aber zugleich wechselseitig neutralisieren,[45] bleibt die in diesem Schlagabtausch erzeugte Bewegung statisch wie ein Pendel: Sie hat kein Ziel und kommt daher auch nirgends an.[46] Ausdrücklich heißt es: *Wier möhtens ewicleichen treiben* (V. 3501). Ein Ende kann daher nur von außen gesetzt werden. Die streitenden Parteien bestimmen den an der Debatte nicht beteiligten Dorfschreiber zum Schiedsmann über ihr Problem. Daß dieser den eigentlichen Gegenstand der Debatte, die *quaestio*, zum ersten Mal explizit formuliert (V. 3524,2f.), verweist auf den nonkonformen Beginn der Debatte zurück und offenbart damit eine weitere Regelwidrigkeit. Mit Nabelreibers Urteil vollzieht die kommunikative Interaktion abermals einen Diskurswechsel, indem der wissenschaftliche vom juristischen Diskurs abgelöst wird. Inhaltlich entspricht das Urteil diesem Wechsel: Ein Mann soll heiraten, wenn er die ent-

---

(V. 3426–3492). Unabhängig davon, daß Gaiers inhaltlich motivierte Gliederung der Debatte mit der formalen Ordnung nicht zur Deckung zu bringen ist, ist zu fragen, inwiefern sich hierdurch tatsächlich eine Wiederanknüpfung des Diskurses an die Handlung ergibt.

[42] Der auffällige Wechsel des Vortragsmodus, der durch Bertschis Antwort noch einmal betont wird, greift – zusammen mit ähnlichen Hinweisen innerhalb der Debatte (*Hörr ein anders, daz ich sing!* [V. 2872]; *Bessers chan ich dir nicht singen* [V. 3068]) – der Kritik des Dorfschreibers vor, die Diskutanten hätten gereimt, statt Prosa zu verwenden, deshalb sei die Debatte als ungültig anzusehen (V. 3515–3524). Sieht man die gebundene Rede für den Text des ‚Ring‘ als den Normalfall an – auch Nabelreibers Kritik verwendet diese ja –, dann weichen allerdings sowohl das Singen der Figuren als auch das Prosaurteil des Schreibers signifikant davon ab.

[43] So Gaier (wie Anm. 13), S. 154.

[44] Vgl. Plate (wie Anm. 36), S. 377, der festhält, daß über die Neutralisierung der Argumente hinaus schließlich auch die Kommunikationssituation selbst scheitert, weil es zur „Kommunikationslosigkeit“ (S. 382) der Disputanten kommt. Zum Scheitern der Debatte auch Roth (wie Anm. 31), S. 393.

[45] Vgl schon Martini (wie Anm. 12), S. 218f., zuletzt ausführlich Roth (wie Anm. 31), S. 391ff.

[46] So auch Babendreier (wie Anm. 30), S. 28.

sprechenden Voraussetzungen hat und kein zölibatäres Leben führen will.[47] Das aber ist gerade keine endgültige, wahrheitswertige Antwort auf die gestellte Frage, ob ein Mann heiraten solle.[48] Das Urteil rekurriert vielmehr auf einen Kasus, der lauten könnte: Ein Mann hat die Voraussetzungen A, B und C und will kein Mönch werden. Soll dieser Mann heiraten? Diesen Kasus aber gibt es in der Handlung nicht, er hat rein hypothetischen Charakter. Nachdem der Diskurs so ein willkürliches Ende findet, kehrt wiederum die Handlung und mit ihr der Protagonist Bertschi in den Text zurück. Dieser reagiert auf das Urteil, indem er seine Situation dem von Nabelreiber formulierten Kasus analog setzt:

> *Der urteil ward do Bertschi fro;*
> *Er sprach: ,Mein dinch daz stet also,*
> *Ze gleicher weis nach deinem sagen;*
> *Dar umb so will ich Mätzen haben.'*
> (V. 3525–3528)

Auch wenn das ein Kurzschluß ist, denn die Analogie ist nicht mehr als eine Behauptung,[49] so macht sie den hypothetischen doch zu einem – wenn auch fingierten – praktischen Fall, eben jenem Fall, der zuvor gerade fehlte und daher auch nicht beraten werden konnte. Bertschis Schlußfolgerung *Dar umb so will ich Mätzen haben* verdeutlicht die Absurdität dieser Konstruktion, denn sie entspricht exakt jenem Sachstand, wie er ihn in der Einleitung zur Beratung bereits formulierte. Beratung, Verhandlung und Urteil haben damit letztlich einen ‚Kasus Bertschi' hervorgebracht. Dabei wird jedoch die Geschichte Bertschis rational verfehlt. Da die der diskursiven Bearbeitung vorausliegende *narratio* kein praktisches Problem formuliert, erzeugt sie schließlich nichts anderes als eine Kreisfigur.[50]

---

[47] Anschaulich hierzu Helfenbein (wie Anm. 27), S. 220–225.
[48] So auch Kasten (wie Anm. 31), S. 193.
[49] Bertschis Heiratsplan entspringt schließlich nicht der Suche nach einer tugendhaften Alternative zum Zölibat, sondern seinem Begehren nach Mätzli, und auch Bertschis persönliche Umstände entsprechen wohl kaum den von Nabelreiber skizzierten.
[50] Zur fortschrittslosen Zirkelbewegung besonders Corinna Laude, „Daz in swindelt in den Sinnen ...": die Poetik der Perspektive bei Heinrich Wittenwiler und Giovanni Boccaccio (Philologische Studien und Quellen 173), Berlin 2002, S. 148.

IV. Exempelstruktur und rationale Geschehensbewältigung: Das Neidhart-Turnier

Die begrifflichen Schwierigkeiten der Figurenrede in der Ehedebatte sind symptomatisch für ein Begriffsproblem, das die Forschung mit dem ‚Ring‘ insgesamt hat. Es kommt zu einer Verhandlung ohne Kasus. So sieht es jedenfalls aus, wenn man die Handlung mit jener rationalen Logik aufzufassen versucht, die in den Reden der Disputanten dominiert. Die juristische Form der Geschehensauffassung führt zu einem vom Geschehen abgekoppelten Diskurs, der das Geschehen verfehlt. Dagegen meinte schon Kurt Ruh, die Bauerntölpeleien als negative Exempla auffassen zu können.[51] Damit ist ein Begriff im Spiel, der erklären mag, warum die juristische Rationalität das Geschehen nicht mehr trifft: Es kommt zu einer Konkurrenz von kasuistischer und exemplarischer Herangehensweise. Diese Konkurrenz läßt sich freilich nicht beschreiben, wenn man im Gefolge von Ruh bei einem rein texttypologischen Exempelbegriff bleibt. Denn geht man von der einfachen Definition des Exempels als Beispielerzählung aus, dann kann man zwar den *Beispiel*charakter hervorheben, hat aber die Funktion der *Erzählung* noch nicht erfaßt. Genau hier liegt die Verbindung zum Kasus. Exempel und Kasus sind also nicht als Texttypen aufzufassen, sondern sie werden über ihre Struktur definiert, wie dies Daxelmüller und in monumentalem Ausmaß von Moos vorrangig für das Exempel vorgeführt haben.[52] Zwischen Kasus und Exempel zeigt sich dann eine eigentümlich dialektische Beziehung. Sowohl Kasus als auch Exempel haben eine *narratio*, ihr Stellenwert ist aber jeweils ein anderer. In der forensischen Rhetorik dient die *narratio* dazu, den Kasus darzulegen, der klassischerweise jenen Normenkonflikt enthält, der dann rational aufzulösen ist. Narratologisch gesehen ist die *narratio* also keine Geschichte, denn sie weist eine offene Struktur auf, deren Ende noch aussteht.[53] Die axiologische Ge-

---

[51] Das Stichwort lautet ‚exemplum contrarium‘, vgl. Ruh, Heinrich Wittenwilers ‚Ring‘ (wie Anm. 9), S. 192; ders., Laiendoktrinal (wie Anm. 9), S. 352–354.

[52] Christoph Daxelmüller, Exemplum und Fallbericht. Zur Gewichtung von Erzählstruktur und Kontext religiöser Beispielgeschichten und wissenschaftlicher Diskursmaterialien, in: Jahrbuch für Volkskunde N.F. 5 (1982), S. 149–159; ders., Narratio, Illustratio, Argumentatio. Exemplum und Bildungstechnik in der frühen Neuzeit, in: Exempel und Exempelsammlung, hg. v. Walter Haug u. Burghart Wachinger (Fortuna vitrea 2), Tübingen 1991, S. 77–94; Peter von Moos, Geschichte als Topik. Das rhetorische Exemplum von der Antike zur Neuzeit und die *historiae* im „Policraticus" Johanns von Salisbury (Ordo 2), Hildesheim/Zürich/New York 1988, S. 22–39.

[53] Vgl. dazu die Umschreibung des Kasusbegriffs von André Jolles, Einfache Formen. Legende, Sage, Mythe, Rätsel, Spruch, Kasus, Memorabile, Märchen, Witz. 7., unveränderte Auflage (Konzepte der Sprach- und Literaturwissenschaft 15), Tübingen 1999, S. 171–199, der genau diese Unabgeschlossenheit als konstitutives Moment

schlossenheit wird erst im Vollzug der Rede vorbereitet und durch das Urteil hergestellt. An die Stelle von Normativität und Rationalität bei der Verhandlung des Kasus treten dagegen im Umgang mit dem Exempel Axiologie und ästhetische Erfahrung. Dabei ist der ästhetischen Erfahrung das Rationale inhärent, aber es ist prinzipiell an die sinnliche Vergegenwärtigung rückgebunden. Es geht im Exempel darum, daß der Rezipient einzelne gesellschaftliche Werte in eine narrative Struktur investiert und über den ästhetischen Prozeß aus sinnlicher Teilhabe und Reflexion ein Verstehen erreicht. Die ästhetische Erfahrung führt zu einer eigenen Einsicht in die Axiologie der erzählten Geschichte, die als vergangene vergegenwärtigt wird. Auch die *narratio* des Kasus bezieht sich auf einen in der Vergangenheit liegenden Fall und hat dessen Geschehen aus Anlaß der Präsentation vor Gericht zu aktualisieren. Aber sie wird explizit in der Rückschau, in erklärter Distanz zum Geschehen erzählt. Sie fungiert lediglich als Mittel zum Zweck, Normen in einem rationalen Prozeß in eine richtige Ordnung zu bringen, die im Urteil verkündet wird. An die Stelle der Hermeneutik des Exempels, das im Nachvollzug der erzählten Geschichte Orientierung gibt, tritt die Rhetorik, die den Kasus auf der Basis eines normativen Verfügungswissens ordnet und beurteilt. In historisch-pragmatischer Hinsicht ergibt dieser Zusammenhang dann jene Kippfigur, die Daxelmüller angedeutet hat: Narrative Exempla können ihrer Moral wegen erzählt werden, aber sie können auch Gegenstand einer rational operierenden Kasuistik sein.[54] Nur folgt daraus: Wenn die Moral für die rationale Debatte einmal aus der *narratio* herausgestrichen wurde, kommt man nicht mehr ins Exempel zurück.

---

ausmacht: „Das Eigentümliche der Form Kasus liegt nun aber darin, daß sie zwar die Frage stellt, aber die Antwort nicht geben kann, daß sie uns die Pflicht der Entscheidung auferlegt, aber die Entscheidung nicht enthält" (S. 191). Den im Normenkonflikt des Kasus als Desiderat enthaltenen Abwägungsprozeß hat Jolles auch als „Schwanken und Schwingen der wägenden und erwägenden Geistesbeschäftigung" (ebd.) bezeichnet, was jetzt bei Hans Jürgen Scheuer, Schwankende Formen. Zur Beobachtung religiöser Kommunikation in mittelalterlichen Schwänken, in: Literarische und religiöse Kommunikation in Mittelalter und früher Neuzeit, hg. v. Peter Strohschneider (Germanistische Symposien. Berichtsbände 28), Stuttgart/ Weimar (in Druckvorbereitung) zum Ausgangspunkt dafür wird, dem Schwank-Begriff eine neuartige Wendung zu geben: Dieser sei nämlich nicht nur über die Pointenstruktur der erzählten Handlung, sondern auch als ausgesprochen diskursive Form zu verstehen, in der über eine intensive Korrelation von literalem Sinn und verbildlichten höheren Sinnebenen die Paradoxien der Sinnkonstitution selbst ins Bild kommen. Daß damit ein Spezifikum religiöser Kommunikation beschrieben sei, halten wir nicht für zwingend, aber angesichts der verblüffenden Pointen bei Scheuer ließe sich von seiner Gedankenfigur aus die bildliche Qualität der Darstellung im ‚Ring' und ihr Verhältnis zur erzählten Handlung grundsätzlich neu durchdenken.

[54] Daxelmüller, Exemplum und Fallbericht (wie Anm. 52), S. 149–159.

Das Turnier in der Handlungsexposition des Textes führt dieses Dilemma vor Augen. Genau jener Widerspruch, der in der Ehedebatte zwischen Diskurs und Handlung besteht, findet sich hier in der Handlung selbst wieder. Die dreiteilige Gliederung des Turniers nimmt dabei den Aufbau der Ehedebatte praktisch vorweg.[55]

Die narrative Struktur des ersten Textabschnitts erhält ihre Dynamik durch das schlichte Begehren von Bertschi Triefnas. Der Versuch des Jungbauern, als Ritter im Turnier zu renommieren, ist nun nicht nur ein denkbar ungeeignetes Mittel zum Zweck, Mätzli zu bekommen, er ist ein Indiz für Bertschis axiologische Desorientierung. Die gesellschaftlichen Rollen der Bauern stehen dem ritterlichen Spiel entgegen. Deshalb fehlt Bertschi nicht nur das technische Verfügungswissen über den korrekten Ablauf des Turniers, ihm fehlt auch das Orientierungswissen über die im Turnier gespiegelten Werte. Es gibt also ein aktantielles Ungleichgewicht, das sich durch das Begehren und das technische Wissen definiert. Daneben liegt aber auch ein axiologisches Ungleichgewicht in der Handlung vor.[56] Die narrative Struktur könnte nun darin bestehen, diese beiden Ungleichgewichte zu verbinden und auszutarieren. Aber dies geschieht nicht, die Antwort auf das narrative Desiderat wird aufgeschoben. Die Geschichte geht darum weder recht voran noch hat sie einen Sinn. Vielmehr zeigt sie zunächst geradezu plakativ das Problem rein logisch-rationaler Negationen: Die Bauern in Lappenhausen sind als Gegenfiguren zur adlig-höfischen Norm konzipiert. An die Stelle kämpfender Ritter treten Bauern, an die Stelle ritterlicher Waffen treten Körbe als Helme, Kornschwingen als Schilde und Ofenkrücken als Lanzen; an die Stelle adliger heraldischer Zeichen treten rustikale Embleme wie das von zwei Gabeln im Misthaufen, eines toten Hasen auf grünem Grund oder das von zwei hölzernen Kirschhaken; an die Stelle adliger Namen treten deren bäuerliche Karikaturen.[57] Das Bemühen der Bauern ist demnach negationslogisch klar und darum von vornherein vergeblich. Die Teilnehmer am Turnier wollen ihr Sozialprestige durch eine symbolische Handlung erhöhen. Diese Handlung findet aber durch die falschen Voraussetzungen gerade nicht statt. Es gibt darum in ideeller Hinsicht nichts zu

---

[55] Vgl. die Anspielung bei Plate (wie Anm. 36), S. 370.

[56] Zur Terminologie vgl. Algirdas Julien Greimas, A Problem of Narrative Semiotics: Objects of Value, in: ders., On Meaning. Selected Writings in Semiotic Theory. Translation by Paul J. Perron and Frank H. Collins. Foreword by Fredric Jameson. Introduction by Paul J. Perron, London 1987, S. 84–105.

[57] Vgl. die Zusammenstellung von Bruno Boesch, Die Namenwelt in Wittenwilers ,Ring' und seiner Quelle, in: Namenforschung. FS Adolf Bach, hg. v. Rudolf Schützeichel u. Matthias Zender, Heidelberg 1965, S. 127–159; auch in: ders., Kleine Schriften zur Namenforschung 1945–1981. Zum siebzigsten Geburtstag hg. v. seinen Schülern (Beiträge zur Namenforschung, N.F., Beiheft 20), Heidelberg 1981, S. 310–342.

gewinnen. Insbesondere für den Protagonisten Bertschi wird es mit der Aussicht, Mätzli zu imponieren, vorerst nichts. Am Ende gewinnt aber auch praktisch niemand, weil selbst noch die Opposition, die zur Niederlage im sogenannten Turnier führt, widersinnig ist: Es gibt keine Gegner, weshalb die Bauern gegen sich selbst kämpfen, sich selbst besiegen und sämtlich am Boden, im Kot oder im Bach des Dorfes landen.

Erst die im Turnier auftretende Neidhartfigur verspricht durch ihre literarische Herkunft einen Sinn in diesem absurden Treiben.[58] Wäre diese Gestalt der Neidhart, wie er aus der Neidhart-Tradition bekannt ist, ein Ritter also, der seinen ritterlichen Status depraviert, indem er versucht, den Bauernmädchen zu gefallen, und wären die Bauern in Lappenhausen *dörper*, die durch die Imitation adligen Verhaltens einen umgekehrt hybriden Status erreichen, so daß sie mit Neidhart auf einer Ebene interagieren können, dann könnte das narrative Desiderat befriedigt werden. Es könnte in der Narration dann um eine produktive Kritik an höfischen Werten gehen.[59] Nun ist aber weder der Neidhart im ,Ring' der aus der Neidharttradition bekannte, noch sind die Bauern in diesem Sinne *dörper*. Der Neidhart im ,Ring' ist vielmehr ein anderer: Er ist in der Lappenhausener Welt der Fremde (vgl. V. 353), der *gast* (V. 351, 408, 432 u.ö.),[60] eine Gestalt, von der sogar der Autor anfangs nicht sicher weiß, um wen es sich handelt:

> Des lesten namen ich enwaiss;
> Doch cham er auf den selben chraiss
> Geritten mit eim fuchszagel.
> Ich wän, es wär der pauren hagel,
> Her Neithart, trun, ein ritter chluog,
> Der allen törpeln hass truog.
> (V. 155–160)

Das ambivalente Verhältnis von Neidhart und den *dörpern* im ,Ring' verschiebt sich zu einem eindeutig binären. Die Basis des Gegensatzes ist Neid-

---

[58] Auf dieses Sinnversprechen verweist nachdrücklich Claudia Händl, Hofieren mit Stechen und Turnieren. Zur Funktion Neitharts beim Bauernturnier in Heinrich Wittenwilers ›Ring‹, in: ZfdPh 110 (1991), S. 98–112, S. 110; Bachorski, Irrsinn und Kolportage (wie Anm. 10), S. 213.

[59] Vgl. Gaier (wie Anm. 13), S. 93–96. Die spätere Umschrift dieser Kritik in eine Auseinandersetzung von Gut und Böse zeigt sich implizit, aber deutlich zuletzt im Beitrag von Cora Dietl, Tanz und Teufel in der Neidharttradition: „Neidhart Fuchs" und „Großes Neidhartspiel", in: ZfdPh 125 (2006), S. 390–414, vgl. dort die weiterführende Literatur.

[60] Vgl. Edmund Wießner, Neidhart und das Bauernturnier in Heinrich Wittenwilers Ring, in: FS Max H. Jellinek, zum 29. Mai 1928 dargebracht, Wien / Leipzig 1928, S. 191–208, hier S. 193.

harts überlegenes Wissen. Die Folge des Wissens ist jedoch, daß Neidhart an den Auseinandersetzungen der Bauern eigentlich gar nicht teilnimmt. Das Turnier ist für ihn ein Spiel ohne Einsatz. Der Antagonismus um die höfischen Werte wird zu einer rein logischen Opposition, in der die Schläue des *ritter chluog* der Dummheit der *törpel* entgegensteht. Gerade für diesen Ritter verlieren die höfischen Werte im Verlauf des Geschehens damit ihre sinnkonstituierende Funktion. Da sie nirgends mehr investiert werden, lassen sie sich auch nicht mehr vermehren. Der Antagonismus wird logisch aufgeklärt und zugleich wertlos.[61]

Dieser Mechanismus zeichnet sich auch bei Wittenwilers Bearbeitung des Beichtschwankes ab.[62] Im ‚Ring‘ hat die Bauern, weil zwei von ihnen bei der wilden Verfolgung Neidharts ohne weitere Fremdeinwirkung zu Tode gestürzt sind, die Angst vor dem Tod derart ergriffen, daß sie den Fremden offenbar schon aufgrund seiner vermeintlichen Weltläufigkeit wie einen Beichtvater anflehen: *Lieber herr von frömden landen* [...] *Vergebt uns unser bossheit!* (V. 662–664). Die Kategorien des Bösen und der Schuld werden genannt, aber sofort rationalisiert und ins Formale gewendet. Die Beichte ist ausdrücklich aufgrund ihrer formalen Fehler unwirksam, und die reuigen Sünder werden von Neidhart zum Narren gehalten. Das Böse der Sünde erscheint nur noch als Dummheit. Die Selbstinterpretation der Bauern ergibt in dieser rationalisierten Form keinen Sinn, denn die *conversio* von Tölpeln hat keinen Wert. Aber die Tölpel geraten dafür in eine umso stärkere Umkehrbewegung, die Gesten sind heftig: Neidhart schickt einen der Bußwilligen gleich bis nach Rom.

Die Rationalisierung des Geschehens durch die Neidhart-Figur beruht darauf, daß seine Lehren zwar technisch richtig sind, aber nicht zu einer Besse-

---

[61] Den Wertverlust verzeichnet z.B. Belitz (wie Anm. 12), S. 156. Bernward Plate, Narren- und Ständesatire in Heinrich Wittenwilers *Ring*, in: DVjs 48 (1974), S. 47–71, hier S. 57–59, hat den Antagonismus unter dem Aspekt der wechselseitigen Aufhebung adliger und bäuerlicher Positionen genau beschrieben, aber dennoch an der Vorstellung einer positiven adligen Norm festgehalten. Auf diesen Widerspruch macht Rolf R. Müller, On the medieval satiric fiction of Neidhart and Wittenwiler. Fools for their theme, let satire be their song, in: In hôhem prise. FS Ernst S. Dick, hg. v. Winder McConnell (GAG 480), Göppingen 1989, S. 295–305, S. 302, aufmerksam.

[62] Vgl. die Gegenüberstellung bei Wießner (wie Anm. 60), S. 202–207; Gaier (wie Anm. 13), S. 171f.; Händl (wie Anm. 58), S. 105f., weiteres Vergleichsmaterial bieten George Fenwick Jones, The tournaments of Tottenham and Lappenhausen, in: PMLA 66 (1951), S. 1123–1140; Bernhard Sowinski, Wittenwilers ›Ring‹ und die Neidharttradition, in: JOWG 8 (1994/95), S. 3–11; Birgit Knühl, Die Komik in Heinrich Wittenwilers „Ring“ im Vergleich zu den Fastnachtspielen des 15. Jahrhunderts (GAG 332), Göppingen 1981, bes. S. 271–274.

rung der Toren führen. Deren Mangel an Orientierungswissen läßt sich durch technisches Verfügungswissen allein eben nicht ausgleichen. Stärker noch als bei der Beichte gilt dies für die höfische Belehrung über die korrekten Regeln des Turniers. Diese Lehre führt eine formal richtige Ordnung ein, steigert aber eben dadurch die Absurdität der Bauernhandlung vollends zum Irrwitz. Der Widersinn zeigt sich in der Dynamisierung der Handlungen und sozusagen schlagartig in ihren Folgen. Das Ergebnis des Neidhartturniers lautet: ein toter Esel und eine Zuschauerin, die sich buchstäblich zu Tode gelacht hat, weil sie vor Lachen vom Zuschauerpodest gefallen ist. Diese Bilanz ist ein rechnerisch-quantitatives Ergebnis; eine Qualität, die sich als Sinn auffassen ließe, hat der Kampf indes nicht.

Einen Ausweg aus dem Irrwitz weist jener markante Umstand, daß genau jene Logik, mit der Neidhart die Verfehlungen der Bauern auf die Spitze treibt, auch zur Bewältigung ihrer Verfehlungen dient. Dies bringt die Neidhart-Passage zu einem pseudo-narrativen Ende. Einerseits wird Neidhart durch seine Lehren über den Turnierablauf selbst zum Organisator und Beschleuniger der Bauernhandlung, andererseits bricht er im dritten Teil der Neidhart-Passage, im sogenannten Nachturnier, die von ihm aufgestellten Spielregeln, wodurch der eigentliche Sinn des Spieles deutlich wird: Es forciert die Desorientierung der Bauern, um sie zu bestrafen.[63] Statt der vereinbarten harmlosen Waffe aus Stroh (V. 945) führt Neidhart einen mit Stroh verkleideten Eisenbengel mit sich. Die leichten Waffen hatten den Bauern eine spielerisch-scherzhafte Harmlosigkeit des Kampfes versprochen: Der Kampf sollte von Anfang an nur ein *rehter schimpf* (V. 363, vgl. V. 625, 1017) sein, er wendet sich jedoch unter dem Eindruck der brutalen Schläge Neidharts vollends ins Ernste (V. 1190–1197). Was als Theaterkampf gedacht war, endet im echten körperlichen Schmerz, nur Neidhart spielt hier weiter Theater, indem er sich am Ende, gänzlich unversehrt, aber gleichwohl klagend, zwischen die am Boden liegenden Verletzten wirft. Das Turnier wird so zu einer Prügelstrafe, weil die Belehrung über die Handlungsnormen zwar in einem technischen Sinne richtig funktioniert, aber dies die Teilnehmer gerade nicht besser macht. Die Strafe entspringt der gleichen Logik wie die Handlung, kann das in der Handlung liegende Desiderat aber nicht verstehen: Die Körper der Bauern, die im Turnier kämpfen, sind als Träger von höfischen Werten nicht geeignet. Weil das evident ist, werden von vornherein gar keine höfischen Werte investiert, auch nicht über die Figur Neidharts. Neidhart führt lediglich technische

---

[63] Sowinski (wie Anm. 27), S. 35, hat dies deutlich gesehen und daher an Rügebräuche erinnert. Das Stichwort der ‚Strafe' wird seitens der älteren Forschung – obgleich intuitiv – auch sonst für das Scheitern der Bauern im ‚Ring' verwendet: vgl. Brinkmann (wie Anm. 12), S. 209; Schlaffke (wie Anm. 25), S. 35.

Handlungsnormen ein, über die das Geschehen dynamisiert wird, anstatt zu einer abgeschlossenen Geschichte zu werden. Das rationale Prinzip, es erzeugt in immer stärkerem Maße eine bloße Reihe irrwitziger Handlungen, im Irrwitz findet es aber nur sich selbst.[64] Die einfache Frage nach Gut und Böse verschwindet durch den rationalen Gesichtspunkt, wie er durch Neidhart eingebracht wird, zusehends aus der Handlung. Damit verliert die narrative Struktur von Anfang an ihre Interpretationsleistung: Sie wird zur Serie, und am Ende löst sie sich auf.

Mit Blick auf den Kasusbegriff heißt das zunächst für das Neidharturnier: Es kommt zu einer Strafe, und diese reagiert auf einen klaren Fall. Die Handlungen der Lappenhausener sind an adligen Handlungsnormen meßbar, deren Widersprüchlichkeit im Handeln klar hervortritt, die Normen verhandeln sich im Widerspruch bereits selbst, *narratio* und *argumentatio* fallen in eins. Die Normverstöße treten dadurch derart klar hervor, daß sie keiner expliziten Diskussion bedürfen. Die Handlung ist folglich, wie später die Ehedebatte, ein ergebnisloser, agonaler Diskurs. Was zur Klarheit der Normverstöße beiträgt, ist aber der Umstand, daß weder das von Neidhart noch das später im Text von den Figuren präsentierte Wissen die Bauern besser oder schlechter macht. Die Handlungen sind schlicht falsch. Eine rationalistische Geschehensauffassung kann daher, weil die Sachlage klar ist, direkt in die Vollstreckung eines Urteils, in Strafe übergehen: Die Prügel Neidharts im Nachturnier sind so das praktische Gegenstück zum Urteil in der Ehedebatte. Sie bringen eine defizitäre Handlung zu Ende und wirken damit ähnlich wie das Ende eines Narrativs. In diesem Sinne könnte man sagen: Neidhart statuiert ein Exempel. Seine Strafe markiert die Bestraften, weil sie einen Normverstoß begangen haben, sie grenzt sie als schuldig aus der weiteren Handlung aus, und das wäre immerhin ein vernünftiger Abschluß. Aber es wäre doch kein gutes Ende dieser Geschichte. Die Strafe greift nämlich zu kurz. Aufgrund ihres rationalen Normverständnisses bleibt der Fehler der Bauern unverstanden, die Strafe führt zu keiner orientierenden Erzählung. Die rationale Logik aus Normkonflikt, Verhandlung, Urteil und Strafe gibt keine Antwort auf die Frage nach

---

[64] Die Tendenz zur Reihung hat Knühl (wie Anm. 62), S. 270, auf die Nähe zum Reihenspiel schließen lassen. Schon Boesch (wie Anm. 12), S. 150, hatte die „reihende Vorführtechnik" Wittenwilers festgehalten. Ähnlich Martini (wie Anm. 12), S. 209f., der von einer „mosaikartigen Reihung der Dinge" gesprochen hat. Bernhard Sowinski, Kompositions- und Gattungsfragen zu Heinrich Wittenwilers ‚Der Ring', in: Sprachgeschichte als Textsortengeschichte. FS zum 65. Geburtstag von Gotthard Lerchner, hg. v. Irmhild Barz u.a., Frankfurt a.M. u.a. 2000, S. 133–146, hier S. 143, erinnert an die Kettenstruktur des Schwankromans. Bachorski, Irrsinn und Kolportage (wie Anm. 10), S. 108, vergleicht die Handlungsorganisation mit den „Nummern einer Revue".

den zugrundeliegenden Werten, und dies führt zu einem Abbruch der Exempelstruktur.

V. Zusammenfassung und Ausblick: Vergebliche Rationalität?

Schon im Prolog zeigt sich das Problem, an dem der Text laboriert: Er etabliert ein binär geordnetes, rationales System zur Präsentation von Wissen, das scheitert, weil sich eines der Textprinzipien, das *mære*, verselbständigt. Dieser narrative Widerstand gegen die rationale Ordnung wird umgehend geahndet: Mit der Gerichtsrede wird ein neues rationales System eingeführt, in dem das Narrative gebändigt ist. Aber es bleibt ein unbegriffener Rest. Sichtbar ist dieses Unverständnis in der Figur des Autors im Text. Da dieser Autor-Typus nicht begreift, daß er auch als Erzähler agiert, ist die narrative Praxis ihrer rationalen Erfassung schon von Anfang an voraus.

Das daraus resultierende Dilemma zeigt die Ehedebatte fast wie ein immanenter poetologischer Kommentar. Handlung und Diskurs geraten hier in ein groteskes Mißverhältnis: Die Verhandlung läßt die *narratio* verschwinden, ohne daß diese ihrerseits einen Kasus dargelegt hätte, der verhandelt werden könnte. Dafür erzeugt die Rede im Namen der rationalen Ordnung eine eigene agonale Dynamik. Es kommt zu einer Verschränkung unterschiedlicher Diskursmuster, als deren Ergebnis erst jener Kasus entsteht, der für ein geregeltes Streitgespräch hätte vorausgesetzt werden müssen. Für die Ebene der Geschichte ist damit aber gar nichts gewonnen: Der Diskurs hat die Handlung lediglich stillgestellt, die Ausgangssituation hat sich nicht verändert, sie bleibt unverstanden. Der Versuch, mit den Regeln einer solchen diskursiv-rationalen Ordnung die Geschichte zu bewältigen, läßt nur den Ausweg zu, den das Neidhart-Turnier signalartig zum Textbeginn vorzeichnet. Die Rationalität begreift das Andere, das in der triebhaften Körperlichkeit der Bauern liegt, als irrationalen Normverstoß und bewältigt es durch Strafe.

Der ganze Text scheint diesen Mechanismus in immer neuen Akzentuierungen zu variieren. So im Falle Mätzlis: Eigentlich ist sie nur das Objekt in der Werbungsgeschichte Bertschis. Doch gerade sie gerät gleich doppelt in eine Abfolge aus Fall, Urteil und Strafe. Mätzlis Vater bestraft sie, weil er ihr die Schuld an den Verwüstungen gibt, die der liebestolle Bertschi in seinem Haushalt angerichtet hat. Zur Strafe sperrt er sie im Speicher ein. Mätzli ist aber nicht schuldig, sie ist lediglich die Ursache, der man die Schuld geben kann. Im Speicher wiederholt Mätzli diesen Mechanismus an sich selbst. Sie bestraft ihre Scham mit Schlägen, weil sie ihr die Schuld für ihre Bestrafung gibt. Aber erst in der Strafe entsteht der Kasus. Die Strafe schlägt in Masturbation um und erzeugt so erst ein Begehren, das es zuvor gar nicht gab. Das heißt: ex post sieht es so aus, als erhielte sie die Strafe zu Recht.

In der Episode mit dem Mediziner Chrippenchra, an den sich Mätzli hilfesuchend wendet, setzt sich diese Logik fort: Medizinische Diagnostik findet hier Kraft ihres rationalen Urteils heraus, daß Mätzli eine Hure sei. Mätzli hat vom Geschäft der Hurerei noch gar keinen Begriff, als aber der Arzt den Geschlechtsakt als Therapie ansetzt und die ahnungslose Mätzli mißbraucht, schlägt die Therapie im doppelten Sinne an. Mätzli wird spontan schwanger, aber sie findet zugleich am Geschlechtsakt solchen Gefallen, daß die therapeutisch-experimentale Logik das erzeugt, was es zuvor gar nicht gab: Mätzli wird zur Hure. Der Arzt hat im nachhinein recht.[65]

So geht die Handlung weiter, aber die Moral verschwindet, je mehr Wissen im folgenden verhandelt wird.[66] Man kann die expansive Tendenz im ‚Ring‘ als Reaktion auf die Vergeblichkeit verstehen,[67] mit der die rationalistische Auffassung des Geschehens immer heftiger versucht, den Mangel an Orientierung zwischen Gut und Böse durch ein Mehr an technisch richtigen Anweisungen zurückzugewinnen. Die Entwertung des Narrativen durch die Rationalität führt zur Inflation der Handlung. Die Geschichte nimmt immer neue Anläufe, sie geht vom wild-bewegten Hochzeitsfest in den maßlos übersteigerten Krieg über. Aber gerade der Krieg ist nicht das Ende einer narrativen Handlung: In ihm setzen vielmehr die einzelnen Kriegsparteien die agonale Logik der Disputation aus Turnier und Ehedebatte mit tödlicher Konsequenz bis zum letzten Mann um. Es bleibt kein Wert im Geschehen, der noch Orientierung bietet, folglich gibt es schließlich auch keine Geschichte mehr:[68] „Der Himmel über dem Krieg ist bei Wittenwiler leer.“[69] Dazu paßt es, daß im gesamten Text die Werte in den allegorischen ‚Oberton‘ des Textes verschoben

---

[65] Vgl. dazu grundsätzlich Kerstin Schmitt, Sexualität als Textualität: die Inszenierung von Geschlechterdifferenz und Sexualität in Heinrich Wittenwilers ‚Ring‘, in: Schwierige Frauen – schwierige Männer in der Literatur des Mittelalters, hg. v. Alois M. Haas u. Ingrid Kasten, Bern u.a. 1999, S. 129–152.

[66] Zur Entidealisierung durch Rationalisierung schon die Hinweise bei Martini (wie Anm. 12), S. 212f., S. 235, und Voss (wie Anm. 12), S. 359.

[67] Auf diese expansive Tendenz machen besonders aufmerksam Dagmar Hirschberg, Christa Ortmann u. Hedda Ragotzky, *törpel, gpauren* und *der welte lauff*. Zum Problem der Bestimmung närrischer Lehre in Wittenwilers ›Ring‹, in: JOWG 8 (1994/95), S. 201–219, hier S. 217.

[68] Das Problem der geschlossenen Erzählstruktur dokumentiert unfreiwillig Jürgens-Lochthove (wie Anm. 14), S. 244, S. 264–266, der es gerade nicht gelingt, ein vollständiges narratives Muster nachzuweisen. Unterkomplex ist die Beschreibung des Plots bei Ursula Seibt, Das Negative als didaktisches Mittel in Heinrich Wittenwilers „Ring“, Phil. Diss. Bochum 1974, S. 110–117.

[69] So die treffende Formulierung bei Horst Brunner, Reden, Blut, Trauer: das Bild des Krieges in Heinrich Wittenwilers ‚Der Ring‘, in: Zwischenzeiten – Zwischenwelten, FS Kozo Hirao, hg. v. Josef Fürnkäs, Masato Izumi u. Ralf Schnell, Frankfurt a.M. u.a. 2001, S. 221–241, S. 222.

sind,[70] der sich als eine eigene Sinnschicht entfaltet, aber nicht an das Geschehen rückgebunden ist.[71] Dies läßt sich als Reaktion darauf verstehen, daß die Handlung zur Serie tendiert, zum bloßen Geschehen wird, das sich am Ende mit dem Begriff der Geschichte nicht mehr fassen läßt.[72] Und so gibt es in der dargestellten Handlung zwar die Rede vom Guten und Bösen, aber die Rationalität hat deren Begriffe hier längst vernichtet. Unter dem Primat bloßer Nützlichkeit löst sich die Ethik auf.[73] Noch die Worte, die im ‚Ring' auf den Bereich der Ethik verweisen könnten, haben keine entsprechende Semantik. Die Weisheit weicht dem „Zug zum Rationalismus".[74] Es gibt folglich auch nichts Böses, das sich als Widerpart zum Guten begreifen ließe.[75]

---

[70] Vgl. die Anregung bei Walter Haug, Von der Idealität des arthurischen Festes zur apokalyptischen Orgie in Wittenwilers ›Ring‹, in: Das Fest, hg. v. Walter Haug u. Rainer Warning (Poetik und Hermeneutik 14), München 1989, S. 157–179, hier S. 175.

[71] So Lutz (wie Anm. 6), dessen Überlegungen übrigens, entgegen der überwiegenden Rezeption in der Forschung, nirgends beanspruchen, das Deutungsdilemma des ‚Ring' zu lösen. Das ist nur folgerichtig, wenn die Tendenz zur Allegorie eine Konsequenz dieses Dilemmas ist.

[72] Dies zeigt sich in der sehr genau formulierten Studie zum Erzähler von Babendreier (wie Anm. 30), S. 107–125, der vom Erzähler niemals als Erzähler einer Geschichte, sondern stets als Berichterstatter eines Geschehens gesprochen hat. Der variable Standort der Sprechinstanz, die Babendreier bereits nachweist (S. 38–43), läßt also die Vorstellung eines multiperspektivischen Erzählens im Sinne von Laude (wie Anm. 50) nicht zu, weil der narratologische Begriff der Erzählperspektive an das realistische Modell einer über die Geschichte entworfenen Diegese gebunden ist, die es im ‚Ring' eben nicht gibt.

[73] Prägnant im Handbuchartikel von Hans-Jürgen Bachorski, Heinrich Wittenwiler, in: Deutsche Literatur. Eine Sozialgeschichte. Bd. 2: Von der Handschrift zum Buchdruck. Spätmittelalter – Reformation – Humanismus 1320–1572, hg. v. Ingrid Bennewitz u. Ulrich Müller (rororo Handbuch 6251), Reinbek 1991, S. 196–202, hier S. 201; vgl. auch seinen Begriff der „antiethischen Pragmatik": ders., Irrsinn und Kolportage (wie Anm. 10), S. 193.

[74] Hubert Hoffmann, Die geistigen Bindungen an Diesseits und Jenseits in der spätmittelalterlichen Didaktik. Vergleichende Untersuchungen zu Gesellschaft, Sittlichkeit und Glauben im „Schachzabelbuch", im „Ring" und in „Des Teufels Netz" (Forschungen zur oberrheinischen Landesgeschichte 22), Freiburg i.Br. 1969, S. 143, vgl. ferner S. 80f., S. 92, S. 132f., S. 258. Ergänzend zu den Beobachtungen zu Rationalisierungstendenzen in der Wortsemantik läßt sich der Umgang mit Zahlen heranziehen. Diese sind im Rahmen der Handlung nur noch rational-abstrakte Ordnungskategorien ohne Bedeutungsfunktion. Vgl. Hartmut Kokott, Ordnung und Chaos: Strukturierungen im ‚Ring' Heinrich Wittenwilers, in: Der fremdgewordene Text. FS Helmut Brackert zum 65. Geburtstag, hg. v. Silvia Bovenschen u.a., Berlin 1997, S. 73–84, hier S. 83. Der Verlust der Ethik im ‚Ring' hat John Michael Clifton-Everest, Wittenwiler's *Ring* and the dianoetic ethic, in: Seminar 13 (1977), S. 63–75, zu der sehr weitreichenden These animiert, hier greife die Unterscheidung in ethische und dianoetische Tugenden im aristotelischen oder scholastischen Sinne. Vgl. auch die ähnliche Tendenz bei Reinhard Wittmann, Heinrich Wittenwilers *Ring* und die

Die Toren trifft der Tod als Strafe. Die Rationalität hat diese Strafe erfunden, um ein warnendes Ende zu machen, aber die Strafe ist ein sinnloses Eingeständnis rationaler Vergeblichkeit. Was bleibt, ist das oft betonte Unbehagen über das beklemmende Ende des ,Rings'.[76] In diesem Unbehagen behauptet sich das narrative Desiderat nach Orientierung. Rationalität allein kann diese Orientierung im Rahmen literarischer Entwürfe nicht bieten.

Abstract: Whenever rational thought seeks to occupy literature it generates a dilemma. In Heinrich Wittenwiler's 'Ring' this dilemma is expressed via aesthetic experience such that the rational approach to the literary text excludes what it actually means to conceive. In mistaking knowledge of orientation – producing values that have to be understood – for knowledge only of technical/mechanical norms and standards, rationality makes the literary world vanish instead of governing it. For the 'Ring' this effect can be visualized by making use of two terms that seem to be of heuristic value for any methodological approach towards literary criticism: the narrative, hermeneutical structure of exemplum and the non-narrative, discursive and rational structure of casus. In correlating the two terms it is possible to show not only the boundaries of a rational occupation of literature but also its transgression.

Philosophie Wilhelms von Ockham, in: DVjs 48 (1974), S. 72–92. Ohne diesen Thesen im Detail zu folgen, lassen sich diese Beiträge allgemein als Bestätigung der These vom Moralverlust durch Rationalität lesen.

[75] Die Kategorie des Bösen hat Röcke anfangs in verschiedenen Beiträgen stark gemacht, vgl. etwa Röcke (wie Anm. 10), S. 279; vgl. jedoch jüngst die gegenläufige Tendenz, die sich daraus ergibt, daß Röcke z.B. die moralische Kategorie der Schuld zu Recht aus dem Text ausgeschlossen sieht: ders., Der groteske Krieg. Die Mechanik der Gewalt in Heinrich Wittenwilers ,Ring', in: Epische Großformen. Tradiertes und modernes Erzählen. Beiträge einer polnisch-deutschen Vortragsreihe im Institut für German. Philologie der Adam-Mickiewicz-Univ., Poznań Dez. 1998, hg. v. Roman Dziergwa (Studia Germanica Posnaniensia 25), Poznań 1999, S. 13–27, hier S. 15.

[76] Vgl. stellvertretend Horst Brunner, Artikel ,Wittenwiler, Heinrich', in: ²VL 10 (1999), Sp. 1281–1289, hier Sp. 1288.

Wolframstudien XX (2008)
Erich Schmidt Verlag Berlin

Vernunst

Funktionen des Rationalen im Werk Heinrichs von Mügeln

von MICHAEL STOLZ

I.

Dass die auf dem Blaubeurer Kolloquium verhandelte Frage nach Reflexion und Inszenierung von Rationalität in der mittelalterlichen Literatur von ungebrochener Aktualität ist, erwies sich unmittelbar vor der Tagung in der Ansprache, die Papst Benedikt XVI. (Joseph Ratzinger) am 12. September 2006 an der Universität Regensburg hielt.[1] Thema des Vortrags war die Synthese von Glauben und Vernunft in der christlichen Religion, eine Synthese, die der Vortragende aus der Einwirkung griechischen Gedankenguts auf das frühe Christentum herzuleiten suchte. Im Gestus einer Inszenierung christlicher Rationalität zielte die Rede auch auf einen „Dialog der Kulturen und Religionen"[2], den der Vortrag bekanntlich trotz seiner wohlmeinenden Absicht zunächst mehr hemmte als in Gang zu setzen vermochte. In den Diskussionen und Aktionen, die ein in den Vortrag eingeflochtenes Zitat aus dem 14. Jahrhundert auslöste, wurde deutlich, wie gefährdet das Sicheinlassen auf vernunftbestimmte Interaktion bis in unsere Gegenwart sein kann. Im Fall des Regensburger Vortrags ist diese Gefährdung zum einen dem Redner selbst zuzuschreiben, der sich die von dem byzantinischen Kaiser Manuel II. Palaeologos artikulierte Islam-Kritik etwas zu leichtfertig aneignete, ohne die Folgen dieser Indienstnahme in den Reaktionen der islamischen Welt realistisch abzuschätzen. Doch geht eine Gefährdung rationalen Handelns zum anderen gerade auch von jenen Gruppen aus, die – aus heterogenen kulturellen Traditionen stammend – das Manuel-Zitat dekontextualisierten und in einer den

---

[1] Benedikt XVI., Glaube und Vernunft. Die Regensburger Vorlesung. Vollständige Ausgabe, kommentiert v. Gesine Schwan, Adel Theodor Khoury, Karl Lehmann, Freiburg i.Br. u.a. 2006.
[2] Ebd., S. 30.

Aussagen des Vortragenden geradezu entgegenstehenden Weise verabsolutierten. Der Regensburger Vortrag erwies sich damit nicht zuletzt als riskantes Experiment einer an der Vernunft orientierten Kommunikation.[3]

Faszination und Skepsis gegenüber dem, was menschliche Vernunft leisten kann, zeichnen auch das europäische Spätmittelalter aus, auf das sich der Vortragende in Regensburg mehrfach berief. Die Errungenschaften im geistigen Leben der Zeit, in Wissenschaft, politischer Theorie, Philosophie und Literatur kontrastieren mit verheerenden Naturkatastrophen, Epidemien und Verfolgungen von Gruppen am Rande der christlichen Gemeinschaft.[4] Johannes Janota hat in seiner Literaturgeschichte des 14. Jahrhunderts gezeigt, dass Symbolbildungen wie die Literatur und Kunst, darunter auch die der volkssprachigen Schriftlichkeit, Orientierung in einer weithin orientierungslosen Zeit zu geben suchten.[5]

Als ein prominenter Vertreter erscheint dabei der Dichter Heinrich von Mügeln, der mit seiner profunden Gelehrsamkeit einen Brückenschlag zwischen der lateinischen und der volkssprachigen Kultur seiner Zeit herstellte.[6]

---

[3] Hinzuweisen ist freilich auch darauf, dass die Rede trotz aller Irritationen einen christlich-muslimischen Dialog in Gang zu setzen vermochte. Dies bezeugt die amerikanisch-islamische Zeitschrift *Islamica* (Ausgabe 18, 2006) mit einem von hundert muslimischen Intellektuellen unterzeichneten offenen Brief an Papst Benedikt sowie mit Beiträgen von Abdal Hakim Murad („Benedict XVI and Islam"), Aref Ali Nayed („A Muslim's Commentary on Benedict XVI's Regensburg Lecture"), Ibrahim Kalin („Ethics of Coexistence"). Andererseits verwiesen gerade Vertreter der ‚westlichen' Wissenschaft auf das in der abendländischen Geschichte stets schwierige Verhältnis von Glauben und Vernunft. Vgl. im deutschsprachigen Raum z.B. Kurt Flasch, Die Vernunft ist keine Jacke, Berliner Zeitung, 22. 9. 2006, S. 31 („Eine Einheit von Glaube und Vernunft hat es in der irdischen westlichen Welt nie gegeben"), und Jürgen Habermas, Ein Bewusstsein von dem, was fehlt. Über Glauben und Wissen und den Defaitismus der modernen Vernunft, in: Neue Zürcher Zeitung, 10./11. 2. 2007, S. 71f., der eine „selbstkritische Auseinandersetzung der säkularen Vernunft mit Glaubensüberzeugungen" fordert (S. 71).

[4] Vgl. stellvertretend Kurt Flasch, Das philosophische Denken im Mittelalter. Von Augustin zu Machiavelli (Reclams Universalbibliothek 8342), Stuttgart 1986, S. 363–369. Zum historischen Hintergrund ausführlicher Ulf Dirlmeier, Gerhard Fouquet u. Bernd Fuhrmann, Europa im Spätmittelalter 1215–1378 (Oldenbourg Grundriss der Geschichte 8), München 2003. – Wichtig ist in diesem Zusammenhang auch Flaschs beharrlicher Hinweis darauf, dass das, was die neuzeitliche Philosophie ‚Aufklärung' nennt, seine Wurzeln im Mittelalter hat. Vgl. z.B. Kurt Flasch, Aufklärung im Mittelalter. Zur Einführung, in: Das Licht der Vernunft. Die Anfänge der Aufklärung im Mittelalter, hg. v. Kurt Flasch u. Udo Reinhold Jeck, München 1997, S. 7–17.

[5] Vgl. Johannes Janota, Orientierung durch volkssprachige Schriftlichkeit (1280/90–1380/90) (Geschichte der deutschen Literatur von den Anfängen bis zum Beginn der Neuzeit III/1), Tübingen 2004, bes. S. 21–31.

[6] Vgl. zuletzt Karl Stackmann, ‚Der Meide Kranz'. Das *nuwe ticht* Heinrichs von

Für die Frage nach der Reflexion und Inszenierung von Rationalität in der mittelalterlichen Literatur ist Mügeln ein wichtiger Zeuge, da er in seinem dichterischen Werk die Vernunft nicht nur thematisiert, sondern in ihrer Leistung und Gefährdung auch diskursiv vorführt. Mügeln operiert dabei auf dem Fundament scholastischer Philosophie und Theologie und strebt – ganz im Sinne der Regensburger Ansprache des Papstes – nach einer Synthese von christlichem Glauben und Vernunft. Die rationalitätskritischen Tendenzen, wie sie in der zeitgenössischen Mystik begegnen,[7] sind Mügeln fremd. Und doch zeigt er in seiner poetischen Praxis durch kalkulierte Maßnahmen die Grenzen des Rationalen auf.

Ein wiederkehrender Schlüsselbegriff für dieses Vorgehen ist *vernunst*, die bis ins 14. Jahrhundert vorherrschende Form des seither gebräuchlichen Worts *vernunft*.[8] Um diesen Begriff soll es in den folgenden Ausführungen gehen. Er soll, bezogen auf Mügelns Texte, einerseits in unterschiedlichen semantischen Facetten vorgestellt werden, die im Horizont antik-mittelalterlicher Denktraditionen stehen. Andererseits sollen einige Funktionalisierungen innerhalb des dichterischen Werks zur Sprache kommen, die sich von der

---

Mügeln, in: ZfdA 135 (2006), S. 217–239, hier S. 239 zu Mügelns „Rolle als Mittler zwischen lateinischer Bildung und einem bildungswilligen, aber des Lateinischen nicht mächtigen Publikum". Den aktuellen Forschungsstand zu Mügeln verzeichnet Stackmann mit einschlägigen Arbeiten ebd., S. 217. Vgl. ferner Studien zu Frauenlob und Heinrich von Mügeln. FS Karl Stackmann zum 80. Geburtstag, hg. v. Jens Haustein u. Ralf-Henning Steinmetz (Scrinium Friburgense 15), Freiburg/Schweiz 2002; Dietlind Gade, Wissen – Glaube – Dichtung. Kosmologie und Astronomie in der meisterlichen Lieddichtung des vierzehnten und fünfzehnten Jahrhunderts (MTU 130), Tübingen 2005, S. 183–319; Janota, Vom späten Mittelalter (wie Anm. 5), S. 188–190, 485 u.ö. – Textgrundlage: Die kleineren Dichtungen Heinrichs von Mügeln. Erste Abteilung: Die Spruchsammlung des Göttinger Cod. Philos. 21, hg. v. Karl Stackmann, 3 Bde. (Deutsche Texte des Mittelalters 50–52), Berlin 1959, 1. Teilband: Einleitung. Text der Bücher I-IV, 2. Teilband: Text der Bücher V-XVI, 3. Teilband: Lesarten; Zweite Abteilung, hg. v. Karl Stackmann, mit Beiträgen von Michael Stolz (Deutsche Texte des Mittelalters 84), Berlin 2003.

[7] Vgl. stellvertretend Otto Langer, Christliche Mystik im Mittelalter. Mystik und Rationalisierung – Stationen eines Konflikts, Darmstadt 2004, mit Ausführungen zur Mystik der religiösen Armutsbewegungen, bes. S. 288–392, und dem Fazit: „Die Gegenentwürfe der Mystik als Intensivform von Religion gegenüber Rationalisierungsschüben in verschiedenen Bereichen oszillieren zwischen Relativierung des Gegensatzes und Verabsolutierung des Anspruches der Religion" (S. 393).

[8] Vgl. BMZ II,1, S. 376b–377a; Lexer III, Sp. 190; Jacob Grimm, Deutsche Grammatik, Teil 2, Göttingen 1826, S. 195f. – Zum Begriff der Vernunft sei verwiesen auf B[rigitte] Kible, Artikel ‚Ratio', in: IIistorisches Wörterbuch der Philosophie 8 (1992), Sp. 37–40, und auf Ch[ristof] Rapp/Ch[ristoph] Horn u.a., Artikel ‚Vernunft. Verstand' in: Historisches Wörterbuch der Philosophie 11 (2001), Sp. 748–863, darin bes. M[arkus] Enders u.a., III. Mittelalter, Sp. 764–796.

emphatischen Thematisierung über die allegorische Personifikation bis hin zur performativen Relativierung erstrecken.

II.

Innerhalb des zum „Sinnbezirk des Verstandes" gehörenden Wortfelds[9] begegnet *vernunst* bei Mügeln in Nachbarschaft zu Lexemen wie *wisheit, witze, sin* und *rat*.[10] Dabei erweist sich das Wort *vernunst* in seinen Bedeutungsnuancen (u.a.: ‚vernunftgeleitetes Denken', ‚göttliche Vernunft', *‚intelligentia'*, ‚praktischer Verstand')[11] schillernder als der auf Weisheit und vernünftige Klugheit zielende Ausdruck *witze*.[12] Zugleich ist der semantische Horizont von *vernunst* kompakter als jener des zwischen rationalen versus emotionalen, geistigen versus körperlichen Funktionen oszillierenden Wortes *sin*.[13] Gegenüber dem auf konkrete Tätigkeiten wie dem Ratgeben, Beratschlagen oder Urteilen bezogenen Wort *rât*[14] bleibt *vernunst* stärker auf die geistigen Operationen des Verstandes bezogen, auch wenn das etymologisch mit lat. *ratio* verwandte Wort *rât*[15] mitunter als Hendiadyoin in Verbindung mit *vernunst* begegnet und hier eine diesem Lexem vergleichbare Bedeutung aufweist (so in 46,1: *Rat und vernunst ist in der werlde gar verblint*).[16]

---

[9] Vgl. Jost Trier, Der deutsche Wortschatz im Sinnbezirk des Verstandes. Von den Anfängen bis zum Beginn des 13. Jahrhunderts (Germanische Bibliothek, Dritte Reihe: Untersuchungen und Einzeldarstellungen), Heidelberg 1931, 2. Aufl., Heidelberg 1973.

[10] Der vorliegende Beitrag vermag hoffentlich den „logischen Dämmerzustand", den Johannes Kibelka, *der ware meister*. Denkstile und Bauformen in der Dichtung Heinrichs von Mügeln (Philologische Studien und Quellen 13), Berlin 1963, S. 43, diesen Begriffen zuspricht, ein Stück weit zu lichten.

[11] Vgl. das Glossar in: Die kleineren Dichtungen, Zweite Abteilung (wie Anm. 6), S. 276a/b.

[12] Vgl. ebd., S. 287a.

[13] Vgl. ebd., S. 261a.

[14] Vgl. ebd., S. 252b.

[15] Mhd. *rât, râten* sind verwandt mit mhd. *rede, reden*, die wie griech. *arithmós* (‚Zählung, [An]zahl') und lat. *ratio* (‚Berechnung') zu der ide. Wurzelform **ar[ə]* bzw. **rē* gehören. Vgl. Günther Drosdowski, Duden. Etymologie. Herkunftswörterbuch der deutschen Sprache, 2., völlig neu bearb. u. erw. Aufl., Mannheim u.a. 1989, zu *Rat/raten* (S. 572f.), *Rede/reden* (S. 577f.), *Arm* (S. 44); Friedrich Kluge, Etymologisches Wörterbuch der deutschen Sprache, bearb. v. Elmar Seebold, 24., durchges. u. erw. Auflage, Berlin / New York 2002, zu *Rat/raten* (S. 745a), *Rede/reden* (S. 750a), *Arm* (S. 60a).

[16] Vgl. auch unten, S. 212f. – Angaben zu einzelnen Strophen beziehen sich hier und im Folgenden, sofern nicht anders angegeben, auf: Die kleineren Dichtungen, Erste Abteilung (wie Anm. 6). Die Strophenziffer ist jeweils durch ein Komma von der Versziffer abgetrennt (46,1 bezieht sich also auf Strophe 46, Vers 1).

Wie aber lässt sich die Semantik von *vernunst* näher bestimmen? Hier ist vorab ein Blick auf die Stufung von Seelenvermögen hilfreich, wie sie in der lateinischen Literatur des Hoch- und Spätmittelalters begegnet. Verbreitet ist die Unterscheidung in der ps.-augustinischen Schrift ‚De spiritu et anima‘,[17] die fünf Seelenkräfte benennt. Eine erste Gruppe von drei Kräften bildet die eigentliche Seele: *sensus* (die Sinne), *imaginatio* (Vorstellungskraft) und *ratio* (Unterscheidungs- und Urteilsvermögen); zwei weitere Kräfte beziehen sich auf die geistige Erkenntnis: *intellectus* (abstrakter Verstand) und *intelligentia* (Einsicht in göttliche Ursprünge und Schöpfungsvorgänge).[18]

In der gelehrten Literatur des Mittelalters, etwa jener im Umkreis der Schule von Chartres (bei Alanus ab Insulis u.a.), begegnet dieser Katalog in zahlreichen kleineren Abwandlungen.[19] Als Kernbestand erweisen sich dabei über weite Strecken die Begriffe *ratio* (aus der ersten Gruppe) und *intellectus* (aus der zweiten Gruppe). Sie begegnen beispielsweise auch in dem Katalog der Seelenkräfte, den Thomasin von Zerklaere in seinem 1215/16 verfassten ‚Welschen Gast‘ erwähnt. Hier wird die *ratio* als die Urteilsfähigkeit definiert, die zwischen Gutem und Schlechtem zu unterscheiden vermag: *Râtiô bescheiden sol, / waz stê übel ode wol* (V. 8827f.); *intellectus* hingegen ist jenes Vermögen, das den Menschen zum Göttlichen hinführen, Bote zu Gott und den Engeln sein soll: *Intellectus sol wesen bot / hin zen engeln und ze got* (V. 8831f.).[20]

Bei Heinrich von Mügeln deckt die Semantik von *vernunst* über weite Strecken die so verstandenen Begriffe *ratio* und *intellectus* ab: Sie beinhaltet die menschliche Fähigkeit, logisch und moralisch zu urteilen, und zielt zugleich auf Erkenntnis, die sich von Bereichen der Natur und der menschlichen Kultur bis hin zum Göttlichen erstreckt. Ergänzend treten weitere Partikularbedeutungen hinzu, die im Einzelfall zu bestimmen sind.

---

[17] Sie wurde vermutlich von Alcher von Clairvaux im 12. Jahrhundert verfasst. Vgl. Lexikon für Theologie und Kirche 1 (1993), Sp. 349f. Ausgabe: Migne, Patrologia Latina 40, Sp. 779–832.

[18] Vgl. ebd., bes. Sp. 782 und 809.

[19] Vgl. Peter Ochsenbein, Studien zum ‚Anticlaudianus‘ des Alanus ab Insulis (Europäische Hochschulschriften I, 114), Bern/Frankfurt a.M. 1975, S. 89f.; Christoph Huber, Die Aufnahme und Verarbeitung des Alanus ab Insulis in mittelhochdeutschen Dichtungen. Untersuchungen zu Thomasin von Zerklære, Gottfried von Straßburg, Frauenlob, Heinrich von Neustadt, Heinrich von St. Gallen, Heinrich von Mügeln und Johannes von Tepl (MTU 89), München 1988, S. 47–50.

[20] Zitiert wird nach der Ausgabe: Der Wälsche Gast des Thomasin von Zirclaria, hg. v. Heinrich Rückert, mit einer Einleitung und einem Register von Friedrich Neumann (Bibliothek der gesammten deutschen National-Literatur 30), Quedlinburg/Leipzig 1852, Nachdruck (Deutsche Neudrucke. Reihe: Texte des Mittelalters) Berlin 1965, S. 240. Vgl. auch die Teilausgabe: Thomasin von Zerklaere, *Der Welsche Gast*, ausgewählt, eingel., übers. u. m. Anmerkungen versehen v. Eva Willms, Berlin/New York 2004, S. 107, und den Kommentar ebd., S. 185; ferner Huber, Die Aufnahme (wie Anm. 19), S. 46f.

Michael Stolz

Im folgenden Durchgang durch Mügelns Texte sollen Belege aus den Spruchstrophen und aus der allegorischen Reimpaardichtung ‚Der Meide Kranz' angeführt werden. Letztere weist mit der in die Handlung einbezogenen Figur Kaiser Karls IV. einen Bezug zum Prager Hof der Zeit nach 1355 auf.[21] Der Text ist neben dem Prolog und einem Nachtrag zur natürlichen Determiniertheit menschlichen Handelns durch den Zodiakus in zwei Hauptteile gegliedert, die – im literarischen Verfahren der Personifizierung – den kulturellen Fertigkeiten menschlicher Betätigung gewidmet sind: Der eine Teil (erstes Buch, V. 69–1356) handelt von der Funktion und Hierarchie der Wissenschaften, der andere (zweites Buch, V. 1357–2288) von der Bedeutung tugendhafter Eigenschaften, die nicht von der Natur, sondern von Gott gegeben sind und die sich der Mensch durch Erziehung und Selbstbildung aneignen muss.[22] In beiden Bereichen – jenen der personifizierten Wissenschaften und der Tugenden – erscheint die Vernunft als notwendige Voraussetzung und als Regulativ.

Im Hintergrund von Mügelns Begriff der *vernunst* steht die neuplatonische Auffassung, dass sich der Intellekt in einem Kreislauf aus dem göttlichen Einen in die Schöpfung ergieße und von dort aus zu dem Einen zurückströme. Diese Ansicht wird in der Philosophie des 13. Jahrhunderts, beispielsweise durch Alberts des Großen Kommentar zu Ps.-Dionysius' Areopagita ‚De divinis nominibus' vertreten, einer Schrift, die den Vorlagentext unter anderem mit Aussagen von Aristoteles und dessen arabischen Kommentatoren deutet: Das göttliche Verstandeslicht (*intellectuale lumen divinum*), so Albert mit Verweis auf Dionysius, verbinde sich im menschlichen Intellekt mit den niederen Seelenvermögen des *sensus* und der *imaginatio* und sei deshalb verdüstert. Das Auge des menschlichen Intellekts (*oculus intellectus*) könne das göttliche Verstandeslicht nicht angemessen erkennen.[23] Es gleiche den Augen der Fleder-

---

[21] Da Karl IV. in ‚Der Meide Kranz' als *keiser* auftritt, ist das Jahr der Kaiserkrönung als *terminus post quem* maßgeblich. ‚Der Meide Kranz' wird im Folgenden jeweils zitiert nach: Die kleineren Dichtungen, Zweite Abteilung (wie Anm. 6); mitunter wird der Titel abgekürzt als ‚MK'. – Eine historische Einordnung nehmen vor: Hubert Herkommer, Kritik und Panegyrik. Zum literarischen Bild Karls IV. (1346–1378), in: Rheinische Vierteljahrsblätter 44 (1980), S. 68–116, hier S. 102–104, Christoph Huber, Karl IV. im Instanzensystem von Heinrichs von Mügeln ‚Der Meide Kranz', in: PBB 103 (1981), S. 63–91, hier S. 63, und ders., Die Aufnahme (wie Anm. 19), S. 17.
[22] Vgl. zum Aufbau zuletzt Stackmann, ‚Der Meide Kranz' (wie Anm. 6), S. 218–220; ferner Huber, Die Aufnahme (wie Anm. 19), S. 440f., und Annette Volfing, Heinrich von Mügeln, ‚Der meide kranz'. A Commentary (MTU 111), Tübingen 1997, S. 374.
[23] Vgl. Alberti Magni Super Dionysium De divinis nominibus, hg. v. Paul Simon (Alberti Magni Opera omnia 37,1), Münster i.W. 1972, I,46, S. 28a, Z. 1–5, über Ps.-Dionysius Areopagita: *ostendit, qualiter accipiemus divinitatem oculis intellectus, et*

210

mäuse oder Nachtvögel, die nicht in das Sonnen- oder Tageslicht zu blicken vermögen – wie Albert in einem von Aristoteles übernommenen Vergleich sagt.[24]

In Mügelns volkssprachiger Dichtung kehren die Begriffe des *lumen intellectus* und *oculus intellectus*, aber auch der nach Aristoteles gebildete Vergleich explizit wieder, dies jeweils in Verbindung mit dem Lexem *vernunst*, so besonders in einschlägigen Genitivkonstruktionen:[25]

In dem Mariengedicht ‚Der Tum' etwa wird die Gottesmutter als das *liecht vernunst* bezeichnet, das Gott bei der Inkarnation entzündet habe (155,9). In Anspielung an den bei der Menschwerdung inkarnierten göttlichen Logos heißt es in einem dem menschlichen Gesang gewidmeten Strophenbar, dass das Musizieren erst durch des *wortes kraft* (315,4) zu einer vernunftgeleiteten Tätigkeit werde: Das Wort sei die *erste masse* (d.h. *materia prima*)[26], die *das liecht vernunst in herzen meret* (315,17f.). Eine Entsprechung zu lat. *oculus intellectus* begegnet in ‚Der Meide Kranz' bei der hyperbolischen Beschreibung des allegorischen Lands der personifizierten *Nature*, von dem der Dichter sagt, dass der *blick vernünst nie schoners fant* (V. 900).[27]

---

dicit, quod secundum mentem participabimus intellectuale lumen divinum et coniunctionem ad deum, quae est supra humanam mentem*; vgl. ferner die Aussagen in der folgenden Anmerkung.

[24] Vgl. ebd., I,51, S. 32b, Z. 50–55: *quamvis deus, quantum est in se, sit maxime cognoscibilis, tamen intellectus noster se habet ad rerum manifestissima sicut oculus vespertilionis* (‚Auge der Fledermaus' bzw. ‚Auge des Abendvogels', M.St.) *ad lucem solis, ut dicit* PHILOSOPHUS, *et ideo non est nobis perfecte cognoscibilis neque nominabilis.* Ähnlich Alberti Magni Metaphysica, hg. v. Bernhard Geyer (Alberti Magni Opera omnia 16,1), Münster i.W. 1960, II,2, S. 93b, Z. 81–87: *Intellectus autem humanus, eo quod est animae intellectus, quae imaginatione distenditur et sensu patitur et alteratur, coniunctus est imaginationi et sensui. Et ideo incipit ab eo lumine quod est permixtum tenebris, et per separationem apud se factam tandem venit in intelligibile sincerum; propter quod est sicut visus nycticoracis* (‚Sehkraft der Fledermaus' bzw. ‚Sehkraft des Nachtvogels', M.St.) *in inceptione sua.* In Aristoteles' ‚Metaphysica' II,1, lautet der Vergleich: *Sicut enim nycticoracum oculi* (‚Augen der Fledermäuse' bzw. ‚Augen der Nachtvögel', M.St.) *ad lucem diei se habent, sic et animae nostrae intellectus ad ea quae sunt omnium naturae manifestissima* (zit. nach S. Thomae Aquinatis doctoris angelici In duodecim libros Metaphysicorum Aristotelis expositio, hg. nach M.-R. Cathala v. Raymund M. Spiazzi, Turin/Rom 1964, Nr. 149, S. 80b). – Dazu Kibelka, *der ware meister* (wie Anm. 10), S. 115f.; A[ndreas] Speer, Artikel ‚Vernunft. Verstand, III. Mittelalter' (wie Anm. 8), Hochscholastik, Sp. 780–786, hier Sp. 780; Carlos Steel, Der Adler und die Nachteule. Thomas und Albert über die Möglichkeit der Metaphysik (Lectio Albertina 4), Münster 2001, S. 1–5, 19f.

[25] Vgl. zur Anlage der Genitivkonstruktionen bei Mügeln (im Kontext der mittelalterlichen Sprachtheorie) Michael Stolz, ‚Tum'-Studien. Zur dichterischen Gestaltung im Marienpreis Heinrichs von Mügeln (Bibliotheca Germanica 36), Tübingen/Basel 1996, S. 426–429.

[26] Vgl. Kibelka, *der ware meister* (wie Anm. 10), S. 90–93, und das Glossar in: Die kleineren Dichtungen, Zweite Abteilung (wie Anm. 6), S. 246a; ferner unten, S. 223.

Die unzulängliche Wahrnehmung des göttlichen Intellekts durch das Auge menschlicher Vernunft wird in dem erwähnten Gleichnis zum Ausdruck gebracht; als Nachtvogel erscheint hier die Eule.[28] So besagt ein Verspaar in Bezug auf die Gotteserkenntnis: *vernunst des menschen kennet in, / recht sam die sunne küst der ülen ouge* (5,11f.). Gemäß dieser Auffassung gesteht der Dichter im Prolog von ‚Der Meide Kranz‘ topisch seine Unfähigkeit ein: *min oug ist sam der ülen swach, / das nicht der sunnen mag gesen / und küset doch irs liechtes bren* (V. 44–46).

Die Beispiele zeigen, dass Mügeln die in der Tradition vorgegebene Symbolik konsequent in seinem dichterischen Schaffen umsetzt. Die Verfinsterung des göttlichen Lichts in der menschlichen Unzulänglichkeit wird dabei auch in der Metapher der Blindheit gefasst. In ‚Der Meide Kranz‘ klagt die personifizierte Weisheit darüber, dass die menschliche Vernunft durch Böswilligkeit verblendet worden sei. Die Aussage erfolgt in einem für Mügelns Stil charakteristischen Hyperbaton, bei dem die Genitivkonstruktion *vernunst des menschen* (so oben 5,11) auf den Eingang zweier aufeinander folgender Verse verteilt und das Subjekt *der arge wille* dem Objekt *vernunst* nachgestellt ist: *vernunst der arge wille blint / des menschen nu gemachet hat* (V. 1492f.).[29] – Die Böswilligkeit dringt auf diese Weise nachgerade syntaktisch in die menschliche Vernunft ein und stört, ja zer-stört diese mit ihrer Verblendung. Stilphänomene dieser Art könnten als eine ‚Inszenierung‘ von Rationalität bzw. von deren Depotenzierung bezeichnet werden. Auf diesen Aspekt wird später noch zurückzukommen sein.[30]

Im Stilmittel des Hendiadyoins begegnet die Blindheit der Vernunft am Beginn einer Strophe, die dazu mahnt, die Sorge um das eigene Seelenheil nicht den Nachkommen zu überlassen: Der Eingangsvers lautet *Rat und vernunst ist in der werlde gar verblint* (46,1). Hier dürfte *rat* auf die Urteilsfähigkeit zu beziehen sein, die Thomasin und andere hochmittelalterliche Gelehrte

---

[27] Möglicherweise wirkt hier auch die Definition der Vernunft als *aspectus animae* bzw. *animi* nach, wie sie sich bei Augustinus findet. Vgl. z.B. ‚Soliloquia‘, I,6,13, in: Aurelius Augustinus, Soliloquiorum libri duo. De inmortalitate animae. De quantitate animae, hg. v. Wolfgang Hörmann (Sancti Aureli Augustini Opera 1,4; Corpus Scriptorum Ecclesiasticorum Latinorum 89), Wien 1986, S. 1–98, hier S. 21, Z. 10; ‚De inmortalitate animae‘, VI,10, ebd., S. 99–128, hier S. 110, Z. 9–11. Dazu Anna Marina Piazza Storini, El concepto de *ratio* en las obras de san Agustín, in: Avgvstinvs 24 (1979), S. 231–288, hier S. 245; M[arkus] Enders u.a., Artikel ‚Vernunft. Verstand, III. Mittelalter‘ (wie Anm. 8), Sp. 764.

[28] Vgl. dazu auch Kibelka, *der ware meister* (wie Anm. 10), S. 115; Volfing, Heinrich von Mügeln, ‚Der meide kranz‘ (wie Anm. 22), S. 25 mit Anm. 40 (zum weiteren Traditionshorizont); Gade, Wissen – Glaube – Dichtung (wie Anm. 6), S. 228.

[29] Ähnlich 375,11f.: *des zornes nebel phendet, / verblendet vernunst und sie verirrt.*

[30] Vgl. unten S. 220ff.

im Begriff der *ratio* fassen,[31] während sich *vernunst*, wie schon in den vorangegangenen Beispielen, wohl auf den *intellectus* bezieht. Auf diese Weise werden in der Verbindung *rat und vernunst* die Seelenvermögen *ratio et intellectus* aufgegriffen.

Die Wirkung des – gegenüber dem Göttlichen stets defizitär gedachten – *intellectus* im Bereich menschlicher Betätigung ließe sich an einer Fülle von Beispielen aus Mügelns Dichtung belegen. Es seien nur einige charakteristische Stellen herausgegriffen.

Der Abglanz des göttlichen Intellekts im Bereich menschlicher Sinneswahrnehmung zeigt sich beispielsweise in Mügelns Darstellung der funkelnden Edelsteine, denen der Dichter gemäß mittelalterlicher Tradition wiederholt Kräfte zuschreibt, die der Verstandestätigkeit förderlich sind.[32] Zumeist begegnen die Aussagen im Kontext des Marienlobs, da die Gottesmutter mit ihrer Krone aus Sternen und Edelsteinen (nach Apocalypse 12,1)[33] als Mittlerin des göttlichen Lichts aufgefasst wird. So heißt es in dem Mariengedicht ‚Der Tum‘, dass der violettfarbene Amethyst die Kräfte der Vernunft anrege: er *gibet munder die vernunst* (140,4). Eine in der Kolmarer Handschrift (Cgm 4997) unter Mügelns Namen überlieferte Strophe im sogenannten ‚Traumton‘ preist Maria als strahlenden Karfunkelstein, als glänzende Perle. Der Dichter spricht hier die Hoffnung aus, dass die edelsteingleiche Leuchtkraft der Gottesmutter auf seinen Verstand ausstrahlen möge, um diesem ein leidlich angemessenes Lob zu ermöglichen: *güß diner tugent flut / in mines herzen künste: / vernünste dich loben mög nach wert* (Tr 2,10–12).[34] – Die Nominativ-Singular-Form *vernünste* steht hier im Schlagreim zu der Akkusativ-Plural-Form *künste*, die sich auf die Kunstfertigkeit des Dichters bezieht.

---

[31] Vgl. oben, S. 209.
[32] Vgl. allgemein Christel Meier, Gemma spiritalis. Methode und Gebrauch der Edelsteinallegorese vom frühen Christentum bis ins 18. Jahrhundert, Teil 1 (Münstersche Mittelalter-Schriften 34,1), München 1977; Ulrich Engelen, Die Edelsteine in der deutschen Dichtung des 12. und 13. Jahrhunderts (Münstersche Mittelalter-Schriften 27), München 1978. Zu Mügeln besonders Christoph Gerhardt, Zu den Edelsteinstrophen in Heinrichs von Mügeln ‚Tum‘, in: PBB 105 (1983), S. 80–116; Stolz, ‚Tum‘-Studien (wie Anm. 25), S. 249–281.
[33] Vgl. Gertrud Schiller, Ikonographie der christlichen Kunst, Bd. 4,2: Maria, Gütersloh 1980, S. 198f.; Stackmann, ‚Der Meide Kranz‘ (wie Anm. 6), S. 227 (mit weiteren Literaturangaben).
[34] Ediert in: Die kleineren Dichtungen, Zweite Abteilung (wie Anm. 6), S. 17. – Zu der Wechselwirkung zwischen der Erhabenheit der Gottesmutter und dem (stets unzulänglich gedachten) Marienlob grundlegend am Beispiel von Konrads ‚Goldener Schmiede‘ Peter Ganz, *Nur eine schöne Kunstfigur*. Zur ‚Goldenen Schmiede‘ Konrads von Würzburg, in: Germanisch-Romanische Monatsschrift 29 (1979), S. 27–45; vgl. ferner Stolz, ‚Tum‘-Studien (wie Anm. 25), S. 401.

Diese Konstellation soll Anlass sein, in Mügelns Werk die Beziehung von Rationalität und mhd. *kunst* – letzteres im Sinne von ‚menschlichem Vermögen‘, ‚Wissenschaft‘ oder, wie im letzten Beispiel, von ‚Kunstfertigkeit‘ – in den Blick zu nehmen. Aufschlussreich sind hier besonders die Bezugsetzungen der *vernunst* zu Lehren und Operationen im Bereich der Artes liberales.

In einer Strophe im ‚Langen Ton‘, die den Inhalten der Logik gewidmet ist, erscheint die *vernunst* als Garantin der arbiträren Setzung des sprachlichen Zeichens: Wie der Fassreif durch Konvention für Wein, das Kreuz für Met, das Siegel für den König steht, so sind die Namen Zeichen der Dinge – Zeichen, *die uns vernunst goß in des sinnes tigel* (La 2,10).[35] *vernunst* ist hier jene Instanz, die für die Setzung der sprachlichen Zeichen in dem als *tigel* metaphorisierten *sin*, dem menschlichen Geist oder Fassungsvermögen, verantwortlich ist. In der zeitgenössischen Sprachtheorie steht für diese Funktion der *vernunst* der lateinische Ausdruck *intellectus*. Dies zeigt der Blick auf eine Passage des Lehrbuchs ‚De modis significandi‘ des Martinus de Dacia (um 1270), der Mügelns Ausführungen bis in die Vergleichsstruktur hinein nachempfunden zu sein scheinen:

> *Unde sicut tabernarius vinum significat per circulum, eodem modo intellectus rem intellectam exprimit sive significat per vocem [...].*[36]

Weitere Beispiele zu den Artes liberales stammen aus ‚Der Meide Kranz‘, wo die personifizierten Wissenschaften ihre Gegenstände im gegenseitigen Wettstreit ausführlich vorstellen. Im Vortrag der *Logica* wird die aus der eben betrachteten Strophe bekannte Wirkungsweise des Intellekts weiter ausgeführt, dies im Zusammenhang mit den Universalien (*genus, species, differentia, proprium* und *accidens*).[37] *Logica* bezieht sich hier auf Positionen des Universalienstreits und betont, dass die Universalien als Allgemeinbegriffe in der Seele lokalisiert seien (*ding in der sel*, V. 238). Wiederum ist es der Intellekt, der Existenz und Kenntnis der fünf Universalien in der Seele bewirkt habe: *der fünfer wesen und ir kunst / worcht in die sele die vernunst* (V. 253f.). Ausdrücklich verwahrt sich Logica gegen die seit der Aristotelesrezeption des 13. Jahrhunderts veraltete Meinung der Platoniker, dass die Universalien auch außerhalb der Seele existierten: *sie sint ußwendig sele nicht, / als wan der alden meister spricht* (V. 255f.).[38]

---

[35] Ediert in: Die kleineren Dichtungen, Zweite Abteilung (wie Anm. 6), S. 4.
[36] Martini de Dacia Opera, hg. v. Heinrich Roos (Corpus Philosophorum Danicorum Medii Aevi 2), Kopenhagen 1961, S. 5. Vgl. Kibelka, *der ware meister* (wie Anm. 10), S. 308f.; Christoph Huber, *Wort sint der dinge zeichen*. Untersuchungen zum Sprachdenken der mittelhochdeutschen Spruchdichtung bis Frauenlob (MTU 64), München 1977, S. 130; Gade, Wissen – Glaube – Dichtung (wie Anm. 6), S. 300.
[37] Vgl. Volfing, Heinrich von Mügeln, ‚Der meide kranz‘ (wie Anm. 22), S. 77–83.
[38] Vgl. Kibelka, *der ware meister* (wie Anm. 10), S. 355; Huber, *Wort sint der dinge zeichen* (wie Anm. 36), S. 132.

Die Wirkung des Intellekts in der Seele wird auch für die Rhetorik in Anspruch genommen. So heißt es in ‚Der Meide Kranz‘ von der personifizierten Rhetorica, dass deren kostbares Kleid – Sinnbild des rhetorischen Schmucks[39] – nicht mit Geld bezahlt werden könne, da es die Vernunft für die Seele verfertigt habe: *sint es vernunst der sele span* (V. 276).[40] Eine anders geartete Bedeutung von *vernunst* begegnet in der Rede der personifizierten Arithmetik. Diese gibt sich als Grundlagenwissenschaft aus und argumentiert, dass alle anderen Künste sowie die Natur auf den Gesetzen der Zahlen basierten, wie dies die *vernunst der künste* bestätige: *als mir vernunst der künste bicht* (V. 330). Mit *vernunst der künste* ist einerseits die Einsicht der verschiedenen (wiederum personifiziert gedachten) Künste gemeint. Andererseits wird damit aber auch auf die *ratio* der Kunst Arithmetik selbst angespielt: auf den lateinischen Begriff der *ratio numeri*, die als Gesetz der Zahl, als Zahlenverhältnis allen anderen Wissenschaften zugrunde liege.[41]

Die angeführten Beispiele zeigen Partikularbedeutungen des Lexems *vernunst* auf, die in jeweils spezifische wissenschaftliche Kontexte gehören. Der Bezug zu den Künsten zeigt sich aber auch noch an einer Stelle im Spruchwerk, an welcher der Dichter jenen Menschen beklagt, dem die Natur Vernunft verliehen hat, ohne in ihm *kunst*, d.h. das Vermögen, die Vernunft zu nutzen, auszuformen: Unselig sei jener Mensch, dem *nature gibet vil vernunst / und im doch formet keine kunst* (269,6f.). Vorlage hierfür dürfte ein lateinischer Facetus mit dem Incipit *Cum nihil utilius* sein, in dem folgender Pentameter begegnete: *infelixque, cui nulla sapientia prodest.*[42] Der Beleg zeigt hier Überschneidungen der Begriffe *sapientia* und *vernunst* auf, die für Mügelns Aneignung der mutmaßlichen Vorlage, aber wohl auch für die lateinische Tradition

---

[39] Vgl. Stolz, ‚Tum‘-Studien (wie Anm. 25), S. 104–106 mit Anm. 437.
[40] Vgl. Volfing, Heinrich von Mügeln, ‚Der meide kranz‘ (wie Anm. 22), S. 87, 91–93, mit Diskrepanzen zwischen der Übersetzung („since Reason spun it for the soul [K. Stackmann]“, S. 87) und dem zugehörigen Kommentar („The dress of Rethorica […] is made by *vernunst der sele*“, S. 91, was eine Genitivkonstruktion suggeriert, die hier wohl ausscheidet). Auch der Schluss von Stackmann, ‚Der Meide Kranz‘ (wie Anm. 6), S. 220 („daß also die *kunst*, die zum *tichten* befähigt, ihren Sitz in der Seele hat“), scheint mir nicht ganz angemessen, da der Vers nicht mehr besagt, als dass die *vernunst* das Kleid für die Seele hergestellt habe.
[41] Vgl. Kibelka, *der ware meister* (wie Anm. 10), S. 165f. Anders versteht Volfing, Heinrich von Mügeln, ‚Der meide kranz‘ (wie Anm. 22), S. 105, die Stelle mit der schwer nachvollziehbaren Übersetzung: „as reason informs me about the arts“.
[42] Vgl. Carl Schroeder, Der deutsche Facetus (Palaestra 86), Göttingen 1911, S. 14–28, Nr. 152, S. 25; Leopold Zatočil: Cato a Facetus. Pojednání a texty. Zu den deutschen Cato- und Facetusbearbeitungen. Untersuchungen und Texte (Spisy masarykovy university v Brně filosofická fakulta / Opera Universitatis Masarykianae Brunensis Facultas Philosophica 48), Brno 1952, S. 287–293, Nr. 152, S. 293. Dazu Kibelka, *der ware meister* (wie Anm. 10), S. 34.

charakteristisch sein dürften. Mügelns deutschsprachige Strophe konfrontiert im Übrigen die so verstandene *vernunst* mit Aussagen über das förderliche Zusammenwirken von *kunst* und *tugent* – also von jenen kulturellen Fertigkeiten, die auch im Mittelpunkt der allegorischen Handlung von ‚Der Meide Kranz' stehen.[43]

Das in Strophe 269 thematisierte Brachliegen der Vernunft wird an anderen Stellen des Spruchwerks auch als Mangel oder Missbrauch gestaltet. Exemplarische Gestalten des Alten Testament wie der dem Wahnsinn verfallene Nebukadnezar (*der künig von Assiria*, vgl. 45,1f., 234,10) oder der von Judith betörte Holofernes (240,7) stehen für den Verlust der *vernunst*. Menschliche Unarten und Laster wie die bereits erwähnte Böswilligkeit (‚MK', V. 1492f.) oder an anderen Stellen auch Zorn (375,11f.) beeinträchtigen vernunftgeleitetes Handeln.

Im Anschluss an diese Betrachtung der Semantik von Mügelns Vernunftbegriff soll in einem nächsten Schritt auf dessen spezifische Funktionalisierung im Bereich der dichterischen Rede eingegangen werden. Gegenstand der Betrachtung sind dabei Selbststilisierungen des dichterischen Ich, aber auch hermeneutische Funktionen der Vernunft sowie kommunikative Inszenierungsformen im Blick auf eine ideale Rezipientenschaft.

III.

In den Prologstrophen des ‚Tum' wendet sich der Dichter an die göttliche Vernunft als Inspirationsinstanz; sie soll in das ‚Herz' des Dichters die Form und Kunstfertigkeit vollkommener Sprüche ausgießen: *O bilder der vernunst, / entwirf in mines herzen runst / der sprüche forme unde kunst* (113,1–3). Der Ausdruck *bilder* verweist auf die *idea*, das Urbild der Schöpfung in Gottes Geist.[44] Die im Genitiv angeschlossene *vernunst* lässt sich in der theologischen Tradition des Mittelalters als *divina intelligentia* (z.B. bei Augustinus) oder als *intellectus agens* des göttlichen Schöpfers (z.B. bei Thomas von Aquin) greifen.[45] Gemäß dem neuplatonischen Emanationsgedanken hofft der Dichter, an dieser schöpferischen Intelligenz auf einer hierarchisch nachgeordneten Stufe zu partizipieren:

---

[43] Korrelation von *kunst* und *siten* (hier negativ: als Mangel) in 269,1, von *kunst* und *tugent salb* in 269,12. Vgl. zum Zusammenwirken von *kunst* und *tugent* auch Stackmann, ‚Der Meide Kranz' (wie Anm. 6), S. 230, u.a. im Zusammenhang mit der Aussage *kunst ane siten nicht entoug* (‚MK', V. 158).

[44] Vgl. Kibelka, *der ware meister* (wie Anm. 10), S. 42f.; Stolz, ‚Tum'-Studien (wie Anm. 25), S. 131f.; Gade, Wissen – Glaube – Dichtung (wie Anm. 6), S. 224.

[45] Vgl. die Belege bei Stolz, ‚Tum'-Studien (wie Anm. 25), S. 133 und 137.

> *wer hoffet, ticht der ersten kunst so eben*
> *sich messen, ferben und so rich geweben,*
> *als es spinn an dem reben*
> *vernunst füntliches sinnes hant?*
>
> *Des hoffet nicht min list.*
> *ich ferbe, wo verblichen ist*
> *geticht von grober sprüche mist*
> *[…].*
> (110,9–111,3)

In der Bildsprache lateinischer Poetiken des 12. Jahrhunderts metaphorisiert der Dichter das eigene Schaffen als Verfertigung einer filigranen Goldstickerei, als *reben vernunst* – ‚gewebte Weinranke der Vernunft‘.[46] In diesem suggestiven Bild wird ein von der Vernunft verfertigtes Kunstwerk evoziert, das den Verästelungen des Weinstocks gleicht (110,11f.) – das bei Mügeln ausschließlich als schwaches Maskulinum flektierte Nomen *rebe* (sonst auch als Femininum belegt) hat neben der Bedeutung ‚Weinstock‘ auch jene einer ‚Goldstickerei‘, eines ‚textilen Ornaments‘.[47] Die im Abgesang von Strophe 110 evozierte Illusion, ein so geartetes Kunstwerk schöpferisch erfinden zu können, wird im ersten Stollen von Strophe 111 auf das bloße sprachliche Einfärben eines in der Tradition vorgefundenen poetischen Materials eingeschränkt.

Charakteristisch für die Poetologie des ‚Tum‘ ist die explizit und implizit stets präsente Bezugnahme auf das Inkarnationsgeschehen. Wie bereits erwähnt, garantiert die Gottesmutter durch die in ihrem Leib vollzogene Menschwerdung Christi, dass das göttliche Licht auf die Menschen ausstrahlt.[48] Die Inkarnation bewirkt, dass – wie es in einer anderen Strophe des Spruchwerks heißt – der grenzenlos-ewige Geist zur *vernunst des menschen worden ist* (30,17). In einer weit abgestuften Analogie zu diesem Vorgang konstituiert sich die menschliche Vernunft auch im Bereich dichterischer Tätigkeit.

Die Selbstinszenierung des Dichters in ‚Der Meide Kranz‘ bewegt sich prinzipiell vor demselben heilsgeschichtlich-poetologischen Horizont, sie profiliert sich dabei aber in neuer Weise. Im Prologgebet wendet sich der Dichter an den für Menschenverstand ewig unerforschlichen Schöpfergott und bekennt, dass

---

[46] Belege zur Metaphorik des Webens und Schneiderns bei Stolz, ‚Tum‘-Studien (wie Anm. 25), S. 106 mit Anm. 442 (mit Nachweisen aus der ‚Poetria nova‘ des Galfrid von Vinsauf).

[47] Vgl. BMZ II,1, S. 586a/b; Lexer II, Sp. 356; sowie das Glossar in: Die kleineren Dichtungen, Zweite Abteilung (wie Anm. 6), S. 253a. – Diese Deutung stellt eine Revision meines in den ‚Tum‘-Studien (wie Anm. 25), S. 112f., Anm. 466, gemachten Vorschlags (Herleitung von mhd. *rêb*, ‚Seil‘, ‚Schnur‘) dar.

[48] Vgl. oben, S. 213.

ihm der Allmächtige stets unbegreifbar bleibe: *vernunst dich nicht begrifet min* (V. 29).[49] Das nachgestellte Possessivpronomen *min* steht dabei zu dem Nomen *vernunst* wiederum in der Struktur eines Hyperbatons. Grammatikalisch umfasst das Syntagma *vernunst ... min* den Angesprochenen (*dich*), während dieses Umfassen auf der Ebene der Aussage gerade negiert wird: Der Dichter vermag Gott mit seiner Vernunft nicht zu begreifen. Auffällig ist jedoch, dass der Dichter im Verspaar 29f. zwischen den unermesslichen Gott und seine eigene Unzulänglichkeit eine vermittelnde Instanz einführt, jene des Prager Kaisers Karl IV., dem das Gedicht gewidmet ist: *doch muß von not ein keiser sin. / darnach sint fürsten, darnach wart / des ritters und gebures art* (V. 30–32). Als *imago dei* wird der Kaiser für den menschlichen Verstand in einer der göttlichen Emanation analogen Ständehierarchie von Fürsten, Rittern, Bauern fassbar.[50]

Damit entspricht die *vernunst* des Kaisers auf einer nachgeordneten Stufe jener des göttlichen *intellectus*. Mit dieser Eigenschaft begegnet Karl IV. auch in der weiteren Handlung von ‚Der Meide Kranz‘, so namentlich in dem er-

---

[49] In diesem Kontext findet sich auch das bereits erwähnte Eulengleichnis nach Aristoteles (V. 44–46); vgl. oben, S. 212.

[50] Vgl. Huber, Karl IV. (wie Anm. 21), S. 73–75; Volfing, Heinrich von Mügeln, ‚Der meide kranz‘ (wie Anm. 22), S. 23. – Stackmann, ‚Der Meide Kranz‘ (wie Anm. 6), S. 235–239, sieht die in ‚MK‘ explizit thematisierte ‚Neuartigkeit‘ des Gedichts (*nuwes ticht*, V. 81) in der Tatsache realisiert, dass dieses „der Gottesmutter und dem Kaiser [...] gleichermaßen, ohne Abstufung der Würde, zugeeignet“ sei (S. 236). Er beruft sich dabei auf die Prologabschnitte V. 69–76 („Wendung an die Gottesmutter“) bzw. V. 83–98 (Wendung „an den Kaiser“; vgl. jeweils S. 235) und verweist auf Parallelen in kunstgeschichtlichen Zeugnissen der Zeit Karls IV., in denen die Stifterfiguren eine neue, prominente Rolle erhalten. Diese Vermutung erscheint durchaus nachvollziehbar, doch möchte ich demgegenüber für eine konsequentere Beachtung des Wortlauts der zwischen beiden Abschnitten befindlichen Verse 81–83 plädieren: *uf den spruch ein nuwes ticht / ich scheph uß sinnes wage sicht / in lobe dem keiser Karlen ho*. Vieles spricht dafür, dass der Dichter damit die ‚Neuartigkeit‘ von ‚Der Meide Kranz‘ gegenüber seinem Spruchwerk markiert. ‚Der Meide Kranz‘ scheint sich in der Tat auf zahlreiche Stellen des Spruchwerks zu beziehen und dieses in eine ‚neue‘ Form, diejenige eines allegorischen Reimpaargedichts, zu bringen. So ist etwa ‚MK‘, V. 82, ein Selbstzitat zu: *welch man nicht rechter künste kann, der fisch in wage sichte* (1, 17). Möglicherweise steht dieses Verfahren in Zusammenhang mit der Förderung, die Heinrich von Mügeln aufgrund der dichterischen Vorleistung seines Spruchwerks durch den Prager Kaiser Karl IV. erfuhr. Diesem ist ‚Der Meide Kranz‘ ja gewidmet (vgl. V. 83), während die von Stackmann angeführte Passage über die Gottesmutter (V. 69–76) nur den Titel erklärt (‚Der meide kranz‘ – die Krone der Jungfrau Maria), aber keine Widmung im strengen Sinne darstellt. Vgl. zur Problematik auch Kibelka, *der ware meister* (wie Anm. 10), S. 235f.; Stolz, ‚Tum‘-Studien (wie Anm. 25), S. 129f.; ders., Artes-liberales-Zyklen. Formationen des Wissens im Mittelalter (Bibliotheca Germanica 47), 2 Bde., Tübingen/Basel 2004, Bd. 1, S. 563f.

wähnten Artes-Wettstreit, in dem der Kaiser die Rolle des Richters übernimmt. In einem wiederum hierarchisch gestuften Bezug zur Hofgesellschaft, als deren Angehöriger auch der Dichter Heinrich von Mügeln auftritt, ist hier die *vernunst des keisers* (vgl. unten, V. 360) gefragt, der sein Urteil dann seinerseits an die *vernunst* seiner Räte zu koppeln sucht. Dieser begriffliche Kursus durch die Entscheidungsinstanzen wird mit einem Appell der Arithmetik an den Kaiser präludiert. In ihrem Vortrag unterstreicht die Arithmetik ihren Rang, indem sie auf ihre Berechnungen zu den Engeln und ‚Geistern' (gemeint sind die Intelligenzen der himmlischen Sphären)[51] verweist: *das weiß vernunst des keisers breit: / ich zalt uz gotes herzen gar / der engel und der geiste schar* (V. 360–362).

Als der Kaiser dann zur Urteilsfindung schreitet, befragt er zunächst seine Ratsversammlung, welche die Entscheidung jedoch an Karl als die höchste, von Gott und der Natur eingesetzte Richterinstanz zurückverweist. Die abwehrende Haltung der kaiserlichen Räte gibt der Erzähler als vernunftgeleitete Handlung aus: *sus werte sich der wise rat: / das in vernunst geheißen hat* (V. 769f.). Der Kaiser nimmt daraufhin den Dichter selbst in die Pflicht, dies mit den Worten: *ich wil vernunst nu hören din* (V. 780). Doch auch der Dichter zögert und schwankt zwischen der ersten und der letzten der insgesamt zwölf Wissenschaften hin und her. Er neigt ‚der ersten', der Philosophie, zu, lenkt dann aber auf ‚die letzte', die Theologie ein: *der ersten wold er geben den sig, / da winkt im sines herzen blick, / das wird und er und lobes art / der letzten von dem keiser wart* (V. 781–784).

Das eigenwillige Tempus-Gefüge dieser Verse wurde von Karl Stackmann dahingehend gedeutet, dass hier innerhalb eines Satzes ein „Wechsel" von der Figuren- „in die Erzählperspektive" erfolge:[52] Mügeln, der zunächst als Ratgeber in das Geschehen eingebunden sei, schwenke mit der Indikativ-Präteritum-Form *wart* in die Rolle des Erzählers zurück. Seine Ahnung beziehe sich nicht darauf, dass „der Theologie [...] vom Kaiser der Vorzug gegeben w e r d e [n], sondern, daß er ihr von dem Kaiser gegeben w u r d e".[53] – Setzt man

---

[51] So erwähnt beispielsweise Jacobus von Lüttich in seinem ‚Speculum Musicae' (kurz vor 1330) die *intelligentias orbium motrices*; von den Sphären (*orbes*) sagt er: *a motoribus moventur separatis, id est ab intelligentiis, quae secundum Philosophum* (= Aristoteles) *motrices dicuntur orbium*. Zit. nach Reinhold Hammerstein, Die Musik der Engel. Untersuchungen zur Musikanschauung des Mittelalters, 2., durchges. Aufl., Bern 1990, S. 133f. Die Intelligenzen „entstammen der griechisch-aristotelischen Philosophie und gehen über die arabisch-aristotelische Philosophie zu den Scholastikern über" (ebd., S. 134).

[52] Stackmann, ‚Der Meide Kranz' (wie Anm. 6), S. 223.

[53] Ebd. (Hervorhebungen von Stackmann), in Auseinandersetzung mit meiner Deutung in Artes-liberales-Zyklen (wie Anm. 50), Bd. 1, S. 573: „Der um Rat befragte Heinrich von Mügeln ‚würde der Philosophie zuneigen, muss jedoch einsehen, dass

die Verse jedoch in Bezug zu dem leitmotivisch wiederkehrenden Vernunft-Begriff, so wird deutlich, dass Karls Entscheidung von allem Anfang an nicht anders ausfallen konnte. Die *vernunst* des Kaisers steht ja in Analogie zu Gottes ewigem Intellekt, der die Geschicke der Schöpfung vor aller Zeit vorherbestimmt hat, und diese *vernunst*-Analogie ist es auch, die von der *vernunst* des Dichters in dessen Innerstem – in *sines herzen blick*[54] – einzig erkannt werden kann. Vor diesem philosophischen, der Poetik von ‚Der Meide Kranz‘ eingeschriebenen Horizont braucht der „Wechsel in die Erzählperspektive" also nicht speziell bemüht zu werden, so reizvoll er unter narratologischen Aspekten sein mag. Die Präteritalform *wart* ist vielmehr Funktion einer an der Ewigkeit des göttlichen Intellekts orientierten Erkenntnis des Dichters.

Zu berücksichtigen wären in diesem Zusammenhang auch die Besonderheiten ritueller Kommunikation im Mittelalter, wie sie Gerd Althoff gerade am Beispiel politischer Entscheidungsfindungen herausgearbeitet hat:

> Suggeriert wurde von allen Teilnehmern [...] die Spontaneität der Handlungen einschließlich der gezeigten Emotionen. [...] Man einigte sich auf ‚Inszenierungen‘ oder ‚Aufführungen‘, deren Ablauf Gegenstand vorheriger Absprachen war. Die Akteure des Rituals spielten gewissermaßen ‚Rollen‘.[55]

Um eine literarisierte ‚Inszenierung‘ handelt es sich auch bei der kaiserlichen Entscheidung in ‚Der Meide Kranz‘.[56] Allerdings wird diese erst durch den emanatorischen Vernunft-Begriff des Neuplatonismus möglich; man könnte deshalb sogar von einer eigentlichen ‚Inszenierung der Vernunft‘ in ‚Der Meide Kranz‘ sprechen.

Welche Eigenart diese ‚Inszenierung‘ hat, soll im Folgenden aufgezeigt werden. Dass sie über sprachlich-stilistische Mittel erfolgt, wurde an dem Abschnitt aus der Rede der Weisheit (V. 1492f.) bereits deutlich.[57] Die nunmehr heranzuziehenden Beispiele stammen wiederum aus ‚Der Meide Kranz‘ und aus dem Spruchwerk.

Beachtenswert ist vorab, dass die *vernunst* in ‚Der Meide Kranz‘ ihrerseits als Personifikation auftritt. Sie begegnet, nachdem der Kaiser, wie es heißt, *vernunst* [...] *nicht vergaß*, und sein Urteil von der Gott nachgeordneten In-

---

der Kaiser die Theologie erwählt hat'. In diesem Fall wäre das *wart* in dem Satz *das wird und er und lobes art / der letzten von dem keiser wart* (783f.) als vorzeitig aufzufassen. Die Entscheidung hätte danach im Augenblick der Befragung bereits festgestanden."

54 Nach Volfing, Heinrich von Mügeln, ‚Der meide kranz‘ (wie Anm. 22), S. 195, handelt es sich hierbei um die Metapher des *oculus cordis* bzw. *oculus animae*.

55 Gerd Althoff, Die Macht der Rituale. Symbolik und Herrschaft im Mittelalter, Darmstadt 2003, S. 192.

56 So auch explizit Stackmann, ‚Der Meide Kranz‘ (wie Anm. 6), S. 220, 229, 234.

57 Vgl. oben, S. 212.

stanz *Nature* bestätigen lässt (V. 866). Karl stattet dafür auch die im Artes-Wettstreit unterlegenen Wissenschaften mit seinen Gaben aus und entsendet die Künste anschließend in das Land der *Nature*, wo diese die Theologie krönen soll. *Nature* beruft als Helferinnen die Tugenden ein, die – in Anlehnung an Erzählmotive aus dem ‚Anticlaudianus' des Alanus ab Insulis[58] – mit einem Wagen anreisen, der von der Vernunft gelenkt wird. Als Zugpferde fungieren – wiederum gemäß dem ‚Anticlaudianus' – die fünf Sinne. Der Erzähler betont dabei nachdrücklich, dass die Vernunft die Sinne – hier in wörtlicher Bedeutung – zügeln müsse, wenn der menschliche Geist gedeihen soll.[59] Das sich zwischen *sensus* und *ratio/intellectus* erstreckende System der Seelenkräfte, wie es etwa in der Schrift ‚De spiritu et anima' entworfen wird,[60] gerät auf diese Weise in eine narrative Interaktion.

Am Ziel der Reise angelangt, erklärt die *Vernunst* den Tugenden die allegorische Bedeutung von vier Riesen, welche die in vier Himmelsrichtungen weisenden Tore der Burg von *Nature* bewachen. Sie bezieht die vier Giganten dabei auf die vier Elemente (V. 1186a–1250).[61] In diesem Erzählmotiv wird eine hermeneutische Funktion der *Vernunst* offenbar: Sie legt Komponenten des von *Nature* beherrschten Lands wie einen Text aus und bezieht deren Semantik auf die vier Elementarbereiche. Diese hermeneutische Funktion der Vernunft lässt sich auch in der Poetik von Mügelns Texten selbst ausmachen. Ihr soll eine Betrachtung zu ausgewählten Passagen des Spruchwerks gelten.

Wenn damit ‚Der Meide Kranz' verlassen wird, so sind doch wenigstens im Vorbeigehen einige weitere in diesem Text begegnende Konstellationen des Begriffs *vernunst* zu streifen. So erscheint in einem Probevortrag, den die personifizierte Theologie vor den Tugenden hält, *vernunst* in einer Reihung mit

---

[58] Vgl. Huber, Die Aufnahme (wie Anm. 19), S. 281–285; Volfing, Heinrich von Mügeln, ‚Der meide kranz' (wie Anm. 22), S. 225–229; Stolz, Artes-liberales-Zyklen (wie Anm. 50), Bd. 1, S. 560f.; Stackmann, ‚Der Meide Kranz' (wie Anm. 6), S. 233f.

[59] Diese Aussage wird für jeden der fünf Sinne einzeln getroffen; vgl. Stackmann, ‚Der Meide Kranz' (wie Anm. 6), S. 234.

[60] Vgl. zum Abschnitt auch Huber, Die Aufnahme (wie Anm. 19), S. 282f.

[61] Dies wohl in Anlehnung an die in Heinrichs von Neustadt ‚Von Gottes Zukunft' (um 1312?) beschriebene Vision des Alanus; hier deutet die personifizierte Natura vier Türme auf die Elemente. Vgl. Heinrichs von Neustadt ‚Apollonius von Tyrland' nach der Gothaer Handschrift, ‚Gottes Zukunft' und ‚Visio Philiberti' nach der Heidelberger Handschrift, hg. v. S[amuel] Singer (Deutsche Texte des Mittelalters 7), Berlin 1906, S. 329–452, hier V. 125–230, S. 333f. Dazu Huber, Die Aufnahme (wie Anm. 19), S. 220. – In ‚MK' lauten die Deutungen: *Vernunst, die sprach: ‚der man bedüt, / dem flamm uß sinem munde flüt, / das für [...]'* (V. 1189–1191); *Vernunst, die sprach: ‚üch künt min list: / der wisse man das wasser ist [...]'* (V. 1201f.); *die meid begunden aber fregen: / ‚was düt des richen wunders guft?' / Vernunst, die sprach: ‚es ist die luft [...]'* (V. 1220–1222); *Vernunst, die sprach: ‚üch seit min list, / der man, des slafen ewig ist, / das ist die erd [...]'* (V. 1239–1241).

gedechtnis und *will* (V. 1329), dies in Anlehnung an die von Augustinus her-gestellte Analogie zwischen dem triadisch strukturierten menschlichen Geist und der Trinität.[62] Weitere Bezugsetzungen betreffen *vernunst, gedechtnis* und *fürsichtikeit*, so in der Rede der Weisheit (V. 1471/3),[63] oder *vernunst* [...] *und scharfen sin*, so als Charakterisierung der unter dem Sternzeichen des Löwen geborenen Menschen in einem Plädoyer, das *Nature* für die Determiniertheit menschlichen Handelns hält (V. 2440).[64]

Ansätze einer in den dichterischen Texten Heinrichs von Mügeln angelegten Hermeneutik der Vernunft lässt ein Strophenbar erkennen, der von der menschlichen Sangeskunst handelt und bereits im Zusammenhang mit der Metapher *liecht vernunst* zitiert wurde (314–316):[65] In der einleitenden Strophe wendet sich der Dichter an einen Adressaten, dem er empfiehlt, den Gesang vor allen anderen Künsten zu achten, wenn er in seiner Vernunft Fortschritte machen wolle. Denn nur der Gesang bringe die Frucht der Weisheit hervor. Das eingeforderte *nigen* vor der Sangeskunst steht (auch hier) im Schlagreim zum in Aussicht gestellten *stigen* der Vernunft:

> *Sang vor aller kunst*
> *saltu nigen, stigen*
> *wiltu in vernunst:*
> *frucht der witze sprüßt uß sanges stamme.*
> (314,1–4)

Am Beginn der zweiten Strophe betont der Dichter, dass die Tonkunst für die Seele nur als Vokalmusik, in der Verbindung von Melodie und Wort, nutz-bringend sei:

> *Wo wis unde wort,*
> *da ist trüchtig, früchtig*
> *des gesanges hort.*
> *wortes kraft die sele eine leret.*
> (315,1–4)

---

[62] Vgl. zur Trias *intellectus – memoria – voluntas* (*amor*) Sancti Aurelii Augustini De trinitate libri XV, hg. v. W. J. Mountain u. Fr. Glorie, 2 Bde. (Aurelii Augustini Opera 16,1/2; Corpus christianorum, Series Latina 50/ 50A), Turnhout 1968, XV,22,42, S. 519,1–520,31. – Dazu M[arkus] Enders u.a., Artikel ,Vernunft. Ver-stand, III. Mittelalter' (wie Anm. 8), Sp. 765.

[63] Gemäß der Trias *memoria – intellegentia* (sic!) *– providentia* in Ciceros ,De inventio-ne' II, 53, § 160. Vgl. M. Tullii Ciceronis scripta quae manserunt omnia, fasc. 2: Rhetorici libri duo qui vocantur De Inventione, hg. v. E[duard] Stroebel (Biblio-theca Teubneriana), Leipzig 1915, unveränderter Nachdruck Stuttgart 1965, S. 147f. Dazu Volfing, Heinrich von Mügeln, ,Der meide kranz' (wie Anm. 22), S. 256 (hier statt *intellegentia* fälschlich *ratio*).

[64] Vgl. dazu auch ebd., S. 362f.

[65] Vgl. oben, S. 211; zum Strophenbar auch Kibelka, *der ware meister* (wie Anm. 10), S. 170f.

Wie in einer weiteren Versgruppe derselben Strophe deutlich wird, beinhaltet *wortes kraft* mehr als nur grammatische Funktionen. Sie gemahnt an das Paradoxon der Inkarnation, bei welcher das von dem Engel Gabriel ausgesprochene Grußwort *Ave* (Lucas 1,28) den Erlöser in Marias Leib barg, jenen Erlöser, der mit seiner Schöpferhand zugleich alles Kreatürliche umfasste:

> *ein wort den umbereifte*
> *mit enges herzen wende,*
> *der alle ding besweifte*
> *mit siner witze hende.*
> (315,13–16)[66]

Als solches ist das Wort *Ave* zugleich *erste masse* (*materia prima*), die das *liecht vernunst* (*lumen intellectus*) im Inneren Marias und der Menschen fördert, wie es in den abschließenden Versen der zweiten Strophe heißt (315,17f.).[67]

Die auf diese Weise vollzogene „Rationalisierung der Musik, ihre Unterordnung unter das Wort"[68] mündet in den Schlussversen der dritten Strophe in einen Appell an die Vernunft des Adressaten:

> *was mag eins hundes hüte*
> *und ouch ein tote seite*
> *geleren witz die lüte?*
> *du wiser man, nu reite*
>
> *wie der künste zimmer si*
> *fellig und uf sanges zinne wache.*
> (316,13–18)

---

[66] Vgl. zum Mariengruß *Ave* und seiner liturgisch-frömmigkeitsgeschichtlichen Bedeutung H[ans] Dünninger u.a., Artikel ‚Ave Maria', in: Marienlexikon 1 (1988), S. 309–317. Zum Paradox, dass der Schöpfer bei der Inkarnation in Marias Leib geborgen ist, vgl. Stolz, ‚Tum'-Studien (wie Anm. 25), S. 385 mit Anm. 1358 (zu 177,3–8).

[67] Vgl. auch oben, S. 211.

[68] Kibelka, *der ware meister* (wie Anm. 10), S. 171, mit Hinweisen zu „Stellungnahmen der ‚Meistersänger' gegen die Instrumentalmusik" (Anm. 33). Die Hochschätzung der *musica ecclesiastica*, des „einstimmigen liturgischen Gesang(s)", ist bereits um 1300 im Musiktraktat des Johannes de Grocheo belegt; sie sei „von Gott der Schöpfung eingegeben, auf daß sie als Kreatur ihren Schöpfer lobt" (vgl. Hammerstein, Die Musik der Engel, wie Anm. 51, S. 130). Vgl. zu dieser Haltung auch Die Musik des Mittelalters, hg. v. Hartmut Möller u. Rudolf Stephan (Neues Handbuch der Musikwissenschaft 2), Laaber 1991, S. 341f., 349f. Zur Beziehung von Musik und Grammatik Mathias Bielitz, Musik und Grammatik. Studien zur mittelalterlichen Musiktheorie (Beiträge zur Musikforschung 4), München/Salzburg 1977, mit Angaben zur „Überlegenheit der vox humana" (S. 88) und zur „Besonderheit der Singstimme" (S. 92) in der frühmittelalterlichen Musiktheorie.

Was vermögen ein Hundefell (*hundes hüte* als Bespannung der Pauke) oder eine tote Saite schon zu lehren? – Der als *wiser man* Angesprochene wird vielmehr aufgefordert, mit seiner Vernunft zu berechnen (*reiten*), wie *fellig* das Gebäude der (Sanges-)Kunst sei; er solle darauf wie ein von der Zinne Ausschau haltender Wächter Acht haben. Als homonym – in der Sprache der mittelalterlichen Grammatik: äquivok[69] – erweist sich dabei das Wort *fellig* (316,18), das einerseits ‚hinfällig‘, andererseits, gemäß dem mittel- und niederdeutschen Wort *vêlec*, auch ‚sicher‘ bedeuten kann.[70] Diese Mehrdeutigkeit scheint beabsichtigt, zumal eine bloße Beschränkung auf die Hinfälligkeit der Sangeskunst nicht mit der Logik eines Textes vereinbar ist, der in der einleitenden Strophe 314 unterstellt, dass die Melodie und Wort verbindende Vokalmusik sogar ein mit Gewalt zerstörtes Christentum restituieren könnte:

> *ab cristentum fiel immer*
> *von hant gewalt und wart gerissen nider,*
> *uß wares sanges zimmer*
> *des tumes buw sich snelle formet wider.*
> (314,9–12)[71]

Wenn nun in dem Wort *fellig* Beständigkeit und Gefährdung der Sangeskunst gleichermaßen thematisiert werden, so dürfte dies auch für das von den Menschen im Munde geführte Wort gelten, ohne welches die Vokalmusik nach Mügeln ja wertlos wäre.

---

[69] Vgl. z.B. Jan Pinborg, Logik und Semantik im Mittelalter. Ein Überblick. Mit einem Nachwort von Helmut Kohlenberger (Problemata 10), Stuttgart-Bad Cannstatt 1972, S. 30, 59, 67; Huber, *Wort sint der dinge zeichen* (wie Anm. 36), S. 13; Stolz, ‚Tum‘-Studien (wie Anm. 25), S. 376.
[70] Vgl. die Anmerkung in: Die kleineren Dichtungen, Erste Abteilung (wie Anm. 6), S. 373, und das Glossar in: Die kleineren Dichtungen, Zweite Abteilung (wie Anm. 6), S. 274b. Zu *fellig* (*vellec*) BMZ III, S. 225a; Lexer III, Sp. 54. Zu *vêlec* (*vêlic, veilec, veilic*) BMZ III, S. 295a; Lexer III, Sp. 54. – Am Rande der Blaubeurer Tagung konnte ich diese Stelle mit Frau Dr. Almut Schneider (Eichstätt) diskutieren. Sie plädierte für eine semantische Festlegung des Lexems *fellig* auf die Hinfälligkeit der *kunst* Musica, dies mit dem berechtigten Hinweis auf die in dem Strophenbar explizit thematisierte Abhängigkeit der Musik vom Wort. Mir scheint demgegenüber die Ambivalenz von *fellig/vêlec* haltbar, da die zugehörige Genitivmetapher *der künste zimmer* in ihrer Zuordnung (Musik ohne Sprache und damit ‚hinfällig‘, Musik mit Worten und damit ‚sicher‘) ihrerseits offen bleibt. Die abschließende ‚Pointe‘ des Strophenbars dürfte gerade darin bestehen, dass die Musik als mächtiges und zugleich fragiles menschliches Können (*kunst*) zur Darstellung kommt.
[71] Vgl. Karl Stackmann, Der Spruchdichter Heinrich von Mügeln. Vorstudien zur Erkenntnis seiner Individualität (Probleme der Dichtung. Studien zur deutschen Literaturgeschichte 3), Heidelberg 1958, S. 135; Kibelka, *der ware meister* (wie Anm. 10), S. 170.

Die Ambivalenz von Sicherheit und Brüchigkeit der menschlichen Rede aber erweist sich als eine Konstante in Mügelns Texten, ja sie ist auf Schritt und Tritt performativ gegenwärtig. Das „Arbeiten mit kalkulierten Verstößen"[72] gegen den regulären Sprachgebrauch, wie sie rasche „Perspektivenwechsel", „Äquivokationen" und die „Duldung von Unstimmigkeiten" darstellen,[73] ist ein unverzichtbares Charakteristikum dieser Dichtungsart. Die Irregularitäten ziehen die Aufmerksamkeit der Rezipienten beständig auf sich und führen dabei vor Augen und Ohren, wie brüchig die Rationalität der menschlichen Sprache letztlich ist.

Diese Eigenart sei abschließend an einem Beispiel vorgeführt, in dem sich semantische und syntaktische Mehrdeutigkeiten in besonders hohem Maße häufen. Es handelt sich um die einleitenden Verse eines in der Kolmarer Handschrift (Cgm 4997) überlieferten Strophenbars im Grünen Ton, der mit dem Schlagreim *früchtig, trüchtig* sogar an Schlüsselstellen des zuvor betrachteten Gedichts (vgl. 315,2) anklingt:

> *Sit bi zeichen ler,*
> *die ist früchtig, trüchtig*
> *und ouch firmet ser.*
> *gut bild kunst entwirft in sinnes wende.*
>
> *doch wirt zucht verlorn,*
> *was des argen, kargen*
> *wandel wil verborn,*
> *stift vernunst mit wiser lere hende.*
> (Gr 1,1–8)[74]

Dieses Sprachgebilde wirkt zunächst einmal, beinahe ohne semantische Referenz, in seiner bloßen Lautgestalt. Weithin dominieren helle *i-* und *ü-*Laute, nur in den Versen 5 bis 7 der zweiten Vierergruppe bildet eine Häufung von dunklen *a-, o-, u-*Lauten Kontraste. Die Schlagreime der Verse 2 und 6 scheinen im jeweils folgenden Vers stärkere oder schwächere Assonanzen zu finden, deutlich etwa im Substantiv *wandel* (Vers 7), das wie ein Echo auf die vorausgehenden Adjektive *argen, kargen* wirkt. Lautliche Anklänge weisen auch die Schlussverse der beiden Vierergruppen auf, so nicht nur mit den Reimwörtern *wende / hende*, sondern auch mit dem Binnenreim von *kunst / vernunst* und der hier besonders deutlichen Häufung von *i-*Lauten. – Bloßes Wortgeklingel also?

Schwierig gestaltet sich das spontane Verständnis einzelner Wörter: Das einleitende *Sit* lässt zunächst an eine Konjunktion denken, erweist sich dann

---

[72] Stackmann, ‚Der Meide Kranz' (wie Anm. 6), S. 235.
[73] Ebd., S. 227.
[74] Ediert in: Die kleineren Dichtungen, Zweite Abteilung (wie Anm. 6), S. 11.

aber als das apokopierte Substantiv *site*. Das ebenfalls apokopierte Wort *ler* am Ende des Verses suggeriert das Substantiv *lêre*,[75] doch dürfte es sich um die Imperativform des Verbums *lêren*, im Sinne von nhd. ‚lehren' oder auch ‚lernen',[76] handeln. Anders bliebe der einleitende Satz elliptisch, und das Pronomen *die* im folgenden Vers wäre in seinem Bezug auf die Feminina *site* oder *lêre* offen. Am Beginn von Vers 4 stauen sich Nomina, ehe mit *entwirft* das spannungslösende Verbum folgt. Auf diese Weise tastet sich die Sinnfindung des Lesers oder Hörers mühsam vorwärts.

Unter diesen nicht eben günstigen Vorzeichen soll eine Interpretation der Strophe erfolgen: In der ersten Versgruppe wird dem Adressaten empfohlen, eine gute Lebensführung (*site*) anhand von Vorbild gebenden Beispielen (*zeichen*) zu lehren oder zu erlernen. Eine solche Lebensführung sei förderlich und schutzbringend (sie *firmet ser*). Die *kunst*, die hier als erlernbare Wissenschaft, aber durchaus auch als Kunstfertigkeit zu verstehen ist,[77] vermöge nämlich ein gutes Bild oder Vorbild im Inneren des Menschen (*in sinnes wende*) zu entwerfen.

Doch wenn, so die Aussage der zweiten Versgruppe, eine gute Erziehung *verlorn* werde, d.h. zu Fall komme oder fehle, so könne doch die Vernunft dank ihrer klugen Lehre das in Ordnung bringen, was ein böswillig-ungeschlachter Mensch mit seinem Lebenswandel *verborn*, d.h. ‚durchbohren', nämlich an guter *site* zunichte machen, wolle.[78]

Das auch in Strophe 269 thematisierte Verhältnis von Kunst und Vernunft[79] wird hier anders akzentuiert. Während dort der Mensch, der zwar Vernunft hat, diese aber nicht zu einer Kunst ausformt, als unselig bezeichnet wird, ist hier an die Vernunft die Hoffnung geknüpft, eine mangelnde oder erfolglose Erziehung auszugleichen.

In den verbleibenden Versen der Strophe zeigt sich gegenüber einer solchen regulativen Wirkung der Vernunft freilich eine unverkennbare Skepsis. Denn es werden nunmehr ausnahmslos Sinnbilder einer vergeblichen Unterweisung gereiht: Wie sich die Schlange mit ihrem eigenen Schwanz die Ohren verstopfe, so bleibe ein böswilliger Mensch taub gegenüber der hier als Seidengewand metaphorisierten Lehre (V. 9–12). Wer seine Saat auf kärglichen Boden säe, der streue sie vergeblich in die Luft und werde nur Hass ernten (V. 13–16). Wer in einem schlechten Menschen gute Eigenschaften entfachen wolle, der

---

[75] Denkbar wäre die Genitivkonstruktion *zeichen ler* (‚Lehre der Zeichen').
[76] Vgl. die Belegstellen des Glossars in: Die kleineren Dichtungen, Zweite Abteilung (wie Anm. 6), S. 243a.
[77] Vgl. ebd., S. 241b.
[78] Vgl. zu dieser Übersetzung auch die Anmerkungen in: Die kleineren Dichtungen, Zweite Abteilung (wie Anm. 6), S. 11.
[79] Vgl. oben, S. 215f.

benötige dafür viele, zu viele Funken an Weisheit: *der darf vil witze brende* (V. 18).[80]

Mit diesen in einprägsamen Bildern gehäuften Vorbehalten wird sprachlich artikuliert, was der Dichter in den einleitenden Versen performativ zur Darstellung bringt: Eine gehaltvolle Lehre bedarf einer verständigen Aufnahme, um ihre Wirkung zu entfalten. Mit kalkulierten Verstößen gegen eine einfache, einsinnige Sprachgestalt widersetzen sich die beiden Versgruppen spontanem Verständnis. Dieses wird erst allmählich durch die Verstandesleistung des Rezipienten gestiftet, der seinerseits jene *vernunst* einbringen muss, von der in Vers 8 die Rede ist. Die von Mügeln auf diese Weise inszenierte Rationalität ist damit immer auch hermeneutisch gerichtet: Die von einem idealen Publikum eingeforderte Verstandesleistung zielt auf – Verstehen.

IV.

Der vielschichtige *vernunst*-Begriff in Mügelns Werk erhält damit sein besonderes Profil, das zusammenfassend folgendermaßen beschrieben werden kann: *Vernunst* ist prinzipiell ein Vermögen der Seele, das den Funktionen der *ratio* und des *intellectus* im lateinischen Diskurs der Zeit entspricht. *Vernunst* steht dabei in Analogie zum göttlichen Intellekt, von dessen schöpferischer Allmacht sie zugleich unendlich weit entfernt bleibt. In seinen Großdichtungen ‚Der Tum‘ und ‚Der Meide Kranz‘ funktionalisiert Mügeln diese Fähigkeit poetologisch. Auch hier konstituiert sich die dichterische *vernunst* in Relation zu dem unerreichbar bleibenden göttlichen Intellekt. Heilsgeschichtliche und herrschaftspolitische Phänomene wie die Inkarnation (im ‚Tum‘) oder das Kaisertum Karls IV. (in ‚Der Meide Kranz‘) werden genutzt, um eine Vermittlung zwischen der göttlichen und der dichterischen *vernunst* zu leisten. Im Handlungsgang von ‚Der Meide Kranz‘ wird ein solches Vernunftverständnis regelrecht inszeniert, sei dies bei Karls Urteil im Artes-Wettstreit, an dem der Dichter teilhat, oder im Auftritt der *Vernunst* als Personifikation. Die allegorischen Deutungen, die *Vernunst* im Land der *Nature* vornimmt, lassen schließlich jene hermeneutische Funktion erkennen, die Mügeln der Vernunft im Kontext dichterischen Schaffens zuschreibt: Das Wort erweist sich als vornehme Basis der Sangeskunst, deren Leistung freilich in der mehrdeutigen Semantik des Wortes *fellig* nicht nur in ihrer Souveränität, sondern auch in ihrer Fragilität aufgezeigt wird. Diese Gefährdung der Vernunft im Verstehensprozess wird schließlich – wie das Beispiel des Grünen Tons zeigt – auch in der poetischen Praxis vorgeführt.

---

[80] *brende* sind wörtlich ‚brennende Scheite‘; vgl. die Anmerkung in: Die kleineren Dichtungen, Zweite Abteilung (wie Anm. 6), S. 11.

In diesem Zusammenhang wäre nochmals an den eingangs erwähnten Regensburger Vortrag zu erinnern. In seinem emphatischen Bekenntnis zu einer vom göttlichen Intellekt abgeleiteten Vernunft entstammt er wie Mügelns Dichtungen einer scholastischen Gedankenwelt. Wie Mügelns Texte zeugt er in seiner Performativität von der Gefährdung, der die Vernunft im menschlichen Gebrauch, gerade auch jenem der Kommunikation, unterliegt. Sie bedarf eines sorgsamen Umgangs auf Seiten der Kommunikationspartner. Dies um so mehr, wenn es gilt, einen interkulturellen Dialog in Gang zu setzen. Gerade hier erweist sich das Wagnis der Vernunft als ein unabgeschlossenes und wohl auch unabschließbares Projekt.[81]

Abstract: In the fourteenth century the poet Heinrich von Mügeln develops his reflections on reason that concentrate on the chatoyant notion of *vernunst*. Belonging to the German semantic field of *wisheit*, *witze*, *sin*, *rat*, the word *vernunst*, as it is used in Mügeln's texts, also refers to the Medieval Latin concepts of *ratio*, *intellectus*, *intelligentia*. In Mügeln's 'Spruchdichtung' as well as in the allegorical poem 'Der Meide Kranz' reason is connotated metaphorically as light (e.g. *liecht vernunst* corresponding to Latin *lumen intellectus*); it is correlated to other human faculties such as ability in the arts and sciences (*kunst*), memory, or foresight. But the notion of *vernunst* is also referred to a kind of staging procedure in the sense that it reflects political ideas and practices of the Middle Ages. In 'Der Meide Kranz' the 'enacting' emperor derives his reason from God and spreads it among his subjects and counsellors, including the poet himself. Finally, the demanding status of reason is also performed in Mügeln's precious language that challenges the intellect of the reader with its deliberate irregularities and ambiguities.

---

[81] Frau Dr. Yvonne Dellsperger (Bern) danke ich für Hilfen bei der Durchsicht des Typoskripts.

Wolframstudien XX (2008)
Erich Schmidt Verlag Berlin

Inszenierung und Grenzen von Rationalität in philosophischen Dialogen[*]

von Regula Forster

Spätestens seit Platon gelten Dialoge als adäquate literarische Form zur Darstellung philosophischer Inhalte. Seit Friedrich Schleiermacher sieht die Platonforschung in der Dialogform gar den Schlüssel zur platonischen Philosophie.[1] Zwar spielt Platon im Mittelalter für lange Zeit keine bedeutende Rolle, bis ins 12. Jahrhundert ist ja nur sein ‚Timaios' bekannt. Aber sein Vorbild prägt die Antike, und das Mittelalter übernimmt die Gattung des philosophischen Dialogs in der Nachfolge von Autoren wie Cicero, Augustinus und Boëthius, aber auch in Übereinstimmung mit den dialogisch strukturierten Texten der Bibel, insbesondere den Psalmen und dem Buch Hiob. So begegnet die Präsentationsform des Dialogs anstelle des Lehrtraktats, der Abhandlung schon in karolingischer Zeit. Die prominentesten Vertreter sind hier wohl die Lehrdialoge Alkuins[2] und insbesondere Johannes Scotus Eriugenas ‚Periphyseon'[3]. Doch es ist einmal mehr das 12. Jahrhundert, in dem die Gattung eine eigentliche Blütezeit erlebt: Am Anfang steht Anselm von Canterbury († 1109), der neben ‚Cur deus homo' noch mindestens neun weitere Dialoge

---

[*] Eine englische Version habe ich am 30. Oktober 2006 im Medieval History Seminar am All Souls College in Oxford vorgetragen. Den Organisatoren danke ich für die Einladung, den Diskussionsteilnehmern für zahlreiche Hinweise. Zudem geht Dank für ihre Hilfe an Romy Günthart, Paul Michel und Tamara Rüegger.

[1] Vgl. Gyburg Radke, Das Lächeln des Parmenides. Proklos' Interpretationen zur Platonischen Dialogform (Untersuchungen zur antiken Literatur und Geschichte 78), Berlin 2006, insb. S. 1–16.

[2] Vgl. dazu z.B. Renate Hilsenbeck, Lehrdialog und Laienunterweisung. Der deutsche ‚Lucidarius' im Kontext lateinischer Dialogtradition, Diss. (masch.), Eichstätt 1990, S. 121–156; Klaus Jacobi, Alkuin – Dialoge aus dem Schulunterricht, in: Gespräche lesen. Philosophische Dialoge im Mittelalter, hg. v. Klaus Jacobi (ScriptOralia 115), Tübingen 1999, S. 55–61.

[3] Vgl. dazu z.B. Mischa von Perger, Deliberativa theoria. Eriugenas dialogische Kunst der Erwägung, in: Jacobi (wie Anm. 2), S. 63–99.

Regula Forster

verfasst hat; zu nennen sind aber auch Petrus Alfonsi, Rupert von Deutz, Petrus Abaelardus, Wilhelm von Conches oder Honorius Augustodunensis.[4]

Während Platons Verwendung der literarischen Form des Dialogs in der Forschung seit Längerem thematisiert wird[5] und auch seine antiken Nachfolger einigermaßen gut erforscht sind, hat die literarische Form des Dialogs von Seiten der mediävistischen Literaturwissenschaft vergleichsweise wenig Aufmerksamkeit erlangt.[6] Auf gewisse Art und Weise gilt noch immer die Aussage Rudolf Hirzels, laut dem es das Mittelalter zu keinem rechten Dialoge gebracht"[7] hat. Nach wie vor wird in der mittelalterlichen Verwendung der Dialogform hauptsächlich ein didaktischer Trick gesehen, der – indem der Text mit seinen Figuren dem Leser ein Identifikationsangebot macht[8] – dazu gedient haben soll, Texte rhetorisch und stilistisch interessanter zu machen. Die am Dialog beteiligten Figuren gelten als völlig körperlos, ihre Stimmen als steril.[9]

Es liegt daher nahe, für die Beschreibung der Leistungen mittelalterlicher Dialoge auf die differenzierteren Beschreibungen des sokratischen Dialogs zurückzugreifen. So hat etwa Mittelstraß die Leistung der Form des sokratischen Dialoges einerseits darin gesehen, dass gewisse Fragestellungen ausgeklammert werden können oder zu bestimmten Meinungen keine Stellung bezogen werden muss, andererseits aber auch wesentlich darin, dass literarische Mittel wie Situationsbeschreibungen, Ironie oder die Erzählung von Mythen eingesetzt werden können.[10] In dieser Literarisierung des Rationalen läge so-

---

[4] Vgl. Mischa von Perger, Vorläufiges Repertorium philosophischer und theologischer Prosa-Dialoge des lateinischen Mittelalters, in: Jacobi (wie Anm. 2), S. 435–494.

[5] Der letzte in einer ganzen Reihe von Platonforschern ist Vittorio Hösle, dessen umfangreiches Buch (Der philosophische Dialog. Eine Poetik und Hermeneutik, München 2006) trotz des Titels vor allem ein Buch über Platon ist.

[6] Erst nach Drucklegung erschienen ist die groß angelegte Studie von Carmen Cardelle de Hartmann, Lateinische Dialoge 1200–1400. Literaturhistorische Studie und Repertorium (Mittellateinische Studien und Texte 37), Leiden/Boston 2007, die leider nicht mehr berücksichtigt werden konnte.

[7] Rudolf Hirzel, Der Dialog. Ein literarhistorischer Versuch, Leipzig 1895, Bd. II, S. 384.

[8] Zur Identifizierung der Leser mit Dialogteilnehmern vgl. Jürgen Mittelstraß, Versuch über den sokratischen Dialog, in: Das Gespräch, hg. v. Karlheinz Stierle u. Rainer Warning (Poetik und Hermeneutik 11), München 1984, S. 11–27, hier S. 23; Hilsenbeck (wie Anm. 2), S. 120; Robert Luff, Wissensvermittlung im europäischen Mittelalter. ‚Imago mundi'-Werke und ihre Prologe (Texte und Textgeschichte 47), Tübingen 1999, S. 35 u. S. 82.

[9] Vgl. dazu Almut Suerbaum, Structures of dialogues in ‚Willehalm', in: Wolfram's ‚Willehalm', hg. v. Martin H. Jones u. Timothy McFarland (Studies in German Literature, Linguistics, and Culture), Rochester/Woodbridge 2002, S. 231–247, hier S. 231f.

[10] Mittelstraß (wie Anm. 8), S. 23f.

mit ein wesentlicher Aspekt der Dialogform – mithin also in der Einführung von Elementen, die nachgerade prototypisch in Opposition zum Rationalen zu stehen scheinen wie Emotionen oder Religiosität.[11]

Ziel der vorliegenden Studie ist es daher, an drei Beispielen aufzuzeigen, inwiefern literarische Dialoge des Mittelalters gerade durch die Einführung nicht strikt rationaler Elemente ein eigenes literarisches Potential entwickeln. In der Form des Dialogs kann – so meine These – anders als in der reinen Abhandlung Rationalität literarisch inszeniert werden. Im philosophischen Traktat muss strikt logisch argumentiert werden, er sollte – zumindest gemäß der Theorie – gänzlich rational sein, die Argumentation sollte somit logisch korrekt und wohlbegründet sein.[12] Dagegen treten im philosophischen Dialog

---

[11] Vgl. zu diesen Oppositionen die Beiträge von Nine Miedema, Ingrid Kasten und Otto Langer im vorliegenden Band.

[12] Die Verknüpfung von Rationalität und Argumentation geht letztlich auf Quintilian zurück, der das Argument definiert als „eine vernünftige Überlegung, die der Beweisführung dient *(ratio probationem praestans)*" (Institutiones oratoriae V, x, 11). Da es nur um Fragen der Argumentation und der literarischen Inszenierung geht, drängt sich eine Anlehnung an diese Definition nachgerade auf. Ins Negative verkehrt erscheint der Begriff *ratio* im hier untersuchten ‚Liber de pomo', nämlich als sophistische Argumentationsmethode ohne Wahrheitsanspruch: [...] *omnes uie sciencie, quibus homo potest comprehendere et habere principia ad uias omnium methodorum et scire raciones adductas super eas, que racionabiliter adherent rebus disputabilibus et que discoherent ab eis non habentes rectam uiam, per quam aliquid ueri sciri ualeat. Et huiusmodi raciones sunt uicine ueritatis et tamen uere non sunt,* [...] *set sunt, ut per eas ostendatur audacia loquentis in sciencia sua ad debilitanda uerba socii sui et superanda uerba ui sue sciencie cum racionibus ordinatis et mirabilibus* [...]. *Et racionabiliter decet philosophum scire omnes huiusmodi raciones, eo quod sophistice non fallatur* [...]. (Liber de pomo. Buch vom Apfel, hg. mit Kommentar u. Übers. v. Elsbeth Acampora-Michel, Frankfurt a.M. 2001, § 23; ich zitiere den leicht zugänglichen Text von Acampora-Michel, der lateinische Text darin ist ein Nachdruck der kritischen Ausgabe: Aristotelis qui ferebatur Liber de Pomo, hg. v. Marian Plezia, Warschau 1960; ich habe den Text verglichen mit der Ausgabe von Paolo Mazzantini, Liber de pomo sive de morte Aristotilis, in: Bruno Nardi u. Paolo Mazzantini, Il Canto di Manfredi e il Liber de pomo sive de morte Aristotilis, Turin 1964, S. 29–51.) In den beiden anderen im Folgenden untersuchten Texten erscheint der Begriff nur marginal: Im ‚Lucidarius' ist ein einziges Mal die Rede von *vernunft* (Der deutsche ‚Lucidarius'. Bd. I: Kritischer Text nach den Handschriften, hg. v. Dagmar Gottschall u. Georg Steer (Texte und Textgeschichte 35), Tübingen 1994, III. 7) als einem Vermögen der Seele, der ‚Livre de Sydrac' nennt ein Mal den *sens* des Menschen (Sydrac le philosophe. Le livre de la fontaine de toutes sciences. Edition des enzyklopädischen Lehrdialogs aus dem XIII. Jahrhundert, hg. v. Ernstpeter Ruhe (Wissensliteratur im Mittelalter 34), Wiesbaden 2000, § 514). – Ich verzichte bewusst auf eine Bezugnahme zur Diskussion um die Begriffe *rationalitas* und *rationabilitas*, die im Mittelalter vor allem auch auf der Basis von Augustinus (De ordine II, xi, 31: *nam rationale esse dixerunt, quod ratione uteretur vel uti posset; rationabile autem, quod ratione factum esset aut dictum*) geführt wird, da ich mich an die genannte

Elemente auf, die nicht als Argumente im weitesten Sinn zu bezeichnen sind, sondern offensichtlich einem anderen, nicht rationalen Diskurs angehören. Um diese Elemente und nicht um die philosophischen Inhalte geht es im Folgenden, insbesondere um (i) den Rahmen der Dialoghandlung, also die Situationsschilderung, um (ii) die verschiedenen Sprecherrollen, um (iii) die Frage, ob logische Argumente geäußert werden und inwieweit gewisse Prämissen der Argumentation undiskutiert akzeptiert werden, und schließlich (iv) um typische nicht rationale Elemente wie Erzählungen, Gebete oder Emotionen.

Natürlich wurde die Mehrheit der Dialoge des Mittelalters, zumal der philosophischen, wie überhaupt die Mehrheit der Literatur, auf Lateinisch verfasst. Dabei wirken gerade Texte in Dialogform weit über die Universitäten hinaus, wie der hier behandelte pseudo-aristotelische ‚Liber de pomo‘ zeigt, der eine beträchtliche Verbreitung erlangt hat.[13] Wenn im Folgenden zwei volkssprachliche mit nur einem lateinischen Text kontrastiert werden, dann weil damit gezeigt werden soll, dass der Dialog auch außerhalb der lateinischen Literatur eine wichtige literarische Form war.

Der mittelhochdeutsche ‚Lucidarius‘

Der ‚Lucidarius‘, entstanden wohl gegen Ende des 12. Jahrhunderts,[14] ist, wie insbesondere die Forschungen von Loris Sturlese gezeigt haben,[15] ein philosophiehistorisch bedeutender Text, dessen Quellen, insbesondere das ‚Eluci-

---

argumentationstheoretische Tradition anschließe. – Zu ‚Ratio‘ und ‚Rationalität‘ vgl. z.B. Leo Scheffczyk, Artikel ‚Ratio‘, in: Lexikon für Theologie und Kirche, hg. v. Josef Höfer u. Karl Rahner, 2. Aufl., Freiburg i.Br. 1957–1968, Bd. VIII (1963), Sp. 1003f.; Brigitte Kible, Artikel ‚Ratio‘, in: Historisches Wörterbuch der Philosophie, hg. v. Joachim Ritter u. Karlfried Gründer, Darmstadt 1971–2005, Bd. VIII (1992), Sp. 37–40; Thomas Sören Hoffmann, Lothar Rolke u. Stefan Gosepath, Artikel ‚Rationalität, Rationalisierung‘, ebd., Sp. 52–66; Stefan Gosepath, Artikel ‚Rationalität‘, in: Enzyklopädie Philosophie, hg. v. Hans Jörg Sandkühler, Hamburg 1999, Bd. II, S. 1337–1343.

13 Es sind inzwischen mehr als hundert Handschriften des Textes bekannt, vgl. Charles B. Schmitt u. Dilwyn Knox, Pseudo-Aristoteles Latinus: a guide to Latin works falsely attributed to Aristotle before 1500 (Warburg Institute Surveys and Texts 12), London 1985, S. 52.

14 Die Datierung ist problematisch und hängt natürlich auch mit der Einschätzung der Prologe zusammen: Wer – gegen die Herausgeber der kritischen Ausgabe und die Autorin des Kommentarbandes – an der größeren Autornähe des A-Prologes festhält (und dafür scheint mir zuletzt Bertelsmeier-Kierst gute Argumente geliefert zu haben), wird den Text weiterhin in die Regierungszeit Heinrichs des Löwen setzen, wohingegen wer Gottschall und Steer bzw. Hamm folgt, den Text auch erst ins frühe 13. Jh. setzen könnte. Vgl. Gottschall u. Steer (wie Anm. 12); Marlies Hamm, Der

darium' und die ‚Imago mundi' des Honorius Augustodunensis, die ‚Philosophia mundi' Wilhelms von Conches und Ruperts von Deutz ‚De divinis officiis' inzwischen dank des Kommentarbandes von Marlies Hamm[16] vorbildlich aufgearbeitet sind. Die Gliederung in drei Bücher stellt sich wie folgt dar: Das erste Buch ist Gott und der Welt, im weitesten Sinn auch der Naturkunde, gewidmet, das zweite Buch behandelt Fragen der Liturgie und des christlichen Glaubens, im dritten geht es um Eschatologie.

(i) Rahmen des Dialogs

Der ‚Lucidarius' ist ein Text, dem eine literarische Rahmung weitgehend fehlt: Es fehlen jegliche Hinweise auf Ort, Zeit und Raum, in denen die Dialoghandlung stattfindet, die beiden Sprecher haben keine Namen, und auch sonst gibt es keine Hinweise auf ihre Individualität, sie sind offensichtlich als Typen konzipiert, als Vorbilder dafür, wie ein idealer Schüler und ein idealer Lehrer sich unterhalten sollen.[17] Immerhin geben uns die beiden Versionen des Prologs einige interessante Hinweise. Dabei soll die Diskussion darum, welche der beiden Versionen der Autorfassung angehört und ob es sich bei der anderen Version allenfalls um eine literarische Fiktion oder um ein (frühes) Zeugnis für die Rezeption des Textes handelt, einmal außer Acht gelassen werden.[18] Die beiden Prologversionen sollen hier so behandelt werden, als ob beide autornah seien.

Der A-Prolog[19] nennt als Urheber des Textes einen Herzog,[20] der von Gott inspiriert worden sei, das Werk verfassen zu lassen: *Got felbe hat den fin gegebin / deme herzogen, der ez fchriben liez* (V. 10f.). Das Buch soll zwar einerseits *vremde mere* (V. 4) und *wunders vil* (V. 6) enthalten, doch wird es im A-Prolog auch als ein Buch bezeichnet, das den Leser in den Stand setzt,

---

deutsche ‚Lucidarius'. Bd. III: Kommentar (Texte und Textgeschichte 37), Tübingen 2002; Christa Bertelsmeier-Kierst, Fern von Braunschweig und fern von *Herzogen Heinriche*? Zum A-Prolog des ‚Lucidarius', in: ZfdPh 122 (2003), S. 20–47.

[15] Vgl. insb. Loris Sturlese, Philosophie im deutschen ‚Lucidarius'? Zur Vermittlung philosophischer und naturwissenschaftlicher Lehre im deutschen Hochmittelalter, in: PBB 114 (1992), S. 249–277.

[16] Hamm (wie Anm. 14).

[17] Vgl. Hilsenbeck (wie Anm. 2), S. 24.

[18] Vgl. dazu die oben Anm. 14 zitierte Literatur.

[19] Ich zitiere die Prologe nach der mit einer durchgehenden Verszählung versehenen Synopse bei Gottschall u. Steer (wie Anm. 12), S. 106*f.; die textkritischen Varianten finden sich ebd., S. 102*–105* bzw. S. 1f.

[20] Später (V. 20) wird sein Name, Heinrich, genannt; es spielt hier keine Rolle, ob es sich um Heinrich den Löwen oder um seinen Sohn, den Pfalzgrafen Heinrich, handelt.

Fragen zur Bibel zu beantworten: *der mac antwurte geben vil, / ſwes man in vraget vz der ſchrift* (V. 40f.).[21] Damit stellt der A-Prolog den Text in eine klare Beziehung zum Heilswissen und zur Heilsgeschichte,[22] ein Aspekt, der durch die folgende Aussage darüber, wer als Verfasser des Textes anzusehen ist, noch verdeutlicht wird:

> *Der heilige geiſt gab im* [d. h. dem meister] *die liſt.*
> *Er was der lerer*
> *vnde ouch der vrager,*
> *der daz buch tichte.*
> (V. 32–35)

Zwar ist der Bezug des Pronomens *er* in Vers 33 nicht eindeutig, könnte es sich doch entweder über das Pronomen *im* (V. 32) auf den *meiſter* oder auf den Heiligen Geist beziehen. Tatsächlich ist der *meiſter* ja der Verfasser der Wort-äußerungen beider Gesprächsteilnehmer, jener des Lehrers wie jener des fragenden Schülers, doch scheint es im Rahmen eines Prologs, der – wie oben gezeigt – von der Inspiriertheit sogar des Auftraggebers ausgeht, wahrscheinlicher, dass hier der Heilige Geist ein Selbstgespräch führt:[23] Diese ähnlich etwa auch bei Williram von Ebersberg belegte Konzeption[24] verleiht dem Text göttliche Autorisierung – nicht der *meiſter* ist der Autor, sondern der Heilige Geist, dessen Selbstgespräch hier aufgezeichnet ist.

Im Gegensatz zum A-Prolog nennt der B-Prolog keinen von Gott inspirierten Auftraggeber, ja überhaupt keinen Auftraggeber. Das Werk soll auch keine seltsamen Geschichten mehr enthalten, sondern Geheimnisse enthüllen (V. 5f.: *tôgene dinc, / die an den bûchen verborgen ſint*) sowie geistliche Unterweisung (V. 8: *geiſtlichen ſin*) und Weisheit (V. 16: *wiſtûmeſ uil*) vermitteln. Insbesondere aber ist klar, wer der eigentliche Urheber des Buches ist: *Der daʒ bûch ſcribet, der iſt der vrager, / der helic geiſt iſt der lerer* (V. 27f.). Es handelt

---

[21] Im Prinzip ließen sich die Verse auch so lesen, dass man auf Grund des ‚Lucidarius‘ Antworten geben kann auf alles, was man gefragt wird (*antwurte geben vz der ſchrift, ſwes man in vraget*), doch ist das eher unwahrscheinlich, vgl. auch Luff (wie Anm. 8), S. 95.

[22] Ich stimme hier mit Hamm (wie Anm. 14), S. 43, die an dieser Stelle eine Reduktion auf reines Faktenwissen sieht, nicht überein.

[23] So interpretiert auch Hamm (wie Anm. 14), S. 21, die Stelle.

[24] Williram dialogisiert seinen Kommentar zum Hohen Lied und legt ihn dessen Sprechern, d.h. Christus und der Kirche, in den Mund, vgl. dazu Willirams ‚Praefatio‘, in: Williram von Ebersberg, Expositio in Cantica canticorum, Text und Übersetzung, hg. u. übers. v. Henrike Lähnemann u. Michael Rupp, Berlin/New York 2004, Praefatio 10 und den einleitenden Kommentar der Herausgeber, insb. S. XIIIf. – Parallelen aus der lateinischen Literatur, in denen der Heilige Geist als Autor auftritt, sind zusammengestellt bei Hamm (wie Anm. 14), S. 21f.

sich, anders als im A-Prolog, nicht um ein Selbstgespräch des Heiligen Geistes, sondern um einen Dialog zwischen dem Heiligen Geist und dem Autor des ‚Lucidarius', der sich selbst die Rolle des Schülers zuweist.

Bei allen offensichtlichen Unterschieden der Prologe zeigt sich so eine wichtige Gemeinsamkeit: Beide Prologe präsentieren das Werk nicht als Aufzeichnung eines Gesprächs[25] zwischen einem menschlichen Lehrer und seinem Schüler, sondern bestehen auf einer maßgeblichen Beteiligung des Heiligen Geistes: Damit stellt der Text den Anspruch, hier spreche nicht einfach irgendein Lehrer, sondern hier gehe es um die Lehre des Heiligen Geistes selbst.

Diese Aussagen der Prologe haben allerdings kaum eine Beziehung zum Text selbst, in dem ein Gespräch zwischen einem menschlichen Lehrer und seinem menschlichen Schüler dargestellt wird. Dass es sich nicht um göttliche Personen handelt, wird klar in den Gebeten am Ende von Buch I und III: Am Ende von Buch I betet der Lehrer zu Gott (I. 123), am Ende von Buch III der Schüler (III. 115). Wenn die Fiktion der Prologe, dass mindestens einer der beiden beteiligten Sprecher der Heilige Geist ist, aufrechterhalten worden wäre, hätten diese Gebete nicht so geäußert werden dürfen, da damit der Heilige Geist zu sich selbst bzw. zumindest zur gleichen Person, nämlich zu Gottvater, auf den die Ausdrücke *min trehtin* (I. 123) und *vnſer herre got* (III. 115) verweisen, beten würde.

Doch nicht nur haben die Prologe nur bedingt eine Verbindung zum Haupttext, auch in diesem selbst wird die Fiktion, es liege hier die Aufzeichnung eines Gesprächs vor, gestört. So spricht etwa am Ende von Buch II der Lehrer davon, dass es sich hier um ein Buch handle und dass man nun zu dessen drittem Teil übergehen wolle (II. 101): *Diჳ bůch iſt in drú geteilt. Jn dem erſten bůche ſeite ich dir* [...]. *An dem anderen bůche habe ich dir geſeit* [...]. *An dem triten teile ſol ich dir ſagin* [...]. Auch in Abschnitt II. 14 spricht der Lehrer eindeutig von Rezipienten eines Buches und zerstört damit die Gesprächsfiktion:[26] *Daჳ wil ich gerne důn durch daჳ, daჳ alle die da uon gebeſſeret werdent, die diჳ bůch leჳen oder vernemen.*

(ii) Sprecherrollen

Die Grundanlage des ‚Lucidarius' ist, dass der Schüler fragt und der Lehrer antwortet, von der Verfasserschaft des Heiligen Geistes ist – wie oben gezeigt – nicht mehr die Rede. In der Regel hat der Lehrer keine Einwände gegenüber

---

[25]   In Übereinstimmung mit Hösle (wie Anm. 5), insb. S. 30–56, bezeichne ich mit ‚Gespräch' eine aktuelle, mündliche Unterhaltung, mit ‚Dialog' eine schriftliche Form von Literatur, die vorgibt, ein Gespräch wiederzugeben.

[26]   Vgl. Hilsenbeck (wie Anm. 2), S. 25.

den Fragen des Schülers, doch einmal erklärt er eine Frage für falsch gestellt (II. 100), an zwei Stellen verweist er darauf, das Erfragte sei *uon gotef tougeni* (I. 112) oder *tief vnde vnfenfte* (II. 1), und einmal (III. 99) sagt er zwar, er sei nicht imstande, sich zu den Freuden des Paradieses zu äußern, kann dann aber doch rund dreißig Zeilen lang etwas dazu sagen. Der Lehrer ist also grundsätzlich im Vollbesitz des Wissens – entsprechend sind seine Antworten auch nur selten ausweichend oder unpräzise (z.B. I. 17; II. 62; III. 36).

Fast nie bietet der Lehrer direkt Alternativen an: In Abschnitt I. 29 leitet er die beiden Varianten mit *Sumeliche bûoch fprechent* ein, ohne sich auf eine der beiden Aussagen festzulegen. Auf die erste Erklärung für Erbeben in Abschnitt I. 68 folgt auf einen Einwand des Schülers in I. 69 eine zweite, anders lautende. Und auf die Frage, wie alt die Auferstandenen sind, erklärt der Lehrer zweimal (III. 41, 73), die Toten würden im Alter von dreißig Jahren auferstehen, doch beim zweiten Mal fügt er an: *Jedoch wen daȝ frolicher ift, daȝ beide, kint vnde alte lute, do fint, fo mahtu daȝ baf gelöben, daȝ fi dort in dem altere vnde in der gewef fede fint, alfe fi von der welte fchieden.* Es finden sich somit zwar Alternativen, jedoch widerspricht sich der Lehrer im Prinzip nicht selbst: Einzig Saba soll, in Übereinstimmung mit der lateinischen Quelle, einerseits in Asien (I. 58), andererseits in Afrika (I. 60) liegen.[27]

Doch dies bleiben Ausnahmen, von denen das Bild eines allwissenden Lehrers grundsätzlich nicht getrübt wird, eines Lehrers, der die Geheimnisse Gottes nur einem Verständigen, eben dem Schüler, offenbart (vgl. I. 112). Diesem Allwissenheitsanspruch des Lehrers entsprechend interessiert den Schüler auch nicht so sehr, wie sich etwas verhält, sondern was sein Lehrer dazu zu sagen hat, und er fragt etwa mit der Formulierung *Waȝ fprichef tu von der Cometa?* (I. 95) nicht danach, was Kometen eigentlich seien, sondern nur danach, was sein Lehrer über sie zu sagen hat. Einwände des Schülers bleiben die absolute Ausnahme,[28] und nur einmal ist er mit einer Antwort nicht zufrieden und bohrt nach (III. 80–82).

Immerhin stehen dem Schüler nicht nur Fragen zur Verfügung, sondern er kann auch direkt und ohne Frageform eine Erklärung verlangen: Dies tut er – in der Regel eingeleitet mit einer Formel wie *Nu fage mir* – besonders, wenn das Thema gewechselt werden soll,[29] wobei der Lehrer auf den Wunsch nach einem Themenwechsel nicht immer eingeht (vgl. I. 5f.). Rund fünfzehn Prozent der Äußerungen des Schülers im ersten und zweiten Buch sind solche

[27] Quelle für beide Aussagen ist die ‚Imago mundi' des Honorius Augustodunensis, vgl. Hamm (wie Anm. 14), S. 146 u. 157.
[28] I. 36f., 69, 111; II. 7, 65, 86; III. 81f., 112.
[29] Z.B. I. 44, 47. Vgl. Hilsenbeck (wie Anm. 2), S. 193–197, und Monika Sick, Der ‚Lucidarius' und das ‚Buch Sidrach'. Eine wissenssoziologische Untersuchung zweier mittelalterlicher Wissensbücher, Diss. (masch.), Bonn 1995, S. 107.

Aufforderungen und nicht Fragen.[30] Im Vergleich dazu sind im dritten Buch fast ein Drittel der Wortmeldungen des Schülers keine Fragen,[31] doch liegt das nicht daran, dass er mehr Aufforderungen äußern würde: Vielmehr ändern sich die Sprecherrollen im dritten Buch kontinuierlich.[32] Während der Schüler auf die Informationen der ersten beiden Bücher keinerlei Reaktionen zeigt, reagiert er auf die Lehren über die Eschatologie im dritten Buch physisch und emotional: Er beginnt zu seufzen (III. 15), zeigt sich gegenüber seinem Lehrer mehrfach dankbar (III. 30, 72, 80) oder erquickt (III. 100), staunt (III. 83–98, 104–110), weint beinahe (III. 101), bezeugt seine Freude (III. 113) und betet schließlich für das Seelenheil seines Lehrers (III. 115). Entsprechend ist der Schüler über weite Strecken von Buch III nicht mehr imstande, Fragen zu stellen: Vielmehr ist es nun der Lehrer, der (rein rhetorische) Fragen an seinen Schüler stellt, auf welche dieser mit Ausrufen der Bewunderung und des Erstaunens reagiert (III. 83–98).

Von seiner literarischen Struktur her ist der ‚Lucidarius‘ alles andere als ein perfekter Dialog, das heißt, die Bezüge der Sprechakte zueinander sind oftmals vage: Die Antworten bieten relativ oft Informationen, nach denen nicht gefragt wurde (vgl. z.B. I. 20, 26, 31), die aber relevant sind, damit sich eine Anschlussfrage stellen lässt. Literarisch wirklich prekär wird der Dialog aber dadurch, dass die Figur des Schülers regelmäßig zu viel weiß, etwa nach Dingen fragt, von denen noch nicht die Rede war und die nicht unbedingt dem Allgemeinwissen zugerechnet werden können (vgl. z.B. I. 54, 71, 72, 75), und verschiedentlich Fragen stellt, deren sinnvolle Einordnung in den Kontext sich erst aus der Antwort ergibt. Ein besonders schlagendes Beispiel für letzteres ist Abschnitt I. 68: Die vorangehenden Abschnitte behandelten die Winde, nun fragt der Schüler: *Wa von cumet der ertbideme?* Mit dieser Frage scheint ein komplett neues Thema angeschnitten zu sein, doch dann macht die Antwort deutlich, dass wir uns weiterhin in der Diskussion über die Winde befinden, denn Erdbeben entstehen durch Winde, die sich in der Erde verfangen. Die Frage nach den Erdbeben steht also im richtigen Kontext, nämlich bei der Diskussion über die Winde, doch ein tatsächlich unwissender Schüler hätte die Frage nicht in diesem Kontext stellen können.[33] Damit korrumpiert der Text

---

[30]   I. 5, 19, 36, 44, 47, 49, 56–62, 69, 72, 81, 84, 89, 118; II. 1, 11f., 14, 19, 25, 30, 37, 45, 52, 59, 65, 67, 85f., 101.

[31]   III. 1, 10, 15, 30, 33, 43, 72, 80, 82–98, 100, 103–106, 108–110, 112–115.

[32]   Vgl. dazu auch Hilsenbeck (wie Anm. 2), S. 223–225 und S. 268–287, die nachweist, dass die veränderte Zeichnung des Schülers in Buch III in erster Linie mit dem Wechsel der lateinischen Vorlage zu erklären ist.

[33]   Ähnlich weiß der Schüler z.B., dass *Parthia* und *Meſopotamia* die beiden anderen Teile Asiens neben Indien sind (I. 57f.) und dass Gott die Inseln mit zahlreichen wunderbaren Dingen ausgestattet hat (I. 61). Vgl. zum Wissensstand und Frageverhalten des Schülers auch Sick (wie Anm. 29), S. 108.

seine Grundanlage, dass es sich um einen Dialog zwischen einem mehr oder weniger allwissenden Lehrer und seinem relativ ungebildeten Schüler[34] handelt; die Dialogstruktur verrät hier eine Nähe zu Abfragedialogen, in denen es nicht darum geht, dass jemand etwas Neues lernen will, sondern darum, zu überprüfen, ob jemand etwas weiß,[35] im weitesten Sinn verkommt der Dialog hier zu einem reinen Mittel der Textgliederung.[36]

(iii) Rationalität der Argumente

Argumente im logischen Sinn bietet der ‚Lucidarius‘ nicht: Der Lehrer braucht gegenüber seinem Schüler nicht zu argumentieren, sondern erläutert schlicht, was dieser über die Welt, die Liturgie und die letzten Dinge wissen und glauben muss. Dennoch kann man seinen Antworten nicht jegliche Rationalität absprechen:[37] So ist etwa die Erklärung (I. 103), dass es sich beim sog. Blutregen nicht um Regen von Blut handle, sondern dass dieses Phänomen dadurch zustande komme, dass, wenn die Sonne in etwas Rotes hineinscheine, sich ein roter Dunst (*der rote tŏm*) in die Luft erhebe, der dort verbrannt werde und so den Regen rot färbe, der in der Folge aussehe wie Blut, auch nach modernen Kriterien vernünftig. Und man muss festhalten, dass der Lehrer nur sehr selten zur nicht mehr hinterfragbaren Erklärung greift, etwas geschehe aus der Allmacht Gottes heraus.[38] Ein relativ wichtiges, nicht rationales Hilfsmittel, das der Lehrer verwendet, sind Verweise auf Autoritäten oder schriftliche Quellen oder auch direkte Quellenzitate,[39] ein Argumentationsmittel, das übrigens auch der Schüler kennt und gelegentlich benutzt.[40]

In der Regel akzeptiert der Schüler alle Aussagen des Lehrers und dringt nicht auf weitere Erklärungen, nur ganz selten hat er Einwände, etwa bei der

---

[34] Somit kann man nicht mit Sick (wie Anm. 29) von einem Schüler sprechen, der sich „in dem Wissensgebiet kaum aus[kennt]" (S. 105), vielmehr hat sie recht, wenn sie später festhält, der Schüler sei „nicht vollkommen unbelastet und ohne irgendein Vorwissen" (S. 108).

[35] Zur Form der Abfrage bzw. des Katechismus vgl. z.B. Hamm (wie Anm. 14), S. 28*, sowie die Ausführungen von Hilsenbeck (wie Anm. 2), z.B. zu Alkuin (insb. S. 149) oder Bruno von Würzburg (insb. S. 167–169).

[36] Vgl. Hilsenbeck (wie Anm. 2), S. 89, die zeigt, dass die Figur des Schülers bei Honorius gelegentlich einzig der Gliederung dient.

[37] Vgl. dazu schon Sturlese (wie Anm. 15), insb. S. 267–269.

[38] Z.B. I. 76, 94. Bei I. 76 handelt es sich bezeichnenderweise um eine theologisch problematische Frage, nämlich darum, warum die Antipoden nicht von der Erde herunterfallen, vgl. dazu Sturlese (wie Anm. 15), S. 269.

[39] Vgl. I. 17, 21, 29, 46, 50, 52f., 61f., 72, 79, 82–85, 87f., 95, 119, 121; II. 9, 13f., 21, 27, 31, 63; III. 4, 11, 13, 33, 54, 59, 61–65, 68, 71, 80, 99f., 112, 114.

[40] Vgl. I. 55; II. 65; III. 33, 55, 68f.

Klärung des Problems, ob die Geistwesen äßen oder nicht, denn da der Lehrer darauf besteht, dass sie das tun, sollten sie, so findet der Schüler, auch verdauen, was der Lehrer verneint – ohne aber eine erhellende Erklärung zu geben, was dann allerdings keine weiteren Nachfragen des Schülers zeitigt (I. 36f.).

(iv) Nicht rationale Elemente

Beide Prologversionen des ‚Lucidarius‘ enthalten recht viele Elemente, die nicht rational genannt werden können, insbesondere die Gebete und die Bezüge zum Heiligen Geist. Doch auch im eigentlichen Text gibt es derartige Elemente: Zwar finden sich kaum Geschichten, einzig bei der Beschreibung Asiens und des Paradieses kann von narrativen Einschüben gesprochen werden (I. 52f.),[41] aber gelegentlich verweisen Lehrer und Schüler auf die Hilfe Gottes oder die Lehren des Heiligen Geistes (I. 61; II. 1) bzw. beten (I. 123; III. 115). Emotionen zeigt – wie oben ausgeführt – einzig der Schüler, und zwar in Bezug auf die Lehren über das Jüngste Gericht.

Der altfranzösische ‚Livre de Sydrac‘

Der altfranzösische ‚Livre de Sydrac‘, entstanden im späten 13. Jahrhundert, wahrscheinlich nach 1268, vielleicht sogar erst nach 1291,[42] präsentiert sich als Dialog zwischen einem König namens Boctus und einem weisen Philosophen und Astronomen namens Sydrac.[43] Der Text ist in zwei Redaktionen überliefert: Die Langform enthält rund 1200 Fragen und Antworten, die vermutlich ursprüngliche[44] Kurzform nur etwa die Hälfte. Ich zitiere auf Grund der leichteren Zugänglichkeit die Langform.[45] Quellen des altfranzösischen Autors waren mehrheitlich altfranzösische Texte, insbesondere eine französische Version des ‚Elucidarium‘ des Honorius Augustodunensis, die ‚Image du monde‘ von

---

[41] Warum diese Partie gegenüber dem Rest des Textes anders gestaltet ist, ist schwierig zu erklären; Hilsenbeck (wie Anm. 2), S. 224, nimmt an, das Publikum habe gerade an diesen geographischen Beschreibungen besonderes Interesse gehabt, weshalb sie ungekürzt aus den Quellen übernommen worden seien.

[42] Zur Datierung vgl. Beate Wins, ‚Le Livre de Sidrac‘. Stand der Forschung und neue Ergebnisse, in: Wissensliteratur im Mittelalter und in der frühen Neuzeit. Bedingungen, Typen, Publikum, Sprache, hg. v. Horst Brunner u. Norbert Richard Wolf (Wissensliteratur im Mittelalter 13), Wiesbaden 1993, S. 36–52, hier S. 43–45.

[43] Zu den Namen vgl. Wins (wie Anm. 42), S. 41f.

[44] Vgl. Brigitte Weisel, Die Überlieferung des ‚Livre de Sidrac‘ in Handschriften und Drucken, in: Brunner u. Wolf (wie Anm. 42), S. 53–66, hier S. 64.

[45] Ed. Ruhe (wie Anm. 12).

Gossouin von Metz, der ‚Miroir du monde‘ und der ‚Lapidaire de Philippe‘.[46] In Bezug auf die verwendeten Quellen zeigt sich eine Nähe zwischen dem ‚Livre de Sydrac‘ und dem ‚Lucidarius‘, die somit über die Dialogform hinaus geht. Der ‚Livre de Sydrac‘ war ein außerordentlich erfolgreicher Text: So wurde er zum Beispiel von Raimundus Lull, der selbst ein bedeutender Autor philosophischer Dialoge war, benutzt;[47] vor allem aber wurde er in zahlreiche Volkssprachen übersetzt, so ins Mittelniederländische und aus diesem ins Mittelniederdeutsche.[48]

(i) Rahmen des Dialogs

Der ‚Livre de Sydrac‘ hat einen doppelten Rahmen, der in zwei Prologen präsentiert wird:[49] Im ersten geht es um die Tradierung des Buches, im zweiten folgt die eigentliche Rahmenerzählung.

Im ersten Prolog[50] wird geschildert, dass Sydrac Kenntnis aller Wissenschaften hat und – viele Jahre vor der Inkarnation – in das Geheimnis der Trinität eingeweiht ist. Seine Antworten auf die zahlreichen Fragen des Königs Boctus sammelt dieser zusammen mit den Fragen in einem Buch, das – immer wieder neu übersetzt – durch die Hände verschiedener weltlicher und geistlicher Würdenträger geht, an den Hof Friedrichs II. gelangt und von dort weiter über Antiochia nach Toledo kommt, wo es im Jahr 1243 in die Volkssprache übersetzt wird.

---

[46] Dass er nur altfranzösische Quellen benutzen würde, wie Luff (wie Anm. 8), S. 204, meint, ist bisher nicht bestätigt; zu allen bisher nachweisbaren Quellen vgl. Wins (wie Anm. 42), S. 45–51.

[47] Fernando Domínguez, Der Religionsdialog bei Raimundus Lullus. Apologetische Prämissen und kontemplative Grundlage, in: Jacobi (wie Anm. 2), S. 263–290, hier S. 266.

[48] Vgl. Hartmut Beckers, ‚Buch Sidrach‘, in: ²VL I (1978), Sp. 1097–1099; Françoise Féry-Huë u. Robert Marichal, ‚Sidrac‘, in: Dictionnaire des lettres françaises. Le Moyen Age, v. Robert Bossuat, neu bearb. Aufl., hg. v. Geneviève Hasenohr u. Michel Zink, Paris 1994, S. 1385–1387.

[49] Die beiden Prologe sind in der mittelniederländischen Fassung zusammengezogen und direkt vor den eigentlichen Text gesetzt (Het boek van Sidrac in de Nederlanden, hg. v. Johannes F. J. van Tol, Amsterdam 1936, S. 23–38). Davor finden sich ein zusätzlicher Reimprolog (S. 1–6) und das Register (S. 6–21), das die Titel der Abschnitte verzeichnet und das in der altfranzösischen Fassung zwischen den beiden Prologen steht. Die mittelniederdeutsche Fassung (Das Buch Sidrach. Nach der Kopenhagener mittelniederdeutschen Handschrift v. J. 1479 hg. v. H[ermann] Jellinghaus (Bibliothek des literarischen Vereins in Stuttgart 235), Tübingen 1904) lässt den Reimprolog weg, sie beginnt also mit dem Register, danach folgen die beiden zusammengezogenen Prologe (S. 19–38).

[50] Ruhe (wie Anm. 12), S. 1–4.

Diese Entstehungsgeschichte ist offensichtlich reine Erfindung; wir haben keinerlei Hinweise darauf, dass es den ‚Livre de Sydrac‘ je in einer anderen Sprache als auf Altfranzösisch gab. Die Erzählung von den verschiedenen Übersetzungen an den unterschiedlichsten Orten spielt mit hermetischen Topoi, die insbesondere aus dem ‚Secretum secretorum‘ bekannt gewesen sein dürften.[51] Wie im Fall des ‚Secretum‘ dürften auch hier die Übersetzungsgeschichten dazu gedient haben, den Text für potentielle Leser interessanter zu machen. Doch nicht nur Sprachen und Orte dienen diesem Zweck, auch die genannten Leser sind geschickt gewählt: Der Leser des ‚Livre de Sydrac‘ sieht sich in einer illustren Folge von Königen, Bischöfen und Patriarchen, von denen insbesondere Friedrich II. im Ruf stand, über mehr als das üblicherweise zugängliche Wissen zu verfügen[52] – und dieser Friedrich sah sich veranlasst, jemanden extra wegen dieses Buchs nach Tunis zu schicken. Derart wird der ‚Livre de Sydrac‘ im Vorwort nicht als irgendein Buch inszeniert, sondern als eines der wichtigsten Bücher, die man überhaupt besitzen kann.

Der zweite Prolog[53] betrifft den Dialog selbst, die Aufzeichnung eines Gesprächs, das 847 Jahre nach der Geburt Noahs an der Grenze Indiens stattgefunden haben soll. Hier führt König Boctus von Baktrien Krieg gegen einen Nachbarn und versucht vergeblich, an der Grenze einen Belagerungsturm zu errichten: Jeden Morgen liegt das am Tag zuvor Gebaute wieder in Trümmern. Hilfe kommt ihm in Form des Astronomen Sydrac: Dieser erklärt, dass über der Baustelle ein Zauber liege, der mit Hilfe von speziellen Kräutern gebrochen werden könne. Boctus begibt sich auf die (erfolgreiche) Suche nach diesen Kräutern. Er will Sydrac zum Götzendienst bringen, doch dieser verehrt nur den einen, wahren Gott. Durch verschiedene Wunder bekehrt er Boctus zum Glauben an den dreifaltigen Gott.

Hiermit beginnt, ohne weitere Erklärung oder Einbettung in den literarischen Rahmen, der eigentliche Dialog; wann das Gespräch, das der Dialog wiederzugeben vorgibt, genau stattfindet, bleibt also offen.[54] Erst das Schlusswort des Königs klärt die zeitliche Einordnung: Der Dialog hat in dem fremden Land stattgefunden, in dem Boctus nach den Zauberkräutern sucht, da er

---

[51] Zu den Prologen des ‚Secretum‘ vgl. zuletzt Regula Forster, Das Geheimnis der Geheimnisse. Die arabischen und deutschen Fassungen des pseudo-aristotelischen ‚Sirr al-asrār‘ / ‚Secretum secretorum‘ (Wissensliteratur im Mittelalter 43), Wiesbaden 2006, insb. S. 48–55 und S. 121–123.

[52] Vgl. dazu z.B. Luff (wie Anm. 8), S. 193–196.

[53] Ruhe (wie Anm. 12), S. 39–47.

[54] Dagegen schließen die Prologe der mittelniederländischen und entsprechend auch der mittelniederdeutschen Fassung mit der Bemerkung, der König habe direkt nach seiner Bekehrung zu fragen begonnen, vgl. van Tol (wie Anm. 49), S. 38, und Jellinghaus (wie Anm. 49), S. 38.

von einem Unternehmen spricht, weswegen man in *cest estrange païs*[55] gekommen sei. Laut dem Epilog[56] baut Boctus schließlich den Turm, besiegt und bekehrt seinen Nachbarn, doch nach seinem und seines Nachbarn Tod fallen ihre Völker wieder in den Götzendienst zurück.

So hat der ‚Livre de Sydrac' einen doppelten Rahmen: Der erste Prolog verankert den Text im Kontext der Vermittlung östlichen Wissens durch Übersetzung und suggeriert eine Verbindung mit dem Hof Friedrichs II., der zweite Rahmen verweist auf ein Gespräch zwischen einem Herrscher und seinem Ratgeber. Alle diese fiktiven Besitzer des Buches waren überdurchschnittlich erfolgreich, angefangen mit König Boctus selbst über die verschiedenen weltlichen und geistlichen Würdenträger bis hin zu Friedrich II. Damit scheint die Rahmung zu suggerieren, dass auch die künftigen Besitzer und Benutzer des Buches und dadurch auch derjenige, der das Buch jetzt gerade liest, erfolgreich sein werden – die doppelte fiktive Rahmung dient also als Argument für das reale Buch. Tatsächlich scheint das Argument durchaus ernstgenommen worden zu sein, jedenfalls verweisen einige der erhaltenen Exemplare auf Besitzer aus dem Hochadel[57] und damit auf eine Lektüre des Textes als Fürstenspiegel, obgleich der Text kaum Wissen vermittelt, das nur oder besonders für einen Fürsten von Nutzen wäre.

(ii) Sprecherrollen

Die Zuteilung der Sprecherrollen ist denkbar einfach: Der König fragt, sein Philosoph antwortet. Nur vier von mehr als 1200 Wortmeldungen des Königs in der Langform sind keine Fragen, sondern müssen als eine Art Titel bezeichnet werden, nämlich § 606 (*Encore por le mal de l'estomac*), § 607 (*Pour l'estomac qui se deult du froit*), § 608 (*Encore pour esforchier l'estomac*) und § 613 (*Encore pour estanchier le sanc*).[58] Die einzige Variation ist, dass die Frage des Königs in direkter oder in indirekter Rede erfolgen kann. Anders als der Schüler im ‚Lucidarius' hat König Boctus nie irgendwelche Einwände, erklärt nie ein Thema für ausdiskutiert oder verlangt weitere Erklärungen. Zwar be-

---

[55] Ruhe (wie Anm. 12), S. 421; auch auf Mittelniederländisch ist von *dit vremde lant* die Rede (van Tol [wie Anm. 49], S. 225), in der mittelniederdeutschen Übersetzung hingegen scheint die Stelle falsch verstanden worden zu sein und wird zu einem allgemeinen Verweis auf die Welt an sich, vgl. Jellinghaus (wie Anm. 49), S. 211.
[56] Ruhe (wie Anm. 12), S. 421f.
[57] Vgl. Ernstpeter Ruhe, Wissensvermittlung in Frage und Antwort. Der enzyklopädische Lehrdialog ‚Le Livre de Sidrac', in: Brunner u. Wolf (wie Anm. 42), S. 26–35, hier S. 33; Weisel (wie Anm. 44), S. 66; Luff (wie Anm. 8), S. 209f.
[58] Ein ganz ähnliches Phänomen liegt auch in § 620 vor: Hier beginnt Sydrac einen zweiten Teil der Antwort mit: *Encore les oreilles qui ont mal du vent et rebendent dedenz*, was auch eine Frage-Titel-Phrase des Boctus sein könnte.

stimmt er den Dialog, da immer er es ist, der fragt, doch einen Plan für die Abfolge der Fragen scheint weder die Figur noch der Autor zu haben: Dem ‚Livre de Sydrac' fehlt jegliche Struktur, das Buch ist „un grand désordre"[59] oder sogar „une confuse et détestable logorrhée d'homme sans instinct et sans culture littéraire ni autre"[60] genannt worden. Verschiedene Versuche, in dem Text so etwas wie eine Gliederung auszumachen,[61] können nicht als gelungen bezeichnet werden. Ruhe[62] hat zwar gezeigt, dass das Buch mit der Schöpfung beginnt und mit eschatologischen Problemen endet, doch dies ist das einzige Phänomen, das auf eine planvolle Anlage deutet, das sich in mehr als dreihundert Seiten ausmachen lässt. Der erste Prolog erklärt sogar, warum dem Buch eine Struktur fehlt, nämlich weil Boctus eben nicht systematisch gefragt habe. Die Kapitel folgten nun aufeinander *ensi comme il sont escrit en cest libre tels comme li roi Boctus les requist au sage philosophe Sydrac* (1. Prolog, § 12). Das Fehlen einer Ordnung oder Gliederung muss also offensichtlich sogar für einen mittelalterlichen Leser begründet werden.

Nicht nur die Rolle des Boctus ist wenig abwechslungsreich, auch Sydracs Verhalten ist stereotyp: Er antwortet. Er gibt keinerlei Anhaltspunkte, was der König als nächstes fragen könnte, er sagt – anders als der Lehrer im ‚Lucidarius' – nie, dass eine Frage nicht angehe oder er nicht zu antworten imstande sei.[63] Wie im ‚Lucidarius' gibt es aber auch im ‚Livre de Sydrac' Fragen, die nur durch ihre Antworten erklärbar werden, da die Antwort zeigt, dass die Frage (ausnahmsweise) auf einer vorangehenden Antwort aufbaute oder durchaus nicht absurd war. Insbesondere gibt es Fragen, die so, wie sie dastehen, nur von jemandem gestellt werden können, der die Antwort bereits weiß. So fragt Boctus bei der Erklärung von Lasterreihen immer nach dem direkt nachfolgenden Laster: In § 671 erklärt Sydrac den Stolz, und in den nächsten vier Abschnitten (§ 672–675) fragt Boctus nach jenen Lastern, die aus dem Stolz hervorgehen – Fragen, die er eigentlich so nicht stellen können dürfte. Auch fragt er recht oft nach Dingen, die ihm eigentlich unbekannt sein müssten, etwa nach der Himmelfahrt (§ 68). An solchen Stellen kann man kaum mehr von einem wissensvermittelnden Dialog sprechen, sondern eher von einem Katechismus, in dem es nicht um Wissensvermittlung geht, sondern darum, zu überprüfen, ob der Befragte (in diesem Fall Sydrac) über ein bestimmtes Wissen verfügt.[64]

---

[59] Féry-Huë u. Marichal (wie Anm. 48), S. 1386.
[60] Ch[arles]-V[ictor] Langlois, La connaissance de la nature et du monde au moyen âge, Paris 1911, S. 199.
[61] Zuletzt Ruhe (wie Anm. 57) u. Weisel (wie Anm. 44), S. 57–59.
[62] Ruhe (wie Anm. 57), S. 29.
[63] Die Frage § 597 scheint zwar falsch gestellt zu sein (es gibt keine verfluchten Vögel oder Tiere), wird aber von Sydrac dennoch gewissenhaft beantwortet.
[64] Vgl. zur Form des Katechismus die oben Anm. 35 angeführte Literatur.

Gegen Ende des Textes löst sich der Dialog langsam auf: Es wird immer deutlicher, dass der altfranzösische Autor hier verschiedene, nicht dialogisch strukturierte Quellen in Dialogform zu bringen versucht. Die Antworten fallen zum Teil sehr lang aus, die Fragen sind ohne die Antworten unverständlich – und an einer Stelle schlägt sogar die Textgliederung in die eines Traktates um:

> *Ore avés les nons des douze pierres que Syderac nomma selonc la bouche de Dieu [...].*
> *Et aprés nous deviserons les vertus des autres pierres que nous n'avons pas nommees,*
> *que nous nommerons. Or vous dirons de celles que Syderac nomma selonc la bouche du*
> *Saint Esperit et de celles que saint Jehan nomma et les senefiances que elle senefient ou*
> *fondement del verai regne.*
> (§ 1067)

Auch zwei Abschnitte zuvor (§ 1065) ist die Fiktion gebrochen, da hier von Sydrac in der dritten Person die Rede ist. Und schon zuvor finden sich Störungen der Fiktion, und zwar durch Rubrikentitel (§ 32, § 435, § 648, § 1066)[65] und durch eine Zusammenfassung einer Antwort mit einem Verweis auf den *aucteur* (§ 460)[66].

(iii) Rationalität der Argumente

Wie der Lehrer im ‚Lucidarius‘ muss auch Sydrac seine Aussagen in der Regel nicht argumentativ stützen, die wenigen Ausnahmen (z.B. § 396, § 662, § 805) bestätigen die Regel. Auch weiß Sydrac meist genau, wie sich eine Sache verhält, er formuliert keine Alternativen. Nur einmal bleibt seine Aussage vage, und er führt seine Meinung mit der Einschränkung *Mes bien trovons nos* (§ 105) ein. Ein anderes Mal äußert er eine Präferenz für eine bestimmte Ansicht (§ 222): *Certes plus ameroie je [...].* Dass Sydrac nicht argumentiert, liegt aber nicht nur daran, dass er in Boctus einen unkritischen Zuhörer hat, sondern v. a. daran, dass er es nicht nötig hat, weil er sein Wissen direkt von Gott hat (1. Prolog, § 3): *Et si ot la grace de Dieu de savoir coment les .ix. orders d'angles sont assis en ciel et de quoi sert chescun, et de savoir l'astronomie et du firmament et des planetes et des singnes et des estoilles et des ores et des poins et de toutes choses espiritueles et corporeles.* Während der ‚Lucidarius‘ auf den Heiligen Geist als legitimierende Autorität rekurriert, wird hier die Figur

---

[65] Vgl. dazu teilweise schon Ruhe (wie Anm. 57), S. 31. – Weder der mittelniederländische noch der mittelniederdeutsche Text zeigt diese Auflösungserscheinungen oder die Rubrikentitel.
[66] Vgl. dazu schon Ruhe (wie Anm. 12), xiiif. – Dieser Verweis fehlt in der mittelniederländischen und in der mittelniederdeutschen Fassung, vgl. van Tol (wie Anm. 49), § 272, und Jellinghaus (wie Anm. 49), § 262.

Sydracs direkt von Gottvater legitimiert und nach und nach zu einer pro-
phetischen Figur.[67] Als Prophet braucht Sydrac nicht auf Autoritäten zu verweisen, und folglich zitiert er auch die Bibel nur selten.[68] Bemerkenswerterweise zitiert auch König Boctus einmal (§ 1212) das Neue Testament (Io 3, 13),
was mit der Fiktion des gerade neu Bekehrten kaum zusammengeht. Dabei
wird, dem fiktiven Rahmen gemäß, das Neue Testament normalerweise im
Futur zitiert, erst gegen Ende des Textes bricht diese Fiktion weg, und Sydrac
zitiert, als ob die ‚Apokalypse‘ schon geschrieben wäre (§ 1066, § 1068).

(iv) Nicht rationale Elemente

Nicht strikt rationale Elemente wie Geschichten, Gebete und Emotionen spielen im ‚Livre de Sydrac‘ eine völlig untergeordnete Rolle: Sydrac erzählt keine
Geschichten, nur selten weiten sich seine Vergleiche etwas aus (z.B. § 72, § 303,
§ 425). Während des ganzen Dialogs zeigt weder er noch König Boctus irgendwelche Zeichen von Emotionen, auch beten sie nicht, womit sich der eigentliche Text gegenüber den Prologen, in denen Sydrac betet, um durch Wunder
Boctus zu bekehren, und Boctus sich öfter ärgert oder sich über Erfolge freut,
deutlich abhebt. Die nicht strikt rationalen Elemente bleiben damit fast völlig
auf die Prologe beschränkt, was dazu führt, dass in den Prologen literarische
Figuren mit einem relativ ausgeprägten Eigenleben gezeichnet werden, während sie als Gesprächsteilnehmer zu rein textstrukturierenden Elementen[69]
ohne eigenen Charakter werden und somit eigentlich keine Figuren mehr sind.

Der pseudo-aristotelische ‚Liber de pomo‘

Der ‚Liber de pomo‘ gehört zu den zahlreichen, im Mittelalter sehr beliebten
dem Aristoteles zugeschriebenen Schriften. Es handelt sich um einen Dialog
zwischen dem sterbenden Aristoteles und seinen Schülern über die Frage, ob
man sich vor dem Tod fürchten soll oder nicht. Die Schrift wurde, anders als
andere Pseudo-Aristotelica, zum Beispiel das ‚Secretum secretorum‘, mit dem
der ‚Liber de pomo‘ relativ häufig gemeinsam überliefert ist,[70] nur einmal in

---

[67] Vgl. dazu Ernstpeter Ruhe, L'invention d'un prophète. ‚Le livre de Sydrac‘, in:
Moult obscures paroles. Etudes sur la prophétie médiévale, hg. v. Richard Trachsler,
Paris 2007, S. 65–78.

[68] Beispiele für Zitate aus dem Alten Testament: § 76, § 80, § 328, § 906, § 1195, für
solche aus dem Neuen Testament: § 89, § 495, § 658, § 1175, § 1177.

[69] Vgl. dazu oben Anm. 35.

[70] Zur Überlieferungsgemeinschaft von ‚Liber de pomo‘ und ‚Secretum secretorum‘
vgl. Fabio Zinelli, Ancora un monumento dell'antico aretino e sulla tradizione ita-

eine Volkssprache übersetzt,[71] verblieb also weitgehend in einem lateinkundigen Kreis, was insofern nicht erstaunlich ist, als dieser Text wesentlich deutlicher philosophisch interessiert ist als die beiden oben behandelten.

Der lateinische Text des ‚Liber de pomo‘ ist auf um 1255 zu datieren.[72] Das Werk wurde aus dem Hebräischen ins Lateinische übersetzt, wobei es sich bei der hebräischen Fassung um eine sehr freie Adaption eines arabischen Textes handelt,[73] der wohl mindestens bis in die erste Hälfte des 10. Jahrhunderts zurückgeht.[74] Eine griechische Version dürfte, wie im Fall vieler anderer pseudo-aristotelischer Schriften, nie existiert haben,[75] obwohl der arabische Autor offensichtlich griechische Quellen, insbesondere Platons ‚Phaidon‘ (entweder in arabischer oder in syrischer Übersetzung), benutzte.[76]

Aus dem Arabischen wurde der ‚Liber de pomo‘ im Jahr 1235 durch Abraham ibn Ḥasday ins Hebräische übersetzt[77] und aus dem Hebräischen ins

---

liana del ‚Secretum secretorum‘, in: Per Domenico De Robertis. Studi offerti dagli allievi fiorentini, hg. v. Isabella Becherucci, Simone Giusti u. Natascia Tonelli, Florenz 2000, S. 509–560, hier S. 559 und Anm. 203; Acampora-Michel (wie Anm. 11), S. 48. – Die Überlieferung mit anderen (pseudo-)aristotelischen Schriften ist zusammenfassend dargestellt in: The Apple or Aristotle's Death (De Pomo sive De Morte Aristotilis). Translated from the Latin with an Introduction by Mary F. Rousseau (Mediaeval Philosophical Texts in Translation 18), Milwaukee 1968, S. 41–44.

[71] Im 15. Jh. ins Katalanische, vgl. Charles Heusch, La version catalane du ‚Liber de pomo seu de morte Aristotelis‘ (Madrid, B.N. 1474, fols. 105 à 112), in: Atalaya 3 (1992), S. 139–153. Zudem gibt es eine kurze Zusammenfassung auf Altfranzösisch von Jean Lefèvre, vgl. Acampora-Michel (wie Anm. 12), S. 53.

[72] Vgl. Schmitt u. Knox (wie Anm. 13), S. 51.

[73] Zum Verhältnis des hebräischen zum arabischen Text vgl. D[avid] S. Margoliouth, The Book of the Apple, ascribed to Aristotle. Edited in Persian and English, in: Journal of the Royal Asiatic Society (1892), S. 187–192 und S. 202–252, hier S. 188 u. ö.

[74] Vgl. Margoliouth (wie Anm. 72), S. 188.

[75] Vgl. die Zusammenfassung der Diskussion bei Rousseau (wie Anm. 69), S. 28f. u. S. 37, die ein griechisches Original allerdings eher befürwortet.

[76] Vgl. dazu die ausführlichen Vergleiche mit dem ‚Phaidon‘ bei Rousseau (wie Anm. 69), S. 11–21, und bei Acampora-Michel (wie Anm. 11), S. 31–43; zu den Quellen vgl. auch Jörg Kraemer, Das arabische Original des pseudo-aristotelischen ‚Liber de pomo‘, in: Studi orientalistici in onore di Giorgio Levi della Vida, Bd. I (Pubblicazioni dell'Istituto per l'Oriente 52), Rom 1956, S. 484–506, insb. S. 499 und S. 505.

[77] Der hebräische Text liegt gedruckt vor u.a. in: Šᵉlōmōh [b. Yiṣḥāq], Liqqūṭē ha-pardēs, Venedig: Daniel Bomberg, 5279 [d.h. 1519; keine Foliierung; benutztes Ex.: Zürich, Zentralbibliothek, Heid 6207]; eine englische Übersetzung aus dem Hebräischen bietet Hermann Gollancz, The Book of the Apple, in: ders., The Targum to 'The Song of Songs'; The Book of the Apple; The Ten Jewish Martyrs; A Dialogue on Games of Chance, translated from the Hebrew and Aramaic, London 1908, S. 91–117.

Lateinische, und zwar – gemäß dem lateinischen Prolog – von Manfred, dem Sohn Friedrichs II.[78] Die lateinische Übersetzung hält sich eng an den hebräischen Text und ist damit relativ weit entfernt von den arabischen Versionen. Sie erlangte eine beachtliche Verbreitung, rund hundert Handschriften sind bekannt, es gibt Kommentare dazu (u. a. einen, der Albert von Sachsen zugeschrieben wird[79]) und eine Umarbeitung in Hexameter aus dem frühen 16. Jahrhundert.[80]

(i) Rahmen des Dialogs

Der lateinische Text des ‚Liber de pomo' beginnt mit einem Prolog, in dem König Manfred erklärt, dass er einmal todkrank war und sich dennoch nicht vor dem Tod fürchtete, weil er am Hof seines Vaters, Friedrichs II., eine solide philosophische Ausbildung genossen habe (Prologus, § c): *Set theologica philosophica documenta, que imperiali aula diui augusti serenissimi imperatoris domini patris nostri uenerabilium doctorum nos turba docuerat [...], fixa mente gerentes, de nostra dissolucione non intantum, ut ipsorum habebat opinio, dolebamus [...].* Manfred fürchtet sich nicht vor dem Tod, was seine Höflinge irritiert. Deshalb beschließt er nach seiner Genesung, für sie den ‚Liber de pomo' aus dem Hebräischen ins Lateinische zu übersetzen, damit sie die gleiche Haltung gegenüber dem Tod erlangen wie er selbst (vgl. Prologus, § d). Somit gibt Manfreds Prolog eine ähnliche Erklärung davon, welchen Nutzen das Buch hat, wie derjenige Abraham ibn Ḥasdays:[81] Doch während Manfred das Buch ganz klar als ein philosophisches Werk sieht, das rationale Argumente bringt, warum man sich nicht vor dem eigenen Tod fürchten soll, übersetzt Abraham für die Schwachen, die nicht an ein Leben nach dem Tod glauben, für Häretiker, die mit solchen Ansichten den Glauben zerstören. Abraham bleibt also einem religiösen Diskurs verhaftet, in dem es nicht darum geht, ob man sich vor dem Tod ängstigen soll oder nicht, sondern ob es ein Leben nach dem Tod gibt oder nicht.

Nach dem Prolog folgt der eigentliche Rahmen des Dialogs, der in einer Zeit spielt, da – wie es heißt – der Weg zur Wahrheit den Weisen versperrt war

---

[78] Mehrheitlich gilt inzwischen Manfred nicht mehr selbst als Übersetzer, sondern nurmehr als Auftraggeber, vgl. z.B. Acampora-Michel (wie Anm. 12), S. 11f.; anders Rousseau (wie Anm. 70), S. 38f.

[79] Vgl. Kraemer (wie Anm. 76), S. 485, und Schmitt u. Knox (wie Anm. 13), S. 52.

[80] Vgl. Schmitt u. Knox (wie Anm. 13), S. 52; der Text ist mit einer deutschen Übersetzung abgedruckt bei Acampora-Michel (wie Anm. 12), S. 180–189, vgl. auch ihren Kommentar in der Einleitung (S. 54f.).

[81] Hebräischer Text (wie Anm. 77), fol. [1r]; englische Übersetzung: Gollancz (wie Anm. 77), S. 91f.

(§ 1: *Cum clausa esset uia ueritatis sapientibus*). Der größte Weise dieser Zeit ist Aristoteles. Er versammelt, als er im Sterben liegt, seine Schüler um sich, selbst bereits äußerst schwach und vom Todesschmerz angegriffen (§ 2: *affectus nimia macie ob uehemenciam infirmitatis sue pre dolore mortis afflictus*). Seine Schüler treten in großer Erregung (§ 3: *turbati*) ein, wundern sich, dass Aristoteles ganz ruhig zu sein scheint, und schließen daraus, dass er wohl doch nicht todkrank ist. Darauf macht er sich über sie lustig (§ 4: *de ipsis fecit ridiculum*), denn er weiß, dass er sterben wird, nur der Duft eines Apfels in seiner Hand hält ihn am Leben. Seine Ruhe verdankt er nicht der Hoffnung weiterzuleben, sondern der Tatsache, dass er sich nicht vor dem Tod fürchtet. Damit beginnt der Dialog, in dessen Verlauf die Schüler lernen wollen, sich nicht vor dem eigenen Tod zu fürchten (§ 7: *diem mortis non timere*) und auch ruhig zu bleiben in Bezug auf den Tod des Aristoteles und ihn nicht zu beklagen (§ 7): *quia facies quiescere dubietates super te cordis nostri et planctus nostros super recessu tuo a nobis, quia finis tuus erit pax et quies perpetua*, ein Dialog, der damit endet, dass Aristoteles der Apfel entfällt und er stirbt (§ 25).

(ii) Sprecherrollen

Während der ‚Lucidarius‘ ein gutes Beispiel eines sog. ‚Magister-discipulus-Dialogs‘ ist und auch der ‚Livre de Sydrac‘ in gewisser Hinsicht diesem Typ zuzuordnen ist, da ein Dialogteilnehmer Fragen stellt und der andere antwortet, ohne dass es sich um ein Abprüfen handeln würde, vertritt der ‚Liber de pomo‘, dessen wichtigste Quelle Platons ‚Phaidon‘ ist, einen ganz anderen Dialog-Typ: Zwar spricht auch hier ein Lehrer mit seinen Schülern, doch handelt es sich einerseits nicht nur um einen einzelnen, sondern um mehrere Schüler, andererseits stellen diese Schüler nicht einfach nur Fragen oder bitten um Auskunft, sondern sie nehmen mehr oder weniger aktiv am Gespräch teil. So nähert sich der Text formal gewissen antiken Formen des Dialogs, insbesondere dem kynischen Dialog.[82] Insgesamt übernimmt Aristoteles die Führungsrolle, seine Redeanteile sind am größten, er darf Fragen stellen, auf welche die Schüler oft einfach nur zustimmend reagieren (§ 9f.), doch in seinen Redepartien muss Aristoteles echte Argumente vorbringen und Probleme ausdiskutieren. Durch das Überwiegen der Redeanteile des Aristoteles tendiert der ‚Liber de pomo‘ dazu, zu einer Abhandlung zu werden; die Rolle der Schüler ist stark eingeschränkt. Immerhin geht das Gespräch einmal ganz an die Schüler über, die untereinander darüber diskutieren, ob es für einen Weisen sinnvoll und zulässig sein könnte, sich selbst zu töten (§ 13–16), wobei Aristoteles die Diskussion am Schluss (§ 17) zusammenfasst und die Position eines seiner Schüler lobt.

---

[82] Vgl. Kraemer (wie Anm. 76), S. 500.

(iii) Rationalität der Argumente

Anders als im ‚Lucidarius' und im ‚Livre de Sydrac', in denen in der Regel nur erklärt wird, wie sich eine Sache verhält, ohne dass für eine Ansicht argumentiert werden müsste, greift Aristoteles zu echten Argumenten: Um seine Schüler, die selbst in der Rahmenhandlung (§ 2) ‚Weise' (*sapientes*) genannt werden, zu überzeugen, geht er rational vor. Er verwendet dabei keine Autoritätenzitate, und er sagt auch nicht einfach, was wahr ist, sondern argumentiert dafür. Entsprechend sucht er regelmäßig die Zustimmung seiner Schüler und fragt nach, ob sie mit einer bestimmten Äußerung einverstanden seien.

(iv) Nicht rationale Elemente

Der Dialog beginnt mit einer stark emotional aufgeladenen Szene: Die Schüler sind erregt, Aristoteles von seiner Krankheit bereits sehr beeinträchtigt – und indem er sich über seine Schüler lustig macht, wird er ebenfalls als nicht strikt rational handelnde Person dargestellt. Zudem entschließt er sich aus Gründen dazu, sich mit ihnen zu unterhalten, die ebenfalls nur bedingt rational zu sein scheinen:

> *Ecce ego docebo uos et dirigam, quomodo intelligetis et scietis ueritatem uerborum meorum. Et quamuis sit michi magnus labor, ego odorabo odorem huius pomi ad reducendum spiritus meos mecum, quousque finiam uerbum meum, quia scio, quod inde habebo bonum premium, quia uos intelligitis huiusmodi rem, que non est res uacua uobis.*
> (§ 8)

Der Lohn, den sich Aristoteles auf Grund seiner Lehrtätigkeit erhofft, wird nicht genauer spezifiziert: Es scheint sich nicht um einen im Jenseits erwarteten Lohn für ein Verhalten im Diesseits zu handeln, was durchaus als rational, d.h. wohlbegründet, bezeichnet werden könnte, vielmehr scheint der Lohn darin zu bestehen, dass die Schüler imstande sind, aus der Lehre des Aristoteles Nutzen zu ziehen. Dabei bleibt offen, ob Aristoteles sich seinen Lohn in der Form von Nachruhm, Fürbitte von Seiten seiner Schüler, Lohn im Jenseits oder etwas anderem erhofft – jedenfalls wird diese Hoffnung auf Lohn nicht eindeutig rational begründet.

Sehr bemerkenswert ist endlich der Schluss des Textes – nicht, dass Aristoteles stirbt, sondern wie seine Schüler reagieren:

> *Super quem scolares proni singuli ceciderunt et osculati sunt eum et eleuauerunt communiter ululatum plorantes ploratu magno, et dixerunt: Ille qui recolligit philosophorum animas, tuam recolligat animam et reponat eam in thesauris suis, sicut dignum est animam hominis directi et perfecti, sicut tu es!*
> (§ 25)

Nach langen Diskussionen mit dem Ziel, den eigenen Tod nicht zu fürchten und den des Aristoteles nicht zu beklagen, Diskussionen, in deren Verlauf die Schüler Einsicht erlangt zu haben schienen, reagieren sie nun so, wie die meisten Menschen es wohl tun würden: nicht rational, sondern emotional, mit lauter nicht in der Vernunft gründenden Handlungen (Klagen, Weinen, Beten). Damit scheint der Schluss des Textes dem Inhalt des ganzen Dialoges entgegenzustehen: Selbst die Lieblingsschüler des Aristoteles können nicht rein rational auf den Tod reagieren, der Tod bildet eine Grenze rationalen Handelns.

Zusammenfassung

Die drei hier untersuchten Dialoge sind keine originellen philosophischen Werke und haben daher in der Philosophiegeschichte keine allzu große Aufmerksamkeit erlangt. Doch sind sie aus einer literaturwissenschaftlichen Perspektive, die danach fragt, wie Rationalität inszeniert wird und wie dadurch auch die Grenzen des Rationalen aufgezeigt werden können, sehr interessant. Bei der Fokussierung auf nicht rationale Elemente zeigt sich, dass diesen in allen drei Texten eine Schlüsselrolle zukommt.

Die Dialoghandlung der drei Texte ist sehr unterschiedlich in einen erzählten Rahmen eingebettet. Die beiden Versionen des ‚Lucidarius'-Prologs weisen kaum eine Verbindung zum eigentlichen Text auf und betonen die Urheberschaft des Heiligen Geistes. Dagegen scheint der Zweck der beiden Prologe des ‚Livre de Sydrac' in erster Linie darin zu bestehen, den Text als Fürstenspiegel für potentielle Leser interessant zu machen: Die Nennung bedeutender früherer Benutzer dient dabei als Argument für das reale Buch – eine Strategie, die auch der ‚Liber de pomo' mit der Nennung des Aristoteles verfolgt. In allen drei Rahmen spielen zudem Elemente, die als nicht rational bezeichnet werden müssen, etwa Gebete, eine wichtige Rolle – dies teilweise im Gegensatz zu den eigentlichen Texten: Einzig im ‚Lucidarius' finden sich Gebete und die Darstellung von Emotionen auch im Text selbst, im ‚Livre de Sydrac' und im ‚Liber de pomo' bleiben diese Elemente auf den Rahmen beschränkt. Gerade im Rahmen des ‚Liber de pomo' spielen sie aber eine nicht zu unterschätzende Rolle, da die emotionale Reaktion der Schüler auf den Tod des Aristoteles alles bisher und rational begründet Ausgesagte als gefährdet erscheinen lässt.

Im ‚Livre de Sydrac' weisen die Figuren im eigentlichen Text keinerlei individuelle Zeichnung auf. Die Frage-Antwort-Struktur wird gegen Textende mehr und mehr zu einem Element der Textgliederung. Diese Tendenz lässt sich ansatzweise auch schon im ‚Lucidarius' beobachten, obschon hier die Sprecherrollen wesentlich abwechslungsreicher gestaltet sind. Dagegen tendiert der ‚Liber de pomo', in dem Aristoteles – ganz ähnlich wie der platonische Sokrates – den größten Redeanteil aufweist und die Rolle der Schüler stark eingeschränkt ist, zu einer Abhandlung. Interessant ist schließlich, dass einzig der ‚Liber de pomo' grundsätzlich Argumente im Sinn der Logik vorbringt; in den beiden anderen Texten überwiegt die Autorität der Lehrer – Sydrac ist nachgerade eine prophetische Figur, der Lehrer im ‚Lucidarius' greift öfter auf Autoritätenzitate zurück, um seine Aussagen zu stützen.

Alle drei untersuchten Texte weisen in ihrer Dialogform gewisse Mängel auf: Der ‚Liber de pomo' zeigt eine Tendenz zur Abhandlung, womit er jedoch in der Tradition des platonischen Dialogs steht; der ‚Lucidarius' wird phasenweise, wenn auch relativ selten, zu einem Abfragetext und weist Elemente auf, welche die Fiktion eines aufgezeichneten Gesprächs stören, und im ‚Livre de Sydrac' löst sich die Dialogfiktion gelegentlich ganz auf. Doch bemühen sich alle Texte grundsätzlich darum, die dialogische Form und damit die Fiktion eines Gesprächs aufrechtzuerhalten. Wenn dies, besonders im ‚Livre de Sydrac', nicht immer gelingt, dürfte die zu bewältigende Stofffülle einen nicht unwesentlichen Anteil haben: Gerade im ‚Livre de Sydrac' scheint der Kompilator gegen Ende des Textes bei der Umsetzung seiner nicht dialogischen Quellen in die Dialogform zu ermüden. Jedoch ist festzuhalten, dass alle drei Texte an den neuralgischen Stellen, also am Anfang und am Ende, die Dialogform strikt einhalten, ja sie sogar (mit Ausnahme des ‚Lucidarius') szenisch einbinden.

Bei der Untersuchung der Texte zeigt sich schließlich, dass die Vermittlung vorwiegend philosophisch-theologischer Inhalte, die in diesen Texten stattfindet, nur bedingt rational vor sich geht: Einzig im ‚Liber de pomo' werden regelmäßig Argumente im Sinn der Logik verwendet, der ‚Lucidarius' stützt sich wesentlich stärker auf die Autorität des Lehrers und der von ihm zitierten, oftmals religiösen Quellen und Autoritäten, deren Beweiskraft unhinterfragt bleibt, im ‚Livre de Sydrac' endlich argumentiert Sydrac zwar gelegentlich, aber seine eigentliche Legitimation bezieht er direkt von Gott, indem er als prophetische Figur auftritt.

Zusammenfassend lässt sich festhalten, dass die Dialogform in den drei hier untersuchten Texten nicht nur zur Textgliederung oder als Identifikationsangebot für die Leser der Texte dient,[83] sondern immer auch aufzeigt, dass rationales Wissen seine Grenzen hat: Diese zeigen sich in religiöser Praktik und emotionaler Ergriffenheit. Die drei Texte können somit beispielhaft belegen, warum die Dialogform im Mittelalter so beliebt war: Der Dialog bietet die Möglichkeit, nicht nur (populär-)philosophische Inhalte zu vermitteln, sondern diese Wissensvermittlung auch literarisch zu inszenieren. Diese Inszenierung von Rationalität führt – trotz aller Mängel bei der aktuellen literarischen

---

[83] Vgl. zur Textgliederung oben Anm. 36, zum Identifikationsangebot oben Anm. 8.

Regula Forster

Umsetzung – mit Hilfe literarischer Figuren und ihrer Reaktionen auch die
Grenzen rationalen Wissens und Handelns vor.

Abstract: On the basis of three philosophical dialogues (the Middle High German 'Lucidarius', the Old French 'Livre de Sydrac', and the Latin version of the 'Liber de pomo'), this article studies quintessentially literary elements: the 'mise-en-scène' of philosophy, focussing on the settings of the dialogues, the roles of the interlocutors, and on arguments and elements that are not strictly rational, such as citations, stories, prayers, and signs of emotion. What makes the literary genre of dialogue so attractive for many writers in the Middle Ages, I argue, is the possibility of combining (mainstream) philosophical content with a setting and with acting figures, a combination that teaches the readers and users of the texts more than the content of a philosophical treatise, enabling them to learn not only about rationally based knowledge but about the limits of rationality as well.

Wolframstudien XX (2008)
Erich Schmidt Verlag Berlin

Rationalität und Emotionalität in der Literatur des Mittelalters

von Ingrid Kasten

I. Einleitung

Der Begriff der Rationalität hat in der europäischen Geistes- und Philosophiegeschichte eine lange Tradition, in der im Laufe der Zeit eine Fülle von Definitionen und Theorien in den verschiedensten Zusammenhängen und Wissensbereichen entwickelt worden sind. Der Begriff der Emotionalität hat zwar keine so lange Geschichte, aber er wird in den modernen Wissenschaften ebenfalls höchst unterschiedlich konzeptualisiert, so dass von einem allgemeinen Konsens über eine Definition nicht die Rede sein kann. Rationalität verweist zwar auf den „Sinnbezirk des Verstandes"[1] sowie den Bereich der Vernunft und die Kategorie Emotionalität auf den Bereich des Fühlens, des Empfindens und der Leidenschaften. Doch was einerseits als verständig oder vernünftig gilt und wie andererseits Gefühle thematisiert oder zum Ausdruck gebracht werden, ist nicht allgemein bestimmbar, sondern historischen Bedingungen unterworfen, medial modelliert und soziokulturell vermittelt. Daraus ergeben sich komplexe Probleme für die analytische Erfassung entsprechender Zusammenhänge in der Literatur.

Für eine tentative Definition und Differenzierung der beiden Begriffe bietet indessen die Etymologie einen Ansatzpunkt. Das Wort Rationalität geht zurück auf lateinisch *ratio*, dessen Grundbedeutung den Bereich des Rechnens und Berechnens umfasst, im klassischen Latein kann es unter anderem auch Theorie, Lehre, Methode, Regel, Grundsatz, Vernunft, Vernunftschluss, Beweggrund bezeichnen.[2] Dementsprechend gilt als ‚rational', was durch Ein-

---

[1] Mit dieser klassischen Formulierung greife ich zurück auf Jost Trier, Der deutsche Wortschatz im Sinnbezirk des Verstandes. Die Geschichte eines sprachlichen Feldes (Germanische Bibliothek, II,31), Heidelberg 1931.

[2] So mit Bezug auf Cicero Brigitte Kible, Artikel ‚Ratio', in: Historisches Wörterbuch der Philosophie, hg. v. Joachim Ritter, Bd. 8, Darmstadt 1992, Sp. 37f.

sichten, Beweise, Begründungen hervorgebracht wird, und es gilt für die Art und Weise, wie dies durch Diskurse und Rechtfertigungen geschieht. Dieser Begriff von Rationalität bildet eine zentrale Grundlage in Wissenschaften, die dem Exaktheitsideal logisch-mathematischen Konstruierens verpflichtet sind, und ist so eng mit einem gleichsam autonom gesetzten Wissen verknüpft. Unberechenbares, zu dem nach einer traditionellen Auffassung auch Emotionen zählen, wurde häufig aus dem Bereich der Wissenschaft ausgegrenzt.

Rationalität wird jedoch nicht allein mit Wissen und Wissenschaft assoziiert, sondern auch auf das Verhältnis von Mittel und Zweck bezogen. Damit rückt das Wort semantisch in die Nähe des Begriffs der Funktionalität. Als rational gelten in dieser Sicht Strategien, die entwickelt werden, um ein bestimmtes Ziel zu erreichen. Dies geschieht auf der Grundlage vernunftmäßiger Überlegungen oder aber bestimmter überkommener Techniken, zu denen auch Strategien der Emotionalisierung (zum Beispiel in der Werbung) gehören können. In der Wirtschaft wird unter ‚Rationalisierung‘ die Optimierung der Mittel-Zweck-Relation verstanden, wobei das Ziel, der ökonomischen Logik entsprechend, darin besteht, mit möglichst wenig Aufwand einen möglichst großen Gewinn zu erzielen.[3] ‚Rationalisierung‘ ist andererseits aber auch ein Fachbegriff in der Psychologie; er bezeichnet hier die nachträgliche Begründung eines emotionalen Handelns oder Verhaltens, das die tatsächliche Motivation verdeckt und tabuisiert.[4]

Dem Wort Emotion liegt das lateinische Verb *movere* mit der Grundbedeutung ‚bewegen‘ zugrunde, auf dem seinerseits das präfigierte Verb *emovere* (‚herausbewegen‘ oder auch ‚entfernen‘) basiert. Daraus entsteht mittellateinisch *exmovere* mit der Bedeutung ‚in Bewegung setzen‘, zunächst im wörtlichen, dann aber auch im übertragenen Sinne, so dass es zu der Bedeutung ‚erregen‘ kommt. Diese Bedeutung prägt den Wortgebrauch zunächst in den romanischen, später auch in anderen Sprachen. Inzwischen ist das Wort auch in die Wissenschaftssprache eingegangen. Mit Blick auf die skizzierte Grundbedeutung verwende ich das Wort Emotionalität für die Beschreibung literarischer Darstellungen von sinnlichen Bewegungen und Erregungen äußerer und innerer Art, zu deren Differenzierung im einzelnen Termini wie Gefühl, Affekt, Leidenschaft, Empfindung oder Stimmung beitragen können.

In der europäischen Geistes- und Philosophiegeschichte ist die Beziehung zwischen Emotionalität und Rationalität oft als Ausschlussverhältnis gedacht worden. Nicht selten ist dieses Verhältnis zugleich von einem geschlechtsspe-

---

[3]   Vgl. Margareta E. Kulessa, Artikel ‚Rationalisierung‘, in: Lexikon für Theologie und Kirche, hg. v. Walter Kasper, 3. Aufl., Bd. 8, Freiburg i.Br. 1999, Sp. 844f.

[4]   Vgl. Bernard Görlich u. Ralph J. Butzer, Artikel ‚Rationalisierung‘, in: Historisches Wörterbuch der Philosophie (wie Anm. 2), Sp. 42–44.

zifischen Diskurs geprägt gewesen, wobei Emotionalität mit Weiblichkeit und Rationalität mit Männlichkeit assoziiert wurde. Heute dagegen ist die Auffassung verbreitet, dass zwischen Gefühl und Verstand eine Relationsbeziehung anzusetzen ist.[5] So wird einerseits nach der Rationalität von Emotionen und andererseits nach der Emotionalität von Rationalität gefragt; man geht davon aus, dass sich Denken nicht unabhängig von emotionalen Prozessen vollzieht und dass Emotionen integraler Bestandteil des kulturellen Wissens sind. Das emotionale und das kognitive menschliche Vermögen werden heute in soziologischer Sicht als gleichwertige Bereiche menschlicher Informationsverarbeitung[6] betrachtet. Ähnlich wird in der Literaturwissenschaft die These vertreten, dass es sich dabei um Phänomene handelt, „die weder in der Kognition noch im Körperempfinden aufgehen noch eine Synthese aus beiden sind."[7]

Gleichwohl finden sich schon in der Antike und im Mittelalter Modellvorstellungen, nach denen – in historisch je spezifischer Weise – zwischen Emotionalität und Rationalität eine Verschränkungsbeziehung angesetzt und das Verhältnis zwischen beiden als von einer prozesshaften Dynamik bestimmt angesehen wurde. Dass beides auch in der mittelalterlichen Kultur nicht strikt getrennt voneinander gedacht wurde, zeigt sich bereits in der Semantik von sogenannten Emotionswörtern. So galt im Mittelhochdeutschen das *herze* als Sitz nicht nur gefühlsmäßiger, sondern auch verstandesmäßiger Kräfte. Ähnlich verhält es sich mit dem Wort *sin*; die moderne Differenzierung zwischen dem Singular ‚Sinn‘, der die verstandesmäßige Bedeutungsdimension betont, und dem Plural ‚Sinne‘, der die ‚sinnliche‘ Bedeutung akzentuiert, hat sich erst im Laufe der sprachgeschichtlichen Entwicklung vollzogen. Auch neuere Untersuchungen zu Wahrnehmungs- und Erkenntnistheorien in der mittelalterlichen Theologie und Philosophie sowie ihr Einfluss auf die Literatur zeigen, wie unterschiedlich die Relation von Verstand und Gefühl konzeptualisiert wurde.[8]

---

[5] Exemplarisch: Ronald de Sousa, The Rationality of Emotion, Cambridge/Mass. 1997, sowie: Antonio R. Damasio, Ich fühle also bin ich. Die Entschlüsselung des Bewusstseins, München 2000 [zuerst 1999 in englischer Sprache unter dem Titel „The Feeling of What Happens"].

[6] Beispielhaft für diese Auffassung aus soziologischer Sicht: Heinz-Günter Vester, Emotion, Gesellschaft und Kultur. Grundzüge einer soziologischen Theorie der Emotionen, Opladen 1991.

[7] So aus neugermanistischer Sicht Simone Winko, Kodierte Gefühle. Zu einer Poetik der Emotionen in lyrischen und poetologischen Texten um 1900 (Allgemeine Schriften – Literaturwissenschaft), Berlin 2003, S. 67.

[8] Vgl. hierzu den Beitrag von Otto Langer in dem vorliegenden Band; außerdem sei exemplarisch auf einige neuere Studien verwiesen: Joachim Bumke, Die Blutstropfen im Schnee. Über Wahrnehmung und Erkenntnis im „Parzival" Wolframs von

Die mittelalterlichen Theorien werden zwar nicht eins zu eins in die volkssprachliche Literatur der Zeit übersetzt, zur Historisierung und zum Verständnis der Texte leisten sie jedoch einen wichtigen Beitrag. Ähnliches gilt für moderne Theoriebildungen. Sie können sich heuristisch durchaus als hilfreich erweisen, um bestimmte literarische Phänomene zu entschlüsseln oder den Texten neue Erkenntnisdimensionen abzugewinnen, aber die Historizität und die spezifische Logik narrativer Verfahren dürfen dabei nicht aus dem Blick geraten.

Wenn nach der Rationalität der (oder in der) Literatur und der Kultur des Mittelalters gefragt wird, drängt sich die Vermutung auf, dass die Vormoderne von dem Verdacht des Irrationalen, des ungezügelt Emotionalen und Nicht-Zweckmäßigen befreit werden soll, ein Verdacht, der sich im Zuge von Definitionen der Moderne etwa durch Max Weber[9] oder auch durch Norbert Elias ausgebildet hat und der noch Niklas Luhmanns einflussreiche Systemtheorie prägt.[10] Der Historiker Gerd Althoff hat der Zivilisationstheorie von Norbert Elias entgegengehalten, dass der Ausdruck von scheinbar unkontrollierten Gefühlen in der politischen Kommunikation des Mittelalters einer besonderen, durchaus rationalen Logik folgen konnte. Ein Herrscher, der öffentlich weinte oder seinen Zorn zum Ausdruck brachte, wurde demnach nicht etwa plötzlich von seinen Gefühlen übermannt, er folgte mit seinem Verhalten vielmehr bestimmten Ritualen und Spielregeln, die den Akteuren bekannt waren und die wichtige Funktionen in der politischen Interaktion erfüllten.[11] Die

---

Eschenbach (Hermaea 94), Tübingen 2001; Christoph Huber, Geistliche Psychagogie. Zur Theorie der Affekte im ‚Benjamin Minor' des Richard von St. Victor, in: Codierungen von Emotionen im Mittelalter, hg. v. C. Stephen Jaeger u. Ingrid Kasten (TMP 1), Berlin/New York 2003, S. 16–30. – Niklas Largier, Inner Senses – Outer Senses: The Practice of Emotions in Medieval Mysticism, in: ebd., S. 3–15. Die Systematisierungsversuche der mittelalterlichen Theologen unterscheiden sich zum Teil beträchtlich; Wilhelm von Conches etwa fasste *ratio* als körperliches Vermögen auf und stellte sie dem *intellectus* als unkörperlichem Vermögen gegenüber, vgl. Kible (wie Anm. 2), Sp. 38.

[9] Mit der „Entzauberung der Welt" konstituiert sich nach Weber „die Kunst als Kosmos immer bewußter erfaßter selbständiger Eigenwerte", die er als irrational kennzeichnet, vgl. Max Weber, Die Wirtschaftsethik der Weltreligionen [1920], in: ders., Gesammelte Aufsätze zur Religionssoziologie I, Tübingen ⁹1988, S. 555.

[10] Vgl. dazu den Band: Entzauberung der Welt. Deutsche Literatur 1200–1500, hg. v. James F. Poag u. Thomas C. Fox, Tübingen 1989.

[11] Gerd Althoff, Gefühle in der öffentlichen Kommunikation des Mittelalters, in: Emotionalität. Zur Geschichte der Gefühle, hg. v. Claudia Benthien, Anne Fleig u. Ingrid Kasten, Köln/Weimar/Wien 2000 (Literatur – Kultur – Geschlecht 16), S. 82–99, sowie ders., *Ira Regis*. Prolegomena to a History of Royal Anger, in: Anger's Past. The Social Uses of an Emotion in the Middle Ages, hg. v. Barbara H. Rosenwein, Ithaca/London, 1998, S. 59–74.

Literatur bietet ebenfalls viele Beispiele für einen kalkulierten Umgang mit Emotionen.[12]

Wie unterschiedlich die Zugänge entworfen werden können, um Relationen von Emotionalität und Rationalität zu analysieren, zeigt ein weiteres Beispiel aus dem Bereich der Geschichtswissenschaft, oder besser aus dem Grenzbereich von Geschichte und Wissenschaftstheorie. So hat Lorraine Daston den Begriff der ‚kognitiven Leidenschaften‘ eingeführt, der die traditionelle Dichotomie von Rationalität und Emotionalität von vornherein unterläuft.[13] Zu den ‚kognitiven Leidenschaften‘ rechnet sie Entsetzen, Erstaunen und Neugier; kognitiv an diesen Emotionen sind nach Daston weder ihre innere Struktur noch ihre Transformationsregeln (etwa dass Entsetzen schnell in Erstaunen umschlagen kann und umgekehrt), das Kognitive an diesen Emotionen liegt vielmehr in ihrer Beziehung zum Prozess des Wissens.[14]

Aus literaturwissenschaftlicher Sicht hat sich im Bereich der Mediävistik in jüngster Zeit vor allem Klaus Ridder mit dem Verhältnis von Emotionalität und Rationalität in mittelalterlichen Texten befasst.[15] Auch er setzt, von modernen Theoriebildungen ausgehend, kein Gegensatzverhältnis, sondern ein Interdependenzverhältnis zwischen Verstand und Gefühl an und arbeitet die paradigmatische Verschränkung emotionaler und kognitiver Prozesse in Legenden, in der Heldendichtung und im höfischen Roman heraus. Dabei macht er deutlich, wie Zorn und Angst auf rationalen Erkenntnissen basierend dargestellt werden oder als Auslöser rationaler Erkenntnisse fungieren konnten.

---

[12] Systematisch untersucht worden ist dieses Thema in der Literatur des Mittelalters noch nicht. Ansätze finden sich bei Jutta Eming, Emotion und Expression. Untersuchungen zu deutschen und französischen Liebes- und Abenteuerromanen des 12.–16. Jahrhunderts (QuF 39), Berlin/New York 2006. Verwiesen sei an dieser Stelle auch auf den ‚Trojanischen Krieg‘ Konrads von Würzburg, in dem Peleus den Ehrgeiz von Iason, dem Konkurrenten seines Sohnes, anstachelt, das Goldene Vlies zu erobern, in der Absicht, ihn aus dem Weg zu schaffen, vgl. Andrea Sieber, Begehren, Identität und *gender*. Reinszenierungen der Medea-Iason-Episode in deutschsprachigen Trojaromanen des Mittelalters, Diss. Berlin 2006 (Typoskript), S. 105.

[13] Vgl. Lorraine Daston, Die kognitiven Leidenschaften: Staunen und Neugier im Europa der frühen Neuzeit, in: dies., Wunder, Beweise, und Tatsachen. Zur Geschichte der Rationalität, Frankfurt a.M. 2001, S. 77–97.

[14] Daston erläutert dies an der Verschiebungsdynamik, die sich im Feld der „kognitiven Leidenschaften" von der Antike bis ins 18. Jahrhundert vollzieht. Dabei zeigt sie, dass bestimmte Formen und Verknüpfungen der Emotionen gewisse Objekte eher erforschenswert erscheinen ließen als andere und dass sie auch die Forschungsmethoden bestimmten.

[15] Klaus Ridder, Emotion und Reflexion in erzählender Literatur des Mittelalters, in: Codierungen von Emotionen (wie Anm. 8), S. 203–221; ders., Rationalisierungsprozesse und höfischer Roman im 12. Jahrhundert, in: DVjs 78 (2004), S. 175–199.

Ich knüpfe an die skizzierten Ansätze insofern an, als ich ebenfalls davon ausgehe, dass Emotionalität und Rationalität als relationale Kategorien anzusehen sind, und verwende sie als vergleichsweise offene Arbeitsbegriffe für den Konnex von Motivation und Verhalten. Mein Interesse richtet sich auf Strukturen und Verschränkungsmuster, die für die Literatur des Mittelalters besonders charakteristisch sind, und auf die Frage, wie sie beschrieben werden können. Aus der breiten Spannweite möglicher Konfigurationen nehme ich zwei unterschiedliche Beispiele in den Blick. In meinem ersten Beispiel gehe ich von dem Argumentationsverfahren aus, das im europäischen Schul- und Universitätsbetrieb des Mittelalters mit der scholastischen Disputation (oder *quaestio*) entwickelt wurde. Ich frage, wie mit diesem Verfahren Rationalität formal hergestellt und organisiert wurde, wie es in der volkssprachlichen Literatur fruchtbar gemacht worden ist und wie Repräsentationen von Gefühl und Vernunft inhaltlich konzeptualisiert und verschränkt wurden.

In meinem zweiten Beispiel ist die Relation von Rationalität und Emotionalität fast durchgehend als Gegensatz markiert. Hier interessiert mich, auf welche Weise dieser Gegensatz gekennzeichnet ist und bis zu welchem Punkt er getrieben wird. Dabei fokussiere ich vor allem die Emotionsgestaltung und frage nach sprachlichen Strategien, die hierzu verwendet werden, beispielsweise nach verbalen und nonverbalen Ausdrucksformen, nach Metaphern und Metonymien, aber auch nach der Inszenierung der Wahrnehmung im Blick auf Materialien und Objekte sowie auf Raum und Zeit.

II.1. Die Rationalität des scholastischen Verfahrens und eine Relation von *Minne* und *Wîsheit*

Mit der scholastischen Disputation wurde im Mittelalter eine argumentative Technik entwickelt, die dazu diente, Widersprüche abzuklären, die sich aus divergierenden Aussagen der biblischen Schriften ergaben. Dadurch sollte die theologische Wahrheit gesichert, Zweifel in Glaubensfragen beseitigt sowie Wissen erzeugt und vermittelt werden.[16] Die Disputationstechnik wurde im Laufe der Zeit zu einem immer genauer geregelten formalen Verfahren verfeinert und nicht nur im akademischen Bereich gelehrt, sondern auch öffentlich praktiziert. Grundlegend war dabei eine Zweiteilung. Nach der Formulierung der Fragestellung folgten in einem ersten Schritt zunächst die Gründe für die zu verneinende, dann in einem zweiten Schritt die Gründe für die zu bejahende Lösung des Problems. Dieses Verfahren, nach dem zunächst Argumente für

---

[16] Grundlegend: Martin Grabmann, Die Geschichte der scholastischen Methode, 2 Bde., Freiburg i.Br. 1909 und 1911 (Nachdruck Darmstadt/Berlin 1957).

die Gegenposition und dann die für die als richtig erachtete Position angeführt werden, kann als eine die mittelalterliche Rationalität prägende Struktur bezeichnet werden.

In lateinischen wie auch in volkssprachlichen Dichtungen wird diese Technik aufgegriffen und in vielfältiger Weise modifiziert und erweitert.[17] Dabei dient sie weniger als Mittel der religiösen Wahrheitsfindung denn als Medium für die argumentative Durchdringung von strittigen Fragen in weltlichen Angelegenheiten (meist im Bereich der Liebe). Pionierarbeit bei der Rezeption und Verbreitung der scholastischen Technik in der volkssprachlichen Dichtung haben die Troubadours mit ihrer literarischen Streitkultur geleistet. Mit der Entwicklung der literarischen Gattung des *joc partit* haben sie zudem die scholastische Technik kasuistisch auf die Spitze getrieben, indem sie dilemmatische Streitfragen erdachten, für die es keine Lösung geben konnte (und auch nicht geben sollte). Diese Fragen galten unterschiedlichen Problemen und Bereichen; sie konnten philosophischer Art sein (wie zum Beispiel im „Streitgedicht über nichts"[18]), oder verzwickte emotionale Versuchsanordnungen entwerfen („Wollt ihr lieber ungeliebt lieben oder geliebt werden, ohne zu lieben?"[19]), sie behandelten wahrnehmungstheoretische Fragen („Erhalten die Augen oder das Herz die Liebe besser ?"[20]), erotische Fragen („Gilt oben oder unten mehr?"[21]), Probleme der sozialen Wertung („Wer von zwei Verehrern soll mehr gelten, der reiche oder der arme?"[22] oder „Ist es besser, Spielmann oder Räuber zu sein?"[23]), und sie schlossen auch Komisches und Obszönes nicht aus.[24]

In narrativen Zusammenhängen wird die Technik des *pro*- und *contra*-Verfahrens genutzt, um innere Konflikte zu gestalten. Die widerstreitenden Tendenzen in einer Figur werden dabei häufig, Modellen der lateinischen Dichtung folgend (beispielsweise aus den ‚Heroides' oder den ‚Metamorphosen' Ovids oder Formen mittellateinischer Streitgespräche oder der ‚Psychomachia'), als Personifikationen dargestellt, die Argumente für und wider eine strittige Auffassung oder Entscheidung nach dem scholastischen Verfahren vortragen. Diese Personifikationen agieren gleichsam autonom, sie sind aber

---

[17] Vgl. den Überblick bei Christian Kiening, Artikel ‚Streitgespräch', in: Reallexikon der deutschen Literaturwissenschaft, Bd. 3, hg. v. Jan-Dirk Müller, 3. Aufl., Berlin / New York 2003, Sp. 525–529.

[18] Sebastian Neumeister, Das Spiel mit der höfischen Liebe. Das altprovenzalische Partimen (Beihefte zu Poetica 5), München 1969, S. 202.

[19] Ebd., S. 208.

[20] Ebd.

[21] Ebd., S. 203.

[22] Ebd., S. 201.

[23] Ebd., S. 202.

[24] Zur Rezeption in der deutschen Literatur vgl. Ingrid Kasten, Studien zu Thematik und Form des mittelhochdeutschen Streitgedichts, Diss. Hamburg 1973.

nicht als von außen auf den Menschen einwirkende Kräfte konzeptualisiert, sondern im Inneren der Figur verankert. Natürlich haben sie dabei nicht den Status von verinnerlichten Ich-Instanzen in dem Sinn, wie Freud später die kognitiven und emotionalen menschlichen Vermögen theoretisiert hat. Ein prominentes Beispiel für die spezifisch mittelalterliche Darstellung eines solchen inneren Konflikts bietet die ‚Klage‘ Hartmanns von Aue, in dem Herz und Leib einer männlichen Figur als Exponenten widerstreitender Positionen auftreten.[25] Mit ‚Verstand‘ einerseits und ‚Gefühl‘ andererseits wird ihre Semantik freilich nur unzureichend erfasst, denn der Leib steht für unerfülltes Begehren, kann seine Interessen aber rational gut verteidigen, und das Herz steht für ein Konzept des *sapienter amare*, in dem das emotionale und kognitive Vermögen als miteinander verschränkt und versöhnt gedacht werden. Dementsprechend streiten die Kontrahenten nach allen Regeln der Kunst, einigen sich am Ende aber, indem sich das männliche Ich neu konstituiert.

In der höfischen Literatur finden sich viele Beispiele, in denen, von einem inneren Konflikt ausgehend, die Verschränkungsrelationen sehr komplex inszeniert werden. Ich nehme hier ein eher schlichtes Beispiel in den Blick, das geeignet ist, eine paradigmatische Vorstellung von der Rezeption der scholastischen Technik und ihrer Funktionalisierung in narrativen Zusammenhängen zu vermitteln. Es stammt aus Konrad Flecks Roman ‚Flore und Blancheflur‘, der auf einer altfranzösischen Quelle beruht, die ihrerseits auf ein antikes Muster zurückgeht, auf die Gattung des sogenannten Liebes- und Abenteuerromans (mit dem genretypischen Dreischritt ‚Vereinigung eines Paares – Trennung – Wiedervereinigung‘): Flore, Sohn des heidnischen Königs von Spanien, und Blancheflur, Tochter einer christlichen Gräfin aus Frankreich, die nach Spanien verschleppt worden war, werden am gleichen Tag geboren, wachsen zusammen auf und lieben sich schon als Kinder. Als der König dies bemerkt, lässt er Flore, aus Furcht vor einer unstandesgemäßen Beziehung, unter einem Vorwand fortbringen und verkauft unterdessen Blancheflur, die nach Babylon gebracht wird. Dort gelangt sie in den Besitz eines Emirs, eines mächtigen Herrschers, der die Absicht hat, sie nach Ablauf einer bestimmten Frist zu heiraten. Flore wird bei seiner Rückkehr mitgeteilt, dass Blancheflur gestorben sei. Um zu verhindern, dass er sich aus Kummer um den Verlust der Freundin tötet, sagt die Mutter ihm jedoch die Wahrheit. Er begibt sich auf die Suche nach Blancheflur und gelangt schließlich nach verschiedenen Etappen in das Land, in dem sie sich befindet.

Damit ist der Moment gekommen, in dem nach den Regeln der scholastischen Kunst ein innerer Zwiespalt des Helden inszeniert und eine Entschei-

---

[25] Das Klage-Büchlein Hartmanns von Aue, hg. v. Ludwig Wolff (ATB 4), Tübingen 1972.

dungsfindung herbeigeführt wird. Unmittelbar vor dem Ziel stehend, ist Flores Freude zwar unermesslich groß, doch wird sie erheblich getrübt, weil er nicht weiß, wie er es anstellen soll, um zu der schwer bewachten Freundin durchzudringen. Als Exponenten des inneren Konflikts treten *Minne* und *Wîsheit* auf; sie zetteln, so heißt es, aus alter Feindschaft in Flores Herzen einen Streit an:

> [...] *Minne unde Wîsheit*
> *gesazten sich durch alten nît*
> *in sîme herzen wider strît*
> (V. 3740–3742)[26]

Minne und *Wîsheit* werden als Gegensatzpaar vorgestellt, wobei die *Wîsheit* von der Semantik her gesehen eher ein rationales Vermögen repräsentiert. Zunächst aber bleibt offen, wofür das Wort steht (im französischen Text hat interessanterweise *savoir*, also Wissen, die Position der *Wîsheit* inne).[27] Dagegen ist das *Minne*-Konzept, dem in Flecks Roman eine Schlüsselfunktion zukommt, an diesem Punkt der Narration bereits weitgehend ausdifferenziert. Es bezeichnet die – mit ungewöhnlich expressiven Mitteln geschilderte – Liebe des Kinderpaares,[28] der eine weltpolitische historische Dimension zugeschrieben wird und die (das ist für die Semantik von *Minne* im gegebenen Kontext wichtig) in einem religiösen Diskurs verankert ist.

Zur Debatte steht, ob Flore sein Unternehmen erfolgreich beenden wird oder nicht. Nach den Regeln der scholastischen Disputation kommt zunächst die Position zum Tragen, die abgewiesen werden soll. Sie wird von der *Wîsheit* vertreten, die Flore rät, sein Unternehmen abzubrechen und heimzukehren. In ihrer Argumentation bezieht sie sich zum einen auf ein zentrales Moment der Vergesellschaftung im Mittelalter, auf die *triuwe*, die dem einzelnen Adligen (zumindest idealtypisch) Schutz und Sicherheit bot. In dieser Sicht erscheint es als nicht rational, dass Flore seinen Sozialverband verlassen hat und in ein Land gereist ist, in dem er niemanden kennt, dem er vertrauen und der ihn unterstützen kann. Die *Wîsheit* arbeitet jedoch auch mit Strategien der Emotionalisierung. Bereits zu Beginn ihrer Rede bezeichnet sie Flore als töricht und behauptet damit einen autoritativen Geltungsanspruch ihm gegenüber; später schürt sie seine Angst, indem sie droht, der Herrscher des Landes (und Besitzer Blanscheflurs) werde ihn töten. Dabei erweist sie sich als Repräsen-

---

[26] Konrad Fleck, Flore und Blanscheflur, hg. v. Emil Sommer, Quedlinburg/Leipzig 1846.

[27] Le conte de Floire et Blancheflor, hg. v. Jean-Luc Leclanche (Les Classiques français du moyen âge), Paris 1983, V. 1603. Der innere Konflikt ist hier erheblich kürzer gehalten.

[28] Vgl. dazu Eming (wie Anm. 12).

tantin einer – im Horizont des Romans gesehen – eher traditionellen Auffassung der Codierung geschlechtsspezifischer Normen. So erklärt sie, es sei unmännlich, wenn einer so sehr in Frauen vernarrt sei, dass er sein Leben aufs Spiel setze:

> „[…] *joch ist ez niht eins mannes muot,*
> *swer vertôret ûf diu wîp*
> *sô verre daz er den lîp*
> *setzet an die wâge.* […]"
> (V. 3766–3769)

Schließlich weist die *Wîsheit* darauf hin, wie unglücklich Flores Verwandte über seinen Tod sein würden. Damit ruft sie erneut ein Moment der Vergesellschaftung auf, das eine emotionale Dimension erlangt, indem sie an das Gefühl der Zugehörigkeit Flores zu seinem Familienverband appelliert. Abschließend behauptet sie, dass (Liebes-)Glück sich am Ende stets als bitter erweise und nichtig sei. Damit wird ein Topos bemüht, der vor allem im klerikal-geistlichen Bereich verbreitet war.

Dann ergreift die *Minne* das Wort. Bereits durch das formale Element der Zweitstellung, das mit dem scholastischen Verfahren vorgegeben ist, erhält ihre Rede eine besondere Geltung. Hinzu kommt ein weiteres formales Element, in dem sich die Parteinahme für ihre Position ausdrückt: Ihre Ausführungen sind mit 64 Versen mehr als doppelt so lang wie die der *Wîsheit* mit 28 Versen. Ansonsten ist ihre Rede formal parallel und inhaltlich gegenläufig angelegt. Jedem Argument wird ein Gegenargument entgegen gehalten. So beginnt die *Minne* ihre Rede nicht mit einem Vorwurf, sondern – indem sie an Flore appelliert, nicht zu verzagen – mit einer verbalen Geste des Zuspruchs und des Trostes. Von Gesten der emotionalen Zuwendung dieser Art wird die Argumentation auch später begleitet. Die Position der *Wîsheit* wird von der *Minne* zwar nicht grundsätzlich verworfen, aber als defizitär gekennzeichnet. Wer nach ihrer Logik handle und „zu klug" sein wolle, würde von den Annehmlichkeiten der Liebe nichts erfahren.

> „[…] *weistû niht, wie den geschiht*
> *die ze wîse wellent sîn?*
> *ez ist dicke worden schîn*
> *daz in nie wol gelanc:*
> *wan in was der gedanc*
> *nâch witzen sô gevlizzen*
> *daz sie lützel mohten wizzen*
> *daz rehte liep sô sanfte tuot.* […]"
> (V. 3778–3785)

Während das Verhältnis von *Minne* und *Wîsheit* durch die formale Struktur des Streitgesprächs als Gegensatz markiert ist, wird es in der Rede der Minne –

über den Modus des rechten Maßes – als ein relationales und zugleich als ein hierarchisches entworfen. Das Wissen, das die *Wîsheit* zu bieten hat, wird gegenüber dem Wissen, das die *Minne* vermitteln kann, als unterlegen qualifiziert. Die Überlegenheit, welche die *Minne* für sich reklamiert, besteht darin, dass ihr Wissen auch eine sinnlich-körperliche Erfahrungsdimension (*rehte liep*) einschließt. Hier wie auch durch weitere Argumente gegen die Negativierung der Geschlechterliebe erweist sie sich als Verteidigerin eines höfischen Liebes- und Geschlechtercodes.

Dabei greift auch sie auf Strategien der Emotionalisierung zurück. Sie schürt indessen nicht Flores Angst, sondern appelliert an seine Tapferkeit, indem sie ebenfalls Bezug auf seine Familie, sein adliges Geschlecht, nimmt, aber, im Unterschied zur *Wîsheit*, nicht auf die Schutzfunktion des Familienverbandes verweist, sondern die ritterliche Standesehre geltend macht. Diese erlaube es nicht, dass er furchtsam zurückweiche:

> „[…] *gedenke an dîn geslehte,*
> *wie dir missezaeme*
> *ob dir kein vorhte naeme*
> *von disen dingen den gedanc.* […]"
> (V. 3832–3835)

Das Glück würde einem nicht zufallen, man müsse es erwerben, auch mit rationalen Mitteln, mit *list*. Die *Minne* bezeichnet es als unvernünftig, wenn Flore ohne Blanscheflur zurückkehren würde (es würde *in unsinnen* geschehen), weil er ohnehin nicht anders könne als wieder zu ihr zurückzukehren. Indem sie Flore an ihre Küsse erinnert und betont, wie nah sie ihm räumlich ist, bringt sie erneut die sinnliche Erfahrung ins Spiel. Am Ende ihrer Rede kehrt sie den Schlusssatz der *Wîsheit*, nach dem Liebesglück am Ende bitter und nichtig sei, programmatisch um: Mancher Anfang sei härter als das Ende.

Zusammenfassend ist festzuhalten, dass das scholastische Verfahren bei der Performanz der Entscheidungsfindung eine formale Struktur vorgibt, die es auf der Figurenebene ermöglicht, eine strittige Frage im Abwägen vernunftmäßiger Argumente *pro* und *contra* zu rationalisieren. Von der Ebene der Narration her gesehen, die mit der Struktur der *quaestio* als Erzählelement arbeitet, ist dieser Rationalisierung eine Grenze gesetzt, weil die Entscheidung bereits vorab feststeht. Dadurch ist der Entscheidungsfindung ein Moment eigen, das sich der rationalen Durchdringung entzieht und das auf eine ungenannte Autorität jenseits des Verfahrens verweist. Man kann also sagen, dass der scholastischen Disputation strukturell eine Regel eingeschrieben ist, gleichsam ein ungeschriebenes Gesetz, das nötig ist, um Sinn zu generieren. Formal werden in unserem Beispiel das emotionale und rationale Vermögen als Gegensätze markiert, inhaltlich aber ist die Verschränkungsrelation anders strukturiert. So wie die von der *Wîsheit* vertretene Position nicht aus ‚Wissen' oder bloßer Rationalität besteht, so die der *Minne* nicht nur aus emotionalen oder sinnlichen Momenten. Beide Personifikationen konstituieren sich inhaltlich vielmehr, wie ihre Argumente zeigen, im selektiven Rekurs auf unterschiedliche Diskurse und Praktiken, die sie jeweils – mit Strategien der Emotionalisierung – als vernünftig oder unvernünftig bewerten.

Dabei schält sich der Kern des Problems, das verhandelt wird, allmählich heraus. Zur Diskussion steht, wem die größere soziale Bindungskraft zuzuschreiben ist, den traditionalen Formen der feudalen und familialen Vergesellschaftung oder aber der Form einer nach höfischen Mustern codierten Geschlechterliebe. Das ist ein zentrales Thema des Romans insgesamt, das – nur hier – als innerer Konflikt des Protagonisten inszeniert ist.[29]

II.2. Die Unvernunft als Eigensinn des Körpers

Mein zweites Beispiel, in dem die Relation von Rationalität und Emotionalität fast durchweg als Gegensatz markiert ist, entnehme ich der Dido-Episode aus dem ‚Eneasroman‘ Heinrichs von Veldeke, der eine ähnliche literarische ‚Genealogie‘ hat wie der ‚Floreroman‘: Über die Vermittlung durch den anonym überlieferten ‚Roman d'Eneas‘ geht er bekanntlich auf eine antike Quelle, auf die ‚Aeneis‘ Vergils, zurück. Der Handlungsverlauf ist, in aller Knappheit, folgender: Die karthagische Königin Dido wird von einem Liebeszauber der Venus affiziert und entbrennt in leidenschaftlicher Liebe zu dem trojanischen Flüchtling Eneas, der seinerseits von dem Liebeszauber unberührt bleibt. Dennoch kommt es zu einer zunächst heimlichen Vereinigung und dann zu einer öffentlichen Verbindung der beiden. Als Eneas Karthago verlässt, um seine von den Göttern bestimmte politische Mission zu erfüllen, ist Dido außer sich vor Zorn und Trauer und begeht Selbstmord.

---

[29] Einer in der Forschung verbreiteten These zufolge bleibt Flore von Anfang an mit ‚sich selbst identisch‘, vgl. dazu besonders Margreth Egidi, Der Immergleiche. Erzählen ohne Sujet: Differenz und Identität in ‚Flore und Blancheflur‘, in: Literarische Leben, hg. v. Matthias Meyer u. Hans-Jochen Schiewer, Tübingen 2002, S. 133–158; aus sozialgeschichtlicher Sicht generell zum Liebes- und Abenteuerroman vgl. auch Hans-Jürgen Bachorski, *grosse vngelücke und vnsälige widerwertigkeit und doch ein guotes seliges ende.* Narrative Strukturen und ideologische Probleme des Liebes- und Reiseromans in Spätmittelalter und Früher Neuzeit, in: Fremderfahrung in Texten des Spätmittelalters und der Frühen Neuzeit, hg. v. Günter Berger u. Stephan Kohl (LIR 7), Trier 1993, S. 59–86. Demgegenüber ist jedoch zu fragen, ob mit dem Entscheidungskonflikt nicht ein Ansatz zur Differenzierung des Helden vorliegt. Ein weiteres Moment der Differenzierung besteht in der geschlechtsspezifischen Form der Vergesellschaftung (Flores durch seinen männlichen Helfer und Blanscheflurs durch ihre Freundin Claris) vor der Wiedervereinigung des Paares.

Die mittelalterlichen Bearbeitungen sind deshalb besonders interessant, weil der stoffliche Kern der antiken Vorlage zwar bewahrt bleibt, die Relationierung von Verstand und Gefühl durch mittelalterliche Vorstellungen jedoch teilweise überlagert und verdrängt wird, so dass eine neue, für die Antike-Rezeption in der volkssprachlichen Literatur des 12. Jahrhunderts charakteristische Gemengelage entsteht. Um die Spezifik der mittelalterlichen Relationierung von Verstand und Gefühl in dieser Episode exemplarisch zu erfassen, werde ich von der ‚Aeneis' ausgehen und sie im Blick behalten, auch wenn ich sie im gegebenen Rahmen nicht ausführlicher besprechen kann. Vergil glorifiziert in seinem Epos die Vorgeschichte der Weltmacht Rom und ihren ‚Gründungsvater' Aeneas. Die Dido-Episode erfüllt dabei, vereinfacht gesagt, zwei Funktionen. Einerseits verweist sie auf die historische Rivalität zwischen Rom und Karthago, andererseits macht sie deutlich, dass der Held trotz seiner Verstrickung in eine Liebesaffäre mit der karthagischen Königin gleichsam stoisch-mannhaft an seiner welthistorischen Mission festhält.

Die Bearbeiter des antiken Epos im 12. Jahrhundert waren weniger an einer Glorifizierung Roms als an dem Potential interessiert, welches das antike Epos, wie es der Romanist Erich Köhler seinerzeit formuliert hat, für die „Selbstauslegung" des ‚neuen Menschen' in den Entwürfen einer höfischen Kultur bot.[30] Abzulesen ist dies an der Mediävalisierung und Familiarisierung der Vorlage,[31] aber auch an der beträchtlichen Erweiterung und Differenzierung der Emotionsdarstellung. Sie ist, so meine These, darauf angelegt, die Rezipienten vor allem emotional, aber auch rational in das Geschehen zu involvieren und zur Modellierung ihrer Wahrnehmung beizutragen. Dies gilt auch für die Dido-Episode, obwohl sie den Bedarf an einem positiven Beispiel nicht befriedigen konnte (nicht zuletzt deshalb wurde mit der Lavinia-Episode eine weitere Liebesgeschichte hinzugefügt). Dass die auf Empathie mit Dido zielende Darstellung das Bild des Helden eintrüben würde, haben die Bearbeiter in Kauf genommen. Ich beschränke meine Analyse im gegebenen Rahmen weitgehend auf den deutschen Roman.[32]

Wie in der ‚Aeneis' wird Dido als eine rational handelnde und unabhängige Herrscherin eingeführt, der es nach ihrer Vertreibung gelungen ist, sich ein neues Reich zu schaffen und ihre Herrschaft darin zu stabilisieren: *Michel was ir wîstuom* (V. 27,25).[33] Ihre Klugheit ist indessen nicht mit Gefühllosigkeit

---

[30] Erich Köhler, Ideal und Wirklichkeit in der höfischen Epik, Studien zur Form der frühen Artus- und Graldichtung, 2. Aufl., Tübingen 1970, S. 45.
[31] Vgl. Elisabeth Lienert, Deutsche Antikenromane des Mittelalters (Grundlagen der Germanistik 39), Berlin 2001.
[32] Die vielfachen Differenzen zum ‚Roman d'Eneas' sind bereits häufig Gegenstand der Forschung gewesen, verdienen aber weiterhin Beachtung.
[33] Ich zitiere nach Heinrich von Veldeke, Eneasroman, hg. v. Hans Fromm (Bibliothek des Mittelalters 4), Frankfurt a.M. 1992.

verbunden. Auch dies ist im antiken Epos vorgezeichnet. Schon bevor Dido Eneas persönlich begegnet und der Liebeszauber seine Wirkung entfaltet, ist sie ihm gegenüber positiv eingestellt. Ihre Sympathie für den trojanischen Flüchtling wird damit erklärt, dass sie selbst mit der Vertreibung aus ihrer Heimat ein ähnliches Schicksal erlitten hat und Mitleid mit ihm empfindet. Allerdings ist die Gastfreundschaft Didos im ,Eneasroman', noch bevor sie von dem Zauber affiziert wird, durch einen Überschwang gekennzeichnet, den die antike Dichtung nicht kennt. Nachdem die trojanischen Boten der Herrscherin von Karthago ihren Dienst angetragen haben, bietet sie ihrerseits ihren Dienst an und sichert darüber hinaus Eneas eine dauerhafte Bleibe zu. Sie verspricht, ihm Land und Leute zur Verfügung zu stellen und für ihn zu sorgen wie für sich selbst:

> „ich wil in wol bihalten
> in min selben kemenaten[34].
> ich wil in wol beraten
> gelich min selber libe.
> nie newart von einem wibe
> baz enphangen ein man,
> ob ich mach und ob ich chan."
> (V. 31,24–30[35])

Die Schilderung von Didos Überschwang lässt sich nicht allein mit der Tendenz zur Mediävalisierung und zur Familiarisierung des antiken Stoffs erklären, sie ist auch Mittel der Emotionsdarstellung und stimmt die Rezipienten auf den Überschwang ihrer Liebesleidenschaft ein.

Der Einbruch des Irrationalen durch den Liebeszauber erfolgt daher zwar weniger plötzlich als bei Vergil, aber er wird dennoch als qualitativer Sprung markiert. Wie in der ,Aeneis' entsteht die Liebe Didos nicht aus einer inneren Bewegung oder Erregung heraus, sondern, wie häufig in antiken Darstellungen, durch das Einwirken einer äußeren Macht. Dieser Vorgang wird als eine Übertragung inszeniert, die sich durch eine unmittelbare körperliche Berührung vollzieht. Bei Veldeke ist es der Begrüßungskuss von Eneas' Sohn, Ascanius, der einen (zuvor von Venus gewirkten) Liebeszauber auf die Lippen der karthagischen Königin überträgt und dadurch ein Feuer der Leidenschaft in ihr entfacht. Die mittelalterlichen Autoren übernehmen aus der ,Aeneis' das Bild des Feuers, erweitern es jedoch um weitere Bildfelder, indem sie auf die konventionalisierte, aus ovidischer Tradition stammende Metaphorik zurück-

---

[34] Mit diesem Wort werden – in der Regel Frauen vorbehaltene – beheizbare Räume bezeichnet; es kann aber auch eine ganze Wohneinheit, ein Haus, bezeichnen.
[35] Festzuhalten wäre in einer übergreifend komparatistisch angelegten Untersuchung, dass diese Verse einen Zusatz gegenüber dem ,Roman d'Eneas' darstellen.

greifen, durch welche die somatischen Aspekte von Didos Zustand besonders hervorgehoben werden. Die Eintrübung ihres rationalen Vermögens ist an ihrem Körper abzulesen, der gleichsam ein Eigenleben zu führen beginnt und zur Bühne wird, auf der ebenso starke wie wechselnde Sinneseindrücke in rascher Folge auftreten und ihre Spuren hinterlassen, ohne dass Dido dies intentional steuern könnte: Frieren, Schwitzen, Erröten, Blasswerden, Schlaflosigkeit; das Gefühl, körperlich gelähmt zu sein, durchbohrt zu werden, durch Feuer entflammt, mit Fesseln gebunden und vom Liebespfeil der Venus mitten ins Herz getroffen worden zu sein (V. 38,38f.).

Für die mittelalterlichen Bearbeitungen charakteristisch ist es, dass es nicht der Liebeszauber allein ist, der als (rationale) Erklärung für den Zustand Didos bemüht wird. Leibliche Gegenwärtigkeit und die Möglichkeit von Berührungen durch den Tast- und Sehsinn kommen mit ins Spiel. So bedarf es der Präsenz Eneas' und seines schönen Körpers, um die durch den Liebeszauber entfachte Flamme in Dido zum Lodern zu bringen:

> *Eneas bi ir saz,*
> *do si also brinnen began.*
> *er was ein vil schoner ⟨man⟩*
> *vnde minnecliche gitan.*
> *do nemohte si des niht engan,*
> *si enmuose in starche minnen.*
> (V. 38,18–23)

Wie eingetrübt das kognitive Vermögen Didos ist, zeigt sich des weiteren in ihrer gestörten Wahrnehmung im Bereich des Auditiven und Taktilen. Als Eneas vom Krieg und seiner Flucht aus Troja berichtet, achtet sie nicht auf das, was er sagt (obwohl sie ihn gebeten hat, davon zu erzählen). Sie hört nur auf den Klang seiner Stimme: *si enruochte, waz er sprach, / wan daz er et sprache* (V. 48,8f.)[36]. Die Aufnahme des Inhalts seiner Rede ist zugunsten der Wahrnehmung der reinen Vokalität ausgeschaltet. Dido hängt buchstäblich an Eneas' Lippen. Mehrfach wird betont, dass sie sich nicht von ihm losreißen kann.

In der ‚Aeneis' begibt sich Aeneas unmittelbar nach seinem langen Bericht zur Nachtruhe. Veldeke dagegen nutzt die Gelegenheit, die Beeinträchtigung von Didos verstandesmäßigem Vermögen erneut zu illustrieren. So ist sie, als es Zeit ist, um ins Bett zu gehen, nicht in der Lage, sich aus eigener Kraft zu erheben. Wiederum macht sich der Eigensinn des Körpers geltend, der sich in aller Öffentlichkeit Didos Verfügungsmacht entzieht, so dass sie auf die stützende Hand Eneas' angewiesen ist, wobei ihr die körperliche Berührung, wie der Erzähler hervorhebt, sehr angenehm ist.[37]

---

[36] Erneut ein Zusatz Veldekes auch gegenüber dem ‚Roman d'Eneas'.

Wie die bisherige Analyse gezeigt hat, wird der Liebesaffekt vorwiegend als Verlust über die Kontrolle des Körpers und als Störung des Wahrnehmungsvermögens inszeniert. Der Erzähler konstatiert explizit, dass Dido ihr ‚Wissen‘, ihr ‚Bewusstsein‘, verloren hat: Was sie vorher sehr wohl wusste, das musste man ihr nun erklären: *daz ir e was wol chunt / daz muose man si do leren* (V. 39,14f.). Wie in anderen mittelalterlichen Darstellungen dient Selbstvergessenheit als Zeichen für die Ausschaltung des Verstandes und die Dominanz (sowie die Intensität) von Gefühlen. So vergisst Dido „sich selbst“: *da si ir selben vmbe vergaz* (V. 38,17). Eneas nimmt von ihrem Zustand allerdings trotz der Sichtbarkeit der Zeichen nichts wahr: *Do enweste niht Eneas, / daz ime die frouwe Dido was / so vnmazlichen holt* (V. 38,37–39). In der asymmetrischen Verteilung der Affekte auf die weibliche und die männliche Figur kommt eine genderspezifische Dimension in der Relationierung von Vernunft und Gefühl zum Tragen. Diese Asymmetrie wird dadurch verschärft, dass der Erzähler fast ausschließlich die Innenperspektive Didos beleuchtet und von dem berichtet, was sie fühlt und denkt, während er über Eneas nicht viel mehr sagt, als eben dass er nichts von ihrer Liebe bemerkt.

Im gleichen Zuge wird allerdings mehrfach hervorgehoben, dass Dido ihre verstandesmäßigen Fähigkeiten nicht vollkommen eingebüßt hat. So ist sie imstande, sich vor Eneas und vor der Öffentlichkeit soweit zu beherrschen, dass sie die Grenzen, die ihr als Herrscherin und Frau gesetzt sind, zunächst nicht überschreitet: *idoch chonde si die ere / vil wol bidenchen* (V. 49,38f.). Doch das Verlangen nach einer Transgression dieser Grenzen ist in einer starken gegenläufigen Bewegung manifest. So versucht Dido – freilich ohne Erfolg –, Eneas ihr Verlangen durch körpersprachliche Zeichen zu kommunizieren, indem sie ihn wiederholt mit *frivntlichen ougen* (V. 50,7) anschaut.

Eine weitere Strategie, um die Intensität des Liebesaffekts auszudrücken, besteht in der Schilderung ihres Umgangs mit Objekten. So liebkost Dido die Geschenke, Spange und Armreifen, die sie von Eneas erhalten hat, und überträgt damit ihr Begehren auf diese Objekte, die gleichsam – wie später die Bettdecke, die sie im Schlaf umklammert und für Eneas hält – metonymisch an die Stelle des geliebten Mannes treten. Die Schilderung der schlaflosen Nacht, die Dido allein verbringt, bildet ohnehin einen Höhepunkt in der Emo-

---

[37] Ihr erscheint seine Hand *linde* (V. 48,35), also weich, zart, sanft. Dido begleitet ihren Gast dann (erneut ein Zusatz) persönlich in den Schlafraum, den sie – hier wird das Motiv der überschwänglichen Gastfreundschaft wieder aufgenommen – mit jedem nur erdenklichen Luxus hat ausstatten lassen. Die mittelalterlichen Bearbeiter berichten ausführlich von den Betten und ihrer Beschaffenheit, von kostbaren Materialien, von dem brennenden Kaminfeuer, von leuchtenden Kerzen und von Weinen, die für den Nachttrunk bereitstehen, so dass Didos Widerstreben, Eneas zu verlassen, für die Rezipienten um so nachvollziehbarer wird.

tionsdarstellung.[38] Auch diese Szene ist im antiken Epos nicht vorgegeben. Die emotionale Dynamik, von der Didos Körper ergriffen ist, wird nun verstärkt durch ihre Wahrnehmung von Materialien sowie von Raum und Zeit illustriert. Dabei wird der Verlust des Verstandesvermögens erneut als Verlust der Verfügungsmacht über den Körper und seine Motorik inszeniert. Dido empfindet das Bett, in dem sie schläft, als hart, obwohl es, wie der Erzähler betont, sehr weich ist (V. 50,40). Alles, was sie sieht und berührt, empfindet sie als störend. Anstatt an das Kopfende legt sie den Kopf an das Fußende des Bettes. Sie richtet sich auf, setzt sich hin, verlässt das Bett, legt sich auf den Boden, streicht die Armreifen über die Augen und küsst den Ring. Ungeduldig sehnt sie den Tag herbei, um Eneas wiedersehen zu können, und als der Tag auf sich warten lässt, interpretiert sie dies nicht als Ausdruck ihrer Ungeduld, sondern als eine Störung der kosmischen Ordnung, die sie, wie sie meint, selbst verursacht haben könnte:

> *„wie lange sol ez sus stan?*
> *waz han ich dem tage gitan,*
> *wer hat in girret* [geärgert]*,*
> *daz er sich so lange verret?*
> *ich han ez diche gidacht,*
> *diz ist div langiste naht,*
> *div in der werlte ie wart* [...]*.“*
> (V. 52,3–9)

Doch zugleich gibt es einen Moment, der zeigt, dass Dido keineswegs den Verstand verloren hat und sich vollkommen im Klaren über ihren Zustand ist. So klagt sie darüber, dass sie die Kontrolle über ihr rationales Vermögen verloren habe: *ovwe war sol min ere / vnd min rat und min si⟨n⟩* (V. 52,16f.) und deutet ihre Liebesqualen – historisch – als Rache Junos für den Raub Helenas: *daz wart an mir girochen / vnsanfte unde sere* (V. 52,14f.). Hellsichtig erkennt sie auch die Unausweichlichkeit ihres Todes, falls sie Eneas nicht für sich gewinnen kann. Diese selbstkritischen Überlegungen, durch die Dido sich in Distanz zu ihrer Liebesleidenschaft setzt, sind geeignet, auch die Rezipienten in einen Reflexionsprozess zu involvieren.

Ich breche die Analyse hier ab. Das Verhältnis von Verstand und Gefühl wird in der Dido-Episode zwar überwiegend, aber nicht nur als Gegensatz markiert. Wie ich zu zeigen versucht habe, wird eine erstaunliche Vielfalt an Strategien eingesetzt, um den Liebesaffekt als nicht rational zu kennzeichnen: Im Zentrum steht dabei der sich der Kontrolle entziehende und sich verselb-

---

[38] Schlaflosigkeit ist Zeichen der Verliebtheit auch später bei Lavine und Eneas. Die Mittel, die bei der Emotionsgestaltung insgesamt eingesetzt werden, unterscheiden sich jedoch in signifikanter Weise und bedürften einer eingehenden Untersuchung.

ständigende Körper sowie die gestörte Wahrnehmung Didos. Wenn man davon ausgeht, dass mit diesen Strategien das Ziel verfolgt wird, die Rezipienten emotional zu involvieren, kann man – mit Blick auf die Ebene der literarischen Produktion und Rezeption – sagen, dass sie in ihrer Summe die narrative Rationalität der Emotionsdarstellung konstituieren.

III. Schluss

Ich habe zwei Relationen von Rationalität und Emotionalität analysiert, die unterschiedlich bedingt und konfiguriert sind und die einen entsprechend unterschiedlichen Erkenntniswert haben.

Die Technik der scholastischen Disputation wurde in der Literatur produktiv gemacht, um innere Konflikte zu thematisieren. Damit wurde ein Reflexionsraum eröffnet, der die Möglichkeit zur Konstruktion und inhaltlichen Bestimmung von einem ‚Selbst' eröffnete, von dem in der Literatur des Mittelalters so oft die Rede ist. In Konrad Flecks Roman konstituiert sich ein solches Selbst in eher einfacher Form durch die Entscheidung für eine von zwei Optionen. In anderen Texten sind die Inszenierungen komplexer, man denke nur an Tristans innere Konflikte[39] oder an die dilemmatischen Entscheidungssituationen, vor die Enite gestellt wird und in denen sie gleichsam mit zwei Stimmen zu sich selbst spricht.[40] Wie emotionale und rationale Momente dabei jeweils auf beiden Seiten verschränkt sind, welche Formen der Selbstthematisierung den Figuren zugeschrieben werden, welche Rolle die Rhetorik und andere Techniken spielen, die Frage auch, ob und wie das scholastische Schema gesprengt oder *ad absurdum* geführt wird, wäre in einem größeren Zusammenhang zu untersuchen.[41]

Mein zweites Beispiel galt der Frage nach spezifischen Mitteln, mit denen die Relation von Rationalität und Emotionalität als Gegensatz markiert wird und welche Strategien bei der Emotionsdarstellung eingesetzt werden. Da hier

---

[39] Im Inneren Tristans streiten nach der Einnahme des Minnetranks *triuwe* und *êre* auf der einen Seite und *herze* und *minne* auf der anderen sich um die Herrschaft über ihn (während es von Isolde heißt, dass ihre *sinne* versanken und sie sich mit Händen und Füßen – erfolglos – wehrte).

[40] Vgl. Elke Koch, Trauer und Identität. Inszenierungen von Emotionen in der Literatur des Mittelalters (TMP 8), Berlin / New York 2006, S. 175–194.

[41] Ein Beispiel dafür findet sich im ‚Cligès' von Chrétien de Troyes. Auf der Grundlage des Textes von Wendelin Foerster übers. u. komm. v. Ingrid Kasten, Berlin / New York 2006, V. 4408–4574. Fenice, die Protagonistin der Hauptgeschichte, versucht hier mit Hilfe der scholastischen Methode herauszufinden, ob die konventionelle Formel, mit der Cligès sich von ihr verabschiedet hat, als eine verschlüsselte Liebeserklärung gedeutet werden kann oder nicht.

ein Vergleich mit der antiken Vorlage möglich ist, konnten Spezifika der literarischen Kultur des 12. Jahrhunderts wie die Inszenierung des Körpers und die Gestaltung der Wahrnehmung von Raum, Zeit und Objekten exemplarisch fokussiert werden. Es bleibt zu fragen, ob und vor allem *wie* die Eintrübung des rationalen Vermögens auch in der Gestaltung anderer Liebesepisoden im ‚Eneasroman' sowie in anderen Texten durch die Verselbständigung des Körpers und die Störung der Wahrnehmung inszeniert wird. Dabei müssten zwei Ebenen unterschieden werden, die Ebene der Figurendarstellung mit ihrem Appellcharakter und die Ebene der Narration, auf der die narrative Rationalität der Emotionsdarstellung angesiedelt ist. Beide Ebenen spielen in den analysierten Beispielen eine Rolle, wenn auch in anderer Weise. So wird die Emotionsdarstellung in ‚Flore und Blancheflur' mit Hilfe der scholastischen *quaestio* gestaltet, in der Dido-Episode im ‚Eneasroman' dagegen wird sie auserzählt.

Abstract: A stubborn position still persists which holds that irreconcilable differences exist between sensitivity and reason, and likewise between emotion and rationality. The most recent opinions from the Natural Sciences, Philosophy, and Philology, however, contradict this sort of stereotyping. It is increasingly felt that the relationship between human intellect and emotion is one of interdependency rather than opposition. Despite the differing fundamental conditions and concepts separating the pre-modern from the modern, there certainly were early cultural models for complex interactivity between reason and feeling – both in Antiquity as well as in the Middle Ages. This paper will explore examples of how both overlapping and opposing concurrences of mind and emotion were portrayed in medieval literature.

Wolframstudien XX (2008)
Erich Schmidt Verlag Berlin

Die Rationalität der Angst: Neuansätze im ‚Fortunatus'

von ANNETTE GEROK-REITER

I. Prolegomena: Angst und Ratio

Das Interesse an der historischen Emotionsforschung hat sich seit den 80er Jahren des letzten Jahrhunderts interdisziplinär verstärkt. Nicht nur in den unterschiedlichen Disziplinen der Geisteswissenschaften, sondern auch in der Psychologie und Soziologie wird die historische Emotionsforschung mit neuer Intensität betrieben. Dabei haben drei Ansätze in besonders fruchtbarer Weise gewirkt: Zum eine haben ethnologische Studien eindrücklich gezeigt, dass Emotionen in den jeweiligen Formen ihres mimischen, gestischen oder verbalen Ausdrucks in hohem Maß kulturellen Denkmustern, etablierten Normensystemen und sozialen Spielregeln unterliegen.[1] Zugleich konnte der ‚cultural turn' innerhalb der Emotionsforschung durch einen ‚historical turn' ergänzt und erweitert werden. So akzentuiert die historische Emotionsforschung nicht nur die synchrone, d.h. kulturelle, sondern auch die diachrone, also historische Varianz der Emotionen und ihrer Inszenierungen.[2] Schließlich wur-

---

[1] Grundlegend: Weston LaBarre, Die kulturelle Basis von Emotionen und Gesten, in: Logik des Herzens. Die soziale Dimension der Gefühle, hg. v. Gerd Kahle, Frankfurt a.M. 1981, S. 155–176; Lila Abu-Lughod u. Catherine A. Lutz, Introduction: Emotion, discourse, and the politics of everyday life, in: Language and the politics of emotion, hg. v. Lila Abu-Lughod u. Catherine A. Lutz, Cambridge 1990, S. 1–23.

[2] Unter theoretischen Gesichtspunkten: Agnes Heller, Theorie der Gefühle, Hamburg 1980; Catherine A. Lutz, The Anthropology of Emotions, in: Annual Review of Anthropology 15 (1986), S. 405–436; vgl. auch den Sammelband: Affekte. Philosophische Beiträge zur Theorie der Emotionen, hg. v. Stefan Hübsch u. Dominic Kaegi, Heidelberg 1999. – Für mittelalterliche Kontexte besonders einschlägig: Gerd Althoff, Empörung, Tränen, Zerknirschung. Emotionen in der öffentlichen Kommunikation des Mittelalters, in: Spielregeln der Politik im Mittelalter. Kommunikation in Frieden und Fehde, hg. v. Gerd Althoff, Darmstadt 1997, S. 258–281; Gerd Althoff, Zur Bedeutung symbolischer Kommunikation für das Verständnis des

de die traditionsreiche Frage nach dem Verhältnis von Ratio und Emotion bzw. nach der Rationalität von Emotionen in den unterschiedlichen Fachperspektiven unter neuen methodischen Vorzeichen aufgegriffen, vor allem in psychologischer[3], soziologischer[4] und philosophischer[5] Perspektive. Indem die moderne kognitive Emotionstheorie die rationale Erkenntnisleistung der Emotionen wieder stärker gegenüber dem seit dem 19. Jahrhundert etablierten kontrastiven Verhältnis hervorgehoben hat[6], zeigen sich neue Möglichkeiten,

Mittelalters, in: Frühmittelalterliche Studien 31 (1997), S. 370–389; Christian Kiening, Aspekte einer Geschichte der Trauer in Mittelalter und früher Neuzeit, in: Mittelalter und Moderne. Entdeckung und Rekonstruktion der mittelalterlichen Welt. Kongressakten des 6. Symposiums des Mediävistenverbandes in Bayreuth 1995, hg. v. Peter Segl, Sigmaringen 1997, S. 31–53; Kulturen der Gefühle in Mittelalter und Früher Neuzeit, hg. v. Ingrid Kasten, Gesa Stedman u. Margarete Zimmermann (Querelles 7), Stuttgart, Weimar 2002. – Antike bis Neuzeit betreffend: Emotionalität. Zur Geschichte der Gefühle, hg. v. Claudia Benthien, Anne Fleig u. Ingrid Kasten, Köln / Weimar 2000. – Vgl. auch aus literaturwissenschaftlicher Sicht den umfassenden kritischen Forschungsbericht von Rüdiger Schnell, Historische Emotionsforschung. Eine mediävistische Standortbestimmung, in: Frühmittelalterliche Studien 38 (2004), S. 173–276, sowie das neueste Resumé von Ingrid Kasten, Stand und Perspektiven der historischen Emotionsforschung, in: JOWG 15 (2005), S. 33–48.

[3] Richard S. Lazarus u. James R. Averill, Emotion and Cognition: with special reference to anxiety, in: Anxiety. Current Trends in Theory and Research, hg. v. Charles D. Spielberger, New York / London 1972, Vol. II, S. 241–283; Emotion und Sprache. Zur Definition der Emotion und ihren Beziehungen zu kognitiven Prozessen, dem Gedächtnis und der Sprache, hg. v. Marco W. Battachi, Thomas Suslow u. Margherita Renna, Frankfurt a.M. 1977, insbes. Kap. 3: Emotion und Kognition, S. 31–51; Emotion und Reflexivität, hg. v. Lutz H. Eckensberger u. Margret M. Baltes, München / Wien / Baltimore 1985; Luc Ciompi, Die emotionalen Grundlagen des Denkens. Entwurf einer fraktalen Affektlogik, Göttingen 1997.

[4] Logik des Herzens. Die soziale Dimension der Gefühle, hg. v. Gerd Kahle, Frankfurt a.M. 1981; Soziologie des Gefühls. Zur Rationalität und Emotionalität sozialen Handelns, hg. v. Roswita Schumann u. Franz Stimmer (Soziologenkorrespondenz N.F. 12), München 1987; Volker Eichener, Ratio, Kognition und Emotion. Der Modus menschlichen Handelns als abhängige Variable des Gesellschaftsprozesses, in: Zeitschrift für Soziologie 18 (1989), S. 346–361.

[5] Ronald de Sousa, The Rationality of Emotion, Cambridge / Mass. 1997; Carola Meier-Seethaler, Gefühl und Urteilskraft. Ein Plädoyer für die emotionale Vernunft, München ²1998; Emotion und Vernunft. Émotion et rationalité, hg. v. Emil Angehrn u. Bernhard Baertschi (Studia philosophica 59), Bern / Stuttgart / Wien 2000. Weiterführende Literatur auch bei Klaus Ridder, Emotion und Reflexion in erzählender Literatur des Mittelalters, in: Codierungen von Emotionen im Mittelalter / Emotions and Sensibilities in the Middle Ages, hg. v. C. Stephen Jaeger u. Ingrid Kasten. Redaktionelle Mitarbeit / Editorial Assistance Hendrikje Haufe, Andrea Sieber, Berlin / New York 2003, S. 203–221, hier Anm. 7. Vgl. auch den Beitrag von Ingrid Kasten in diesem Band, S. 253–271.

[6] Dazu: Heller (wie Anm. 2), S. 243–333; Gabriele Jilg: Die Kollision von Gefühl und

eben diese Theorie nutzbar zu machen, um vormoderne, insbesondere mittelalterliche Auffassungen und Denkstrukturen, die die Emotionen bzw. Affekte durchaus als systematischen Bestandteil eines Erkenntnisweges begriffen haben[7], in angemessener Weise zu würdigen und nach Spuren dieser Auffassung in unterschiedlichen kulturellen und historischen Kontexten zu suchen.

Dass Emotionalität und Rationalität in Korrelation gesehen werden müssen, gehört somit zu den Standards moderner Emotionsforschung, berührt sich jedoch zugleich auch mit spezifischen Ausprägungen der mittelalterlichen Affektenlehre. Diese Korrelation gilt auch, ja gerade für den Zusammenhang der spezifischen Emotion[8] ,Angst' und Rationalität. Anhand zweier gänzlich unterschiedlicher Diskurse – des gegenwärtigen psychologisch-psychiatrischen Angstdiskurses einerseits, der Affektenlehre des 12. Jahrhunderts andererseits – möchte ich das Grundmuster dieses Zusammenhangs vorstellen, das trotz aller historischer Diversität sichtbar wird und als Anhaltspunkt einer ersten Überlegung gelten kann.

Die Ansätze der modernen medizinischen Angstforschung sind insgesamt vielfältig und in sich disparat. Zur grundlegenden kategorialen Basis gehört jedoch die Unterscheidung zwischen ,normaler Angst' und ,pathologischer

---

Verstand. Vom gesellschaftlichen Charakter des Selbstbewusstseins und der Formen seiner literarischen Dokumentation (Europäische Hochschulschriften 648), Bern 1983; vgl. auch die Einleitung sowie den historischen Aufriss bei Meier-Seethaler (wie Anm. 5), S. 13–33, 34–119; weiter: Annemarie Pieper, Rehabilitierung des Gefühls?, in: Angehrn u. Baertschi (wie Anm. 5), S. 33–50. Die Kontroverse hat im übrigen eine lange Tradition: vgl. Knut Eming, Die Unvernunft des Begehrens. Platon über den Gegensatz von Vernunft und Affekt, in: Hübsch u. Kaegi (wie Anm. 2), S. 11–31; Dominic Kaegi, Ein gutes Gefühl. Aristoteles über den Zusammenhang von Affekt und Tugend, in: Hübsch u. Kaegi (wie Anm. 2), S. 33–51.

[7] Joachim Bumke, Die Blutstropfen im Schnee. Über Wahrnehmung und Erkennen im *Parzival* Wolframs von Eschenbach, Tübingen 2001 (Hermaea NF 94), S. 29–109; Christoph Huber, Geistliche Psychagogie. Zur Theorie der Affekte im *Benjamin Minor* des Richard von St. Victor, in: Jaeger u. Kasten (wie Anm. 5), S. 16–30; Ridder (wie Anm. 5); Arno Anzenbacher, Die Phänomenologie der Angst bei Thomas von Aquin, in: Angst und Schrecken im Mittelalter. Ursachen, Funktionen, Bewältigungsstrategien in interdisziplinärer Sicht, hg. v. Annette Gerok-Reiter u. Sabine Obermaier (Das Mittelalter 12), Berlin 2007, S. 85–96.

[8] Der Begriff ,Affekt' greift im Verständnis einer historischen Semantik zu eng, da er einen Vorgang der Überwältigung indiziert, der sich dem rationalen Zugriff gerade entzieht; der Begriff ,Gefühl' bleibt dagegen in verfänglicher und anachronistischer Weise den Gefühlskulturen des 18. und 19. Jhs. verhaftet, die mit dem gefühlsmäßigen Erleben einen Innenraum assoziieren, der den sozialen Handlungsaspekt unberücksichtigt lässt. Zum Begriff ,Emotion' statt ,Affekt' oder ,Gefühl' vgl. auch die überzeugende Argumentation bei Elke Koch, Trauer und Identität. Inszenierungen von Emotionen in der deutschen Literatur des Mittelalters (Trends in Medieval Philology 8), Berlin/New York 2006, S. 1f., sowie bei Kasten (wie Anm. 2), S. 35f.

Angst', der sog. ,Angststörung': ,Normale Angst' wird verstanden als „eine existentielle Grunderfahrung, die ein Bestandteil des menschlichen Lebens ist".[9] Die ,normale Angst' dient als „biologisch angelegtes Reaktionsmuster der Wahrnehmung, Bewältigung und Vermeidung von Gefahren und Bedrohungen".[10] Zur ,normalen Angst' gehören in spezifischer Weise etwa die „Realangst" sowie die „Vitalangst".[11] Die Realangst richtet sich auf eine gefahrvolle Umwelt, auf tatsächliche Bedrohung von außen, die Vitalangst auf eine psychophysische Bedrohung, lebensbedrohliche Krankheiten etc. Sowohl der Real- wie der Vitalangst eignet somit der Bezug zur Realität. Indem beide Arten von Angst eine adäquate Reaktion auf Erscheinungsformen der Realität darstellen, kommt diesen Ängsten ein kognitiver Gehalt zu: In ihnen äußert sich ein Wahrnehmen der Realität, das als Erkennen, und ein Reagieren auf die Realität, das als Umsetzung von Erkenntnis gedeutet werden kann. Angst *als adäquater Erkenntnismodus* wirkt Leben erhaltend oder doch zumindest Leben schützend. Durch diese veritable Funktion erhält die Angst ihren besonderen Stellenwert im Katalog der Emotionen.[12] Dies trifft jedoch nicht zu auf die dritte Erscheinungsform der Angst: die pathologische Angst bzw. ,Angststörung':

> Unter Angststörungen wird heute eine Gruppe von Störungen zusammengefaßt, die durch exzessive Angstreaktionen bei gleichzeitigem Fehlen akuter Gefahren und Bedrohungen charakterisiert sind. Die Abgrenzung gegenüber der ,normalen' Angst ergibt sich weniger aus den unmittelbaren Reaktionsformen als vielmehr aus den Umständen (Auslöser, Intensität, Dauer, Angemessenheit der Angstreaktion) und den Folgen des Auftretens der Angstreaktion.[13]

Die Angststörung ist somit dadurch gekennzeichnet, dass nicht mehr ein Erkennen, sondern ein Verkennen der Realität zum Stimulans wird. D.h., die pathologische Angst agiert weitgehend unabhängig von einem realitätsgelei-

---

[9] Jörg Angenendt, Ulrich Frommberger u. Mathias Berger, Angststörungen, in: Psychische Erkrankungen. Klinik und Therapie, hg. v. Mathias Berger, München u.a. 2004, S. 637–690, hier S. 338.

[10] Ebd.

[11] Vgl. Gottfried Roth, Angst. Medizinphilosophische und pastoralmedizinische Erwägungen, in: Leben zwischen Angst und Hoffnung. Interdisziplinäre Angstforschung, hg. v. Erwin Möde (Eichstätter Studien N.F. 44), Regensburg 2000, S. 97–114, hier S. 99.

[12] Die positive Wertung teilt die kognitive Emotionsforschung insgesamt; aus psychoanalytischer Sicht: Etienne Oldenhave, Die Angst und die Konstitution des Subjekts, in: Angst, hg. v. André Michels u.a. (Jahrbuch für Klinische Psychoanalyse 3), Tübingen 2001, S. 13–23, sowie Christina C. Burckas, Angst als strukturierendes Moment: „Warum ist es uns so wichtig, die Dimension der Angst zu bewahren?", in: Michels u.a. (s.o.), S. 24–34.

[13] Angenendt, Frommberger u. Berger (wie Anm. 9), S. 638f.

teten Wahrnehmen und führt gerade nicht zu realitätsadäquaten Reaktionen. Angst als Krankheitssymptom erhält hierdurch ihre klinische Markierung, die nach spezifischen Bewältigungsstrategien oder -therapien verlangt.

Es bietet fruchtbare Anschlussmöglichkeiten wahrzunehmen, dass die Korrelationsversuche von Angst und Ratio, wie sie heute aus medizinischer, aber auch aus psychologischer, philosophischer oder soziologischer Perspektive favorisiert werden, durchaus Vorläufer im theologisch-philosophischen Diskurs des 12. und 13. Jahrhunderts haben. So ist im Zuge der Rationalisierungsbestrebungen innerhalb des theologisch-philosophischen Diskurses versucht worden, die Angst als Bestandteil des Menschen zu reflektieren und zu affirmieren, eine Phänomenologie der Angstarten und Angstsymptome zu erstellen[14] und – etwa in der Bußpraxis – psychologisch adäquate Bewältigungsformen im Umgang mit ihr anzubieten[15], Perspektiven, die (allerdings nur in Einzelfällen) von psychiatrischer Seite aus auch heute noch aufgenommen und weiterdiskutiert werden.[16]

Besonders eindrücklich setzt etwa Richard von St. Victor *ratio* und *affectio* im ‚Benjamin Minor' in Beziehung und integriert dabei zugleich die Angst (*timor*) an prominenter Stelle in seine Affektenlehre.[17] Wie der Aufstieg der Seele zur ekstatischen Kontemplation unter theoretischem und praktischem Anspruch gelingen kann, erläutert Richard anhand der „psychologische[n] Allegorese"[18] des Genesis-Berichts vom israelitischen Stammvater Jakob und seinen beiden Frauen Lea und Rahel sowie deren Kindern und Dienerinnen. Dabei kommt es wesentlich auf den geordneten (*ordinatus,* cap. VII, S. 108) und gemäßigten (*moderatus,* cap. VII, S. 108) Umgang mit den Seelenkräften, insbesondere den *affectus* an, um sie als *virtus* wirksam zu machen. Der geordnete und gemäßigte Umgang mit den *affectus* als „Weg zur Rationalität"[19] und darüber hinaus als Weg zur *contemplatio* als höchstem Ziel beginnt mit dem ersten, von Lea geborenen Jakob-Sohn Ruben. Ihn deutet Richard auf den Affekt ‚Furcht' (*timor*). Gemeint ist die Gottesfurcht nach dem Psalmwort 13 [14],5: *initium sapientiae timor Domini.*[20] Gottesfurcht wegen begangener Übeltaten führt zum Schmerz (*dolor*) über die eigene Schuld, zugleich er-

---

[14] Anzenbacher (wie Anm. 7).
[15] Vgl. Notker Slenczka, Der endgültige Schrecken. Das Jüngste Gericht und die Angst in der Religion des Mittelalters, in: Gerok-Reiter u. Obermaier (wie Anm. 7), S. 97–112.
[16] Roth (wie Anm. 11), S. 106–110.
[17] Zitiert nach: Richard von St. Victor, Les douze patriarches ou Beniamin Minor. Texte critique et traduction par Jean Châtillon et Monique Duchet-Suchaux. Introduction, notes et index par Jean Longère (Sources Chrétiennes 419), Paris 1997.
[18] Huber (wie Anm. 7), S. 18.
[19] Ebd., S. 20.
[20] Vgl. Ps. 110 [111],10; Prov. 1,7; 9,10; vgl. Eccl. 1,16.

wächst die Hoffnung (*spes*) auf Verzeihung und auf die Versöhnung des sündigen Menschen mit Gott in der Liebe (*amor*). Des weiteren bedarf es dann der Sinneswahrnehmung (*sensualitas*) und der Vorstellungskraft (*imaginatio*), der Enthaltsamkeit (*abstinentia*) und Geduld (*patientia*), um in den Zustand der Glückseligkeit (*gaudium*) zu gelangen und von dort die höchsten Stufen der *discretio* und der *contemplatio* zu erreichen.

Akzentuieren möchte ich hier nur zwei Aspekte, die die Schnittstelle zur modernen Konzeptualisierung des Verhältnisses von Angst und Ratio bilden: Zum einen zeigt sich zwar bei Richard das traditionell hierarchische Verhältnis von *affectio* (hässliche Lea) und *ratio* (schöne Rahel), dennoch ist zunächst entscheidend, dass b e i d e Kräfte als konstitutive Kräfte der Seele angesehen werden und nur in ihrem Zusammenspiel das höchste Ziel erreichen können.[21] Gleichzeitig wird die Angst als *timor dei* zum zentralen Impuls auf dem Weg zur Rationalität und zur Gotteserkenntnis. Die positive Konzeptualisierung aufgrund des *kognitiven Gehalts* der Angst findet sich in der modernen Theorie wieder, indem die Angst auch hier durch ihr vital-kognitives Potential lebenserhaltende Funktion übernimmt. Über das kognitive Potential der Angst gelingt somit in beiden Fällen die Integration der Angst auf eine soziale Matrix hin. Voraussetzung ist jedoch in beiden Konzeptualisierungen eine radikale Spezifizierung der Angst. Nicht jede Angst ist Reflex von Erkenntnis bzw. erkenntnissteigernd und insofern integrations- und damit rationalisierungsgeeignet. So grenzt die moderne Theorie diejenige Angst, die realitätsadäquat und erkenntnisfördernd ist, ab von der pathologischen Angst, der eben jene Erkenntnisleistung nicht mehr zukommt, während die Theorie des 12. Jahrhunderts nur diejenige Angst als Baustein einer Affektenlehre, die zur Tugend führt, gelten lässt, die auf Gott hin ausgerichtet und in sich gemäßigt ist: *Siquidem, nichil aliud est uirtus quam animi affectus ordinatus et moderatus* (cap. VII, S. 108), d.h. geordnet in ihrer notwendigen Ausrichtung, gemäßigt in Hinblick auf ihre notwendige Größe.[22]

---

[21] Vgl. Huber (wie Anm. 7), S. 20: „Obwohl ein grundsätzlicher Gegensatz zwischen Affekt und Ratio gesehen wird und obwohl es auch zum Konflikt zwischen diesen beiden Seelenbereichen kommt, wird anstelle einer ausschließenden Opposition eine Art Polarität, eine ständige dialektische Wechselbeziehung dieser primär koexistierenden Funktionen auf allen Stufen eines inneren Weges angesetzt." Damit „wird die Affektivität im Gegensatz zu einem Teil der antiken Tradition und mit Augustinus als Teil des integralen Menschen verortet und grundsätzlich positiv gewertet" (ebd., S. 19). Positionen im Überblick: Josef Schmidt, ,Affektenlehre, II. Mittelalter', in: Historisches Wörterbuch der Rhetorik, hg. v. Gert Ueding, Bd. 1, Tübingen 1992, Sp. 224f.

[22] *Ordinatus, quando ad illud est ad quod esse debet; moderatus, quando tantus est quantus esse debet* (cap. VII, S. 108).

Was aber, wenn die Angst nicht moderat auftritt, wenn die Angst ihr kognitives Potential auf das Falsche richtet? Dieser Transgressionen nimmt sich mit Vorliebe der ästhetische Diskurs an.[23] Für die Moderne, die „nicht ohne ein gewisses Behagen das ‚Zeitalter der Angst' getauft worden"[24] ist, ließe sich aus der Fülle an ästhetischen Belegen paradigmatisch etwa auf Munchs Bild ‚Der Schrei' oder auf die minutiös wiedergegebenen Kindheitsängste des Malte Laurids Brigge[25] verweisen. Je weiter man jedoch in der Kunst- wie Literaturgeschichte über die Frühe Neuzeit hinaus zurückgeht, desto weniger scheint man auf derartige Transgressionen, ja überhaupt auf Angstdarstellungen im profanen Bereich zu treffen. So stößt man etwa in der Epik des 12. und 13. Jahrhunderts, obwohl eben diese Jahrhunderte dem 20. Jahrhundert an ‚spontanen' wie ‚kulturell vermittelten' Ängsten[26] kaum nachstehen dürften, zumindest außerhalb religiöser Kontexte[27] auf einen auffallenden Negativbefund. Das aber heißt: Angst und Ratio scheinen in den literarischen Inszenierungen dieser Zeit kaum in konstruktiver Weise in Korrelation zu treten. Dies ist in einem zweiten Schritt zu bedenken.

II. Literarhistorische Eckpunkte

Der auffallende Negativbefund an differenzierenden Angstdarstellungen in mittelhochdeutscher Epik hat seinen Grund in drei Aspekten: (1) Das Thema Angst lässt sich in der Regel nur als Nebenmotiv festmachen. Es erscheint im narrativen Verlauf lediglich punktuell aktiviert, bleibt prinzipiell rückgebunden und dadurch entschärft in einer der Angst opponierenden Ordnung. (2) Dieser peripheren thematischen Gestaltung korrespondieren die Inszenierun-

---

[23] Vgl. auch aus psychiatrischer Perspektive: Angenendt, Frommberger u. Berger (wie Anm. 9), S. 638: „Das unvermeidbare Erleben von Angst findet seit frühester Zeit seinen Niederschlag in religiösen, literarischen und philosophisch-wissenschaftlichen Zeugnissen. Diese verdeutlichen, daß neben der normalen Angst [...] immer auch übersteigerte Angstformen individueller und kollektiver Art bekannt waren."

[24] Richard Alewyn, Die literarische Angst, in: Aspekte der Angst. Starnberger Gespräche 1964, hg. v. Hoimar v. Ditfurth, Stuttgart 1965, S. 25–43, hier S. 25. Der Gebrauch dieses Charakteristikums ist allerdings inflationär.

[25] Rainer Maria Rilke, Die Aufzeichnungen des Malte Laurids Brigge, in: ders., Sämtliche Werke. Werkausgabe, hg. v. Rilke-Archiv in Verbindung mit Ruth Sieber-Rilke, besorgt durch Ernst Zinn, Frankfurt a.M. 1976, Bd. 11, S. 707–946, hier S. 766f.

[26] Zur historisch kompatiblen Unterscheidung zwischen ‚spontanen' und ‚kulturell vermittelten' Ängsten vgl. Jean Delumeau, Angst im Abendland. Die Geschichte kollektiver Ängste im Europa des 14.–18. Jahrhunderts, Reinbek bei Hamburg 1985 [im franz. Original 1978], S. 38.

[27] Zur Funktion der Angst in der Legende vgl. Ridder (Anm. 5), S. 203–205.

gen von Angst in Hinblick auf die Figurenzeichnung. Auch hier siedelt sich Angst allenfalls an den Rändern an: bei mediokren Gegenfiguren, sozial untergeordneten Nebenfiguren, handlungsschwachen, oft weiblichen Figuren mit einer Lizenz zum Anderssein, in Ausnahmesituationen, Nischen der Narration, in Szenarien des Lachens oder der Verachtung, die den Protagonisten nicht oder kaum tangieren. (3) Angst wird in früher mittelhochdeutscher Epik primär als gestisch-körperliche Reaktion und akutes Handlungsmuster inszeniert. Sie zielt damit zunächst nicht auf einen individuellen Seelenzustand oder eine psychische Konstellation zur Ausdifferenzierung der Figur, d.h., sie weist gerade nicht auf ein ‚Innenleben‘ der Figur zurück, sondern über die Figur hinaus auf prinzipielle Wertmuster, die der Sympathielenkung und Rezeptionssteuerung dienen.[28]

Gegenüber der diffizilen Semantisierung und Hermeneutik von Angst im theologisch-philosophischen Diskurs scheinen somit die mittelhochdeutschen Epen auf den ersten Blick das illusionäre Gegenbild einer im Prinzip beherrschbaren Welt entworfen zu haben, in deren Mittelpunkt der angstlose Protagonist steht, der sich jeder Gefahr bereitwillig stellt und sie meistert. Doch auf den zweiten Blick erweist sich diese Konzeptualisierung nicht als Gegenbild, sondern als Fortschreibung der Legitimitätsstruktur von Angst als *timor dei*. Denn indem Angst nur dadurch eine Dignität erhält, die sie der Lächerlichkeit, dem Randständigen oder dem Bösen entzieht, dass sie ihr kognitives Potential auf das Erkennen der eigenen Schuld und der *potentia* Gottes ausrichtet, können allein im Aspekt der Gottesfurcht Angst und Ratio konform gehen. Angst in Bezug auf weltliche Dinge zeugt dagegen von mangelndem Gottvertrauen und d.h. zugleich von mangelnder Gotteserkenntnis. Dies heißt im literarischen Übertrag: Das Erkennen Gottes führt den Protagonisten zur Gottesfurcht einerseits, zur Angstlosigkeit in der Welt andererseits; mangelnde Gottesfurcht und Gotteserkenntnis führen dagegen beim negativen Protagonisten oder bei Nebenfiguren zur Angst in der Welt oder aber zur Angstlosigkeit als Zeichen von Ignoranz bzw. *superbia*.

Besonders in der frühen höfischen Epik findet sich jene theologisch fundierte Konzeptualisierung von berechtigter Angst als Gottesfurcht auf der Basis von Gotteserkenntnis wieder, die zur Angstlosigkeit in der Welt führt. Zu verweisen wäre etwa auf die junge Bäuerin im ‚Ruodlieb‘, die Ehebruch begangen hat. Wenn sie vor Gericht behauptet, sie ginge freiwillig zur Strafe in den flammenden Ofen, um nicht im Feuer der Hölle zu brennen (Fragm. VIII, 57f.), oder sie würde lieber in einer Jauchegrube umkommen, um nicht den

---

[28] Dazu ausführlich: Annette Gerok-Reiter, Die Angst des Helden und die Angst des Hörers. Stationen einer Umbewertung in mittelhochdeutscher Literatur, in: Gerok-Reiter u. Obermaier (wie Anm. 7), S. 127–143, hier S. 128–130.

Gestank der Hölle in Ewigkeit ertragen zu müssen (Fragm. VIII, 59f.), so tritt hier offensichtlich im Zeichen der Einsicht die Angst vor den irdischen Strafen gegenüber der Angst vor der Strafe des göttlichen Gerichts in den Hintergrund. Das Gegenbild demonstriert der Rotkopf, in dem *superbia* als fehlende Ehrfurcht, zugleich als fehlende Urteilskraft zu fassen ist. Aufschlussreich in dieser Hinsicht wäre auch die Figur des Genelun im ‚Rolandslied': Für die Angstattacke des Gegenhelden angesichts des Auftrags, ins feindliche Lager zu reiten, werden im Kontext Weltverfallenheit, mangelnde Gottesfurcht und insofern mangelnde Gotteserkenntnis als Begründungsmuster aktiviert.[29] Besonders prägnant tritt der Zusammenhang im ‚König Rother' zutage. Zwar erweist sich Rother im ersten Teil durchgehend als furchtloser Held, doch im zweiten Teil hält ihn zunächst nichts davon ab, sich mit seinen Gefolgsleuten unter der Festtafel des Konstantin zu verstecken, um nicht entdeckt zu werden – eine skurrile Situation. In dem Moment, in dem dies als Furcht angelastet werden könnte, argumentiert der Herzog von Meran folgendermaßen:

> *„wir sulin hie vore gan*
> *in ere des himiliskin koningis*
> *unde alles sinis heris,*
> *daz her uns beide behode*
> *durch sin othmote*
> *von der heidenschefte,*
> *[...]*
> *got, der hat gebundin*
> *beide ovil unde guot,*
> *swonnez widir ime duot!*
> *iedoch si wir reckin*
> *widir unsin trehtin,*
> *beide lutir unde licht,*
> *her inlezit uns under wege nit.*
> *in sante Gilies namen:*
> *so wil ich endeliche vore gan"...*
> (V. 3932–3953)[30]

Mit diesem Bekenntnis zu Gott, das Gottesfurcht und Gotteserkenntnis einschließt[31], treten Rother und seine Gefolgsleute an die Öffentlichkeit und demonstrieren damit ihre Furchtlosigkeit in weltlichen Dingen.

---

[29] Zu Geneluns Angst: Gerok-Reiter (wie Anm. 28), S. 130–134.

[30] Zitiert nach: König Rother. Mittelhochdeutscher Text und neuhochdeutsche Übersetzung v. Peter K. Stein, hg. v. Ingrid Bennewitz, Stuttgart 2000.

[31] Zum Wechsel von „Gewalt und Macht" zu „Selbstbescheidung und Gnade" vgl. Walter Haug, Literaturtheorie im deutschen Mittelalter von den Anfängen bis zum Ende des 13. Jahrhunderts. Eine Einführung, Darmstadt ²1992, S. 80–83.

Dennoch ist ebenso deutlich, dass das stereotype Bild des angstlosen Helden in der Epik des 12. und 13. Jahrhunderts durchaus Irritationen bzw. Korrekturen erfährt.[32] Selbstverständlich finden sich ebendort auch Helden, die sich nicht nur aus Gottesfurcht, sondern aus durchaus profaner Bedrängnis schlaflos im Bett wälzen, auf Bäume steigen oder die Flucht ergreifen. Zwar herrschen hier meist situative Nischen vor (Liebes- oder Höllenangst bei Eneas[33], Jugend und Sozialverlust entschuldigen Tristans Angst in Cornwall[34] etc.), aber es kommt auch zu zentralen Verortungen. Paradigmatisch differenziert der Erzähler im ,Erec' zwischen Angst als Feigheit und Angst als positiv zu wertender Umsicht und verlangt vom Helden gleichsam den kognitiven Nachvollzug dieser Differenzierung:

> *manlîcher sorgen*
> *was sîn herze niht gar vrî,*
> *wan man wil, daz er niht sî*
> *gar ein vollekomen man,*
> *der im niht vürhten kan,*
> *und ist zen tôren gezalt.*
> *ez enwart nie herze alsô balt,*
> *im enzæme rehtiu vorhte wol.*
> *swie gerne ein man daz vürhten sol,*
> *dâ von sîn lîp en wâge stât,*
> *habe doch selher vorhte rât,*
> *diu zagelîch sî.*
> *der vorhte was sîn herze vrî.*
> (V. 8619–8631)[35]

---

[32] Einen Überblick über Angstdarstellungen in mittelhochdeutscher Epik bieten Paul Michel, Gestaltungsformen der Angst in der mittelalterlichen deutschen Literatur, in: Angst, hg. v. Hans-Jürg Braun u. Alexander Schwarz, Zürich 1988, S. 121–135; facettenreicher: Angelika Lehmann, Angst, Gefahr und Angstbewältigung, in: An den Grenzen höfischer Kultur. Anfechtungen der Lebensordnung in der deutschen Erzähldichtung des hohen Mittelalters, hg. v. Gert Kaiser, München 1991, S. 211–236; mit theoretischer Diskussion: Ridder (wie Anm. 5); Gerok-Reiter (wie Anm. 28); ertragreiche Einzelstudien werden im jeweiligen Kontext genannt.

[33] Sabine Obermaier, Höllenangst, Kriegerangst, Liebesangst – Narrative Räume für Angst im ,Eneasroman', in: Gerok-Reiter u. Obermaier (wie Anm. 7), S. 144–160.

[34] Vgl. Annette Gerok-Reiter, Individualität. Studien zu einem umstrittenen Phänomen mittelhochdeutscher Epik (Bibliotheca Germanica), Tübingen/Basel 2006, S. 154–159.

[35] Zitiert nach: Hartmann von Aue, Erec, hg. v. Manfred Günter Scholz, übers. v. Susanne Held (Bibliothek des Mittelalters 5), Frankfurt a.M. 2004. Vgl. zur Stelle: Marianne E. Kalinke, *Vorhte* in Hartmanns ,Erec', Amsterdamer Beiträge zur Älteren Germanistik 11 (1976), S. 67–80, hier S. 76f.; Ridder (wie Anm. 5), S. 216f.

Fehlende Angst, darauf hat Klaus Ridder in Bezug auf Parzival aufmerksam gemacht[36], kann umgekehrt zur Signatur von Ignoranz werden. Wenn Enite oder Giburg angesichts realer drohender Gefahren um ihren Geliebten Angst haben, so bekommt auch diese Angst eine positive Konnotation, wird zugleich zum Stimulans von Selbstreflexion und Selbsterkenntnis.[37] In den verblüffend detailreichen Angstinszenierungen im ‚Partonopier' avanciert *angest* schließlich zu einem adäquaten Korrelat der Loslösung aus vertrauten Sozialisationsformen und Denkmustern und wird zugleich zur Voraussetzung für ein unvoreingenommenes Aufsuchen und Anerkennen des Fremden, ja zum Stimulans von Veränderung überhaupt.[38]

In allen angeführten Zeugnissen, die über Nischendarstellungen hinausgehen, wird somit Angst über ihr kognitives Potential legitimiert. Unterschiedlich konzeptualisiert ist jedoch, worauf sich dieses kognitive Potential zu richten hat. Hier lassen sich im literarischen Diskurs entscheidende Verschiebungen und Umbesetzungen konstatieren. Im ‚Fortunatus', an der Wende zum 16. Jahrhundert, treten in besonders markanter Weise solcherart Verschiebungen zutage. Sie zeigen sich primär in einer gesteigerten Intensität und einer veränderten Funktion der Angstinszenierungen im narrativen Kontext. Angst und Ratio werden dabei in eine neue, gleichsam aggressive Konstellation überführt. Diese aggressive Konstellation ist sicherlich nicht in direkter Referenz als Repräsentation einer vermeintlichen Epochenzäsur[39] zu verstehen, wohl aber als prägnanter Index innerhalb einer Geschichte der literarisch „strukturierte[n] Realität"[40], die sich im Sinn der historischen Semantik als Reaktion auf eine veränderte kulturelle Matrix formiert oder selbst zur kulturellen Matrix werden kann[41], insofern am „Umzug ins Offene um 1500"[42] durchaus Anteil haben dürfte.

---

36 Ebd. S. 219f.
37 In Bezug auf die Giburgfigur: Gerok-Reiter (wie Anm. 28), S. 136–139.
38 Ebd. S. 139–143; vgl. auch: Gerok-Reiter (wie Anm. 34), S. 256–272.
39 Für einen „Verzicht auf ältere Trennmarken, verbunden mit einer Öffnung und Vervielfachung historischer wie methodischer Perspektiven": Christian Kiening, Zwischen Mittelalter und Neuzeit. Aspekte einer Epochenschwellenkonzeption, in: Mitteilungen des Deutschen Germanistenverbandes 49 (2002), S. 264–277 (Zitat S. 271).
40 Wolfgang Haubrichs, Emotionen vor dem Tode und ihre Ritualisierung, in: Jaeger u. Kasten (wie Anm. 5), S. 70–97, hier S. 73.
41 Zur Kritik am ‚Schielen nach Referenz' innerhalb der neueren emotionstheoretischen Forschungsdebatte vgl. Schnell (wie Anm. 2), insbes. S. 174–184; Katharina Philipowski, Wer hat Herzeloydes Drachentraum geträumt? *Trûren, haz, scham* und *nît* zwischen Emotionspsychologie und Narratologie, in: PBB 128 (2006), S. 251–274; Armin Schulz, Die Verlockungen der Referenz. Bemerkungen zur aktuellen Emotionalitätsdebatte, in: PBB 128 (2006), S. 472–495, insbes. S. 472–479, 488f., 495. So berechtigt der Hinweis ist, dass eine „Geschichte der Gefühle" aus literaturwissenschaftlicher Sicht sich nur als „Geschichte der menschlichen Vorstellungen von Gefühlen" (ebd., S. 475) abzeichnen kann, so sehr bleibt zu bedenken, dass der

III. Fortunatus

Man hat den ‚Fortunatus' auf vielfältige Weise zu fassen versucht: primär als Roman moderner Geldwirtschaft[43], als Roman traditioneller Weisheitslehre[44], als poetologisches Experiment[45], als „Bildungsroman mit negativen Vorzeichen"[46], als Entwurf „neuer Modelle der Identitätskonstruktion"[47], als Roman des Zufalls[48]. Ich möchte hinter diese Deutungen einen Schritt zurücktun und –

---

literarische Diskurs nicht als unverbundenes System neben anderen kulturellen Systemen einhergeht, sondern über kollektive Muster des Wissens, Empfindens und Wahrnehmens (vgl. ebd., S. 474f.) die historische Faktizität reflektierend transformiert und von Fall zu Fall durchaus auch stimuliert. Referenz gestaltet sich vielfältig, in der Regel mannigfach gebrochen, ist also nur im Sinn einer Eins-zu-eins-Übersetzung abzulehnen. Die heuristische Aufgabe besteht somit nicht darin, Referenz grundsätzlich auszuschließen, sondern einzusehen, dass referentielle Bezüge über kollektive Denkmuster hinaus kaum fundiert erkennbar bzw. beschreibbar sind. Hierin kommen, soweit ich sehe, die unterschiedlichen Ansätze der literarischen Emotionsforschung durchaus überein.

[42] Ingrid Kasten, Zwischen Lust und Angst: Umzug ins Offene um 1500, in: Paragrana 10 (2001), S. 30–61.

[43] Walter Raitz, Zur Soziogenese des bürgerlichen Romans. Eine literatursoziologische Analyse des ‚Fortunatus' (Literatur in der Gesellschaft 19), Düsseldorf 1973; Helmut Scheuer, Das Volksbuch Fortunatus (1509). Zwischen feudaler Anpassung und bürgerlicher Selbstverwirklichung, in: Literatursoziologie, Bd. 2, hg. v. Joachim Bark, Stuttgart 1974, S. 99–117; Dieter Kartschoke, Weisheit oder Reichtum? Zum Volksbuch von Fortunatus und seinen Söhnen, in: Literatur im Feudalismus, hg. v. Dieter Richter, Stuttgart 1975, S. 213–259; Pamela Rohrmann, The central role of money in the chapbook ‚Fortunatus', in: Neophilologus 59 (1975), S. 262–272; Hans-Jürgen Bachorski, Geld und soziale Identität im ‚Fortunatus'. Studien zur literarischen Bewältigung frühbürgerlicher Widersprüche (Göppinger Arbeiten zur Germanistik 376), Göppingen 1983; Detlef Kremer u. Nikolaus Wegmann, Geld und Ehre. Zum Problem frühneuzeitlicher Verhaltenssemantik im ‚Fortunatus', in: Germanistik – Forschungsstand und Perspektiven. Vorträge des Deutschen Germanistentages 1984, Teil 2. Ältere Deutsche Literatur. Neuere Deutsche Literatur, hg. v. Georg Stötzel, Berlin/New York 1985, S. 160–178.

[44] Mit Abstrichen: Wolfgang Haubrichs, Glück und Ratio im ‚Fortunatus'. Der Begriff des Glücks zwischen Magie und städtischer Ökonomie, in: Lili 50 (1983), S. 28–47, insbes. S. 47.

[45] Walter Haug, Weisheit, Reichtum und Glück. Über mittelalterliche und neuzeitliche Ästhetik, in: ders., Brechungen auf dem Weg zur Individualität. Kleine Schriften zur Literatur des Mittelalters, Tübingen 1995, S. 17–30: Der erstmals offenen Wahl der Glücksgüter korrespondiere die Freisetzung von Literatur als „genuine[m] Medium von Erfahrung" (S. 30).

[46] Hannes Kästner, Fortunatus – Peregrinator Mundi. Welterfahrung und Selbsterkenntnis im ersten deutschen Prosaroman der Neuzeit, Freiburg i.Br. 1990, insbes. S. 182–187 (Zitat S. 183).

[47] Kasten (wie Anm. 42), S. 34, 39–44.

[48] Anna Mühlherr, ‚Melusine' und ‚Fortunatus'. Verrätselter und verweigerter Sinn

zunächst lediglich beschreibend – vom ‚Fortunatus' als Roman der Bewegung, einer hypostasierten Bewegung sprechen. Zugleich verbindet der ‚Fortunatus' das perennierende Bewegungsmotiv mit ebenso nachhaltigen Inszenierungen von *angst vnd not*.[49] So ist der ‚Fortunatus' auch – über weite Strecken – in ganz erstaunlicher Weise ein Roman der *angst*.[50] Bewegung und *angst* werden dabei in höchst unterschiedlichen Korrelationen in Szene gesetzt. Austariert und damit vergleichbar werden diese unterschiedlichen Korrelationen jedoch – so die These – durch einen dritten Faktor, den Faktor der Ratio. Der Bezug zur Ratio bildet gleichsam den Steuermodus, der die Vielfalt der möglichen Korrelationsformen von Bewegung und *angst* ausdifferenziert und zugleich kanalisiert. Dies ist im Folgenden in drei Schritten zu zeigen.

1. Der ‚Fortunatus' als Roman der Bewegung

Bewegungen prägen – darin sind sich alle Interpretationen einig – den ersten deutschen Prosaroman ohne Vorlage in einem kaum zu überbietenden Maß. Die Handlung beginnt mit dem Aufbruch des Fortunatus aus seiner Heimat Zypern, einem Aufbruch, der nicht – wie bei den arthurischen Helden etwa – auf Wiederkehr aus ist, sondern der – als endgültiger Aufbruch – Fort-Bewegung linear, nicht kreisförmig begriffen: Mit dem Grafen von Flandern wünscht Fortunatus wegzufahren *so verr das ich nit mer gen Cipern môht kommen* (392). So zieht er in Knechtsdiensten zunächst übers Meer nach Venedig, kurz darauf nach Flandern an den Hof des Grafen. Wegen einer Intrige muss er den Hof jedoch wieder verlassen. Er rettet sich nach Calais, *da saß er in ain schiff vnnd fůr in engeland* (405); dort angekommen, geht es weiter nach London. Hier tritt er in den Dienst des Florenzer Kaufmanns Roberti, doch er wird, unschuldig in einen Mord verwickelt, des Landes verwiesen: *vnd fůr allso*

(Fortuna vitrea 10), Tübingen 1993, S. 59–125; Jan-Dirk Müller, Die Fortuna des Fortunatus. Zur Auflösung mittelalterlicher Sinndeutung des Sinnlosen, in: Fortuna, hg. v. Walter Haug u. Burghart Wachinger (Fortuna vitrea 15), Tübingen 1995, S. 216–238.

[49] Zitiert nach: Romane des 15. und 16. Jahrhunderts. Nach den Erstdrucken mit sämtlichen Holzschnitten hg. v. Jan-Dirk Müller (Bibliothek der Frühen Neuzeit 1), Frankfurt a.M. 1990, S. 383–585. – Das Begriffspaar *angest vnd not* erscheint am häufigsten im semantischen Feld von Angst (Substantive: *forhte, schrecken, graußen, sorg*; Verben: *fürchten, erschrecken, verzagen, graussen*). Es hält durch die Begriffspaarung am grundsätzlichen Doppelaspekt mittelalterlicher Angstsemantik zwischen Bedrängung von außen und personaler Reaktion fest. Zur Angstsemantik vgl. Rolf Endres, Zur Bedeutung von *angust* und Angst, in: *Studia linguistica et philologica*, FS Klaus Matzel, hg. v. Hans-Werner Eroms, Heidelberg 1984, S. 137–144.

[50] Zum Aspekt der Angst, der in der Forschung zum ‚Fortunatus' bisher kaum Aufmerksamkeit gefunden hat, auch Kasten (wie Anm. 42).

auff wasser vnd tzu land biß das er auß dem land kam (422). In Pachardia findet er keinen Herrn: *Giennge aber fürbas vnnd kam in dass lannde Britania* (426). Dort verirrt er sich in einem Wald, gelangt jedoch mit Hilfe der Jungfrau des Glücks, bereichert mit einem Glückssäckel, wieder hinaus. Nach Streitereien muss Fortunatus dem dort ansässigen Waldgrafen von Nundragon schwören, *sein lebtag nit mer in des graffen land tzu kommen / das er auch thet* (436). So zieht er nach Nantes. Dort trifft er auf den weitgereisten Lüpoldus, den er als Reisebegleiter gewinnt, und zieht von nun an durch die Länder Europas: Deutschland, England, Schottland, Ybernia, Frankreich, Portugal, Spanien, Italien, die Türkei, den Balkan, Skandinavien, Böhmen u.a., und dann doch zurück nach Zypern. Die Fluchtbewegungen sind zu Reisebewegungen transformiert. In Zypern gewinnt Fortunatus die Grafentochter Cassandra zur Frau und wird Vater zweier Söhne. Doch zum Stillstand kommt es nicht. Es fängt an, Fortunatus *zůuerdriessen also zu famagusta zusein* (482); Reiselust packt ihn wieder: *Vnnd soltte [er] [s]ein leben darumb verlieren* (482). Er bricht auf zu einer Reise nunmehr über Alexandrien und Persien nach Indien: *Do nun Fortunatus die lånder wol durchfaren was / begnůgt jn noch nit / er wolt auch kommen da der pfeffer wechßt* (491). Erst als Fortunatus *daz alles gesehen hett / vnd auch nit verrer kommen mocht* (492), zieht es ihn wieder heimwärts. Doch rasch springt hier die Narration auf Andolosia, den jüngeren Sohn, über, in dem sich die Reiselust des Vaters fortsetzt.

Zu den Aufbruchs- und Fluchtbewegungen, wie sie im ersten Teil dominieren, zu den Reisen, wie sie den zweiten Teil bestimmen, ist der Wunschhut die konsequente Ergänzung: Er hat die Eigenschaft, seine Träger an jeden gewünschten Ort zu versetzen – ein Vehikel der Mobilität schlechthin. Wunsch und Bewegung werden unmittelbar ineinander übersetzt. Und auch das Säckel der Jungfrau des Glücks zeigt erst in dieser Lesart, so meine ich, seine eigentlichen Implikationen: Zwar sind Reichtum und Bewegung nicht einerlei. Doch ob man sie verbindet oder nicht, eben das scheint die entscheidende Frage. Ampedo zieht den Nutzen des Säckels daraus, dass er sich zwei Truhen voll baren Geldes füllt und diese in seinen Palast stellt. Mit diesen Truhen kann er sein Leben in Famagusta gut fristen. Außerhalb dieser Funktion, die sich ortsgebunden erfüllen lässt, lehnt er das Säckel ab (557). Die zweifelhafte Agripina und die beiden Schurken, die Andolosia ans Leben gehen, setzen das Geld des Säckels zunächst nur zu ihrem Wohlergehen vor Ort ein. Offensichtlich verwenden Fortunatus und auch Andolosia das Säckel in einer besseren, vielleicht in seiner eigentlichen Funktion: als Voraussetzung, um sich in Bewegung zu versetzen, als Voraussetzung, um zu reisen. Dass diese spezifische Funktion, die Funktion, Flexibilität zu ermöglichen, mit der Glücksgabe durchaus intendiert ist, legen bereits die Worte der Jungfrau des Glücks nahe: Denn das Säckel verspricht Gold in der jeweiligen Landeswährung. Dreifach, in umständlicher Repetition, wird der Bezug zur Landeswährung genannt, der

Landwechsel gleichsam als Selbstverständlichkeit voraussetzt. Es wird als die wichtigste, zumindest als die erstgenannte Eigenschaft des Geschenkes pronociert: *nym hyn den seckel / vnnd so offt du darein greiffest (in welchem land du ymer bist oder kommest / was dann von guldin in dem land leüffig seind) als offt findestu zehen stuck goldes des selben lands werung* (430); noch einmal aufgenommen in der Verpflichtung, einmal im Jahr eine mittellose Braut *in wólchem land du seyest* [...] *mit vierhundert stuck goldes des selben lands werschafft* (431) zu unterstützen. Die Vision des Glücks besteht auf Protagonistenebene primär in der finanziellen Möglichkeit, sich zwischen Ländern hin und her zu bewegen, sekundär erst in gesichertem Besitz, Hausstand und Wohlergehen.[51] Das Säckel ist die Voraussetzung der Bewegung, deren Inbegriff der Wunschhut ist.[52]

Von dieser Lesart aus gesehen, scheint der Titelholzschnitt des Erstdrucks (Abb. 1) kaum adäquat. Er zeigt Fortunatus sitzend, statisch, in der Fülle seines Reichtums, versehen mit dem Säckel als *causa* des Reichtums, nicht mit dem Wunschhut. Dabei rekurriert die Darstellung, wie Jan-Dirk Müller hervorgehoben hat, auf die *rota Fortunae* als Interpretationsschlüssel der Erzählung, indem sie die *maiestas* des königlichen Herrschers zitiere: Fortunatus auf dem Höhepunkt seines Glücks, mit dem Glückssäckel in der Hand, auch wenn der Glückliche, der auf dem Thron sitze, nicht der Herrscher, sondern der Reiche sei.[53] Damit käme doch eine Bewegung ins Spiel, die Kreisbewegung vom Abstieg des Vaters, dem Aufstieg des Fortunatus und dem erneuten Abstieg der Söhne. Doch eben diese Kreisbewegung sei, so Müller weiter, im Grunde im Romanverlauf nicht entscheidend.[54] Entscheidend sei vielmehr,

---

[51] Mehrfach wird die Konnexion von Geld und Bewegung denn auch im Folgenden konkretisiert: So etwa, wenn Lüpoldus auf Fortunatus' Vorschlag, mit ihm zu reisen, warnend einwendet: *vnnd fahend es nit an ir habent vnnd wissend dann fast vil bar gelt / wann on gelt mag man es nitt wol volbringen* (441), oder wenn auf die Frage des Erzählers angesichts der *grósse vnnd vnságlichen weite* (490) Indiens, *warumb nit mer leüt auß teütschen landen auch dahin ziechen* (491), als ein Grund angegeben wird: *das nitt ain yeder gelts genůg hatt / als dann fortunatus het / will auch gar woll glauben / man funde noch manigen stoltzen man / het er fortunatus seckel / er belibe nit vnnd zuge von ainem land zu dem andern / so lang biß das er von ainem ort der welt zu dem andern kåm* (491).

[52] In diesem präzisen Sinn ist denn auch wohl Fortunatus' Überlegung zu verstehen, als er sich den Wunschhut des Sultans aneignen will: *es fůget fast wol zu meinem seckel* (497).

[53] Müller (wie Anm. 48), S. 219.

[54] Die *rota Fortunae* werde als Interpretationsschlüssel der Erzählung in der Kreisform, den der Abstieg des Vaters, dann der Aufstieg des Fortunatus und der erneute Abstieg der Söhne mit Hilfe des Drei-Generationen-Schemas nachzeichnen würde, zwar „aufgerufen, doch zugleich verabschiedet" (ebd., S. 220). Vgl. zur Häufigkeit, den verschiedenen Darstellungsversionen und -funktionen der *rota Fortunae* in bildlichen

dass sich nur noch „von weitem betrachtet" der Kreis schließe, im Prinzip jedoch erweise sich das Geschehen als „prinzipiell offen"; in den Einzelverläufen herrsche die „schiere Kontingenz [...]: eine von keiner Providenz gezähmte, sich nirgends zur *necessitas* des Fatums erhebende Fortuna".[55] Weil der blanke Zufall, die Regellosigkeit schlechthin herrsche, eben deshalb sei die „Fortuna des Fortunatus [...] nicht mehr in der Figur des Rades zu fassen, das das Unterste zu oberst kehrt, denn selbst diese Bewegung wäre *sub specie aeternitatis* noch regelhaft".[56]

Doch das Auf und Ab, so möchte ich ergänzen, verweigert sich nicht nur durch die Einschussstellen des Zufalls der regelhaften Figur des Kreises. Das Auf und Ab fügt sich auch deshalb nicht mehr zum Kreis, weil die Semantik des Fortunarades gleichsam überblendet scheint von der Semantik einer Bewegung, die ganz in der Horizontalen verläuft: den geschilderten Ausweich-, Flucht- oder auch Reisebewegungen. Die Spannung durch das Auf und Ab in der Vertikalen verblasst gleichsam hinter dem Faszinosum einer Bewegung, die wirtschaftlichen Erfolg, Erfahrungsreichtum, Entdeckerfreude und weltläufige Souveränität vermittelt und die insofern als Aufgabe und Problem einer neuen Zeit und einer dezidiert weltlichen Lebensführung erkannt wird. Fortuna, so gesehen, ist nicht die Göttin des Aufs und Abs, auch nicht die Göttin des Zufalls, Fortuna, so gesehen, ist die Göttin der Fort-Bewegung. In dieser Weise hat sie denn auch wohl ein späterer Druck des ‚Fortunatus' gesehen (Abb. 2):[57] Fortuna in der Welt, in rauschhafter Bewegung, nicht nur versehen mit dem Geldsäckel, sondern nun auch versehen mit dem Wunschhut: Fortuna – die Ekstasis der Flexibilität. Ist die Fortuna des Fortunatus somit das Glück der Bewegung? Und ist sie in dieser, ihrer horizontalen Ausrichtung berechenbarer, d.h. denn doch einem rationalen Zugriff unterworfen?

Zeugnissen des Mittelalters Michael Schilling, *Rota Fortunae*. Beziehungen zwischen Bild und Text in mittelalterlichen Handschriften, in: Deutsche Literatur des späten Mittelalters, Hamburger Kolloquium 1973, hg. v. Wolfgang Harms u. Leslie Peter Johnson, Berlin 1975, S. 293–313.

[55] Müller (wie Anm. 48), S. 219–222.
[56] Ebd., S. 218: „Beim Rad der Fortuna weiß man, woran man ist. Im ‚Fortunatus' weiß man das nicht mehr."
[57] Zur Veränderung der Fortunasymbolik im Kontext einer neuen Weltsicht vgl. Alfred Doren, Fortuna im Mittelalter und in der Renaissance, in: Vorträge der Bibliothek Warburg 1922/23, hg. v. Fritz Saxl, Leipzig/Berlin 1924, S. 71–144, insbes. S. 134–137.

2. Angst, Bewegungslosigkeit und Ignoranz

Dass Glück und Bewegung zusammengehören, erscheint schlüssig, schaut man sich die inszenierten Gegenbilder an: Bewegungslosigkeit quittiert der Erzähler entweder mit Desinteresse[58] oder er korreliert sie, drastisch inszeniert in Etappen der Stagnation, mit dem Tod: Andolosia wird auf dem Heimweg in Zypern gefangen genommen, in einem Schloss auf einer Insel gefangen gehalten[59], dort in einem *tůffen thuren* festgesetzt, schließlich *hert angeschmidet in ainem stock / mitt henden vnd mit fůssen* (571), so gefoltert, bis ihm die Arme und Beine abfaulen, und schließlich, hilflos, bewegungsunfähig, erwürgt (Abb. 3).

Zum eigentlichen, da durchgehenden Gegenbild der Bewegung aber ist Ampedo stilisiert. Er ist gleichsam der personifizierte Stillstand. Die Reisen seines Vaters und Bruders sind ihm ein Greuel: Er verlässt denn auch Famagusta niemals, noch nicht einmal, als sein Bruder entführt und verschwunden ist. Seine Sesshaftigkeit liest sich zunächst als Mischung aus Bequemlichkeit und Genügsamkeit. Als Andolosia ihn auffordert, mit ihm auf Reisen zu gehen, antwortet er: *wer wandlen wǒl der wandle / es gelust mich gar nichtz / ich mǒchte leycht kommen da mir nit so wol wǎre als mir hye ist / ich will hye zu famagusta beleyben vnnd mein leben in dem schǒnen ballast verschleissen* (508).[60] Doch im weiteren werden Bewegungslosigkeit und *angst* semantisch zusammengespannt: So verschweigt ihm der von seiner Reise zurückgekehrte Bruder lieber die Gefahren, die er durchlebt hat, um ihn nicht *tzu tod* (558) zu erschrecken. Grundsätzlich entgegengesetzt zu Andolosias Reaktion ist auch die Einsicht, die Ampedo aus den Reiseaufzeichnungen seines Vaters zieht. Von Andolosias Lektüre der väterlichen Reisen heißt es: *das ym auch so wol geuiel vnd jm ainen solichen lust bracht / das er jm ernstlichen fürnam / wie er auch wandlen můßt* (508). Ampedo dagegen wehrt das Säckel ab mit der Begründung: *ich will des seckels gantz nicht / wann wer yn hat der mǔß zu aller zeit angst vnd not haben / das hab ich wol gelesen / was angst vnd not vnser vater loblicher gedǎchtnuß geliten hat* (557). Angst, man wolle ihm ans Leben, führt schließlich dazu, den Wunschhut zu zerhacken und ins Feuer zu werfen: *vnnd*

---

58 Lüpoldus, der treue Begleiter von Fortunatus, stirbt, kaum hat er sich wohlversorgt mit Haus und Hof in Famagusta zur Ruhe setzen können. Fortunatus' zweijähriges sesshaftes Familienleben nach der Geburt der Söhne handelt der Erzähler in zwei Seiten ab. Nach seiner endgültigen Heimkehr wird von Fortunatus kaum mehr etwas berichtet, obwohl er noch mit seiner Familie *manig iar* (504) lebt.

59 – ein Gegenbild zur „Entgrenzung" des Fortunatus (Kasten [wie Anm. 42], S. 30, 38f.), dessen Element mit Fortuna das Mcer ist: vgl. Müller (wie Anm. 48), S. 234f.; Doren (wie Anm. 57), insbes. S. 132–135 u.ö.

60 Man mag auch noch der Genügsamkeit zurechnen, dass er den Wunschhut, der zunächst bei ihm bleibt, nicht zu benutzen scheint.

stånd darbey biß das es gar zu buluer verbrann / vnd das nyemant kain freüd mer darmit solt noch mőcht haben (571).

Bequemlichkeit und Angst verhindern, dass Ampedo in die Welt aufbricht; aus Ängstlichkeit erfährt er nichts über die Welt, Angst vor *angst vnd not* führen zur Zerstörung derjenigen Dinge, die seinen eigenen Erfahrungsraum hätten erweitern können, schließlich unterliegt er einem Trugbild der Angst.[61] Angst lähmt, engt den Wahrnehmungshorizont ein, verblendet. Weil die Angst des Ampedo sich auf alles und nichts richtet, kommt ihr kein Erkenntnisgehalt zu und bestünde dieser Erkenntnisgehalt auch ‚nur‘ im Kennenlernen der Welt. Dies ist, in säkularer Form, die traditionelle Möglichkeit der Opposition von weltlicher Angst und Ratio. Ampedo bleibt in seiner Ignoranz eine zu belächelnde Nebenfigur.

Umso deutlicher tritt jedoch vor dieser traditionellen Möglichkeit die veränderte Perspektivierung von *angst vnd not* bei Fortunatus hervor. Fortunatus, so könnte man nach moderner Psychologie sagen, ist geprägt von Real- und Vitalängsten. Diese versetzen ihn – wörtlich – in Bewegung, die über Landesgrenzen hinaus treibt. Dabei zeichnen sich feste Situationscluster ab oder – mit de Sousa – „paradigm scenarios"[62]: Der Aufbruch von Zypern wird veranlasst durch die wirtschaftliche *angst vnd not* (390), in die sich der Vater selbst gebracht hat. Diese äußere Enge und Zukunftslosigkeit will der Sohn hinter sich lassen. Den Ausweg bietet der Aufbruch, der nicht Verlust, sondern Chance bedeutet und den Fortunatus deshalb positiv bewertet: *es ist noch vil glüks in diser welt* (391). Am Hof des Grafen von Flandern wird Fortunatus durch die Lügenintrige des Rupert, der Graf wolle alle seine nächsten Diener kastrieren lassen, in Angst und Schrecken versetzt. *Angst*, die beim Aufbruch nur als äußere Bedrängnis greifbar wurde, zeichnet sich nun als personale Emotion ab. Und was zunächst als hoffnungsvolle Suche des Glücks auszulegen war, gerät nun zur blanken Flucht: *Vnnd do fortunatus die wort vernam / erschrack er zu mal ser [...] vnd rayt also eylentz hynweg / eylet so ser ⟨/⟩ vnd wår jm ain aug entpfallen er het es nit meer auffgehebt* (400, 402). Eine Rückkehr schließt er hier dezidiert aus. Noch einmal gesteigert erscheint die dritte Notsituation, in die Fortunatus gerät. Unschuldig wird er mit dem gesamten Haus des Kaufmanns Roberti verurteilt: Nach dem Verlust der Heimat und dem drohenden Verlust der Zeugungsfähigkeit geht es nun um den Verlust des Lebens. Erst im letzten Moment begnadigt ihn der Richter. Und wieder wird die Angst zur *causa* eines Landwechsels: *vnd also sprach der richter zu fortunato ⟨/⟩ nu mach dich bald auß dem land / wann die frauwen der gassen werden*

---

[61] Außerhalb der Figurenperspektive Ampedos gibt es keinerlei Hinweise darauf, dass Ampedo wegen des Wunschhutes in Gefahr ist.

[62] De Sousa (wie Anm. 5), S. 181–184.

dich zu tod schlagen (422). Das immer wiederkehrende Folgeverhältnis von Angst und Landwechsel strukturiert schließlich auch die Auseinandersetzung von Fortunatus und dem Waldgrafen von Nundragon oder die Wirtsepisode.[63]

Angst vnd not sind somit keine Aufforderung für eine *aventiure*; *angst vnd not* rufen kein heroisches Dennoch hervor; *angst vnd not* treiben in die Flucht, Flucht aber wird durchwegs als Landwechsel markiert. Diese spezifische Markierung bildet die Brücke zum zweiten Teil des Fortunatus, dem Reiseteil, in dem, was zuvor aus der Not entstanden war, nun als positive, ja als die einzig glückliche Lebensform erscheint. Reisen, die Fortbewegung um des Erkennens der Welt willen, bedeutet zugleich den souveränen Umgang mit der *angst*, denn wer reist, der wagt *seinen leib allso* (491).[64]

Dieser durchlässige Transfer von den anfänglichen Fluchtbewegungen in die Reisebewegungen, der nicht als Bruch, nicht als radikaler Richtungswechsel, nicht als Kapitelgrenze, sondern als Fortschreibung der immer schon vorhandenen Fort-Bewegung narrativ inszeniert wird, lässt – gleichsam rückläufig transparent – dann auch positive Konnotationen von *angst vnd not* zu. *angst vnd not* führen dazu, sein Glück in der Welt zu versuchen, verhindern unproduktiven Stillstand, fordern und schulen die Flexibilität. *Angst vnd not* gewinnen somit, indem und solange sie immer wieder in eine Fort-Bewegung überführt werden, einen positiven Funktionswert. Ähnlich hatte bereits die Jungfrau des Glücks argumentiert. Als Fortunatus bittet: *Nun radten vnd helffen das ich auß disem wald kâm*, antwortet sie: *das du irrig in disem wald gegangen bist / vnd du für ain vngefell gehebt hast / dass ist dir zu aim glück geradten* (431). Anders formuliert: Die Fluchtbewegungen, die Irrwege, somit auch *angst vnd not* werden zur Voraussetzung des Glücks. Die Jungfrau des Glücks hebt den Zusammenhang von *angst* und Bewegung nicht auf, sie wertet ihn um.

Die Figurenzeichnung von Fortunatus und Ampedo demonstriert demnach kontrastierende Konzeptualisierungen von Bewegung, Angst und Erkenntnis bzw. Ignoranz. Beide Figuren sind verbunden durch das Motiv der Angst. Unterschieden sind sie durch den Bewegungsaspekt. Korrelieren bei Fortunatus Angst und Bewegung, so widersprechen sie sich bei Ampedo. Angst vor der Bewegung führt bei diesem zur Bewegungslosigkeit, die wiederum in Angst und Desinteresse mündet. Angst als *causa* von Bewegung führt bei Fortunatus zu einer ständigen Fortbewegung, die sich schließlich in eine Rei-

---

[63] Fortunatus gerät *in groß not und angst* (434) und muss daraufhin das Land verlassen. Als der diebische Wirt erstochen ist, sind *herr vnd knecht* [...] *gar erschrocken* (460), und natürlich treibt auch dies sie wieder fort – nunmehr in die Türkei.

[64] Mit negativer Wertung dagegen Kästner (wie Anm. 46), S. 193–106: Fortunatus „frönt der *curiositas* in Gestalt der *circumspectio*, einem ganz horizontal gerichteten Interesse an den irdischen Dingen" (S. 102).

seunternehmung übersetzt, die als Bewältigung und souveräner Umgang mit der Angst gelten kann. Durch den Gegensatz zur negativ konnotierten Figur des Ampedo, zugleich durch die Fortschreibung der Fluchtbewegungen in einer positiven Reisebewegung erhält die Konnexion von Angst und Bewegung eine positive Aufwertung: Angst drängt in dieser Konstellation auf Veränderung; Veränderung wird räumlich verstanden, bedeutet einen Wechsel des Erfahrungsraumes. Der fremde Erfahrungsraum fordert zum Kennenlernen heraus. Das heißt in der Konsequenz: Als Promotor von Aufbruchssituationen, neuer Welterfahrung und Entdeckungsmöglichkeiten rückt Angst als mögliches Agens von Erkenntnis in den Blick.

Was aber stellt die Brücke dar zwischen der Angst, die sich – als adäquate Reaktion auf eine bedrängende Wirklichkeit – in einer Fluchtbewegung realisiert, und einer Angst, die auf Entdeckungsfahrten durch die Welt produktiv transformiert und gebändigt scheint? D.h., unter welchen Bedingungen geraten *angst vnd not* zum Glück? Beide Fragen lassen sich durch die spezifische Konzeptualisierung von Angstlosigkeit und Bewegung im Verhältnis zu rationellem Handeln in der Figur des Andolosia erhellen.

3. Angstlosigkeit, Bewegung und Unbedachtsamkeit

Vergleicht man Andolosia mit Fortunatus, so zeigen sich – wie bei Ampedo – Ähnlichkeiten und Differenzen. Gemeinsam ist Vater und Sohn der Bewegungstrieb. Andolosia tut sich, im Gegensatz zu seinem älteren Bruder, schon früh im *ritterspil / das ist mit stechen turnieren vnnd mitt scharpff rennen* (504) hervor. Mit Andolosia, nicht mit Ampedo, hat der Vater denn auch *große freüd* und *vil kurtzweil* (504). Wie der Vater ist Andolosia fasziniert von der Vorstellung des Reisens. Wie der Vater lässt er sich durch nichts davon abhalten.[65]

Anders als sein Vater kennt Andolosia jedoch nicht *angst vnd not*, weder als äußere Bedrängnis noch als emotionale Reaktion. Während sein Vater bei seinem Aufbruch Sorge tragen muss, da er nur *lützel pargelt* (393) bei sich hat, ist Andolosia dank des Säckels *wol gerüst* (509). Während der Vater sich als Knecht verdingt, reitet Andolosia im Geleit von zahlreichen wohlausgestatteten Knechten aus. Während der Vater sich durch Einsatzbereitschaft und Zuverlässigkeit eine Stellung erst erwerben muss, ist Andolosia überall, wo er

---

[65] Die Ambivalenz der Figur wird in der Regel nicht ausreichend berücksichtigt: So wird Andolosia meist nur als „Negativbild" (Scheuer [wie Anm. 43], S. 111) bzw. als „Gegentypus" zum Vater (Raitz [wie Anm. 43], S. 89) oder als Steigerung des Negativexempels, das Fortunatus abgibt (Kästner [wie Anm. 46], S. 116–133), verstanden. Der Text differenziert in der Konfrontation einzelner Aspekte genauer: vgl. etwa Mühlherr (wie Anm. 48), S. 106.

hinkommt, ein angesehener Gast, da er über die finanziellen Mittel verfügt, sich mit den Höchsten gleichzustellen.

Andolosia überspringt gleichsam die erste mühsame Phase des Vaters, eben deshalb kann er es sich leisten, bedenkenlos zu sein. So schlägt er gegen die vorgetragenen Einwände seines Bruders die am Sterbebett geäußerten Wünsche und Ratschläge des Vaters leichthin in den Wind und trennt Hut und Säckel voneinander: *ich keer mich nit an die red / er* [der Vater] *ist tod / so leb ich noch / vnnd ich will taillen* (508). Ebenso wird er später den dringenden Ratschlag seines Vaters nicht beachten, niemandem von dem Säckel zu erzählen.

Aufgrund dieser Bedenkenlosigkeit ist er jedoch auch nicht lernfähig, als er denn doch in Bedrängnis gerät. Als er das erste Mal um seines Geldes willen betrogen wird, zieht er daraus nicht den Schluss, nun vorsichtiger mit seinem Reichtum umzugehen und ihn nicht allzu offensichtlich zur Schau zu stellen, sondern steigert seine Freigebigkeit noch mehr: *Wär lang zu schreyben / was er an yedes künigs hoff volbracht mit stechenn / mitt aller hoflichhayt vnnd yn sonderhait mitt grosser kostlichait / so er verbrachtte mitt hoff halttenn* (514). Und so lösen seine Abschiede bei Hof nicht nur Bedauern aus: Ettliche freuen sich, *das sy das kostlich leben so er tryb nit mer sehen müßten* (515). Am Hof in England schließlich ist es allen ein Rätsel, woher er – ohne Land und Leute – so viel Geld hernehmen könne, und genau dies führt dann dazu, dass ihm Agripina, die englische Königstochter, das Geständnis über das Säckel entlockt und sich des Säckels listenreich bemächtigt. Ebenso wird sein Leichtsinn nach seiner Heimkehr nach Famagusta den Neid anderer Höflinge erwecken, die ihn schließlich gefangen nehmen und töten.[66]

Was unterscheidet Fortunatus von Andolosia? Jan-Dirk Müller hat hervorgehoben, dass es zur Verhaltenssemantik des Fortunatus wie auch des Andolosia gehöre, in Eile zu handeln.[67] Zugleich sei geglücktes Handeln durch Spontaneität gekennzeichnet. Es gebe kein Bedenken für den, der das Glück beim Schopf ergreifen wolle. So rate denn auch die Jungfrau des Glücks: *bedenck dich nit lang / wann die stund des glücks zu gebn ist gar nach ver-*

---

[66] Als er jedoch durch den Verlust des Säckels in *angst vnd not* gerät, holt er diese Bedenken gleichsam in potenzierter Form nach. Nunmehr entwirft er einen komplizierten und aufwendigen Plan, wie er sein Säckel wieder zurückgewinnen könne. Verkleidung, Verstellung, List sind hierzu notwendig. Doch der Plan scheitert, weil Andolosia in einem entscheidenden Augenblick wieder unbedacht war. Noch aufwendiger, noch komplizierter, noch phantastischer muss daraufhin der zweite Plan sein: Große Pappnasen, mehrtägige Quacksalbereien und schließlich ein verrücktes Spiel mit Hörnern, die wachsen und wieder schrumpfen, sind dafür vonnöten. Rationales und Irrationales mischen sich in eigentümlicher Form.
[67] Müller (wie Anm. 48), S. 236.

schynen. Allso bedachte er sich nit lang (430) – dies werde zur Leitsemantik des Fortunatus. Eine ratiogeleitete Weisheit sei deshalb seine Sache nicht.[68]

Dies trifft zur Hälfte wohl zu, zur anderen Hälfte jedoch nicht: Denn wer sich nicht lang bedenkt, bedenkt sich doch. Der Akzent liegt, so meine ich, nicht auf dem Bedenken an und für sich, der Akzent liegt auf der Zeitangabe ‚lang‘: Fortunatus denkt sehr wohl über sein Handeln nach, er zieht sehr wohl Schlüsse aus gelungenen oder verfehlten Situationen, er wertet seine Situationen in *angst vnd not* durchaus aus: nur eben kurz. Entscheidungen aber, die rasch getroffen werden, Handlungsmuster, die rasch als plausibel übernommen werden, stehen damit in der Tat nicht unter dem Index des Rationalen. Sie geben jedoch auch den Index des Rationalen nicht ganz auf. Was bedacht wird, aber schnell, steht unter dem Index des Rationellen.

Fortunatus' Leben in *angst vnd not* wird, so könnte man von hier aus folgern, für ihn – im Gegensatz zu Andolosia – zu einer Schule im rationellen Verhalten. Andolosia handelt schnell, zugleich bedenkenlos, also leichtsinnig: *auß vnbedachtem můt* (522). Fortunatus handelt schnell, zugleich situationsbewusst, also rationell: *Allso bedachte er sich nit lang* (430, vgl. etwa auch 396, 469). Das kognitive Stimulans der Angst zielt auf rationelles Verhalten, da dies der jeweiligen Situation maßgeschneidert sein kann und muss. Es bedeutet Anpassung an das Opportune, Erfassen der Bedingungen des Moments und rasche Umsetzung der Schlüsse, die daraus zu ziehen sind. Rationelles Verhalten favorisiert die Entscheidung im Augenblick, nicht die lang geplante List. Historisch reüssiert es als Funktion und Überlebensbedingung in einer Welt, zu deren Zukunftspotential Dynamik und Flexibilität in ebenso ungewohnter wie faszinierender Weise gehören.[69]

---

[68] Ebd., S. 231f. Vgl. von anderer Seite her auch Haubrichs (wie Anm. 40), S. 45: Indem Ratio und Weisheit gleichgesetzt werden, die Wahl der Weisheit aber nur noch im Imaginären stattfinden kann, wie der Schlusssatz der Erzählung suggeriert, bedeutet die „Unmöglichkeit des Glücks" zugleich auch die Unmöglichkeit eines durch die Ratio geleiteten Handelns.

[69] Rationelles Verhalten fasst wesentliche der von Erich Maschke, Das Berufsbewußtsein des mittelalterlichen Fernkaufmanns, in: Beiträge zum Berufsbewußtsein des mittelalterlichen Menschen, hg. v. Paul Wilpert u. Willehad Paul Eckert (Miscellanea mediaevalia 3), Berlin 1964, S. 306–335, herausgestellten kaufmännischen Qualitäten zusammen, die historische Quellen um 1500 belegen: „kaufmännische Rationalität" (S. 313), verstanden als Mischung aus „praktische[r] Vernunft" (S. 312), „Ausnutzung des günstigen Augenblicks" (S. 316) und einer utilitaristischen Grundhaltung (S. 316f.), kombiniert mit einem ausgeprägten „Zeitbewußtsein" (S. 315) und hoher „Risikobereitschaft" (S. 317–319). Bezeichnend ist dabei, dass für das lateinische Wort *risicum* im Gebiet der Hanse die Begriffe *aventiure* bzw. *Abenteuer* und *Angst* zu finden sind (ebd., S. 317f.); dazu ausführlicher mit Belegen: Bruno Kuske, Die Begriffe Angst und Abenteuer in der deutschen Wirtschaft des Mittelalters, in: Zeitschrift für handelswissenschaftliche Forschung, NF 1 (1949), S. 547–550.

Eben dieses rationelle Verhalten kommt Fortunatus von Anfang an zu: Auf die Frage des Grafen von Flandern, ob er fertig zum Aufbruch sei, antwortet Fortunatus umstandslos *ja herr* [...] *vnnd gieng vngesegnet vnd on vrlaub vaters vnd der mûter mit dem graffen als sein knecht in die galee vnd fûr also von land* (392f.). Als die Intrige ihn vom Hof des Grafen von Flandern treibt, fragt er nicht – rational abwägend – nach Gründen, Zusammenhängen oder Wahrscheinlichkeiten, sondern will nur fort, nicht ohne sich jedoch das Nötigste dazu zu überlegen: So wartet er *mit angst vnd mitt not byß daß der tag her brach / do was er auff gestiuelt vnd gesport vnd nam seyn federspyl vnd hund / als ob er auff das gejåg reüten wolt / vnd rayt also eylentz hynweg* (402). Vor die Wahl gestellt, zwischen Reichtum und Weisheit entscheiden zu können, wählt er – rationell – Reichtum. Dem Augenblick angemessen ist seine Lüge gegenüber dem Waldgrafen von Nundragon, er habe einen Sack Geld im Wald gefunden. Rasch zieht er auch – im Gegensatz zu Andolosia in entsprechender Situation – die Konsequenz aus dem gefährlichen Sich-Messen über Geld mit dem Waldgrafen: Er hält in der Folge seinen Reichtum – wo nötig – verdeckt: *mir zimmet nit hye den iunckherren zu machen noch grosse kostlichait zutreiben / jm lag an wie ym der waldgraff gethon / vnd yn vmb vnschuld gepeiniget het* (437). Dies ist keine aufwendige Überlegung, keine Lebensmaxime, nur die adäquate und rasche Reaktion auf die aktuelle Gefahr, die sich immer wieder stellen könnte und stellen wird.

Und selbst dort, wo Fortunatus zu rationellem Handeln nicht mehr fähig ist, weil er in die Lähmung eines Ampedo versinkt, rekrutiert Lüpoldus eben jenes Verhaltensmuster. In der heiklen Situation des Mordes an dem Wirt kann allein rationelles Handeln weiterhelfen: *Lüpoldus sach das sein herr vnd knecht so gar erschrocken vnd betrûbt warn sprach er / wie seind ir so verzagt / hie hülffet kain trauren / die sach ist beschehenn / wir künden den dieb nymer lebendig machen ⟨/⟩ lond vns vernunfft brauchen wie wir durch die sach kommen* (460). ,Vernunft brauchen' aber heißt: den getöteten Wirt in den nächsten Brunnen werfen, ein wenig Heiterkeit vortäuschen und am nächsten Morgen abziehen. Kaum aber sind alle in Sicherheit, *fieng* [Fortunatus] *wider an frôlich zu werden* (463). Rationelles Handeln ist moralisch indifferent, es steht jenseits von Gut und Böse. Sein Maßstab ist allein der Erfolg, das Fort-Kommen.

Die Beherrschung dieses rationellen Handelns erlaubt es Fortunatus schließlich, die Reisen souverän, über alle Gefahrenzonen hinweg, durchzuführen, d.h., er weiß sich in allen Wechselfällen adäquat zu verhalten. So greift er etwa, wo die Situation es verlangt, nur versteckt in sein Säckel (495), reagiert situationsgerecht auch auf die Gefahr des Neides am Hof des Sultans in Alexandrien (487): D.h., er übersieht die Gefahr nicht bedenkenlos wie Andolosia, sondern kalkuliert sie im Handumdrehen, ohne viel Aufhebens, eben *eylentz* (402) mit ein.[70]

---

[70] Ähnlich – jedoch ohne den Zeitfaktor – markieren Kremer u. Wegmann (wie

Rationell handelt Fortunatus schließlich auch beim Diebstahl des Wunsch-hutes. Es sind keine großen Pläne und strategisch über lange Zeit sich hinzie-henden Intrigen wie bei Andolosia, die Fortunatus den Wunschhut zuspielen. Es ist die plötzliche Gelegenheit, ein Augenblick des Nachdenkens: *o mȯchte mir das hůtlin werden / es fůget fast wol zu meinem seckel* (497), dann ein rascher Entschluss. Mehr nicht. Dass das Schiff des Fortunatus bereits abfahr-bereit im Hafen liegt, ist nicht Teil eines abgekarteten Spiels, wahrscheinlich auch kein blanker Zufall, sondern eher rationeller Usus des Kaufmanns. Und so lässt sich wohl im Bild des einfach davonfliegenden Fortunatus, bei dem Wunsch und Gedanke eins geworden sind, die Fortuna des Fortunatus am besten erfassen (Abb. 4). So wie Fortunatus aufbricht aus *angst vnd not* hinein in eine Welt, von der er sich mehr Glück verspricht, ohne die Absicht zurück-zukehren – deutlich in der einen narrativ ‚dichten‘ Geste: *vnd warff dass fe-derspil so er auff der hand hett in den lufft / ließ es flyegen / vnnd gieng* (392f.) –, so wie ihn die Göttin des Glücks anweist: *vnd ker dich nit vmb* (431), so ergreift er auch hier die Chance, lässt sich selbst fliegen, ohne sich um die Folgen zu kümmern, zielsicher und bestimmt in der augenblicklichen Durchführung.

IV. Die Rationalität der Angst: Resumé

Der ‚Fortunatus‘ zeigt in der Figurenzeichnung und Handlungsstruktur der drei wichtigsten Figuren ein Panorama diverser Spielarten der Korrelation von Bewegung, Angst und Ratio. Konzeptuelle Interferenzen wie Differenzen zwischen dem Vater und den Söhnen machen diese Spielarten auf unterschied-liche Bedingungen wie Konsequenzen hin sichtbar. Dabei treten in der Diver-sität der Spielarten zwei zentrale Korrelationsmodi hervor: Zeichnet sich in der Gegenüberstellung von Fortunatus und Ampedo ab, dass Angst als Pro-motor von Aufbruchssituationen, neuer Welterfahrung und Entdeckungsmög-lichkeiten einen produktiven Funktionswert erhält, der sie nicht nur als Folge, sondern als Agens von Erkenntnis deutlicher als zuvor festschreibt, so kri-stallisiert sich in der Gegenüberstellung von Fortunatus und Andolosia her-aus, dass Angst nicht nur als zu überwindende Größe, sondern auch als ad-äquate Reaktion und als Stimulans eines Welterlebens erfahren wird, das ohne

Anm. 43), S. 174 u.ö., Fortunatus' Handeln als taktische Klugheit, wohingegen An-dolosia jenes Taktieren gerade abgehe (S. 175–177). Vgl. auch Raitz (wie Anm. 43), S. 87f.; Mühlherr (wie Anm. 48), S. 99, 115 u.ö. Zur entscheidenden Differenz zwi-schen Weisheit und Zweckrationalität und damit auch zwischen Erfahrung und blo-ßen „Ad-hoc-Reaktionen" vgl. Jan-Dirk Müller, Volksbuch/Prosaroman im 15. und 16. Jahrhundert – Perspektiven der Forschung, in: IASL. Sonderheft 1: Forschungs-referate, Tübingen 1985, S. 79 und Anm. 263.

sie keinen Realitätssinn aufweisen würde, ja ohne sie – als Voraussetzung der Einübung in rationelles Handeln – keine Chance des Überlebens ließe.

Die Einschreibungen der kulturellen Matrix um 1500 sind damit durchaus deutlich: Die geforderte Beweglichkeit und Flexibilität einer merkantil sich ausdifferenzierenden Gesellschaft findet ihr adäquates Pendant in rationell gefällten Entschlüssen. Schulmeisterinnen dieser Art der Entschlüsse aber sind, so favorisiert der Text, *angst vnd not*, sofern sie nicht – in der Tradition der *melancholia* – in die Lethargie führen. Angst ist damit nicht nur *causa* der Bewegung, sondern zugleich deren Regulativ. Indem Andolosia die erste Korrelation nicht kennt, kann er auch nicht zu einem Regulativ finden.

Damit bezeugt der ‚Fortunatus' gleichsam drei Schichten der Fortuna-Diskussion: Ist aufs Ganze gesehen mit dem Drei-Generationen-Schema, das Abstieg, Aufstieg und wieder Abstieg einer Familie umfasst, der Interpretationsschlüssel der *rota Fortunae* durchaus aufgerufen, so verliert sich, wie Müller weiter ausgeführt hat, die Verlässlichkeit der geometrischen Kreisbewegung, die *sub specie aeternitatis* doch immer noch als regelhaft zu begreifen sei, in den Einzelverläufen und Einzelbewegungen:[71] Aufs Detail gesehen regiert Fortuna „als Inbegriff eines chaotischen Weltlaufs"[72]. Darüber lagert sich jedoch – sozusagen in dritter Schicht – die Faszination an einer Bewegung in der Horizontalen, die Faszination an einer Bewegung des Fort-Kommens. Im semantischen Netz und in den Situationsclustern dieses Fort-Kommens wird mit der Angst zugleich ein Orientierungsmodus vorgestellt, der mit der Einübung des Rationellen eine Stabilisierung des Glücks der Bewegung anvisiert. Diese drei Konzeptualisierungen der Fortuna sind nicht gegeneinander zu verrechnen. Entscheidend ist vielmehr, dass sie in ihrem widersprüchlichen Zugleich den historischen Standort des Textes markieren.

In literarhistorischer Hinsicht lässt sich resümieren: Die Relation von Angst und Rationalität wird in der philosophisch-theologischen Diskussion des 12. und 13. Jahrhunderts vor allem über den Aspekt des *timor dei* gefasst. In diesem Sinn inszeniert nicht nur die Legendendichtung das Verhältnis, sondern auch die frühe höfische Epik. *Moderata* und *ordinata* muss die Angst auch im Folgenden allemal bleiben, doch sie mutiert in der Ausrichtung. Zunehmend bedeutet sie Auseinandersetzung auch in weltlicher Perspektive. Als Realitätszeugnis und als Modus der subjektiven Reflexion wächst ihr dabei eine neue Legitimität mit verändertem kognitiven Anspruch zu. Im ‚Fortunatus' schließlich scheint die Angst gleichsam gegen ihre lexikalische Herkunft zu rebellieren.[73] Als Stimulans und zugleich Regulativ von Aufbruchssituatio-

---

[71] Müller (wie Anm. 48), S. 218–222.
[72] Ebd., S. 238.
[73] Vgl. Endres (wie Anm. 49).

nen, Bewegungsfreiheit und dem Glück des Fort-Kommens erhält sie eine neue Funktionalität.[74] Wie die Angst das Rationelle gebiert, so ließe sich diese Funktionalität umschreiben.[75]

Dass mit diesen ‚Tigersprüngen' keine historische Linearität suggeriert werden soll, versteht sich von selbst. So wird das Rationelle – die Angstinszenierungen Munchs oder Rilkes machen dies deutlich – an seinem äußersten Punkt wieder vom Irrationalen eingeholt, das die Welt, die es um 1500 noch zu erkennen und deren Weite es um 1500 noch zu durchfahren galt, nunmehr einschmilzt zum Medium der eigenen Befindlichkeit, dabei aber – gerade am Rande des Pathologischen – seinen kognitiven Anspruch nicht aufgibt, zumindest nicht in der ästhetischen Übersetzung.

Abstract: This paper starts with a short theoretical comparison of the connection between fear and rationality within modern cognitive studies of emotionality and the medieval doctrine of affect (I.). It goes on to provide a literary-historical outline of the subject of fear and knowledge in medieval epic (II.), and will show by a textual analysis of 'Fortunatus' (III.) that the conjunction of fear and cognition, as two relative or even complementary aspects, gains new literary-historical relevance. Fear is staged not only as a stimulant for the perception of the world, which without it would not have any sense of reality, but gains an actual functional value as a promoter of new departures, new worldly wisdom, and new ways of discovery. Thus, much more clearly than before, this new functional value codifies fear not only as the consequence but as the agent of knowledge and effective action.

---

[74] Die Konnexion zwischen der „Angst vor dem Verlust des Überkommenen und Vertrauten" und der „Lust, etwas Neues wagen zu können", erweist sich als Ambivalenz der Angst selbst: vgl. Kasten (wie Anm. 42), S. 33, 53.

[75] – in Anlehnung an den inspirierenden Titel des Beitrages von Sandra Linden in diesem Band.

Wolframstudien XX (2008)
Erich Schmidt Verlag Berlin

Rationalität und religiöse Erfahrung

Drei Paradigmen: Eriugena, Bernhard von Clairvaux, Meister Eckhart

von OTTO LANGER

Rationalität und religiöse Erfahrung haben sich in der Neuzeit unter der Wucht der kantischen Kritik an der Metaphysik weit voneinander entfernt. Für Kant[1] ist die religiöse, auf übernatürliche Gegenstände bezogene Erfahrung bloße Träumerei und „Fanaticism" (AA 5, 136), da sie „auf keine Regel der Natur unseres Verstandes zurückgeführt und dadurch bewährt werden kann" (AA 7, 57), weit entfernt also von der „Erkenntnisart" der natürlichen Erfahrung, durch die die Mannigfaltigkeit des Gegebenen nach apriorischen Formen der Subjektivität verbunden wird. Grundlage der Religion darf aber nicht ein Dilettieren im Übersinnlichen, sondern soll das sittliche Bewußtsein bilden, dessen Postulate sie anzuerkennen hat. Wir halten Handlungen nicht deswegen für verbindlich, weil sie von Gott geboten sind, sondern sehen sie darum als göttliche Gebote an, „weil wir dazu innerlich verbindlich sind". Wir meinen „dem göttlichen Willen gemäß zu sein", wenn wir das Sittengesetz „heilig halten" (AA 3, 531). Die Religion erwächst auf dem Boden der Moralität. Sie ist eine „Konsequenz der Moral", eine „Funktion, welche die Autonomie der Moral zur Voraussetzung hat"[2]. Nicht die Religion ist Grund der Moral, sondern die Moral Grund der Religion (vgl. AA 19, 35).

Gegen Kants These von der Erfahrung ausschließlich als eines „Actus der Spontaneität der Vorstellungskraft" (AA 3, 107; B 130), die die Daten aus der Sinnenwelt verbindet, stellte schon Schleiermacher einen seiner Meinung nach genuinen Modus religiöser Erfahrung, deren Merkmal nicht die synthetisierende Aktivität des Subjekts, „weder Denken noch Handeln, sondern Anschauung und Gefühl"[3], ein rezeptiver „Erfahrungsmodus des Individuums"

---

[1] Die Schriften Kants werden nach der Akademie-Ausgabe (AA) zitiert.
[2] Heinrich Scholz, Religionsphilosophie, Berlin/New York 1974, S. 83.
[3] Friedrich Schleiermacher, Über die Religion. Reden an die Gebildeten unter ihren Verächtern, hg. v. Hans-Joachim Rothert, Hamburg 1958, S. 29 – Rel.

ist. Über dieses nicht-rationale Vermögen, das Gemüt, das Gefühl, erschließe sich die Transzendenz. Religiöse Erfahrung wird zur ausschließlichen Sache des Herzens, des Gefühls – Religion ist „Anschauung und Gefühl" (Rel. S. 29), „Sinn und Geschmack fürs Unendliche" (ebd. S. 30) – und als solche rein rezeptiv. In der Konsequenz erklärt Schleiermacher die Religion zum autonomen Bereich, der weder der theoretischen noch der praktischen Vernunft, sondern nur nicht-rationalen Vermögen, dem Gemüt, dem Gefühl, zugänglich bleibt.

Mit dem Logischen Empirismus des beginnenden 20. Jahrhunderts verschärfte sich der Gegensatz von Rationalität und religiöser Erfahrung, da nun alle Arten von Metaphysik einem unerbittlichen Verdikt verfielen. Wahre Aussagen sind nur in der Logik und Mathematik oder in den Naturwissenschaften möglich; denn nur dort sind sie logisch begründbar, analytisch, bzw. in der Erfahrung zu kontrollieren, synthetisch a posteriori.[4]

Die transzendentalphilosophische und empiristische Dichotomisierung von Rationalität und religiöser Erfahrung, die Einschränkung des Tätigkeitsbereichs der *ratio* auf die Welt der Erscheinungen und das Verdikt gegen alle nicht-rationalen Formen von Erschlossenheit der Transzendenz kennt das Mittelalter in dieser Form nicht. Es liegt ein anderer Wirklichkeitsbegriff zugrunde. Blumenberg bezeichnet ihn als den der „garantierte(n) Realität"[5] und unterscheidet ihn sowohl vom antiken Wirklichkeitsbegriff der „momentanen Evidenz" (ebd. S. 10) als auch vom modernen Begriff der Realität als das „dem Subjekt nicht Gefügige[n]" (ebd. S. 13). Denn der mittelalterliche Realitätsbegriff kenne, anders als der antike, kein Merkmal, „das als solches das je Gegebene in seiner unüberbietbaren Realität" und augenscheinlichen Überzeugungskraft ausweist, aber auch kein Merkmal, das die Realität, wie in der Moderne, als eigengesetzlich Unverfügbares vorstellt; sie werde vielmehr durch den „Rückbezug auf die in der Einheit der Erschaffung der Welt und der Vernunft verbürgte Vermittlung" (ebd. S. 12) in ihrer Wahrheit garantiert. Damit ergibt sich eine andere Konstellation: Gott ist die dritte Instanz zwischen der Realität und dem menschlichen Erkennen; er stellt als absoluter Bürge nicht nur die Zuverlässigkeit des Erkennens, sondern als Schöpfer auch den Zugang zur Transzendenz sicher, ohne den Abgrund zwischen sich und der Welt aufzuheben. Die Realität ist als Schöpfung nicht von Gott getrennt. Dadurch ergeben sich verschiedene *accessus ad deum,* in denen jeweils *ratio*

[4] Vgl. Wolfgang Stegmüller, Hauptströmungen der Gegenwartsphilosophie, Bd. I, 6. Aufl., Stuttgart 1976, S. 355.
[5] Hans Blumenberg, Wirklichkeitsbegriff und Möglichkeit des Romans, in: Nachahmung und Illusion, hg. v. Hans Robert Jauß (Poetik und Hermeneutik I), 2. Aufl., München 1969, S. 9–27, hier S. 11.

oder Affekte, ausgreifende Vernunft oder rezeptive Formen von Erschlossenheit in verschiedenen Mischungsverhältnissen dominieren.

Aus einer anderen Perspektive bringt das Laterankonzil diesen Sachverhalt auf den Begriff der unähnlichen Ähnlichkeit: „Zwischen dem Schöpfer und dem Geschöpf kann man keine so große Ähnlichkeit feststellen, daß zwischen ihnen keine noch größere Unähnlichkeit festzustellen wäre."[6] Diese Formel trägt, wie Walter Haug gezeigt hat, eine Spannung in sich, „die nicht zuletzt dafür verantwortlich gewesen sein dürfte, daß die christliche Theologiegeschichte durch immer neue Versuche vorangetrieben worden ist, Gotteserfahrung unter der Bedingung der unähnlichen Ähnlichkeit im Verhältnis zwischen dem Endlichen und dem Ewigen"[7] verständlich zu machen. Je nachdem, welche der beiden Komponenten der Formel, Ähnlichkeit oder Differenz, man urgierte, ergaben sich Analogiemodelle mit verschiedenen „Vermittlungsmedien" und Differenzmodelle, bei denen nicht mehr die Vermittlung, sondern die Unvermittelbarkeit der Differenz im Vordergrund stand, wiederum mit verschiedenen Spezies.[8] Beide Typen der Transzendenzerfahrung sind jedoch, nach Haug, nicht strikt voneinander abgegrenzt, da jene das Brechungsmoment ebensowenig unterschlagen, wie diese die Differenz verabsolutieren. In beiden Fällen besteht eine Erfahrungsbrücke in die Transzendenz.

Die Unterscheidung von zwei Modellen der Gotteserfahrung innerhalb einer „garantierten Realität", wie sie Haug einführt, bleibt im folgenden das Koordinatensystem, auch wenn die Perspektive verändert wird und weder die verschiedenen Vermittlungsmedien noch die Modi der Unvermittelbarkeit untersucht werden. Der leitende Gesichtspunkt ist vielmehr die Funktion der Rationalität in Transzendenzerfahrungen. Die Untersuchung wird sich auf drei Beispiele konzentrieren, die zeigen sollen, wie die Theologie, die im Zuge der Rezeption der antiken Philosophie mit einem neuen Begriff von Rationalität konfrontiert und in einen Prozeß der Verwissenschaftlichung verwickelt wurde, die dadurch aufbrechende Frage des Verhältnisses von Rationalität und religiöser Erfahrung auf zwei verschiedenen Wegen zu lösen versuchte,

---

[6] Heinrich Denzinger, Peter Hünermann, Kompendium der Glaubensbekenntnisse und kirchlichen Lehrentscheidungen, 38. Aufl., Freiburg/Breisgau u.a. 1999, Nr. 806.

[7] Walter Haug, Gotteserfahrung bei Nicolaus Cusanus. Dargestellt aus der Perspektive der Analogieformel von der unähnlichen Ähnlichkeit, in: Nicolai de Cusa Opera Omnia, Symposium zum Abschluß der Heidelberger Akademie-Ausgabe, Heidelberg, 11. und 12. Februar 2005, hg. v. Werner Beierwaltes u. Hans Gerhard Senger, Heidelberg 2006, S. 101–145, hier S. 104.

[8] Vgl. Walter Haug, Grundformen religiöser Erfahrung als epochale Positionen: Vom frühmittelalterlichen Analogiemodell zum hoch- und spätmittelalterlichen Differenzmodell, in: Religiöse Erfahrung. Historische Modelle in christlicher Tradition, hg. v. Walter Haug u. Dietmar Mieth, München 1992, S. 75–108.

einmal indem sie Philosophie und Religion als konvertible Größen und per consequens Rationalität, die allerdings *pathos*-Elemente enthält, und Gotteserfahrung nicht als Gegensätze verstand, zum anderen indem sie Rationalität und religiöse Erfahrung trennte.

In ‚Periphyseon‘ interpretiert Eriugena das Verhältnis von Rationalität und religiöser Erfahrung im Rahmen seines Theorems von der Theophanie. Zwei Wege religiöser Erfahrung lassen sich unterscheiden: Erstens ein logisch-dialektischer, der zur *causa prima* führt; zweitens ein ikonischer Weg, der über die Geschöpfe als Bilder zum göttlichen Urbild zurückgeleitet. In beiden Fällen agiert die Vernunft geführt von der Gnade, nicht autonom. Beide *accessus* werden von Eriugena in einer negativen Theologie aufgehoben. Rationalität, religiöse Erfahrung und Erfahrung der Nicht-Erfahrung gehören zusammen.

Im Unterschied zu dieser paradoxen Synthesis subjektiviert Bernhard von Clairvaux die religiöse Erfahrung. In seinen Predigten, die sich immer wieder gegen die *ratio*-Gläubigkeit der dialektischen Theologie seiner Zeitgenossen wenden, steht der *Deus-homo* im Mittelpunkt. Die leib-seelischen Erfahrungen des inkarnierten Gottes eröffnen dem Menschen die Möglichkeit leib-seelischer Erfahrungen Gottes. Affektive Erfahrung ist die eigentliche religiöse Erfahrung. Sie drängt die Rationalität an den Rand.

Meister Eckhart radikalisiert die Frage der Gotteserfahrung. Er unterscheidet affektive religiöse Erfahrung und Gotteserfahrung in der *ratio superior* und beurteilt beide vom Standpunkt des Armutsideals. Kontemplativ-affektive Gotteserfahrungen kritisiert er als mögliche Formen des Habenwollens. Transzendenzerfahrung als Einheitserfahrung ist nur für die „arme Vernunft“ möglich. Sie ist keine menschliche Leistung, sondern das Werk Gottes.

I. Theophanie: Rationalität und Gotteserfahrung in Eriugenas ‚Periphyseon‘

1. Mit den karlischen Bildungsreformen setzte im 8. und 9. Jahrhundert eine nachhaltige Funktionalisierung der *artes* zum „Nutzen der Kirche und zur Zierde der Königsherrschaft“ (Alkuin) ein. Das gesamte Programm der sieben freien Künste belebte sich wieder. „Jede Disziplin konnte von Nutzen sein: die Grammatik für das korrekte Gebet [...]; die Rhetorik für das Gericht [...], die Dialektik und Kategorienlehre zum Verstehen der heiligen Schriften, die Arithmetik zum Begreifen der Schöpfung [...], alles hatte seine Berechtigung“.[9] Die Studien der *artes* und theologische Studien bildeten keinen Ge-

---

[9]   Johannes Fried, Karl der Große, die Artes liberales und die karolingische Renaissance, in: Karl der Große und sein Nachwirken. 1200 Jahre Kultur und Wissenschaft in Europa, hg. v. Paul L. Butzer u.a., Turnhout 1997, S. 25–43, hier S. 35.

gensatz. Die *scientiae saeculares* und die *sacre litere* wurden zusammen rezipiert, ein Widerspruch zwischen antiken Wissenschaften und christlicher Überlieferung ist nach Alkuins ‚Disputatio de vera philosophia'[10] ausgeschlossen. Was an Platons Philosophie wahr ist, habe dieser auf eine ihm selbst verborgene Weise mittelbar der Bibel entnommen. Die Konkordanz zwischen weltlicher und geistlicher Weisheit findet Alkuin angedeutet in dem Schriftwort: „Die Weisheit hat sich ein Haus gebaut, das auf sieben Säulen ruht" (PL 101, 853 B). Die in der Schrift geoffenbarte Wahrheit bedarf der wissenschaftlichen Erschließung durch die *artes,* andererseits muß die in den Wissenschaften erreichbare weltliche Weisheit auf die göttliche Weisheit als letztbegründende Instanz hin überschritten werden. In dieser Synthese von Wissenschaften – und das heißt von Philosophie als Inbegriff der Wissenschaften – und Offenbarung besteht das Bildungsziel: die christliche Weisheit. Alkuin rechnet also mit einer spannungslosen Kongruenz von Wissenschaften (Philosophie) und christlichem Glauben.

2. Dieses Integrationskonzept baut Eriugena[11] weiter aus. „Wenn [...], wie der hl. Augustinus sagt, geglaubt und gelehrt wird [...], daß Philosophie, d.h. das Streben nach Weisheit, nichts anderes ist als Religion [...], was ist dann Philosophie betreiben anderes als die Regeln der wahren Religion [...] zu erklären? Es ergibt sich also, daß wahre Philosophie wahre Religion und umgekehrt wahre Religion wahre Philosophie ist" (De praed. I, 1).

Diese Identität von Philosophie und Religion prägt Eriugenas Gottesbegriff und das Verhältnis von Rationalität und religiöser Erfahrung. Im Zentrum steht dabei das Theorem der Theophanie.

In seinem Hauptwerk ‚Periphyseon' interpretiert Eriugena die Wirklichkeit im Ganzen als Prozeß des Hervorgehens der Geschöpfe aus Gott und ihrer

---

[10] Der Text wird nach der Patrologia Latina (PL) zitiert.
[11] Die Schriften Eriugenas werden nach folgenden Ausgaben zitiert: Iohannis Scotti De divina praedestinatione liber, hg. v. Goulven Madec (Corpus Christianorum. Continuatio Mediaevalis L), Turnhout 1978 – De praed.; Periphyseon (De divisione naturae), Buch I-III nach der kritischen Ausgabe von Inglis Patrick Sheldon-Williams, unter Mitwirkung von Ludwig Bieler (Scriptores Latini Hiberniae VII, IX, XI), Dublin 1968, 1972, 1981; Buch IV und V nach der Patrologia Latina 122, hg. v. Henricus Josephus Floss, Paris 1863 (die Übersetzungen sind in einigen Fällen der Ausgabe von Ludwig Noack entnommen: Johannes Scotus Erigena, Über die Eintheilung der Natur, Hamburg 1870); Expositiones in Ierarchiam Coelestem, hg. v. Jeanne Barbet (Corpus Christianorum. Continuatio Mediaevalis XXXI), Turnhout 1975 – IC; Maximi Confessoris Ambigua ad Iohannem iuxta Iohannis Scotti Eriugenae latinam interpretationem, hg. v. Eduardus Jeauneau (Corpus Christianorum, Series Graeca XVIII), Turnhout 1988 – Amb.; Jean Scot, Commentaire sur l'Évangile de Jean. Introduction, texte critique, traduction, notes et index de Édouard Jeauneau, Paris 1972 (Sources Chrétiennes 180) – Com.

Rückkehr zu ihm. Gott, die *natura naturans*, bringt in seiner Selbstmanife-
station die Dinge hervor und hebt sie wieder in sich auf. ,Natura', verstanden
als die *universitas rerum*, die Gott und die Geschöpfe umfaßt, versucht Eriugena mit zwei „Einteilungen" logisch zu gliedern und zu systematisieren. In
den beiden *divisiones* gelangt er zu jeweils unterschiedlichen Aspekten seines
Gottesbegriffes, die er verbindet: Gott ist zugleich „Schöpfer" und „Nichts".

In der ersten, viergliedrigen *divisio* ist der Einteilungsgrund die der Bibel
entnommene Vorstellung der *creatio*. Nach diesem *fundamentum divisionis* sind
vier *naturae* zu unterscheiden. Erstens die *natura*, die schafft und nicht geschaffen wird: Gott; zweitens die *natura*, die geschaffen wird und schafft: die
Primordialursachen; drittens die *natura*, die geschaffen wird und nicht schafft:
die raumzeitliche Welt; viertens die *natura*, die weder schafft noch geschaffen
wird: Gott (I,1; 441 B – 442 A). Gott erscheint hier unter dem Aspekt der
creatio einmal als der schöpferische Anfang und Motor des kosmischen Prozesses – *creat et non creatur* – und zugleich als dessen ruhender Endpunkt –
non creat et non creatur.[12] Den ontologischen Hintergrund dieser nach den
Gesetzen der Logik widersprüchlichen Bestimmung Gottes – *creat et non creat*
– macht die zweite, zweigliedrige Einteilung sichtbar. Sie präzisiert den Aspekt
der *creatio* als *creatio ex nihilo*. In dieser *divisio* unterscheidet Eriugena *ea,
quae sunt et quae non sunt* (I, 1; 443 A). *Esse* bezeichnet alles, „was die Sinne
und der Intellekt erkennen" (ebd. 443 A), *non esse* dagegen das, was wegen der
Erhabenheit seiner Natur sich jedem sinnlichen und intellektuellen Zugriff
und jeder *ratio* entzieht. So ist Gott, der dem menschlichen Erkennen nicht
zugänglich ist, nicht seiend.

In beiden Einteilungen erscheint Gott als überkategoriales, unbegreifliches
Nicht-Sein in absoluter Transzendenz, aber weder als schieres Nichts, *omnino
nihil*, noch als Privation, sondern als Übersein und Überfülle, als *nihil per
excellentiam* und *natura naturans*, aus der die Schöpfung hervorgeht. Gott ist
das Nichts, das schafft, zugleich Nichts und Schöpfer. Und in dieses Nichts
kehren alle Geschöpfe zurück, in ihm kommt ihre Bewegung zur Ruhe.

Gott als das übertranszendente Nicht-Sein ist vollkommene Liebe, die sich
in Gutheit und Schönheit entfaltet. Diese Epitheta Gottes übernimmt Eriugena von Ps.-Dionysios, der in ,De divinis nominibus' IV Gott als das einzige

---

[12] Diese viergliedrige *divisio* ist keine Einteilung eines *genus generalissimum* in seine
Arten. „Gott ist nämlich nicht die Gattung der Kreatur und die Kreatur nicht eine
Art Gottes; wie auch die Kreatur keine Gattung Gottes ist und Gott keine Art der
Kreatur ist" (II, 1; 523 D). Wäre Gott die Gattung der Geschöpfe und wären die
Geschöpfe eine *species* Gottes, wäre die ganze Schöpfung göttlich und die Tran-
szendenz Gottes aufgehoben. Gott fällt nicht unter die *divisio*, sondern ist diese
selbst; er ist *divisio et collectio universalis creaturae et genus et species et totum et pars*
(III, 1; 621 C).

Gute und Schöne bezeichnet hatte: Die über alle Namen erhabene „übernamige Gutheit" ist Ursprung und Ursache aller Seienden. Die subsistierende göttliche Schönheit dagegen ruft die Geschöpfe zu sich zurück.

Die beiden Attribute, Gutheit und Schönheit, sind auch für Eriugena komplementäre Bestimmungen Gottes. Sie sind in Gott identisch, Aspekte der Liebe, die sein Wesen ausmacht.[13] Als Gutheit ist Gott Prinzip und Ursprung der Geschöpfe, er breitet sich in alle Seienden aus – *bonum est diffusivum sui* – und gibt ihnen Anteil an seiner Gutheit. Alle Geschöpfe sind durch diese Partizipation gut. Er ist aber zugleich als Schönheit die versammelnde Kraft, die wie ein Magnet wirkt. Gott ruft in seiner Schönheit die Geschöpfe, die durch die erste Schönheit selbst schön sind, zu sich zurück. Das Schöne ist das, was Gott sichtbar macht. Alle Geschöpfe sind Manifestationen der göttlichen Gutheit und Schönheit, Theophanien. „Zu Recht also wird Gott Liebe genannt, weil er die Ursache der Liebe ist, sich sowohl in alles verströmt und alles in Eins versammelt, es in einem unaussprechlichen Rückgang in sich selbst zurückbewegt und die Liebesbewegungen jedes Geschaffenen in ihm selbst enden läßt" (I, 74; 519 D – 520 A). Und so hält Gott in seiner Gutheit die Seienden in einer harmonischen Einheit zusammen und verbindet sie *ineffabili amicitia insolubilique unitate* (I, 74; 519 B).

In Eriugenas Bestimmung der unterschiedlichen Funktion von Gutheit und Schönheit im Schöpfungsprozeß klingen noch in christlicher Umprägung platonische Theoreme nach. Platon verknüpft die Idee des Guten eng mit der Idee des Schönen – die beiden Ideen sind oft geradezu konvertible Größen –, weist aber auch auf einen eigentümlichen Vorrang des Schönen vor dem Guten hin. Der Schönheit allein, führt Sokrates im ‚Phaidros‘[14] aus, ist „dieses zuteil geworden, daß sie uns das Hervorleuchtendste ist (ἐκφανέστατον) und das Liebreizendste (ἐρασμιώτατον)" (Phaidr. 250 d-e). Das Schöne ist Licht und zieht uns fort, es berückt und entrückt. Durch diese Wirkungen unterscheidet es sich vom Guten und Gerechten. „Der Gerechtigkeit, Besonnenheit, und was sonst den Seelen köstlich ist, hiesige Abbilder haben keinen Glanz" (ebd. 250 b). Im ‚Philebos‘ spricht Platon von der Flucht des Guten in das Schöne. Damit benennt er wieder die Eigenschaft des Schönen, daß es im Unterschied zum glanzlosen Guten das „Hervorscheinendste" ist, das den Eros weckt. Mit der Flucht des Guten in das Schöne (Phil. 64 e) will Platon den Sachverhalt

---

[13] Mit dieser Identifizierung unterscheidet sich Eriugena von der Position Plotins. Dieser hatte einerseits das Gute dem Schönen übergeordnet – jenes bedarf des Schönen nicht, wohl aber umgekehrt: Das Schöne ist jünger (VI, 7,32,31–35), und das Gute die Quelle und der Ursprung des Schönen –, andererseits hatte er das Gute und Schöne identisch gesetzt (I, 6,6,24).

[14] ‚Phaidros‘ und ‚Philebos‘ werden in der Übersetzung von Friedrich Schleiermacher zitiert, Reinbek 1994.

beschreiben, daß sich das Gute dem Versuch, es selbst zu ergreifen, entzieht und seine Macht (δύναμις) im Wuchs (φύσις) des Schönen offenbart.[15] Das Schöne ist also nichts anderes als das Gute in seiner Sichtbarkeit.

Eriugena funktioniert den platonischen Topos in seinem Konzept der Theophanie christlich um. Der transzendente Gott wird in der Schönheit sichtbar und erfahrbar. Das Schöne ist eine Form der Präsenz des Guten und übernimmt die Funktion der Vermittlung zwischen der gestaltlosen Gutheit Gottes und der menschlichen Wirklichkeit. Indem Gott in den schönen Geschöpfen sich manifestiert, wird er für den Menschen erfahrbar. Die Schönheit der Dinge ist der anwesende Abglanz der Transzendenz, sie schließt den Abgrund zwischen Mensch und Gott.

3. Drei Modi der Theophanie, „Erscheinungen Gottes für eine geistbegabte Natur", unterscheidet Eriugena: erstens in der Schrift, zweitens in der Schöpfung und drittens in der Inkarnation, dem Paradigma von Theophanie. Im folgenden soll die Offenbarung Gottes in den Geschöpfen und der damit mögliche *accessus ad deum* untersucht werden.

Theophanie im Sinne der Offenbarung Gottes in den Geschöpfen ist in ‚Periphyseon' keine außergewöhnliche Gotteserscheinung, sondern jede sichtbare und unsichtbare Kreatur kann als Theophanie bezeichnet werden: *Omnis visibilis et invisibilis creatura theophania, id est divina apparitio potest appellari* (III, 19; 681 A). In jeder Kreatur erscheint Gott. „Ist ja doch alles, was gedacht und wahrgenommen wird, nichts anderes als die Erscheinung des Nicht-Erscheinenden *(non apparentis apparitio)*, das Offenbarwerden des Verborgenen *(occulti manifestatio)*, die Bejahung des Verneinten [...], der Ausdruck des Unsagbaren, die Nähe des Unnahbaren [...], die unsichtbare Sichtbarkeit, der unräumliche Raum, die zeitlose Zeit" (III, 4; 633 A–B). Theophanien sind Manifestationen des göttlichen Wesens, das an sich selbst in seiner Offenbarung für das endliche Erkennen unbegreiflich bleibt und sich verbirgt, indem es erscheint: Gott-Transparenz der Welt und Welt-Transzendenz Gottes[16], Erfahrung und Nicht-Erfahrung Gottes in einem.

Die Geschöpfe als Theophanien eröffnen über ihre Schönheit dem Menschen also den Zugang zur Transzendenz. Zwei Typen des *accessus ad deum* lassen sich in ‚Periphyseon' unterscheiden: Der erste verfährt diskursiv-dialektisch. Die *ratio* folgt der Spur der *divisio* und führt die Dinge, logisch-dialektisch ihre Harmonie und Proportionalität betrachtend, als Wirkungen auf ihre

---

[15] Vgl. Hans-Georg Gadamer, Platos dialektische Ethik und andere Studien zur platonischen Philosophie, Hamburg 1968, S. 168f.

[16] Vgl. Klaus Kremer, Die neuplatonische Seinsphilosophie und ihre Wirkung auf Thomas von Aquin (Studien zur Problemgeschichte der antiken und mittelalterlichen Philosophie), Leiden 1971, S. 5.

göttliche Ursache zurück. Der zweite Typus ist ein ikonischer *accessus*: Die Dinge in ihrer Schönheit sind Bilder, die zum göttlichen Urbild, der Schönheit selbst, zurückführen. Beide Male ist es eine *revocatio*, die von der Schönheit der Dinge ausgeht und zur *pulchritudo ipsa* zurückruft.

3.1. Den dialektischen *accessus* entwickelt Eriugena in der Passage I, 76–134 seines Kommentars zur ‚Ierarchia caelestis‘ des Ps.-Dionysios. Ausgangspunkt ist eine Lichtmetaphysik: Gott als Schönheit ist Licht.[17] Diese affirmative Aussage, für sich genommen, trüge einen kontradiktorischen bzw. konträren Gegensatz in Gott hinein (vgl. I, 13; 459 A–460 B).[18] Gott muß aber über den Gegensätzen sein. Er darf daher nicht Licht, sondern muß „mehr als Licht" genannt werden, ein Licht, das in seiner Überhelle dunkel und in seiner Dunkelheit überhell ist, *invisibilis et inaccessibilis lux* (IC I, 97f.). Dieses göttliche Licht *per excellentiam* manifestiert sich in einem hierarchisch geordneten Kosmos von Lichtern, den endlichen Seienden. Sie gehen nach dem Gesetz der *divisio* aus Gott hervor und kehren gesetzmäßig in ihn zurück. Die Dialektik bestimmt mit formallogischen Verfahren den „Ort" jedes Seienden nach den fünf Prädikabilien, Gattung, Art, Differenz, Proprium und Akzidens, wie sie Porphyrios in seiner ‚Isagoge‘ eingeführt hatte, und folgt bei dieser logischen *divisio* ontologischen Strukturen, die „vom Urheber aller wahren Künste in der Natur der Dinge geschaffen und von den Weisen nur entdeckt" (IV, 4; 749 A) worden sind. Sie zeichnet, dihairetisch absteigend und analytisch aufsteigend, den Weg nach, wie aus Gott, der Ursache von allem, durch Differenzierung die Gattungen und Arten bis zu den Individuen, den *specialissimae species* (IV, 4; 748 D), hervorgehen und wie diese über dieselben Stufen zur ersten, ursprünglichen göttlichen Einheit zurückkehren (vgl. Amb. Prooem. 26–35).

Eriugena führt dieses dialektische Verfahren, das zugleich *inquisitio* […] *locutionis* und *vera rerum contemplatio* (I, 44; 486 B) ist, also logisch und ontologisch agiert, an einem Beispiel vor: „Dieser Stein […] ist Licht für mich". Er erleuchtet den Geist. „Ich sehe nämlich, daß er als etwas Gutes und Schönes da ist" (IC I, 111f.). Er ist durch die Differenz in Gattung und Art von anderen Seienden unterschieden und wird durch die Zahl, die ihn zur Einheit macht, zusammengehalten. „Wenn ich solche und ähnliche Bestimmungen an diesem Stein erblicke, dann werden sie mir zu Lichtern, d.h. sie erleuchten mich" (ebd. I, 116f.). Diese Lichthaftigkeit kommt allen Geschöp-

---

[17] Vgl. Klaus Hedwig, Sphaera lucis. Studien zur Intelligibilität des Seienden im Kontext der mittelalterlichen Lichtspekulation, Münster/W. 1980, S. 46–60.

[18] Vgl. Dirk Ansorge, Johannes Scottus Eriugena: Wahrheit als Prozeß. Eine theologische Interpretation von ‚Periphyseon‘ (Innsbrucker theologische Studien, Bd. 44), Innsbruck, Wien 1996, S. 114–117.

fen zu. Jedes sichtbare und unsichtbare Geschöpf ist Licht, gegründet vom „Vater des Lichts", was wunders also, „wenn alles [...] als erleuchtendes und [...] zur Erkenntnis des Schöpfers zurückführendes Licht ohne Bedenken angesehen wird" (ebd. I, 103–106). Das diskursiv-dialektische Zergliedern der Bestimmungen des Steins weckt das Nachdenken (*cogitare*), woher diese stammen, und führt zur Einsicht, daß diese Ordnung nicht durch Teilhabe an einem sichtbaren oder unsichtbaren Geschöpf natürlicherweise zustandekommt. Wer also das Ding in seiner logischen Geordnetheit, Harmonie und Schönheit erkennt, erfährt es als *lux introductiva* (ebd. I, 128). Die durch die Ordnung und Proportionalität der Dinge erleuchtete *ratio* erkennt schließlich die erste Ursache, von der den Dingen Ort und Ordnung, Zahl, Art, Gattung, Gutheit und Wesenheit zukommt.

Die Erkenntnis Gottes als *causa prima* aller Seienden erscheint soweit als Sache einer von Gott durch die Lichthaftigkeit der Geschöpfe angeleiteten dialektischen Vernunft. Sie ist aber kein Akt der *ratio* allein, sondern eine von Gott selbst, dem *principium illuminandi*, durch seine „Kondeszendenz" ermöglichte Erfahrung, wenn nämlich „die göttliche Gnade und die Kraft der Vernunft im Herzen der gläubigen Weisen zusammenwirken" (ebd. I, 133f.). In einem rationalen Akt also, in dem die Vernunft nicht aus sich selbst die Richtung bestimmt, sondern geleitet wird, und in einem Akt, der nicht in reiner Aktivität besteht, sondern ein Element von πάθος, ein Erleiden des Göttlichen, enthält, werden die Geschöpfe zu Theophanien, vollzieht sich die Transzendenzerfahrung. In dieser Form bilden Rationalität und religiöse Erfahrung eine Einheit.

3.2. Der zweite *accessus ad deum* ist um den Bildbegriff zentriert. Religiöse Erfahrung ist Bilderfahrung. Eriugenas Bildbegriff gründet in der neuplatonisch-christlichen Vorstellung des Hervorgehens der Wirklichkeit als Bild aus dem göttlichen Urbild.[19] Paradigma ist die innergöttliche *processio*, in der der Logos als Bild der Bilder die verborgene Gottheit offenbar macht. In seiner Inkarnation erscheint die transzendente Gottheit in menschlicher Gestalt. *Deum nemo videt unquam [...], si non succurrerit divina bonitas per incarnationem unigeniti Filii Dei, qui in carne [...] non solum se ipsum aperuit, sed omnino antea incognitum Deum Patrem hominibus manifestavit* (Com. S. 114f.). Das Wahrnehmbare an Christus verweist also auf die verborgene Gottheit nicht wie ein Zeichen, das in seiner Zeichenfunktion aufgeht und nichts von dem ist, worauf es zeigt, sondern in seiner Person ist die transzendente Gottheit real gegenwärtig. *Qui videt me, videt et patrem* (Joh. 14,9).

---

[19] Vgl. Werner Beierwaltes, Denken des Einen. Studien zur neuplatonischen Philosophie und ihrer Wirkungsgeschichte, Frankfurt a.M. 1985, S. 73–113; Mauritius Wilde, Das neue Bild vom Gottesbild. Bild und Theologie bei Meister Eckhart (Dokimion, Bd. 24), Freiburg/Schweiz 2000.

Was von Christus im eigentlichen Sinne gilt, trifft in analoger Weise auch auf die Schöpfung zu. Sie ist ein Überfließen des göttlichen Urbildes in seine Bilder, die Geschöpfe. Gott bleibt in dieser *emanatio* ganz er selbst und büßt weder etwas ein noch wird er größer. Er schafft, wie Eriugena in ‚Periphyseon' ausführt, nicht in der Weise einer Wirkursache, *causa efficiens*, die als selbständige Substanz andere selbständige Substanzen hervorbringt, sondern als *causa formalis* und ist in diesem Wirken zugleich in sich selbst und in den Dingen. Das Urbild ist in seinen Bildern real präsent, ohne mit ihnen identisch zu sein. So sind die Primordialursachen, die *prima progressio* aus Gott, zugleich nicht nur in Gott, sondern Gott selbst: *non solum in deo verum etiam deus sunt* (III, 8; 640 C). Auch die Dinge, die aus den schöpferischen Primordialursachen hervorgehen, sind nicht nur im göttlichen Wort, sondern das Wort selbst: *omnia in Verbo Dei non solum aeterna verum etiam ipsum Verbum esse* (III, 8; 641 A), und zwar so, daß das Emanierte ein Überfluß ist und das, von dem es ausfließt, nicht abnimmt. „Dieses Ergießen selbst ist die Subsistenz von allem (*ipsa diffusio subsistentia omnium est*)" (III, 9; 642 D). Das bedeutet: Diese *diffusio* bzw. *extensio* des göttlichen Wortes – nicht das göttliche Wort selbst – und die Geschöpfe sind ein und dasselbe. „Das göttliche Wort bleibt also in sich selber umfassend und einfach, weil in ihm selber alles eins ist [...]. Während es in sich selber als ein Vollendetes und mehr als Vollendetes und von allem Abgesondertes besteht, dehnt es sich in alles aus, und alles ist die Ausdehnung des Wortes selber (*ipsa extensio est omnia*)" (III, 9; 643 AB). Schöpfer und Geschöpf, Urbild und Bild, sind also eins, nicht im Sinne einer wesenhaften Identität, sondern so, daß die schöpferische göttliche Natur in ihrer Überwesenhaftigkeit real in den Geschöpfen präsent ist, aber doch etwas anderes ist als das, was sie in sich erschafft (vgl. III, 17; 675 C). Identisch sind Gott und Geschöpf nur im Prozeß der Schöpfung, in ihrem Wesen bleiben sie unterschieden. Das Verhältnis Gottes zu seinen Geschöpfen ist eine dynamische ontologische Relation, in der das Endliche am göttlichen Lebensprozeß teilnimmt.

Wenn also die Geschöpfe in diesem strikten Sinne Bilder des göttlichen Urbildes sind, wie wird dann Gott in ihnen erfahren? Wodurch unterscheidet sich diese Erfahrung Gottes in der Schönheit der Dinge, die Bilder der Schönheit Gottes sind, von der Erfahrung Gottes als *causa prima* in der logischontologischen Ordnung der Dinge? Wie ist diese ikonische Rückführung zu definieren?

Die Dinge als *imagines* sind, nach Eriugena, schön durch ihre Teilhabe an der *summa pulchritudo* (I, 74; 520 B), so wie sie gut sind durch dieTeilhabe an der *summa bonitas*.[20] In den Dingen als schönen Bildern wird Gott, die *pul-*

---

[20]   Vgl. das wegweisende Buch von Werner Beierwaltes, Eriugena. Grundzüge seines

chritudo ipsa, in seiner nahen Ferne erfahren. „Was sich [...] wahrhaft Gutes und Schönes [...] in der Kreatur findet, ist er selbst, und wie nichts Gutes, so ist auch nichts Schönes [...] wesenhaft außer ihm" (I, 74; 520 B).

Daraus folgt erstens, daß die Dinge als Bilder keine Zeichen sind, die von sich weg auf das Bezeichnete verweisen. Sie haben auch keine bloß mimetische Funktion, wie sie die etwa gleichzeitigen ‚Libri Carolini‘ für die Kunst-Bilder annahmen. Sie verstanden das Verhältnis von (Kunst-)Bild und Abgebildetem als bloße Ähnlichkeitsrelation. Das Bild sollte damit „dem Bedürfnis der Frömmigkeit nach einem der verehrten Person möglichst nahekommenden Bildnis"[21] entsprechen.

Daraus folgt zweitens, daß in der Wahrnehmung der Schönheit der Geschöpfe in ihrer ganzen sinnlich-geistigen Konkretion die göttliche Schönheit wahrgenommen wird, die vom einzelnen Schönen zur Schönheit selbst „zurückruft". Diese *revocatio* basiert nicht auf logischen Akten, sie ist keine Subsumption des einzelnen unter die Allgemeinheit eines Begriffs, keine logische Auf- und Abstiegsbewegung, vielmehr ist im einzelnen Ding in seiner Singularität die göttliche Schönheit real präsent. Einzelnes und Allgemeines bilden eine Einheit Unterschiedener. Die Schönheit der Dinge ist die Aura Gottes, der nah und zugleich fern bleibt, und diese Aura ergreift den Betrachter, nicht dieser nimmt die Aura in Beschlag. Die Aura der Dinge ist paradoxerweise das Werk Gottes. Wieder gilt: Soweit der menschliche Intellekt, bewegt durch die göttliche Liebe und Schönheit, hinaufsteigt, soweit steigt die göttliche Weisheit zu ihm herab (vgl. I, 9; 449 B–D). Die Erfahrung der Schönheit Gottes in seinen Geschöpfen ist also eine Wahrnehmung des Allgemeinen, der *pulchritudo ipsa*, im einzelnen, des Aufscheinens der Transzendenz im konkreten Seienden. Auch hier nimmt Eriugena ein platonisches Philosophumenon auf – nämlich die augenblickshafte Überbrückung des Chorismos zwischen Idee und Erscheinung durch das Schöne[22] – und interpretiert es christlich um: Die Schönheit der Geschöpfe führt über sich hinaus zur Schönheit des Schöpfers. Ihr Glanz ist der Abglanz Gottes. In diesem Akt wirken Vernunft und Sinnlichkeit zusammen. Die Vernunft wird sinnlich, indem sie im Sinnlichen das Nicht-Sinnliche sieht, die Sinnlichkeit vernünftig, indem sie im Konkreten das Noetische wahrnimmt.

Denkens, Frankfurt a.M. 1994; im vorliegenden Zusammenhang insbesondere: Negati Affirmatio: Welt als Metapher. Zur Grundlegung einer mittelalterlichen Ästhetik, S. 115–158.

[21] Reinhard Hoeps, Bildsinn und religiöse Erfahrung. Hermeneutische Grundlagen für einen Weg der Theologie zum Verständnis gegenstandsloser Malerei (Disputationes theologicae, Bd. 16), Frankfurt a.M./Bern/New York 1984, S. 171.

[22] Vgl. Hans-Georg Gadamer, Wahrheit und Methode. Grundzüge einer philosophischen Hermeneutik, 2. Aufl., Tübingen 1965, S. 456f.

4. Für beide Wege, den dialektischen und den ikonischen, gilt, daß die Schönheit also jeweils der Ausgangspunkt einer *revocatio* ist. Rationalität und religiöse Erfahrung bilden dabei keinen Gegensatz, sondern sind verbunden, und zwar in einer jeweils anders akzentuierten Harmonieerfahrung.

Im ersten Fall wird die *ratio* angeleitet, über die logische Ordnung der Dinge bis zurück zur *causa prima* zu gehen. Die durch Kondeszendenz, nämlich *ope rationis et divina gratia* gewirkte Erkenntniserfahrung Gottes als erster Ursache, enthält die Erfahrung einer Harmonie, weil alle Eigenschaften und Gesetze der Dinge als im göttlichen Geist begründet erscheinen. Er ist die gemeinsame Quelle ihrer Ordnung und Schönheit.

Im zweiten Fall der *revocatio* geht es um die sinnlich-noetische Erfahrung der Realpräsenz Gottes in den Dingen als Bildern. Durch diese Gegenwart Gottes in allen Dingen erscheinen sie nicht nur als wohlgeordnet, sondern als untereinander verwandt und miteinander vertraut und befreundet. Daraus entsteht eine Harmonieerfahrung eigener Art, nicht nur die des wohlgeordneten Kosmos, sondern die Erfahrung einer Zusammengehörigkeit, eine kosmische Sympathie, die in Gott als Liebe begründet ist. Denn in dieser Erfahrung wird Gott in seiner Liebe als Quelle des Zusammenhangs aller Dinge erfahren. Er ist „die Verknüpfung oder das Band, wodurch die Gesamtheit aller Dinge in unaussprechlicher Freundschaft und unauflöslicher Einheit verschlungen wird" (I, 74; 519 B).

5. Diesen von einem griechischen Rationalitätsbegriff geprägten Ansatz religiöser Erfahrung konterkariert Eriugena, indem er ihn mit einer negativen Theologie verbindet. In den Theophanien kann Gott erfahren, aber, wie Eriugena festhält, nicht in seinem Wesen begriffen werden. So wird gerade die Erfahrung Gottes in seinen Erscheinungen zur Erfahrung seiner Unbegreiflichkeit, zum Erleiden seines Widerstandes. Eriugena steht so einerseits in der antiken theologischen Tradition der Schönheit.[23] Er setzt wie diese die Schönheit als universale ontologische Bestimmung an, er verbindet aber das griechische Theorem von der Schönheit des Kosmos mit der christlichen Lehre von der Übertranszendenz Gottes, hebt also die „ästhetische" Bilderseligkeit in die Bildlosigkeit der negativen Theologie auf. Das Sagbare und das Unsagbare gehören unlöslich zusammen. Gott ist über seine Erscheinungen, die Geschöpfe, erfahrbar und bleibt doch in seinem Wesen unerfahrbar. So muß der Mensch, nach Eriugena, das ästhetisch-religiöse Wohlgefallen an den Dingen immer wieder aufheben und die Theophanien ins Unbegreifliche überschreiten. Alle Aussagen über Gott enden in der „Wüste" seiner „unaussprechlichen Erhabenheit", der Glanz der göttlichen Güte und Schönheit wandelt sich für

---

[23] Vgl. Hans Urs von Balthasar, Herrlichkeit. Eine theologische Ästhetik, III, 1: Im Raum der Metaphysik, Einsiedeln 1965, S. 319.

das menschliche Erkennen in undurchdringliche Finsternis. Stets wird Gott gefunden in seinen Theophanien, stets nicht gefunden in seiner Überwesentlichkeit, die jeden Intellekt übersteigt (vgl. V, 39; 1010 D).

II. *Caritas ut visio* – Affektive Gotteserfahrung: Bernhard von Clairvaux

1. Die Wissenschaftsentwicklung des 11. und 12. Jahrhunderts ist durch zwei gegenläufige Bewegungen gekennzeichnet. Auf der einen Seite entsteht im Zuge der Rezeption der ‚Logica vetus‘ eine neue Theologie, die mit einem logisch-dialektischen Instrumentarium die Glaubenswahrheiten durch Vernunftgründe einsichtig zu machen versucht. Auf der anderen Seite steht eine monastische Theologie, die diese Verwissenschaftlichung ablehnt und den dialektischen Verfahren der *disputatio* und *quaestio* ein kontemplatives Programm mit einem spezifischen Erfahrungsbegriff entgegenstellt. Der Antagonismus der beiden Richtungen ist paradigmatisch ausgeformt in den Positionen Abaelards und Bernhards von Clairvaux.

Die dialektische Theologie markiert einen für die Mönchstheologie schokkierenden Einbruch der *ratio* in den Bereich der *sacra doctrina*.[24] Abaelard sucht den *intellectus fidei* nicht mehr wie die monastischen Antidialektiker durch *lectio divina* und *meditatio contemplativa* oder durch gnadenhafte Illumination, die die Glaubenswahrheiten im *lumen fidei* offenbar werden lassen sollte, sondern strebt ein rationales Verständnis der Mysterien auf dem Wege der Dialektik an. Formale und begriffliche Präzision, definitive Aussagen und schlußfolgerndes Denken, *quaestiones* und *disputationes* prägen im Unterschied zur traditionalistisch und synthetisch verfahrenden *sacra doctrina* der Klöster seine neue dialektische Theologie.[25]

2. Gegen Abaelard nimmt Bernhard von Clairvaux[26] den Kampf auf. Er setzt die Kritik der Antidialektiker vor ihm fort und verschärft sie. Daß Grammatik und Dialektik nicht nur ungeeignete Werkzeuge bei der theologischen Arbeit und deshalb ganz überflüssig seien, sondern der Religion sogar

---

[24] Vgl. Albert Lang, Die Entfaltung des apologetischen Problems in der Scholastik des Mittelalters, Freiburg/Breisgau u.a. 1962, S. 36f.

[25] Vgl. Rolf Köhn, Monastisches Bildungsideal und weltgeistliches Wissenschaftsdenken. Zur Vorgeschichte des Mendikantenstreites an der Universität Paris, in: Die Auseinandersetzungen an der Pariser Universität im XIII. Jahrhundert, hg. v. Albert Zimmermann (Miscellanea Mediaevalia, Bd. 10), Berlin/New York 1976, S. 1–37.

[26] Die Schriften Bernhards von Clairvaux werden nach folgender Ausgabe zitiert: Bernhard von Clairvaux, Sämtliche Werke, lateinisch/deutsch, hg. v. Gerhard B. Winkler, Innsbruck 1990ff. – SW.

schadeten, weil sie mit vorlauten Fragen nicht der Erbauung, vielmehr nur der Befriedigung der Neugier dienten, hält Bernhard mit Rupert von Deutz und Otloh von St. Emmeram fest. Die Frage nach Gründen und Begründenwollen in der Theologie qualifiziert er als Frevel an den göttlichen Mysterien ab, denen gegenüber es zwar erlaubt sei zu wissen, daß es so ist, nicht aber zu wissen, weshalb es so ist (SW 3, 108,23f.). Die Frage nach der *ratio fidei* darf nicht gestellt werden. *Fides piorum credit, non discutit* (SW 3, 582,1).

Bernhard beläßt es nicht bei dieser Kritik, sondern entwickelt in den Predigten 35–38 über das ‚Hohe Lied' ein eigenes Konzept von Wissen und Wissenschaft. Im Gegenzug gegen den Rationalismus der neuen Schulen entdeckt er den kognitiven Gehalt der Affekte. Mit seiner Behauptung, daß nicht jede Unkenntnis verwerflich und strafbar sei, relativiert er gleich zu Beginn die Wissenschaftsgläubigkeit seines Gegners. Rationale Tätigkeit ist für ihn im Gegensatz zu Abaelard nicht schon Akzentuierung der Gottebenbildlichkeit und dadurch eo ipso gut. Nicht Gelehrsamkeit und Wissenschaft, sondern Gewissensreinheit und Glauben entscheiden über Glück und Unglück, wie biblische Beispiele beweisen. Ohne Nachteil für das ewige Heil kann man über zahllose Dinge und Sachverhalte in Unkenntnis bleiben. Gut ist nur das Wissen, das zur Erlangung der *salus aeterna* dient. Es ist kein Selbstzweck und erstrebenswert nur, wenn es das letzte Worumwillen fördert.

Mit diesem Kriterium unterscheidet Bernhard zwei Formen von Wissen, ein nützliches, das schmerzt, und ein schädliches, das aufbläht. Jenes entspringt der Selbsterkenntnis, der Einsicht in die heillose *conditio humana*, dieses der sich autonom dünkenden *ratio*.

3. In der Selbsterkenntnis findet sich der Mensch im „Lande der Unähnlichkeit" und erkennt sein „wirkliches Elend": die Verkrümmung seines Willens, die *propria voluntas*. Dieser Eigenwille strebt nur nach der Befriedigung der eigenen Wünsche, ist Eigenliebe, Ichbezogenheit, und das Gegenteil der *voluntas communis*, des Willens, der dem Menschen und Gott gemeinsam ist (SW 8, 280,9f.). Die Folge dieser Einsicht in den eigenen Zustand ist doppelt: Demut und Furcht. Demut ist das zum Habitus formierte Vermögen der Selbstverurteilung (vgl. SW 2, 47), mit der der Zustand der Ichfixierung des Menschen durchbrochen und der Weg zur *voluntas communis* geebnet wird.[27] Die Furcht ist der Anfang der Weisheit. Indem der Mensch die schuldhafte *incurvatio* seines Willens erkennt, gerät er in Furcht vor dem schrecklichen Richtergott, und in dieser Furcht schmeckt er Gott, er erfährt ihn; und das ist für Bernhard mehr als die rationale Erkenntnis Gottes. Furcht Gottes und Erkenntnis Gottes sind zweierlei: „Nicht die Erkenntnis macht weise, sondern die Furcht, die

---

[27] Vgl. Etienne Gilson, Die Mystik des hl. Bernhard von Clairvaux, Wittlich 1936, S. 91.

uns erfaßt [...]. Die Seele fängt erst dann an, Gott zu kosten, wenn Gott sie ergreift, um ihr die Furcht einzuflößen, und nicht, wenn er sie belehrt, damit sie ihn erkennt" (SW 5, 343f. Übers. leicht geändert).

Bernhard spricht also dem Affekt in bezug auf das Gottesverhältnis einen anderen und höheren Erschließungsgrad zu als dem Erkennen.[28] Die objektiv-wissenschaftliche Gotteserkenntnis belehrt den Menschen nur, verändert ihn aber nicht existential, die experientielle Gotteserkenntnis läßt ihn Gott kosten. *Ibi instruimur quidem, sed hic afficimur. Instructio doctos reddit, affectio sapientes* (SW 5, 342, 23f.). Nicht theoretisches Wissen macht weise, sondern der Affekt, die Furcht, die das Herz ergreift. In der Furcht beginnt die Seele, Gott zu schmecken – *timor sapor est* (SW 5, 344,7) – , sie ist deswegen der Anfang der Weisheit, *sapientia*, der durch Erfahrung schmeckenden Weisheit. *Sapor sapientem facit, sicut scientia scientem, sicut divitiae divitem* (5, 344,7f.).

Ein eigenes Problem ergibt sich aus der Weise, wie Bernhard aus der Selbsterkenntnis die Furcht hervorgehen läßt. Die Erkenntnis der eigenen Verworfenheit und die darauf sich gründende Erwartung, daß mir wegen dieser Verfassung Unheil droht, löst den Furchtanfall aus. Meine Meinung, daß mir Gefahr droht, ist demnach nicht in der Furcht begründet, die sich auf einen Sachverhalt bezieht, sondern die Furcht resultiert aus der Meinung. Dieser Ansatz nimmt ein einfaches Nacheinander von Meinung und affektiver Reaktion an und verdeckt dadurch den Aspekt der affektiven Erschließung der Realität. Daß die Annahme eines einfachen Nacheinanders von Kognition und affektiver Reaktion den fraglichen Sachverhalt nicht trifft, läßt sich gerade am Affekt der Furcht zeigen. Wenn ich eine Gefahr nur abstrakt feststelle, bin ich von ihr nicht so betroffen, daß ich Konsequenzen für mein Verhalten zöge. Erst meine affektive „Ansprechbarkeit" erschließt mir einen Tatbestand als Bedrohung meines Lebens. Im Affekt der Furcht also erfahre ich einen Tatbestand als für mich gut oder schlecht.

Das hier virulent werdende Problem der Täuschbarkeit der Affekte behandelt Bernhard in bezug auf die Furcht nicht, er spricht es aber ganz allgemein bei seiner Darstellung des *amor dulcis* an (vgl. SW 9, 444f.). Der Erschließungscharakter der Furcht und der Affekte insgesamt hängen bei Bernhard zwar eng mit dem Selbsterhaltungstrieb des Menschen zusammen, aber nicht in teleologischer Weise. Die Affekte sind kein unfehlbares Organ der Selbsterhaltung und können durch ein Übermaß oder ein Zuwenig zunichte machen, was sie erstreben.

---

[28] Vgl. Ulrich Köpf, Religiöse Erfahrung in der Theologie Bernhards von Clairvaux, Tübingen 1980, S. 136f.; Klaus Ridder, Emotion und Reflexion in erzählender Literatur des Mittelalters, in: Codierungen von Emotionen im Mittelalter, hg. v. C. Stephen Jaeger u. Ingrid Kasten (Trends in Medieval Philology, Vol. 1), Berlin/New York 2003, S. 203–221.

Aus der Selbsterkenntnis resultiert neben Furcht und Demut auch das Mitleid, *compassio*, als eine eigene Form der Gotteserfahrung. Indem der Mensch seine Lage als die allen Menschen gemeinsame sieht, verurteilt er seinen Nächsten nicht wie der Pharisäer, sondern kommt ihm mit Mitleid und Mitgefühl entgegen. In der Furcht als *amor carnalis* bezieht sich das Individuum auf sich selbst, im Mitleid als *amor carnalis socialis* auf den Mitmenschen, das bedeutet: auf das eigene Sein als soziales Miteinandersein.[29]

Ganz nahe zum Mitleid mit dem Nächsten stellt Bernhard das Mitleid mit dem gekreuzigten Christus. Beide sind Formen einer „fleischlichen" Liebe, „mit der der Mensch vor allem anderen sich selbst um seiner selbst willen liebt" (SW 1, 113). Die *compassio* mit Christus, das Mitleid und Mitleiden mit seinen Schmerzen, steht also auf der untersten Stufe der Liebe. Der *amor carnalis* geht allen anderen Formen der Liebe voraus, da jeder Mensch zunächst auf sich selbst bezogen ist und sein eigenes Fleisch liebt, wie dies nach Bernhards Meinung auch Paulus 1 Kor. 15,46f. andeutet.

Menschwerdung und Leiden Christi sind, nach Bernhard, die höchsten Offenbarungen der Liebe Gottes zum Menschen. Die von Gott angenommene menschliche Natur bildet die Brücke zwischen Mensch und Gott. Das Elend und Leid des Menschen sind jetzt das Elend und Leid Gottes. Gott lernt durch seine Selbstentäußerung das menschliche Leben per experientiam kennen und versetzt den Menschen in die Lage, mit Gottes Leiden aus Mitleid selbst Mitleid zu haben, das bedeutet, affektiven Kontakt, Erfahrung, zu gewinnen. Mitleidend mit Gott, erkennt die Seele seine tiefsten Geheimnisse und liebt ihn mit einem *amor affectuosus cordis*. Der Mitleidsschmerz öffnet der Seele die Augen. Wie die Furcht den Richtergott erschließt und uns Gott schmecken läßt, so kostet die Seele in der *compassio* die *suavitas* Christi am Kreuze. Wegen dieses Erschließungscharakters nennt Bernhard die *compassio* auch *visio* (vgl. SW 6, 318, 13). Ihr kognitives Element ist kein bloß theoretisches Wissen, sondern eine den ganzen Menschen ergreifende Erfahrung Gottes.

Was für die *compassio* als *amor carnalis* gilt, gilt erst recht für die höchste Stufe des *amor*, die selbstlose Liebe zu Gott. Die Selbsterkenntnis konfrontiert, wie sich ergab, den Menschen einerseits mit seinem Elend (*miseria*), andererseits stellt sie ihm seine Würde vor. Sie liegt in seiner Gottebenbildlichkeit begründet (Gen 1,26). Worin diese aber besteht, beantwortet Bernhard in verschiedenen Schriften unterschiedlich. Einerseits sieht er sie in der *ratio* begründet (SW 6, 542, 23–544,4), andererseits im Willen (SW 1, 78, 15–17). Die Differenz der beiden Thesen löst sich teilweise dadurch auf, daß Bernhard mit dem Terminus *ratio*, wie Augustinus, nicht nur den Intellekt, sondern die geistige Seele insgesamt mit ihren Vermögen der *ratio* und der *voluntas* bezeich-

---

[29] Vgl. Gilson (wie Anm. 27), S. 118.

net.[30] „Während aber Augustin es [das Bild Gottes] vorzüglich in der Verstandeserkenntnis findet [...], verlegt Bernhard das Bild lieber in den Willen, und ganz besonders in die Freiheit".[31]

In dieser Freiheit stehen dem Menschen zwei Möglichkeiten des Wollens offen, die *voluntas propria* und die *voluntas communis* (SW 8, 280, 9f.). Dem Eigenwillen geht es nur um die Befriedigung der eigenen Wünsche unter Ausschluß aller anderen Zwecke, er schließt sich durch dieses selbstbezogene Streben von Gott und den Mitmenschen ab. Die *voluntas communis* dagegen ist der dem Menschen und Gott gemeinsame Wille, und dieser gemeinsame Wille ist die Liebe: *Caritas, quae est Deus* (ebd. 13f.). Die Liebe befreit die Seele so von ihrem Eigensinn, der ihre Ähnlichkeit mit Gott verunstaltet, und macht sie wieder zum Ebenbild (SW 6, 612, 17–23). Diese Liebe bezeichnet Bernhard mit Bezug auf Gregor d. Gr. als *notitia*, als Erkennen (SW 9, 440, 10f.), oder in den Predigten über das ‚Hohe Lied, als *visio*: *caritas illa visio* [...] *est* (SW 6, 608, 21).

Die höchste Form der Gotteserkenntnis ist also kein theoretischer Akt, sondern hat praktisch-voluntativen Charakter: Sie besteht in der Transparenz des göttlichen und menschlichen Willens, die aus ihrer Gleichgerichtetheit resultiert. Der Satz *caritas illa visio est* ist die Quintessenz der Mystik Bernhards von Clairvaux.

Die kognitive Funktion der Liebe, die Bernhard in einem ersten Schritt eher von der voluntativen Seite aus beschrieben hatte, bestimmt er in einigen Texten ansatzweise auch vom Affektcharakter des *amor* her. Dies zeigt sich zum Beispiel daran, daß er den *amor* in eine Reihe mit dem *timor* setzt, dem er, wie sich oben ergab, als Affekt eine kognitive Kraft zuspricht. Er unterscheidet ihn aber andererseits qualitativ von ihm. Denn die Furcht begründet eine hierarchische, asymmetrische Relation. Das Liebesverhältnis dagegen ist reziprok, symmetrisch. *Nam cum amat Deus, non aliud vult, quam amari* (SW 6, 616, 9f.). Dem *amor* kommt also aufgrund der Reziprozität des durch ihn konstituierten Verhältnisses eine Sonderstellung unter den Affekten zu. Diesen Vorrang behauptet er auch in bezug auf seine kognitive Leistung.

Bei der Auslegung des Hoheliedverses *Introduxit me rex in cellam vinariam, ordinavit in me caritatem* deutet Bernhard im Sermo 49 die *cella vinaria* als Ort der Entrückung (*excessus*) in die göttlichen Geheimnisse, von dem die Braut *divino amore vehementissime flagrans* (SW 6, 164, 15) zurückkehrt. Von den beiden *excessus contemplationis, in intellectu* und *in affectu* (ebd. 20f.), führt nur die Entrückung im Affekt in die *cella vinaria*. Die Liebeseinheit kann nur durch Liebe, Gott, der die Liebe ist, nur in der Liebe erfahren werden.

---

[30] Vgl. Wilhelm Hiss, Die Anthropologie Bernhards von Clairvaux, Berlin 1964, S. 77.
[31] Gilson (wie Anm. 27), S. 80.

Die kognitive und experientielle Leistung der Liebe qua Affekt begründet Bernhard allerdings anders als die der Furcht. Bei der Explikation des *sapere* des *timor* hatte er die Erkenntnisfähigkeit des Affektes von seiner Natur her quasi phänomenologisch entwickelt und gezeigt, wie Gott in der Furcht intensiver erfahren wird als durch die *ratio*. Anders verfährt er beim *amor*. Um dessen Erschließungskraft aufzuweisen, rekurriert er im Sermo 82 nicht auf die Natur des Affekts, sondern bezieht sich auf den antiken erkenntnismetaphysischen Lehrsatz „Gleiches wird durch Gleiches erkannt", den er noch mit biblischen Sätzen verbindet und ethisierend umdeutet. Die Ähnlichkeit ist die Voraussetzung der Erkenntnis. Dies gilt auch für die *caritas ut visio*. *Similitudo* ermöglicht aber nicht nur die Schau Gottes in der Liebe, sondern ist Schau. *Caritas illa visio, illa similitudo est* (SW 6, 608, 21). Die kognitive Leistung der Liebe beruht also nicht auf ihrem Affektcharakter, sondern auf der *similitudo*, das bedeutet freilich: nicht auf einer metaphysischen Gleichheit, wie es das antike Adagium nahelegt, vielmehr auf der ethischen Qualität der Übereinstimmung mit dem göttlichen Willen. Daher kann der Sünder, der seine Bosheit liebt und dadurch Gott unähnlich ist, Gott nicht schauen. Wo aber die Unähnlichkeit beseitigt ist, werden Einheit des Geistes, gegenseitiges Schauen und gegenseitige Liebe herrschen (vgl. SW 6, 608, 28f.). In der *similitudo*, verstanden als *conformitas*, besteht ein Zustand der Transparenz, die Schau der Liebe. *Res est in affectibus, nec ratione ad eam pertingitur, sed conformitate* (SW 6, 400, 29f.).

In der Auseinandersetzung um das neue Wissenschaftsdenken entdeckt also Bernhard den kognitiven Aspekt der Affekte wieder und macht diese Erkenntnis zum Fundament seiner antidialektischen Position. Die Affekte, nicht die *ratio* sind für ihn die höchste Möglichkeit der Erkenntnis und Erfahrung Gottes. Sie entspringen dem ersten und nützlichsten Wissen, der Selbsterkenntnis, und führen zu einer die gesamte Existenz in Beschlag nehmenden Gotteserfahrung. Der affektiv erfahrene Gott ist, nach Bernhard, mehr als der bloß gedachte Gott. Mit dieser Wendung wird der Begriff der religiösen Erfahrung entschieden subjektiviert.

III. Die Gotteserfahrung der „armen Vernunft" – Meister Eckhart

1. Die im 11. Jahrhundert einsetzenden wirtschaftlichen, gesellschaftlichen und kulturellen Entwicklungen beschleunigten sich nach der Mitte des 12. Jahrhunderts. Mit der Bevölkerungsvermehrung, dem wirtschaftlichen Aufschwung im Zuge der Urbanisierungswelle, mit der Zunahme von Handel, Verkehr und Geldwirtschaft und dem gleichzeitigen Anwachsen der Armut

infolge der Strukturveränderungen – z.B. der Auflösung der alten Grundherr-schaften – kam es vor allem in den Brennpunkten der neuen Entwicklungen, den Städten, die zu Ballungszentren des Reichtums und der Armut wurden[32], zu steigenden Spannungen zwischen den ökonomischen Entwicklungen und den Forderungen der christlichen Religion. Städte und christliche Religion verbanden zwar Interessenkonvergenzen, aber es gab fundamentale Gegen-sätze, wie sie sich exemplarisch im Protest der Waldenser, Humiliaten oder des Franziskus gegen Geldwirtschaft, Wucher und Habgier der *potentes* manife-stierten. Rationale Wirtschaft ist an Geldpreisen, die auf dem Markt entste-hen, orientiert und folgt immanenten Eigengesetzlichkeiten, nicht den Vor-schriften einer Brüderlichkeitsethik. Damit verschob sich das Epizentrum der Spannungen zwischen den gesellschaftlichen Sphären und der christlichen Re-ligion, verglichen mit dem 11. und 12. Jahrhundert, als Wissen und Wissen-schaft den Konfliktbereich bildeten, in Richtung auf den ökonomischen Sek-tor. Eigentum, Besitz, Reichtum, das „Haben", nicht Wissenschaft und Wis-sen sind das Problem – das Wissen nur, insofern es als Besitz verstanden wird. In den Zentren der neuen wirtschaftlichen Rationalität entstehen religiöse Armutsbewegungen, deren Motor seit Beginn des 13. Jahrhunderts die Bettel-orden sind. Sie werten alte Heiligkeitsbegriffe um und erzwingen die „innere Unterwerfung unter das noch nie Dagewesene" (Max Weber): die Armut als gesellschaftlichen, religiösen Wert.

Die Armutsfrage hatte sich seit Beginn des 14. Jahrhunderts extrem zuge-spitzt. Im Franziskanerorden verschärfte sich der Armutsstreit, der noch zu Lebzeiten des Franziskus begonnen hatte, zur Kontroverse um die juridische Präzisierung der Eigentumslosigkeit. Zur gleichen Zeit brach im Dominika-nerorden „die Krise der ‚deutschen Mystik' aus, die zum Prozeß gegen Meister Eckhart führte"[33]. Eckhart geriet mit seinem radikalen Begriff der Armut an die Grenzen der Rechtgläubigkeit. In seinen Predigten geht es primär weder um die äußere Armut und ihre Gestaltung noch um die Unterscheidung von Eigentums- und Nutzungsrecht, sondern um die Verwirklichung der evange-lischen Armutsforderung. Eckhart kehrt alle gängigen Vorstellungen vom spi-rituellen Leben um und gestaltet es nach den Maßen des Armutsideals grund-legend neu. Er kritisiert die Eigentumsstrukturen, die er in Sondererfahrungen entdeckt. Jede Spur einer Besitzrelation, jeden Anflug von *eigenschaft* will er

---

[32] Vgl. Erwin Maschke, Die Unterschichten der mittelalterlichen Städte Deutschlands, in: Die Stadt des Mittelalters, Bd. 3: Wirtschaft und Gesellschaft, hg. v. Carl Haase, 3. Aufl., Darmstadt 1976, S. 345–454.

[33] Herbert Grundmann, Religiöse Bewegungen im Mittelalter. Untersuchungen über die geschichtlichen Zusammenhänge zwischen der Ketzerei, den Bettelorden und der religiösen Frauenbewegung im 12. und 13. Jahrhundert und über die geschichtlichen Grundlagen der deutschen Mystik (Historische Studien, Heft 267), 3. Aufl., Darm-stadt 1970, S. 524.

aus dem Verhältnis zu Gott ausschließen. An die Stelle des kontemplativen Genusses und affektiven Erlebens setzt Eckhart die praktische Tat der Nächstenliebe und die Gotteserkenntnis der „armen Vernunft".

2. In den ‚Reden der Unterweisung' und in Predigten spricht Eckhart[34] immer wieder von der latenten „Habenstruktur" der religiösen Erfahrungen und von der damit verbundenen Neigung der Kontemplativen, Wesen und Erscheinung zu verwechseln. In der Predigt ‚Expedit vobis ut ego vadam' (Pf. Pr. 76, S. 238, 24–249, 33) billigt er ihnen zwar gute Absicht zu, sie betrügen sich aber häufig selbst: *Unde geloubent sie der ansprâche, die sie dâ hoerent [...], daz sie die liebsten sîn, oder eines anderen gebresten oder tugenden, oder sie hoerent, daz got dur sie iht tuon wil. Dâ werdent sie dicke an betrogen* (Pf. 240, 24–27). Diese Frommen machen mit ihrer Selbstüberschätzung sich selbst zum Mittelpunkt der Welt und Gott zum Götzen. Eckhart betont den egozentrischen Aspekt an den Sondererfahrungen, und er findet seine Vorbehalte in dem Johanneswort bestätigt: „Es ist gut für Euch, wenn ich von Euch gehe". Denn damit sind die Jünger, nach Eckharts Meinung, aufgefordert, über den *wec der menscheit* hinauszuschreiten und den *wec der gotheit* (Pf. 240, 36f.) zu betreten. Sie sollen sich nicht *mit luste* an die *menscheit Christi* halten. Visionen und Auditionen sind zwar etwas Außeralltägliches, aber doch nur Epiphänomene.

Für den Eucharistieempfang z.B. sind Gefühle und Empfindungen Nebensache. Nicht *innicheit oder andâht* (DW V, 262, 9f.), nicht eine besonders dichte Affektlage sind verlangt, sondern nur ein guter Wille. Eckhart begründet dies mit dem Wesen der *unio sacramentalis* selbst. Denn diese ist keine Vereinigung zweier, *unitum*, sondern ein Einssein, *unum*. Es ist daher zwischen der eigentlichen *unio*, der Einheit im Sein, und ihrer Empfindung zu unterscheiden. Ob jene vorliegt, dafür ist die Empfindung kein verläßliches Kriterium. Affekte und Stimmungen sind, was ihr kognitives Element betrifft, täuschbar. Grundsätzlich ist für Eckhart das Einssein mit Gott wichtiger als sein Widerschein in Empfindungen und Stimmungen.

3. Daß der subjektive Gehalt von Erfahrung Nebensache ist, daß es nicht auf *andâht* und ekstatische Gefühle ankommt, zeigt Eckhart auch im zehnten Kapitel der ‚Reden der Unterweisung'. Er wendet sich gegen die Ansicht, daß *jubilus* und Einheitsgefühle eindeutig identifizierbare Erfahrungen der göttli-

---

[34] Die deutschen und lateinischen Werke werden nach der textkritischen Ausgabe von Josef Quint, Georg Steer, Stuttgart 1958–2003 (DW) und von Ernst Benz, Karl Christ, Bruno Decker, Heribert Fischer, Bernhard Geyer, Josef Koch, Erich Seeberg, Konrad Weiß, Albert Zimmermann, Loris Sturlese, Stuttgart 1964–2000 (LW) zitiert. Predigt 76 wird nach Franz Pfeiffer (Pf.) zitiert: F. Pfeiffer, Deutsche Mystiker des vierzehnten Jahrhunderts, in 2 Bänden, Bd. 2: Meister Eckhart, Aalen 1962 (Neudr. der Ausgabe Leipzig 1857).

chen Präsenz seien und umgekehrt Empfindungslosigkeit Gottesferne anzeige. Diesen Schluß von affektiven Zuständen auf das Vorhandensein von Liebe weist Eckhart mit der Unterscheidung von *wesen* und *werk* der Liebe zurück. Das Wesen der Liebe, das im Willen liegt, ist unerkennbar, das Werk der Liebe, ihr sichtbarer Ausdruck, dagegen zweideutig, da er ganz heterogenen Ursachen entspringen kann. Die affektive Erfahrung ist fehlbar, da sie auf der Annahme eines Sachverhalts, die wahr oder falsch sein kann, beruht. Wenn die Annahme sich als falsch erweist, läuft der Affekt ins Leere. Ursache und *ûzbruch* können nicht eindeutig einander zugeordnet werden. Vom *ûzbruch* der Liebe läßt sich nicht auf die tatsächliche Präsenz der Liebe zurückschließen. Und sogar wenn Gott selbst den affektiven Zustand verursacht, ist er für Eckhart kein Zeichen der Vollkommenheit, sondern bezeugt den Anfänger- status des so Heimgesuchten. Die praktische Tat der Nächstenliebe, das *min- newerk*, dagegen zeigt mehr Liebe an und ist eine tiefere Erfahrung als das Werk der *minne*, so daß selbst eine von Gott gewirkte Verzückung von der Intensität der Verzückung Pauli abgebrochen werden muß, um einer Tat der Nächstenliebe willen*: waere der mensche alsô in einem înzucke, als sant Paulus was, und weste einen siechen menschen, der eines suppelîns von im bedörfte, ich ahtete verre bezzer, daz dû liezest von minne von dem und dientest dem dürftigen in mêrer minne* (DW V, 221, 5–8). Das *minnewerk* ist gegenüber der subjekti- ven Erfahrung das objektiv Bessere, da es nicht auf Selbstgenuß ausgerichtet ist. Gott wird nicht im experientiellen Innewerden, nicht im Gefühl, sondern im selbstlosen Wirken für den Nächsten gefunden. Die Praxis ist der Ort der Gotteserfahrung.

Auch in der Predigt Q 86 ‚Intravit Iesus in quoddam castellum‘ werden, aus der Perspektive des Armutsideals betrachtet, die Schwachpunkte der kontem- plativen Existenz mit ihren Sondererfahrungen sichtbar: das Haften am Ge- nuß, der geistliche Besitzindividualismus (DW III, 481, 6–9). Das führt Eck- hart an den beiden Schwestern vor. Die jüngere, ganz auf die *süeze* der Erfahrungen ausgerichtet, ist bestimmt durch Stimmungen, Gefühle und ein vages Verlangen; selbstvergessen genießt sie das Wohlgefühl der Nähe Gottes. Sie ist für Eckhart eine Anfängerin. Die ältere Schwester dagegen ist konzen- triert auf die Erledigung der nächstliegenden Aufgaben. Sie wird nicht von außen durch das Objekt ihrer geistlichen Lust determiniert und verliert sich nicht im Genuß des glücklichen Augenblicks. Das Kriterium also, an dem Eckhart das Verhalten der Geschwister mißt, ist nicht die Intensität des Got- teserlebnisses, sondern umsichtige Tätigkeit. Eckhart wertet religiöse Erfah- rung und Beschaulichkeit zwar nicht grundsätzlich ab, relativiert sie aber, soweit sie Besitzstrukturen tragen.[35] Richtige Lebenspraxis und Aktivität in

---

[35] Vgl. Dietmar Mieth, Christus, das Soziale im Menschen. Texterschließungen zu Mei- ster Eckhart, Düsseldorf 1972, S. 76.

der Welt vermitteln einen höheren Grad von Selbsterkenntnis und Transparenz des gesamten Schöpfungszusammenhangs als die perspektivisch eingeschränkte Verzückung, in der der Mensch nur sich selbst und Gott schaut. Das Wissen, das der Mensch in der Schau Gottes erwirbt, ordnet Eckhart dem Finden Gottes im Handeln unter. Nicht die Verzückung, sondern das tätige Leben vermittelt das *edelste bekennen* (DW III, 482, 19). In der vernünftigen Tätigkeit steht der Mensch am Umkreis der Ewigkeit und findet Gott in allen Dingen; *daz zîtlich werk (ist) als edel als dehein vüegen in got* (ebd. 488, 8f.). Die wesentliche *perfectio* beruht nicht auf *lust* und *süeze*, sondern auf innerweltlicher Aktivität. Nicht Sondererfahrungen, sondern Handeln im Dienst des Nächsten machen den Menschen erfahren und wissend.

4. In analoger Weise interpretiert Eckhart auch die Schau Gottes in der Vernunft vom Armutsgedanken her grundlegend um.

In der Predigt Q 61 ‚Misericordia domini plena est terra' handelt Eckhart vom Stellenwert von Visionen und Auditionen und vom Erkennen Gottes in dem *lûter geistlich bekantnisse*. Wie Augustinus, dessen Einteilung der Erkenntnisarten er, leicht variiert, übernimmt, analysiert er die Frage nach der unmittelbaren Schau Gottes im Zusammenhang der Entrückung des Paulus. Diesen *raptus* versteht er nicht als leibliche Versetzung, wie z.B. Sir. 44,16 die Entrückung Henochs ins Paradies, sondern als „platonisches Entrücktwerden"[36], dessen Grad sich nach dem Grad der Abkehr vom Sinnlichen ins Geistige bemißt: Paulus wird demnach in einen geistigen Himmel entrückt und schaut im Geiste das Wesen Gottes. Die unteren Erkenntnisarten werden deswegen abgewertet. Die erste, das *bekantnisse der crêatûren, die man mit den vünf sinnen begrîfen mac* (DW III, 37, 3) ist *sinnelich* (DW I, 182, 7), *lîplich*, an den Leib gebunden (DW III, 242, 4) und geht auf die materiellen Dinge in Raum und Zeit, sie erfaßt sie nur als Erscheinungen, nicht in ihrem *quod quid est*. Wegen ihrer Fixierung auf die äußere Welt erkennt sie Gott nicht, der reiner Geist ist (DW III, 37, 4f.). Die zweite Erkenntnisart nennt Eckhart *geistlich bekantnisse* (DW III, 242, 5). Sie ist *geistlîcher* (DW III, 37, 5) als die erste, weil sie einen Gegenstand ohne dessen sinnliche Gegenwart in seinem Vorstellungsbild erkennen kann, bleibt aber als *rationale inferius* (LW I, 608, 4) auf die aus der Sinnlichkeit abstrahierten *phantasmata* angewiesen. Wegen ihrer Weltlichkeit kommt sie als Form der Gotteserfahrung nicht in Frage.

Die dritte Erkenntnisart ist ein *lûter geistlich bekantnisse* (DW III, 38, 1f.). In dieser Erkenntnis wird die Seele von allen leiblichen Dingen entrückt; sie vollzieht sich *innewendic in deme geiste*, ist ohne sinnliche Elemente und

---

[36] Hans Urs von Balthasar, Thomas und die Charismatik. Kommentar zu Thomas von Aquin, Summa theologica II-II, qu 171–182 (Deutsche Thomas-Ausgabe, Bd. 23), Heidelberg u.a. 1954, S. 253–464, hier S. 374.

stammt unmittelbar, *immediate* (LW I, 609, 12), von Gott. Sie ist eine *operatio intelligibilis* (LW III, 220,10) und erfaßt Gott selbst: *intellectus pascitur solo esse et sic deo proprie pascitur* (LW IV, 445,11). Eckhart geht hier wie Thomas von einem Satz des Avicenna aus: *Obiectum intellectus et quod primo omnium cadit in intellectu est ens* (LW I, 527, 7f.). Er zieht aber andere Folgerungen. Thomas von Aquin hatte in seinem Boethiuskommentar die *communes animi conceptiones* auf die Transzendentalien bezogen und in ‚De veritate' unter den Transzendentalien eine Rangfolge angenommen: *Illud autem, quod primo intellectus concipit quasi notissimum, et in quo omnes conceptiones resolvit, est ens*[37]. Das *ens* ist also das erste *cognitum*, das *unum*, *verum* und *bonum* sind mit ihm konvertibel, die anderen Begriffe auf das *ens* zurückführbar. Das *ens* ist die *prima operatio in intellectu* und der erste und evidenteste Begriff, ohne den nichts begriffen werden kann. Das *ens* als *primum cognitum* ist aber für Thomas nicht das göttliche Sein. Das Erste in der Erkenntnisordnung ist nicht das Erste in der Seinsordnung. Da menschliches Erkennen immer nur im Bezug auf die durch die Sinnlichkeit vermittelte Welt möglich ist, *per conversionem ad phantasma*[38], erkennt es Gott nur mittelbar durch die Kreaturen. Zu behaupten, das *primum cognitum* sei Gott, wie es Theologen in der augustinischen Tradition tun, heißt, nach Thomas, die Gotteserkenntnis *in via* mit der *visio beatifica* zu verwechseln. Für Eckhart dagegen ist das *ens* als *primum cognitum* das göttliche Sein. Das Erste in der Erkenntnisordnung ist das Erste in der Seinsordnung. Mit dieser These bezieht er in der Debatte um das Ersterkannte, in der Thomas den Satz Guiberts von Tournai zurückgewiesen hatte, Gottes Wesen sei das *primum intelligibile*, eine der augustinischen Richtung zuneigende Position.[39] Eckhart meint nicht, daß sich der Intellekt, wie bei Thomas, auf das Seiende als Seiendes bezieht im Gegensatz zu den einzelnen Sinnen, die jeweils bestimmte Qualitäten wahrnehmen, sondern daß er das Sein selbst, d.h. Gott erfaßt; er dringt in das reine Sein Gottes ein. Die *edele kraft der sêle* nimmt Gott in seinem *blôzen eigenen wesene* (DW I, 182, 9f.), *sunder mittel* (DW I, 250,18).

Dieses Erkennen interpretiert Eckhart in der Predigt Q 10 ‚In diebus suis' als Sehen: *Diu sêle hât zwei ougen, einz inwendic und einz ûzwendic. Daz inner ouge der sêle ist, daz in daz wesen sihet und sîn wesen von gote âne allez mitel nimet: daz ist sîn eigen werk* (DW I, 165, 4–7). Aber dieses Sehen ist kein

---

[37]   S. Thomae Aquinatis quaestiones disputatae, Vol. I : De veritate, cura et studio Raymundi M. Spiazzi, Taurini 1964, qu 1 a 1c.
[38]   S. Thomae Aquinatis Summa theologiae, cura et studio Petri Caramello, Taurini 1963, I qu 84 a 7.
[39]   Vgl. Wouter Goris, Die Anfänge der Auseinandersetzung um das Ersterkannte im 13. Jahrhundert: Guibert von Tournai, Bonaventura und Thomas von Aquin, Documenti e studi sulla tradizione filosofica medievale, 10 (1999), S. 355–369.

distanznehmendes Sehen auf Gott als Objekt, wie das *einveltige liute* annehmen. *Sie waenent, sie süln got sehen, als er dâ stande und sie hie. Des enist niht. Got und ich wir sint ein* (DW I, 113, 6f.), das bedeutet: eine Einheit im Vollzug des Sehens. *Daz ouge, dâ inne ich got sihe, daz ist daz selbe ouge, dâ inne mich got sihet; mîn ouge und gotes ouge daz ist ein ouge und ein gesiht und ein bekennen* (DW I, 201, 5–7). Es entsteht eine Interaktion, in der die Trennung von Sehendem und Gesehenem, von Subjekt und Objekt, aufgehoben ist: *daz selbe, daz dâ sihet, daz ist daz selbe, daz dâ gesehen wirt* (ebd. 201, 4f.).

Eckhart nimmt hier einen aristotelischen Gedanken auf. In der ‚Physik' definiert Aristoteles[40] die Bewegung vom Bewegten her als Verwirklichung des Bewegten, ἐντελέχεια τοῦ κινητοῦ (202 a 7f.), und vom Bewegenden her als Verwirklichung oder Tätigkeit, ἐνέργεια, des Bewegenden. Da das Bewegende für seine Bewegung auf Bewegbares angewiesen ist, wirkt dieses auf das Bewegende ein, so daß jedes Bewegende zugleich bewegt wird, es bewegt als bewegter Beweger (201 a 23–25), und jedes Bewegte als solches ist schon tätig.[41] Weil aber das Bewegliche bewegt wird, indem das Bewegende bewegt, handelt es sich um eine einzige Bewegung, nur ihr Begriff ist nicht einer; denn in bezug auf das Bewegende bestimmt er sich als Tätigkeit, ποιεῖν, in bezug auf das Bewegte als Erleiden, πάσχειν.

Eckhart greift den Aspekt der Identität von Bewegendem und Bewegtem in der Bewegung auf, überträgt dieses von Aristoteles für die Naturbewegung aufgestellte Theorem auf das Verhältnis von Geschöpf und Schöpfer und verschärft es gleichzeitig von seinem Begriff der Schöpfung her. Er blendet den von Aristoteles betonten Sachverhalt, daß der natürliche Beweger immer bewegter Beweger ist, im Falle Gottes aus und erklärt das bewegende Prinzip zum alleinigen und ausschließlich aktiven, das Bewegte zum bloß passiven Prinzip. *Got machet uns sich selber bekennende [...], und ez ist daz selbe, daz er mich machet bekennende und daz ich bekenne* (DW III, 320, 8–10). Nicht durch die Erkenntnisleistung des menschlichen Erkenntnisvermögens erkennen wir, sondern durch Gott selbst. Das Erkennen des Menschen erkennt, indem es von Gott erkannt wird, und folglich ist die menschliche Erkenntnis Gottes und die Erkenntnis, durch die Gott den Menschen erkennt, ein einziger Vorgang, eins. *Ez ist ze wizzene, daz daz ein ist nâch dingen: got bekennen und von gote bekant ze sînne [...]. In dem bekennen wir got und sehen, daz er uns machet gesehende und bekennende* (DW III, 310, 3–311, 1). Aber während bei den

---

[40] Die ‚Physik' wird nach folgender Ausgabe zitiert: Aristotelis Physica, hg. v. William David Ross (Scriptorum Classicorum Bibliotheca Oxoniensis), Oxford 1977.

[41] Vgl. Wolfgang Wieland, Die aristotelische Physik. Untersuchungen über die Grundlegung der Naturwissenschaft und die sprachlichen Bedingungen der Prinzipienforschung bei Aristoteles, 2. Aufl., Göttingen 1970, S. 253.

körperlichen Wesen das Sehen und das Gesehene im Akt des Sehens identisch sind, ohne daß das Auge dem Gesehenen Sein verleiht, gibt Gott der Seele, indem er sie ansieht, Sein und Leben, und erhält die Seele Sein und Leben, indem sie Gott anschaut. *Dâ got die crêatûre anesihet, dâ gibet er ir ir wesen; dâ diu crêatûre got anesihet, dâ nimet si ir wesen* (DW I, 173, 6f.). Eckhart deutet also den aristotelischen Gedanken in eine einseitige dynamische ontologische Relation um, in der die Seele in den göttlichen Lebensprozeß integriert wird. Erkennendes und Erkanntes sind keine zwei Substanzen, sondern ein Lebensvollzug, ein *wesen* und ein *leben*, eine Einheit von Seinsmitteilung und Seinsempfang. Damit gleicht dieses Erkennen der paulinischen γνῶσις, verstanden als „Einbezogenwerden in das Heilsgeschehen vermöge der πίστις"[42].

5. Die Voraussetzung für diese Gotteserfahrung formuliert Eckhart zunächst auch wieder, ausgehend von aristotelischen Grundsätzen. *Sol mîn ouge sehen die varwe, sô muoz ez ledic sîn aller varwe* (DW I, 201, 2f.), oder ganz allgemein: *allez, daz nemen sol und enpfenclich sîn, daz sol und muoz blôz sîn* (DW V, 28, 8f.); der Intellekt, der nichts von dem ist, was er erkennen kann, ist eine *tabula nuda*. Die Schlußfolgerung, die Eckhart daraus zieht, funktioniert allerdings die aristotelische Lehre entscheidend um. Denn es geht ihm im vorliegenden Fall nicht bloß um eine Leerheit und Unbestimmtheit im epistemologischen Sinn, sondern um eine ethische Einstellung. Die Leerheit des Intellekts meint hier also nicht Offenheit für jede Art von Bestimmung, sondern den Status der Selbstentäußerung und Armut. *Ex quibus concluditur, quod dona dei dantur relinquenti omnia et omne, quod deus unus non est* (LW III, 337, 6f.). Diese ethisierende Umdeutung macht die Basis der Lehre Eckharts von der Gotteserfahrung in der *ratio superior* sichtbar: die vollkommene Armut. Das bedeutet den Verzicht auf jede Art von Erfahrung. Der arme, mit Gott eine Mensch weiß weder, noch erkennt er, daß Gott in ihm lebt. *Alsô sprechen wir, daz der mensche sol quît und ledic stân, daz er niht enwizze noch enbekenne, daz got in im würke: alsô mac der mensche armuot besitzen* (DW II, 497,1–3). Wer weiß, daß Gott in ihm wirkt, ist schon aus der Einheit mit Gott herausgefallen. Eckhart kehrt also die gängige Meinung geradezu um und behauptet: je weniger du erfährst und weißt, desto näher ist dir Gott. *Und ie mê dû dîn selbes wüester stâst und unwizzende aller dinge, ie naeher dû disem komest* (DW IV, 481, 31f.). Das Erkennen des Menschen muß in ein nichterkennendes Erkennen, ein *unbekantez bekantnisse* (ebd. 478, 41), eine nichterfahrende Erfahrung, verwandelt werden. Mit diesem Konzept der „armen Vernunft" entscheidet sich Eckhart gegen das „Erleben der Erfahrung"

---

[42] Rudolf Bultmann, γινώσκω, γνῶσις [...], in: Theologisches Wörterbuch zum Neuen Testament, I, 710.

(Mieth). Er ordnet das Wissen um das Leben in Gott, den *ûzslac* im Bewußtsein, dem Einssein mit Gott unter, das sich in der vollkommenen Armut konstituiert.

Die „arme Vernunft" mit ihrer radikalen Selbstentäußerung, in der sie das
Paradigma der göttlichen Selbstentäußerung in der Inkarnation nachvollzieht,
ist nach Eckhart der Ort der Gottesgeburt. Grundlage dieser Lehre bildet das
kirchliche Dogma von der hypostatischen Union, daß nämlich Christus in
einer Person und einer Hypostase die göttliche und menschliche Natur verei-
nigt. Die in diesem Lehrsatz enthaltene Unterscheidung zwischen Natur und
Person und die Trennbarkeit von Natur und Person nutzt Eckhart zu einer
„ethisierende(n) Umdeutung"[43] des Dogmas.

> *Daz merket! Daz êwige wort ennam niht an sich disen menschen noch den menschen,*
> *sunder ez nam an sich eine vrîe, ungeteilte menschlîche natûre, diu dâ blôz was sunder*
> *bilde; wan diu einvaltige forme der menscheit diu ist sunder bilde. Und dar umbe ⟨wan⟩*
> *in der annemunge diu menschlîche natûre von dem êwigen worte einvalticlîche sunder*
> *bilde angenomen wart, sô wart daz bilde des vaters, daz der êwige sun ist, bilde der*
> *menschlîchen natûre. Wan als daz wâr ist, daz got mensche worden ist, als wâr ist daz,*
> *daz der mensche got worden ist. Und alsô ist diu menschlîche natûre überbildet in dem,*
> *daz si worden ist daz götlîche bilde, daz dâ bilde ist des vaters* (DW II, 379, 5–381, 2).

Dadurch also, daß Christus, das göttliche Bild, die menschliche Natur annahm, wurde das innertrinitarische, göttliche Bild zugleich das Bild der
menschlichen Natur. Die menschliche Natur ist das Bild Gottes. Wenn nun
diese Natur allen Menschen mit Christus in univoker, nicht äquivoker Weise
gemeinsam ist, kann jeder Mensch als Teilhaber an der menschlichen Natur
aufgrund der hypostatischen Union mit Gott eins sein wie Christus. „*Diu*
groeste einunge, die Kristus besezzen hât mit dem vater, diu ist mir mügelich ze
gewinnenne" (DW II, 13,13f.). Denn was Gott der menschlichen Natur in
Christus gab, das gab er der menschlichen Natur aller Menschen. Sie ist daher
von unendlicher Würde. Der Mensch kann Gott werden, weil Gott Mensch
geworden ist.

Die Bedingungen für die Verwirklichung dieser Möglichkeit präzisiert Eckhart in der Predigt 24:

> *Wilt dû der selbe krist sîn und got sîn, sô ganc alles des abe, daz daz êwige wort an sich*
> *niht ennam. Daz êwige wort nam keinen menschen an sich; dar umbe ganc abe, swaz*
> *menschen an dir sî und swaz dû sîst, und nim dich nâch menschlîcher natûre blôz, so bist*
> *dû daz selbe an dem êwigen worte, daz menschlich natûre an im ist* (DW I, 420, 5–10).

Die Anweisung, sich nach seiner freien, ungeteilten Natur zu nehmen, ist weder eine Aufforderung zur Introspektion in das ewige Wesen des Menschen

---

[43]   Joseph Ratzinger, Die christliche Brüderlichkeit, München 1960, S. 76.

noch zur Preisgabe eines metaphysischen Bestandteils, sondern verlangt einen Wandel der Einstellung zum eigenen Leben, das nicht mehr nach selbstischen, sondern nach universalisierbaren Prinzipien vollzogen werden soll. Denn die Unterscheidungen *persona – natura; mensche – menscheit* oder *mensche – bild* bezeichnen jeweils alternative Möglichkeiten des menschlichen Lebensvollzugs, deren jeweilige Aktuierung zu qualitativ verschiedenen ontologischen Status führt. Sich als *mensche* verstehen, heißt, sich selbst in seiner Nichtigkeit zum primären Liebesobjekt machen und dadurch zunichte werden: *amans fit amatum*. Sich nach seiner *menscheit* verstehen, bedeutet dagegen, allgemein, d.h. sozial werden durch das Lassen seiner selbst. Die Selbstentäußerung des Menschen und die Selbstentäußerung Gottes in der Inkarnation haben als Ziel dieselbe Seinsweise, die Eckhart mit den Begriffen *natura, menscheit, bilde* umschreibt. Die *menscheit*, die das Wesen des Menschen ist und als das Innerste des Individuums gerade nicht das ist, was exklusiv nur ihm zukommt, sondern das, was ihm mit allen Menschen und mit Gott gemeinsam ist, soll nicht betrachtend objektiviert und in Sondererfahrungen erlebt, sondern in tätiger Nächstenliebe vollzogen werden. In jeder guten Tat wird Gott geboren. Die Praxis ist der Ort der Erfahrung Gottes.

Schlußbemerkung

Die Möglichkeit von Transzendenzerfahrungen wurde von Eriugena, Bernhard von Clairvaux und Meister Eckhart nicht in Frage gestellt. In allen drei Fällen bildete die in der christlichen Schöpfungslehre verbürgte Einheit der erschaffenen Welt und der Vernunft den dominierenden Referenzrahmen, zu dessen Grundannahmen die Immanenz der Transzendenz gehörte. Die Funktion der Rationalität in diesen Transzendenzerfahrungen wurde jedoch von einem theonomen Standpunkt in verschiedener Weise eingeschränkt: durch das Konzept einer gnadengeleiteten *ratio* (Eriugena), durch die Privilegierung der Affekte als des eigentlichen Mediums religiöser Erfahrung (Bernhard von Clairvaux) und schließlich durch die Denkfigur der „armen Vernunft" (Eckhart), die den Anspruch auf den eigenen Leistungsvollzug in der Einheit mit Gott aufgibt.

Es ist ein auffallendes Datum der Rezeptionsgeschichte, daß in den vorliegenden Beispielen zwar der Vernunftbegriff des Aristoteles christlich adaptiert wurde, nicht jedoch sein Erfahrungsbegriff, der ausschließlich auf den innerweltlichen Bereich gerichtet und der epistemischen, praktischen und poietischen Vernunfttätigkeit in jeweils verschiedenen Funktionen zugeordnet ist. So wie die Vernunft ist auch die Erfahrung bei Aristoteles ein *plurale tantum*. Ihre unterschiedlichen Formen enthalten keine religiösen Elemente. Diese weltbezogenen Erfahrungen, die in der aristotelischen Philosophie Elemente innerweltlicher Vernunfttätigkeiten bilden, unterscheiden sich grundsätzlich von den mittelalterlichen Konzepten der religiösen Erfahrung, die ständig das christliche Paradox umkreisen, daß Gott durch seine Inkarnation erfahrbar geworden, aber zugleich in seinem Wesen unerfahrbar geblieben ist.

Abstract: Forms of religious experience are studied in this article in which rationality and receptive modi of comprehension are combined in varying degrees. Eriugena's concept of theophany comprises the possibility of the experience of transcendence ope rationis et divina gratia. For Bernard of Clairvaux, on the other hand, emotions, not ratio provide the genuine medium of the experience of God. From a position based on the spirituality of poverty, Eckhart criticises emotional religious experiences as a possible form of desire of possession and contrasts them with the experience of God in 'poor reason', which is an experience of non-experience, occurring in works of charity.

Wolframstudien XX (2008)
Erich Schmidt Verlag Berlin

der sin was âne sinne

Zum Verhältnis von Rationalität und Allegorie in philosophischen und mystischen Texten

von ANNETTE VOLFING

In der philosophischen Literatur des Westens verbindet sich der Begriff Rationalität eng mit der Idee eines Aufstiegs der menschlichen Seele zu Gott.[1] Himmelsreisen dieser Art werden unterschiedlich bezeichnet – z.B. als *apotheosis, anagoga, anabasis* und *reditus ad suum principium* – und in einer Reihe literarischer Formen und Kontexte behandelt, von Platon und Augustinus bis hin zu Bonaventura und Alanus ab Insulis.[2] Obwohl sich die literarischen Darstellungen in ihrer jeweiligen Umsetzung stark unterscheiden, trifft es generell zu, dass christliche Autoren (im Gegensatz zu vorchristlichen) die Rolle und Natur von Rationalität bei der Himmelsreise eher ambivalent einschätzen.[3] Während die Himmelsreise in platonistischer Tradition ausgesprochen

---

[1] Ich bin Martina Mangels und Henrike Lähnemann dafür dankbar, dass sie mich bei der Übersetzung dieses Aufsatzes aus dem Englischen unterstützt haben.

[2] Für eine hilfreiche Übersicht siehe Frederick van Fleteren, The Ascent of the Soul in the Augustinian Tradition, in: Paradigms in Medieval Thought: Applications in Medieval Disciplines. A Symposium, hg. v. Nancy van Deusen u. Alvin E. Ford (Mediaeval Studies 3), Lewiston/Queenston/Lampeter 1990, S. 93–110. Siehe auch Walter Haug, Bonaventuras »Itinerarium mentis in Deum« und die Tradition des platonischen Aufstiegsmodells, in: ders., Die Wahrheit der Fiktion. Studien zur weltlichen und geistlichen Literatur des Mittelalters und der frühen Neuzeit, Tübingen 2003, S. 493–504.

[3] Die formale Unterscheidung von *ratio, intellectus* und *intelligentia* geht über das Thema dieses Beitrages hinaus, nicht zuletzt weil ihre Bedeutung von Autor und Kontext abhängt. Für eine Übersicht siehe Hans Flasche, Die begriffliche Entwicklung des Wortes ratio und seiner Ableitungen im Französischen bis 1500, Leipzig / Paris 1936; Jost Trier, Der deutsche Wortschatz im Sinnbezirk des Verstandes. Die Geschichte eines sprachlichen Feldes. Band I: Von den Anfängen bis zum Beginn des 13. Jahrhunderts, Heidelberg 1931. Zum Gebrauch der Begriffe von einem [einzelnen] herausragenden Autoren siehe Julien Peghaire, Intellectus et ratio selon s. Thomas d'Aquin (Publications de l'Institut d'études médiévales d'Ottawa 6), Ottawa 1936.

intellektuell ist, mit einem rigorosen und systematischen Studium der freien Künste verbunden,[4] gestehen spätere Autoren dem Einsatz des Verstandes nicht dasselbe Gewicht zu: Obwohl der göttliche Logos weithin als die Essenz der abstrakten Rationalität dargestellt wird[5] und obwohl der ‚rationale' Rückschluss von der Schöpfung auf den Schöpfer weiterhin als ein legitimer Weg zu Gott gilt,[6] zielen viele Texte der christlichen Epoche darauf, den Wert der menschlichen Vernunft zu relativieren und eher affektiv- oder ethisch begründeten Ansätzen den Vorrang zu geben. Die menschliche Vernunft, besonders wie sie durch die sieben freien Künste veranschaulicht wird, gerät in den Verdacht, sich übermäßig mit der Welt der *materia* zu beschäftigen oder sogar zentrale Elemente der christlichen Offenbarung (wie die Trinität oder die Jungfrauengeburt) abzulehnen.[7] Alanus ab Insulis' ‚Anticlaudianus' enthält z.B. einen sorgfältigen Entwurf zur Spannweite der Vernunft: Als Phronesis sich in dem von den sieben freien Künsten konstruierten Wagen mit Ratio am Lenker gen Himmel aufmacht, entdeckt sie, dass sie Wagen und Lenker in der Späre der Fixsterne zurücklassen und von dort an völlig auf die Regina Poli (d.h. Theologia) und Fides vertrauen muss.[8] Obwohl Alanus Ratios Vorrang-

---

[4] van Fleteren (wie Anm. 2), S. 94f.
[5] Der Gedanke, dass Gott die Welt nach rationalen, mathematischen Prinzipien erschaffen hat, geht auf Platons Timaios zurück. Vgl. Calcidius, Commentarius in Timaeum, hg. v. Jan Hendrik Waszink (Plato Latinus 4), London/Leiden 1962, besonders S. 61–76 and 89. Boethius' *proslogion* an Gott: *O qui perpetua mundum ratione gubernas* (De consolatione philosophiae III, m. 9, 1, hg. v. Hugh Fraser Stewart, Edward Kennard Rand u. S. Jim Tester, Cambridge/Mass. 1973) steht in der neoplatonistischen Tradition; vgl. Henry Chadwick, Boethius: The Consolation of Music, Logic, Theology, and Philosophy, Oxford 1981, S. 234f. Zum Topos von Gott als *ratio* innerhalb der christlichen Tradition, s. Bardo Weiß, Die deutschen Mystikerinnen und ihr Gottesbild. Das Gottesbild der deutschen Mystikerinnen auf dem Hintergrund der Mönchstheologie, Paderborn 2004, S. 864–870.
[6] Extrapolation der Schöpfung auf den Schöpfer ist eine der *quinque viae* des Thomas von Aquin (Summa theologiae 1a, qu. 2, art. 2). Eine literarische Formulierung dieser Methodologie findet man z.B. in der Alemannischen Tochter Syon (hg. v. Johann F.L.Th. Merzdorf, Der Mönch von Heilsbronn, Berlin 1870, S. 129–144), in dem die Tochter (die auch Speculatio genannt wird) den Prozess ihrer Extrapolation erklärt: *Von dem pechlein zu dem prunnen / Von dem schein zu der sunnen / Von dem tropflein czu dem fuder, / Von dem trunchlein zu dem lûder, / Von dem bilde zu dem bilder, / Von der geschepfde zu dem schepfer.* (23–28).
[7] Z.B. Alanus ab Insulis, Rhythmus de incarnatione et septem artibus, vgl. Marie Thérèse d'Alverny, ‚Alain de Lille et la Theologia', in: L'Homme devant Dieu. Mélanges offerts au père Henri de Lubac (Théologie 57), Paris 1964, Bd. 2, S. 111–128. Hier scheitern alle sieben freien Künste am Verständnis der Menschwerdung. Siehe auch das Motiv von Johannes Evangelista, der (vergeblich) versucht, die Dreieinigkeit unter Bezug auf die freien Künste zu verstehen; vgl. Annette Volfing, John the Evangelist in Medieveal German Writing. Imitating the Inimitable, Oxford 2001, S. 223–230.
[8] Alanus ab Insulis, Anticlaudianus. Texte critique avec une introduction et des tables, hg. v. Robert Bossuat (Textes philosophiques du moyen âge 1), Paris 1955.

stellung zu einem gewissen Grade wiederherstellt, wenn er später beschreibt, wie sie dem menschlichen Geist die Lehren der Fides nahebringt,[9] spielen die *artes* im Himmel keine Rolle. In ,Der meide kranz', Heinrichs von Mügeln Bearbeitung des ,Anticlaudianus', spürt man ein noch größeres Unbehagen bei dem bloßen Gedanken, dass Ratio und die *artes* aus eigenem Antrieb gen Himmel reisen könnten. Anstatt sich nach oben zu bewegen, ist die eigentliche Reiserichtung hier lateral, nach *naturen lant*.[10]

Dazu sollte noch angemerkt werden, dass sich ironische Reflexionen über die erdgebundene Natur der menschlichen Gelehrsamkeit auch außerhalb eines offenkundig christlichen Kontextes finden, und hier besonders in der Literaturgattung der Menippeischen Satire. Martianus Capellas ,De nuptiis philologiae et mercurii' beschreibt einen berühmten Fall intellektueller Bulimie: Jungfer Philologia erweist sich als zu gewichtig, um die himmlische Reise anzutreten, und muss deshalb alles zuvor aufgenommene Wissen herausbrechen.[11] Anselms von Besate weniger bekannte ,Rhetorimachia' betont ebenfalls die Gewichtigkeit der Künste: Die Apotheose des visionären Erzählers endet abrupt, als die Künste des Triviums ihn vom Himmel wieder auf die Erde herunterziehen.[12]

Dieser Beitrag untersucht, wie das Thema Rationalität in drei Texten behandelt wird, die den Topos der Himmelsreise aus einer spezifisch hierogamischen Perspektive darstellen, d.h., die Reise kulminiert in der sexuellen Vereinigung von menschlicher Braut und göttlichem Bräutigam. Diese drei äu-

---

[9]   Alanus ab Insulis, Anticlaudianus VI, 15–28.
[10] Heinrich von Mügeln, Der meide kranz 864a–1250, hg. v. Karl Stackmann im Rahmen der Gesamtausgabe: Die kleineren Dichtungen Heinrichs von Mügeln, Erste Abteilung (DTM 50–52), Berlin 1959; Zweite Abteilung (DTM 84), Berlin 2003, darin ,Der meide kranz', S. 47–203. Vgl. Christoph Huber, Die Aufnahme und Verarbeitung des Alanus ab Insulis in mittelhochdeutschen Dichtungen: Untersuchungen zu Thomasin von Zerklaere, Gottfried von Straßburg, Frauenlob, Heinrich von Neustadt, Heinrich von St. Gallen, Heinrich von Mügeln und Johannes von Tepl (MTU 89), Zürich/München 1988, S. 261–268; Annette Volfing, Heinrich von Mügeln,»Der meide kranz«. A Commentary (MTU 111), Tübingen 1997, S. 201f.; Karl Stackmann, ,Der meide kranz', in: Das *nuwe ticht* Heinrichs von Mügeln, ZfdA 135 (2006), S. 217–239, hier S. 232–235.
[11] Martianus Capella, De nuptiis philologiae et mercurii, hg. v. James Willis, Leipzig 1983, I, 135f., S. 42. Zur Allegorese dieser Stelle vgl. Remigii Autissiodorensis Commentum in Martianum Capella, hg. v. Cora Lutz, Leiden 1962, 59.7, S. 174: *Mystice hoc dicit quia quamdiu humanus animus terrena scientia, quae inflat, turgescit, et praegravatur, nequaquam potest esse capax verae sapientiae quae ad caelos sublevat.*
[12] Anselm von Besate, Rhetorimachia, hg. v. Karl Manitius, MGH Quellen zur Geistesgeschichte 2, Weimar 1958, S. 107–167. Ich bin Monika Otter (Dartmouth) dafür dankbar, dass sie mich auf diesen relativ wenig bekannten Text aufmerksam gemacht hat.

ßerst unterschiedlichen Texte sind Martianus Capellas ‚De nuptiis', eine Menippeische Satire aus der nichtchristlichen Spätantike;[13] das ‚Speculum uirginum',[14] ein didaktischer Prosadialog aus der ersten Hälfte des 12. Jahrhunderts, und Lamprechts von Regensburg ‚Tochter Syon',[15] eine gereimte allegorische Erzählung, die auf die Mitte des 13. Jahrhunderts datiert wird.

Auf den ersten Blick nimmt ‚De nuptiis' eine Außenseiterstellung unter den
drei ausgewählten Texten ein. Während die anderen beiden Texte sich sprachlich und inhaltlich am Hohenlied orientieren und höchstwahrscheinlich einem
Publikum von religiösen Frauen zugedacht sind,[16] steht ‚De nuptiis' völlig
außerhalb der christlichen Tradition; dieses Werk wird sogar als „aggressively
pagan" beschrieben, ein Text, der „everything that Augustine attacked in the
first ten books of De Civitate Dei" auf den Punkt bringt.[17] Dennoch ist es
nicht abwegig, die Rationalitätsansätze dieses Werkes mit denjenigen der zwei
christlichen zu vergleichen. Die mittelalterliche Kommentartradition, die ‚De
nuptiis' in erster Linie als einen Traktat über das weniger brisante Thema der
Kombination von *sermo* oder *eloquentia* (dargestellt durch den Gott Merkur)
und *ratio* oder *sapientia* (dargestellt durch Philologia) versteht, hat die Kluft
zwischen ‚De nuptiis' und den christlichen Hauptströmungen so erfolgreich
überbrückt, dass ein Kommentar zum Hohenlied aus dem 12. Jahrhundert die
Vereinigung von *sponsus* und *sponsa* (unter anderem) auf die Vereinigung von
Merkur und Philologia und von Trivium und Quadrivium bezieht.[18] Darüber-

---

13 Für einen Überblick über die Menippeische Satire (unter besonderer Berücksichti-
    gung der karnevalesken Elemente) siehe F. Anne Payne, Chaucer and Menippean
    Satire, Madison/Wisconsin 1981, S. 3–37.
14 Speculum uirginum, hg. v. Jutta Seyfarth (CCCM 5), Turnhout 1990.
15 Lamprecht von Regensburg, Tochter Syon, hg. v. Karl Weinhold, Sanct Francisken
    Leben. Tochter Syon, Paderborn 1880, S. 261–544. Dieses Werk stellt die umfang-
    reichste und bedeutendste der deutschen Filia Sion Adaptionen dar. Vgl. Joachim
    Heinzle, Lamprecht von Regensburg, ²VL 5, S. 520–524; Dietrich Schmidtke, ‚Toch-
    ter Sion-Traktat', ²VL 9, S. 950–955.
16 Zum Publikum des ‚speculum uirginum' siehe Julie Hotchin, Female Religious Life
    and the Cura Monalium in Hirsau Monasticism 1080–1150, in: Listen Daughter:
    The Speculum Virginum and the Formation of Religious Women in the Middle
    Ages, hg. v. Constant J. Mews, New York 2001, S. 59–83.
17 Danuta Shanzer, A Philosophical and Literary Commentary on Martianus Capellas
    De Nuptiis Philologiae et Mercurii, Book 1, Berkeley/Los Angeles 1986 (University
    of California Publications in Classical Studies 32), S. 16. Shanzer argumentiert, der
    eigentliche Sitz im Leben des Textes sei im Bereich der Theurgie und Magie zu
    suchen (S. 22–24).
18 Thomas Cisterciensis, Commentarium in Cantica Canticorum, PL 206, 17f., *Tria
    sunt epithalamia: primum historicum, secundum philosophicum, tertium theologicum.
    Primum agit de legitima copula maris et feminae; secundum exprimit conjunctionem
    trivialis eloquentiae et quadrivialis sapientiae; tertiam conjunctionem sponsae et sponsi,
    Dei et animae, Christi et Ecclesiae. Primum instituit Deus in Adam et Eva [...];*

hinaus haben sowohl ‚De nuptiis‘ als auch die ‚Tochter Syon‘ die literarische
Form der allegorischen Erzählung (auch die Erzählerfigur) gemein und unterscheiden sich so vom ‚Speculum uirginum‘, in dem die Himmelsreise der Braut
nie narrativ umgesetzt wird, sondern lediglich in einen fortgesetzten Dialog
über die Natur von figurativer Sprache und die Vielschichtigkeit der biblischen Exegese thematisch integriert wird.

Bei der Gegenüberstellung dieser Texte wird sich dieser Beitrag dem Thema
der Rationalität unter drei unterschiedlichen Gesichtspunkten nähern. Zunächst soll untersucht werden, inwiefern das Paradigma der Hierogamie selbst
antirationalistisch ist: Wenn man als gegeben ansieht, dass der (buchstäblich
verstandene) Sexualtrieb traditionell als sinnlich, affektiv und unvereinbar mit
einem höheren Streben nach Vernunft angesehen wird, scheint die Frage legitim, ob möglicherweise diese Spannung auch auf die allegorische Ebene
übertragen wird. Einige der eher sozialen Aspekte der Hochzeitsfeier, wie etwa
der übermäßige Alkoholkonsum, werfen ähnliche Fragen auf. Während man
vielleicht keine direkte Äquivalenz zwischen dem obszönen Zechen von Silenus und den Satyrn am Ende von ‚De nuptiis‘ und dem besonderen Interesse
des Erzählers der ‚Tochter Syon‘ am geistlichen *win*, *met* und *klarêt* postulieren
möchte,[19] ließe sich doch argumentieren, dass diese Art von festlicher Trunkenheit den Wert der *ratio* implizit unterminiert – ungeachtet der christlichen
Tradition der ‚nüchternen Trunkenheit‘, deren biblische Grundlage bei der
Hochzeit von Kana, der Einrichtung der Eucharistie und dem Pfingstwunder
zu finden ist.[20] Zweitens legt die Tatsache, dass sich alle drei Texte auf die
Apotheose einer weiblichen Figur konzentrieren, eine Untersuchung der Be-

---

*secundum Martianus agens de nuptiis Philologiae et Mercurii; tertium, Salomon in hoc
opere tractans de nuptiis spiritualibus sponsi et sponsae.* Eine Handschrift aus dem
12. Jh. (Oxford, Bodley, MS. Laud Misc. 150) diskutiert Nigel F. Palmer, Zisterzi-
enser und ihre Bücher: Die mittelalterliche Bibliotheksgeschichte von Kloster Eber-
bach im Rheingau, Regensburg 1998, S. 68–70; der illustrierte Folio mit dem Prolog
(3ʳ) wird auf Bildtafel 45 (S. 69) reproduziert. Für die Assoziierung Merkurs mit dem
Trivium und Philologia mit dem Quadrivium siehe The Commentary on Martianus
Capella's *De Nuptiis Philologiae et Mercurii* attributed to Bernardus Silvestris (The
Cambridge Commentary), hg. v. Haijo Jan Westra (Studies and Texts 80), Toronto
1986, Kap. 2, S. 43: *Tractaturus itaque philosophus de septem liberalibus artibus, qua-
rum quatuor spectant ad rationem, tres ad sermonem, premittit de coniunctione rationis
et sermonis.*
[19] De nuptiis VIII, 805, S. 304f.; Tochter Syon, 1124, 2637, 4199, 4203, 4205, 4232,
4238, 4257, 4262.
[20] Zur biblischen Grundlage des Konzepts der ‚nüchternen Trunkenheit‘ siehe Bardo
Weiß, Ekstase und Liebe. Die Unio mystica bei den deutschen Mystikerinnen des 12.
und 13. Jahrhunderts, Paderborn 2000, S. 207–218. Zur Auffassung, dass der Wein
der Hochzeit zu Kana nicht die Kraft hatte zu berauschen, siehe Volfing (wie
Anm. 7), S. 34f.

ziehung nahe, die zwischen Rationalität und Geschlecht postuliert wird. Abschließend wird die Beziehung bewertet, die zwischen Gegenstand und literarischer Form besteht, und insbesondere gefragt, ob die hermeneutischen Schwierigkeiten, die aller Allegorie inhärent sind, nicht mit der implizierten Entwertung von Vernunft und rationalen Abläufen im Widerspruch liegen.

I.

Obwohl ‚De nuptiis' als eine gewagte Bestätigung der Möglichkeit der „redemption and apotheosis through learning"[21] beschrieben worden ist, ist Martians Ansatz zu den intellektuellen Errungenschaften des Menschen alles andere als eindeutig. Auf der einen Seite akzeptieren die Götter Philologias Vereinigung mit Merkur gerade aufgrund ihrer exzessiven Lerndisziplin: Besorgt, eine anders geartete Braut könnte ihn von seinen himmlischen Pflichten ablenken, haben sie keine Zweifel daran, dass Philologia ein *verligen* jedweder Art nicht zulassen würde.[22] Auf der anderen Seite ist Philologias Vergöttlichung, wenn auch verdient, nicht etwas, das sie aus eigener Kraft erreichen kann; sie ist vielmehr auf ein Dekret des himmlischen Senats angewiesen. Wie bereits erwähnt, stellt ihr irdisches Wissen darüber hinaus Ballast dar, den sie vor Reiseantritt abwerfen muss. Die intellektuellen Inhalte werden ihr zugegebenermaßen im Himmel wieder zurückerstattet, wenn ihr die sieben freien Künste als Dienerinnen überlassen werden, wie auch der Wert menschlichen Lernens gewissermaßen aufgewertet wird, wenn erwähnt wird, dass dem himmlischen Senat, der für ihre Vergöttlichung stimmt, viele berühmte – menschliche – Philosophen angehören.[23] Gleichzeitig trägt es aber zur Ironie des Werkes bei, dass sich neben Passagen, die den mystischen Glanz der himmlischen Gefilde heraufbeschwören,[24] Darstellungen der Götter finden, die diese auffällig banausenhaft erscheinen lassen: Während Philologia die langatmigen gelehrten Vorträge der sieben freien Künste zu genießen scheint, sind die Götter ruhelos und gelangweilt. Venus, Bacchus und Amor sind erwartungsgemäß ungezogen,[25] selbst Merkur, der *deus rationis*[26], ist mehr am Sex als an der Arithmetik interessiert,[27] und Silenus drückt das Niveau noch

---

[21] Shanzer (wie Anm. 17), S. 16.
[22] De nuptiis I, 35–38, S. 15f.
[23] De nuptiis II, 212f., S. 56.
[24] Z.B. die letzten Phasen von Philologias Himmelsreise (De nuptiis II, 200–209, S. 54–56).
[25] De nuptiis VI, 705, S. 250; VII, 725–727, S. 260; VIII, 804f., S. 302–305.
[26] De nuptiis II, 106, S. 30, 10: [Die Zahl Drei] *rite igitur deo attribuitur rationis*.
[27] De nuptiis VII, 726, S. 260.

weiter, als er während Astronomias Vortrag anfängt, wie ein Frosch zu rülpsen.[28] Satura, eine etwas bissige allegorische Figur, die Wolframs *vrou Aventiure* nicht unähnlich ist, macht dem Erzähler Martianus Capella Vorhaltungen darüber, dass er genauso töricht sei, wie das Tier, dessen Namen er trägt (*Capella* = Ziege). Auch er wolle lieber Unsinn treiben als die Erörterungen der Astronomie anhören:

> ,Ne tu' ait, ,Felix, vel Capella, vel quisquis es, non minus sensus quam nominis pecu-
> dalis, huius incongrui risus adiectione desipere vel dementire coepisti. ain tandem? non
> dispensas in Ioviali cachinnes te movisse concilio verendumque esse sub divum Palla-
> diaque censura assimulare quemquam velutcerritulum garrientem? at quo etiam tempore
> Cupido vel Satyrus petulantis ausus procacitaco dissiliunt? [...]

> tun fingere ludicra perstas
> viliaque astriloquae praefers commenta puellae?
> (De nuptiis 806, S. 305, 5–11; 808, S. 306, 13f.)

Satura selbst ist jedoch auch nicht darüber erhaben, alberne Witze zu machen.[29] Letztlich macht nämlich der Erzähler sie für die karnevaleske Inversion von Werten und Hierarchien verantwortlich, durch die Menschen göttliche Weisheit erlangen und Götter in liederliche Frechheit absinken.

> haec quippe loquax [Satura] docta doctis aggerans
> fandis tacenda farcinat, immiscuit
> Musas deosque, disciplinas cyclicas
> garrire agresti cruda fixit plasmate.
> (De nuptiis 998, S. 385, 3–6)

Von den drei Texten ist es tatsächlich das ,Speculum uirginum' und nicht ,De nuptiis', welches der Rationalität den größten Wert bei dem Aufstieg der Seele beimisst. Trotz des offenkundig christlichen Kontextes dieses Dialogs – zwischen einer sehr redegewandten Schülerin namens Theodora und ihrem Lehrer Peregrinus – eliminiert der Umstand, dass Ratio in erster Linie im Gegensatz zu *sensualitas* und nicht zu *fides* oder *charitas* gestellt wird, die Notwendigkeit zur programmatischen Entwertung der menschlichen Vernunft. Die Vernunft ist hier dasjenige, was die Seele wieder zu ihrem Ursprung zurückführt (*Per rationem, que superior est et dignior, ad eterna et inuisibilia anime appetitus est*);[30] und wenngleich der Mensch seine Körperlichkeit mit dem Tier teilt, so

---

[28] De nuptiis VIII, 804, S. 302f.
[29] Sie tritt z.B. für die Fortsetzung des mythischen Integumentums selbst nach den ersten beiden Büchern ein mit der Begründung, dass die nackte Wahrheit ein literarisches Gewand brauche und dass es unziemlich sei, wenn die sieben *artes* sich den Göttern nackt zeigen würden: De nuptiis III, 221–222, S. 58f.
[30] Speculum uirginum II, 244–247, S. 50.

verbinden ihn seine *rationalitas* und sein *vivax intellectus* mit den Engeln.[31] Auf ähnliche Weise verschmilzt der rationale mit dem ethischen Bereich harmonisch in der Tugend *prudentia*, von der Peregrinus behauptet, dass *nihil igitur prudentia uirginum in hac uita felicius*.[32] Der Aufstieg der Jungfern gen Himmel wird als geordnetes Fortschreiten dargestellt, entweder mithilfe einer Leiter[33] oder eines vierrädrigen Streitwagens/Triumphwagens, der sich an die Quadriga des Amminadab (Hld 6,11) anlehnt.[34]

Obwohl das ‚Speculum uirginum‘ sich deutlich an die Metaphorik des Hohenlieds anlehnt, entfernt sich der Text weitgehend vom Affektiven: Während Peregrinus eine gewisse Tendenz an den Tag legt, bei den sinnlichen Bildern des biblischen Textes zu verweilen, scheint Theodora dem Gebrauch symbolischer Sprache abgeneigt und nicht gewillt, ihre Spiritualität unter einem Deckmantel von erotischen, durch Alkohol angeheizten Phantasien zu verstecken.

Wenn auch weniger kaltblütig als Philologia, deren erste Reaktion auf den prestigeträchtigen Heiratsantrag eine komplizierte numerologische Kalkulation ist, mit der sie ihre und Merkurs Kompatibilität sicherstellen will, ist Theodora sicher weit davon entfernt, als liebeskranke Braut nach dem Geliebten zu schmachten. So findet sie die Aussicht, vom König in dessen *cella vinaria* (Hld 2,4)[35] geführt zu werden, wenig attraktiv und wendet ein, dass ein Weinkeller

---

[31] Speculum uirginum VIII, 116–119, S. 224. Der Text differenziert gleichzeitig zwischen einer höheren und einer geringeren Form von Wissen, wobei erstere mit dem Intellekt und letztere mit der Vernunft assoziiert wird; für ein Beispiel siehe Speculum uirginum XI, 432f., S. 327: *Sapientia est ęternarum rerum cognitio intellectualis, scientia uero temporalium rerum cognitio rationalis.*

[32] Speculum uirginum II, 439f., S. 56.

[33] Speculum uirginum IX, 1095, S. 287.

[34] Diese Quadriga unterscheidet sich grundsätzlich vom Triumphwagen im ‚Anticlaudianus‘, insofern *ratio* hier keine Rolle spielen, weder in ihrer Konstruktion noch beim Lenken, vielmehr sind die Räder hier Christus, Maria und die beiden Johannes. Speculum uirginum V, 902–905, S. 144: *Ecce filia, formam habes quadrige, quam ascendere poeteris in agno, in Maria, in utroque Iohanne, quorum ut exemplo proficere queas, ardentissima supplicatione diuinum auxilium queras.* Illustrationen der Quadriga befinden sich auf Bildtafel 7 und 8 in Seyfarths Ausgabe (wie Anm. 14). Zur Diskussion des ‚Speculum uirginum‘ siehe auch Eleanor Simmons Greenhill, Die geistigen Voraussetzungen der Bilderreihe des Speculums Virginum. Versuch einer Deutung (Beiträge zur Geschichte der Philosophie und Theologie des Mittelalters 39), Münster 1962, zur Quadriga besonders S. 103–106; Matthäus Bernards, Speculum virginum. Geistigkeit und Seelenleben der Frau im Hochmittelalter (Forschungen zur Volkskunde 36–38), Köln 1955, S. 65f.; Palmer (wie Anm. 18), S. 206f.

[35] Die ‚Glossa Ordinaria‘ deutet den Weinkeller von Ct 2,4 als die Erfahrung, in ein höheres Gefilde versetzt zu werden: *Quam cito guttor meum dulcedinem gratiae eius attigit me recreatam spiritu et ab amore terrenorum in superna translatam sentio, ac si*

ein unangenehmer, bedrückender Ort sei und von daher ganz und gar nicht wie der Himmel.[36] Die Missbilligung, die der Text Rauschzuständen im herkömmlichen Sinne entgegenbringt, spiegelt sich in der Tatsache wider, dass in den wenigen Ausnahmen, in denen der Wortlaut der Bibel dazu zwingt, dem Rausch eine positive allegorische Bedeutung einzuräumen, dies so geschieht, dass jede Verbindung mit der realen Erfahrung des Zustandes entfällt.[37]

Im Gegensatz dazu gründet Lamprechts ‚Tochter Syon‘, die deutlich in der Tradition der bernhardischen Brautmystik steht,[38] ihre allegorische Interpretation von Hld 2,4 darauf, wie betrunkene Leute sich tatsächlich verhalten: Sie seien nicht in der Lage, klar zu denken, sie stotterten zusammenhanglos, und sie verlören ihre gewöhnliche Rolle und ihre eigentliche Persönlichkeit.[39] Dasselbe trifft auf jeden zu, der den Wein aus dem Keller des Heiligen Geistes probiert (V. 2636–2638):

> *der enhât in sîner trunkenheit*
> *deheiner bescheidenheit.*
> (V. 2642–2643)

Selbst Oratio, die von ihrer Natur her wortgewandt in der Formulierung von Gebeten ist, findet sich am Ende des Werkes in genau diesem Zustand wieder:

---

sin cellam vinarium introducta novi sim meri odore et pocula refecta. (Glossa ordinaria pars 22 in canticvm canticorvm, hg. v. Mary Dove (CCCM 1970), Turnhout 1997, II, 24, S. 146). Zu beachten ist auch der Einfluss des aus dem 12. Jh. stammenden Traktats mit dem Incipit ‚Introduxit Me Rex in Cellam Vinariam‘, der wiederum auf Hugos von Folieto *De Claustrum Animae* basiert (zuvor Hugo von St. Viktor zugeschrieben). Vgl. Gerhard Bauer, Claustrum Animae. Untersuchungen zur Geschichte der Metapher vom Herzen als Kloster. Band I: Entstehungsgeschichte, München 1973, S. 282 und 306f.

[36] Speculum uirginum VI, 442–458, S. 175.

[37] Z.B. Speculum uirginum IV, 401–426, S. 98; VI, 532–545, S. 178.

[38] Bernhard von Clairvaux, Predigt 49 über das Hohelied (Sancti Bernardi Opera II, hg. v. Jean Leclerq, Charles H. Talbot, Henri Marie Rochais, Rom 1958 (Editiones Cistercienses), S. 73–78) geht auf die affektive Intensität geistlicher Berauschtheit ein: *Secundum spiritum quoque non negat ebriam, sed amore, non vino, nisi quod amor vinum est.* Vgl. Kurt Ruh, Geschichte der abendländischen Mystik, 4 Bde., München 1990–1999, Bd. 1, S. 262f.

[39] Mechthild von Magdeburg geht noch weiter in ihrem buchstäblichen Verständnis spiritueller Trunkenheit: Das Fließende Licht der Gottheit. Nach der Einsiedler Handschrift in kritischem Vergleich mit der gesamten Überlieferung hg. v. Hans Neumann, Bd. I: Text, besorgt v. Gisela Vollman-Profe (MTU 100), München 1990, III, 3, S. 81, enthält einen Dialog zwischen der Seele und der Braut des Hohenlieds, in dem sie auf den Schmerz und die Demütigung eingehen, die es ihnen bereitet, am Ende des Abends aus der *taverne* oder *winzelle* geworfen zu werden.

> *si enkund iedoch niht vürbringen*
> *die gesiht von den dingen,*
> *als sie ez innen verstount,*
> *sam die trunken liute tuont.*
> *sie stamelt understunde,*
> *ir begunde in dem munde*
> *diu zunge alsô verzagen,*
> *daz sie niht enmoht gesagen,*
> *wan si het getrunken*
> *daz ir diu wort hunken.*
> (V. 4247–4256)

Der Grund für ihren Rausch ist die Verwandlung, die sich in dem *wasservaz* vollzogen hat, welches sie mit auf ihre himmlische Reise genommen hatte –

> *ir wazzer hete wînes smac*
> *gewunnen zuo der brûtlouft*
> (V. 4232–4233)

und die einen Zusammenhang zwischen der Hochzeit zu Kana und dem *connubium* der Tochter herstellt. In Anbetracht von Augustins allgemein bekannter Interpretation des Weinwunders als Metapher für den Übergang von der sprichwörtlichen zur allgorischen Bedeutungsebene, dient dieser Bezug ebenfalls dazu, einen intellektuell angesehenen hermeneutischen Gesamtrahmen zu schaffen, der den gewählten Erzählmodus rechtfertigt. Gleichzeitig hat die paradoxe Natur von Augustins Interpretation, derzufolge die anspruchsvollere geistige Ebene eines Textes mit einer berauschenden Substanz assoziiert wird, während sich die vermeintlich ‚rationale‘ Nüchternheit des Wassers lediglich auf die sprichwörtliche Interpretationsebene beschränkt, einen deutlichen Einfluss auf ‚Tochter Syon‘. Wenngleich es Traditionen gibt, die besagen, dass der Wein von Kana nicht auf gewohnte Weise berauschte,[40] hinterlässt die Prävalenz der Alkoholmetaphern doch den Eindruck, dass die Beschäftigung mit der Heiligen Schrift (und darüberhinaus mit anderen Formen religiöser Allegorie) etwas anderes als gewöhnliche Vernunft erfordert.

Die Handlung, die im Moment des *connubium* kulminiert, konzentriert sich auf die Weise, in der die inneren Fähigkeiten der Tochter (*Cognitio*, *Wille*, *Sin*, *Muot* und *Gedanc*) sich mit verschiedenen Tugenden zusammentun, um ihr einen geeigneten Partner zu finden. In dem Moment, als deutlich wird, dass niemand anders als Christus der richtige Mann für sie ist, erweisen sich die meisten dieser Figuren – die rationalen Fähigkeiten inbegriffen – als von sehr beschränktem Nutzen bei der Werbungsexpedition. Lediglich Caritas und

---

[40] Für Beispiele der Auffassung, dass der wundersame Wein bei der Hochzeit von Kana nicht die Kraft hatte, zu berauschen, s. Volfing (wie Anm. 7), S. 34f.

Oratio treten zur Reise an, und Oratio fällt auf der Schwelle zum Himmel in Ohnmacht. Die Tochter selbst bleibt völlig passiv auf ihrer *warte*. Damit die Hochzeit stattfinden kann, muss der Bräutigam zu ihr kommen, indem er Caritas und Oratio auf deren Rückreise nachgeht. Anstatt mit der einfachen Himmelsreise der Seele, wie sie in den beiden anderen Texten beschrieben wird, haben wir es jetzt mit Reisen in beide Richtungen zu tun. Für die Tochter bedeutet das endgültige Zusammenkommen mit dem Bräutigam sogar einen Abstieg – von ihrem Aussichtspunkt auf der *warte* hinunter in den Weinkeller. Wie so häufig in der mittelalterlichen und besonders in der bernhardischen Mystik wird die traditionelle rationalistische Reise, bei der das Subjekt sich nach oben und außen bewegt, von einer affektiven Reise komplementiert, die nach unten und innen führt.[41]

Im eigentlichen Moment der ehelichen Vollendung lösen sich die Widersprüche zwischen Himmel und Erde, zwischen Hoch und Niedrig auf, damit die Figuren sich frei zwischen einst getrennten Bereichen bewegen können:

> *swaz in des herzen klûse*
> *gesindes was ze hûse,*
> *die sprungen frôlîche*
> *über sich ze himelrîche,*
> *die von himel mit in hernider*
> (V. 4119–4123)

und

> *Wie frô diu tohtr von Syon was,*
> *dô von dem herzen ir palas*
> *Wille, Sin, Muot und Gedanc*
> *und ander ir gesinde dranc*
> *mit ir zer himelporten in*
> *und die Verstantnis mit in!*
> (V. 4134–4139)

---

[41] In der traditionellen Exegese des Hohenlieds repräsentiert der Garten das religiöse Gemeinschaftsleben, während dem Weinkeller allgemein ein größeres Maß an Zurückgezogenheit von der Gemeinde zugesprochen wird. Siehe Urban Küsters, Der verschlossene Garten. Volkssprachliche Hohelied-Auslegung und monastische Lebensform im 12. Jahrhundert (Studia humaniora 2), Düsseldorf 1985, S. 275. Zur Assoziation von Weinkeller mit Privatbereich, Innenleben und ‚Entrückung in den Affekt', s. auch Otto Langer, Affekt und Ratio. Rationalitätskritische Aspekte in der Mystik Bernhards von Clairvaux, in: Zisterziensische Spiritualität, Theologische Grundlagen, funktionale Voraussetzungen und bildhafte Ausprägungen im Mittelalter (1. Himmeroder Kolloquium), hg. v. Clemens S. Kasper (Studien und Mitteilungen zur Geschichte des Benediktinerordens und seiner Zweige, Ergänzungsband 34), St. Ottilien 1994, S. 33–52, hier S. 51f.

Die resultierende karnevaleske Unordnung ist strukturell nicht unähnlich Martians programmatischer Gegenüberstellung zwischen dem Groben und dem Erhabenen im Himmel. Die Hochzeitsgäste, die die rationalen Fähigkeiten repräsentieren, finden diese Umstellung besonders schwierig:

> *Gedanc Muot Wille unde Sin*
> *dô die kâmen hinin,*
> *diene kunden niht gebâren*
> *die wîl sie drinne wâren.*
> *der sin was âne sinne*
> *die wîl er was dârinne.*
> *sô kam âne sînen danc*
> *der gedanc in ungedanc.*
> *der wille enweste waz er wolde,*
> *der muot wes er muoten solde.*
> *sus wurden sie betoeret [...]*
> (V. 4156–4166)[42]

Die geistige Berauschung unterscheidet sich von Berauschung im eigentlichen Sinne natürlich dadurch, dass sie letztendlich einer höheren Form von Weisheit erlaubt, das menschliche Subjekt zu erleuchten. Lamprechts Erzähler erklärt, dass selbst die Verwirrung, die von *trüebe[m] most* (V. 2655) verursacht wird, ein gesegneter Zustand sei.[43] Wenn der Wein schließlich nach der Gärung klar ist, übernehme der Heilige Geist völlig die Kontrolle und denke und spreche für den Menschen:

> *swer von dem wîne trunken wirt,*
> *die sinne er im alsô durhsmirt*
> *daz er sie wol gelenken kan,*
> *swâ er die rede grîfet an.*
> *daz lernt er aber in der schuole,*
> *swenne im in des herzen stuole*
> *der heilig geist die letzen list,*
> *die wîle er alsô trunken ist.*
> (V. 2672–2679)

Für das menschliche Subjekt, das sich Gott nähert, besteht der Wert der intellektuellen Fähigkeiten der Seele vor allem in ihrer veranschaulichenden

---

[42] Die Inversion normaler Gewohnheiten und Praktiken wird ebenfalls betont in ‚Tochter Syon' V. 2961–2973: *die wîle in ist diu minne bî / sô ist in daz gemüete frî / diu Diemuot dan vor fröuden springet, / diu Gedult vil lûte singet, / diu willic Armuot ist dan rîche, / diu Kiusche brinnet minneclîche, / diu Sterke wirdet danne kranc, / die Wisheit fliuset ir gedanc.*
[43] Tochter Syon V. 2649: *und ist im doch gewesen wol.*

Funktion und nicht in ihrem eigentlichen Vollzug. Wenn Fides der Tochter sagt:

> ‚*frowe, ez sint driu dinc an dir:*
> *daz eine ist memoria,*
> *daz andr intelligentia,*
> *daz dritte voluntas ist'*
> (V. 795–798),

ist dies letztendlich eine Aussage über ihre strukturelle *similitudo* zur und *conformitas* mit der Trinität und nicht eine Ermutigung dazu, von diesen Fähigkeiten aktiv auf ihrer geistigen Reise Gebrauch zu machen. Wie Fides weitergehend erklärt, sei nicht der Umstand entscheidend, ob die Tochter Gott versteht oder nicht – entscheidend sei, dass sie von Gott verstanden wird. Anstatt ihr eigenes *verstantnis* auszuüben, wird sie aufgefordert, alles Denken Gott zu überlassen und seine Vernunft affektiv zu erfahren wie eine einhüllende Umarmung:

> *ez wirt dîn verstantnis dan*
> *von sîner wîsheit sô verstanden,*
> *daz sie dir in tuot wol bekanden*
> *ân aller slahte irretuom.*
> (V. 932–935)

II.

Obwohl wir es in allen drei Texten mit der Apotheose einer weiblichen Figur zu tun haben, sind sie inkonsistent in ihrer Assoziation von Vernunft mit Geschlecht oder von Geschlecht mit spirituellem Potential.[44] Während es ein Gemeinplatz sowohl klassischer als auch christlicher Denker ist, Frauen als das schwächere, weniger vernunftbegabte Geschlecht anzusehen, hat diese Haltung relativ geringe Auswirkungen auf die drei Texte. Dieser relative Mangel an Misogynie liegt in der Natur der Allegorie begründet: Da Personifikationen abstrakter Ideen das grammatische Geschlecht der Begriffe annehmen, die sie repräsentieren, darf man erwarten, dass Figuren wie Phronesis, Ratio, Philosophia und die anderen freien Künste ein gewisses Maß an intellektueller

---

[44] Vgl. Joan Cadden, Meanings of Sex Difference in the Middle Ages. Medicine, Science and Culture, Cambridge 1993, S. 180f.; Genevieve Lloyd, The Man of Reason, „Male" and „Female" in Western Philosophy, Pittsburgh 1993, S. 30: „Women's physcial subordination to men symbolizes the rightful subordination of the mind's practical functions – its contral over temporal things, managing the affairs of life – to its higher function in contemplating eternal things."

Kompetenz an den Tag legen. Obwohl Philologia wegen des Hochzeitsszenariums in ‚De nuptiis' mit mehr Sexualität ausgestattet wird als viele andere entsprechende Personifikationen, geht dies nicht mit einem Verlust an Rationalität einher. Auch die Schülerin Theodora im ‚Speculum uirginum' ist äußerst vernunftbegabt, eine intellektuelle Virago,[45] die durchaus fähig ist, mit abstrakten Begriffen zu argumentieren, und die kein Bedürfnis spürt, die theologischen Wahrheiten, die für sie einleuchtend sind, hinter Metaphern und sinnlich geprägten *similitudines* zu verstecken.[46] Lediglich Lamprechts Text betont die intellektuelle Beschränktheit der Braut und stellt sie in einen breiteren Kontext sexueller Stereotypen. In einem kritischen Kommentar zur Feminisierung von Mystik erklärt der Erzähler:

> *diu kunst ist bî unsern tagen*
> *in Brâbant und in Baierlanden*
> *undern wîben ûf gestanden.*
> *herre got, waz kunst ist daz,*
> *daz sich ein alt wîp baz*
> *verstêt dan witzige man?*
> *mich dunket des, daz sî dâran:*
> *wirt ein wîp ze gote guot,*
> *ir senftez herze, ir ringer muot*
> *in einvaltigen sinnen*
> *si enzundet schierer binnen,*
> *daz ir gerunge begrîfet*
> *die wîsheit diu von himel slîfet,*
> *dan ein herter man tuo,*
> *der ungelenke ist darzuo.*
> (V. 2838–2852)

---

[45] Theodora ist tief von der mentalen und physischen Stärke der frühen Märtyrerinnen beeindruckt (Speculum uirginum V, 925–970, S. 145–147) und preist die heilige Agnes als eine Jungfrau *uirilis constantię* (Speculum uirginum V, 925, S. 145). Peregrinus warnt sie sogar davor, maskuline Eigenschaften zu hoch zu bewerten, da auch Männer nur Menschen sind (Speculum uirginum V, 928, S. 145: *Nihil homini magnum videri debet nisi deus*). In einem frühen Stadium des Dialogs erzählt er ihr ein Exempel über einen wollüstigen Priester, wiederum um Theodoras Wertschätzung von Männlichkeit zu unterminieren (Speculum uirginum II, 255, S. 50: *ut in aspectu uel colloquio uirilis sexus uerecundię tuę noueris parcere*). Zum Topos der *virago* im allgemeinen siehe Barbara Newman, From Virile Woman to Woman Christ. Studies in Medieval Religion and Literature, Philadelphia 1995.

[46] Theodora hat nicht nur Einwände gegen das Bild des Weinkellers, sie hat auch Vorbehalte gegen einen Diskurs im Stile der *psychomachia,* weil diese ihrer Meinung nach mit der Einheit der Seele unvereinbar ist. Siehe Speculum uirginum VIII, 644–650, S. 243.

Wenn die Vernunft bei mystischen Erfahrungen nur im Weg ist, ist eine gewisse Unvernunft offensichtlich eine vergleichsweise bessere Ausgangslage. Der Erzähler fügt allerdings hinzu, dass, wenn auch ihre intellektuelle Schwäche es der Frau einfacher mache, mystische Erfahrungen zu haben, der Mann besser in der Lage sei, mit diesen Erfahrungen umzugehen und sie zu kontrollieren.[47]

Potentiell steht in allen drei Texten eine oder mehrere weibliche Reisende in Opposition zu mehreren männlichen Figuren. Zu diesen zählt offensichtlich der himmlische Bräutigam, aber in den zwei allegorischen Erzählungen auch je ein männlicher Erzähler und im ‚Speculum uirginum' der Lehrer, Peregrinus. Trotz seines Namens[48] scheint Peregrinus sich damit zu begnügen, bei der spirituellen Reise Theodoras und der anderen jungfräulichen Bräute Christi als Vermittler zu fungieren, ohne sein eigenes Potential der Apotheose auszuloten. Im Unterschied dazu macht der Erzähler in der ‚Tochter Syon' seine eigene Reise durchaus zum Thema, wenn er von abschätzigen Bemerkungen über weibliche Mystiker auf seinen eigenen Mangel an spirituellem Fortschritt zu sprechen kommt. Er sehnt sich danach, auf die gleiche Reise wie die Tochter zu gehen

> *ich gebite nimmer einen tac,*
> *ich enfüer zuo im [Kristus] vil rehte*
> *ûzer bruoder Lamprehte.*
> (V. 2101–2103) –,

den Wein des Heiligen Geistes zu kosten –

> *ei süezer klârer starker wîn,*
> *wan wiltu trenken mich?*
> *ich hân vil lange ûf dich*
> *mînen guomen gesalzen*
> (V. 2687–2690) –

und durch die Lüfte getragen zu werden, während er zwischen den vier Rädern von Hesekiels Triumphwagen schlummert.[49] Doch genau wie Gottfrieds Erzähler, der eine Geschichte von absoluter Liebe zu berichten vermag, ohne selbst auf dem Bett in der Minnegrotte verweilt zu haben,[50] stellt auch Lamp-

---

[47] Tochter Syon V. 2853–2863: *swâ sie ein man aber hât / swenne er dâmit umbe gât, / daz kan er verre baz heln / und den liuten vor versteln / dan ein blûdemigez wîp, / diu von ungebærd ir lîp / zu der zît niht enthalten kan, / sô diu gnâde sie bestêt. / sich versinnet ouch ein man, / der mit den dingen umbe gêt / baz danne ein wîp dâran.*

[48] Zur Identität des Individuums, das sich hinter dem symbolischen Namen verbirgt, siehe Constant J. Mews, Virginity, Theology and Pedagogy in the Speculum Virginum, in: Listen Daughter (wie Anm. 16), S. 15–40, hier S. 16–20.

[49] Tochter Syon V. 2691–2761; basiert auf Hesekiel 1,15–21. In Lamprechts Text werden die vier Räder als die Tugenden Sapientia, Spes, Fides und Caritas identifiziert.

[50] Gottfried von Straßburg, Tristan, nach dem Text von Friedrich Ranke hg. v. Rüdiger Krohn, Bd. 1–2 (Text), Stuttgart 1980 (Reclam 4471f.), V. 17100–17138.

rechts Mystagogie keinen Anspruch darauf, auf persönlicher Erfahrung zu beruhen, noch gibt es irgendwelche Hinweise darauf, dass der Heilige Geist ihn zu seiner Geschichte inspiriert hätte. Der Text reflektiert so eine Spannung zwischen dem persönlichen Verlangen des Erzählers nach ,Feminisierung' durch spirituelle Berauschung und den ,männlichen', rationalistischen Erfordernissen seines literarischen Unterfangens. Während beispielsweise ,De nuptiis' eine ganze Anzahl mittelalterlicher Kommentare auslöste, die versuchten, dem Werk von außen eine interpretative Ordnung aufzuerlegen, glossiert sich Lamprechts Text quasi selbst: Jede lateinische Wendung ist ins Deutsche übersetzt, und die christliche Bedeutung jeder Figur und jedes Ereignisses wird erklärt, ganz so als wäre die Allegorie selbst eine Fremdsprache.[51]

Im Kontext eines didaktischen Projektes dieser Art, das sich um Explikation und sorgfältiges Wortspiel bemüht, scheint der Erzähler nicht das Risiko eingehen zu wollen, die Klarheit seines Ausdrucks in der frühen Phase der spirituellen Berauschung (bewirkt durch den *trüeben most*) zu verlieren, selbst wenn dies bedeutet, dass ihm die fortgeschrittenere Phase (repräsentiert durch den *klarêt*) versagt bleibt, in der der Heilige Geist direkt durch ihn sprechen würde. Die Konsequenz dieser zögernden Haltung gegenüber einem eventuellen Verlust der Rationalität ist auf der einen Seite ein vollständiger und kohärenter Text und auf der anderen Seite ein Erzähler, der kläglich über seine Unzulänglichkeiten in den zwei zentralen Gebieten *minne* und *wisheit* reflektiert.[52]

Obwohl auch ,De nuptiis' einen männlichen Erzähler hat, unterscheidet sich der Text, was die Geschlechterdynamik betrifft, deutlich von der ,Tochter Syon'. Dies liegt teilweise darin begründet, dass die Rationalität der Philologia außer Zweifel steht, und teilweise darin, dass Martianus Satura zur Seite steht, was die Polarisation von männlichem Erzähler und weiblicher Protagonistin reduziert: Hier treffen wir auf einen Erzähler, der nicht nur eine weibliche Seite hat (Satura), sondern sogar einen Namen (Capella), der feminin ist.

---

[51] Siehe die folgenden Beispiele für Lamprechts programmatische Übersetzung und Erklärung lateinischer Bibelstellen: *in diutsch wil ichz iuch wizzen lân, / daz diu wort sint in latîne* (V. 2015f.); *ich wil daz manz entiutsch verstê, / daz ich latîne hân gesagt* (V. 3889f.); *Sô diu sêle sich verstêt / daz ir gebet alsô gêt, / sô mac sie sprechen wol alsus: / veniat dilectus meus, / daz spricht: mîn liep der kum! / wâhin? in hortum suum, / in sînen garten. umbe waz? / ut pascatur. waz ist daz? / daz spricht, daz er sich spîse. / wie lange und in welcher wîse?* (V. 4268–4277). Für Auslegungen der allegorischen Figuren siehe die folgenden Beispiele: *Syon spricht ze diute ein warte* (V. 135); *dâ ist bezeichenunge bî. / Syon heizt ein berc, / der lît ze Jerusalem an einer sît* (V. 140–142); *Syon sprichet ouch ein spiegel* (V. 268), *In latîn heizzet alsô / bekanntnis cognitio. / diu ist der bote, den der sin / sendet in die welt hin, / daz er ervinde ob iht sô tuge / daz diu sêle geminnen muge* (V. 559–564).

[52] Tochter Syon V. 2776–2780; V. 2815–2826. Vgl. auch V. 2816–2818: *swer vil von wîsheit welle suochen / der lese an Salomonis buochen / der ich leider nicht enkan.*

Obwohl der Text nie die Möglichkeit einer Himmelsreise des Erzählers Martianus Capella erörtert, benutzt die Kommentartradition räumliche Bilder von Oben und Unten, wenn die intellektuellen Abläufe des Erzählers beschrieben werden. Dieses Paradigma des potentiellen Aufstiegs entsteht hauptsächlich durch den Hinweis auf das grammatische Geschlecht von ‚capella‘ und stärkt so die Parallele zwischen Erzähler und Braut.

Diese vom Namen des Erzählers evozierte Ziege wird auf verschiedene Arten interpretiert. Der Umstand, dass sie gleichzeitig scharfsichtig und verspielt-wollüstig ist, wird mit der hybriden Natur der Menippeischen Satire verknüpft. Wie Remigius schreibt, *Poetarum enim est ludere et lascivere, philosophorum autem rerum veritatem subtili ratione investigare.*[53] Ähnlich argumentiert der anonyme Berliner Kommentar, der ferner die Tatsache kommentiert, dass die weidende Ziege sowohl in den Bergen der Philosophie als auch in den Tälern der *fabula* umherzieht.[54] Schließlich werden sowohl im Berliner als auch im Cambridger Kommentar die Körperteile der Ziege allegorisiert: ihre Vorderbeine stehen für *ratio* und *intelligentia*, während die Hinterbeine *sensus* und *imaginatio* darstellen sollen.[55] Wenn diese Ziege nach Nahrung sucht und von den höherwachsenden Blättern eines Busches fressen will, stellt sie sich instinktiv auf ihre Hinterbeine, während sie mit den Vorderbeinen das zu erreichen sucht, was normalerweise außerhalb ihrer Reichweite liegt. Dieses Bild bekräftigt nicht nur die Hierarchie unter den Fähigkeiten der Seele (*ratio* und *intelligentia* werden als ‚höher‘ und daher nobler dargestellt als *sensus* und *imaginatio*), sondern entspricht auch dem weitverbreiteten Topos von der Vernunft, die immer ‚nach oben‘ strebt. Dass diese Analogie implizit der menschlichen Vernunft einen sehr beschränkten Geltungsbereich einräumt, kann nicht abgestritten werden: Eine Ziege, die prekär auf zwei Beinen balanciert, sieht nicht nur töricht aus, sondern wird auch nie große Höhen erreichen. Das Bild bestätigt die traditionell akzeptierte Begrenztheit der menschlichen Vernunft: Philologia mag wohl in den Himmel gehoben worden sein, aber bei den meisten Menschen, männlich oder weiblich, hat der Aufstieg der *ratio* immer und an sich seine Grenzen. Der leicht lächerliche Name des Erzählers steht folglich für die ‚normale‘ menschliche Erfahrung: *Est enim animal homo quasi quadrupes.*[56]

---

[53] Remigii Commentum in Martianum, 1, S. 66.

[54] The Berlin Commentary on Martianus Capella's *De Nuptiis Philologiae et Mercurii*. Band I, hg. v. Haijo Jan Westra, Leiden 1994 (Mittellateinische Studien und Texte 20). Band II, hg. v. Haijo Jan Westra und Tanja Kupke (Mittellateinische Studien und Texte 23), Leiden 1998, Band I, S. 1.

[55] The Berlin Commentary (wie Anm. 54), Band 1, S. 1; The Cambridge Commentary (wie Anm. 18), Kap. 2, S. 43.

[56] The Berlin Commentary (wie Anm. 54), Band I, S. 1; sehr ähnlich, The Cambridge Commentary (wie Anm. 18), Kap. 2, S. 43.

Im Vergleich der drei Texte geht das ‚Speculum uirginum' in seiner Herausforderung von Stereotypen am weitesten und stellt sowohl das Klischee der
weiblichen Irrationalität in Frage als auch die Konvention, dass im Verhältnis
zu Christus alle Menschen weiblichen Geschlechts sind. Der Text dissoziiert
nicht nur ‚männliche' Eigenschaften vom männlichen Geschlecht, indem es
Beispiele tugendhafter, vernunftbegabter, gelehrter Frauen und sinnlicher, tö-
richter Männer anführt, sondern stellt auch die grundsätzliche Relevanz von
Geschlecht in Frage. Es geht hier nicht darum, ob Frauen besser als Männer
sind oder sein könnten, sondern darum, dass die Zuordnung von Geschlecht
zu spirituellen Beziehungen metaphorisch und von daher potentiell variabel
ist. Da es Konvention ist, sich Christus als Bräutigam vorzustellen und die
Seele (oder die Kirche oder Maria) als Braut, steht einem Rollentausch nichts
im Wege: So wie das göttliche Wort sich dem menschlichen Intellekt anpasst,
so mag Christus sich selbst sowohl als Braut als auch als Bräutigam bezeichne,
und die Seele als Bräutigam wie auch als Braut.

> *Diuinus sermo pro captu ingenii nostri se contemperans et nobis condescendens inter-
> dum matrem cum filio, nunc sponsam suam ęcclesiam, aliquando cuiuslibet iusti animam
> in unitate sacramenti sic comprehendit et concludit, ut quod de singulis dicitur, de
> omnibus posse dici uideatur. [...] [Filius] se dicat sponsam et sponsum, illam* [d.h.
> ęcclesiam] *sponsum et sponsam.*[57]

Zentral ist Christi Verlangen nach Kontakt, nicht das metaphorische Detail,
durch das dieser Kontakt zugleich bewirkt und ausgedrückt wird. Der affektiven Auseinandersetzung mit der Handlung, die das Hohelied impliziert, setzt
dies klare Grenzen: Anstatt seinen Rezipienten die Möglichkeit zu geben, sich
ein Treffen mit Christus im Weinkeller, im Garten oder auf dem *lectulus* in
allen buchstäblichen Einzelheiten vorzustellen, macht Peregrinus die Metapher selbst zum *locus* der Vereinigung.[58] Im Gebrauch der metaphorischen
Sprache der Heiligen Schrift (und besonders des Hohenlieds) trägt Gott der
Unfähigkeit des Menschen Rechnung, ihn auf andere Weise wahrzunehmen
als *per speculum in aenigmitate* (1 Cor 13,12).

---

[57] Speculum uirginum V, 166–174, S. 119f.
[58] Vgl. Haugs Betonung der grundlegenden Bedeutung der Metapher bei der Brautmystik: „Die metaphorische Darstellung der Einigung der Seele mit Gott bringt
nicht veranschaulichend etwas ins Bild, was sich auch diskursiv erläutern ließe, ja,
und hier zeigt sich die spezifische Leistung der mystischen Metapher, sie stellt einen
Vorgang dar, der sich prinzipiell nicht begrifflich fassen läßt. Aber vermag das Bild
ihn denn wirklich einzuholen? Man kann die Frage nur dann bejahen, wenn man die
mystische Erfahrung und ihre metaphorische Selbstdarstellung ineinandersieht. Die
mystische Erfahrung vollzieht sich als metaphorischer Prozeß" (Walter Haug, Innerlichkeit, Körperlichkeit und Sprache in der spätmittelalterlichen Frauenmystik,
in: ders., Die Wahrheit der Fiktion (wie Anm. 2), S. 480–492, hier S. 487).

Peregrins Beharren auf dem Wert der figurativen Sprache resultiert in einem nuancenreichen Vernunftbegriff. Auf der einen Seite impliziert seine Argumentation Kritik an einer kopfgesteuerten Rationalität, die wohl in der Lage sein mag, mathematische Kalkulationen, logische Folgerungen und theologische Abstraktionen zu leisten, die aber nicht fähig ist, den kreativen Sprung von einer Ebene des Textes zur nächsten mitzumachen. Das Problem liegt nicht allein darin, dass Individuen mit einer so gearteten ‚hyper-rationalistischen' Aversion gegen die Metapher vom Weg zur Selbsterkenntnis abgeschnitten wären, weil sie nicht zu würdigen wissen, was Dronke die „cognitive function of image and similitudo" nennt und welche Rolle diese spielt, „leading the mind to intimations of the limits of its efforts at intellectual understanding".[59] Theodoras anfängliche Aversion gegen Metaphern mag sogar als eine unbewusste Form von Stolz gewertet werden, die sie davon abhält, eine solche Vereinigung, wie sie ihr offeriert wird, anzunehmen, und es ist bemerkenswert, dass selbst das ‚Speculum uirginum' diese Form von extrem trockener Rationalität ablehnt. Auf der anderen Seite demonstriert Peregrins positive Einstellung gegenüber hermeneutischer Komplexität um ihrer selbst willen und sein Festhalten an der Austauschbarkeit von Metaphern seine positive Haltung gegenüber einer intellektuellen anstatt einer rein emotionalen Reaktion, wobei er nicht nur die grundlegende Rationalität Gottes unterstreicht, sondern auch die Validität von Theodoras Wertesystem. Letztendlich kann er ihre Beteuerung nur unterstützen, dass alles, was das göttliche Wort in Worten und Dingen offenbart, immer auf der Rationalität der Wahrheit beruhe.[60]

III.

Hieraus folgt die allgemeinere Frage, inwieweit Rationalität eine Vorraussetzung für die adäquate Interpretation allegorischer Literatur ist – selbst wenn diese Texte gerade diese Eigenschaft zu entwerten suchen. Während Theodoras Lesart von Vernunft Gefahr läuft, hermeneutisch unbedarft zu sein, erscheint die sinnesverwirrte Berauschtheit der Tochter ebenfalls mit dem Verständnis der hermeneutischen Vielschichtigkeit von Lamprechts Werk unvereinbar.

---

[59] Peter Dronke, Fabula. Explorations into the Uses of Myth in Medieval Platonism (Mittellateinische Studien und Texte 9), Leiden/Köln 1974, S. 32.
[60] Speculum uirginum I,155f., S. 10: [...] *quod [sermo diuinus] uerbis et rebus ostendit, semper nixum sit ueritatis ratione.*

In gewisser Weise bedarf alle Literatur eines Minimums an intellektueller Bereitschaft von Seiten des Rezipienten, und die ‚rationale‘ (d.h. quantifizierende) Grundlage der Dichtung wurde schon von Augustinus in seinen frühen Werken über Musik und Metrum beleuchtet.[61] Die intellektuelle Herausforderung ist jedoch deutlich höher in Texten, die extensiven Gebrauch von figurativer Sprache machen oder mit anthropomorphischen Abstraktionen (*prosopopoeia*)[62] oder anderen Typen von Rätseln, Allusionen oder versteckten Bedeutungen (*hyponoia*) operieren. Peregrins Erklärung, Christus steige in der Sprache zu uns herab, basiert auf der paradoxen Natur der religiösen Allegorie: Auf der einen Seite wird uns gesagt, dass die nicht-figurative Sprache gezielt auf die beschränkte menschliche Rationalität zugeschnitten ist, auf der anderen Seite ist jedoch auch klar, dass indirekte Diskursgattungen in Verständnisschwierigkeiten resultieren, denen ‚irrationale‘ oder ‚un-vernünftige‘ Rezipienten besonders leicht zum Opfer fallen. Auf den ersten Blick ist dies verwirrend und wirft die Frage auf, ob der Gebrauch von Rätseln und Allegorien wirklich der beste Weg ist, sich mit Menschen zu verständigen, die entweder betrunken oder unverständig sind. Was die Allegorie angeht, ist die Frage, warum der eine ‚es‘ kapiert und der andere nicht, sicherlich nicht einfach zu beantworten, ob man sich nun mittelalterlicher oder moderner Begriffe bedient.[63]

Diese Frage ist natürlich in ihrer Formulierung absichtlich simplifiziert und blendet Schlüsselaspekte des allegorischen Diskurses aus. Sie ignoriert zunächst die ästhetische Dimension, die Tatsache nämlich, dass ein Rezipient darin Genuss finden mag, die versteckte Bedeutung zu entwirren – wie der Prosaprolog zum ‚Anticlaudianus‘ schon sagt, *acutior allegorie subtilitas proficientem acuet intellectum.*[64] Darüberhinaus ist die Verhüllung der ‚inneren‘

---

[61] Robert Edwards, Ratio and Invention. A Study of Medieval Lyric and Narrative, Nashville 1989, S. 6.

[62] Jon Whitman, Allegory. The Dynamics of an Ancient and Modern Technique, Oxford 1987, S. 271, definiert *prosopopoeia* als „the practice of giving a consciously *fictional* personality to an abstraction" – im Gegensatz zur animistischen „practice of giving an *actual* personality to an abstraction." Zu dieser Stilfigur siehe auch Helmut Puff, Prosopopoeia. Inszenierte Weiblichkeit in ausgewählten frühneuhochdeutschen Prosatexten, in: Böse Frauen – Gute Frauen. Darstellungskonventionen in Texten und Bildern des Mittelalters und der Frühen Neuzeit, Literatur Imagination Realität 28, hg. v. Ulrike Gaebel und Erika Kartschoke, Trier 2001, S. 317–326, hier S. 317–319.

[63] Vgl. Philip Rollinson, Classical Theories of Allegory and Christian Culture, with an Appendix on Primary Greek Sources by Patricia Matsen, Pittsburgh/London 1981, S. 19f.

[64] Alan von Lille, Anticlaudianus, Prosaprolog, S. 56: *In hoc etenim opere litteralis sensus suauitas puerilem demulcebit auditum, moralis instructio perficientem inbuet sensum, acutior allegorie subtilitas proficientem acuet intellectum.*

Bedeutung nicht zwangsläufig ein Hinderungsgrund für eine unterhaltsame Sinnsuche. Von den ausgewählten Texten trifft dies besonders auf ‚De nuptiis‘ zu, einen Text, der, obgleich er allgemein als eine autoreferenzielle Feier der Vereinigung von Weisheit und Eloquenz angesehen wird (d.h. den intellektuellen Inhalt erfolgreich vermittelt), sein eigenes didaktisches Programm so konsequent unterminiert und so viele Ungereimtheiten beinhaltet, dass Shanzer in Frage stellt, ob Martianus „actually wanted to communicate".[65] Zweitens ignoriert die Frage die Tatsache, dass nicht-figurative Sprache nicht unbedingt eine rein inhaltsorientierte Reaktion der Art „x bedeutet y" bewirkt. A. J. Minnis argumentiert, dass man im Hinblick auf mittelalterliche Bibelexegese zwischen *sensus* und *modus* unterscheiden sollte, wobei sich ersteres auf die hermeneutische Vielschichtigkeit des Diskurses bezieht (vgl. etwa den vierfachen Schriftsinn) und letzteres auf die emotionalen Auswirkungen und „the rhetorical, audience-oriented thrust" des Textes.[66] Die gleiche Differenzierung ließe sich sinnvollerweise auch auf allegorische Erzählungen anwenden – besonders auf solche, die, wie der Syon-Text, ungeachtet ihres fiktiven Status, zum Ziel haben, die unzusammenhängenden Dialoge des Hohenliedes kohärent zu machen, und so als eine Unterform der biblischen Exegese angesehen werden.[67]

Ein Bewusstsein für den Gegensatz zwischen *sensus* und *modus* setzt uns in die Lage, die hermeneutisch herausfordernde Form der ‚Tochter Syon‘ mit ihrer anti-rationalistischen Mystagogie in Einklang zu bringen. Ihre Strategie eines affektiven Sich-Einlassens bedeutet unter anderem, dass die Rezipienten ermutigt werden, ihre rationalistischen Denkmuster zu überwinden, um für sich selbst die sexuellen (und alkoholisierten) Sehnsüchte zu reproduzieren, die die Braut und die andern Figuren, die die innere Landschaft bevölkern, empfinden. Ferner macht der Text oder der bewusst nüchterne Erzähler – wohl eingedenk der Tatsache, dass einem auf diese Weise beschäftigten Publikum kaum genug Denkvermögen übrigbleibt, um ohne fremde Hilfe hinter den *sensus* zu kommen, der der Erzählung zu Grunde liegt – es den Rezipienten durch ein Programm von systematischen Glossen leichter. Im Gegensatz zu

---

[65] Shanzer (wie Anm. 17), S. 26.
[66] Alastair J. Minnis, Quadruplex Sensus, Multiplex Modus: Scriptural Sense and Mode in Medieval Scholastic Exegesis, in: Interpretation and Allegory: Antiquity to the Modern Period, hg. v. Jon Whitman (Brill's Studies in Intellectual History), Leiden/Bonn/Köln 2000, S. 231–256, hier S. 241.
[67] Vgl. Annette Volfing, Middle High German Appropriations of the Song of Songs, in: Allegorical Interpretation and Narrative Extrapolation, in: Perspectives on the Song of Songs / Perspektiven der Hoheliedauslegung, hg. v. Anselm C. Hagedorn, Beiheft zur Zeitschrift für die alttestamentliche Wissenschaft 346, Berlin/New York 2005, S. 294–316.

Martianus hat dieser autoritative Erzähler deutlich die Absicht zur Kommunikation und verwirklicht sie nicht zuletzt dadurch, dass er dem Publikum klarmacht, auf welche Art und Weise die scheinbar ‚irrationalen' Exzesse des Weinkellers in Wirklichkeit von einem ‚rationalen' interpretativen Rahmen unterstützt und bestätigt werden.

Die ‚rationalitätskritischen Ansätze' der bernhardischen Mystik sind bei Langer und anderen schon lange beobachtet worden. Das Ziel dieses Beitrags war es, deutlich zu machen, dass eine gewisse Ambivalenz der Rationalität gegenüber auch in breiteren Zusammenhängen zu finden ist, und besonders bei dem Motiv der hierogamischen Apotheose. Diese Ambivalenz schafft darüberhinaus literarische Probleme für die Selbststilisierung des Erzählers (oder einer äquivalenten Figur) und für den von ihm gewählten Interaktionsmodus mit dem Publikum: Während individuelle Lösungen von Text zu Text variieren, verfolgen alle drei Beispieltexte einen Mittelweg zwischen der Forderung nach einer rein rationalen Reaktion auf die interpretativen Herausforderungen und dem Zugeständnis an das Publikum, sich zu entspannen und seine rationalen Werkzeuge niederzulegen – ob dies nun Trunkenheit, Scherze oder sexuelle Sehnsüchte involviert, der gemeinsame Nenner ist eine Inversion ‚normalen' Verhaltens, wenigstens auf der allegorischen Ebene.

Abstract: This article examines the way in which the theme of rationality is negotiated in three very different texts: Martianus Capella's 'De nuptiis', the 'Speculum uirginum' and Lamprecht von Regensburg's 'Tochter Syon', each of which presents an allegorical marriage between a human bride and a divine bridegroom. The article is in three parts. First, it considers the extent to which this nuptial paradigm is in itself anti-rationalistic; secondly, it investigates the relationship posited between rationality and gender in each of the three texts; and finally, it seeks to evaluate the relationship between subject-matter and literary form, asking in particular whether the hermeneutic difficulties inherent in allegory are at odds with the implicit devaluation of reason and of rational processes.

Wolframstudien XX (2008)
Erich Schmidt Verlag Berlin

Fides et ratio

Die Trinitätsspekulationen in den Meisterliedern des Hans Folz

von Johannes Janota

Wer sich dem Gebiet der Trinitätsspekulationen nähert, begegnet unweigerlich dem Augustinus-Exempel: Während der Arbeit an seiner großen dogmatischen Schrift ‚De trinitate' unternimmt der Kirchenlehrer einen Spaziergang am Meer und begegnet einem Kind, das unentwegt mit einer Muschel Meerwasser in eine Sandkuhle schöpft. Nach seiner Tätigkeit gefragt, erklärt der kleine Junge, er wolle das Meer ausschöpfen. Augustins einsichtigem Hinweis auf die Unmöglichkeit dieses Unterfangens begegnet der Knirps mit der Antwort, dies sei eher möglich, als mit einem Buch auch nur den geringsten Teil des Trinitätsgeheimnisses zu erfassen.

Dieses vagierende, vielleicht im 12. Jahrhundert entstandene Exempel wird auch mit anderen bedeutenden Denkern in Verbindung gebracht: mit Lanfranc (gest. 1089), mit Alanus ab Insulis (gest. 1203) oder zumindest – so bei Caesarius von Heisterbach im ersten Drittel des 13. Jahrhunderts – mit einem ungenannten Magister der Pariser Universität.[1] Bis in die Neuzeit traditionsstiftend aber war die feste Verbindung der Augustinus-Figur mit dem Exempel, die erstmals Thomas von Cantimpré nach der Mitte des 13. Jahrhunderts[2] im zweiten Teil seines moraldidaktischen Werks ‚Bonum universale de apibus' (II, 48, 3) überliefert, der vor allem dem geistlichen Leben im Kloster gilt. In diesem klösterlichen Hintergrund wie in der Fixierung des Exempels auf die

---

[1] Die Wundergeschichten des Caesarius von Heisterbach, hg. v. Alfons Hilka, 1. Bd. (Publikationen der Gesellschaft für rheinische Geschichtskunde XLIII), Bonn 1933, S. 134f. (Nr. 174: im Rahmen einer Sonntagshomilie) und 3. Bd., Bonn 1937, S. 75f. (‚Libri miraculorum' II,1). Vgl. Henri-Irénée Marrou, Saint Augustin et l'ange. Une légende médiévale, in: L'homme devant Dieu. Mélanges Henri de Lubac, Paris 1964, 2. Bd., S. 137–149 und neuerdings Roland Kany, Augustins Trinitätsdenken. Bilanz, Kritik und Weiterführung der modernen Forschung zu ‚De trinitate' (Studien und Texte zu Antike und Christentum 22), Tübingen 2007.

[2] An diesem Werk hat Thomas von Cantimpré noch 1258 gearbeitet; vgl. ²VL 9, 1995, Sp. 846.

Augustinus-Figur scheint sich eine Skepsis gegenüber den scholastischen (Trinitäts-) Spekulationen zu bekunden.

Die Evidenz des Exempels hielt freilich weder Theologen noch Laien davon ab, weiterhin über das unfaßbare Mysterium des dreifaltigen Gottes *via rationis* und *per analogiam* zu spekulieren. Vor allem der Sangspruch seit Konrad von Würzburg[3] und das Meisterlied als zentraler spätmittelalterlicher Gattungsbereich bei der Vermittlung von Theologie und Glaubenswahrheiten in poetischer Form beteiligten sich unermüdlich daran. Der Reichtum dieser Tradition, auf den Peter Kern bereits 1971 in seiner Dissertation hingewiesen hat[4] und der durch die Nachweise im ‚Repertorium der Sangsprüche und Meisterlieder‘ (RSM) noch erweitert und differenziert werden konnte,[5] ließe sich nur in einer monographischen Studie angemessen darstellen. Wohl aber möglich und im Blick auf die Rationalitätsthematik der Tagung m.E. auch sinnvoll ist es, vor dem Hintergrund dieser Tradition zu fragen, welche Haltung Hans Folz (gest. 1513)[6] zu den Trinitätsspekulationen einnimmt, bei dem – neben Lienhard Nunnenbeck (gest. zwischen 1518 und 1527)[7] – diese über 200jährigen Denk- und Vermittlungsanstrengungen am Ende des Spätmittelalters einmünden und danach keine nennenswerten Fortsetzungen im Meistergesang finden. Die beiden Nürnberger Meistersinger Folz und Nunnenbeck stellen

---

[3]   In RSM (wie Anm. 5) ¹KonrW/7/1 (= Schröder 32,1) vergleicht Konrad die Trinität mit einem geflochtenen Seil. Zu diesem häufig gebrauchten Bild vgl. Kern (wie Anm. 4), S. 209f. und 254–256 (dort auch zur Verwendung in Konrads Leich Nr. 1, 7–12).

[4]   Peter Kern, Trinität, Maria, Inkarnation. Studien zur Thematik der deutschen Dichtung des späteren Mittelalters (Philologische Studien und Quellen 55), Berlin 1971. Vgl. auch Clarence William Friedman, Prefigurations in Meistergesang. Types from the Bible and Nature (The Catholic University of America Studies in German XVIII), Washington D. C. 1943, Nachdr. New York 1970; zur Trinität S. 44–58.

[5]   Repertorium der Sangsprüche und Meisterlieder des 12. bis 18. Jahrhunderts (RSM), hg. v. Horst Brunner u. Burghart Wachinger, 16 Bde., Tübingen 1986ff. Vgl. dazu das Stichwort „Trinität" in Bd. 15, 2002, S. 588–590.

[6]   Zu Hans Folz vgl. ²VL 2, 1980, Sp. 769–793 (Johannes Janota). Ausgabe: Die Meisterlieder des Hans Folz. Aus der Münchener Originalhandschrift und der Weimarer Handschrift Q 566. Mit Ergänzungen aus anderen Quellen, hg. v. August L. Mayer (DTM XII), Berlin 1908, Nachdr. Dublin/Zürich 1970. Zu den Trinitätsliedern von Folz vgl. Frieder Schanze, Meisterliche Liedkunst zwischen Heinrich von Mügeln und Hans Sachs, Bd. I: Untersuchungen (MTU 82), München 1983, S. 325f. Zum Tönegebrauch bei Folz vgl. Johannes Rettelbach, Variation – Derivation – Imitation. Untersuchungen zu den Tönen der Sangspruchdichter und Meistersinger (Frühe Neuzeit 14), Tübingen 1993, S. 304f. und passim (Register).

[7]   Zu Lienhard Nunnenbeck vgl. ²VL 6, 1987, Sp. 1247–1251 (Eva Klesatschke). Ausgabe der Meisterlieder durch Eva Klesatschke, Lienhard Nunnenbeck. Die Meisterlieder und der Spruch. Edition und Untersuchungen (Göppinger Arbeiten zur Germanistik 363), Göppingen 1984.

damit in diesem Punkt eine deutliche Zäsur im Vertrauen auf die Leistungsfähigkeit der *ratio* bei der Erhellung von Glaubenswahrheiten dar. Dazu paßt
auch, daß erstmals in einem Sangspruch oder Meisterlied das skeptische Augustinus-Exempel 1514 bei Hans Sachs auftaucht.[8]

Sangspruch und Meisterlied kennen durchaus die abstrakte Trinitätsspekulation, aber sie verbinden diese Denkoperationen fast durchweg mit Exempla und Similitudines, um auf diese Weise *per analogiam* nachzuweisen, daß
selbst das unergründliche Geheimnis der Dreifaltigkeit nicht im Widerspruch
zum menschlichen Verstand steht, obwohl gerade dieser die Undenkbarkeit
von drei Personen und einem einzigen Gott nicht zu erfassen vermag.[9] De-
monstrierte also das Exempel zu Augustins ‚De trinitate' die Unerschöpflich-
keit des trinitarischen Mysteriums, so griffen Sangspruchdichter und Meistersinger auf vergleichbare rhetorische Verfahrensweisen zurück, um den Einklang zwischen diesem göttlichen Geheimnis und dem menschlichen Verstand
via rationis evident zu machen. Dies gilt auch für einige Trinitätsspekulationen
in den Meisterliedern des Hans Folz.

Besonders deutlich zeigt sich das in seinem Lied Nr. 16 ([1]Folz/16), das nicht
weniger als vier *gleichnus* aufbietet,[10] um die Einheit der drei Personen in
einem einzigen Gott einsichtig zu machen: die Analogie mit der Kerzenflamme, die *ein offes licht*, Helligkeit (*schein*) und *hicz* spendet (V. 11–22),[11] der
Bezug der *drey sanctus* in Apc 4, 8 auf den *ein sabaoth* (V. 11),[12] die drei
Glieder eines Fingers (V. 39–44), *Der keines nie des ander wart*, und im Blick

---

[8] Im Meisterlied [2]S/25 von 1514. Zwei weitere Belege stammen von unbekannten Au-
toren: [1]Regb/4/651 in Regenbogens Langem Ton steht im Sachs-Autograph Berlin
Mgq 414; [2]A/230* in Frauenlobs Grundweise überliefert die Handschrift Weimar
Fol 418 (Ende 16. / Anfang 17. Jahrhundert). Schwankhaft und aus reformatorischer
Sicht geschrieben ist das Meisterlied [2]S/3316 von 1550, in dem in polemischer Weise
ein Mönch mit der Trinität verglichen wird.

[9] Analogien aus dem kreatürlichen Bereich zur Verdeutlichung des trinitarischen Mysteriums finden sich bereits bei Augustinus; vgl. dazu Michael Schmaus, Die psychologische Trinitätslehre des hl. Augustinus (Münsterische Beiträge zur Theologie
11), Münster 1927, S. 190–194. Davon abzuheben sind die Ternare wie *memoria,
intelligentia, voluntas*, mit denen Augustinus seine psychologische Trinitätslehre fundiert; vgl. ebd. S. 159–399.

[10] Auf sie wies bereits Friedman, Prefigurations (wie Anm. 4), S. 47 hin. Ein fünftes
gleichnus verdeutlicht in Str. 5 mit Verweis auf Körper und Seele des Menschen, daß
beim Gottessohn nicht seine göttliche Natur, sondern *Allein der menschlich teil leyt
pein* (V. 97).

[11] Zum Licht-Feuer-Modell vgl. Kern, Trinität (wie Anm. 4), S. 155–163. Statt der
Kerzenflamme steht die Sonne bei [1]Marn/6/21, [1]Nestl/2, [1]Nun/22 und 44,
[1]Regb/4/648 und [1]Zorn/3/8 (beide im Berliner Sachs-Autograph); Vergleich mit dem
Feuer bei [1]Nun/1, 9 und 33 (Feuerstein).

[12] Vgl. Kern, Trinität (wie Anm. 4), S. 73, Anm. 144.

auf die Inkarnation das Bekleidungsgleichnis (V. 72–75) – zwei Personen (Gottvater und Heiliger Geist) legen einer dritten (dem Gottessohn) ein Kleid an, die es sich zugleich selbst anlegt.[13] Unmittelbar dem gegenständlichen Bereich entnommen ist in Lied Nr. 53 (^{1}Folz/53) ebenfalls das *gleichnus* von der Harfe, mit dem das Zusammenwirken von Trinität und Inkarnation verdeutlicht werden soll: Spielen *das spilmans kunste,* / *Die seyten und die hant* zusammen, dann wird *Auß dieser dreier gunste* / *unß ein lit bekannt* (V. 103–106). Zusätzlich zu Lied Nr. 16 wird jedoch hier die wissenschaftliche Dignität des Vergleichs – übrigens durchaus richtig[14] – mit einem einleitenden Verweis auf eine theologische Quelle abgesichert (V. 97–100; vgl. dazu S. 360):

> *Hie sucht der frei prelate*
> *Ein schrifflichen sentencz*
> *Und fand ein gleichnus trate*
> *Durch ein war expergenz* [‚Erfahrung‘].

Wesentlich abstrakter und zugleich erheblich kürzer gehalten ist dagegen die letzte Belegstelle bei Folz. In Lied Nr. 29 (^{1}Folz/29) drängt sich ein dreifaches *gleichnus* auf ganzen sieben Versen (V. 46–52). Dabei wird die Trinität in Analogie gesetzt zu den drei Dimensionen im Raum (*dieck, leng und preyt*),[15] auf einer Linie (*anfang, mit und ent*)[16] sowie bei der Zeit (*kunfftig, gegenwart* und *vergangen*).

Der skizzierte Befund ist eindeutig: Folz kennt als versierter Literaturkenner zwar die reichhaltige Tradition der Trinitätsanalogien[17] bis hin zu deren theologischer Herkunft, aber in seinen eigenen Trinitätsliedern verwendet er solche *gleichnus* mit auffälliger Zurückhaltung. Diese Reserviertheit findet ihre Bestätigung in der großen Anzahl von elf weiteren Meisterliedern, in denen Folz zumindest teilweise das Trinitätsdogma thematisiert,[18] in denen jedoch entsprechende *gleichnus* fehlen.

---

[13] Nochmals in Folz Nr. 24 (^{1}Folz/24), V. 59–74; vgl. Kern, Trinität (wie Anm. 4), S. 165–171.

[14] Vgl. Kern, Trinität (wie Anm. 4), S. 171–174.

[15] Vgl. auch ^{1}Beckm/1/1, ^{1}Regb/4/649, ^{1}Zorn/2/6, 4/15, 4/17 und 4/23 (alle im Berliner Sachs-Autograph aufgezeichnet).

[16] Vgl. auch Lied Nr. 17 (^{1}Folz/17), V. 106, hier allerdings im Blick auf die Ewigkeit Gottes gemeint; so auch in Lied Nr. 29, V. 18 und 46–52 (hier mit Verweis auf die drei Dimensionen in Raum und Zeit). Die Gleichheit der drei göttlichen Personen (V. 79: *In ganczer eben gleicher pflicht*) hebt Folz in Lied Nr. 35 (^{1}Folz/35) durch eine erweiternde Variation dieser Formel hervor: *Nicht voderers, nicht hintterers* / *Merers noch mynders nicht,* / *Noch mittels icht* (V. 73–75); zuvor wird in V. 61–69 als *gleichnus* für die innertrinitarische *processio* die Liebe genannt: *Ein ursprung von dem fleusset sie;* / *Ein end zu dem sie get on moß;* / *die mit ist libe selb, das wist,* / *Wie von den zweyn zu samen rint:* / *Also verstet hie die trivalt.*

[17] Vgl. den Hinweis in Anm. 5.

[18] Es sind dies die Lieder Nr. 4 (^{1}Folz/4), Nr. 12 (^{1}Folz/12), Nr. 13 (^{1}Folz/13), Nr. 17

Offenkundig kamen Folz im Laufe seiner Schaffenszeit grundsätzliche Zweifel gegenüber der Evidenz von Bildern, Analogien und Gleichnissen bei dogmatischen Fragen und Glaubensartikeln. Mit besonderem Nachdruck formuliert er die Unangemessenheit dieses tradierten Beweisverfahrens im Zusammenhang mit Mariae Verkündigung und Jesu Geburt innerhalb des zweiten Bars von Lied Nr. 34 ([1]Folz/34), wo er u. a. das herkömmliche *gleichnuß* vom Licht, welches das Glas durchdringt, ohne es zu verletzen, als nicht beweiskräftig nachweist (V. 367–390):

> *Hie irt als ebenpilden,*
> *Exempel, gleichnuß unnd figur,*
> *Der man sich untterwindet.*

370 *Man sagt: gleich als der schattenn*
Die wasser thu durch watten
Und sich nit necz
Und als der sunnen scheine
Dring durch die fenster eine
375 *Und sie nit lecz,*
Also Got sun den milden
Du, meit, geper, die zwo natur,
Als man gedicht vil vindet.

Mit urlaub ich hie melde:
380 *Schatten unnd schein ungreifflich sint*
Und wurcken das naturlich hie besunder.
So [‚dagegen'] hat sich Got entnummen
War fleisch unnd plut volkummen
An all verser
385 *Ein gancz greifflich persane*
Vonn dir, du junckfraw frane,
Do du geper
Den schopffer aller welde,
Dor in naturen werck was plint
390 *Unnd ist das funffte wunder.*

Folz polemisiert an dieser Stelle nicht einfach gegen ein Beweisverfahren, das *per analogiam* arbeitet, sondern er demonstriert ausgerechnet *via rationis* die Unmöglichkeit, von erfahr- und überprüfbaren Phänomenen der geschaffenen Natur *via rationis* auf das ungeschaffene Übernatürliche zu schließen: Schatten und Licht sind unkörperlich, während die Schwangerschaft der Jungfrau

---

([1]Folz/17), Nr. 24 ([1]Folz/24), Nr. 28 ([1]Folz/28), Nr. 33 ([1]Folz/33), Nr. 34 ([1]Folz/34), Nr. 35 ([1]Folz/35), Nr. 60 ([1]Folz/60) und Nr. 72 ([1]Folz/71).

Maria und die Geburt des Gottessohnes manifest körperliche Vorgänge darstellen. Gleichzeitig ist sich Folz bewußt, daß er mit seiner begründeten Kritik
auf Distanz zu einer etablierten Tradition steht (V. 378: *Als man gedicht vil
vindet*). Auch wenn die oft namenlosen Sangsprüche und Meisterlieder, an die
bei *gedicht* im vorliegenden Zusammenhang vornehmlich zu denken ist, nur
über die verwendeten Töne und das Alter der handschriftlichen Überlieferung
zumindest beim gegenwärtigen Forschungsstand lediglich ungefähr zu datieren sind, zeichnet sich die Stoßrichtung der Folzschen Kritik klar ab: Es ist
das im genannten Gattungsbereich während des 14. Jahrhunderts ausgebildete
und bis ins 15. Jahrhundert – auch bei den Nürnberger Meistersingern – fort-
wirkende Verfahren, kirchliche Glaubenssätze rational durch *gleichnus*, also
durch Analogien, in ihrem Wahrheitsgehalt einsichtig zu machen. Diese Auffassung hält Folz nunmehr für falsch: Nach seiner Ansicht können Glaubenswahrheiten nur als *wunder* (V. 390) geglaubt, nicht durch Analogien eingese-
hen werden.

Folzens Polemik in diesem dreibarigen Marienlied[19] ist deswegen so bemerkenswert,
weil er selbst in früheren Liedern zum Beweis der Unbefleckten Empfängnis und der
Jungfräulichkeit Marias durchaus *figuren* und *pilde* beigezogen hat:[20] Lied Nr. 14
(¹Folz/14) beruft sich in Strophe 2 auf die ‚Physiologus‘-Tradition (Löwe, Pelikan, Phö-
nix, Einhorn etc.) für die *keusch gepurt* Marias; Lied Nr. 36 (¹Folz/36) *bewert* die Erbsündenlosigkeit Marias *durch die natur, durch schrifft und durch figur, durch pillikeit*
[‚Evidenz‘], *exempel und durch wunder* (V. 5–8); in Lied Nr. 55 (¹Folz/55) verweist Folz
auf das Blut verschiedener Tiere, um *daz rein, keusch, hochwirdige plut* (V. 28) Marias
herauszustellen, aus dem Gott seinem Sohn *wurckt menschliche figure* (V. 39); in den
Liedern Nr. 59 (¹Folz/59) und Nr. 65 (¹Folz/65) sollen durch *exempel* (Nr. 59, V. 16),
durch schrifft und durch naturlich pilden (Nr. 65, V. 4f.) die Jungfräulichkeit Marias
erwiesen werden.

An allen diesen Liedern fällt auf, daß sie erstmals im Weimarer Folz-Autograph (um
1475) belegt sind.[21] Auch verwendet Folz für diese Lieder nur eigene Töne. In beiden
Punkten unterscheidet sich davon Lied Nr. 34: Es ist nicht in der Weimarer Folz-

---

[19] Die drei Bare im Unbekannten Ton Nestlers von Speyer behandeln jeweils fünf
     Wunder der Inkarnation einschließlich der zwei Naturen Jesu (I), seiner Verkündi-
     gung und Geburt (II) und seiner Erlösung (III).
[20] Darauf hat bereits Schanze, Liedkunst (wie Anm. 6), S. 347, hingewiesen.
[21] Nur die Lieder Nr. 14 (von Folz geschrieben) und 36 (nicht von Folz geschrieben)
     finden sich auch im Münchner Teilautograph (1485/90) und im Berliner Sachs-
     Autograph. Dazu kommt thematisch noch das Lied Nr. 75 (¹Folz/74) in Marners
     Langem Ton, das neben dem Berliner Sachs-Autograph auch im Göttweiger ‚Mei-
     stergesangbuch des Thomas Stromair‘ (1577/78) aufgezeichnet ist; das dreibarige
     Lied will die Jungfrauengeburt (2. Bar) *schriftlich* [‚biblisch‘], *natürlich, figürlich*
     (V. 240) und die Sündenlosigkeit Marias (3. Bar) durch *figür* und *exempel* (V. 390)
     unter Beweis stellen.

Handschrift, sondern erst im Münchner Teilautograph Cgm 6353 (1485/90) überliefert, hat dann aber eine relativ breite Überlieferung bis hin zum Druck erfahren.[22] Auch verwendet dieses Lied einen fremden Ton (vgl. Anm. 19). Diese Unterschiede dürften dafür sprechen, daß Lied Nr. 34 mit seiner Kritik an *gleichnus* jünger ist als die Lieder Nr. 14, 36, 55, 59 und 65, deren Entstehung im Blick auf das Weimarer Folz-Autograph auf die Zeit vor 1475 anzusetzen sind.[23] Die Differenz zeigt sich schließlich auch auf inhaltlicher Ebene: Trotz seiner Polemik gegen *gleichnus* in Lied Nr. 34 spricht Folz zwar auch von *natur* und *figur* (V. 26), von *exempel* und *leuffen der nature* (V. 413–415) als Belegen für die vorgestellten heilsgeschichtlichen Wunder, aber er gebraucht diese Beweismittel nicht mehr. Statt dessen weist Folz darauf hin, daß *die entpfencknüß seinr menscheit / Mit unns kein gleichnuß hotte* (V. 98f.) und daß der menschliche Verstand die zwei Naturen Jesu nicht *mit vernufft ergründen* kann (V. 136). Entsprechend dienen die Anspielungen an die ,Physiologus'-Tradition (V. 184–210) nicht mehr wie im Lied Nr. 14 (s. S. 356) dazu, eine Glaubenswahrheit *per analogiam* zu beweisen, sondern das Erlösungswerk des Gottessohnes mit tradierten Vorstellungen zu illustrieren.

Die Kritik an der Verwendung von *gleichnus* in Lied Nr. 34 bezeichnet Folzens eigene Position bei der Darlegung dogmatischer Fragen besonders deutlich, sie bleibt aber in seinen Liedern kein Einzelfall. In Lied Nr. 31 (¹Folz/31) – ebenfalls zuerst im Münchner Teilautograph überliefert – verwundert sich Folz im Zusammenhang mit Mariae Empfängnis über das Ansinnen einer solchen *fremden* (,sachlich unangemessenen') *disputacion*:

1.

Mich wundert nun und ymer
Der fremden disputacion,
Die manch steiger und climer,
Zu vor auß [,vor allem die von'] *den hoen pareten,*[24]

5 *All hie in dieser kure*
Sich so groblich mercken lan
In der erforschung pure,
Wie man worhafft und grüntlich
        müg besteten

Das an alle erbsunde
10 *Die muter Jhesu, unsers hern,*

---

[22] Berliner Sachs-Autograph, Heidelberger Sammelhandschrift Simprecht Krölls (1516) und Straßburger Druck durch Matthias Hüpfuff (um 1505).
[23] Vgl. zu dieser zeitlichen Differenzierung auch den damit übereinstimmenden Datierungsvorschlag (S. 366) zur Kontroverse zwischen Folz und Fritz Zorn über das richtige Verständnis des trinitarischen Geheimnisses.
[24] Barette als Kennzeichen der Gelehrten und Geistlichen.

Empfangen sey, welch punde[25]
Sie swer dunckt zu bewern.
   Ein teil naturlich ruchen [‚wünscht auf natürliche Weise']
Ye zu beweren das,
15 *Etlich figuren suchen,*
Die dritten mein es zu beweisen bas

2.

Den merteil durch exempel,
Die firden durch wor pillikeit,
Das der jungfrewlich tempel
20 *Von Got vor erbsund pillich blib gefreyt.*

Die sint dennoch zu preisen
Weder die an all unterscheyt
Mit nicht sich dran lan weisen[26]
Das sie von Got sey gebenedeiet,

25 *Ich mein, den das behallten* [‚vorenthalten']
Der her hot durch hoffart,
So [‚so daß'] *sie her in verschallten* [‚deshalb ablehnen, verkennen']
Wor ordenung und art,
   Die so gancz ligt am tage
30 *Das es wol prufen mocht ein kint,*
Von den selben ich sage
Das sie in worer cristen ler sint plint.

Ironisch nimmt Folz hier seine (Nürnberger) Sängerkollegen aufs Korn, die ebenso wie die Gelehrten und Geistlichen glauben, in der Form einer *disputacio* Glaubenswahrheiten einsichtig machen zu können, die sich auch nicht durch Denkoperationen (*naturlich ruchen*) und Analogien (*figurlich suchen*), durch *exempel* oder durch Evidenzen (*wor pillikeit*) erweisen lassen. Zwar sei das immer noch besser als das hoffärtige Leugnen *worer cristen ler*, doch liege diese selbst für Kinder *gancz am tage*, weil für die Erbsündenlosigkeit Mariens – so in der 3. Strophe – nicht weniger als fünf Personen *zeugnus zu glauben*

---

[25] Mit *punde* kann die Verbindung *an alle erbsünde* und *empfangen* oder das Rätsel dieser Verbindung gemeint sein (vgl. Lexer I, Sp. 383f.); Mayer (wie Anm. 6), S. 424, setzt *punt* mit *punct* gleich. Vielleicht ist aber auch an *punt* als Terminus meisterlicher *kunst* (vgl. Lied Nr. 46, V. 5) zu denken. Für die gemeinsame Diskussion der Stelle danke ich Johannes Rettelbach (Würzburg) herzlich.

[26] V. 22–23: ‚im Gegensatz zu denjenigen, die sich trotz aller Belehrung durch nichts davon überzeugen lassen'.

(V. 33) ablegen, denen *kein geschrifft* (‚außerbiblische Schriften')[27] *nit wider sprechen mage* (V. 36): Gottvater, Gottsohn, Heiliger Geist, der Erzengel Gabriel und Maria. Hinter dieser Argumentation steht nunmehr die Einsicht, daß nur biblisch begründeter Glaube und nicht der Verstand zur Erkenntnis der Glaubenswahrheiten führt. Nachdrücklich bestätigt Folz diesen Standpunkt nochmals in der 6. Strophe:

> *Wer aber ye wel grubeln,*
> 90 *Suchen verworne ding*
> *Und wore art verubeln,*
> *Der sech wie im geling,*
> *Ich sprich, die durch figure*
> *Mein [‚meinen'] suchen wore pillekeyt*
> 95 *In gleichnus und nature,*
> *Das doch die schrifft ym text clar gnung bescheit.*

Ähnliche Formulierungen verwendet Folz schließlich auch in seinem Trinitätslied Nr. 72 (¹Folz/71), bei dem er einleitend den Heiligen Geist um seinen Beistand bittet, *Wan weder dürch natür, exempel noch figür* zeigt sich für den Menschen Gottes *wessen* (V. 9). Statt dessen beruft sich Folz auf das Zeugnis der Bibel, auf dem auch die Kirchenlehrer gründen. Und wenn selbst die Heilige Schrift Gott mit kreatürlichen Bezeichnungen wie Höhe oder Tiefe beschreibt, so darf dies nur im übertragenen Sinn verstanden werden:

> 105 *Wo aüch die gschrift Got hoch,*
> *tieff, weit bestim, nimpt war,*
> *Mensch, da prüeff nymer leiplichß pey,*
> *Sünder dir sey*
> *Bezeichen*
> *Darbey sein groß almacht;*
> 110 *Dar bey betracht*
> *Die würckung sein,*
> *Die sich an endt aüß preyte.*

Mit dieser differenzierenden Auffassung distanziert sich Folz von seinem Versuch in Lied Nr. 29, die Dreifaltigkeit Gottes durch Verweis auf die Dreidimensionalität des einen Raumes einsichtig zu machen (s. S. 354). Vor allem aber verwirft er seine Versuche in den Liedern Nr. 16 und 53, das Geheimnis der Trinität durch *gleichnus* der Vernunft zugänglich zu machen (s. S. 353f.). Zwar warnt Folz auch dort vor *gleichnus, die weiter leyten ab* (Nr. 16, V. 27), vor Spitzfindigkeiten also, doch grundsätzlich sind sie ihm in diesen beiden

---

[27] Die Bibel wird dagegen – nicht nur in diesem Lied – von Folz meist als *schrifft* (V. 88) bezeichnet.

Liedern noch Verständnishilfen, die vor *zweiflung* (V. 66) abhalten und die *in erkantnus furn* (V. 104). Nimmt man die unterschiedlichen Standpunkte bei der Erschließung von Glaubenswahrheiten bei Folz ernst, dann müssen die Lieder Nr. 16, 29 und 53 mit ihrer Verwendung von *gleichnus* zur Verdeutlichung von Glaubensgeheimnissen als frühere Dichtungen angesehen werden, denen Nr. 28, 31, 34 und 72 (¹Folz/71) mit ihrer Absage an kreatürliche Vergleiche als spätere Lieder gegenüberstehen (s. S. 365f.).

Dabei könnte Lied Nr. 72 (¹Folz/71) eine Zwischenstellung zwischen den früheren und späteren Liedern einnehmen: Trotz der Berufung auf die Bibel verwendet Folz nämlich in diesem Lied eine ausgesprochen dogmatische Diktion bei der Erörterung der Trinität. Dies mag von der Einsicht bestimmt sein, daß *der cristenlich gelaüb* (V. 193) zwar auf der Bibel basiert, aber von den Kirchenlehrern entscheidend geprägt wurde: *Der glaüb den uns geschriben hant der lerer hent, / Der ist als war als war Got ist* (V. 185f.). Die späteren Lieder negieren diese Auffassung nicht, aber sie heben pointierter auf das biblische Zeugnis und auf die einfache Wiedergabe der kirchlichen Aussage über die Trinität ab. Gestützt wird diese Vermutung vielleicht auch vom Überlieferungsbefund wie von der Wahl des Tons: Das Lied wird nur im Berliner Sachs-Autograph überliefert, der bekanntlich Lieder aus allen Schaffensphasen von Folz vereint.[28] Außerdem verwendet Folz hier einen eigenen Ton (Langer Ton), was eher eine frühe Entstehungszeit vermuten läßt. Im Vergleich mit dem Tönegebrauch in der Weimarer und in der Münchner Handschrift wird man nämlich „zu der Auffassung neigen müssen, Folz habe tatsächlich in zunehmendem Maß statt der eigenen fremde Töne verwendet."[29]

Wenn sich der spätere Folz nunmehr gegen *gleichnus* zum Verständnis dogmatischer Fragen ausspricht, dann steht dahinter keinesfalls nur das Bedenken, daß unfähige Dichter auf diese Weise verworren über die Trinität dichten und *ein nomerdum in den persone*[30] machen könnten, sondern die fundamentale Erkenntnis, daß sich *via rationis* Glaubensfragen in keiner Weise erhellen, geschweige denn ergründen lassen. Damit widerspricht Folz seiner ehemals optimistischen Einschätzung, mit *argumente* (Lied Nr. 53, V. 79) ließe sich in dogmatischen Kontroversen die Wahrheit finden. Dieser nunmehr unverrückbare Einspruch hat eine weitreichende Konsequenz, denn er distanziert sich auch von jener Form mittelalterlicher Theologie (Lied Nr. 53, V. 91f.: *eim doctore, / Der sucht theologey*), die sich zwar gegen *sufistrey* (V. 94) wendet, die aber dennoch glaubt, mit *schrifflicher sentencz*, mit *gleichnus* und *durch ein war expergencz* (V. 98–100; s. S. 354 und 370) das richtige Verständnis der Trinität vermitteln zu können – ein Standpunkt, dem sich Folz zunächst ebenfalls angeschlossen hatte.

---

[28] Vgl. dazu die Übersicht bei Schanze, Liedkunst (wie Anm. 6), S. 312–314.
[29] Vgl. Schanze, Liedkunst (wie Anm. 6), S. 306.
[30] Lied Nr. 90 (¹Folz/78), V. 191. Das Lied gehört zum poetologischen Zyklus der Lieder Nr. 89–94 (¹Folz/77–¹Folz/82).

Einsicht in den wahren Glauben vermögen nur die *schrifft* und – wegen der Reinheit der kirchlichen Lehre – die Kirchenlehrer zu geben, auf die sich Folz etwa im Lied Nr. 72 (¹Folz/71) mit der Nennung von Ambrosius, Gregorius, Augustinus und Hieronymus (V. 54–56) beruft. Dogmatische Grundlage ist ihm – wie er im Lied Nr. 13 (¹Folz/13) betont – das ‚Athanasianum‘: *Merck hie die wor und cristlich ler / Von Athanasio, / Die er so clor unß hie verkunt allso* (V. 128–130). Entsprechend feierlich eröffnet Lied Nr. 13³¹ – eine Übertragung des ‚Athanasianums‘ – die Aussagen zur Trinität in der lateinischen Sprache des Glaubensdokuments:

> *O quicumque vult salvus esse,*
> *Ante omnia opus est ut teneat*
> *Veram catholicam fidem,*
> *On welchen ye nymant mag selig werden.*
> [...]
> *Catholica autem fides*
> 10 *Est ut unum deum in trinitate*
> *Wir glauben suln on widerses*
> *Und drifeltig eyn nach cristlichem rate.*

Über diese Glaubenswahrheiten läßt sich nach Folz nicht *disputirn*, wohl aber soll man in diesen Glaubensgeheimnissen unentwegt *speculirn* (Lied Nr. 31,³² V. 131–133):

> *Lat unß dar in stet speculirn*
> *Und mit höchster vernunfft unß zihen ab*
> *Dar wider nit zu disputirn*
> *Mit kein geferden bis in unser grab.*

Die wichtigste Aufgabe der *vernunfft* ist es also demnach, vom Versuch einer rationalen Durchdringung dogmatischer Grundlagen abzuhalten. Was mit *speculirn* genauer gemeint ist, läßt sich durch alternative Formulierungen in zwei anderen Liedern Nürnberger Provenienz verdeutlichen (beide im Berliner Sachs-Autograph): *nit conuersir, doch contemplir in der triualtikeit* (¹Beckm/1/1) bzw. *Hie will ich contempliren / mit der sübstanz des vaters eigenschaft* (¹Beckm/3/1). Auch Folz verwendet diesen Begriff und gibt ihm sogar eine besondere Würde, indem er ihn im Mariengruß Lied Nr. 54 (¹Folz/54) Maria³³ zulegt (V. 1–5):

---

³¹ Vgl. auch Lied Nr. 35 (¹Folz/35), das den ersten Teil des ‚Athanasianums‘ paraphrasiert. Beide Lieder sind erstmals im Münchner Teilautograph überliefert und verwenden fremde Töne: Lied Nr. 13 Fritz Zorns Zugweise und Lied Nr. 35 Marners Langen Ton.
³² Vgl. zu diesem Lied S. 357–359.
³³ Vgl. auch Lied Nr. 12 (¹Folz/12), V. 190.

> *Gegrusset seystu, dirn und meit,*
> *In ewikeyt*
> *Gotlicher trinitat*
> *Und do du gancz an unterscheit*
> 5 *Got contemplirst.*

Diesem Vorbild entsprechend werden laut Lied Nr. 57 (¹Folz/57) auch die Menschen, wenn sie im Himmel *von angesichte / Zu angesicht Got sehen* (V. 101f.), über die göttlichen Geheimnisse *contempliren* (V. 109).

Der Begriff des *contempliren* ist bei Folz schon früh ausgebildet: Die Lieder Nr. 54 (in der Chorweise des Mönchs von Salzburg) und Nr. 57 (in Folzens Strafweise) werden erstmals im Weimarer Folz-Autograph (daneben im Berliner Sachs-Autograph) überliefert. Der Verweis auf das *speculirn* erfolgt dagegen in Lied Nr. 31, das erst in der Münchner Handschrift aufgezeichnet ist. In ihr steht auch erstmals das Gotteslob (in Fritz Zorns Verhohlenem Ton) Lied Nr. 15, das im Blick auf die Höllenpein dazu auffordert: *O mensch, her innen wellest han / Dein speculaczen alle frist* (V. 64f.).[34] Dieses *speculirn* ist als eine Art von existentiellem Erfaßtwerden zu verstehen: *Denck wo dein sel entlich hin lent* [,trachtet, kommt'] (V. 66).

Diesem *contempliren* entspricht auf Erden bei Folz das *speculirn* als ein Sich-Versenken in die unergründlichen Glaubenswahrheiten, vor denen die Begrenztheit des Verstandes scheitern muß. Daher zieht Folz gegen eine optimistische Einschätzung der *vernunfft* bei Glaubenswahrheiten in seinem Lied Nr. 18 (¹Folz/18)[35] – hier im Zusammenhang mit der Transsubstantiation – nach Kräften vom Leder:

> 95 *O grosßer narr, du plinder*
> *Esel und gauch,*
> *Sag pistu nit so weise*
> *[...]*
> *Deß scham dich, tumer tore,*
> *Der nit nymst acht*
> *Das die gancz menschlich zunffte*
> 125 *Mit all irer vernunffte*
> *Auß sint noch tracht,*
> *Mag auch numer begreiffen*
> *Wie der gancz leib Cristi des hern*
> *Auff erd ein speis hie warte*
> *[...]*
> *Sag welches menschen syne*

---

[34] Vgl. auch V. 46, wo zu *steter betrachtung* aufgefordert wird.
[35] Im Unbekannten Ton Nestlers von Speyer, allein überliefert im Münchner Teilautograph.

135 *Sulch wicze hot!*
    […]
    Seytu nun pist so weise,
170 *Weist pey eym har was Got vermag,*
    Und welchs dein grober sin nit leicht bescheide,
    Sol Got vermögen nichts
    […]
    O torechter fantaste,
    Ob dein vernunfft dan raste
    Auff sulcher glos,
    Was wider all vernunffte
185 *Und der naturen zunffte*
    Erscheine ploß,
    Sol Got nit muglich seyne,
    Der doch hie vor in alter e
    Gescheen sint so vile
    […]
    Laß sulch torheit hin schallten [‚beiseiteschieben']
    Und sich gar weislich um und auff,
210 *Do* [‚tu'] *Got allso nit smehen.*

So sehr bei Folz die *vernunfft* und damit das *disputirn* in Glaubensfragen negativ besetzt ist, so wenig trifft dies bei ihm auf das *speculirn* zu.[36] Die Glaubenswahrheiten besitzen zwar nach Lied Nr. 17 ([1]Folz/17) ihre innere Logik, gleichsam eine *logica fidei* (V. 45: *Merck, mensch, hie diese loica*), aber ihr angemessenes Erfassen erfolgt nicht *via rationis*, sondern als ein betrachtendes Versenken in die Glaubenswahrheiten, die man sich als Glaubender gleichsam in einer unentwegten *ruminatio* einzuverleiben hat. Ein Zitat aus Lied Nr. 13 ([1]Folz/13), in dem Folz das ‚Athanasianum' versifiziert (s. S. 360f.), mag stellvertretend für viele andere Stellen diese Form der Glaubensaneignung und -vergewisserung verdeutlichen:

    Eyn die persan des vaters ist,
    Ein ander so ist die persan des suns
    Und ein andre des geystes, wist,
    Vater, sun, geist ein Got, der glaub sey unß,
20 *Eyn gotheyt, ein gleich wird und zir*
    Und ein ewige herschafft zu vor an,
    Wan alls deñ vater, so auch ir
    Den sun, des gleich den geist wellet verstan.

---

[36] Aus diesem Grunde sind m.E. die Folz-Einträge beim Stichwort „Spekulation, Warnung vor" im RSM (wie Anm. 5), Bd. 15, S. 536, zu streichen. Entsprechend wendet sich [1]Nun/45 nicht gegen ein *speculiren* in Glaubensfragen, sondern gegen ein *nachspeculiren*.

Versucht man, diese Art der Glaubensaneignung begrifflich zu fassen, dann bietet sich dafür das bekannte scholastische, letztlich aber bis Platon zurückreichende Binom von *intellectus* und *ratio* an. Dabei zielen *intellectus* bzw. *intelligere* nach der Definition des Thomas von Aquin auf das intuitiv einfache Erfassen erkennbarer Wahrheiten, *ratio* bzw. *ratiocinari* hingegen auf das diskursive Annähern an diese nur dem reflexiven *intellectus* erkennbaren Wahrheiten.[37] Entsprechend kann nur der *intellectus* (nach der heutigen Begrifflichkeit: die Vernunft) über wahr und unwahr entscheiden, die *ratio* (nach heutigem Begriff: der Verstand) hingegen lediglich über richtig und falsch. Der spätere Folz verneint also keinesfalls den reflektierenden Intellekt, das *speculirn*, bei der Aneignung der Glaubenswahrheiten, er wendet sich jedoch gegen die Vorstellung, die *ratio discursiva*, das *disputirn*, könne einen verläßlichen Zugang zu den Glaubensgeheimnissen schaffen. Wenn der spätere Folz in diesem Zusammenhang immer wieder gegen die *vernunfft* polemisiert, dann steht dahinter die mittelalterliche, bis ins 19. Jahrhundert reichende Terminologie, die im Gegensatz zu heute *intellectus* mit Verstand und *ratio* mit Vernunft gleichsetzte.[38] Seine Kritik der *vernunfft* ist also eine Kritik an der *ratio* als einem untauglichen Instrument beim Erfassen von Glaubenswahrheiten.

Mit dieser dezidierten Haltung steht Folz in seiner Zeit nicht alleine,[39] aber sie läßt sich bei keinem anderen Meistersinger m.W. so genau fassen wie bei ihm. Selbst der jüngere Lienhard Nunnenbeck[40] erscheint hier undifferenzierter, da er zwar mehrfach die Unergründlichkeit der Trinität betont und dabei konsequent auf kreatürliche Vergleiche verzichtet,[41] dann aber aus didaktischen (nicht spekulativen) Absichten doch öfters Trinitätsanalogien beizieht. Auch wenn diese Lieder thematisch aus einem schmalen Repertoire schöpfen,[42] fällt ihr hoher Anteil in diesem Themenbereich auf: In seinen insgesamt

---

[37] Vgl. Georges Cottier, Intellectus und Ratio, in: Rationalität. Ihre Entwicklung und ihre Grenzen, hg. v. Leo Scheffczyk (Grenzfragen 16), Freiburg / München 1989, S. 229–250.

[38] Vgl. Hans Michael Baumgartner, Wandlungen des Vernunftbegriffs in der Geschichte des europäischen Denkens, in: Rationalität (wie Anm. 37), hierzu S. 172.

[39] Vgl. etwa ¹Frau/5/533 und ¹Regb/4/645. Darüber hinaus war sich natürlich auch der Meistergesang vor Folz der Unergründbarkeit Gottes bewußt – vgl. etwa das Lied Nr. 17 (¹Regb/4/556a) in der Meisterliedsammlung m (München, Cgm 351), deren 2. Teil um 1430 aufgezeichnet wurde –, aber eine programmatische Position in dieser Frage wird erst vom späteren Folz bezogen.

[40] Zu seinen Trinitätsliedern vgl. die ausführlichen Anmerkungen und Kommentare bei Klesatschke, Nunnenbeck (wie Anm. 7), S. 382–401 und 485–502.

[41] Vgl. die Lieder Nr. ¹Nun/6–8, 15, 21, 30 und 45.

[42] Vgl. seine Lieder Nr. ¹Nun/1 (Str. 3: Feueranalogie), 2 (Vergleich mit den Buchstabenformen des Alpha und des O), 9 (Str. 6: Feueranalogie), 22 (Str. 2: Sonnenana-

14 Trinitätsliedern greift Nunnenbeck nämlich bei genau der Hälfte auf Analogien zurück. Diese offenkundige Ambivalenz wie das deutliche Interesse am Trinitätsthema bei Nunnenbeck – im Korpus seiner 45 Meisterlieder nehmen die zur Trinität fast ein Drittel ein – treffen sich in auffälliger Weise mit den bemerkenswert vielen Trinitätsliedern im archivierenden Berliner Sachs-Autograph.[43] Alles das deutet auf eine einläßliche Debatte der Nürnberger Meistersinger über die angemessene Behandlung der Trinität in ihren Liedern hin.

Ein Reflex dieser Auseinandersetzung könnte bei Folz und seinem älteren Nürnberger Kollegen Fritz Zorn (gest. 1482)[44] sichtbar werden, gegen den Folz in den beiden Schlußstrophen (Str. 8 und 9) seines Liedes Nr. 53 (¹Folz/53) mit aller Schärfe polemisiert. Da Zorns Lied, an dem Folz Anstoß nahm, nicht überliefert ist, kann die Kontroverse nur aus Lied Nr. 53 rekonstruiert werden. Und weil eine einläßliche Interpretation des Liedes wie seiner Schlußstrophen bislang fehlt, ist deren komplexer Gedankengang, um ihn halbwegs nachvollziehen zu können, etwas ausführlicher nachzuzeichnen. Dies gibt zugleich die Möglichkeit, an einem exponierten Beispiel die Art und Weise der dogmatischen Auseinandersetzungen um das Trinitätsdogma zu verdeutlichen, die zwischen den Nürnberger Meistersingern in Folzens früher Schaffensphase geführt wurden. Für eine frühe Entstehungszeit des Liedes sprechen neben dem der Verwendung eines *gleichnus* (s. S. 354) wiederum der Überlieferungsbefund und die Wahl eines eigenen Tons (Strafweise). Diesen Ton verwendet Folz nur hier und im Lied Nr. 57 (¹Folz/57), das von den fünf Tempeln Christi handelt.[45] Beide Lieder sind – neben dem Berliner Sachs-

---

      logie), 33 (Str. 3: Feuersteinanalogie), 44 (Str. 4: Sonnenanalogie) und 46 (Str. 2–3: Vergleich mit dem ABC und Sonnenanalogie).

[43]   Vgl. dazu die Hinweise bei Klesatschke, Nunnenbeck (wie Anm. 7), S. 488–502. Zur Berliner Sammlung insgesamt vgl. Schanze, Liedkunst (wie Anm. 6), S. 114–131.

[44]   Zu ihm ²VL 10, 1999, Sp. 1587f. (Frieder Schanze), ²MGG. Personenteil. Bd. 17. Kassel (u.a.) 2007, Sp. 1556f. (Horst Brunner) und Johannes Rettelbach, Zu dem Nürnberger Meistersinger Fritz Zorn, in: ZfdA 114 (1985), S. 255–260. Zu den Tönen Fritz Zorns vgl. Rettelbach, Variation (wie Anm. 6), S. 300f.

[45]   Diese Tempel sind: (1) Maria als Ort der Menschwerdung, (2) die Welt als Ort, an dem Jesus durch sein Leiden die Menschen erlöst hat, (3) die Vorhölle als Erlösungsort der Propheten, (4) die Christen, die Christus im Sakrament empfangen, (5) der Himmel als Ort, an dem die Christen den Gottessohn von Angesicht zu Angesicht sehen. Auch dieses allegorische Sprechen deutet auf eine frühe Entstehungszeit des Lieds wie des Tons hin. Da die Strafweise neben Lied Nr. 53 auch im Lied von den fünf Tempeln Christi verwendet wird, die auf Erden wie im Himmel angesiedelt sind (also die zwei Naturen des Gottessohnes voraussetzen), kann vermutet werden, daß ebenfalls Lied Nr. 57 zur Auseinandersetzung zwischen Folz und Zorn gehört. Darauf weist auch Rettelbach, Variation (wie Anm. 6), S. 197f., hin, der die Strafweise von Folz als eine Derivation zu Fritz Zorns Unbenanntem Ton nachweist und dahinter „eine irgendwie parodierende Bezugnahme" (S. 197) sieht. Zu möglichen wei-

Autograph – nur im Weimarer Folz-Autograph überliefert, das um 1475 geschrieben wurde und das damit Folzens früheste Liedaufzeichnungen enthält.[46] Damit wird man mit guten Gründen annehmen dürfen, daß die Kontroverse zwischen Folz und Fritz Zorn, die wir im Lied Nr. 53 zu fassen bekommen, vor 1475 stattgefunden hat.

Natürlich ist bei diesem Datierungsversuch durchaus Vorsicht geboten, weil „weder
W[eimar] die Gesamtproduktion der Frühzeit enthält, noch M[ünchen; 1485/90] nur die
Produktion einer jüngeren Stufe."[47] Unter den bislang behandelten Liedern zeigt sich
das am deutlichsten bei Nr. 16 und Nr. 29, die mit ihrer Verwendung von *gleichnus* einer
Frühstufe zuzurechnen sind, aber – neben dem Berliner Sachs-Autograph – erstmals im
Münchner Teilautograph überliefert werden.[48] Dennoch ist nicht zu übersehen, daß die
inhaltliche Differenzierung zwischen früheren und späteren Trinitätsliedern sich mit dem
Überlieferungsbefund (Früh- bzw. Spätaufzeichnung) wie mit der Tönewahl (eigene vs.
fremde Töne) weitgehend deckt.[49] Freilich kann erst eine Interpretation des gesamten
Folzschen Liedschaffens zusammen mit diesen überlieferungsgeschichtlichen Befunden
zu genaueren Aussagen über Veränderungen in den Argumentationsstrategien des Autors führen. Die beigebrachten Indizien aus dem Umkreis der Trinitätslieder lassen berechtigt vermuten, daß auf diesem Wege signifikante Ergebnisse erzielbar sind.

Die sieben Strophen des Liedes Nr. 53 verteilen sich auf drei Abschnitte: (1)
Inkarnation (Str. 1–3), (2) Trinität (Str. 4–7), (3) Auseinandersetzung mit Fritz
Zorn (Str. 8–9), bei der die zwei Naturen des Gottessohnes im Zentrum ste-
hen. Dabei dienen die Detailargumentationen der beiden ersten Abschnitte
dazu, Folzens massive Kritik an Zorns trinitarischem und christologischem
Verständnis inhaltlich zu untermauern.

  Seine Ausführungen eröffnet Folz in der ersten Strophe mit einer ekklesio-
logischen (Aufgesang) und einer mariologischen (Abgesang) Grundlegung:
Noahs rettende Arche (1. Stollen) wird im 2. Stollen als Sinnbild für die *cristlich kirch* verstanden, *Die durch kein uberleste / Pis an das ent zurget* (V. 8–10).
Die Kirche wird damit als das institutionelle Fundament des Glaubens bestimmt, dem auch irrige Glaubensauffassungen des Gegners – so sind die

---

teren Liedern aus dem Umkreis dieser Kontroverse vgl. S. 374–378. – Ansonsten
wird die Strafweise nur von einem Anonymus in einem Lied über Mariae Geburt
(¹Folz/160) verwendet, das lediglich im Berliner Sachs-Autograph überliefert ist.

[46] Vgl. Schanze, Liedkunst (wie Anm. 6), S. 304f., und Janota, Folz (wie Anm. 6),
Sp. 774f. Auch Rettelbach, Nürnberger Meistersinger (wie Anm. 44), weist darauf
hin, daß Fritz Zorn bei seinem Tod (3. Juli 1482) „bereits alt und vielleicht hinfällig
war, [deswegen] wird die gegen ihn gerichtete Polemik in Nr. 53 einige Jahre zuvor
entstanden sein" (S. 257f.).

[47] Schanze, Liedkunst (wie Anm. 6), S. 306.

[48] Zu Lied Nr. 24 als einem vergleichbaren Fall vgl. S. 376.

[49] Vgl. jeweils die Hinweise zu den zuvor genannten Liedern. Zu einem vergleichbaren
Befund bei den erwähnten Marienliedern vgl. S. 356.

uberleste im Blick auf die Kontroverse in den beiden Schlußstrophen zu verstehen – keinen Schaden zufügen können. Implizit reklamiert Folz damit seine
weiteren Auslegungen als kirchenkonform (was er später für Zorns dogmatische Position in Abrede stellt). Dieser Glaube ist durch Maria den Menschen
vermittelt worden (Abgesang): Das kristallene Fenster, das die Arche erhellt
hat, bedeutet *die maget, / Dar durch das licht unß daget*; / *Den dag der glaub
gepirt* (V. 16–18). Maria wird also deshalb zur Garantin des unverfälschten
Glaubens, weil sie *das licht* als Glaubende ungehindert durch sich hindurch-
ließ, so daß es bei den Menschen *dag* werden konnte:

> *Allzo die erentreiche*
> 20 *Ursprunglich ist das heil,*
> *Dar durch wir ewicleiche*
> *Besiczen das erbteil.*

Auf dieser Glaubensgrundlage wendet sich Folz in der zweiten Strophe nunmehr dem Glaubensgeheimnis der Inkarnation des Gottessohnes zu, bei der
Gott weiterhin wahrer Gott geblieben und zugleich wahrer Mensch geworden
ist. Um diesen Sachverhalt einsichtig zu machen, greift Folz im 1. Stollen
nochmals den Vergleich von Licht und Glas auf und spitzt ihn zu einem
Gleichnis zu: Durchdringt das Licht der Sonne gefärbtes Glas, dann vereint
sich die Farbe des Glases mit dem Sonnenlicht, zugleich behält aber das Sonnenlicht seine Farblosigkeit bei:

> 25 *Merck, so die sun ein scheinet*
> *Durch ein geferbtes glas,*
> *Allz pald die farb sich einet*
> *Dem schein in sulcher maß*
> *Nicht das die sun dar vone*
> 30 *Der farb vermischet werde.*

Im 2. Stollen dient diese naturkundliche Beobachtung als Gleichnis dazu, die
zwei Naturen des Gottessohnes in der Inkarnation zu erklären: Wie das Sonnenlicht nach seinem Durchgang durch gefärbtes Glas farbig erscheint, so hat
der Sohn Gottes *in jungfrewlichem schrein* und aus dem *plut so rein* der jungfräulichen Mutter *volkomen* die *menscheyt an genomen* (V. 31–34), ohne *das
die gotheit frone / Vermuschet wurd der erde* (35f.) – genau so, wie das Sonnenlicht seine Farblosigkeit auch dann beibehält, wenn es sich mit der Farbe
des Glases vereint; denn die Farbe eignet dem Glas, das Licht der Sonne.
  Wenn Folz dann zu Beginn des Abgesangs sagt, *Got ist anwandelbere / Ewig
und ymermere / Und nam den leichnam an* (V. 37–39), scheint dies im Widerspruch zur Aussage am Ende des Abgesangs zu stehen, daß die *gotheit* nicht
vermuschet wurd der erde. Dieser Widerspruch existiert jedoch nicht, weil Folz
– was erst im weiteren Verlauf des Liedes deutlich wird – zwischen *gotheit* und

got differenziert. Dabei versteht er unter Gottheit die Trinität, also die Summe der drei göttlichen Personen, unter Gott hingegen die einzelne göttliche Person, die im Blick auf die Gottheit zwar *anwandelbere* ist, aber im Falle des Gottessohnes *auß gotlichem geschik* (V. 46) dennoch Mensch werden konnte. Mit dem Hinweis auf das *gotliche geschik* wird zugleich festgehalten, daß alle drei göttlichen Personen (*die gotheit*) an der Menschwerdung des Gottessohnes beteiligt waren, ohne jedoch als gesamte Trinität Mensch zu werden.

Dazu führt Folz in der dritten Strophe eine weitere Differenzierung ein, die das spezifische Wirken der Gottheit bei der Inkarnation weiter erhellen soll. Zum Ausgangspunkt wird dafür im 1. Stollen erneut eine naturkundliche Beobachtung gemacht: Wenn sich die *obern speren* mit *den untern* (V. 49–51) vereinigen, *So schimern fil der farben, / Der regen bog das zeiget* (V. 53f.). Diese Beobachtung wendet der 2. Stollen wiederum zu einem Gleichnis:

> 55 *All zo do die gotheite*
> *An nam die menscheit werd,*
> *Do wurden außgepreite*
> *Mancherley gnad auff erd,*
> *Der wir sunst musten darben,*
> 60 *Het sich Got nit geneiget.*

Auch hier scheint die Aussage, daß *die gotheite an nam die menscheit*, auf den ersten Blick im Widerspruch zur Feststellung in der zweiten Strophe zu stehen, die Gottheit habe sich bei der Inkarnation nicht mit *der erde vermuschet* (V. 36). Dieser Widerspruch ist aber für Folz abermals nicht gegeben, weil er – wie zuvor schon zwischen Gottheit und Gott – nunmehr auch zwischen Menschheit und Mensch differenziert. Damit läßt sich sagen, daß nur Gottsohn als einzelne göttliche Person Mensch geworden ist, daß sich aber durch diese Vereinigung der *obern* und *untern speren* die Gottheit (als Inbegriff aller drei göttlichen Personen) die Menschheit (als Inbegriff aller Menschen) annahm und – wie der vielfarbene Regenbogen – durch *mancherley gnad* in der Menschheit präsent ist. Das aber wäre nicht möglich, *Het sich Got* [= Gottsohn] *nit geneiget / Zu unß her ab gen tale / In jungfrawlichen sale* (V. 60f.). Damit ist aber auch die jungfräuliche Mutter nach Kräften zu preisen, wozu der Schluß des Abgesangs nachhaltig auch die Meistersinger auffordert:

> *Nun sprecht, singt, lobt und rumet*
> *Und erwirdigt die meit,*
> *Von ir dicht, reimpt und plumpet* [‚blümt‘],
> 70 *Seyt ir zu dinst bereit,*
> *Die unß mit follen garben*
> *Die ern so trewlich schneit!*

Dieser Aufforderung hat sich auch Folz gestellt, was angesichts der zahllosen Marienlieder der Meistersinger zunächst nicht verwunderlich ist. Wohl aber läßt aufhorchen, daß er einige dieser Lieder in Tönen Fritz Zorns gedichtet hat (s. S. 375). Vielleicht gehören auch sie in den Umkreis der Kontroverse zwischen den beiden Nürnberger Meistersingern und sollten daher einmal unter diesem Gesichtspunkt untersucht werden.

Nachdem Folz seine theologische Position in den Strophen 1–3 dargelegt hat, tritt er nun – vorerst noch anonymisiert – in die dogmatische Kontroverse ein, die ihm zugleich die Möglichkeit gibt, sein Verständnis des komplexen und strittigen Verhältnisses zwischen der Trinität und den beiden Naturen Christi genauer darzulegen (4.–7. Strophe). Den Streitfall exponiert der 1. Stollen der vierten Strophe:

> *Her in sich widerseczet*
> *Ein roher lei allz ich,*
> 75 *Auff daz er all die leczet*
> *In worten freffelich*
> *Die sprechen das gotheite*
> *Die menscheit hie an neme.*

Wenn Folz seinen Gegner als *ein roher* [,(theologisch) ungelehrter'] *lei allz ich* charakterisiert, dann billigt er diesem keine größere theologische Kompetenz als sich selbst zu. Der Streitfall, ob die *gotheite die menscheit hie an neme,*[50] kann bei dieser Ranggleichheit nur durch die besseren Argumente oder durch den Nachweis geklärt werden, daß die eigene Auffassung mit der theologischen Lehrmeinung übereinstimmt. Folz wird im weiteren Verlauf des Liedes auf beide Beweismittel zurückgreifen. Dazu stellt Folz im 2. Stollen und im ersten Teil des Abgesangs das Gegenargument seines Kontrahenten dar:

> *Und waß sein argumente*
> 80 *Wie in der gotheit sein*
> *Der persan 3 genente,*
> *Auß den der sun allein*
> *An nem menschliches cleite;*
> *Von dem die red nit zeme*

> 85 *Das er die gotheit seye,*
> *Sie werden dan all dreye*
> *Mensch worden zu der frist;*
> *So zem es wol zu reden.*

Das *argumente* formuliert zunächst eine Übereinstimmung der beiden konträren Standpunkte: Die *gotheit* ist der umfassende Begriff für alle drei göttlichen Personen, von denen nur der Gottessohn allein Mensch geworden ist.

---

[50] Vgl. zur Stelle auch Kern, Trinität (wie Anm. 4), S. 173.

Daraus aber folgert Folzens Kontrahent (*So zem es wol zu reden*), daß vom Gottessohn nach der Inkarnation nicht mehr gesagt werden könne, *das er die gotheit seye*, sonst müsse man den logischen Schluß ziehen, daß alle drei göttlichen Personen Mensch geworden seien – was natürlich im Widerspruch zum kirchlichen Dogma steht.

Diesen Einwand versucht Folz zunächst nicht durch Gegenargumente zu entkräften, sondern er bringt im zweiten Teil des Abgesangs eine theologische Lehrautorität ins Spiel, die Folzens Gegner *sufistrey* vorwirft und ihn warnt, in diesem *irtum* zu bleiben:

> *Sulch zweiung von den peden*
> 90 *Wart einem weisen kunt,*
> *Mit namen eim doctore,*
> *der sucht* [‚erforscht'] *theologey*
> *Und sprach: ‚er irt fur ware*
> *Und get auff sufistrey*
> 95 *Ez mag im werden leite,*
> *Pleipt er dem irtum pey.'*

Zum Beweis dafür, daß Folz mit seiner Auffassung von der Trinität und den zwei Naturen Christi keinem *irtum* verfallen ist, bringt der *frei prelate* im Aufgesang und im ersten Teil des Abgesangs von Strophe 5 das Harfengleichnis, dessen Dignität durch seine Tradition im gelehrten Schrifttum (*Ein schrifflichen sentencz*) herausgestellt wird (s. S. 354). So wie bei der Harfe die Kunst des Spielers, die Saiten und die Hand zu unterscheiden sind, aber diese Dreiheit zugleich zusammenstimmen muß, *Das sich die stim gepirt* (V. 114), so ist auch die *gotheit gancze* in die Inkarnation des Gottessohnes involviert:

> 115 *Allzo die gotheit gancze*
> *Hat in des sunß persan*
> *Die menschlichen substancze*
> *Auff erd genomen an,*
> *Dur das ich hoff gelingen*
> 120 *Mit worheit zu bestan.*

Zufriedenstellend ist dieser Beweisgang im Blick auf den Einwand, den Folzens Gegner vorgebracht hat, freilich keinesfalls. Das *gleichnus* belegt nur, daß die gesamte Trinität an der Menschwerdung des Gottessohnes beteiligt war (*Das sich die stim gepirt*) und *die gotheit gancze* damit *in des sunß persan / die menschlichen substancze / auff erd genomen an* hat, es erklärt jedoch nicht, wie von den drei göttlichen Personen allein der Gottessohn (sei er nun als die Kunst des Harfenspielers, als die Harfensaiten oder die Hand des Harfenspielers gedacht) ganz Mensch geworden ist, ohne seine Gottheit aufzugeben, durch deren Beibehalten doch – so der Einwand gegen Folz – *dan all dreye / Mensch worden zu der frist* (V. 86f.). Folz sieht sich daher als *roher lei* gezwungen, in der sechsten und siebten Strophe seines Lieds die Darlegung der theologischen Autorität durch eigene Argumente zu ergänzen.

Dazu greift Folz in der sechsten Strophe die Unterscheidung zwischen Gott und Gottheit wie zwischen Mensch und Menschheit in der zweiten und dritten Strophe auf (s. S. 367f.) und entwickelt daraus ein – logisch allerdings zweifelhaftes – Beweisverfahren:[51] Wie die *menscheit* alle Menschen umfaßt, so umfaßt die *gotheit* alle drei göttlichen Personen. Und wie der einzelne Mensch nicht die ganze Menschheit ist, so ist eine einzelne göttliche Person nicht die ganze *gotheit*. Demnach kann der Gottessohn als zweite göttliche Person Mensch werden, ohne auch für Gottvater und den Heiligen Geist eine Menschwerdung anzunehmen. Zwar war die ganze Trinität (*gotheit*) an der Erlösung beteiligt, aber nur der Sohn Gottes ist als Gott Mensch geworden:

> *Das aber die gotheite*
> *Hie nem die menscheit an,*
> *So mercket unterscheite:*
> *Gotheit sint 3 persan,*
> 125 *Die menscheit allz geschlechte*
> *Menschlicher creature.*
>
> *Wan gleich allz ein persane*
> *Gancz gotheit nit sol sein,*
> *Allzo ein mensch nit kane*
> 130 *Die menscheit sein gemein.*
> *Dar um so mercket rechte*
> *Unterscheit der figure:*
>
> *Gotheit nam an zu helffen*
> *Allen menschlichen welffen*
> 135 *Auß der ewigen not;*
> *So kam Got her auff erden*
> *Ein warer mensch zu werden,*
> *Fur unß zu sterben dot.*
> *Allzo seyt [,sollt'] ir entscheiden [,unterscheiden']*
> 140 *Gotz und der gotheit hie,*
> *Mensch und menscheit in peiden.*

Diese Unterscheidung zwischen *got* und *gotheit* sowie zwischen *mensch* und *menscheit* dient Folz schließlich in der siebten Strophe dazu, seine inkriminierte Auffassung gegen jeglichen Zweifel (V. 144: *Allz zweiffler teten ye*) zu untermauern, daß die *gotheit* in ihrem differenzierten Zusammenwirken bei der

---

[51] Ob die nachfolgende Argumentation auf Folz selbst zurückgeht oder ob ihm dazu eine Quelle vorlag, konnte ich nicht ermitteln.

Inkarnation die *menscheit* annahm, aber nur der Gottessohn auch Mensch wurde:

> *Wie gancz götlich drifalld*
> *Hie nem die menscheit ane*
> *In einigem gewalld*
> *Gotlicher meienstete,*
> 150 *Wie doch nach den persanen*
>
> *Die sendung zu geeiget* [,zugesprochen']
> *Dem vater wirt gemein,*
> *Enpfengnus zu geneiget* [,zugelegt']
> *Dem geist, in der fil rein*
> 155 *Der sun ir nahen dete,*
> *Do sie enpfing den fronen,*
> *Der nicht allein an name*
> *Die menscheit, sunder kame,*
> *Das er mensch werden wolt;*
> 160 *In dem die gotheit gancze*
> *Wurket menschlich substancze.*

Damit ist Folz mit seinem Beweisgang ans Ende gekommen, nicht aber mit seinem Lied. Vielmehr begründet er im 1. Stollen der achten Strophe die Notwendigkeit seiner Ausführungen, die sich keineswegs einer fingierten Kontroverse verdankten.[52] Das Lied habe er deswegen gedichtet, weil er scharf angegriffen worden und man von den Vorwürfen nicht abgerückt sei:

> *Von dem dicht wart gehandellt,*
> 170 *Allz ich hernach bestim,*
> *Seit man die red nit wandellt,*
> *Dar in man was so grim,*
> *Do man mit worten schnelle*
> *Sich wider mich verpflichtet.*

Der zweite Stollen personifiziert die Kontroverse, indem *her* Zorn als spekulationsfreudiger Meistersinger aufgefordert wird, sich in einem bestimmten Punkt, der offenkundig strittig ist, genau zu erklären:

> 175 *Doch heist man mich einß fragen*
> *Mit namen euch, her Zorn,*
> *Her wider mir zu sagen,*
> *Seit ir so diff wellt born,*
> *Das ir erleutert helle*
> 180 *Und darauf sint und dichtet:*

---

[52] Zu den beiden Schlußstrophen des Liedes Nr. 53 vgl. Schanze, Liedkunst (wie Anm. 6), S. 129 und 347; Rettelbach, Nürnberger Meistersinger (wie Anm. 44), S. 258f.

Dieser strittige Punkt, an dem Zorn Anstoß nahm, war Folzens Unterscheidung zwischen *got* und *gotheite*, barg sie doch die Gefahr in sich, *got* im Vergleich zur *gotheite* als unvollkommener anzusehen. Daher wird Zorn von Folz zu Beginn des Abgesangs aufgefordert, diese Unterstellung einer qualitativen Differenz zu beweisen, nachdem er der Feststellung nicht widerspricht, daß zwar Gott, aber nicht die Gottheit *menschlich gelider* angenommen hat:

> *Wirt Got mynder gereite* [‚als weniger angesehen‘]
> *Dan sein ware gotheite?*
> *Das macht unß offen bar,*
> *Seit das euch nit ist wider.*
> 185 *Got nem menschlich gelider,*
> *Die gotheit nie fur war.*

Folz hatte über sieben Strophen hinweg nachzuweisen versucht, daß Zorns Unterscheidung unhaltbar ist. Und offenkundig hielt er die Stichhaltigkeit seiner Argumentation für unangreifbar. Deswegen besteht er auch auf keinem weiteren Argumentationsgang, sondern fordert selbstbewußt von Zorn, eine theologische Autorität für seine abweichende Meinung zu benennen (V. 187f.): *Wist ir das zu beweisen / Auß hoer lerer munt?* Folz hält einen solchen Versuch für aussichtslos. Deswegen unterstellt er Zorn, daß er nur auf Anerkennung für einen *newen funt* ziele. In dogmatischen Fragen gehe es aber nicht um den Beifall für eine neue Idee, zumal wenn sie *got* mit Zuschreibungen (*zu felle* = *accidentia*) versehe, von denen er frei ist:

> *Dan ez zimpt nit zu preisen*
> 190 *Zu suchen newen funt,*
> *In Got pringen zu felle*
> *Die im nie wurden kunt.*

In der (9.) Schlußstrophe verwahrt sich Folz mit aller Schärfe dagegen, *Das sich die rohen pauren / So tiff mit der drifallde / Bekumern dag und nacht* (V. 198–200). Dahinter stehe nur *hofart und rume* (V. 203). Statt dessen solle man – das ist ein neues, für die späteren Lieder charakteristisches Argument – täglich die Heilige Schrift studieren, *die alle kunst fur driffte* [‚übertrifft‘] / *Und nymant grunden mag* (V. 209f.). Dennoch maße sich jeder Unverständige exegetische Kompetenz an: *Der will ein yder affe / Nun ganczer doctor sein* (V. 211f.). Diese Vorwürfe gelten sicherlich Folzens Kontrahenten Zorn, sie gehen aber über diese Person hinaus und zielen auf jene (Nürnberger) Meistersinger, die trotz mangelnder theologischer Kompetenz glauben, in ihren Liedern Trinitätsspekulationen anstellen zu können. Stellvertretend für sie nimmt Folz wegen seiner Spitzfindigkeiten Fritz Zorn aufs Korn, aber wegen Zorns Einfluß auf die Nürnberger Meistersinger, die sich im vielfachen Gebrauch seiner Töne dokumentiert, deutet alles darauf hin, daß Folz mit seinem

Angriff auf den älteren Kollegen auch den exponierten Wortführer einer Nürnberger Gruppierung treffen wollte, die in ihren Meisterliedern mit dogmatischen Fragestellungen und speziell mit Trinitätsspekulationen zu brillieren versuchten.

Die ehemalige Kontroverse zwischen Folz und Zorn scheint noch in dem verhaltenen Lob nachzuklingen, das Folz seinem Kollegen postum zusammen mit dem uns unbekannten Nürnberger Meistersinger Kunz Schneider[53] im Lied Nr. 9 ([1]Folz/9; s. S. 377) zollt: Beide hätten nämlich *Über* [‚besser als, nicht nach‘] *gemein leyisch art, / Doch mit manchem gezwungen sin* (V. 25f.) gedichtet. Sie würden jedoch von einem *pader pas gelart / Zu Lanßhut* übertroffen, da er sich durch seine Nähe zur Bibel auszeichne: *Der auch der schrifft nit spart* (V. 27–29). Identifiziert man diesen gerühmten Meistersinger mit Hans von Landshut,[54] dann fehlt seinem Trinitätslied ([1]HansL/1) zwar ein dezidiert biblischer Bezug, aber es lehnt in der sechsten Strophe gleichfalls ein Erfassen der Trinität durch Analogien ab: *gar kein geleichnüs, pild, forme, geschrift uns weist, / ein gotlich wesen ganz* (V. 14f.).[55] Es mag nicht zuletzt diese programmatische Übereinstimmung mit der Auffassung des späteren Folz gewesen sein, die Hans von Landshut das herausgehobene Lob seines Dichterkollegen eingebracht hat.

Weil auch Folz mehrfach drei Töne Fritz Zorns verwendet, könnte man vermuten, daß die Kontroverse zwischen den beiden Meistersingern, die in Lied Nr. 53 sichtbar wurde, sich auch auf seine Lieder in Zorn-Tönen erstreckt. Eine erste, allerdings flüchtige Durchsicht liefert einige Indizien für diese Vermutung, doch scheint die Tönewahl auch von anderen Faktoren bestimmt zu sein. Das zeigt sich bei den drei Liedern in Zorns Zugweise, die im Weimarer Autograph überliefert sind und die damit in Folzens frühe Schaffensphase führen, in der auch das Lied Nr. 53 anzusetzen war.[56] Lediglich das Lied Nr. 60 ([1]Folz/60) greift – gestützt auf Prophetenworte – das Thema der Inkarnation und damit die Zweinaturenlehre auf:

> 20 *Gotlich natur wart menschlich nicht,*
> *Noch die menschlich gotlich, merckt die geverd;*
> *Die finster mischt sich nie dem licht*
> *Noch auch die gotlich menschlicher beswerd.*

---

53 Vgl. zu ihm [2]VL 8, 1992, Sp. 797 (Horst Brunner).
54 [2]VL 3, 1981, Sp. 456f. (Burghart Wachinger).
55 Die kleineren Liederdichter des 14. und 15. Jahrhunderts, hg. v. Thomas Cramer, München 1977, S. 326.
56 In diese frühe Schaffenszeit gehört vielleicht auch das Lied Nr. 76 ([1]Folz/75) in Zorns Verborgenem Ton, das nur im Berliner Sachs-Autograph überliefert wird: Es arbeitet beim Nachweis der Präsenz Christi in der Hostie des Altarsakraments mehrfach mit *figür und geleichnüs* (V. 4), auf die Folz später als nicht beweiskräftig verzichtet.

Diesem Problem ist – mit Berufung auf Petrus Lombardus als theologische Autorität – die ganze (3.) Schlußstrophe gewidmet, in deren Aufgesang Folz seine aus Lied Nr. 53 bekannte Auffassung dazu formuliert:

> *Zwar nicht daz die gotliche nature*
> *Und die menschlich gewurket wurden ein substancz,*
> *Daz auß den zweien wurd die drit,*
> 50 *Die nicht gotlich noch menschlich genczlich were:*
>
> *Dar um verstet lauter und pure*
> *Daz die gotlich natur ist ungeprechlich gancz*
> *Und einet sich der menscheit mit*
> *Durch anemung der selben ymer mere.*

Bei den beiden anderen Liedern – Nr. 64 (¹Folz/64) und 67 (¹Folz/67) – handelt es sich um thematisch schlichte Marienlieder, denen ein dogmatischer Duktus ebenso abgeht wie der Gebrauch von *gleichnus*.[57] Dies gilt ebenso für den Marienpreis des Liedes Nr. 30 (¹Folz/30) in Zorns Zugweise und des Liedes Nr. 3 (¹Folz/3) in Zorns Verborgenem Ton (beide erst im Münchner Teilautograph aufgezeichnet). Ob dieser Verzicht auf theologische Argumentation als programmatisch zu bewerten ist, bleibt fraglich. Ähnlich verhält es sich mit dem Lied Nr. 5 (¹Folz/5)[58] in Zorns Zugweise mit der Thematisierung des Jüngsten Gerichts, auch wenn in der ersten Strophe kurz darauf hingewiesen wird: Obwohl von den Menschen bei der Geburt des Gottessohnes (V. 9: *in erster zu kunfft) Yn wenig fur wor got und mensch erkenten, / Wirt von ydes menschen vernunfft / Dort am gericht der recht richter genente* (V. 10–12). Etwas anders verhält es sich in den beiden restlichen Liedern in Zorns Zugweise: Bei der Auslegung von Joh 1, 1–14 in Lied Nr. 33 (¹Folz/33) kommt Folz in der ersten Strophe auf das Verhältnis der drei göttlichen Personen in der Trinität zu sprechen (V. 5–23). Und sicherlich nicht als zufällig wird man die Wahl dieses Tons ausgerechnet für die Übertragung des ‚Athanasianums‘ (s. S. 361) in Lied Nr. 13 (¹Folz/13) ansehen, das im Aufgesang der fünften Strophe formuliert:

> *Dar umb glaub lauterlich und pure*
> *Sein menscheit an genomen in die clar gotheit*
> 95 *On all endrung der substancz*
> *In ein worhafftig eynige persane.*
>
> *War nym dir hie pey der figure*
> *Allz die vernunftig sel und fleisch hant unterscheit,*
> *Sachen doch eynen menschen gancz,*
> 100 *Allso Got mensch ein worer Cristus frane.*

---

57 Schanze, Liedkunst (wie Anm. 6), S. 332, vermutet in Lied Nr. 64, das mit zahlreichen Prophetenworten aufwartet, ein Lied zum Weihnachtsfest.

58 Im Münchner Teilautograph nochmals als Lied Nr. 22 (¹Folz/22) aufgezeichnet. Schanze, Liedkunst (wie Anm. 6), S. 332, versteht das Lied als Adventslied.

Einen vergleichbaren Befund fördert die Durchsicht der Lieder in Zorns Verborgenem Ton zutage, den Folz bei der Wahl fremder Töne nach dem Unbekannten Ton Nestlers von Speyer mit insgesamt neun Liedern am häufigsten verwendet hat.[59] Keine Indizien für eine theologische Auseinandersetzung liefert das Passionslied Nr. 27 (¹Folz/27). Und im Straflied Nr. 2 (¹Folz/2) gegen unfähige Sänger, das sich laut Prosavorrede gegen einen richtet, *der mich teglich mit dichten besten wollt um was ich vermocht*, scheint die Apostrophe *Fricz, Francz oder fracz* (V. 67) in diesem Reimkunstwerk von einer Annominatio des Reimwortes *fracz*, nicht von einer Invektive auf Fritz Zorn geleitet zu sein. Anders verhält es sich dagegen beim Zyklus der Lieder Nr. 24–26 (¹Folz/24–¹Folz/26), in denen „jeweils mehrere dogmatische Fragen und Spitzfindigkeiten nach dem Quaestio-Responsio-Schema"[60] behandelt werden. Dabei steht das Lied Nr. 24 mit der Verwendung von *gleichnus* (als Kennzeichen früher Lieder) im Widerspruch zum unterschiedlichen Überlieferungsbefund, der bislang zwischen den früheren und späteren Liedern zu beobachten war: Es ist nämlich ebenso wie die Lieder Nr. 25 und 26 (beide ohne *gleichnus* zu verschiedenen Glaubensfragen) allein im Münchner Teilautograph aufgezeichnet. Vielleicht spielt dabei die Einbindung des Lieds in einen Zyklus eine Rolle.[61] Thematisch und argumentativ schließen die Strophen 1–5 mit der Zweinaturenlehre und mit der Inkarnation[62] an das Lied Nr. 53 an, wie beispielhaft in der ersten Strophe der Schluß des Abgesangs zeigt:

> *Hier merck, mensch, das die drey person*
> 25 *Ein eynige war gotheyt sein,*
> *Die menscheit allß menschlich geschlecht;*
> *Den wer allen gepflanczet ein*
> *Gotheit nach deinem wan zu recht,*
> *Das doch nit mag bestan.*

---

[59] Für frühen Gebrauch dieses Tons könnte das Lied Nr. 76 sprechen; vgl. dazu Anm. 56. Mit Ausnahme von Lied Nr. 76 sind alle Lieder in Zorns Verborgenem Ton erstmals im Münchner Teilautograph überliefert.
[60] Schanze, Liedkunst (wie Anm. 6), S. 323 und 330f.
[61] Allerdings ist dies keine hinreichende Erklärung, weil ausgerechnet auch die Lieder Nr. 16 und 29, die *gleichnus* verwenden (s. S. 353f.), ebenfalls zuerst im Münchner Teilautograph überliefert sind. Außerdem gibt es entsprechende Lieder – so die Marienlieder Nr. 14 und 36 (vgl. dazu S. 355f.) –, die über das Weimarer Autograph hinaus den Weg in die Münchner Handschrift gefunden haben. Man wird dabei zu berücksichtigen haben, daß dieser Textzeuge aus Einzelheften besteht (daher etwa auch die Doppelung von Lied Nr. 5 als Lied Nr. 22) und daß man mit Schanze, Liedkunst (wie Anm. 6), S. 311, annehmen darf, daß diese Hefte „die einzigen erhaltenen Zeugen der Vervielfältigungspraxis sind, die Folz kommerziell betrieb." Bei seinem auch sonst bekannten Geschäftssinn scheint Folz dabei die Programmatik, die sein Liedschaffen leitete, dem finanziellen Aspekt in mehreren Fällen nachgeordnet zu haben.
[62] Dabei verwendet Folz wie in Lied Nr. 16 (s. S. 354) nochmals das Bekleidungsgleichnis. Den Strophen 5–7 geht es – wiederum unter Beiziehung von Gleichnissen – u.a. um die Eucharistie.

Die irrige Annahme der V. 27–29 weist Folz zu Beginn der zweiten Strophe – durch das Strophenenjambement nachdrücklich markiert – entschieden zurück: *Sunder Gots sun: die selb persan / Hie den menschlichen leib an nam* (V. 30f.). Hierbei scheint die Auseinandersetzung mit Fritz Zorn nachzuklingen; daher wird man in diesem Fall eine bewußte Wahl aus dem Tönerepertoire des Konkurrenten annehmen dürfen. In abgeschwächter Form könnte das auch für die Trinitätsspekulationen in Lied Nr. 29 (^{1}Folz/29) gelten, das zudem wiederum mit einem *gleichnus* arbeitet,[63] in der 3. (Schluß-)Strophe aber auf die Bibel verweist. Ziemlich sicher tritt dagegen die skizzierte Kontroverse durch die Tonwahl des Lieds Nr. 9 (^{1}Folz/9) in den Blick:[64] Dieses zollt in der Münchner Fassung Fritz Zorn ein verhaltenes Lob (s. S. 374), zieht dann aber in der zweiten Strophe gegen einen *hoch climenden* (V. 30) Laien vom Leder, der sich mit seinen Spekulationen *erschöpfft in der gotheyt* (V. 54) und Gott *ergrunden* (V. 64) will. Statt dessen solle er von Maria und ihrem Sohn dichten und *all ho fünd* (V. 108) meiden. Speziell richtet sich das Lied gegen einen *tumen* (V. 119), der *Appocalipsim so genaw / Durchgründen meint uber die moß / Mer dan Johanes sach* (V. 120–122): Dieser solle lieber das ABC lernen und Tanzliedchen dichten (V. 130f.). Mag die Warnung vor spitzfindigen Spekulationen auch Fritz Zorn eingeschlossen haben, dieser grobe Ausfall in der Schlußstrophe kann im Blick auf die erste Strophe kaum ihm gelten. Vielleicht steht aber der angegriffene *tume* stellvertretend für jene Nürnberger Meistersinger, die ebenso wie Zorn in ihren dogmatisierenden Liedern nach *ho fünd* strebten. Der Wegfall der Eingangs- wie der Schlußstrophe und die Pluralisierung der Apostrophe des Stropheneingangs zur Münchner vierten Strophe (die in der Berliner Fassung zur Schlußstrophe wird)[65] – Änderungen, die auf Folz selbst zurückgehen dürften[66] – unterstützen diese Vermutung.

Eine Nähe zur Kontroverse mit Fritz Zorn und wohl auch anderen Nürnberger Meistersingern deutet schließlich auch das Trinitätsthema bei drei der vier Folz-Lieder in Zorns Verhohlenem Ton an; sie sind alle erstmals im Münchner Teilautograph überliefert. Drei dieser Lieder – Nr. 15–17 (^{1}Folz/15–^{1}Folz/17) – bilden hier ebenfalls einen Zyklus,[67] der mit einem Lob auf den Schöpfer und einer Warnung vor den Höllenqualen eröffnet wird (Lied Nr. 15). Die beiden anschließenden Trinitätslieder scheinen aus unterschiedlichen Schaffensperioden zu stammen:[68] Lied Nr. 16 verwendet nicht weniger als vier *gleichnus* zur Erklärung der Dreifaltigkeit Gottes und ein weiteres *gleichnus* für die beiden Naturen des Gottessohnes (s. S. 353f.). Lied Nr. 17 dagegen beginnt mit der Bitte des Dichters zu Gott, ihn beim *speculirn* vorm Irrtum zu bewahren, und kreist dann ohne *gleichnus*[69] um das Verhältnis der drei göttlichen Personen zueinander und

---

[63] Verweis auf die drei Dimensionen in Raum und Zeit; vgl. dazu S. 354.

[64] Überliefert im Münchner Teilautograph und als ‚enthistorisierte‘ Fassung im Berliner Sachs-Autograph; vgl. dazu Schanze, Liedkunst (wie Anm. 6), S. 318, 339f. und 346, sowie Rettelbach, Nürnberger Meistersinger (wie Anm. 44), S. 258.

[65] Münchner Handschrift: *Dar um, du tichter, wer du seyst* (V. 88); Berliner Handschrift: *Singer und tichter, was ir seit*.

[66] Vgl. Schanze, Liedkunst (wie Anm. 6), S. 318.

[67] Vgl. Schanze, Liedkunst (wie Anm. 6), S. 323.

[68] Zur Problematik der Erstaufzeichnung eines frühen Liedes in der Münchner Handschrift vgl. Anm. 61.

[69] Das *ringe gleichnus* (V. 90) bringt lediglich einen Vergleich zwischen dem göttlichen

um die Zweinaturenlehre. Diese göttlichen Geheimnisse sind freilich nicht durch Grübeleien zu erhellen, sondern nur im Glauben anzunehmen:

> *Dar um ersewffcz, mensch, und erstum*
> *Dem noch zu grübeln nümer me,*
> 125 *Seyt nie lerer in keyner sum*
> *Sulches beschreib, dar um sprich e:*
> *Ich glaub, o höchster schöpfer mein,*
> *Allß das die cristlich kirch verkünt*
> *Von dir dinent zu meinem trost.*

Das entspricht dem Standpunkt, den Folz in seinen späteren Liedern bei der Beschäftigung mit Glaubenswahrheiten einnimmt. Die kirchliche Lehre ist das einzige, *via rationis* nicht überbietbare Fundament des Glaubens, das auf dem Zeugnis der Bibel gegründet ist. Auf sie verweist auch die Trinitätslehre des Liedes Nr. 28 (¹Folz/28) in Zorns Verhohlenem Ton gegen den Einwand von *heiden* und *juden* (V. 25) dagegen, was *doch die schrifft ursprunglich mellt* (V. 31).

Die pointierten Trinitätsspekulationen in Lied Nr. 53 scheinen eine tiefgehende Zäsur in Folzens Liedschaffen zu markieren: Er mag zwar mit seinem Beweisverfahren Zorns Attacke erfolgreich pariert haben, aber offenkundig wurde ihm zu dieser Zeit auch klar, daß weder *gleichnus* noch subtile Denkoperationen und Schlußfolgerungen den Glaubensakt ersetzen können. Ein Indiz dafür könnte sein, daß ausgerechnet das Lied Nr. 53 nach Lage der Überlieferung im Weimarer Autograph verborgen blieb, obwohl Folz seine poetischen Produkte – das zeigen die Faszikel des Münchner Teilautographs – durchaus zu vermarkten verstand. Auch zeigen die vorgestellten Beobachtungen in ihrer Summe m.E. in aller Deutlichkeit, daß Folz in seinen Meisterliedern bei der Diskussion dogmatischer Fragen eine zunehmend konservative Haltung eingenommen hat. Er enthielt sich in seinen späteren Liedern zur Erklärung von Glaubenswahrheiten nicht nur spitzfindiger Argumentationen und Analogien, deren er sich zunächst in der Tradition der Sangspruchdichtung und des Meistergesangs bedient hatte, sondern er lehnte sie mehrfach auch *expressis verbis* ab. An ihre Stelle treten das biblische Zeugnis und die kirchliche Lehrmeinung; denn nicht das *disputirn* von Glaubensfragen, sondern das gläubige Versenken (*speculirn*) in diese Glaubensgeheimnisse ist für Folz der nunmehr einzig angemessene Zugang zu den Grundfragen des christlichen Glaubens.

Mit dieser neuen Sichtweise hat Folz offensichtlich auch seinen ehemaligen Gegner Fritz Zorn überzeugt. Jedenfalls stimmen die anonym überlieferten Lieder mit Trinitätsthematik, die in Zorn-Tönen gedichtet sind und die im

---

und dem menschlichen Vater-Sohn-Verhältnis: *Nymant heist vater on ein sun, / Sun nymant on ein vater heist* (V. 94f.).

einen und anderen Fall Fritz Zorn auch zum Autor haben mögen,[70] mit Folz darin überein, daß Analogien zur Erklärung des trinitarischen Mysteriums nicht taugen. Wie weit diese Übereinstimmung nunmehr geht, zeigt das Lied in Zorns Unbenanntem Ton (¹Zorn/1/1), bei dem Rettelbach für Fritz Zorn als Autor plädiert:[71] Es weist darauf hin, daß alle Aussagen über Gott wie Schöpfer, Richter oder Tröster „nur *creatürlich*, d.h. menschlichem Verstehen gemäß" sind; „denn in seiner *substancz* hat Gott keinen Anfang. Höhe, Länge und Breite bedeuten seine Macht, Ewigkeit und Weisheit;[72] in ihm ist kein Zufall.[73] Und vielleicht darf man im Blick auf diesen Konsens sogar soweit gehen, daß Zorns von Folz kritisiertes Lied deswegen nicht überliefert ist, weil es der Autor selbst aus dem Verkehr gezogen hat, nachdem sich Folzens neue Sichtweise unter den Nürnberger Meistersingern als Mehrheitsmeinung durchgesetzt hatte.

Mit seiner entschiedenen Auffassung trug Folz jedenfalls entscheidend zu jener thematisch orthodoxen Ausrichtung der Nürnberger Meistersinger im letzten Drittel des 15. Jahrhunderts bei, auf die Schanze überzeugend hingewiesen hat: „Folz erweist sich als Vertreter einer Richtung, in der die von *falscher meinung* beherrschte frühere Tradition obsolet geworden ist und die sich um strenge ‚Orthodoxie' bemüht. [...] Wenn nicht alles täuscht, hat Folz dabei eine wichtige Rolle gespielt."[74] Der große Anteil von Trinitätsliedern aus dieser Zeit zeigt, daß gerade sie eine wichtige Rolle in dieser Auseinandersetzung der Nürnberger Meistersinger spielten.[75] Ob dies nur an der exponierten

---

[70] Vielleicht hängt die „mysteriös-schlechte Bezeugung der Lieder Zorns", die Rettelbach, Nürnberger Meistersinger (wie Anm. 44), S. 259, im Zusammenhang mit den Namen der Zorn-Töne thematisiert hat, auch mit der skizzierten Kontroverse zwischen den Nürnberger Meistersingern zusammen, bei der offenkundig Folz und Zorn die Wortführer waren und bei der sich Folz durchsetzen konnte. Die Anonymisierung der Zornschen Lieder fällt nicht zuletzt deswegen auf, weil andererseits nach Schanze, Liedkunst (wie Anm. 6), S. 342, „Zorns Töne [...] nach Ausweis der Berliner Handschrift zu den vor und kurz nach 1500 in Nürnberg am häufigsten benutzten" gehörten.

[71] Rettelbach, Nürnberger Meistersinger (wie Anm. 44), S. 260; ders.: Variation (wie Anm. 6), S. 197f.

[72] Die Zitate nach dem Regest in RSM (wie Anm. 5), Bd. 5, 1991, S. 587. Ähnlich Folz in seinem Trinitätslied Nr. 72 (¹Folz/71); s. dazu S. 359.

[73] Vgl. Folzens Lied Nr. 53, V. 191 (s. S. 373).

[74] Schanze, Liedkunst (wie Anm. 6), S. 129. Zu dieser neuen orthodoxen Ausprägung des Nürnberger Meistergesangs vgl. ebd., S. 123–130 (u.a. mit Belegen für die Abweisung von *gleichnus* und mit dem Verweis auf die *schrift*) und S. 350.

[75] Aufgezeichnet sind diese Lieder im Berliner Sachs-Autograph, das nach Schanze, Liedkunst (wie Anm. 6), S. 131, „als Sammelbecken der Nürnberger Überlieferung vor allem aus der zweiten Hälfte des 15. Jahrhunderts und aus der Zeit um und nach 1500" anzusehen ist.

Thematik liegt, die eine besondere Herausforderung bei der korrekten Darstellung der kirchlichen Lehre darstellten, oder ob dahinter auch theologische Kontroversen in dieser Zeit stehen, läßt sich beim gegenwärtigen Forschungsstand nicht sagen.[76] Jedenfalls wurde das Thema für so wichtig befunden, daß es zu Beginn des 16. Jahrhunderts Eingang in den Nürnberger ‚Urschulzettel' fand:

> *Ein falsche meinung dÿ gotheÿt betreffent oder dÿ wider dÿ geschrifft ist hat gar versungen | Als do eÿner der gotheÿt zw legen wolt | alter | jugent | glidmas | oder anders | das der menscheit gehöret | oder das eÿner anders wo hilff vnd rath bitten wolt | dan allein von got | wÿ das alt gsang als vol ist.*[77]

Dieses von Folz geprägte Ergebnis einer kontroversen Auseinandersetzung blieb keinesfalls auf Nürnberg beschränkt. Vielmehr finden sich nach Ausweis des RSM (wie Anm. 5) praktisch keine Trinitätsanalogien und -spekulationen, aber auch fast keine Trinitätslieder mehr. Bezeichnend dafür ist Hans Sachs, der in seinem Berliner Autograph zwar noch die Nürnberger Tradition des Trinitätsliedes dokumentiert (vgl. Anm. 75), aber in seinem eigenen umfangreichen Œuvre nurmehr das eingangs zitierte Augustinus-Gleichnis von der Unerforschlichkeit der göttlichen Dreifaltigkeit kennt. Dieser auffällige Befund scheint spätestens an der Wende vom 15. zum 16. Jahrhundert auf ein gewandeltes Urteil über Leistungsfähigkeit der *ratio* beim Erfassen von Glaubenswahrheiten hinzuweisen, das dann in der Reformation allgemein manifest wird.

Versucht man, Folzens Standpunkt wenigstens annäherungsweise theologiegeschichtlich zu verorten, dann läßt sich die Nähe zur jüngeren, von Johannes Duns Scotus (1265/66–1308)[78] begründeten Franziskanerschule[79] nicht verkennen, die in Wilhelm von Ockham (um 1285–1347/50)[80] ihre schärfste Zuspitzung erfahren hat: „Einen rationalen Beweis für die Dreipersonalität

---

[76] Auf die Notwendigkeit einer sachkundigen theologischen Aufarbeitung dieses dogmatischen Themenkomplexes wies bereits Rettelbach, Nürnberger Meistersinger (wie Anm. 44), S. 259 und Anm. 18, hin; die dogmengeschichtliche Handbuchliteratur ist hierzu leider zu undifferenziert. Vgl. etwa Elisabeth Gössmann, Glaube und Gotteserkenntnis im Mittelalter (Handbuch der Dogmengeschichte I/2b), Freiburg u.a. 1971, oder die historischen Passagen bei Michael Schmaus, Katholische Dogmatik. 1. Bd., 6., erw. Aufl., München 1960.

[77] Zitiert nach Schanze, Liedkunst (wie Anm. 6), S. 128, der bereits auf die darin enthaltene Traditionskritik hingewiesen hat.

[78] Vgl. Werner Dettloff, Duns Scotus, in: Theologische Realenzyklopädie 9, 1982, S. 218–231.

[79] Vgl. Franz Courth, Trinität. In der Scholastik (Handbuch der Dogmengeschichte II/1b), Freiburg u.a. 1985, S. 138–151; Hermann Stinglhammer, Trinität II. Mittelalter, in: Theologische Realenzyklopädie 34, 2002, S. 100–105, hierzu S. 104.

[80] Vgl. die Literaturhinweise in Anm. 101.

Gottes gibt es für Ockham nicht; sie ist nur im Glauben anzunehmen. Alle philosophisch-theologischen Erklärungen des dreifaltigen Lebensgeheimnisses Gottes bleiben unzureichend."[81] Auch wenn es Vermittlungsversuche zwischen dieser Position und der früheren Erkenntniszuversicht gab, beschränkt sich die Reichweite der *ratio* auf eine formal-logische Funktion: „Das Bewußtsein, den dreifaltigen Gott erkenntnismäßig nicht oder kaum noch erreichen zu können, weckt ein verstärkt begrifflich-formal-logisches Bemühen, um die wenigen noch möglichen trinitätstheologischen Aussagen nun auch wirklich abzusichern."[82] Kennzeichnend für die spekulative Zurückhaltung in der Trinitätstheologie gegen Ende des 15. Jahrhunderts, also zu Folzens Schaffenszeit, war der Tübinger Theologe Gabriel Biel (um 1410–1495),[83] dessen Einfluß einerseits bis Luther und andererseits bis zum Trienter Konzil (1545–1563) reichte. Er lehnte es ab, „in seiner Trinitätslehre kreatürliche Modelle zu verwenden",[84] vielmehr sah er das „Verstehen Gottes als Freiheit bzw. Freigebigkeit."[85] In verblüffender Weise ähnelt Folzens Position in der Trinitätsfrage also der Auffassung, wie sie die spätfranziskanische Theologie mit ihrer Tendenz vertritt, „den strengen Offenbarungscharakter der Trinität in einem durchgängigen *sola fidem creditum* zu betonen, der sie jeder geschichtlichen Vernunfterkenntnis entzieht. [...] Von Anfang an bleibt jedes begriffliche Reden über Gott unpräzise und vorläufig [...]. In dieser spekulativen Zurückhaltung wirkt der spätscholastische Nominalismus weiter auf das ursprüngliche Anliegen der Reformation, Trinität jenseits aller Spekulation allein im Glauben entgegenzunehmen. Mit der Betonung der Freiheit, in der die *analogia libertatis* die *analogia entis* ablöst, öffnet die spätfranziskanische Gottesrede ideengeschichtlich zugleich in positiver Weise die Tür zur Neuzeit."[86] Auf welche Weise diese Einschätzung Folz vermittelt wurde, bleibt freilich noch zu klären.

---

[81] Courth: Trinität (wie Anm. 79), S. 146.

[82] Courth: Trinität (wie Anm. 79), S. 151.

[83] Vgl. Werner Dettloff, Biel, Gabriel, in: Theologische Realenzyklopädie 6, 1980, S. 488–491, und Heiko Augustinus Oberman, Spätscholastik und Reformation, Bd. I: Der Herbst der mittelalterlichen Theologie. Aus dem Englischen übersetzt von Martin Rumscheid und Henning Kampen, Zürich 1965 (Originalausgabe: The Harvest of Medieval Theology – Gabriel Biel and Late Medieval Nominalism, Cambridge/Mass. 1963). Vgl. zuvor schon in Heidelberg Marsilius von Inghen (um 1330–1396); dazu Wilhelm Möhler, Die Trinitätslehre des Marsilius von Inghen. Ein Beitrag zur Geschichte der Theologie des Spätmittelalters, Limburg/Lahn (1949), sowie Philosophie und Theologie des ausgehenden Mittelalters. Marsilius von Inghen und das Denken seiner Zeit, hg. v. Maarten J. F. M. Hoenen u. Paul J. J. M. Bakker, Leiden u.a. 2000.

[84] Courth, Trinität (wie Anm. 79), S. 148.

[85] Stinglhammer, Trinität (wie Anm. 79), S. 104.

[86] Stinglhammer, Trinität (wie Anm. 79), S. 104.

Vermutungsweise darf dabei vor allem an die Predigt gedacht werden. Jedenfalls sollte unter diesem Gesichtspunkt einmal die Predigtliteratur Nürnberger Provenienz aus dieser Zeit gesichtet werden (was im Rahmen dieses Beitrags natürlich nicht zu leisten war).

Andererseits gingen offenkundig von der Predigt auch entscheidende Anstöße zur Ausbildung von Trinitätsspekulationen in deutscher Sprache zwischen dem ausgehenden 13. und dem endenden 15. Jahrhundert aus. Triebfeder dabei scheint das neu eingerichtete Dreifaltigkeitsfest am ersten Sonntag nach Pfingsten gewesen zu sein, „das in einigen Diözesen Deutschlands seit dem 13. Jahrhundert gefeiert und schließlich 1334 von Papst Johannes XXII. allgemein vorgeschrieben wurde."[87] Nach den Beobachtungen von Klesatschke „hatte die Dreieinigkeit (zwar) schon immer ihren Platz in der geistlichen Volksdichtung, doch beschränkten sich die Verfasser vor dem Ende des 13. Jahrhunderts auf Anrufungen und trinitarische Doxologien."[88]

Im Zusammenhang mit der Predigt stehen wohl auch die Bilder, Vergleiche und Analogien in den Trinitätsspekulationen der Sangspruchdichter und Meistersinger, für die diese rhetorischen Muster bestens zum betont rhetorischen Anspruch des Sangspruchs und des Meisterliedes paßten. Die *similitudo* als rhetorische Figur und die Metapher als Tropos waren diesem Gattungsbereich von Anfang an ein geläufiger Schmuck. Bei den Trinitätsspekulationen befand man sich mit diesen Darstellungsformen zudem in bester Übereinstimmung mit der Theologie, für die ein Reden über Gott nur *per analogiam* erfolgen konnte: waren die dabei gebrauchten Analogien doch nichts anderes als ein metaphorisches Sprechen.[89] Wenn also bei der Dreifaltigkeit etwa vom Vater oder vom Sohn gesprochen wird, dann dürfen diese Bezeichnungen aus der menschlichen Vorstellungswelt nicht wörtlich verstanden, sondern nur in einem übertragenen Sinn auf Gott projiziert werden, um den Menschen eine

---

[87] Kern, Trinität (wie Anm. 4), S. 237f. mit Literaturangaben. Im Anschluß an Kern meint auch Klesatschke, Nunnenbeck (wie Anm. 7), S. 486, daß nach der Einführung des Dreifaltigkeitsfestes „in zunehmendem Maße Predigten über die Trinität in deutscher Sprache gehalten" wurden.

[88] Klesatschke, Trinität (wie Anm. 7), S. 486. Sie stützt sich dabei auf Hans Diesenberg, Studien zur religiösen Gedankenwelt in der Spruchdichtung des 13. Jahrhunderts, Diss. Bonn 1937, S. 13–17, der Trinitätsspekulationen allerdings schon zu Beginn des 13. Jahrhunderts einsetzen läßt: Davor spricht man nicht „über, sondern zur Trinität (in Gebeten) oder von ihr als einer selbstverständlich hinzunehmenden Gegebenheit (in den Lehrsprüchen)" (S. 14). Zumindest für die Trinitätsanalogien finden sich nach Ausweis des RSM (wie Anm. 5) vor Konrad von Würzburg keine Belege; dies entspricht auch Klesatschkes Befund.

[89] Vgl. Joachim Track, Analogie, in: Theologische Realenzyklopädie 2, 1978, S. 625–650. Auf Begriffsklärung zielt Heinz Wipfler, Grundfragen der Trinitätsspekulation. Die Analogiefrage in der Trinitätstheologie, Regensburg 1977.

ahnungsweise Vorstellung von den Bezügen zwischen den göttlichen Personen innerhalb der Dreifaltigkeit zu geben. Über das göttliche Sein sagen diese Analogien nichts aus, sie beschreiben lediglich strukturell ein Verhältnis zwischen zwei Verhältnissen.[90] Die Beschränktheit einer solchen Sprechweise legitimiert einerseits, auf menschliche Weise über die unfaßbare und unaussprechliche Trinität zu sprechen, sie läßt aber andererseits fragen, was mit dieser analogen Sprechweise überhaupt gewonnen ist, wenn dabei nur strukturelle Verhältnisähnlichkeiten zwischen Mensch und Gott in den Blick kommen. Es wundert daher nicht, daß Luther den Analogiebegriff für das Sprechen über Gott entschieden ablehnt und an dessen Stelle die Sprache der Bibel und des Glaubens setzt.[91]

Alle diese Beobachtungen zeigen, wie sehr die theologischen Diskussionen (nicht nur beim Trinitätsthema) in den Sangsprüchen und in den Meisterliedern von den Disputen und den sich wandelnden Positionen der Schultheologie geprägt sind. So steht der vielfache Rückgriff auf Analogien zur rationalen Durchdringung von Glaubenswahrheiten und zum Nachweis, daß diese nicht im Widerspruch zur menschlichen Vernunft stehen, zwischen Konrad von Würzburg und Hans Folz unverkennbar im Banne des intellektuellen Optimismus, der seit Anselm von Canterbury (gest. 1109)[92] über Petrus Abaelardus (gest. 1142)[93] zunehmend den theologischen Diskurs über das Verhältnis von *fides* und *ratio* bestimmte.[94] Entschieden forciert bis hin zur Ablösung der zuvor bestimmenden augustinischen *sapientia*-Tradition[95] wurde

---

[90] Daher spricht die Scholastik in diesem Zusammenhang nicht von einer *analogia proportionis* (also einem Verhältnis zwischen zwei Personen oder Gegenständen), sondern von einer *analogia proportionalitatis* (also einem Verhältnis zwischen zwei Verhältnissen); vgl. Track, Analogie (wie Anm. 89), S. 628f.

[91] Zu Martin Luthers Position vgl. Franz Courth, Trinität. Von der Reformation bis zur Gegenwart (Handbuch der Dogmengeschichte II/1c), Freiburg u.a. 1996, S. 10–24.

[92] Vgl. Ludwig Hödl, Anselm von Canterbury, in: Theologische Realenzyklopädie 2, 1978, S. 759–778; Klaus Kienzler, Glauben und Denken bei Anselm von Canterbury, Freiburg u.a. 1981, und Wilhelm Christe, Sola ratione. Zur Begründung der Methode des intellectus fidei bei Anselm von Canterbury, in: Theologie und Philosophie 60 (1985), S. 341–375.

[93] Vgl. Rolf Peppermüller, Abaelard, in: Theologische Realenzyklopädie 1, 1977, S. 7–17, und Stephan Ernst, Petrus Abaelardus (Zugänge zum Denken des Mittelalters 2), Münster 2003. Kennzeichnend für die Auseinandersetzungen um den Anspruch von *ratio* und *fides* bei der Erhellung von Glaubenswahrheiten waren die massiven Angriffe Bernhards von Clairvaux als Vertreters der *fides* gegen Abaelard als Anwalt der *ratio*.

[94] Kurt Flasch spricht vor diesem Hintergrund sogar von „Aufklärung im Mittelalter" in seiner Einführung zu dem Sammelband: Das Licht der Vernunft. Die Anfänge der Aufklärung im Mittelalter, hg. v. Kurt Flasch u. Udo Reinhold Jeck, München 1997, S. 7–17.

[95] Vgl. dazu Schmaus, Trinitätslehre (wie Anm. 9), S. 285–291.

dieser Diskurs durch den *scientia*-Anspruch der Theologie insbesondere durch Albertus Magnus (gest. 1280)[96] und durch Thomas von Aquin (gest. 1274)[97] nach der epochal durchschlagenden Aristoteles-Rezeption. Dabei gewann das Bewußtsein einer vom Glauben erleuchteten Rationalität (Anselms *fides quaerens intellectum*) ein neues Selbstbewußtsein beim rationalen Durchleuchten von Glaubenswahrheiten. Man war der festen Überzeugung, daß Glaube und Vernunft im Prinzip der Rationalität übereinstimmten und daß die Glaubenslehre über die Berufung auf Bibel, Kirchenväter und kirchliche Tradition hinaus auch rational abzusichern sei.[98] Ihren entscheidenden und nachhaltigen Bruch erfährt diese Rationalitätseuphorie mit ihrer geradezu extremen Rationalisierung des Glaubens jedoch durch Wilhelm von Ockham, in dessen Gefolge bis hin zu Gabriel Biel (s.o.) wieder eine Umorientierung von einem – zur Verdeutlichung überspitzt formuliert – *sola ratione*- zu einem *sola fide*-Skopos innerhalb der *sacra doctrina* erfolgte.[99]

Wie ich in meiner Literaturgeschichte[100] darzulegen versuchte, kennzeichnet die Literatur des 14. Jahrhunderts vor allem eine forcierte Rationalität und ein Erkenntnisoptimismus als vorrangiges mentales Charakteristikum, aus dem das nachhaltige Vertrauen auf die diskursiv erzielte Einsicht in die Notwendigkeit und Richtigkeit von Werten und Normen resultiert. Diese Fixierung auf die Rationalität als sicheres Erkenntnisprinzip in einer als kontingent erfahrenen Welt fokussierte den Blick zugleich auf das konkrete Einzelne statt

---

[96] Vgl. Paul Simon, Albert der Große, in: Theologische Realenzyklopädie 2, 1978, S. 177–184.

[97] Vgl. Otto Hermann Pesch, Thomas von Aquin, in: Theologische Realenzyklopädie 33, 2002. S. 433–474.

[98] Natürlich ging es – wie sich ja bereits an Anselms Maxime *Credo, ut intelligam* zeigt – dabei niemals um einen Ersatz der *fides* durch die *ratio*, sondern – neben apologetischen und dogmatischen Aspekten – um eine Stärkung und Vertiefung des Glaubens. Im Blick auf die Trinitätslehre vgl. hierzu Walter Simonis, Trinität und Vernunft. Untersuchungen zur Möglichkeit einer rationalen Trinitätslehre bei Anselm, Abaelard, den Viktorinern, A. Günther und J. Frohschammer (Frankfurter Theologische Studien 12), Frankfurt a. M. 1972.

[99] Zur genaueren Orientierung vgl. Courth, Trinität (wie Anm. 79), und Gössmann, Glaube und Gotteserkenntnis (wie Anm. 76). Praktisch schlägt sich diese theologische Umorientierung etwa in den Judenbekehrungspredigten des Heinrich von Langenstein nieder, wenn dieser mit Jesaias 7, 9 feststellt: *Nisi credideritis, non intelligetis*; vgl. dazu Fritz Peter Knapp, Heinrich von Langenstein. *Sermones wiennenses ad iudaeos convertendos*. Die ältesten aus dem deutschen Sprachraum erhaltenen Judenbekehrungspredigten: Präsentation und Interpretation eines Neufunds, in: Mitteilungen des Instituts für Österreichische Geschichtsforschung 109 (2000), S. 105–117, Zitat S. 106, Anm. 4.

[100] Vgl. die einleitenden Hinweise in Johannes Janota, Orientierung durch volkssprachige Schriftlichkeit (1280/90–1380/90). (Geschichte der deutschen Literatur von den Anfängen bis zum Beginn der Neuzeit III/1), Tübingen 2004, S. 28–30.

auf ein abstraktes Ganzes oder einen geschlossenen Weltentwurf. Eine solche Sichtweise trifft sich unverkennbar mit dem philosophischen Nominalismus, der in dem Franziskaner Wilhelm von Ockham seinen Wortführer fand. Beide Momente, der Erkenntnisoptimismus wie die Favorisierung des Erfahrungswissens, führten im 14. Jahrhundert zu einer bis dahin in der Volkssprache nicht gekannten Verschriftlichung der Welt zur Sicherung des irdischen wie des ewigen Heils. Literarhistorisch war dieser Verschriftlichungsprozeß ohne jeden Zweifel ein außerordentlicher Gewinn, aber im Laufe der Zeit wurde immer deutlicher, daß sich auf diese Weise nur eine Addition situativ verorteten Einzelwissens, jedoch kein erschöpfendes Gesamtwissen mehr erreichen ließ. Besonders im religiösen Bereich war diese Einsicht so prekär, daß man sich hier zunehmend von der Erkenntniseuphorie des 14. Jahrhunderts bei der Erhellung von Glaubenswahrheiten verabschiedete. Auch dabei zeigen sich deutliche Parallelen zum Nominalismus mit der strengen Trennung zwischen rational gegründeter *scientia* und Offenbarungswissen, dessen Wahrheit allein durch die Bibel und institutionell durch die kirchliche *regula fidei* garantiert wird und das durch die *fides acquisita* zu erwerben ist.[101] Im volkssprachlichen Schrifttum schlägt sich diese Umorientierung vor allem im 15. Jahrhundert nieder. Versucht man daher für beide Jahrhunderte eine orientierende Kennzeichnung, dann steht im 14. die *ratio*, im 15. Jahrhundert wieder die *fides* im Vordergrund bzw. – das Wechselspiel zwischen beiden Ebenen wiedergebend[102] – als Charakteristikum für das 14. Jahrhundert *ratio et fides* und für das 15. Jahrhundert *fides et ratio*. Selbstverständlich handelt es sich dabei um einen allmählichen Prozeß der Umorientierung, der wie immer von Verwerfungen und retardierenden Momenten nicht frei ist.

Wenn etwa eine Generation vor Martin Luther von Hans Folz die Einsicht vehement vertreten wird, daß sowohl rational fundierte Analogien als auch spitzfindigste Spekulationen für das Erfassen von Glaubenswahrheiten völlig unzulänglich sind, dann beschränkt sich diese Einsicht also keinesfalls auf den Meistergesang. Vielmehr markiert diese Erkenntnis eine diskursgeschichtliche Zäsur zwischen dem Spätmittelalter und der Frühen Neuzeit. Danach gehen

---

[101] Vgl. dazu Volker Leppin, Geglaubte Wahrheit. Das Theologieverständnis Wilhelms von Ockham (Forschungen zur Kirchen- und Dogmengeschichte 63), Göttingen 1995. Zu einer weiteren ersten Orientierung vgl. auch Gordon Leff u. Volker Leppin, Ockham / Ockhamismus, in: Theologische Realenzyklopädie 25, 1995, S. 6–18; Hans Kraml u. Gerhard Leibold, Wilhelm von Ockham (Zugänge zum Denken des Mittelalters 1), Münster 2003, und Volker Leppin, Wilhelm von Ockham. Gelehrter, Streiter, Bettelmönch (Gestalten des Mittelalters und der Renaissance), Darmstadt 2003.

[102] Das Wechselverhältnis von *fides quaerens intellectum* und *intellectus quaerens fidem* findet sich bereits bei Anselm von Canterbury; vgl. Christe, Sola ratione (wie Anm. 92), S. 374f.

fides und *ratio* auch innerhalb der deutschen Literaturgeschichte zunehmend eigene Wege – ohne sich freilich bis heute aus den Augen zu verlieren.

Abstract: Initially Folz also engaged with his songs (Meisterlieder) in speculation on the Trinity in the tradition of the composers of didactic songs (Sangspruchdichter) and the Meistersinger. But within a short period, at odds with the Nürnberg Meistersinger, he distanced himself from the practice of illuminating religious truths through logical deduction. Instead, he came to point to the Bible and to faith itself. Supported by late Franciscan theology he adopts a forward-looking stance and in doing so he brings the tradition of Trinitarian speculation in the Meistergesang to a close, with repercussions beyond the confines of Nürnberg. This change seems to reflect a shift in *mentalités* and literary history: after the perceptual euphoria of the fourteenth century (with its hallmarks of ratio et fides) in the fifteenth century faith once more assumes the primary position (fides et ratio). In this way vernacular literature too paves the way for the Reformation.

Wolframstudien XX (2008)
Erich Schmidt Verlag Berlin

How come, he sees it and you do not?

Die Rationalität der Täuschung im ‚Pfaffen Amis' und im ‚Eulenspiegel'

von CHRISTIANE ACKERMANN

Täuschung, Lug und Trug sind Elemente der europäischen Erzählliteratur seit ihren Anfängen.[1] Im Mittelalter stellen sie im Bereich der deutschen Literatur ein typisches Charakteristikum kleinerer Erzählformen dar. So organisieren sie oftmals den Plot des Märes ebenso wie des Schwanks, wo sie, gewissermaßen im narrativen Eilverfahren, der Wahrheit auf die Sprünge helfen. Ein Paradox, denn gerade dort, wo hemmungslos gelogen und betrogen wird, scheint die Wahrheit am deutlichsten zu Tage zu treten. Dabei ist der Kom-

---

[1] Fast schon topisch ist in diesem Zusammenhang der Verweis auf den listenreichen Odysseus und den Coup des trojanischen Pferdes. Anläufe zu einer Geschichte der Täuschung bzw. der Lüge und des Schwindels unternahmen jüngst (aus kulturwissenschaftlicher Sicht) Christina von Braun, Versuch über den Schwindel, Zürich / München 2001, und (mit literaturwissenschaftlichem Fokus) Peter von Matt, Die Intrige. Theorie und Praxis der Hinterlist, München/Wien 2006; interdisziplinär angelegt sind: Lügen und Betrügen. Das Falsche in der Geschichte von der Antike bis zur Moderne, hg. v. Oliver Hochadel, Ursula Kocher, Köln/Weimar/Wien 2000; Kulturen der Lüge, hg. v. Mathias Mayer, Köln 2003. Zu den (Un-)Möglichkeiten einer Geschichte der Lüge vgl. Jacques Derrida, History of the Lie: Prolegomena, in: ders., Without Alibi, Stanford/California 2002, S. 28–70. Ein- und Überblicke aus mediävistischer Perspektive bieten: Alison Williams, Tricksters and pranksters. Roguery in French and German literature of the Middle Ages and the Renaissance (Internationale Forschung zur allgemeinen und vergleichenden Literaturwissenschaft 49), Amsterdam 2000; Homo mendax. Lüge als kulturelles Phänomen im Mittelalter, hg. v. Ulrich Ernst = Das Mittelalter. Perspektiven mediävistischer Forschung 9 (2004) H. 2 (mit einer Auswahlbibliographie auf den Seiten 12–19); List – Lüge – Täuschung, hg. v. Corinna Laude u. Ellen Schindler-Horst = Mitteilungen des Deutschen Germanistenverbandes 52 (2005) H. 3. Mittelalterliche Unsinnsdichtungen treiben das Spiel mit der Unwahrheit auf die Spitze. Im Blick darauf geht Sonja Kerth in diesem Band der Frage nach, in welchem Verhältnis hier Wahrheit und Dichtung stehen und ob solche Texte eine Absage an zeitgenössische Rationalisierungstendenzen oder eine spezifische Ausdrucksform des Rationalen darstellen.

plize der Täuschung die Vernunft bzw. eine intellektuelle Überlegenheit, die sich ihrerseits als ein Grundelement kürzerer Erzählungen im Mittelalter ausmachen läßt. Die Ratio wirkt hier als ein narratives Mittel, Sinn und Ordnung sowohl zu hinterfragen als auch zu stiften.[2] Man kann dies als Ausdruck einer Suche nach Orientierung verstehen, wie es Johannes Janota getan hat, der diese Suche als Merkmal der volkssprachlichen Literatur insbesondere des 14. Jahrhunderts beschreibt, deren Ursachen allerdings bereits im 13. Jahrhundert zu suchen sind.[3] Die kleinepischen Formen bieten, so Janota, eine größere Leistungsfähigkeit bezüglich der Lebensorientierung, aus der „Dar-

---

[2] Walter Haug hat den Intellekt (neben Zufall, Gewalt und Lust) als ein Grundelement der mittelalterlichen ‚Kurzerzählungen' ausgemacht (vgl. Walter Haug, Entwurf zu einer Theorie der mittelalterlichen Kurzerzählung, in: Kleinere Erzählformen des 15. und 16. Jahrhunderts, hg. v. dems. u. Burghart Wachinger (Fortuna vitrea 8), Tübingen 1993, S. 1–36, hier S. 19). Mit der Charakterisierung kürzerer Erzählungen verbindet sich eine ausführliche Gattungsdebatte (von der insbesondere das Märe, aber auch der Schwank betroffen sind), die hier nicht aufgegriffen werden soll. Stattdessen sei an dieser Stelle auf einige einschlägige und neuere Forschungsbeiträge verwiesen, die auch Aufschluß geben über die Relevanz der Täuschungsthematik als Element der Textsorten: Mittelalterliche Novellistik im europäischen Kontext. Kulturwissenschaftliche Perspektiven, hg. v. Mark Chinca, Timo Reuvekamp-Felber u. Christopher Young (Beihefte zur Zeitschrift für deutsche Philologie 13), Berlin 2006; Die Kleinepik des Strickers. Texte, Gattungstraditionen und Interpretationsprobleme, hg. v. Emilio González u. Victor Millet (Philologische Studien und Quellen 199), Berlin 2006; Klaus Grubmüller, Die Ordnung, der Witz und das Chaos. Eine Geschichte der europäischen Novellistik im Mittelalter: Fabliau – Märe – Novelle, Tübingen 2006; Maryvonne Hagby, man hat uns fur die warheit … geseit: Die Strickersche Kurzerzählung im Kontext mittellateinischer ‚narrationes' des 12. und 13. Jahrhunderts (Studien und Texte zum Mittelalter und zur frühen Neuzeit 2), Münster/New York/München/Berlin 2001; Werner Röcke, Aggression und Disziplin. Gebrauchsformen des Schwanks in deutschen Erzählsammlungen des 16. Jahrhunderts, in: Haug u. Wachinger (s. diese Anm.), S. 106–129; Rüdiger Schnell, Das Eulenspiegel-Buch in der Gattungstradition der Schwankliteratur, in: Hermann Bote: städtisch-hansischer Autor in Braunschweig; 1488–1988. Beiträge zum Braunschweiger Bote-Kolloquium 1988, hg. v. Herbert Blume u. Eberhard Rohse (Frühe Neuzeit 4), Tübingen 1991, S. 171–196; Hans-Joachim Ziegeler, Erzählen im Spätmittelalter: Mären im Kontext von Minnereden, Bispeln und Romanen (Münchener Texte und Untersuchungen zur deutschen Literatur des Mittelalters 87), München/Zürich 1985; Jan-Dirk Müller, Noch einmal: Maere und Novelle. Zu den Versionen des Maere von den ‚Drei listigen Frauen', in: Philologische Untersuchungen. Gewidmet Elfriede Stutz zum 65. Geburtstag, hg. v. Alfred Ebenbauer (Philologica Germanica 7), Wien 1984, S. 289–311; Hedda Ragotzky, Gattungserneuerung und Laienunterweisung in Texten des Strickers (Studien und Texte zur Sozialgeschichte der Literatur 1), Tübingen 1981.
[3] Johannes Janota, Orientierung durch volkssprachige Schriftlichkeit (1280/90–1380/90) (Geschichte der deutschen Literatur von den Anfängen bis zum Beginn der Neuzeit III/1), Tübingen 2004, S. 22.

stellung von Einzelfällen" erhoffte man sich exemplarische Einsichten „für die Bewältigung eigener Lebenssituationen."[4] Dem liege die Annahme zugrunde, mit Rationalität die Anforderungen des Lebens bewältigen zu können. Der Schwankroman[5] fügt solche ‚Fallerzählungen' dann zu einer größeren Einheit zusammen. Die Rationalität, insbesondere die Rationalität der Täuschung, wird leitendes Handlungsprinzip des listigen Protagonisten, die intellektuelle Überlegenheit ist sein Markenzeichen. Seine Biographie verbindet die einzelnen (oftmals andernorts überlieferten) Schwänke, bringt sie (mal mehr, mal weniger konsequent) in Zusammenhang und verleiht ihnen einen gemeinsamen signifikanten Bezugsrahmen.

Als Prototyp des deutschen Schwankromans gilt der ‚Pfaffe Amis' des Strickers, Berühmtheit erlangte der Nachfahre des gewitzten Pfaffen, Till Eulenspiegel. In dem Hermann Bote zugeschriebenen Roman finden sich fünf Schwänke, die auf die vier ersten Episoden des ‚Amis' zurückgehen, was einer Vergleichbarkeit der Protagonisten zugute kommt und entsprechend Niederschlag in der Forschung gefunden hat. Obwohl nämlich die Täuschungshandlungen des Amis und Tills gleiche Strukturen aufweisen (beide bauen auf die Vorhersehbarkeit und Regelgebundenheit menschlichen Verhaltens), lassen sich doch eklatante Unterschiede ausmachen, die nicht zuletzt die Funktion der Täuschung betreffen. In beiden Fällen ist eine Rationalität der Täuschung unverkennbar, doch hat diese im ‚Amis' zum Teil einen anderen Zielpunkt als im ‚Eulenspiegel'. Denn, so verwerflich das Vorgehen des Amis auch ist, es bleibt in einen Erzählrahmen eingebettet, der aufs Ganze gesehen den Pfaffen rehabilitiert, seinen Werdegang legitimiert und ihn als vollwertiges gesellschaftliches Subjekt ausweist.[6] Seine Gaunereien stehen im Dienste der *milte*, und am Ende wendet er sich ganz Gott zu, wird zum Abt gewählt und erlangt zuletzt das *êwige leben*.[7] Anders verhält es sich mit dem Helden des ‚Eulen-

---

[4] Janota (wie Anm. 3), S. 255.

[5] Fischer prägte die Gattungsbezeichnung, die heute etabliert ist (vgl. Hanns Fischer, Zur Gattungsform des ‚Pfaffen Amis', in: ZfdA 88 (1957/58), S. 291–299). Zur Gattung des Schwankromans (und der Täuschung als Handlungsstrategie) vgl. weiterhin Werner Röcke, Die Freude am Bösen. Studien zu einer Poetik des deutschen Schwankromans im Spätmittelalter, München 1987, sowie neuerdings Johannes Melters, „ein frölich gemüt zu machen in schweren zeiten ..." Der Schwankroman in Mittelalter und Früher Neuzeit, Berlin 2004.

[6] Zur Rehabilitierung des Amis vgl. auch Ernst, der den Betrug „im Dienst der Erwerbsucht" dadurch relativiert sieht, daß „sich hinter den Täuschungsmanövern des Protagonisten nicht nackte Besitzgier, sondern eine letztlich wieder lobenswerte altruistische Freigebigkeit (*milte*) verbirgt" (Ernst, *Homo mendax*. Lüge als kulturelles Phänomen im Mittelalter. Einleitung, in: ders. (wie Anm. 1), S. 3–11, hier S. 7).

[7] Dies ist freilich eine grobe Skizze, die hier dazu dient, auf bestimmte Divergenzen zwischen Amis und Eulenspiegel vorzubereiten. Nicht zu bestreiten ist eine Ambi-

spiegel'-Buches. Hier ist die Täuschung Merkmal einer Figur, die sich – stets auf den eigenen Vorteil bedacht – noch am Ende der Gemeinschaft entzieht. Eulenspiegel macht mit niemandem gemeinsame Sache, auch nicht mit dem Rezipienten. Ihm gewährt der Schwankheld nur bis zu einem gewissen Grad den Nachvollzug der Rationalität seiner Täuschungen. Besonders interessant für einen literaturwissenschaftlichen Vergleich der beiden Texte, und die Untersuchung ihres Umgangs mit der Täuschung sowie deren rationalem Potential ist der in beiden Romanen enthaltene Schwank von den unsichtbaren Bildern. Denn die Versionen lassen eine Komplexität des Zusammenhangs Täuschung und Ratio erkennbar werden, in die eine Reflexion über das Medium der Kunst hineinspielt.

Der Inhalt ist schnell dargelegt: Es geht darum, daß der jeweilige Protagonist der Schwankromane einem Herrscher vorschlägt, Wandbilder anzufertigen, und sich dafür gut bezahlen läßt. Er gibt vor, die Bilder seien nur Personen ehelicher Geburt sichtbar, so daß niemand wagt, die Existenz der Fresken anzuzweifeln. Erst ein *tumber* (Amis, 759) bzw. eine *Thörin* (Eulenspiegel, S. 80)[8] erklärt unverblümt, nichts sehen zu können, und die Hofgesellschaft steht als düpierte da.[9] Auf den ersten Blick könnte man annehmen,

---

valenz der Amis-Figur, die sich aus einer Reihe von Widersprüchen des Protagonisten und des Werkes ergeben. Hierzu gehört beispielsweise die Einführung des Pfaffen als des ersten Menschen, *der liegen triegen anviench* (Der Stricker, Der Pfaffe Amis. Mittelhochdeutsch/Neuhochdeutsch. Nach der Heidelberger Handschrift cpg 341, hg., übersetzt u. kommentiert v. Michael Schilling (RUB 658), Stuttgart 1994, 40f.). Im Widerspruch dazu steht seine Charakterisierung als gottgefälliger und *wiser man* (Amis, 47–49), dessen listige Kompetenz und betrügerisches Potential erst die Zwangslagen, in die ihn der neidische Bischof bringt, aktivieren. Das Verhalten von Amis' Gegenspieler deutet darauf hin, daß die Welt bereits vor dem Auszug des Pfaffen *liegen* und *triegen* kannte. Dieser Widerspruch ist weniger mangelnde Stringenz der Narration, sondern zu verstehen als ein ironischer Kommentar zum Sein der Welt, die ein *mundus perversus* ist, in und wegen der aber die Menschen nach Erklärungen suchen, die ganz en passant monokausale Sichtweisen und Urteile generieren. Diesbezüglich regt die beschriebene Vorstellung des Amis zur Reflexion über die Notwendigkeit der Kontextualisierung menschlichen Handels an. Zur Ambivalenz des Amis vgl. Röcke (wie Anm. 5), S. 40f., zum Prolog S. 43–51.

8 Das ‚Eulenspiegel'-Buch wird nach der Ausgabe von Lindow zitiert: Ein kurtzweilig Lesen von Dil Ulenspiegel. Nach dem Druck von 1515 mit 87 Holzschnitten, hg. v. Wolfgang Lindow (RUB 1687 [4]), Stuttgart 1990.

9 Der Schwank ist im Mittelalter und in der Frühen Neuzeit in zwei Redaktionen anzutreffen. In der ersten dienen Wandgemälde und in der zweiten Gewänder als Täuschungsmittel. Letztere Variante erlangte mit Hanns Christian Andersens Märchen ‚Kajserens nye klæder' (1837) weltweite Popularität. Die erste Redaktion erscheint erstmals als Schwank im ‚Pfaffen Amis' (zw. 1230 u. 1240), hernach im ‚Eulenspiegel'-Buch (1515) und seinen Bearbeitungen (u.a. durch Thomas Murner und Hans Sachs). Auch die italienische und spanische Literatur kennt den Stoff. So

die Täuschungsgeschichte diene dazu, am Ende die Wahrheit um so klarer herauszustellen und dabei zu demonstrieren, „wie weit Schwindler es in einem System aus Feigheit und Konformismus bringen können."[10] Ein genauerer Blick auf die Versionen macht jedoch deutlich, daß sie im Detail recht verschieden sind, gerade weil Täuschung und Wahrheit in unterschiedlicher Weise instrumentalisiert werden. Dies nun ist Gegenstand der nachfolgenden Untersuchung. Sie will aufzeigen, in welcher Weise die beiden Versionen des Schwanks Wahrheit und Lüge ins Verhältnis setzen und die Täuschung raffiniert als erzähltechnisches Mittel nutzen, das selbst wiederum Ausdruck von Rationalität im literarischen Text ist. Beide Versionen zeugen von einer signifikanten Verbindung medialer und ästhetischer Rationalität und einer historischen Charakteristik literarischer und gesellschaftlicher Kommunikation. Eine Gegenüberstellung der je unterschiedlichen literarischen Bearbeitungen des Stoffes soll die historisch divergierende Reflexion vermittels der Täuschung sowie die Reflexion über sie aufzeigen.

I. Rationalitätsbegriff und Fragestellung

Die Forschung hat die Täuschung im ‚Amis‘ und im ‚Eulenspiegel‘ als Mittel des Verstandes beschrieben, ja, die Protagonisten des Schwankromans als Intellektuelle bezeichnet.[11] Um aber die Spezifik des rationalen Charakters der

---

ist der Schwank Teil eines Exempels eines nordital. Franziskaners (frühes 15. Jh.), einer späteren Bearbeitung der Versbiographie über den Hofnarren Gonella (‚Le bouffonerie del Gonnella‘, 1585), und er findet sich in Spanien z.B. bei Juan Timoneda (‚Buen aviso‘, 1564) (vgl. Hans-Jörg Uther, Kaisers neue Kleider, in: Enzyklopädie des Märchens. Handwörterbuch zur historischen und vergleichenden Erzählforschung. Begründet v. Kurt Ranke, hg. v. Rolf Wilhelm Brednich, Bd. 7, Berlin/New York 1993, S. 852–857, hier S. 852f.). Miguel de Cervantes bietet eine dritte Variante des Themas. In ‚Entremés del retablo de las maravillas‘ (1615, dt. Titel: ‚Das Zwischenspiel vom Wundertheater‘) ist das Täuschungsmittel ein vorgebliches Bühnenstück, mit dem ‚zweifelhafte‘, besonders jüdische und muslimische, Abkunft geprüft werden soll. Cervantes verleiht dem Stoff eine neue kritisch politische Wendung: „Die Schlägerei mit offenem Ausgang, in der das *Zwischenspiel* endet, ist Cervantes' Warnung vor dem Bürgerkrieg, in den Spanien durch die Rasse-Gesetze abzugleiten drohte" (Thomas Frank, Wunder, in: Des Kaisers neue Kleider. Über das Imaginäre politischer Herrschaft. Texte. Bilder. Lektüren, hg. v. dems., Albrecht Koschorke, Susanne Lüdemann u. Ethel Matala de Mazza – unter Mitwirkung v. Andreas Kraß, Frankfurt a.M. 2002, S. 157–170, hier S. 158). Zur Stoffgeschichte vgl. auch Archer Taylor, The Emperor's New Clothes, in: Modern Philology 25.1 (1927), S. 17–27.

[10] Walter Grasskamp, Die zwei Kleider des Kaisers. Moderne Schwindelgefühle, in: Merkur 4 (1998), S. 354–360, hier S. 354.

[11] Vgl. Melters (wie Anm. 5), S. 218–222; Sabine Böhm, Der Stricker – Ein Dichter-

Täuschungshandlungen in den Texten herausarbeiten zu können, ist es notwendig zu klären, wie Rationalität in diesem Zusammenhang zu verstehen ist. Zunächst einmal ist festzuhalten, daß die Täuschung beschrieben werden kann als eine Form sozialer, kommunikativer Interaktion, innerhalb derer jemand mit Mitteln des Verstandes in Bezug auf bestimmte Sachverhalte (seien sie real oder nicht) in die Irre geführt wird, wodurch der Täuschende gegebenenfalls ein bestimmtes, wie auch immer gelagertes, Ziel zu erreichen sucht.[12] Jürgen

---

profil anhand seines Gesamtwerkes (Europäische Hochschulschriften: Reihe 1, Deutsche Sprache und Literatur 1530), Freiburg i.Br. 1995, S. 239f.; Rupert Kalkofen, Der Priesterbetrug als Weltklugheit. Eine philologisch-hermeneutische Interpretation des ‚Pfaffen Amis‘ (Epistemata; Reihe Literaturwissenschaft 49), Würzburg 1989; Barbara Haupt, Der Pfaffe Amis und Ulenspiegel. Variationen eines vorgegebenen Themas, in: Till Eulenspiegel in Geschichte und Gegenwart, hg. v. Thomas Cramer (Beiträge zur älteren deutschen Literaturgeschichte 4), Bern / Frankfurt a.M. / Las Vegas 1978, S. 61–91; Irmgard Meiners, Schelm und Dümmling in Erzählungen des deutschen Mittelalters (MTU 20), München 1967.

[12] Grundsätzlich muß eine Täuschung kein bewußtes Ziel verfolgen (man kann sich z.B. in einer Sache täuschen oder eine Sache täuscht, ohne daß dem eine Intention zu Grunde liegt). Für die vorliegende Untersuchung aber ist die Täuschungshandlung, mit der sich ein bestimmtes Interesse des Täuschenden verbindet und die als eine rationale Strategie zu verstehen ist, zentral. Die Forschung beschreibt Täuschung und List als ein Instrument des Intellekts, so etwa Alexander Schwarz, der das Verhältnis auf den Punkt bringt: „List ist ein Mittel des Verstandes. Ich definiere List also als *das bewußte Verstandesmittel, mit dessen Hilfe man (andere täuschend) etwas zu erreichen sucht, was man auf normalem Wege nicht erreichen könnte*" (Alexander Schwarz, Reineke Fuchs, Till Eulenspiegel und das Problem der List in Deutschland, in: Die List, hg. v. Harro von Senger (edition suhrkamp 2039), Frankfurt a.M. 1999, S. 304–320, hier S. 306). Vgl. auch Schwarz' weitere Studien zum Themenkomplex: List zwischen Verstand und Leidenschaft, in: Lire les passions, hg. v. Evelyne Thommen u. Christina Vogel (Textanalyse in Universität und Schule 13), Bern/Berlin/ Bruxelles u.a. 2000, S. 133–142; Listig in die Neuzeit, in: Text im Kontext, hg. v. A. Schwarz u. Laure Abplanalp (Philologische Studien und Quellen 179), Bern 1997, S. 245–256. – Die vorliegende Untersuchung bevorzugt den Begriff der ‚Täuschung‘, da er offener ist und unproblematischer gebraucht werden kann als der der ‚List‘, deren abweichender Bedeutung im Mhd. sich die Forschung vielfach gewidmet hat. Mhd. *list* kann wie in Strickers ‚Daniel von dem blühenden Tal‘ auch ‚Kunst‘ bedeuten (vgl. die Auswertung des dianoetischen Wortgebrauchs im Werk des Strickers von Böhm (wie Anm. 11), S. 268), oder man charakterisiert der *list* im Strickerschen Werk als „eine Kategorie der Pragmatik" (Ragotzky (wie Anm. 2), S. 148). Böhm resümiert zum *list* im ‚Amis‘, daß dieser sich oftmals nicht übersetzen ließe, der Begriff „schillert je nach Standpunkt des Betrachters zwischen positiv, neutral und negativ. So kann *list* z.B. einfach ‚Weg, Methode‘ heißen (v. 248) oder als Umschreibung für Wissen und Können stehen (vv. 507, 510), daneben aber auch die Bedeutung von ‚Hinterlist‘ annehmen (vv. 1556, 1561, 2071). Gerade im Munde des Opfers changiert der Begriff zwischen Ablehnung und Anerkennung (vv. 932, 1058)" (Böhm, S. 270). Die Forschung hat den *list* in mittelalterlicher Literatur vielfach diskutiert. Zusätzlich genannt werden kann an dieser Stelle nur eine Auswahl: Hans-

Habermas hat auf die rationale Dimension kommunikativer Interaktion im Rahmen seiner ,Theorie des kommunikativen Handelns' verwiesen.[13] In diesem Sinne ist Rationalität mit kommunikativer Praxis verbunden. Arbeiten zur kommunikativen Rationalität untersuchen eine kontinuierliche Rationalität, die in sprachlicher, symbolischer Kommunikation Ausdruck findet. Rationalität artikuliert sich demnach in interaktiven Handlungen, in deren Argumentierbarkeit und Begründbarkeit. Es gilt daher, die „Struktur solcher Handlungen [...] zu rekonstruieren, und aus ihr [...] Kriterien für Rationalität im Sinne von Kommunikation und Reflexion abzuleiten."[14] Ein solcher, zumal hier nur angedeuteter, kommunikationstheoretischer Begriff von Rationalität mag recht offen erscheinen, gerade diese Offenheit jedoch bietet den Vorzug, dem jeweiligen Gegenstand angemessene Kriterien entwickeln zu können.

Für eine Analyse von Rationalität in der Literatur in historischer Perspektive sind im Blick auf die hier interessierende Thematik der Täuschung folgende Kriterien relevant[15]: Es ist erstens nach der Intentionalität, der Absicht der Aussage zu fragen. Dies betrifft insbesondere die Absicht des Spiels mit Wahrheit und Täuschung. Zweitens gilt es, die Medialität und Erzählstruktur eines Textes zu berücksichtigen, die Einbettung des Gemeinten (das sich in dem Ineinander von Wahrheit und Täuschung ausdrückt) in einem bestimmten symbolischen Medium und die Struktur der erzählerischen Umsetzung. Damit in Zusammenhang steht das dritte Kriterium, das der Selbst-

---

Joachim Behr, Die Stärke der Schwachen? Sprach- und motivgeschichtliche Beobachtungen zur Bedeutung von „list" in der Literatur des Hochmittelalters, in: Eulenspiegel-Jahrbuch 44 (2004), S. 21–40; Bettina Geier, Täuschungshandlungen im Nibelungenlied: ein Beitrag zur Differenzierung von List und Betrug (GAG 659), Göppingen 1999; Hartmut Semmler, Listmotive in der mittelhochdeutschen Epik: zum Wandel ethischer Normen im Spiegel der Literatur (Philologische Studien und Quellen 122), Berlin 1991; Hedda Ragotzky, Das Handlungsmodell der *list* und die Thematisierung der Bedeutung von *guot*. Zum Problem einer sozialgeschichtlich orientierten Interpretation von Strickers ,Daniel vom Blühenden Tal' und dem ,Pfaffen Amis', in: Literatur – Publikum – historischer Kontext, hg. v. Joachim Bumke, Thomas Cramer, Gert Kaiser u. Horst Wenzel (Beiträge zur älteren deutschen Literaturgeschichte 1), Bern/Frankfurt a.M./Las Vegas 1977, S. 183–203; Wolfgang Jupé, Die List im Tristanroman Gottfrieds von Strassburg: Intellektualität und Liebe oder die Suche nach dem Wesen der individuellen Existenz, Heidelberg 1976.

[13] Vgl. Jürgen Habermas, Theorie des kommunikativen Handelns, Bd. I: Handlungsrationalität und gesellschaftliche Rationalisierung (edition suhrkamp 1502), Frankfurt a.M. 1988.

[14] Klaus Ridder, Rationalisierungsprozesse und höfischer Roman im 12. Jahrhundert, in: DVjs 78 (2004) H. 2, S. 175–199, hier S. 178.

[15] Die ersten drei Kriterien sind angelehnt an die Darlegungen Klaus Ridders zur Rationalität im 12. Jahrhundert (wie Anm. 14), S. 179f., jedoch entsprechend der Täuschungsthematik modifiziert.

referentialität und Reflexivität. Rationalität kann als eine Form des Handelns verstanden werden, die darauf ausgerichtet ist, begründbar, d.h. nicht irrational zu sein. Selbstreferentialität wäre dann die Kompetenz, die eigene leitende Art und Weise der Begründung von Handlungen selbstreflexiv zu beurteilen. Für den hier untersuchten Zusammenhang ergibt sich daraus die Frage, in welchem reflexiven Verhältnis ein literarischer Text, der Wahrheit und Täuschung zum Gegenstand hat, selbst zur Täuschung und zur Wahrheit steht. Das vierte Kriterium schließlich bildet das ,geteilte Hintergrundwissen', das eigentlich die Grundlage für die drei bisher genannten Kriterien darstellt. Denn: Begründbar und argumentierbar kann ein Handeln nur sein, wenn die Kommunikationspartner auf eine gemeinsame Basis der Argumentation und Begründung zurückgreifen können. Habermas weist darauf hin, daß wer den Rationalitätsbegriff klären will, „die Bedingungen für einen kommunikativ erzielten Konsensus untersuchen" muß; er „muß analysieren, was Melvin Pollner [...] ,mundane reasoning' nennt."[16] Jene einfache, weltliche Rationalität, mit der sich eine Gemeinschaft über ein geteiltes Hintergrundwissen als Basis erfolgreicher Interaktion einigt. Habermas zitiert Pollner, der erklärt:

> That a community orients itself to the world as essentially constant, as one which is known and knowable in common with others, provides that community with the warrantable grounds for asking questions of a particular sort of which a prototypical representative is: "How come, he sees it and you do not?"[17]

Das Selbstverständnis einer Gemeinschaft also als einer innerhalb der Welt grundsätzlich konstanten ermöglicht es dieser Gemeinschaft, bestimmte Fragen zu stellen. Die Frage „Wie kommt es, daß er es sieht, du aber nicht?" gilt hier als prototypisch, weil sie auf das objektiv Wahrnehmbare zielt. Sie verweist „auf ein von der Kommunikationsgemeinschaft intersubjektiv geteiltes Hintergrundwissen."[18]

Es ist eben jene Frage nach dem Vermögen bzw. Unvermögen, etwas Offensichtliches zu sehen, der sich der französische König in Strickers ,Amis' und der Landgraf im ,Eulenspiegel' stellen müssen angesichts vorgeblich vorhandener Palastgemälde, die ihnen verborgen bleiben. Eine Frage, die die Regenten selbst sowie die feudale Herrschaftsform ins Mark trifft, während die beiden jeweiligen Protagonisten regelrecht als Rationalisten agieren, die gewissermaßen „die Bedingungen [...] analysieren, die ein handelndes Subjekt erfüllen muß, damit es Zwecke setzen und realisieren kann."[19]

---

[16] Habermas (wie Anm. 13), S. 32.
[17] Ebd.
[18] Ebd.
[19] Ebd., S. 30.

Die Forschung hat sich dem Täuschungsmechanismus in den Schwankromanen bereits gewidmet. Der hier verfolgte Ansatz aber fragt erstmals (auf der Basis des skizzierten Rationalitätsbegriffs) nach der Verbindung zwischen dem Bedingungsgefüge von Wahrheit und Täuschung einerseits *und* der Rationalität der Täuschung, wie sie in den Versionen des Schwanks jeweils zum Ausdruck kommt, andererseits. Deshalb orientiert sich die vorliegende Untersuchung mit Blick auf die angeführten Kriterien an den folgenden Fragen:

1. In welchem Verhältnis stehen Wahrheit und Täuschung in der jeweiligen Version des Schwanks von den unsichtbaren Bildern im ‚Amis‘ und im ‚Eulenspiegel‘?
2. Was bezweckt die Täuschung im Rahmen der Erzählung jeweils?
3. Wie verhält sich die Narration selbst zum praktizierten Täuschungsprinzip?
4. Inwiefern ist all dies jeweils Ausdruck von Rationalität?

II. Die Rationalität der Täuschung im Schwank von den unsichtbaren Bildern

1. Die unsichtbaren Bilder im ‚Pfaffen Amis‘

Der Stricker führt seinen Protagonisten als einen überaus freigebigen Pfaffen ein, der gerade aufgrund seiner *milte* den Ärger des Bischofs erregt, dem er unterstellt ist. Dieser konfrontiert ihn mit scheinbar unlösbaren Aufgaben, die Amis jedoch schlau zu bewältigen weiß. Dadurch vergrößert sich nicht nur sein Ansehen, sondern auch die Zahl seiner Gäste. Allerdings steigen ebenso seine Geldausgaben, so daß er sich verschuldet und schließlich nicht mehr kreditwürdig ist. Um zu Geld zu kommen und seine Gäste auch weiterhin angemessen bewirten zu können, ersinnt der Pfaffe immer neue ‚listige‘ Taten. Schon bald gelangt er nach Paris an den Hof des französischen Königs und bietet diesem seine Kunst an, die – wie er vorgibt – darin besteht, „so vortrefflich zu malen, daß es die Anerkennung der ganzen Welt“ verdiene (Amis, 505f.). Die Besonderheit seiner Fähigkeit sei, daß er ein Gebäude oder einen Saal mit Bildern auszumalen verstünde, die nur diejenigen erblicken könnten, die von ehelicher Geburt seien (Amis, 505–532). Der König ist an dem Angebot außerordentlich interessiert und läßt sich auf den Handel ein. Der Pfaffe fordert sechshundert Mark Entlohnung und die Erstattung seiner Auslagen. Der König befürchtet nichts, im Gegenteil, ihm ist sehr daran gelegen, daß Amis sofort mit der Arbeit beginnt. Er soll einen Saal ausmalen, der von niemandem betreten werden darf, bevor die Arbeit abgeschlossen ist. Nach Fertigstellung können König und Ritter hineingehen, um zu sehen, ob sie von legitimer Geburt sind. Für die Bezahlung des Pfaffen überlegt sich der König selbst eine List: Alle Ritter, die den Saal betreten wollen, müssen ein Entgelt zahlen. Außerdem will der Herrscher jedem, der nicht ehelicher Abkunft ist, sein Lehen entziehen (Amis, 583f.). Amis begibt sich in den Saal, verhängt darin alle Fenster und tut im Laufe der Frist keinen Pinselstrich. Statt dessen läßt er sich während seines Müßiggangs üppig beköstigen. Als der König schließlich die Gemälde in Augenschein nehmen will, ist er entsetzt, denn – er sieht nichts:

> *Do was inne niht gemalet mer.*
> *Do erschrack der kunich ser,*
> *daz er nach waz gevallen.*
> *Den sal besach er allen*
> *und gewan vil groze swere.*
> (Amis, 621–625)

Die unsichtbaren Bilder legen dem Regenten die Frage nahe, warum er nichts zu erblicken vermag. Die Beantwortung dieser Frage ist nur möglich, weil es ein von der Gemeinschaft geteiltes Hintergrundwissen gibt, auf dessen Basis der König seine augenscheinliche ‚Blindheit‘ vermeintlich beurteilen kann. Es ist dies das Wissen um den Geburtsadel als Voraussetzung der feudalen Macht, das durch den Handel zwischen Amis und dem König herausgestellt und vermittels der Täuschung einer kritischen Prüfung unterzogen wird. Teil dieses Wissens ist die Kenntnis der Konsequenzen im Falle der Nichterfül- lung. Sie führt unweigerlich zum Ehrverlust und schließlich zum Ausschluß aus dieser Ordnung, zum gesellschaftlichen *totslak*:

> ‚[…] *Gich ich, daz ich sin niht muge gesehen,*
> *so beginnent die andern jehen,*
> *die iz ersehen kunnen,*
> *ich sei mit valsche gewunnen.*
> *Ich sihe nu wol, ich pin so blint,*
> *daz ich niht pin ekint.*
> *Mir ist bezzer, daz ich jehe,*
> *daz ich bescheidenlichen sehe.*
> *Da vrist ich mit min ere.*
> *Mich mut doch harte sere,*
> *daz iz ritter unde vrowen*
> *und ouch die knehte sullen schowen.*
> *Nu ich sin niht gesehen mak,*
> *daz ist mir gar ein totslak.‘*
> (Amis, 631–644)

Der König fürchtet um seine herrscherliche Existenz und Identität im Rahmen der feudalen Gemeinschaft. Da er seinen Ruf wenigstens noch für eine gewisse Zeit retten will (Amis, 639), gibt er freilich nicht zu, daß er nichts zu sehen vermag. Der Pfaffe aber legt dem Geprellten ganz selbstverständlich dar, was er gemalt habe: Angefangen bei David und dem Ende Absaloms, über den Kampf Alexanders mit Darius und Porus, die Taten der römischen Könige, den Turmbau zu Babel bis hin zur Portraitierung des Königs selbst im Deckengemälde. Der Stricker spielt hier auf die Vorstellung der *translatio imperii* an, das variierende Deutungsschema für die Abfolge der vier Weltreiche.[20] Entspricht die Bilderfolge auch den „Repräsentationsbedürfnissen eines mittelalterlichen Herrschers"[21], so ist doch die eigenwillige Ausführung des *translatio*-Schemas darauf angelegt, die Monarchie der Lächerlichkeit preiszugeben. Die biblischen und mythisch-historischen Motive sind wichtiger Bestandteil der Täuschungsinszenierung und verleihen ihr eine zusätzliche Tiefendimension. Vordergründig verbinden sie den französischen Königshof mit den Weltreichen; krönend – freilich in ironischer Brechung – steht er am Ende der Reihung. Die besondere Folge und die Akzentuierungen der Stationen machen den eigentlichen Zweck der Bilder deutlich. Die mittelalterliche Version der *translatio imperii* legt die Anzahl der Weltreiche fest. Es sind dies das babylonische, medisch-persische, griechische sowie das Römische Reich. Unter Karl dem Großen geht das Imperium Romanorum „auf die Könige der Franken über"[22]. David, Salomo und Alexander sind typische Referenzen im Rahmen der Herrschaftslegitimation.[23] Bedeutsam hier ist, daß sie in kriti-

---

[20] Ihre Begründung wurde in der Bibel gesucht (vgl. Dn 2,21: [*Deus*] *transfert regna atque constituit*). Die Danielprophetie des Alten Testaments stellt das Römische Reich als die letzte von vier Weltmonarchien dar. Mit der *translatio imperii* bestand das Römische Reich im Heiligen Römischen Reich weiter fort. Vgl. Heinz Thomas, Art. „Translatio imperii", in: Lexikon des Mittelalters, Studienausgabe, Bd. 8, Stuttgart / Weimar 1999, Sp. 944–946; Werner Goetz, Translatio imperii. Ein Beitrag zur Geschichte des Geschichtsdenkens und der politischen Theorien im Mittelalter und der frühen Neuzeit, Tübingen 1958; Franz Josef Worstbrock, ‚Translatio artium.' Über die Herkunft und Entwicklung einer kulturhistorischen Theorie, in: Archiv für Kulturgeschichte 47 (1965), S. 1–22.

[21] Schilling, Stellenkommentar, in: Der Stricker (wie Anm. 7), S. 162 zu Vers 648–677. Zur *translatio*-Idee im Schwank von den unsichtbaren Bildern vgl. weiterhin Joachim Heinzle, Eulenspiegel in Marburg, in: Eulenspiegel-Jahrbuch 31 (1991), S. 9–23, hier S. 22 (dort Anm. 21); Der Pfaffe Amis von dem Stricker. Ein Schwankroman aus dem 13. Jahrhundert in zwölf Episoden, hg. v. Hermann Henne (GAG 530), Göppingen 1991, S. 36 (Anm. zu den Versen 650–679); Andreas Kraß, Bild, Kleid, Bühne, in: Frank u.a. (wie Anm. 9), S. 147–156, hier S. 151f.

[22] Thomas (wie Anm. 20), Sp. 945.

[23] Zu denken ist hier zudem an die Darstellung des Herrschers und seiner Abkunft in Anlehnung an den Stammbaum Jesu (Mt 1,1–17) als Verweis auf eine gottgefällige Herrschaft, wie sie etwa im ‚Dialogus Salomonis et Marcolphi' und seiner deutschen Bearbeitung erscheint (vgl. Salomon et Marcolfus. Kritischer Text mit Einleitung, Anm., Übersicht über die Sprüche, Namen- u. Wörterverzeichnis hg. v. Walter Benary, Heidelberg 1914; Die deutschen Dichtungen von Salomon und Markolf. II. Bd.: Salomon und Markolf. Das Spruchgedicht, hg. v. Walter Hartmann, Halle /

schen Situationen dargestellt sind, in denen es um die Durchsetzung ihrer Herrschaft als einer rechtmäßigen geht,[24] sowie die eigenwillige Abfolge der Weltreiche. Amis' erste Darstellung zeigt die jüdischen Könige David und Salomo im Kampf gegen Absalom. In der Bibel ist Absalom der uneheliche Halbbruder Salomos (2 Sam 18,9), der sich auf der Flucht mit den Haaren im Geäst eines Baumes verfängt, so ein klägliches Ende nimmt und in dieser Weise desavouiert wird. Es ist eben diese Desavouierung des sich eitel Überschätzenden, auf die der Schwank in der Hervorhebung Absaloms abzielt. In diese Akzentuierung fügt sich die nachfolgende Erwähnung Alexanders. Zwar ist Alexander Bestandteil der Heilsgeschichte, doch im Mittelalter hat die Sympathie mit ihm seine Grenzen. So nennt ihn der Pfaffe Lamprecht, dessen Alexanderlied dem Stricker bekannt war[25], *wunderlichen Alexander* (Alexanderl. 45)[26] und zeichnet das Portrait eines Weltherrschers, der notgedrungen der *superbia* anheim fällt. Im Blick darauf sowie angesichts der Anlage der Bilderszene im ‚Amis' ließe sich der Rekurs auf den Sieg Alexanders über Darius verstehen als Anspielung auf herrscherliche *ubermutecheit* (Alexanderl. 723). Sie stellt ein Charakteristikum Alexanders dar und läßt ihn *grôz unreht* (Alexanderl. 952) begehen, wenn „er das dem Darius treu ergebene Tyrus zerstört."[27] Nach dem lapidaren Verweis auf die Könige, *die gewalt zu Rome hatten* (Amis, 662), folgt mit Babel eine weitere Steigerung der Bilderfolge. Die Szene ruft das Turmbauinferno und die Sprachverwirrung als Strafe Gottes auf (vgl. 1 Mose 11,1–9) und betont damit zusätzlich die Problematik menschlicher Hybris.

Saale 1934). Salomo stellt sich Markolf unter Aufzählung seiner Stammväter vor. So wird das Bild eines idealen Herrschers unterstrichen und darauf verwiesen, daß sich Herrschaft nicht „aus der Machtvollkommenheit des einzelnen Fürsten, sondern aus seiner Nachfolge in der Königssippe [legitimiert]. Adel ist Geburtsadel; vor seinen Ahnen ist der Herr und König zu Rechtspflege und Tugend in der Ausübung seiner Herrschaft verpflichtet" (Röcke (wie Anm. 5), S. 104). Zum anderen wird die Vorstellung vom Geburtsadel, durchaus vergleichbar mit der Verfahrensweise im ‚Pfaffen Amis', durch Markolfs eigenwilligen Gegenentwurf einer Ahnenreihe konterkariert. Dies bringt Röcke auf den Punkt: „Markolf nun antwortet auf diesen erneuten Beweis von Salomos Herrschaft, indem er ihn paradoxerweise auch für sich in Anspruch nimmt. In Anlehnung an Salomos Genealogie *de duodecim generacionibus prophetarum* (‚Dialogus', S. 3) entwirft er seine eigene Ahnenreihe aus Anspielungen auf seinen bäuerlichen Stand (*Rusticus, Rustan, Rusticius, Rusticellus*), auf seine Affinität zum Reich der Dämonen (*Tartan, Tartol*) und zum Fäkalischen (*Farsi, Farsol*); er folgt der Herrschaftslegitimation seines Kontrahenten und stellt sie zugleich auf den Kopf" (S. 104).

[24] Vgl. Ragotzky (wie Anm. 2), S. 155.
[25] Dies geht aus dem Prolog seines ‚Daniel von dem Blühenden Tal' hervor, in dem der Stricker das ‚Alexanderlied' Lamprechts zitiert.
[26] Lamprechts Alexander, hg. u. erkl. v. Karl Kinzel, Halle/Saale 1885.
[27] Trude Ehlert, Der Alexanderroman, in: Mittelhochdeutsche Romane und Heldenepen, hg. v. Horst Brunner (RUB 8914), Stuttgart 2004, S. 21–42, hier S. 24.

Insgesamt sind Amis' Gemälde als Kommentar zur Hofgesellschaft zu verstehen. Sie beleuchten die Anmaßung des Adels, die selbstverständliche Annahme ihrer gesellschaftlichen Vorrangstellung. Zugleich weist die sich in ihrer Eindeutigkeit und Eindringlichkeit steigernde Bilderfolge voraus auf die Konfusion und Schockierung des Hofes angesichts der unsichtbaren Bilder und der daraus resultierenden vermeintlichen Selbsterkenntnis, unehelich geboren zu sein.[28] Eben diesen Moment illustriert dann das Deckengemälde. Zwar stellt es den französischen König ans Ende der Weltgeschichte, doch die sich daran knüpfenden Implikationen macht der Inhalt der Darstellung endgültig zunichte. Amis erläutet das letzte Bild:

> „[…] *Daz han ich allez von euh getan*
> *swaz ich obene gemolet han.*
> *Ich han gemolet disen sal,*
> *daz ewer ritter uber al*
> *mit samt eu dar in gant*
> *und bi euh schowende stant,*
> *swer ez gesehen niht enmac,*
> *daz er im selber einen slac*
> *vor leide zu dem herzen tut* […]."
> (Amis, 667–675)

Sarkastischerweise zeigt das Deckengemälde den Moment, in dem die Hofgesellschaft den Saal betritt und diejenigen entsetzt, die nichts zu sehen vermögen, während alle anderen sich über den Beweis ihrer ehelichen Abkunft freuen können. Die Bilder veranlassen den König zur Lüge, gegenüber dem Betrüger und gegenüber dem ganzen Hof:

> „*Nu hab wirs allez wol gesehen*",
> *doch sprach der kunich, swi hart er luge,*
> „*swer iz niht gesehen muge,*
> *den laz wir im haben daz.*
> *Ich gesach nie haus gemolet baz.*"
> (Amis, 678–682)

So wird die vorgetäuschte Probe rechtmäßiger Herrschaft tatsächlich zu einer Prüfung, durch die der König als ohne Hemmung Lügender dargestellt wird. Von der Anlage des Plots her ist dies ein wahrlich listiger Schachzug: Zunächst suggeriert der Text, genealogisch einwandfreie Abkunft sei das primäre Kriterium für die Legitimierung von Herrschaft (der Pfaffe betont ja, daß es nicht ausreiche, *gut* und *wise* (Amis, 521f.) zu sein, um die Bilder sehen zu können, man müsse schon von tadelloser edler Geburt sein). Im Zuge der Erzählung

---

[28] Vgl. hierzu auch die Deutung von Kraß (wie Anm. 21), S. 152.

stellt sich dieses Kriterium allerdings als zweifelhaft heraus; geprüft wird eigentlich die Ehrlichkeit des Regenten. Signifikant dabei ist, wie der Text das genealogische Prinzip in der Verflechtung von Wahrheit und Täuschung vorführt. Mit Blick auf das eigentliche Ziel der Täuschung, nämlich die Integrität des Königs, läßt sich pointiert formulieren: Die eigentliche Täuschung besteht nicht im Vorgaukeln der Bilder, sondern im Täuschen durch die Täuschung. Sie führt dann wirklich zu einer Wahrheit, einer eigentlichen Wahrheit, welche den verlogenen und treulosen Charakter des Königs offenbart. Der offenkundige Betrug des Pfaffen erweist sich als sekundär gegenüber der fehlbaren moralischen Integrität des Regenten, der nicht nur von Anfang an darauf sinnt, sich mit Hilfe der Bilder zu bereichern[29], sondern darüber hinaus behauptet, die nicht vorhandenen Gemälde zu sehen. Die Probe betrifft allerdings nicht nur den König, sondern den ganzen Hofstaat, der sich an dem Schwindel beteiligt. Seine Integrität steht ebenso zur Debatte, wenn sich die Ritter beim Anblick der leeren Wände als außereheliche Geborene wähnen und dennoch behaupten, alles sei „trefflich gemalt" (Amis, 705).

Erst einer der *knehte* hinterfragt die Existenz der Bilder, und erst ein *tumber* (Amis, 759) erklärt trotz drohenden Ehrverlustes vehement die Nichtigkeit der Gemälde. Auch wenn die Anwesenden daraus seine illegitime Geburt schlußfolgern, behauptet er weiterhin standhaft, daß an den Wänden nichts gemalt sei. Es kommt zum Streit zwischen den Knappen, bis die Zahl derer, die die Ansicht des *tumben* teilen, immer größer wird. Endlich lenken auch die *wisen* ein, die hier deutlich vom *tumben* unterschieden werden, und die Wahrheit liegt offen zu Tage. Die Wahrheitsauffassung des Hofes ist an dieser Stelle jedoch längst fragwürdig geworden:

> *Sust hetten die knehte einen strit*
> *mit ein ander untz an die zit,*
> *daz ir mer begonden jehen,*
> *do konde nimant niht gesehen*
> *und swer das jehe*

---

[29] Das Ansinnen des Herrschers, den Vasallen bei nicht bestandener Prüfung das Lehen zu entziehen, hat, so Röcke, nichts mehr mit „seinen Pflichten als Lehnsgeber und -herr" zu tun: „Gehört es nach dem ‚Speculum ecclesiae' des Honorius Augustodunensis zu den vornehmsten Pflichten der *judices* oder *principes*, zu ihrem einmal gegebenen Wort zu stehen, gerecht zu urteilen und sich keinesfalls aufgrund ihrer Geld- oder Habgier davon abbringen zu lassen [...], so ist damit gegenüber ihren Vasallen insbesondere die Bewahrung ihres Treueeids (*fidelitas*) gemeint. Die wechselseitige Treue von Herr und Vasall ist das Kernstück ihres synallagmatischen Vertrags. Sie verlangt von beiden Seiten, den Herrn oder den Vasallen gegen äußere Gefahren zu schützen, seinem Schaden zu wehren, seine Sicherheit zu garantieren, seinen Nutzen und sein Ansehen zu mehren" (Röcke (wie Anm. 5), S. 67).

daz er do kein gemelde sehe,
der tet einem toren gelich.
Nu bedachten ouch die wisen sich,
wan si da niht ensahen,
daz si nach in jahen.
Also jahen do die knehte
nach ein ander vil rehte.
(Amis, 767–778)

Der *tumbe*, der Einfältige, leitet den Sinneswandel eigentlich ein. Doch erst als sich die *wisen* entschließen, dem *tumben* beizupflichten, kommt es zur Umkehr aller. Nun gilt jener als *tore*, als Narr, der die wahrheitswidrige Existenz der Bilder behauptet, obwohl es doch die *wisen* sind, die am längsten an der Lüge festhalten. Dieses kleine Verkehrungsspiel[30] am Ende der Episode illustriert zusätzlich, daß Wahrheit innerhalb der feudalen Gesellschaft manipulierbar ist und von der Übereinkunft des sozialen Verbandes abhängt. Wahrheit erscheint ‚modifizierbar‘, auf äußere Umstände und Erfordernisse applizierbar. Da die Lüge nicht nur vom Herrscher ausgeht, sondern eine kollektive ist, trifft sie Aussagen über den höfischen Gemeinschaftsverbund. Andreas Kraß weist darauf hin, daß in dem Schwank „die genealogische Selbstdefinition der höfischen Gesellschaft" in den Blick gerät. Ihre Wahrheit hat, ebenso wie die der Bilder,

> [...] keinen anderen Referenzpunkt als ihre Akzeptanz durch die Gemeinschaft. Wie die fragliche Existenz des Bildes letztlich von der kollektiven Akklamation des Hofes abhängt, so hat offensichtlich auch die Legitimität der Geburt keine andere Garantie als ihre soziale Anerkennung. [...] [Abstammung] bleibt allein der sozialen Anerkennung überantwortet und erweist sich somit letztlich als imaginär, als ein Phänomen sozialer Suggestion, das freilich für die Geltung des Einzelnen in der Gesellschaft und für die Geltung der Gesellschaft als solcher eine höchst relevante Realität darstellt.[31]

Der Zweck der Täuschung, ihre Intentionalität, betrifft also die politische Dimension des Bilderschwindels. Denn die Voraussetzung adeliger Abstammung *von rehter e* wird als Fundament der mittelalterlichen Adelsgesellschaft vorgestellt und zugleich mit einem konkurrierenden Wert, der Ehrlichkeit, kontrastiert.[32] Damit wird das intersubjektive Hintergrundwissen um den Geburtsadel als soziales Konstrukt vorgeführt und der Geburtsadel als solcher problematisiert. Der Text verdeutlicht die Abhängigkeit der Herrschaft von einer wirksamen Anwendung ihrer Legitimationsweise, die sich der „Wirklich-

---

[30] Vgl. hierzu (wiewohl mit anderer Akzentuierung) Kraß (wie Anm. 21), S. 150.
[31] Kraß (wie Anm. 21), S. 150.
[32] Vgl. hierzu auch die Deutungen von Ragotzky (wie Anm. 2), S. 155f.; Röcke (wie Anm. 5), S. 66f., und Kraß (wie Anm. 21), S. 148.

keitsmacht des Imaginären"[33] verdankt. Teil dieser Reflexion über Herrschaft ist die Darstellung des Willens, am Imaginären festzuhalten, um am System weiterhin partizipieren zu können. – Dabei meint das Imaginäre hier nichts anderes als eine vorgestellte Realität eines symbolischen Systems, das aber grundsätzlich auf sozialer Übereinkunft, auf gesellschaftlichen Konventionen basiert.[34] – Der Schwank gibt Einsicht in die Abhängigkeit des Systems vom Festhalten am Imaginären, an der *einen* Wahrheit.

Diese Reflexion des Imaginären als Bedingung gesellschaftlicher Strukturen ist komplex, denn der Text spiegelt sie in seiner Erzählstruktur. Diese selbst beleuchtet das gesellschaftliche Imaginäre, denn die Erzählung bedient sich der Täuschung in narrativer Mehrschichtigkeit. Deutlich macht dies der Charakter der Gemälde: Die Bilder des Pfaffen spiegeln die Modalitäten des feudalen Machtgefüges. Ihre Inszenierung im Spannungsfeld von Wahrheit und Täuschung führt (im wahrsten Sinne des Wortes) die Macht der Repräsentation vor Augen. Es dürfte kein Zufall sein, daß als Täuschungsmittel ausgerechnet Wandgemälde dienen. Sie sind nicht nur wertvolle Insignien der Herrschaft, sondern auch ein „ästhetisches Medium der Herrschaftsrepräsentation"[35]. Bedenkt man die Bedeutung von Repräsentation, täuschen die Ge-

---

[33] von Braun (wie Anm. 1), S. 551.

[34] Dieses Verständnis des Imaginären, das sich auf dessen grundsätzliche Funktionsweise konzentriert, ist für den hier interessierenden Zusammenhang hinreichend. Konzepte des Imaginären haben in verschiedenen geisteswissenschaftlichen Disziplinen Ausprägung gefunden. Das Imaginäre ist zunächst eines der basalen Register in der Theorie Jacques Lacans (vgl. Schriften I, hg. v. Norbert Haas, 4. Aufl., Weinheim/Berlin 1996, S. 61–70). Die Filmtheorie sucht mit dem Terminus die Mechanismen der Bedeutungskonstitution im Film sowie im Rahmen seiner Rezeption zu erklären (vgl. Christian Metz, Le signifiant imaginaire, Paris 1977). In Castoriadis' Gesellschaftstheorie ist das Imaginäre unhintergehbare Prämisse der Institutionalisierung von Gesellschaft: „Jenseits der bewußten Tätigkeit der Institutionalisierung finden die Institutionen ihren Ursprung im *gesellschaftlichen Imaginären*" (Cornelius Castoriadis, Gesellschaft als imaginäre Institution: Entwurf einer politischen Philosophie, Frankfurt a.M. 1984, S. 225). Einflußreich wurde auch die Verwendung des Terminus durch Wolfgang Iser, der nach dem Fiktiven und dem Imaginären als Bedingungen von Literatur sowie als Merkmalen anthropologischer Disponiertheit fragt (Iser, Das Fiktive und das Imaginäre. Perspektiven literarischer Anthropologie (stw 1101), Frankfurt a.M. 1993).

[35] Kraß (wie Anm. 21), S. 146. Kraß bezeichnet damit die Gemeinsamkeit der Redaktionen des Erzählstoffes, die für den Zielpunkt seiner Argumentation wichtig ist. Ihm zufolge finden die Redaktionen ihre politische Pointe „in einer Rechtsfrage". Es gehe hier um die Legitimität des politischen Königskörpers, die an die „Legitimität des natürlichen Körpers" gebunden sei (S. 148). Diese Rückbindung aber offenbare dann notgedrungen den „symbolischen Leib des Monarchen"; „Bild, Kleid und Bühne stimmen darin überein, dass sie jeweils der symbolischen Verdoppelung des königlichen Körpers dienen" (S. 153).

mälde allerdings nicht bloß eine Realität vor, sondern sie formulieren auch Realitäten. Sie lassen Wahrheiten erkennbar werden. Nicht zu vernachlässigen ist hier zudem, daß es sich bei dem Mittel der Wahrheitsfindung um ein künstlerisches Medium handelt. Das Motiv der ‚unsichtbaren Bilder‘ ist entscheidend im Hinblick auf die genannten Kriterien Medialität, Selbstreferentialität, aber auch bezüglich der Intentionalität. Wie die Literatur sind die Bilder genuin künstlerisches Ausdrucksmittel, das eigenen Gesetzen der Darstellung folgt. Der dargestellte Gegenstand ist abhängig von der Interpretation des Kunstschaffenden und der Rezipienten. Die Kunst kann ein Objekt niemals unmittelbar präsentieren, aber mit ihren eigenen Mitteln einen um so schärferen Eindruck vom Gemeinten im Rezipienten hervorrufen. Insofern sind die unsichtbaren Bilder treffendste Wiedergabe der Möglichkeiten von Kunst, eine Wahrheit zu formulieren; sie sind zu verstehen als intentionale poetologische Selbstreflexion. Das Motiv der unsichtbaren Bilder erlaubt es dem Erzähler, sich in ein selbstreflexives Verhältnis zur eigenen vorherrschenden Struktur des Erzählens und Begründens zu setzen.[36]

Was nun die rationale Dimension des Schwanks betrifft, scheinen nahezu alle genannten Kriterien erfüllt, nämlich das der Intentionalität, Medialität und Selbstreferentialität. Die rationale Dimension des Schwanks geht allerdings noch über die genannten Aspekte hinaus. Zunächst einmal ist für die *Handlungsebene*, darauf wurde oben hingewiesen, entscheidend, daß der König die sich ihm unweigerlich stellende Frage, warum er nichts sieht, nur auf der Basis eines intersubjektiv geteilten Hintergrundwissens beantworten kann. Diese Voraussetzung für eine sinnvolle Beurteilung von Sachverhalten muß jedoch überdies mit Blick auf die *Erzählebene* berücksichtigt werden: Für die Rationalität der Handlung des Amis ist konstitutiv, daß er seinem Handeln einen Plan zugrunde legt, der auf einer von der Gemeinschaft angenommenen Wahrheit basiert. Diese Wahrheit stellt der Erzähler für das Publikum her, macht es gewissermaßen mit sich und Amis gemein und konstruiert so seinerseits eine ‚Kommunikationsgemeinschaft‘ mit einem ‚intersubjektiv geteilten Hintergrundwissen‘; es entsteht also eine Kommunikationsgemeinschaft, die den Rezipienten mit einbezieht. Dieser teilt mit dem Erzähler und dem Protagonisten die Kenntnis von der Wirklichkeit der Bilder. Der Text stellt zunächst einmal eine Realität her, von der aus der Rezipient zur Beurteilung von Wahrheit und Täuschung befähigt wird. Mit dem Text steuert er dann auf das Ziel zu, die Wahrheit aufzudecken. Daß die Wahrheit dem Adel zunächst verborgen bleibt und er so zum Lügen veranlaßt wird, befestigt die Gemein-

---

[36] Vgl. diesbezüglich die Diskussion zur ästhetischen Rationalität bei Martin Seel, Die Kunst der Entzweiung. Zum Begriff der ästhetischen Rationalität, Frankfurt a.M. 1985, S. 321.

schaft zwischen Erzähler, Protagonisten und Rezipienten zusätzlich. Mit ihnen analysiert der Rezipient – um noch einmal mit Habermas zu sprechen –„die Bedingungen [...], die ein handelndes Subjekt erfüllen muß, damit es Zwecke setzen und realisieren kann." Soll heißen: Der Rezipient wird angeleitet, die Bedingungen und die Schwachstellen feudaler Herrschaft zu analysieren. All dies bedeutet jedoch nicht, daß die Dichtung insgesamt oder der einzelne Schwank darauf zielt, die Hinfälligkeit bestehender gesellschaftlicher Systeme zu formulieren. Es geht hier wohl eher um das Vergnügen, mit der Manipulierbarkeit von Wahrheit zu spielen und dabei ihre Mechanismen zu erkunden. Regelmäßig demonstriert Amis, „wie vorgefertigte Meinungen, Denkschablonen und scheinbar gesicherte Wissensbestände den Blick auf die Wirklichkeit verstellen."[37] Die Bloßstellung der Gegenspieler ist Zielpunkt der Schwänke, und so münden auch die ‚unsichtbaren Bilder‘ in die Desavouierung des französischen Königs. Gegenüber diesem Erfolg erscheint der finanzielle Gewinn des Pfaffen sekundär.

In anderer Weise instrumentalisiert Eulenspiegel die unsichtbaren Bilder in der 27. Historie des ‚Eulenspiegel‘-Buchs. Sie fokussiert den ökonomischen Aspekt, der von Anfang an Bestandteil der Täuschung ist und durch Umakzentuierung des Erzählstoffes stärker in den Vordergrund rückt.

2. Die 27. Historie des ‚Eulenspiegel‘

Till Eulenspiegel kommt nach Marburg, an den Hof des Landgrafen zu Hessen. Auf die Frage, was er könne, antwortet Till, er sei ein Künstler. Er bezeugt seine Fähigkeiten mit *etlich Tüchlin unnd Kunststück* (Ulenspiegel, S. 78), bei denen es sich – entgegen seiner Behauptung, dies seien eigene Werke – um in Flandern *käuflich erworbene* Ware handelt. Dieser erkaufte Beweis stellt eine Neuerung gegenüber dem Schwank im ‚Pfaffen Amis‘ dar. Sie markiert gleich zu Beginn des Schwanks ein ökonomisches Interesse, das nur dem individuellen Profit gilt und nicht wie im ‚Amis‘ zu Gunsten dritter geht. Zudem fällt ein weiterer entscheidender Unterschied auf: Der sozial höhergestellte anvisierte Auftraggeber (hier nicht mehr König, sondern lediglich Graf) fordert von sich aus und ganz direkt die Darstellung herrscherlicher Genealogie. Während der Stricker von Beginn an mit den Trugbildern Geburtsadel und Ehrlichkeit der Hofgesellschaft gegeneinander ausspielt, ist im ‚Eulenspiegel‘ die Prüfung des Geburtsadels zunächst gar nicht Teil des Handels. Die edle Abkunft wird vielmehr präsentiert als unhinterfragtes Fundament adliger Identität, das nicht zur Disposition steht: Nachdem der Landgraf Tills angeblich selbst angefertigte Kunstwerke in Augenschein genommen hat,

---

[37] Schilling, Nachwort, in: Der Stricker (wie Anm. 7), S. 197.

erkundigt er sich sogleich nach dem Preis für das Ausmalen eines Saales mit der Abstammung der Landgrafen von Hessen sowie ihrer herrscherlichen Verbindungen:

„Lieber Meister, waz wöllen Ihr nemen und wöllen unß unsern Sal malen, von dem Herkumen der Landgraffen von Hessen und wie die befründet haben mit dem Künig von Ungeren und andern Fürsten und Herren, und wie lang daz gestanden hat. Und wöllen unß daz uff daz allerköstlichest machen" (Ulenspiegel, S. 78).

Während im ‚Pfaffen Amis' der finanzielle Ertrag hinter das Hauptthema der Täuschung zurücktritt, ist der ökonomische Aspekt im ‚Eulenspiegel' deutlicher konturiert: Bild und Geld stehen in direktem Zusammenhang, die Repräsentation des Geburtsadels ist käuflich zu erwerben, dabei eine Prüfung der ehelichen Abkunft für den Fürsten nicht von Interesse. Auch als er mit Till schließlich ins Geschäft kommt, verliert dieser kein Wort über eine besondere Eigenschaft der Bilder. Erst als der Graf sich über den Fortgang der Arbeit informiert und die Bilder zu sehen wünscht, behauptet Till, daß „[…] *wer mit Euwern Gnaden geet und daz Gemäldt beschauwt, wer dann nit recht eelich geboren ist, der mag mein Gemält nit wol sehen"* (Ulenspiegel, S. 79). Hier liegt ein ganz entscheidender Unterschied zur Version des Strickers vor. Die Eigenschaft der Bilder erscheint nurmehr als listige Ausrede, die dazu dient, den Müßiggang zu bemänteln und an das Geld des Grafen zu kommen.[38] Die Prüfung der Eigenschaft *von rehter e* tritt in den Hintergrund.[39] In der Beschreibung der Bilder zeigt sich dann eine weitere wichtige Differenz: Während die Fresken in der Dichtung des Strickers, wie oben dargelegt, an die Idee der Translation der Königsherrschaft erinnern, führt der ‚Eulenspiegel' eine weniger ausgefeilte Genealogie vor, hier ist der Inhalt der Bilder weitaus profaner.[40] Nachdem Till die mit einem Tuch verhüllten Gemälde entschleiert hat, erklärt er sie wie folgt:

---

[38] Vielleicht darf man Eulenspiegel als einen frühneuzeitlichen *homo oeconomicus* verstehen? Zu diesem als literarischer Figur vgl. Joseph Vogl, Kalkül und Leidenschaft. Poetik des ökonomischen Menschen, München 2002. Vogl sucht in seiner Studie den Weg des *homo oeconomicus* nachzuzeichnen und begibt sich auf die Spuren der Entwicklung jenes anthropologischen Modells, das bestimmend ist für das Selbstverständnis des modernen Menschen.

[39] Diese Beobachtung unterstützt der Hinweis Heinzles, der im Schwank von den unsichtbaren Bildern eine Steigerung der Bloßstellungsthematik im ‚Amis' sieht. Sie sei schon für die vorhergehende Episode relevant. Anders im ‚Eulenspiegel', die 26. Historie habe mit der 27. wenig inhaltlich oder thematisch gemein. Eulenspiegels Aufenthalt in Marburg hänge vielmehr mit den persönlichen Umständen zusammen, denn er „hat ein Revier abgegrast und muß sich ein neues suchen". Es trete also im Kontrast zum ‚Amis' „das biographische Moment in den Vordergrund" (Heinzle (wie Anm. 21), S. 12). Heinzle richtet sich gegen eine Deutung, dic in der Schwankversion des ‚Eulenspiegel' eine Kritik am Geburtsadel sieht: „Wer so argumentiert, sieht großzügig über die elementare Logik der Fabel hinweg" (S. 21).

[40] Heinzle spricht von einer „haarsträubend unhistorischen Genealogie". Er weist al-

„Sehen gnädiger Herr, dieser Man, daz ist der erste Landtgraff von Hessen und ein Columneser von Rom geweßen unnd hatt zu einer Fürstin und Frauwen gehabt des milten Justinians Tochter, einer Hertzogin vonn Bayern, der nun darnach Keiser ward. Sehent, gnädiger Herr, vonn dem da ward geboren Adolffus; Adolffus, der gebar Wilhelm den Schwartzen. Wilhelm gebar Ludwigen, den Frumen. Und also fürhin biß uff Ewer fürstliche Gnad" (Ulenspiegel, S. 79).

Till macht sich im Gegensatz zu Amis gar nicht erst die Mühe, die Ahnenreihe derart mythologisch anspielungsreich und subtil mit der *translatio*-Idee zu unterfüttern. Vielmehr präsentiert der Text eine pseudo-historische Genealogie, die in ‚Ludwig dem Frommen' als Vorfahren des Grafen gipfelt und letztlich eine freie Erfindung darstellt.[41] Indem die Erzählung den biblischen und mythischen Kontext gegen eine eigens erdachte Ahnenreihe eintauscht, akzentuiert sie vor allem die Referenzlosigkeit und ‚sinnentleerte' Zeichenhaftigkeit von Repräsentation; hier geht es nicht mehr um eine Gegenüberstellung von Geburtsadel und Integrität.

Der Protagonist versteht es, das Prinzip der Zeichen für seine Zwecke so einzusetzen, daß es sich dem Verständnis derjenigen entzieht, die sich ‚blind' auf die Macht der Repräsentation verlassen. So muß sich der Graf eingestehen, daß er nichts sieht *und* daß er nicht versteht, welches Spiel Till mit ihm treibt. Ihm fehlt das notwendige Hintergrundwissen um das *Prinzip* der Zeichenhaftigkeit, welches die Autorität der Repräsentation unterläuft, indem es die Mechanismen der Repräsentation gegen sie selbst anwendet. So muß der Graf eingestehen: *„Lieber Meister, uns benügt wol, doch hon wir sein nit gnug Verstant zu erkennen"* (Ulenspiegel, S. 79; Hervorhebung: C.A.). Die Äußerung ist bemerkenswert, weil sie von der eindeutigen Lüge des Königs im

---

lerdings auch darauf hin, daß das Anliegen des Grafen, „das ‚Herkommen' seines Hauses" darstellen lassen zu wollen, „ein Moment der realistischen Zeichnung" der Figur sei; ein solches genealogisches Interesse „ist typisch für den Adel in dieser Zeit" (Heinzle (wie Anm. 21), S. 22, Anm. 21). Dieser Sachverhalt erscheint nicht als Widerspruch zur hier vorgestellten Interpretation, denn für diese ist im Hinblick auf die Gesamtanlage des Schwanks entscheidend, daß der Inhalt der Bilder nichts mehr mit dem der Darstellungen im ‚Amis' gemein hat und deren mythischer Gehalt eliminiert ist.

[41] Schröder sieht in dem ungenannten Landgrafen Ludwig I., Lgf. v. Hessen aus dem Haus Brabant (1413–1458), „der zwar nicht in Marburg residiert hat, sondern an wechselnden Orten in Niederhessen: auf ihn passt die Neigung zur Alchemie" (Edward Schröder, Untersuchungen zum Volksbuch von Eulenspiegel, hg. v. Bernd Ulrich Hucker u. Wolfgang Virmond (Abhandlungen der Akademie der Wissenschaften in Göttingen. Phil.-hist. Kl., 3. Folge, Nr. 159), Göttingen 1988, S. 28). Dem widerspricht Heinzle unter Verweis auf das Problem der Residenz: „Edward Schröder [...] wollte den Hang des Landgrafen zur Alchemie historisch erklären: gemeint sei Ludwig I. [...], für den ein entsprechendes Interesse bezeugt ist – der aber gar nicht in Marburg residierte" (Heinzle (wie Anm. 21), S. 15, Anm. 14).

‚Amis' abweicht und deutlich macht, daß der Graf, wiewohl er merkt, daß hier etwas nicht stimmen kann, nicht recht begreift, was eigentlich vor sich geht. Er durchschaut nicht das Handlungsprinzip Tills, der die Repräsentation mit ihren eigenen Mitteln (d.h. einer eigentlichen Referenzlosigkeit) schlägt.

Als Differenz zur Version des Strickers fällt weiterhin auf, daß ein allmählicher Erkenntnisprozeß der Hofgesellschaft im ‚Eulenspiegel' nicht in der Weise wie im ‚Amis' stattfindet. Man hält sich mit Äußerungen zu den Bildern lieber zurück. So heißt es im Text, nachdem die Gräfin mit ihrer Gefolgschaft den Saal betreten hat: *Aber die Fürstin und Junckfrauwen schwigen alle stil, niemant lobt oder schalt das Gemält* (Ulenspiegel, S. 80). Man überläßt es einer Törin, festzustellen, daß an den Wänden nichts zu sehen ist: *„Liebster Meister, nun sih ich nüt von Gemält, und solt ich all mein Lebtag ein Hurenkint sein"* (Ulenspiegel, S. 80). Nachdem die Gräfin diese Aussage ihrem Gatten übermittelt hat, erwägt dieser die Möglichkeit des Betrugs. Dennoch verlangt er, Till möge sein Werk vollenden, und entschließt sich erst jetzt dazu, das ganze Hofgesinde zur Besichtigung der Fresken zu schicken und die Lehen der unehelich Geborenen einzustreichen. Ob er den Schwindel durchschaut und also wider besseres Wissen die Prüfung des Geburtsadels fordert, bleibt an dieser Stelle noch immer unklar. Doch es wird so abermals deutlich, daß die Gegenüberstellung von Geburtsadel und persönlicher Integrität nicht im Zentrum steht. Dazu paßt, daß die Darstellung des sukzessiven Erkenntnisprozesses des Hofes und damit die enthüllende Demonstration der imaginären Basis feudaler Herrschaft auffällig zurückgenommen sind. Wichtiger erscheint, daß der Graf dem Vorgehen Tills nicht auf die Schliche kommt. Dementsprechend läßt er noch den ganzen Tag verstreichen, bevor er nach dem Maler schicken läßt. So hat Till genügend Zeit, *hundert Gulden von dem Rentmeister* (Ulenspiegel, S. 81) zu fordern, ehe er sich aus dem Staub macht. Nun begreift der Fürst endlich, daß er hintergangen wurde, und erklärt, sie seien *alle* betrogen worden. Niemand verlacht ihn, und er selbst konstatiert lapidar, man könne die zweihundert Gulden verschmerzen, und Till werde sich wohl im Fürstentum nicht noch einmal blicken lassen (Ulenspiegel, S. 81). Die Aussage wirkt wie ein Hinwegspielen des Besitzenden über den Verlust im Tauschgeschäft. Dem Grafen fehlt es am Ende noch immer am notwendigen *Verstant*, um an dem Täuschungsspiel, wie es Till betreibt, zu partizipieren.

Damit läßt sich für den Zweck der Täuschung in der Schwank-Version des ‚Eulenspiegel' im Kontrast zu jener des ‚Amis' folgendes festhalten: Die Ignoranz des Grafen kann verstanden werden als eine Blindheit gegenüber dem (sich ankündigenden) neuen System ökonomischer Dominanz, das nach anderen Spielregeln funktioniert, dem System des Tauschs ‚Ware gegen Geld', in dem der einzelne nur auf seinen *persönlichen* Gewinn bedacht ist – und nicht auf der Basis der *milte* agiert, wie es im ‚Pfaffen Amis' der Fall ist. Die Relevanz der Zeichenhaftigkeit innerhalb dieses Systems demonstriert der Text dadurch, daß die versprochene Ware Bild selbst nicht mehr als ein leeres Zeichen ist; die Bilder sind nicht wie im ‚Amis‘ aufgeladen mit einem biblischen bzw. mythischen Gehalt. Während dort die Täuschung dazu dient, die imaginäre Basis des feudalen Herrschaftssystems aufzuzeigen und das notwendige Festhalten aller an dieser Illusion vorzuführen, demonstriert der ‚Eulenspiegel‘ den Einbruch des Ökonomischen im Sinne eines persönlichen Profitstrebens und parallel dazu – pointiert formuliert – der reinen Zeichenhaftigkeit. Sie kann als ein Instrument dienen, das den ‚ökonomischen Menschen‘ befähigt, den geburtshalber Besitzenden auszubooten. Dem neuen Prinzip kann der Graf nur mit Ignoranz begegnen, weil er keinen Sinn für seine Wirkungsmechanismen, nicht genug *Verstant* hat – wie er ja selbst sagt – *zu erkennen.* Im Kontrast dazu steht die Hellsichtigkeit des Schalks, der nicht bloß eine komische Gegenfigur darstellt, welche die Gesetzmäßigkeiten einer ‚wohlgeordneten Welt‘ auf den Kopf stellt.[42] Im Gegenteil: Till Eulenspiegel sinnt in der 27. Historie auf seinen persönlichen Profit, den er nach den Gesetzen des Tausches zu erlangen sucht. Dabei deutet seine dreiste List nicht bloß auf die Gefahr der Übervorteilung beim Handel hin, sondern auch auf die Ökonomie des Scheins, auf deren Basis Till sein Geschäft betreibt.[43]

Ein weiterer Unterschied der 27. Historie des ‚Eulenspiegel‘-Buches zur Schwank-Version des ‚Amis‘ betrifft die Frage nach dem eigenen Verhältnis der Narration zum Täuschungsprinzip. Bedeutsam ist, daß der jüngere Text das Motiv der ‚unsichtbaren Bilder‘ in anderer Weise instrumentalisiert und reflektiert. Dies zeigt sich schon darin, daß er das Täuschungsmedium Bild in neuer Form in die Geschichte einführt: Als Mittel, den Handel abzuschließen, dienen gekaufte Gemälde, welche Tills Kunstfertigkeit beweisen sollen, jedoch diesbezüglich jeglicher Referenz entbehren. Sie sind bloßes Zeichen, genügen aber als solche, um den Handel zu befördern. Das heißt, Kunst ist im ‚Eulenspiegel‘ zunächst einmal nicht vorgeblich magisches Medium, eheliche Abkunft zu prüfen, sondern kommerzielles Mittel, das Geschäft einzufädeln. Als solches basiert sie auf dem Glauben an das, was nicht mehr als Schein ist und sich als solcher erweisen wird. Die abgewandelte Verwendung des Motivs der Bilder als quasi leerer Zeichen spiegelt die noch neue „Form des Verkehrs der Menschen untereinander, des Tauschs ‚Ware gegen Geld‘“[44]. Sie reflektiert da-

---

[42] Die Figur Till Eulenspiegel geht nicht auf in der Rolle der Gegenfigur. Anderer Ansicht ist Barbara Könneker, Strickers „Pfaffe Amis“ und das Volksbuch von „Ulenspiegel“, in: Euphorion 64 (1970), S. 242–280, hier S. 266, 271. Zur Ausarbeitung der Narrenrolle im ‚Eulenspiegel‘ vgl. Albrecht Koschorke, Narr, Narrenfreiheit, in: Frank u.a. (wie Anm. 9), S. 244–253, hier S. 246.

[43] Noch aber bleibt das, was Schein ist, als solcher erkennbar. Es geht hier nicht darum, die Figur des Eulenspiegel stereotyp als Repräsentanten einer ‚Welt referenzlos gewordener Zeichen‘ zu deklarieren.

[44] Wolfgang Beutin, Humanismus und Reformation, in: ders., Klaus Ehlert, Wolfgang

bei zugleich die Zeichenhaftigkeit als wichtiges Charakteristikum dieser Verkehrsform.[45] Die Kunst wird in dieses System eingespannt und dafür nutzbar gemacht. Sie dient dem Interesse der egoistischen persönlichen Bereicherung des Protagonisten. Kunst fällt hier ganz unter den ökonomischen Aspekt, sie kostet Geld, und sie wird zu Geld gemacht. Analog dazu betrifft die Selbstreferentialität und -reflexion der Kunst als Täuschungsmittel in besonderer Weise die Demonstration von Zeichenhaftigkeit. Diese Demonstration ist selbstreflexiv, weil die Erzählung um die ‚Macht der Zeichen' weiß, was deutlich wird, wenn sie mit nur kleinen Varianten des Stoffes entscheidend andere Akzente zu setzen vermag, die zu einer nicht unbeträchtlichen Bedeutungsverschiebung gegenüber dem ‚Pfaffen Amis' führen. Die Reflexion über die ‚Macht der Zeichen' ist nicht zuletzt zu verstehen als „Thematisierung der theoretischen Prämissen des Erzählens"[46]; der selbstreferentielle, intentionale Umgang mit den Zeichen ist Ausdruck von Rationalität.

Zusammenfassend läßt sich bezüglich der Rationalität in der 27. Historie des ‚Eulenspiegel'-Buches festhalten, daß sie weniger die Enthüllung des Imaginären zugunsten einer dahinter liegenden Wahrheit akzentuiert, zu der sich der Erzähler des ‚Amis' mit seinem Rezipienten auf den Weg macht. Der Rezipient des ‚Eulenspiegel' erfährt erst am Ende, wie Till gedenkt, sich aus der Affäre zu ziehen. So rückt der Protagonist in seiner Geschicklichkeit, ad hoc mit *Worten* Situationen zu bewältigen, in den Mittelpunkt, seiner Fähigkeit, mit Zeichen eine Wahrheit (z.B. Beschreibung der Ahnenreihe) zu schaffen, deren Referenz selbst auf der Repräsentation und dem Glauben daran fußt. Die Umakzentuierung des Schwanks im ‚Eulenspiegel' fügt sich in das generelle Handlungsmuster Tills, der immer wieder als Käufer und Verkäufer auftritt, stets in „der Absicht, fremdes Geld und Gut einzutauschen"[47]. Dabei werden geschlossene Verträge ungültig durch Wörtlichnehmen ihrer Bedingungen, ein typisches Verfahren des Protagonisten, das seinerseits das Problem der Zeichenhaftigkeit und des Scheins vor Augen führt.

Emmerich, Helmut Hoffacker, Bernd Lutz, Volker Meid, Ralf Schnell, Peter Stein u. Inge Stephan, Deutsche Literaturgeschichte: von den Anfängen bis zur Gegenwart, 5. Aufl., Stuttgart/Weimar 1994, S. 51–84, hier S. 81.

[45] Zur „Verlagerung des Wertes in das Zeichen" vgl. von Braun (wie Anm. 1), S. 16.
[46] Ridder (wie Anm. 14), S. 186.
[47] Beutin (wie Anm. 44), S. 81.

III. Schluß

> Das Lügen ist ein Sprachspiel, das gelernt
> sein will, wie jedes andere.
>
> Ludwig Wittgenstein

So verschieden die literarischen Bearbeitungen des Stoffes ‚der unsichtbaren Bilder‘ im ‚Pfaffen Amis‘ und im ‚Eulenspiegel‘ sind, sie führen beide das rationale Potential der Täuschung vor Augen, mit ihr demonstrieren sie die Bedingungen von Wahrheit. Die Geste Tills, mit der er das verhüllende Tuch, das an die Wand hingespannt ist, von den Bildern abzieht und diese entschleiert, verbildlicht die Haltung des Schwanks gegenüber der Wahrheit: Unter dem Schleier verbirgt sich eigentlich ein Nichts. Zunächst aber impliziert die Verhüllung auch ein Versprechen, nämlich das Versprechen, daß es möglich ist, eine Täuschung aufzudecken, und *daß* es eine Wahrheit und ein Wissen um sie gibt.[48] Der Stricker erfüllt dieses Versprechen, wenn er seinem Publikum die Wahrheit von den imaginären Bedingungen der Hofgemeinschaft aufzeigt. Die Frage, vor die sich deren Mitglieder durch Amis gestellt sehen – „Wie kommt es, daß er es sieht, du aber nicht?" –, kann am Ende des Schwanks aus Sicht der Rezipienten beantwortet werden mit dem Verweis auf die Voraussetzungen des kommunikativ hergestellten Konsensus. Aufgrund seiner Offenlegung kann die Gemeinschaft – sowohl die erzählte als auch die der Rezipienten – über den Schwindel lachen. Im Lachen aber vergewissert sie sich des intersubjektiv geteilten Hintergrundwissens, das auf Tatsachen beruht, welche der *karge man* (Amis, 797) Amis zu Tage gefördert hat, und sie vergewissert sich dabei zugleich ihrer selbst. Das Lachen mit dem Helden kann – und dies trifft auf den ‚Amis‘ zu – einen Gemeinschaftsverbund stiften, befestigen oder restabilisieren.[49] Der mögliche Rest an Unbehagen, der auf Seiten der Rezipienten dadurch bestehen bleiben könnte, daß man mit einem Schwindler sympathisiert, löst die Einbindung des Schwanks in die Biographie des Pfaffen auf. Sie findet ihren harmonischen Ausklang in der Abkehr des Protagonisten von seiner bisherigen Lebensart und der unbedingten Hinwendung zu Gott, unter dessen Gebot nun Amis' Ausübung der *milte* gänzlich steht (Amis, 2262–2272).[50]

---

[48] Zu dieser Logik vgl. Derrida (wie Anm. 1), S. 37.

[49] Vgl. zum Lachen mit und über den komischen Helden Hans Robert Jauß, Über den Grund des Vergnügens am komischen Helden, in: Das Komische, hg. v. Wolfgang Preisendanz u. Rainer Warning (Poetik und Hermeneutik 7), München 1976, S. 103–132.

[50] Amis unterstellt seine Fähigkeit, an das Vermögen anderer zu gelangen, ganz dem Interesse des Klosters, zu dessen Abt die Mönche ihn schließlich machen. Ob er zur Vermögenssteigerung noch hier seine ‚täuschenden‘ Fähigkeiten anwendet, wird

Anders verhält es sich mit der Rationalität der Täuschung im ,Eulenspiegel', deren Zielpunkt nicht so harmonisch eingebettet ist. Im Gegenteil: Hier unterstreicht das Ende des Schwankromans die Irritation von Wahrheit. Das Versprechen ihrer Enthüllung, welches sich mit den Wandgemälden verbindet, löst die 27. Historie nicht ein. Es bleibt bei einer Relativierung der Möglichkeit von Wahrheit, insofern sie in ihrer unhintergehbaren zeichenhaften Bedingtheit vorgeführt wird; eine Innenperspektive, von der aus sie besser beurteilt werden könnte, bietet der Text nicht oder kaum an, die Rezipienten sind in das Vorhaben Tills teilweise ebenso wenig eingeweiht wie die Hofgesellschaft. Sie bleiben Außenstehende, Zuschauer des eulenspiegelschen Zeichenspiels zwischen Wahrheit und Täuschung. Auch mündet der Schwank nicht in ein die Täuschungsauflösung begleitendes Lachen als Bestätigung der Wahrheit und Selbstvergewisserung eines Gemeinschaftsverbundes, weder auf Seiten des getäuschten Hofes noch auf Seiten der Rezipienten. Konsequent entzieht sich der Protagonist immer wieder der Möglichkeit, sich mit ihm zu identifizieren. Er bleibt Einzelgänger, der allenfalls zum Schein im Sinne *cristlicher Ordenung und Gewonheit* (Ulenspiegel, S. 262f.) handelt und der Gemeinschaft zuarbeitet.[51] Eine Rehabilitierung des Protagonisten etwa durch

---

nicht gesagt. Das Kloster profitiert aber mindestens insofern von ihnen, als Amis allen vor seinem Eintritt erworbenen Besitz dort einbringt (Amis 2264–2275). Könneker sieht aufgrund der Anlage des Amis zum Betrug dessen Bekehrung skeptisch und glaubt nicht an einen ,echten Gesinnungswandel' (Könneker (wie Anm. 42), S. 245). Doch sprechen die letzten Verse des Prologs eine klare Sprache, auch wenn dies quer zum ambivalenten Bild des Helden, wie es durch die vorangehenden Schwänke aufscheint, stehen mag: *Sich gebezzert aller sin rat / und vleiz sich sere an rechte tat. / Do half sin rat dester baz. / Do verdiente der pfaffe daz, / daz im daz ewige leben / nach disem leben wart gegeben. / Also muz uns vil schone / die riche himeles krone / werde gegeben, / daz preis ich fur allez leben. / Hie endet sich pfaffe Ameis buch. / Got unser zu himel ruch* (Amis, 2277–2288). Zu berücksichtigen ist hier zudem die Verbindung zwischen Epilog und Eingang des Werkes, der Amis als einen gottgefälligen Menschen beschreibt und vorführt, daß er notgedrungen zum *liegen* und *triegen* greift als konsequente Reaktion auf die Zwänge der Welt sowie die Laster und Dummheit der Menschen. Es schließt sich so am Ende der Kreis, und der Pfaffe kehrt gewissermaßen in den Schoß Gottes zurück. An der Hand hat er den Rezipienten, der ihm auch hier auf seinem Weg folgt, parallel zu den gemeinsam beschrittenen Pfaden der Täuschung im Interesse der Wahrheitsfindung. Zwar mag man hier – liest man die letzten Verse im Lichte der zahlreichen Täuschungshandlungen des Pfaffen – eine Brüchigkeit der Aussage und einen Hinweis auf das Imaginäre der göttlichen Wahrheit sehen, beides ist jedoch am Ende allenfalls noch latent vorhanden.

[51] Vgl. Eulenspiegels Agieren in der 93. Historie: Er macht sein Testament und verfügt, man möge sein Gut *miteinander teilen und sich gütlich darüber vertragen*. In Wirklichkeit aber ist sein Nachlaß so angelegt, daß es zu einem Eklat zwischen den beteiligten Parteien kommen muß und *sie in Unwilen voneinander* scheiden (Ulen-

Integration in einen festen sozialen Verbund, wie sie der ‚Amis' bietet, findet nicht statt. Im Gegenteil, noch im Ausgang des Buches stellt sich Eulenspiegel quer zu einer solchen Eingliederung in die Gemeinschaft, welche durch die Beerdigung des Protagonisten ein letztes Mal verhöhnt wird: Die Einbindung in die Gemeinschaft findet im Christentum ihren wohl prägnantesten und zugleich endgültigen Ausdruck im Begräbnisritual. Eulenspiegel spottet dessen (wiewohl unverschuldet), wenn man ihn in aufrechter Haltung zu Grabe läßt (Ulenspiegel, S. 266). So zeigt er selbst im Tod die Funktion der Repräsentation auf. Sie begegnet hier im Rahmen christlichen Brauchtums, innerhalb dessen sie darauf angelegt ist, Wahrheiten, hier die Realität des Todes, zu überschreiben. So bricht also auch das Ende des ‚Eulenspiegel' – vergleichbar der Täuschung in der 27. Historie – imaginäre Strukturen auf, ohne sie zu restaurieren. Im Blick darauf könnte man Eulenspiegel im Sinne Pollners wahrhaftig als einen *mundane reasoner* beschreiben:

> In very gross terms, the anticipated unanimity of experience (or, at least of accounts of those experiences) presupposes a community of others who are deemed to be observing the same world, who are psychically constituted so as to be capable of veridical experience, who are motivated so as to speak ‚truthfully' of their experience, and who speak according to recognizable, shared schemes of expression. On the occasion of a disjuncture, mundane reasoners are prepared to call these and other features into question. For a mundane reasoner, a disjuncture is compelling grounds for believing that one or another of the conditions otherwise thought to obtain in the anticipation of unanimity, did not.[52]

Was den Rationalisten Eulenspiegel auszeichnet, ist ein unerbittliches Hinterfragen, eine wiederholte Verweigerung von Kompromissen mit dem Imaginären. Dessen Risse sind vielmehr sein täglich Brot. Hier setzt er an, bei den Ungereimtheiten vermeintlich selbstverständlicher Wahrheiten, stets hält er Ausschau nach den Voraussetzungen des offiziell innerhalb einer Kommunikationsgemeinschaft Geltenden, spürt dessen Grundlagen auf, um sich ihnen spöttelnd zu widersetzen. Eulenspiegels eigene Wahrheit aber, welche, wie in der 27. Historie, primär die Relativität von gesellschaftlicher Wahrheit vor Augen führt, ist so ernüchternd, daß sie dem Wunsch nach einer funktionierenden sozialen Gemeinschaft zuwider läuft. Eine solche Wahrheit, wie sie Eulenspiegel vor Augen führt, läßt man für gewöhnlich wohl lieber ruhen. Vielleicht zielt auf eine solche Haltung Eulenspiegels Epitaphium: *Dissen Stein sol niemans erhaben, Ulenspiegel stat hie begraben* (Ulenspiegel, S. 267).

---

spiegel, S. 263). Die Raffgier veranlaßt den *Kirchher* und den *Radt* zu wenig christlichem Handeln; sie heißen den bereits beerdigten Eulenspiegel wieder ausgraben. Der aber ‚erinnert' eindringlich an sein Einzelgängertum: Der Leichnam hat zu faulen begonnen, *daz niemans bei ihm bleiben mocht* (Ulenspiegel, S. 263).

[52] Pollner zitiert nach Habermas (wie Anm. 13), S. 32f.

How come, he sees it and you do not?

Abstract: The protagonist of the first Middle High German *Schwankroman*, the Pfaffe Amis, and his early Renaissance descendant Eulenspiegel seem to share the same crafty strategy, which apparently is based on sceptical reflection concerning human habit and behaviour; both trickster heroes show a specific way and form of expressing rationality. However, there are certain differences in the way of bluffing which must not be neglected. This can best be seen in the *Schwank* of the non-existing pictures, featuring murals as the medium with which the protagonist fools an emperor and his court. Subtle alterations of the narrative structure in the later version latently but significantly change the main focus of the *Schwank*, its idea about truth and untruth, reality and the imaginary. Taking up basic ideas of contemporary theory of communicative action the paper examines the rational dimension of the tricksters' strategies and the literary performance of rationality in the *Schwank*-versions of the non-existing pictures.

Wolframstudien XX (2008)
Erich Schmidt Verlag Berlin

ich quam geriten in ein lant ûf einer blawen gense.

Weltbetrachtung und Welterfahrung im Zerrspiegel mittelalterlicher Unsinnsdichtung

von SONJA KERTH

> *Maneger saget maere*
> *von Rôme die er nie gesach:*
> *alsô wil ouch ich iu nû ein maere sagen.*
> (Strauch XIV, 12, V. 177–179)[1]

Mit diesen Worten beginnt eine Sangspruchstrophe, deren Sprecher-Ich erstaunliche Beobachtungen mitteilt: Es habe vier tote Wölfe gesehen, die ein altes Schaf erschlagen habe, und einen weißen Bären, den ein Wildesel am Meeresgrund gefangen habe; ein Salamander habe bei der Unterwasserjagd mitgeholfen (V. 186–192). Berichtet werden hier Wunder der Natur, und diese seien so glaubwürdig wie die *mirabilia Romae*. Was uns zum Lächeln reizt, entbehrt nicht einer gewissen Bedeutung: Der Marner lenkt hier bei aller Lust an phantastischen Bildern den Blick auf eine Frage, die die gelehrte Literaturtheorie seit der Antike immer wieder beschäftigt hat: Wie ist das Verhältnis von Wahrheit und Dichtung?[2]

Dieser Frage möchte ich im Folgenden am Beispiel solcher Dichtungen nachgehen, die einen ganz eigenen Zugang zur Realität suchen und dabei

---

[1] Der Marner, hg. v. Philipp Strauch (Quellen und Forschungen zur Sprach- und Culturgeschichte der germanischen Völker XIV), Straßburg/London 1876. Vgl. zur Strophe Jens Haustein, Marner-Studien (MTU 109), Tübingen 1995, S. 15f., S. 186–188.

[2] Vgl. etwa die grundlegenden und kontrovers diskutierten Beiträge von Fritz Peter Knapp, zugespitzt in seinen Thesen zur Abschlußdiskussion sowie in der Studie: Historiographisches und fiktionales Erzählen im Mittelalter. Ein Nachwort in eigener Sache, in: Historisches und fiktionales Erzählen im Mittelalter, hg. v. Fritz Peter Knapp u. Manuela Niesner (Schriften zur Literaturwissenschaft 19), Berlin 2002, S. 133–145; S. 147–159. Vgl. dazu die Rezensionen von Hartmut Bleumer, Jahrbuch für Internationale Germanistik 35 (2003), S. 187–190; Jan-Dirk Müller, in: PBB 126 (2004), S. 109–115.

jedem Anspruch auf Wahrheit, Wahrscheinlichkeit und Rationalität abschwören: Unsinnsdichtungen, die im Mittelalter und in der Frühen Neuzeit in ganz verschiedenen Gattungskontexten (z.B. Sangspruchdichtung, Reimpaarsprüche, Meisterlieder, Fastnachtspiele) überliefert sind.[3] Im Mittelpunkt meiner Untersuchung stehen neben Sangspruchstrophen des Marners und Reinmars von Zweter aus dem 13. Jahrhundert das ‚Wachtelmäre‘ (um 1300), eine Reimpaarrede mit dem Incipit ‚Ich söllt von hübscher abenteür‘ (15. Jahrhundert?) und der ‚Finckenritter‘ (gedruckt 1560). Zunächst will ich versuchen, einen möglichen Standort der Unsinnsdichtung innerhalb der mittelalterlichen Poetik zu bestimmen und die Unsinnsdichtungen in Bezug zu anderen zeitgenössischen Dichtungen mit verzerrtem Wirklichkeitsbezug zu setzen. Dabei ist zu klären, inwiefern das Irrationale in den Unsinnsdichtungen als Ausdrucksform von Fiktionalität zu verstehen ist. Dann möchte ich an verschiedenen Beispielen untersuchen, wie sich die Verkehrte Welt konstituiert, und fragen, ob die grundsätzliche Verweigerung von Sinn sich in Bezug zur Rationalitätsproblematik setzen läßt. Stellt Unsinnsdichtung eine Absage an Rationalisierungstendenzen dar oder begegnet in ihr eine Spielart des Rationalen?

I.

Jede Dichtung, die nicht das Wirken Gottes in Geschichte und Natur dokumentiert, ist nach mittelalterlichem Denken verdächtig; die Unsinnsdichtung mit ihrer Verkehrten Welt und ihrem offenen Bekenntnis zum Irrationalen und Erlogenen stellt hier nur die Spitze des Eisberges dar. Wie Ulrich Ernst[4] unlängst zeigte, reichen die Vorwürfe, daß Lüge und Dichtung eine gefährliche Symbiose eingingen und die Dichter durch trügerischen Schmuck ein leichtgläubiges Publikum blenden könnten, bis in die Anfänge der europäischen Literatur zurück und finden besonders in Platons ‚Politeia‘ ihren Ausdruck: Wenn durch Dichtung Lügen verbreitet und einem getäuschten Publikum schlechte Vorbilder gegeben werden, hat sie keinen Platz im idealen Staat.[5]

---

[3] Vgl. Carl Müller-Fraureuth, Die deutschen Lügendichtungen bis auf Münchhausen, Halle 1881; Sonja Kerth, Lügen haben Wachtelbeine. Überlegungen zur deutschen Unsinnsdichtung des Mittelalters, in: Vom Mittelalter zur Neuzeit. FS Horst Brunner, hg. v. Dorothea Klein zusammen mit Elisabeth Lienert u. Johannes Rettelbach, Wiesbaden 2000, S. 267–289 (mit weiterer Literatur).

[4] Ulrich Ernst, Lüge, integumentum und Fiktion in der antiken und mittelalterlichen Dichtungstheorie: Umrisse einer Poetik des Mendakischen, in: Das Mittelalter. Perspektiven mediävistischer Forschung 9 (2004), S. 73–100.

[5] Platon, Der Staat, übers. v. Otto Apelt, Hamburg 1961, X. Vgl. Ernst (wie Anm. 4), S. 76f.

Platons grundsätzliche Skepsis übernimmt das christliche Mittelalter; traditionsstiftend sind bekanntlich besonders Isidors von Sevilla ‚Etymologien‘.[6] Isidors Abwertung der fiktionalen Dichtung basiert auf einem differenzierten Wirklichkeitsbezug verschiedener Redeformen, wie ihn v.a. Cicero in seiner Schrift ‚De inventione‘ formuliert:[7] Neben *fabula*, die eine rein dichterische und in allen Aspekten erfundene Erzählung meint, stehen *historia* als Bericht über Tatsachenwahrheit sowie *argumentum*, das unwahre, jedoch wahrscheinliche Erzählungen bezeichnet (dieses spielt bei Isidor allerdings eine sehr untergeordnete Rolle[8]).

Isidor gilt *historia* als wahr, denn sie ist eine *memoria* evozierende und ordnende narrative Darstellung vergangener Ereignisse,[9] die durch Augenzeugen abgesichert und deren Nützlichkeit verbürgt ist (I, 41). Dagegen ist der Status der als *fabula* bezeichneten fiktionalen Dichtung prekär. *Fabulae* sind nicht aus vergangenen Fakten hervorgegangen, sondern ausschließlich aus Wörtern (I, 40, 1). Zunächst geht Isidor auf die Tierfabel und verwandte Kleinepik ein (I, 40, 2). Hier werde versucht, z.B. die Unterhaltung zwischen erdichteten Tieren bildhaft auf das menschliche Leben zu beziehen. Dies seien *fabulae* mit einer Moral, die geschrieben wurden, damit durch eine erfundene Geschichte eine wahre Bedeutung erkannt werden könne; es wird außer auf Äsop später auch auf eine Fabel im Buch der Richter (9,8) verwiesen (I, 40, 6). Daß dort sprechende Bäume auftreten, die nicht der Naturbeobachtung entspringen, wird nicht problematisiert; der Kontext der Heiligen Schrift und die moralische Ausdeutbarkeit der Fabel drängen diese Frage völlig zurück. Pro-

---

[6] Isidori Hispalensis episcopi Etymologiarum sive Origini libri XX, hg. v. Wallace M. Lindsay, 2 Bde., Oxford 1911, ND 1962, v.a. I, 40–44. Vgl. jetzt die englische Übersetzung: The Etymologies of Isidore of Seville, hg. v. Stephen A. Barney, W. J. Lewis, J. A. Beach u. Oliver Berghof, Cambridge 2006. Isidors Überlegungen in den ‚Etymologien‘ beruhen außer auf Platon v.a. auf Ciceros Schrift ‚De inventione‘ und der ihm zugeschriebenen ‚Rhetorica ad Herennium‘ sowie auf Macrobius. Vgl. Fritz Peter Knapp, Historische Wahrheit und poetische Lüge. Die Gattungen weltlicher Epik und ihre theoretische Rechtfertigung im Hochmittelalter, in: ders., Historie und Fiktion in der mittelalterlichen Gattungspoetik. Sieben Studien und ein Nachwort, Heidelberg 1997, S. 9–64, S. 44 u. pass.

[7] Cicero, De inventione, hg. u. übers. v. Harry Hubbell, 2 Bde., London 1976, hier I, 19, 27. Vgl. Ernst (wie Anm. 4), S. 81.

[8] Vgl. Knapp (wie Anm. 6), S. 39f.

[9] Damit entspricht nach modernem Verständnis auch die *historia* dem Konzept der funktionalen Fiktionalität, wie es Brigitte Burrichter beschrieben hat: Wahrheit und Fiktion. Der Status der Fiktionalität in der Artusliteratur des 12. Jahrhunderts, München 1996, bes. S. 14f., 19–22. Vgl. auch die Überlegungen von Hayden White, Die Bedeutung der Form. Erzählstrukturen in der Geschichtsschreibung, Frankfurt a.M. 1990; ders., Auch Klio dichtet oder die Fiktion des Faktischen. Studien zur Tropologie des historischen Diskurses (Sprache und Geschichte 10), Stuttgart 1986.

blematisch erscheinen Isidor dagegen jene *fabulae*, die dem reinen Zwecke der Unterhaltung dienen – *fabulae*, die nur vorgeben, daß sie mit der Natur oder der menschlichen Moral zu tun haben.[10] Aber sogar sie erfahren eine gewisse Rechtfertigung, wenn sie auf eine Besserung des Menschen abzielen.

Unsinnsdichtungen verweigern sich dagegen jedem Anspruch auf Besserung und jeder moralischen Deutbarkeit, ja sogar jedem mimetischen Bezug zur Natur. Damit scheinen sie ein Musterbeispiel für den bloßen Ohrenschmaus und die geistige Kindernahrung darzustellen, die schon Macrobius anprangert.[11] Sie sind *fabulae* ohne Lehre, Moral und Nutzen, irrational und explizit unglaubwürdig, ohne Interesse selbst an Wahrscheinlichkeit. Explizit diskutiert Isidor sie nicht; das Modell antiker Unsinnsdichtung, Lukians ‚Wahre Geschichten‘, war ihm sicher unbekannt.

Allerdings lassen sich Isidors knappe und meines Wissens bislang wenig beachtete Bemerkungen zur Hyperbel (I, 37, 21) in einen gedanklichen Zusammenhang mit der Unsinnsdichtung bringen – speziell mit den in den Unsinnsdichtungen verwendeten Adynata. Isidor stellt fest, die Hyperbel sei eine Überhöhung, die das Glaubwürdige übersteige. Durch sie werde etwas vergrößert bis jenseits der Glaubwürdigkeit, trotzdem werde der Pfad der ausgedrückten Wahrheit nicht verlassen. Obwohl die Wörter das übersteigen, worauf sie sich beziehen, handle es sich nicht um Betrug.[12] Auch wenn Isidor dies nicht weiter erläutert, ist doch zu erkennen, daß zumindest von rhetorischer Seite her ein bewußtes Abrücken vom streng mimetischen Darstellungsmodus zum Zweck der Verdeutlichung und Veranschaulichung legitim ist. Aber: Die Bindung an Belehrung und Besserung scheint mir auch in diesem Kontext nicht aufgehoben zu sein; die Adynata in Unsinnsdichtungen, die sich diesem Anspruch verweigern, werden dadurch nicht legitimiert.

Dem Charakter der Unsinnsdichtung werden eher Äußerungen des Spätscholastikers Engelbert von Admont zum Unmöglichen gerecht, da dieser den

---

[10] Als Beispiel für letzte dienen Isidor die Komödien des Terenz und Plautus; reale Erscheinungen der Natur und des menschlichen Lebens erklärten etwa *fabulae* über den hinkenden Gott Vulkanus, die Chimäre oder den Kentaurn, deren Geschichten erfunden worden seien, um die nicht geradlinige Fortbewegung des Feuers, die Lebensalter bzw. den galoppierenden Ablauf des menschlichen Lebens darzustellen (I, XL, 4f.).

[11] Macrobius, Commentarii in somnium Scipionis, hg. v. Jakob Willis, Leipzig 1970, I, 2, 7. Vgl. Knapp (wie Anm. 6), S. 44f.; Gertrud Grünkorn, Die Fiktionalität des höfischen Romans um 1200 (Philologische Studien und Quellen 129), Berlin 1994, S. 53f.

[12] *Hyperbole est excelsitas fidem excedens ultra quam credendum est [...]. Hoc enim modo ultra fidem aliquid augetur, nec tamen a tramite significandae veritatis erratur, quamvis verba quae indicantur excedant, ut voluntas loquentis, non fallentis appareat. [...]* (I, 37, 21).

Wirklichkeitsbezug von Dichtungen grundsätzlich anders bewertet.[13] Engelbert rezipiert Aristoteles, der der Dichtung einen Freiraum jenseits der Frage nach Wahrheit und Lüge einräumt. Aristoteles' klassische Unterscheidung zwischen Dichtung und Geschichtsschreibung führt zu einer Platon entgegengesetzten Bewertung der Dichtung: Das, was geschehen könnte, sei höher einzuschätzen als das, was geschehen ist, weil es das Allgemeine zeige und daher philosophischer und bedeutender sei. Als Darstellungsmittel ist Aristoteles dabei auch das Unmögliche legitim, denn das Unmögliche, das wahrscheinlich ist, verdient den Vorzug vor dem Möglichen, das unglaubwürdig ist.[14] Hier wird das Unmögliche legitimiert, bleibt aber an die Wahrscheinlichkeit gebunden.

Aristoteles' positive Aussagen zu Spiel und Scherz werden ebenfalls von Engelbert von Admont aufgegriffen, wie Fritz Peter Knapp im Detail gezeigt hat. Engelbert untersuche, „wie, wann und wie lange man mit wem die Unterhaltung pflegen solle, damit diese ergötzlich, angenehm und freundlich sei".[15] Dabei wird die scherzhafte Lüge, „die nur erzählt wird, um Heiterkeit und Lachen zu erregen, weil sie keinem schadet, sondern nur die Zuhörer erfreut" (X, 11)[16], nicht abgelehnt. Hier ist das Postulat einer wahrheitsgetreuen Wirklichkeitsvermittlung vollständig aufgehoben. Das ist für Engelbert wenig problematisch, weil das Wunderbare und Ungewohnte in der *fabula* das Denkvermögen ausweite und das Ungewohnte und Fremde zum Verständnis von Gewohntem und Vertrautem führe (X, 18).[17] Engelberts Vorstellung, daß

---

[13] Die Schriften des Alexander von Roes und des Engelbert von Admont, Teil 2: Engelbert von Admont, Speculum virtutum, hg. v. Karl Ubl (MGH. Staatsschriften des späteren Mittelalters I, 2), Hannover 2004, X, 11–19.

[14] Aristoteles, Poetik, hg. u. übers. v. Manfred Fuhrmann, Stuttgart 1982, Kap. 9, Kap. 24 u. 25. Vgl. Fritz Peter Knapp, Historie und Fiktion in der spätscholastischen und frühhumanistischen Poetik, in: Historie und Fiktion (wie Anm. 6), S. 101–120, hier S. 101–104; grundlegend Peter von Moos, *Poeta* und *Historicus* im Mittelalter. Zum Mimesis-Problem am Beispiel einiger Urteile über Lucan, in: PBB 98 (1976), S. 93–130.

[15] Fritz Peter Knapp, Mittelalterliche Erzählgattungen im Lichte scholastischer Poetik, in: Historie und Fiktion (wie Anm. 6), S. 75–99, hier S. 84.

[16] *Mendacium iocosum est, quod fit causa commovendi leticiam et risum, cum nulli obsit, sed audientes solum delectet* (S. 334, Z. 21–23). Übersetzung von Fritz Peter Knapp (wie Anm. 15), S. 84. Zur grundsätzlichen Möglichkeit, in den klassischen Gattungen Phantastisches durch Komik zu legitimieren, vgl. Elfriede Fuchs, Pseudologia. Formen und Funktionen fiktionaler Trugrede in der griechischen Literatur der Antike (Bibliothek der klassischen Altertumswissenschaften NF 91), Heidelberg 1993, S. 231.

[17] *Ideo autem delectant fabule, quia componuntur ex miris et insolitis. Talia autem sunt delectabilia, quia dilatant mentem et deducunt ad intelligenda solita et consueta ex insolitis et inconsuetis, sed tamen consimilibus et prius non animadversis* (S. 346, Z.

scherzhafte Lügen in Dichtungen eine Art von Entlastung vom Ernst des Lebens und von den „strengen Anforderungen des mimetischen Bildungsdiskurses"[18] bewirken können, gibt fiktionaler Dichtung einen ähnlichen Freiraum wie bei Aristoteles, jetzt aber innerhalb des christlichen Denkens. In diesem Rahmen scheint es prinzipiell möglich, Unsinnsdichtungen poetologisch zu verankern, auch wenn Engelbert sie nicht explizit behandelt.

II.

Die Annahme, daß der Wirklichkeitsbezug in bestimmten Situationen und zumindest zeitweise aufgehoben werden kann, weist auf moderne Fiktionalitätstheorien voraus, denenzufolge fiktionale Texte keinen Anspruch auf Faktizität erheben und wahrheitsindifferent seien. Fiktionale Texte beziehen keine Position zur faktischen Wirklichkeit, und weil sie dies auch offenlegen, benötigen sie keinen Wahrheitsnachweis.[19] Statt dessen referentialisieren sie auf ganz verschiedene Phänomene, die das bestimmen, was als Wirklichkeit erfahren wird. Jan-Dirk Müller weist darauf hin, daß unsere Vorstellung einer gedachten Ordnung der Welt auch moralische Normen, Glaubensüberzeugungen, Welt- und Gesellschaftsbilder, Handlungs- und Verhaltensmuster, Wünsche und affektive Einstellungen beinhaltet – Phänomene, die alle nicht faktisch sind. Die Wahrheit der Literatur sei nicht identisch mit der Realität; trotzdem sei Literatur „welthaltig", weil sie jenseits der Frage nach Faktizität relevant sei für Phänomene wie Liebe, Tod und Identität. Auch hierbei handle es sich um Referenzbezüge; ein völlig referenzloser Text sei „ein allenfalls theoretisch belangvoller Grenzfall".[20]

6–9). Vgl. Knapp (wie Anm. 15), S. 89f., der die Stelle wörtlich übersetzt und diese Gedanken als „wahrhaftig antiisidorisch", als rein „aristotelisches Gut" ansieht (S. 90).

[18] Peter von Möllendorff, Auf der Suche nach der verlogenen Wahrheit. Lukians ‚Wahre Geschichten' (Classica Monacensia 21), Tübingen 2000, S. 23f.; ähnlich Grünkorn (wie Anm. 11), S. 18f. Vgl. auch Coleridges klassischen Ausdruck „willing suspension of disbelief".

[19] Vgl. zusammenfassend Michael Scheffel, Artikel ‚Fiktion(alität)', in: Literaturwissenschaftliches Lexikon. Grundbegriffe der Germanistik, hg. v. Horst Brunner u. Rainer Moritz, 2., überarb. u. erw. Aufl., Berlin 2006, S. 120–123.

[20] Jan-Dirk Müller, Literarische und andere Spiele. Zum Fiktionalitätsproblem in vormoderner Literatur, in: Poetica 36 (2004), S. 281–311, hier S. 297–299. Joachim Knape hat für Referenzen auf Sinnproduktionen und kognitive Konstrukte den Begriff der Konzeptfaktizität vorgeschlagen, der von der Forschung jedoch nicht weiter diskutiert wurde (ders., Fiktionalität und Faktizität als Erkenntnisproblem am Beispiel spätmittelalterlicher Reiseerzählungen, in: Künstliche Paradiese. Virtu-

Mit der Unsinnsdichtung, die Adynaton an Adynaton reiht, scheint auf den ersten Blick ein solcher Fall einer referenzlosen Textgruppe vorzuliegen. Die hier beschriebenen Phänomene der Verkehrten Welt treten in der Realität *per definitionem* nicht auf, und die Verweigerung eines Sinnes kappt die Referenz selbst auf konzeptionelle Ordnungen. Unsinnsdichtungen lassen also, so scheint es, die restriktiven, einseitig am Wahrheitspostulat orientierten Vorgaben der diskursbestimmenden, fiktionalitätskritischen Poetik[21] radikal hinter sich. Sie weisen explizit jeden Wahrheitsanspruch zurück, stellen ihre Wirklichkeit als rational nicht nachvollziehbar und die beschriebene Welt als verkehrt dar. Dies erreichen sie vor allem durch den Gebrauch von Adynata[22] und zahlreichen Lügensignalen,[23] mit deren Hilfe die Sprechsituation als eine spezifische markiert wird. So betiteln die Handschriften die Texte etwa als ‚Ein red von hûbscher lug‘ (Peter Suchenwirt),[24] ‚Von grossen lügenn‘[25], ‚Sô ist diz von lügenen‘[26]. Auch in den Texten selbst wird das Wort ‚Lügen‘ signalartig verwendet wie in Hans Kuglers ‚Windbeutel‘[27] (*Hort ligen*) oder in der Reimpaardichtung ‚Ich söllt von hübscher abenteür‘, wo es heißt:

> *Ob ymant sprech ich hett gelogen:*
> *Ich hab nit brif noch sigel dapei*
> *Wie es das ewangelio sei*
> *Damit ich die kunst bewer:*
> *Das ist nit war vnd ist kein mer.*
> (V. 126–130)[28]

---

elle Realitäten. Künstliche Räume in Literatur-, Sozial- und Naturwissenschaften, hg. v. Holger Krapp u. Thomas Wägenbaur, München 1997, S. 47–62, hier S. 48).

[21] Auch die mediävistische Forschung zur Fiktionalität reibt sich an der Dichotomie Fiktion und Wahrheit und setzt zunehmend Grade von Fiktionalität an; vgl. neben Schaefer (wie Anm. 33) insbesondere die in Anm. 2 erwähnte Rezension von Bleumer.

[22] Vgl. Sonja Kerth, Twerher sanc. Adynata in Sangspruchdichtung und Minnesang, in: ZfdPh 119 (2000), Sonderheft: Neue Forschungen zur mittelhochdeutschen Sangspruchdichtung, hg. v. Horst Brunner u. Helmut Tervooren, S. 85–98.

[23] Den Begriff prägte Harald Weinrich, Linguistik der Lüge, Heidelberg 1974, bes. S. 66–78.

[24] Peter Suchenwirts Werke aus dem vierzehnten Jahrhunderte. Ein Beytrag zur Zeit- und Sittengeschichte, hg. v. Alois Primisser, Wien 1827, Nr. 45.

[25] In: Kleinere mittelhochdeutsche Erzählungen, Fabeln und Lehrgedichte, hg. v. Karl Euling (DTM 14), Berlin 1908, Nr. 540.

[26] Vom Schlauraffenlande, hg. v. Heinrich Hoffmann von Fallersleben, Altdeutsche Blätter 1 (1836), S. 163–165.

[27] In: Die kleineren Lieddichter des 14. und 15. Jahrhunderts, hg. v. Thomas Cramer, Bd. 2, München 1977, S. 157–161.

[28] Eine Lügendichtung, hg. v. Karl Euling, in: ZfdPh 22 (1890), S. 317–320; vgl. den ebenfalls schwierigen Begriff *mär* im Prolog von Wittenwilers ‚Ring‘, V. 51 (Heinrich

Allerdings deutet das Signalwort ‚Lügen' nicht zwangsläufig auf eine frei fiktionale Sprechweise hin: Es begegnet auch in didaktischen Texten, in der die gepriesenen gesellschaftlichen Verhältnisse durch Lügensignale als nicht-existent dargestellt werden wie etwa in Muskatbluts Lügenlied (Groote 62)[29]: Hier lobt der Dichter, daß die Fürsten gemäß ihrer Ehre lebten und für Recht sorgten, die Simonie abgeschafft sei, die Mönche die Ordensregeln einhielten und die Nonnen niemals schwanger würden. Nicht zuletzt durch die Selbstanzeige *ach musgaplut, wie seer hastu gelogen!* (V. 104f.) wird die Funktion des Textes verdeutlicht: satirische Zeitklage, die ihre referenzialisierbare Aussage durch Verkehrung verunklart.[30] Das Lied weist ‚funktionale' Fiktionalität im Sinne von Brigitte Burrichter (s. Anm. 9) auf, weil Elemente der Wirklichkeit ausgewählt, geordnet und beurteilt werden, zielt aber als Zeitklage und Didaxe primär auf die gesellschaftliche Realität bzw. deren subjektive Wahrnehmung durch den Dichter.[31] Das Lügensignal schafft also Referenzialisierbarkeit, nicht Fiktionalität; die geschilderte Welt ist eine verkehrte, die sich aber im kognitiven Dechiffrierungsvorgang als rational erschließbar erweist.

In satirischen Zeitpreisungen deckt sich die Verkehrte Welt mit einer utopischen Gegenwelt. Negativ dargestellt wird die Welt des Irrealen dagegen dort, wo durch den Gebrauch von Adynata eine als real existierend empfundene Unordnung dargestellt wird, deren Erscheinungen übertrieben und widernatürlich und daher besonders bedrohlich wirken:

> *Blate und krône wellent muotwillic sîn:*
> *sô waenent topfknaben wîslîchen tuon:*
> *sô jaget unbilde mit hasen eberswîn:*
> *sô ervliuget einen valken ein unmehtic huon:*
> *Wirt danne der wagen vür diu rinder gênde,*
> *treit danne der sac den esel zuo der müln,*
> *wirt danne ein eltiu gurre zeinem vüln,*
> *sô siht manz in der werlte twerhes stênde.*
> (Reinmar LXIII)[32]

Wittenwiler, Der Ring, Frühnhd./Nhd. Nach dem Text von Edmund Wießner übers. u. hg. v. Horst Brunner, Stuttgart 2003).

[29] Muskatblut, Lieder, hg. v. Eberhard von Groote, Köln 1852, Nr. 62.

[30] Kerth (wie Anm. 3), S. 270; Karina Kellermann, *ach musgapluot / wie seer hastu gelogen!* Lügendichtung als Zeitkritik, in: Mitteilungen des Deutschen Germanistenverbandes 52 (2005), H. 3, S. 334–346.

[31] Vgl. Kellermann (wie Anm. 30), die das Lied zusammenliest mit dem in der Kölner Handschrift folgenden Lied (Groote 63), das als „Wahrheitslied" einen expliziten Widerruf enthalte, seinerseits aber mit Wahrheit und Lüge spiele (S. 344–346).

[32] Des Minnesangs Frühling. Unter Benutzung der Ausgaben von Karl Lachmann u. Moriz Haupt, Friedrich Vogt u. Carl von Kraus bearb. v. Hugo Moser u. Helmut Tervooren, 38. Aufl., Stuttgart 1988, S. 399. Die Strophe gilt als Reinmar fälschlich zugeschrieben.

Auch hier ist die didaktische Funktion leicht zu erkennen, die es erlaubt und dazu anregt, die Erscheinungen der Verkehrten Welt durch rationale Denkvorgänge interpretierend auf gesellschaftliche Erscheinungen zu beziehen: Die Stände erfüllen ihre Aufgaben nicht, Jung und Alt maßen sich nicht-altersgemäßes Handeln an, die gesamte natürliche Ordnung ist in Unordnung geraten. Um *unbilde*, Unfug, handelt es sich genauso wenig wie um ‚autonome' Fiktionalität[33], die eine eigene Wirklichkeit entwirft.[34]

In der Strophe tritt kein Sprecher-Ich hervor; trotzdem wird die Welt aus einer Perspektive beschrieben, die an auktoriales Vermitteln von Inhalten erinnert. Der in didaktisch-satirischen Kontexten seit der Antike konventionalisierte Gebrauch von Adynata und die traditionelle Sprecherrolle des Sangspruchdichters verleihen die Autorität, die Adynata als Symptome einer *twerhen welt* zu deuten. Der Autor verzichtet auf einen expliziten Auslegungsteil, wie ihn Fabel und Bispel aufweisen, und stellt seine Weltdeutung ohne legitimierende Wahrheitsbeteuerungen, Zeugenaussagen oder Quellenberufungen als korrekt und gültig dar. Dies ist anders in den Unsinnsdichtungen, in denen die Adynata nicht in didaktisch-satirischen Kontexten stehen und die eine Vielzahl von paradoxen Beglaubigungsverfahren verwenden. Diese spielen mit der Möglichkeit, die Welt rational zu erfassen.

Außer Schlachtschilderungen, die auf antike Epen wie Ps.-Homers ‚Batrachomyomachia' und die Heldendichtung verweisen,[35] ist die Inszenierung der Verkehrten Welt als fremdes, exotisches Land, das vom Sprecher-Ich bereist und beobachtet wird, besonders verbreitet: *Ich quam geriten in ein lant / ûf einer gense, dâ ich âventiure vant* (Roethe[36] 159, V. 1f.). In dieser Strophe

---

[33] Begriff nach Burrichter (wie Anm. 9), S. 15–22. Ursula Schaefers Vorstellung einer „intentionalen Fiktionalität", die sie einer „konditionalen Fiktionalität" gegenüberstellt, geht von ähnlichen Grundgedanken aus (dies., The Instance of the Formula: A Poetic Device Revisited, in: Papers on Language and Mediaeval Studies Presented to Alfred Schopf, hg. v. Richard Matthews u. Joachim Schmole-Rostosky [Neue Studien zur Anglistik und Amerikanistik 37], Frankfurt a.M. u.a. 1988, S. 39–57, hier S. 46f.), wurde aber in der germanistischen Forschung wenig rezipiert. Vgl. Kerth (wie Anm. 22), S. 91–93.

[34] Trotz ihres autonomen Wirklichkeitsstatus ist die Verkehrte Welt der Unsinnsdichtung nicht mit dem Imaginären im Sinne Wolfgang Isers zu identifizieren, da sie eine ‚wohlbestimmte Form' besitzt. Diese resultiert vor allem aus den strukturierend wirkenden Adynatareihungen und narrativen Rahmen. Wolfgang Iser, Das Fiktive und das Imaginäre. Perspektiven literarischer Anthropologie, Frankfurt a.M. 1993. Kritisch dazu Andreas Kablitz, Kunst des Möglichen. Prolegomena zu einer Theorie der Fiktion, in: Poetica 35 (2003), S. 251–273, hier S. 260–266, 272.

[35] Vgl. Kerth (wie Anm. 3), bes. S. 284–288, demnächst auch meine Habilitationsschrift „Gattungsinterferenzen in der späten Heldendichtung", Exkurs 2 (im Druck).

[36] Die Gedichte Reinmars von Zweter, hg. v. Gustav Roethe, Leipzig 1887, ND Amsterdam 1967.

Reinmars von Zweter ist es das Reittier, das von vornherein einen ungewöhnlichen, rational nicht nachvollziehbaren Wirklichkeitsstatus des folgenden Au-
genzeugenberichts signalisiert. Handschrift D verstärkt dies noch, indem die
Gans durch die Farbangabe *bláw* zusätzlich verfremdet wird.

Das geschilderte Land, das Tiere und Märchenwesen bewohnen, die sinn-
lose und unmögliche Verhaltensweisen an den Tag legen, wird als autonome
Welt dargestellt. Diese ist nicht durch rationales Erfassen und Interpretation
in eine ‚eigentliche‘ Ordnung zu überführen:

> *ein crâ mit einem habche   diu viengen vil der swîne in einer bach.*
>   *Ein hase zwêne winde zôch,*
> *ein ber jagt einen valken,   den vienc er in den lüften hôch,*
> *schâchzabel spilten muggen,   zwô meisen einen turn ich mûren sach.*
>   *Dâ saz ein hirz unt span vil cleine sîden.*
> (V. 3–7)

Die bloße Verkehrung der Erscheinungen stellt keinen ‚normalen‘ Weltzustand
her: Auch Schweine fangen keine Krähen und Habichte, Windhunde erziehen
keine Hasen, Falken jagen keine Bären. Deshalb handelt es sich bei der Angabe im Schlußvers der Strophe (*ist daz wâr, sô naet ein esel hûben,* V. 12)
nicht um ein Lügensignal wie bei Muskatblut, das die Aussagen widerruft und
zur Dechiffrierung aufruft. Es ist vielmehr ein Fiktionalitätssignal, das nochmals die Aufhebung jeder Referenzialisierbarkeit betont und dabei sogar die
Verbindung zum Wahrscheinlichen und rational Nachvollziehbaren kappt.
Vielleicht könnte man für diese übersteigerte Form von Fiktionalität, die ja
selbst das Wahrscheinliche hinter sich läßt, von Hyperfiktionalität sprechen.
Im Vergleich zur Fiktionalität erweist sich Hyperfiktionalität nicht nur als
wahrheitsindifferent, sondern auch als indifferent, ja abwehrend gegen Versuche rationalen Erfassens.

Das Hyperfiktionalitätssignal und die unmöglichen Vorgänge in der Verkehrten Welt treten in Konkurrenz zu gegenläufigen Signalen, die sich aus der
Anlage als Reisebericht ergeben. Das Sprecher-Ich verbürgt sich mit Hilfe des
gewichtigen Augenzeugentopos für die Authentizität des Geschilderten, nutzt
und parodiert so den traditionellen Wahrheitsanspruch der Reiseliteratur. Die
Dichtung stellt die Faktizität der beobachteten Ereignisse fest und unterminiert sie gleichzeitig, indem das Sprecher-Ich seine Beobachtungen vom Rük-
ken einer womöglich noch blauen Gans aus macht. Dies rückt auch den
Schlußvers (*ist daz wâr, sô naet ein esel hûben,* V. 12) ins schillernde Zwielicht:
Wenn das Sprecher-Ich tatsächlich auf einer Gans in das Land geritten ist,
dann kann auch ein Esel Hauben nähen, und auch die anderen Beobachtungen sind möglicherweise wahr.

Der Reisebericht mit seiner Darstellung der Welt ist für die Verfasser von
Unsinnsdichtungen wohl deshalb so attraktiv, weil die Textsorte ebenfalls mit

der Frage nach dem Wahrheitsgehalt von faktisch nicht belegbaren Erscheinungen konfrontiert ist. Solange ein heilsgeschichtlicher Bezug hergestellt werden kann, ist der Realitätsstatus der beschriebenen Phänomene unproblematisch; dies ist besonders für die in der Brandanlegende geschilderten Wunder der Fall. Dasselbe gilt prinzipiell auch für die Faktizität der Wunder Indiens in den Alexanderromanen. Nur wenn die christliche Interpretation der Naturerscheinungen ganz hinter dem Interesse am Phantastisch-Wunderbaren zurückstehe, so Trude Ehlert, werden explizite Beglaubigungsverfahren nötig.[37]

In den phantastischen Reiseberichten der Spätantike, aber auch in den späteren Reiseberichten mit autobiographischem Anspruch ist der Wahrheitsstatus des Geschilderten dagegen nicht automatisch gegeben. Bei letzteren sind es gerade die bekannten Wunderwesen und -gegenstände aus Bibel, Alexanderroman, Bestiarien und Lapidarien etc., die die Authentizität des Beschriebenen garantieren sollen. Sie akkreditieren und legitimieren andere (reale) Erscheinungen, die dem Rezipienten nicht vertraut sind und deshalb zwielichtig erscheinen können – ihrer Faktizität zum Trotz.[38] Gerd Ueding spricht in anderem Kontext von einem Gewöhnungseffekt: Wenn Wissen einmal als wahr akzeptiert sei, können sich, darauf aufbauend, immer neue Wissensformationen entwickeln, die ihre Glaubhaftigkeit der Tatsache verdanken, daß sie analog zu dem geglaubten Ausgangswissen gebildet werden. Ueding spricht von einer Strukturanalogie, die ganze Weltmodelle liefern könne und einzelne Elemente, die sonst als irreal und unmöglich abgelehnt würden, möglich und glaubhaft erscheinen ließen. Die Bereitschaft, eventuelle rationale Einwände zu suspendieren, wachse mit dem Genuß, den das Geschilderte hervorrufe; dazu kämen Beglaubigungsverfahren wie die Evidenz des Zeugenzeugnisses.[39]

---

[37] Trude Ehlert, Alexanders Kuriositäten-Kabinett. Oder: Reisen als Aneignung von Welt in Ulrichs von Etzenbach ‚Alexander‘, in: Reisen und Reiseliteratur im Mittelalter und in der Frühen Neuzeit. Vorträge eines interdisziplinären Symposiums vom 3.–8. Juni 1991 an der Justus-Liebig-Universität Gießen, hg. v. Xenja von Ertzdorff u. Dieter Neukirch (Chloe. Beihefte zum Daphnis 13), Amsterdam/Atlanta 1992, S. 313–328, hier S. 323. Ehlert weist darauf hin, daß der Erzähler in Ulrichs ‚Alexander‘ berichtet, daß der Makedonenkönig „Belegexemplare" der sonderbaren Wesen für eine Sammlung mitgenommen habe, die die Wahrhaftigkeit des Geschilderten textintern belegen – ähnlich wie der *weise* in der Kaiserkrone die Wahrhaftigkeit der Reiseabenteuer von Herzog Ernst belegt.

[38] Peter Wunderli, Marco Polo und der Ferne Osten. Zwischen „Wahrheit" und „Dichtung", in: Reisen in reale und mythische Ferne. Reiseliteratur in Mittelalter und Renaissance, hg. v. P.W. (Studia Humaniora 22), Düsseldorf 1993, S. 124–196, hier S. 191. Vgl. auch Klaus Ridder, Werktyp, Übersetzungsintention und Gebrauchsfunktion. Jean de Mandevilles Reiseerzählungen in deutscher Übersetzung Ottos von Diemeringen, in: Reisen und Reiseliteratur (wie Anm. 37), S. 357–388, bes. S. 369–371; zur spätmittelalterlichen Reiseliteratur als Gattung Ernst Bremer, Spätmittelalterliche Reiseliteratur – ein Genre? Überlieferungssymbiosen und Gattungstypologie, in: Reisen und Reiseliteratur (wie Anm. 37), S. 329–355.

Sonja Kerth

Das relativ feste Personal der Verkehrten Welt, die typische Form der Adynatareihung und die verbreitete Darstellung als Reise lassen sich als Versuche begreifen, eine solche Gewöhnung zu erreichen: Wenn der Rezipient diese Art von hyperfiktionaler Welt als Ort von genußvollen Gedankenspielen akzeptiert hat, sind der Phantasie der Dichter bei der Ausgestaltung der Details keine Grenzen mehr gesetzt. Das Spiel mit den Beglaubigungsverfahren scheint in den Unsinnsdichtungen dagegen eher verunsichern zu wollen: Wahrheitsbeteuerungen, Augen- und Ohrenzeugenberufungen wirken ironisierend und heben sich so in der Regel selbst wieder auf. Statt erwartungsgemäß den mimetischen Bezug auf die Wirklichkeit abzusichern, indizieren sie einen aufgehobenen Realitätsbezug: Des Marners eingangs zitierte Strophe etwa spielt mit dem traditionellen Gewicht der Augen- und Ohrenzeugen, indem relativierend ‚präzisiert‘ wird, wer die Gewährsleute sind: Fische haben das Geschilderte erzählt (V. 183). Im ‚Windbeutel‘ (wie Anm. 27) hat ein Blinder das Berichtete gesehen und ein Stummer die Wahrhaftigkeit des Geschehenen bezeugt (V. 86f.). In der Reimpaardichtung ‚Sô ist diz von lügenen‘ beendet und kommentiert ein Huhn die Adynatareihung mit einem obszönen Kommentar (wie Anm. 26, V. 60–63). In dem Spruch ‚Ich bin komen an ain sat‘[40] werden Namen wohl real existierender Personen eingeflochten: Ein Graf Konrad von Freiburg und ein Vogt Hans sind beteiligt an den Vorgängen in der Verkehrten Welt. Auch dies suggeriert Referenzialisierbarkeit, die aber nicht eingelöst wird.[41]

Neben Wahrheitsbeteuerungen, Zeugen- und Quellenberufungen sind Zeit- und Ortsangaben wichtige Indikatoren für den Fiktionalitätsgrad eines Textes. Geglaubte Texte wie die mittelhochdeutsche Heldendichtung weisen in der Regel eine realitätsnahe Geographie auf, fiktionale Dichtungen wie der arthurische Roman verzichten auf nachvollziehbare zeitliche Verankerungen und bieten eine märchenhafte Geographie. Die Unsinnsdichtungen spielen mit dem Wahrheitsstatus der geglaubten Texte, indem zum Teil sehr präzise wirkende Zeit- und Ortsangaben dazu verwendet werden, eine irreale und rational nicht nachvollziehbare Welt paradox zu referenzialisieren. Allerdings sind die Beglaubigungsverfahren in den Texten sehr genau zu analysieren, da sie unterschiedliche Fiktionalitätsgrade indizieren können und gegenläufige

---

[39] Gert Ueding, „Komm, liebe Mieze, tun wir doch so, als ob!" Zur Rhetorik des Phantastischen, in: Fiktion und Imaginäres in Kultur und Gesellschaft, hg. v. Bernd Wirkus, Konstanz 2002, S. 171–187, hier S. 179f.

[40] Lügenpredigt, in: Altdeutsches Uebungsbuch zum Gebrauch an Hochschulen, hg. v. Franz Pfeiffer, Wien 1866, Nr. 17.

[41] Eine satirische Intention des Spruchs ist höchstens punktuell bezüglich der Ablaßpraxis zu erahnen: Die Lügenpredigt werde den Zuhörern 1000 Jahre Ablaß für Todsünden einbringen (V. 126–130).

426

Funktionen besitzen: Sie belehren den Rezipienten, wie er an den Text herangehen soll, und verunsichern ihn gleichzeitig „hinsichtlich der Validität des traditionellen hermeneutischen Instrumentariums".[42]

III.

Hyperfiktionalität prägt etwa das ‚Wachtelmäre'[43] (um 1300), das seine Schilderung ebenfalls als Reisebericht organisiert. Eine zwölfstrophige Fassung beginnt mit einer scheinbar sehr detaillierten geographischen Einordnung des Geschehens:

> *HIe vor bi alten geziten*
> *an einer heberinen liten*
> *In einem hvltzinen lande*
> *vf einem strŏynem sande*
> *Do saz ein richer ezzich krvc.*
> (1, 1–5)

Ähnlich irrational wie die Bestimmung des Raumes ist die Genealogie des Essigkruges, dessen Mutter Otte mit einem Bären schwanger ging und einen Ochsen gebar, der auf dem Krautberg ein gewaltiger Esel gewesen sei. Beide begeben sich auf eine Reise, die sie ins Land *nvmmerdvme amen* (aus *in nomine domini amen*) führt, das jenseits des Montags liegt. Hier werden die typischen wahrheitsstützenden Orts- und Zeitangaben paradox verwendet, und die Logik ist zusätzlich verunklart, indem Zeit- und Raumebenen vermischt werden: Der Wochentag Montag wird zur geographischen Angabe, die die Lage des aus einer Verballhornung entstandenen Landes Nummerdumeamen veranschaulicht.[44]

---

[42] Möllendorff (wie Anm. 18), S. 59.

[43] In: Gedichte 1300–1500. Nach Handschriften und Frühdrucken in zeitlicher Folge hg. v. Eva u. Hansjürgen Kiepe (Epochen der deutschen Lyrik 2), München 1972, S. 57–61.

[44] Abgesehen von dem kurzen Auftritt des Ich-Erzählers, der nicht im Mittelpunkt des Reiseberichtes steht und das Geschilderte daher nur punktuell verbürgen kann, scheinen weitere ironisch-parodistische Beglaubigungsverfahren zu fehlen; auf der Vortragsebene des zwölfstrophigen Liedes werden sie jedoch erahnbar: Jede Strophe endet mit den Worten: eine, zwei, drei usw. Wachteln in den Sack, die vom Sänger gestisch umgesetzt worden sein könnten. (Vgl. Horst Brunner, Artikel ‚Wachtelmäre', in: ²VL, Bd. 10, Sp. 559–561, hier Sp. 561). Hierbei dürfte es sich um ein Fiktionalitätssignal handeln. Auch der Teichner spricht im Zusammenhang mit Jagdlügen explizit von Wachteln.

Das beschriebene Land ist um des Friedens willen mit vier Weidenschöß-
lingen an den Himmel gebunden – hier wird mit der Rechtsformel *vride bi der
wide* gespielt. Die Häuser sind mit Kuchen gedeckt und mit Würsten umzäunt.
Durstige Bewohner werden mit einem Seil aufgezäumt und ans Meer geritten;
dort trinken sie, bis sie nie mehr durstig sind (Str. 4). Das Land, jetzt Kur-
relmurre genannt, beherbergt zudem die traditionellen gebratenen Schwalben
und Gänse des Schlaraffenlandes; Kirchen und Türme bestehen aus Butter.
Im Zusammenhang mit der Schilderung, wie ein eichenhölzerner Pfaffe eine
buchscheiterne Messe liest und den Gläubigen Ablaß gibt, so daß ihnen der
Rücken von den Segensschlägen weh tut (Str. 5f.), schaltet sich kurz der sonst
unsichtbare Ich-Erzähler ein und bezeugt als Opfer diese Praxis. Das ,Wach-
telmäre' berichtet dann von einer Hochzeitsfeier und gibt einen Ausblick auf
die ebenfalls wunderbaren Nachkommen des Brautpaares.

Eine achtzehnstrophige Fassung des ,Wachtelmäre'[45] schildert zusätzlich ein
Stelldichein unmöglicher Wesen und eine Reise ins Land Hoye, wo es zu einer
Massenschlacht kommt, an der neben traditionellen Protagonisten der Unsinnsdichtung auch zahlreiche Figuren der Heldenepik beteiligt sind. Vor allem die Langversion mit ihren Heldenepik-Referenzen zeigt, daß es sich bei
der Schilderung des durchreisten Landes nicht um eine Satire oder Zeitklage
handelt, sondern daß die Beschreibung ein freies Spiel mit übersteigerter Fiktionalität darstellt: Bezugspunkte sind nicht die Gesellschaft und als real empfundene Erscheinungen der Welt, sondern der Text ist referenzialisierbar auf
Literatur: Heldenepik, Brautwerbungsdichtung, Schlaraffenlandschilderun-
gen, Reisebericht. Hier ist der direkte Wirklichkeitsbezug in der Tat völlig
suspendiert.[46]

In der Dichtung ,Ich söllt von hübscher abenteür' (wie Anm. 28), die – wohl
zu Unrecht – mit Schnepperer, dem traditionellen Pseudonym des Nürnber-
gers Hans Rosenplüt, signiert ist, mischen sich Elemente der hyperfiktionalen
Verkehrten Welt mit solchen, die referenzialisierbar sind und eine didaktisch-
satirische Funktion haben dürften. Erstere bestehen aus traditionellen Adynata: Ein gewaltiger Mühlstein fliegt durch die Luft (V. 99f.), der Turm von

---

[45] Achtzehn Wachteln, in: Altdeutsches Lesebuch v. Wilhelm Wackernagel, 5. Aufl.,
Basel 1873, II. Teil, Sp. 1149–1156.

[46] Zwei im Wortlaut recht verderbt überlieferte Dichtungen, die das ,Wachtelmäre'
ausschreiben, weisen dagegen bei gleicher Lokalisierung des Geschehens und ähnlicher Handlung kurze Passagen auf, die man als satirisch interpretieren kann: So ist
in dem Land in der Reimpaardichtung ,Von den Russin Leuten' *eyn eßel* [...] *eyn
kunick, / Eyn bock was eyn bischoff* (in: Erzählungen aus altdeutschen Handschriften,
gesammelt durch Adelbert von Keller, Stuttgart 1855, S. 487–489, hier V. 20–22). In
der Dichtung ,Vom packofen' herrscht der von Otte geborene Esel ebenfalls als
gewaltiger Bischof über Toren und Narren (Lügenpredigt, hg. v. Johannes Bolte, in:
ZfdA 36 [1892], S. 150–154, hier V. 13–16).

Babel ist in einem Krämerkorb versteckt (V. 110f.). Andere Adynata verweisen dagegen auf gesellschaftliche und politische Mißstände und sind, wie bei Muskatblut und Ps.-Reinmar, durch einfache Umkehrung dechiffrierbar: Den Bauern gehe es bestens, weil sie keine Gült und keinen Zehnt mehr zahlen müssen, die Fürsten vertreiben alle Räuber und machen die Straßen sicher, die Kinder gehorchen den Eltern.[47]

Nach einer schlichten Reihung von Adynata geht der Spruch in einen Reisebericht über, dessen Fiktionalitätsgrad schwer zu ermitteln ist. Der Abschnitt beginnt mit einer signalartigen Wahrheitsbeteuerung (V. 81), die die Aussage verbürgt, daß der Ich-Erzähler hundert Jahre lang als gewaltiger Papst im Schottenland geherrscht habe. Auf den Wegen in diesem Land lägen Quader aus Silber und Gold herum, aus einem goldenen Brunnen fließe Wein, in einer Küche am Weg werde allen Reisenden Essen frei angeboten. Auch der Ich-Erzähler habe sich bedient, das angebotene Herrenleben aber gleichzeitig ausgeschlagen, was ihm von anderen Landesbewohnern den Vorwurf der Torheit eingebracht habe. Das Signalwort *herren leben* (V. 98) legt eine Deutung als Kritik am Adel nahe, vielleicht konkret an ‚Raubrittern‘, die immer wieder Nürnberger Kaufleute beutelten. Es folgen dann aber Topoi aus der Tradition des Schlaraffenlandes, denen kaum ein direkter Bezug auf gesellschaftliche Phänomene zu entnehmen ist: Von einem Brötchen tragenden Baum fallen Semmeln in einen Weiher aus Milch, und der Erzähler beobachtet, daß aus Mückenfett drei Zentner Schmalz gemacht wurden usw.

Im Kontext der satirisch-didaktischen Adynata wirkt das Schottenland also teilweise referenzialisierbar, ohne daß diese Lesart dominiert; sie wird zudem unterlaufen, indem explizit die Literarizität des Geschilderten hervorgehoben wird. So heißt es eingangs:

> *Ich söllt von hübscher abenteür*
> *Sagen darzu dorft ich wol steür*
> *Ob ich zusamen ein gedicht*
> *Kunt bringen aus gar hofelicher geschicht.*
> (V. 1–4)

---

[47] Eine zeitpolitisch-satirische Stoßrichtung dürfte dagegen eine Aussage über das Verhältnis zwischen Schweizern und Habsburgern haben: *Die schweiczer hatt er all erschlagen, / Der edel fürst von osterreich, / Siczt in dem schweiczer land gleich / Vnd hat gewunnen mit dem schwert / Als er vor lang hat begert* (V. 26–30). Trotzdem ist es nicht die Schweiz, die in dem Reisebericht näher dargestellt wird. Zum politisch-publizistischen Konflikt zwischen Schweizern und Habsburgern vgl. Sonja Kerth, *Der landsfrid ist zerbrochen*. Das Bild des Krieges in den politischen Ereignisdichtungen des 13. bis 16. Jahrhunderts (Imagines medii aevi 1), Wiesbaden 1997, Kap. 2.

Auch der ‚Finckenritter‘[48], gedruckt 1560 in Straßburg, verunsichert den Leser bezüglich des Fiktionalitätsgrades durch ambivalente Signale und Absicherungsverfahren. Selbst wenn das Wort ‚Lügen‘ nicht vorkommt, macht doch bereits der Titel sehr deutlich, daß ein komisches Spiel mit Wahrheit und Lüge vorliegt:

> *‚Der Fincken Ritter. History vnd Legend von dem treffenlichen vnnd weiterfarnen Ritter / Herrn Policarpen von Kirrlarissa / genant der Fincken Ritter / wie der drithalb hundert Jar / ehe er geboren ward / viel land durchwandert / vnd seltzame ding gesehen / vnd zů letst von seiner Mǔter fǔr todt ligen gefunden / auffgehaben / vnd erst von newem geboren worden.‘*
> (S. 134, Z. 1–6)

Insbesondere die Bezeichnung als *History*[49] und der Hinweis, der Finckenritter sei Augenzeuge dieser *seltzamen ding*, suggerieren die Wahrhaftigkeit des Gesagten. Diese wird jedoch sogleich wieder aufgehoben durch gegenläufige Signale: Policarpus dürfte mit Joachim Knape als Vor- bzw. Aufschneider zu verstehen sein;[50] die *History* ist gleichzeitig *Legend*; die Ereignisse finden in den Jahrhunderten vor der Geburt des Protagonisten statt, der zwischen Leben und Tod schwebt. Ein Holzschnitt zeigt den Ritter zudem auf einer Gans reitend mit einer Fellmütze auf dem Kopf, unter der die eselsohrartigen Zipfel einer Narrenkappe hervorquellen.[51]

Dem Reisebericht geht eine Exposition voran, die weitere detaillierte, aber völlig unsinnige Angaben zu Lebenszeit und -raum macht, und es folgt ein Ausblick auf das weitere Schicksal des Ritters nach seiner Geburt.[52] Die Reise selbst ist in acht *tagreysen* untergliedert. Zunächst möchte Policarpus als Kaufmann sein Glück finden und schifft sich auf trockenem Land ein, um in die *Herrschafft Cylisyriam / bey Monteflescum / inn dem Kǒnigreich Narragonien / zů Schalaun / an Cappendatzien stossende* (S. 135, Z. 35f.) zu gelangen. Die an reale Ländernamen erinnernden, aber verballhornten Bezeichnungen

---

[48] Joachim Knape, Der Finckenritter, in: Philobiblon 35 (1991), S. 97–148 (Textabdruck und grundlegende Untersuchung).
[49] Joachim Knape, ‚Historie‘ in Mittelalter und Früher Neuzeit. Begriffs- und gattungsgeschichtliche Untersuchungen im interdisziplinären Kontext (Saecvla spiritalia 10), Baden-Baden 1984.
[50] Knape (wie Anm. 48), S. 119, Anm. 37.
[51] Abbildung bei Knape (wie Anm. 48), S. 134.
[52] Vgl. Thomas Cramer, Von einem, der auszog, die Welt kaputtzulachen: der ‚Finckenritter‘, in: Komische Gegenwelten. Lachen und Lachkultur in Mittelalter und Früher Neuzeit, hg. v. Werner Röcke u. Helga Neumann, Paderborn u.a. 1999, S. 283–298; Werner Röcke, Die narrative Aneignung des Fremden. Zur Literarisierung exotischer Welten im Roman des späten Mittelalters, in: Furcht und Faszination. Facetten der Fremdheit, hg. v. Herfried Münkler u. Bernd Ladwig, Berlin 1997, S. 347–378.

parodieren den belehrenden Bildungsanspruch der Reiseberichte; die Nennung des Königreichs Narragonien (vgl. Sebastian Brants ‚Narrenschiff‘) und die Handelsware, die dem frischgebackenen Kaufmann vollständig geraubt wird, geben eine klare Verständnishilfe für den Leser: Nicht ein Tropfen von *gedistilliert*[em] *vernunfft Wasser* (S. 135, Z. 33f.) bleibt Policarpus übrig, der ohne alle materiellen Güter, aber eben auch ohne Vernunft als Narr seine Reise fortsetzt.

Die zweite *tagreyse* führt ihn in ein Territorium, wo Policarpus die Ritterschaft erwerben möchte. Dieses Land ist als Verkehrte Welt gekennzeichnet, in der die Wege über Weiden hängen, brennende Bäche von Bauern mit Stroh gelöscht werden, Käse und Brot kleine Buben verspeisen, Hasen Hunde fangen, Gänse und Hühner Fuchs und Marder stehlen und fressen – *da was ein gût land*, urteilt der Ich-Erzähler (S. 136, Z. 54). Die genannten Bauern und die Tatsache, daß der verarmte und närrische Policarpus hier die Ritterschaft erwerben will, um in der Gesellschaft Fuß zu fassen, legen eine satirische Lesart nahe, die indes vage bleibt. Dies gilt auch für die dritte *tagreyse*, auf der Policarpus Menschen begegnet, die er nach dem Weg fragt. Hier scheitert eine Kommunikation daran, daß ein *hûbscher / schwacher feiner / grauwer / junger / blôder alter schôner / hurtiger Mann* (S. 136, Z. 70f.) mit einem schindelgedeckten Bärtchen, einer Badestube auf der Nase und einer Warze auf dem Zahn genausowenig eine Verständigung zuläßt wie die anderen Personen. Sie alle beantworten die Frage nach dem Weg zwar syntaktisch und semantisch richtig, aber mit pragmatisch völlig inakzeptablen Sätzen: *Jch fraget jhn / wo gehet der weg da hinauß? Er sagt / Jch kundts nicht eh geschicken* (S. 136, Z. 75f.). Die Aussage des Ich-Erzählers, er habe den Weg verloren, meint daher die Reise des Policarpus, ist aber auch auf die generelle Unmöglichkeit sinnvoller zwischenmenschlicher Kommunikation in einer gestörten und verstörenden Welt zu beziehen.

Die vierte und fünfte *tagreyse* führt Policarpus auf ein Schiff, das nicht da war und ihn in eine Landschaft bringt, wo die Natur sich gegen ihn verschwört und er vergeblich mit den Naturgesetzen kämpft.[53] Die sechste *tagreyse* soll den reisemüden Policarpus nach Hause führen; das von ihm durchreiste Land trägt Züge des Schlaraffenlandes. Die auf den ersten Blick realistisch klingenden Dorfnamen sind Teil der ‚Fleischfresserphantasien‘ des Ich-Erzählers: Geißbrunn, Rindsheim, Kalbsdorf, Saumünster, Stierbach und Hammelshausen.

---

[53] So verbrennt ihm die bleierne Schneide eines Beils, während der Stiel übrigbleibt, und Policarpus verliert den Kopf, versucht, ihn wieder einzufangen, und setzt ihn falsch herum auf. Auch hier bietet sich eine Deutung wie im Fall des destillierten Vernunftwassers an: Der Protagonist ist völlig seiner Geistesgaben beraubt. Vgl. Knape (wie Anm. 48), S. 106.

Die achte und letzte *tagreyse* findet wiederum auf einem Schiff statt. Hierbei handelt es sich um ein Wind- oder Nebelschiff, das Policarpus nach weiter und entbehrungsreicher Fahrt hoch über sein Elternhaus bringt. Hier schüttet es den Ritter aus, der durchs Dach und Gemäuer stürzt und schwere Verletzungen davonträgt – die verursachten Schmerzen stehen in Zusammenhang mit seiner gerade einsetzenden Geburt. Der Text endet mit einem Ausblick auf das chaotische und widernatürliche Dasein des Policarpus, der sofort für Unruhe und Unordnung sorgt.

Die *tagreysen* werden durch eine Vielzahl von teils pseudo-realistischen, teils völlig unsinnigen Zeit- und Ortsangaben einem rationalen Zugriff entzogen. Insbesondere in der Exposition häufen sich paradoxe Angaben: Die Reise ereignet sich

> *[e]ben zů denselben zeiten, | als der groß Chan vonn Cathay | zů Straßburg inn der Růprechts Auwe regiert | vnnd Herr Johann von Monteuilla | Ritter auß Engelland | die gantze Welt | so weit der Hymmel blaw | vmbzogen ist. Da Priester Johann von Jndia | auff der Haller Wisen zů Nůrenberg | bey den Kemmetfegern | neben dem Kettenbrunnen zů Heidelberg | gegen des Babylonischen seyffenwebers hauß vber | ein Probst des Paradeyses war.*
> (S. 135, Z. 15–20)

Von besonderem Interesse sind die Namen des Ritters Johann von Monteuilla aus England – Jean de Mandeville ist bekanntlich der Verfasser eines berühmten Reiseberichts – und des Priesterkönigs Johannes, der einen Brief mit Berichten über die Wunder Indiens geschickt haben soll. Mit der Berufung auf diese beiden Personen gibt der Verfasser einen klaren Hinweis darauf, wie sein eigener Text zu verstehen ist: als Parodie auf Reise- und Wunderberichte mit ihrem Anspruch, „zur Erweiterung von Verständnishorizonten stellvertretende Erfahrungen zu vermitteln".[54]

Damit ist auch der ‚Finckenritter' primär auf Literatur referenzialisierbar; satirisch-didaktische Elemente bleiben isoliert und unbedeutend. Für diese Lesart spricht auch das immer wieder vorkommende Fortbewegungsmittel Schiff: Wie in Lukians ‚Wahren Geschichten', die der Verfasser wohl kannte,[55] handelt es sich bei Schiff und Schiffahrt um eine Metapher für den Dichter und seine Tätigkeit, die ja als Suche nach Sinn und Wahrheit verstanden werden kann. Diese Deutung weist der ‚Finckenritter' zurück. Statt eines mimetischen Berichts über eine Fahrt durch eine ‚reale' Welt wird hier eine Reise „durch das Meer der Wörter und Motive"[56] vorgeführt. Bezugstexte sind vor

[54] Ernst Bremer, Artikel ‚Mandeville, Jean de', in: ²VL, Bd. 5, Sp. 1201–1214, hier Sp. 1212.
[55] Knape (wie Anm. 48), S. 124; Cramer (wie Anm. 52), S. 285.
[56] Möllendorff (wie Anm. 18), S. 77.

allem Ritter-, Schelmen- und Reiseromane, aber auch bildliche Darstellungen von Tierreitern.[57]

Die *fabula* demonstriert hier also keinen direkten Nutzen durch Darstellung von Wahrem oder durch Belehrung, sondern erhebt Anspruch auf ästhetischen Genuß und belegt ihre kunstvolle Literarizität. Als entscheidendes Kriterium zur Beurteilung des Textes tritt also die Dichotomie Wahrheit/poetische Lüge völlig zurück hinter die Frage, ob dieser gut oder schlecht unterhalte.[58] Damit läßt sich der ‚Finckenritter' am Proömium von Lukians ‚Wahren Geschichten'[59] messen. Lukian kündigt dort seine Dichtung an als Erholung für den Geist nach allzu harten Studien, die ihn für künftige Tätigkeiten umso kräftiger und munterer mache. Es folgt eine Poetik der Lüge (U. Ernst, wie Anm. 4), aber auch der Hyperfiktionalität, die die Abwendung von Wahrheit und Mimesis nicht nur als nicht rechtfertigungsbedürftig deklariert, sondern als entscheidendes Plus gegenüber jeder (oft auch nur scheinbar) mimetischen Dichtung.

IV.

Auch wenn die Verfasser der mittelalterlichen Dichtungen Lukian sicher nicht kannten und dem Autor des ‚Finckenritters' nicht zwingend Textkenntnis nachzuweisen ist, vertreten die Unsinnsdichtungen doch denselben Anspruch. Auch und gerade in einer Zeit der fortschreitenden Reflexion und Inszenierung von Rationalität gibt es Nischen für Dichtung, die zu ästhetischem Genuß mittels Lüge und metaliterarischem Spiel einlädt. Diese Nischen waren begrenzt und gefährdet, wie die (ironischen und parodierenden) Beglaubigungsverfahren und die vereinzelten satirisch-didaktischen Elemente zeigen, die an Vertrautes und Akzeptiertes anknüpfen und dem Rezipienten ein trügerisches Sicherheitsnetz anbieten beim Drahtseilakt durch eine hyperfiktionale Welt.

Hyperfiktionalität, die hier versuchsweise als Bezeichnung für die eigentümliche Art des Wirklichkeitsbezuges von Unsinnsdichtungen verwendet wird, bringt einen zusätzlichen Begriff in eine Debatte ein, die an sich schon von

---

[57] Vgl. die Sammlung von Tierreiterabbildungen bei Knape (wie Anm. 48), S. 111–117. Auf die Teufelsliteratur und biblische Bezugstexte weist Cramer (wie Anm. 52) hin.

[58] Vgl. Werner Röcke, Überwältigung und Faszination. Literarische Kunst der Lüge in Mittelalter und Früher Neuzeit, in: Das Mittelalter. Perspektiven mediävistischer Forschung 9 (2004), S. 155–168, hier S. 167.

[59] Lukian von Samosata, Lügengeschichten und Dialoge. Aus dem Griechischen übers. u. mit Anm. vers. v. Christoph Martin Wieland, Nördlingen 1985. Vgl. Möllendorff (wie Anm. 18), S. 30–61; Ernst (wie Anm. 4), S. 78–80; Röcke (wie Anm. 58).

terminologischen Problemen und Abgrenzungsschwierigkeiten geprägt ist.[60] Trotzdem erscheint er mir sinnvoll, denn die Unsinnsdichtungen heben die Verweigerung von Sinn, Wahrscheinlichkeit und Wahrheit so deutlich hervor, daß man sie nicht einfach als indifferent bezeichnen kann, sondern geradezu als explizit ablehnend. Diese ausdrückliche Absage prägt auch das Verhältnis zum Rationalen: Das Goutieren der Hyperfiktionalität setzt Distanz zu den vorherrschenden Rationalisierungstendenzen voraus, weil diese übersteigerte Form von Fiktionalität zeigt, daß denkbare Erscheinungen der Welt nicht allein mit Hilfe der *ratio* zu erfassen sind. Hyperfiktionalität läßt sich gleichzeitig aber auch als subversives Spiel mit dem Rationalen verstehen. Die scheinbaren Sinnestäuschungen verweisen darauf, daß das Spiel mit Lüge und Phantasie, mit Sprache und Literatur eben doch einen Sinn in sich trägt: Vergnügenbereiten, Entlastung und die ins Positive gewendete Erkenntnis, daß die rationale Weltsicht neben anderen Möglichkeiten der Weltbetrachtung und Welterfahrung steht.

Abstract: This study looks at the World Upside-down as presented in a number of nonsense poems ranging from the thirteenth to the sixteenth century. It focusses on the relationship between poetry and truth and tries to determine the specific location of nonsense poetry within a poetic theory that generally suspects fiction to be the result of lying. Nonsense poetry represents a hyperbolic kind of fiction and creates a world that has given up all ties not only to truth and reality but also to probability and rationality. Such hyperfictionality is analysed in nonsense poems by the Marner, Reinmar of Zweter, Ps.-Schnepperer, and in the anonymous 'Wachtelmäre' and the 'Finckenritter'. The places and geographical locations described in these texts are authorized by eyewitnesses travelling through the World Upside-down. At the same time these works play with the questionable status of travel reports, and literature, not reality, turns out to be the main point of reference. By lying and giving free reign to phantasy, the way these texts look at the world may be seen to compete with a rational point of view.

---

[60] Für Denkanstöße zum Begriff und Konzept Hyperfiktionalität in der Diskussion meines Vortrages danke ich u.a. Hartmut Bleumer, Annette Gerok-Reiter, Stephan Müller und Klaus Ridder, außerdem Elisabeth Lienert.

Wolframstudien XX (2008)
Erich Schmidt Verlag Berlin

Rationalisierung und Mythisierung in Erzähltexten der Frühen Neuzeit

von Jan-Dirk Müller

Max Webers Formel von der ‚Entzauberung der Welt' diente lange Zeit auch der Literaturgeschichtsschreibung als Schlüssel für die Darstellung des Übergangs vom Mittelalter in die Frühe Neuzeit. Webers Formel meint eine Tendenz der Weltgeschichte insgesamt, gesehen aus der Perspektive der westlichen Moderne, die schließlich in eine generelle Verwissenschaftlichung von Welt mündet, im Anspruch, „alle Dinge – im Prinzip – durch Berechnen zu beherrschen".[1] Aus der Perspektive einer gealterten Moderne klingt die Formel weit weniger selbstverständlich, als sie noch vor fast 20 Jahren schien, als sie den Titel eines überwiegend mediävistischen Sammelbandes abgab. „Entzauberung ist Befreiung der Vernunft", hatte Walter Haug damals gesagt.[2] Im Zeitalter immer stärkerer Fundamentalismen scheint das Erschließungspotential der Formel dagegen ebenso fragwürdig wie das in ihr, zumal in Begriffen wie ‚Befreiung' u.ä., beschlossene Versprechen. Was zwischenzeitlich angeblich ein für alle Male ‚entzaubert' wurde, feiert zu Beginn des 21. Jahrhunderts fröhliche Urständ und läßt ganz selbstverständlich ein Patchwork von Rationalität und Irrationalität zu, von Wissenschaftsgläubigkeit und radikaler Ökonomisierung einerseits und vermeintlich abgelebten mythischen, magischen, kreationistischen usw. Weltsichten andererseits. Webers Formel behauptet allenfalls noch einen normativen Anspruch für das Selbstverständnis westlicher Gesellschaften, die sich gegen andere, z.B. islamische oder Dritte-Welt-Kulturen abgrenzen zu können glauben, indem sie deren Zurückgebliebenheit, den Atavismus, den Rückfall in vormoderne Denk- und Gesellschaftsformen

---

[1] Max Weber, Gesammelte Aufsätze zur Wissenschaftslehre, Tübingen ⁴1973, S. 594.
[2] Walter Haug, Wandlungen des Fiktionalitätsbewußtseins vom hohen zum späten Mittelalter, in: Entzauberung der Welt. Deutsche Literatur 1200–1500, hg. v. James F. Poag u. Thomas C. Fox, Tübingen 1989, S. 1–17, hier S. 2; vgl. jetzt aber W. H., Die mittelalterliche Literatur im kulturhistorischen Rationalisierungsprozeß. Einige grundsätzliche Erwägungen (in diesem Band S. 19–39).

anprangern, in der Hoffnung, daß mit einiger Verzögerung die Vernunft auch dort ankommt, wo bislang noch fundamentalistisches Dunkel herrscht.

Das Thema der Rationalisierung ist also hochaktuell, wenn uns auch der Webersche Optimismus abhanden gekommen ist. Unbestritten hat der Rationalisierungsprozeß des europäischen Mittelalters die Voraussetzungen für den Aufbruch der westlichen Gesellschaften in die Moderne geschaffen, aber ebenso unübersehbar sind die Verluste, die dies bedeutet hat und die vor allem die postmoderne Kritik am Modernisierungsparadigma ins Bewußtsein gerückt hat. Das Thema ist komplex und aus mediävistischer Perspektive allein kaum angemessen zu behandeln. Wohl aber läßt sich vom Standpunkt eines germanistischen Mediävisten fragen, wie jene Verluste sich von Beginn an andeuten. Um Mißverständnisse auszuschließen: Wenn im Titel des Vortrags ‚Mythos‘ vorkommt, dann ist das kein Appell auf einen Zustand ‚jenseits der Vernunft‘, auf einen ‚Mythos des 21. Jahrhunderts‘ – wie immer wieder reflexhaft unterstellt wird, wenn man sich kritisch auf den Weg in die Moderne zurückwendet. Es geht vielmehr um die Konsequenzen, die jene von Weber global durchaus zutreffend beschriebenen Prozesse für Literatur und Kunst haben, und insofern um die Kritik einer Selbstillusion der Moderne. Anders als Walter Haug vor fast zwanzig Jahren, als er dem Thema eine scharfsinnige Betrachtung widmete, glaube ich nicht daran, daß der Rationalisierungsprozeß durch „Sinnkonstitution der subjektiven Einbildungskraft" im „Bereich des Fiktionalen" aufgefangen wurde.[3] Haug selbst hat seine Überlegungen inzwischen entschieden revidiert, indem er auf die Notwendigkeit verwies, die wechselnden historischen Kontexte dessen, was ‚Rationalisierung‘ bzw. ihr Kontrapost heißt, zu beachten.[4] Schließlich gehört die Entdeckung und Vollendung von Subjektivität selbst in die Triumphgeschichte der Moderne und ist spätestens mit den Erkenntnissen von Linguistik, Psychoanalyse und Soziologie seit Beginn des 20. Jahrhunderts ihrerseits fragwürdig geworden. Im üblichen Selbstbild der Moderne taugt diese Kategorie deshalb nicht mehr als der Gegenhalt zum Vordringen rationaler Strukturen, denn das moderne Subjekt kann nicht die Sinnkonstitution leisten, die Haug ihm damals zumutete. Und auch an den durchgängigen Sinnbildungsleistungen der Literatur habe ich erhebliche Zweifel. Könnte nicht die Literatur auch der Ort sein, an dem das, was sich der Sinnbildung entzieht, bewahrt wird?

Jedenfalls scheint mir der Antagonismus von Rationalisierung und ihren gegenläufigen Tendenzen von Anfang an aporetisch zu sein und bestenfalls

---

[3] Haug, Wandlungen (wie Anm. 2), S. 4: „Es etabliert sich schließlich ein autonomer ästhetischer Bereich, der jedoch, da er von fiktionaler Art und damit unverbindlich ist, immer nur Sinnentwürfe liefern kann".

[4] Vgl. die Überlegungen von Haug, Die mittelalterliche Literatur (wie Anm. 2), S. 23.

von Fall zu Fall – in cinzelnen literarischen Werken, in radikalen Lebensformen wie der Mystik – tragfähige Synthesen hervorgebracht zu haben. Solche Synthesen lassen sich nicht einfach mit gutem Zureden – seid doch auch vernünftig, schafft die Scharia ab und glaubt Darwin und nicht dem biblischen Schöpfungsbericht – herbeiführen. Doch sind das sehr weit gehende Vermutungen, für die die Induktionsbasis hier gewiß zu schmal ist. Deshalb besinne ich mich auf mein Handwerk und stelle einige spätmittelalterliche Textbefunde vor, die jenen angeblichen Entzauberungsprozeß samt dem, was sich ihm entgegenstellt, weit komplexer erscheinen lassen.

*****

Zuerst ein Wort zur Begrifflichkeit: Ich verbuche im folgenden unterschiedliche Phänomene, die sich dem Rationalisierungsprozeß entziehen, unter dem Stichwort des Mythischen. Mit ‚mythisch' sind sowohl bestimmte Muster der Welterfahrung, Welterklärung und der Auseinandersetzung mit Welt gemeint wie bestimmte Inhalte und Motive in dieser Welt. Diese Phänomene sind im Mittelalter aus ihrem ursprünglichen mythischen Zusammenhang gelöst, doch erscheinen sie auch nicht in dem spezifischen Gattungszusammenhang, in dem sie in der Neuzeit überleben (also etwa in Märchen oder Sage), sondern in Prosahistorien, d.h. Erzählungen, die im übrigen beanspruchen, auf eine nach rationalen Gesetzen erklärbare Welt zu referieren. Sie besetzen gewissermaßen blinde Stellen in dieser Welt, stören ihre Abläufe und begründen sie zugleich.

Man kann dies an der Faszination der Frühen Neuzeit durch die Magie erläutern. Die Magie gehört in ihrem Ursprung der Sphäre des Mythos an; nur in ihr wäre sie nicht Aberglaube, sondern legitimes Mittel der Beherrschung von Welt; eben diese Wirkung wird ihr aber auch in zahlreichen frühneuzeitlichen Erzählungen zugewiesen. Wenn bestimmte Strukturen und Prozesse in der Erzählwirklichkeit von Magie bestimmt werden, dann kann man dies als Tendenz zu einer Re-mythisierung verstehen.

Ich will vier unterschiedliche Beispiele diskutieren: den dämonischen Ursprung, der mit genealogischer Normalität verknüpft wird und zugleich in dieser Exorbitanz begründen kann; die märchenhaft unbeherrschbare Macht des Geldes, die als dunkle Antriebskraft hinter ökonomischem Kalkül steht; die bedrohliche Welt unumschränkten Erkenntniswillens, die die fromme Wohlanständigkeit eines gottgefälligen Lebens umgibt; schließlich die unablässige Störung tugendhaft ritterlichen Handelns durch Magie. Der Verzicht darauf, hier weitere Differenzierungen einzuführen, hat den Zweck, scheinbar unterschiedliche Phänomene, die gewöhnlich getrennt betrachtet werden, in einer gemeinsamen Perspektive in den Blick zu nehmen. Nur ein solch breites Konzept kann erfassen, wie auf unterschiedlichste Weise in Spätmittelalter und Früher Neuzeit rationalisierende Tendenzen konterkariert werden. Dies geschieht in der Regel auf der Ebene der Inhalte. Die ästhetische Reflexion erfolgt erst zu Ende des hier thematisierten Zeitraums, etwa in der Poetik des ‚Wunderbaren', im deutschen Sprachraum bei den Schweizern Bodmer und Breitinger.

Unbestreitbar ist, daß seit der Frühen Neuzeit das Interesse an rationaler Auffassung und Erklärung von Welt zugenommen hat.[5] Doch ebenso unbestreitbar gibt es gegenläufige Tendenzen, und zwar nicht nur in der Form obskurantischer Restbestände. Man ist inzwischen von starren Konfrontationen eines Zeitalters des Logos und eines des Mythos abgekommen und hat die vielfältigen Überblendungen und Interaktionen untersucht.[6] Man hat die Mythen des Alltags entdeckt und die Literatur als Residuum mythischen Denkens beschrieben.[7] Von all dem kann hier nicht die Rede sein. Hier geht es nur um einige Veränderungen in der Erzählliteratur, die sich im Rahmen jener globalen Tendenzen interpretieren lassen.

Klaus Ridder hat in seinem programmatischen Aufsatz „Rationalisierungsprozesse und höfischer Roman im 12. Jahrhundert" den diffusen Rationalitätsbegriff durch den der „kommunikativen Rationalität" nach Habermas ersetzt und Rationalität als ein Verfahren bestimmt, das „mit Reflexion und mit Argumentation" verbunden ist.[8] Und er hat auf vier Feldern Rationalisierungsprozesse im höfischen Roman verfolgt: in der Kommentierungspraxis, in der Einführung exakterer und wahrscheinlicherer Motivationen, in der Vermessung von Räumen und Zeiten, im durchgängigen Interesse an kausalen Ableitungen, insbesondere an psychologischer Stimmigkeit. Walter Haug hat, in seinem Plädoyer für die Unterscheidung historisch spezifischer Rationalitätstypen, darüber hinaus die spezifische Rationalität des Romans im 12. Jahrhundert in seinem Konstruktionscharakter gesehen, der ‚Sinn' garan-

---

[5]   Lorraine Daston, Wunder, Beweise, Tatsachen. Zur Geschichte der Rationalität, Frankfurt a.M. 2001.

[6]   Anstelle vieler Beispiele nenne ich nur Christoph Jamme, »Gott anhat ein Gewand«. Grenzen und Perspektiven philosophischer Mythos-Theorien der Gegenwart (stw 1433), Frankfurt a.M. 1999. Vorbereitet ist dies durch Ernst Cassirer, Philosophie der symbolischen Formen. Zweiter Teil. Das mythische Denken [1925], Darmstadt [9]1964.

[7]   Roland Barthes, Mythen des Alltags (es 92), Frankfurt a.M. 1964; Heinz Schlaffer, Das Nachleben des mythischen Sinns in der ästhetischen Form, in: Formaler Mythos. Beiträge zu einer Theorie der ästhetischen Form, hg. v. Matias Martinez, Paderborn u.a. 1996, S. 27–36.

[8]   Klaus Ridder, Rationalisierungsprozesse und höfischer Roman im 12. Jahrhundert, in: DVjs 78 (2004), S. 175–199, hier S. 178 ; Martin Baisch, *durchgründen*. Subjektivierung und Objektivierung von Wissen im *Reinfried von Braunschweig*, in: Inszenierungen von Subjektivität in der Literatur des Mittelalters, hg. v. dems., Jutta Eming, Hendrikje Haufe, Andrea Sieber, Königstein 2005, S. 186–199.

tiere, und dies eben dadurch, daß er andere Formen von Rationalität, etwa die einer „kausalen Handlungslogik", souverän beiseiteschiebe.[9] Während dieser Rationalitätstypus verfällt,[10] lassen sich in der Tat in der spätmittelalterlichen Literatur, gerade dort, wo man Texte mit mittelalterlichen Vorgängern vergleichen kann, verstärkt ähnliche wie die von Ridder beobachteten ‚Rationalisierungstendenzen' beobachten: Eine These wie die Lugowskis von der ‚Auflösung des mythischen Analogons' im 16. Jahrhundert unterstützt solche Beobachtungen von Seiten der Narratologie; Analysen des spätmittelalterlichen und frühneuzeitlichen Prosaromans haben die Tendenz bestätigt.[11]

Allerdings fassen solche Modelle immer nur einen Teil der Phänomene. Ebensowohl läßt sich nämlich in der spätmittelalterlichen Literatur eine Tendenz zum Mythischen, rational Nicht-Auflösbaren beobachten. Wenn man aufs Ganze gesehen von einer ‚Entzauberung der Welt' sprechen kann, so scheint sich gerade die Erzählliteratur diesem Prozeß zu entziehen. Deshalb sollen an ausgewählten Beispielen aus der spätmittelalterlichen und frühneuzeitlichen Erzählliteratur gegenläufige Tendenzen untersucht und ihr Verhältnis zueinander bestimmt werden. Oft setzen Rationalisierungs- und Mythisierungstendenzen an einem und dem selben Phänomen an. In Paratexten werden nicht selten beide – obwohl doch scheinbar einander widersprechend – für eine Empfehlung des betreffenden Werks beansprucht. So kann eine Betrachtung solcher Erzähltexte Auskunft über eine spezifisch frühneuzeitliche Poetik und frühneuzeitliche Wirkungsabsichten ergeben, von denen her auch das Verhältnis der Literatur zu benachbarten Diskursen schärfer bestimmt werden kann.

*****

Gerade Texte, die sich auf den ersten Blick dem Rationalisierungskriterium entziehen, fügen sich in anderer Hinsicht dem allgemeinen Trend ein, so etwa der Prosaroman ‚Melusine', der die Geschichte der feenhaften Ahnfrau des Geschlechts der Lusignan erzählt.[12] Der deutsche Übersetzer und Bearbeiter

---

[9] Haug, Die mittelalterliche Literatur (wie Anm. 2), S. 27–30; bes. S. 30.

[10] Karlheinz Stierle, Die Verwilderung des Romans als Ursprung seiner Möglichkeit, in: Literatur in der Gesellschaft des Spätmittelalters, hg. v. Hans Ulrich Gumbrecht (Begleitreihe zum GRLMA Bd. 1), Heidelberg 1980, S. 253–313.

[11] Clemens Lugowski, Die Form der Individualität im Roman. Studien zur inneren Struktur der deutschen Prosaerzählung (1932). Neudruck mit einer Einleitung von Heinz Schlaffer, Frankfurt a.M. 1976; dazu Jan-Dirk Müller, Der Prosaroman – eine Verfallsgeschichte? Zu Clemens Lugowskis Analyse des ‚Formalen Mythos' (mit einem Vorspruch). In: Mittelalter und frühe Neuzeit. Übergänge, Umbrüche und Neuansätze, hg. v. Walter Haug, Tübingen 1999, S. 143–163.

[12] [Thüring von Ringoltingen], Melusine, in: Romane des 15. und 16. Jahrhunderts.

des französischen Versromans, Thüring von Ringoltingen, betrachtet sie als *historia*, die wirklich Geschehenes, *res factae,* zum Gegenstand hat. Beweis dafür, daß es Melusine wirklich gegeben hat, ist der Umstand, daß ihre Nachfahren ‚bis heute' auf diversen europäischen Thronen herrschen. In einer etwas gewagten Anwendung des Satzes vom zureichenden Grund kann man von der Existenz der Nachkommen auf die Existenz ihrer gemeinsamen Stammutter schließen, denn gäbe es sie nicht, dann gäbe es auch nicht die Fürstengeschlechter, die sich auf sie zurückführen. Ferner gibt es bis heute Bauten, die Melusine errichtet hat; man kann sie ansehen (*adtestatio rei visae*), und ein Thüring bekannter, wohl beleumundeter Mann hat sie angesehen und steht für die Existenz der Bauherrin ein (S. 175f.).[13]

Zu solchen Gesten der Bewahrheitung der Geschichte insgesamt treten Gesten der Begründung und Erklärung einzelner Vorgänge. Das Dämonische oder Märchenhafte der fürstlichen Ahnfrau, die sich samstags zur Hälfte in eine Schlange verwandelt, wird nicht als selbstverständlich hingenommen, sondern im Text zwar als außergewöhnlich markiert, jedoch psychologisch verarbeitet oder wegerklärt. Wenn Raymund nachts drei Feen am verrufenen Brunnen begegnet, reduziert sich die Unheimlichkeit auf den ungewöhnlichen Umstand, daß er die Damen nicht grüßt, wie dies ein junger Ritter doch zu tun hätte. Er ist so aufgewühlt, daß er die seltsamen Umstände nicht bemerkt (S. 22f.). Oder, die Fee feiert ihre Hochzeit an verrufenem Ort; klar, daß alle sich über die Pracht dieser Hochzeit wundern, aber doch nur, weil man an solch abgelegener Stelle dergleichen nicht erwartet hätte (S. 38). Die Akteure wundern sich über das, was ihnen widerfährt, und suchen sich einen vernünftigen Reim darauf zu machen. Was sie sich an Erklärungen zurechtlegen, muß nicht einmal zutreffen; so erfährt man erst recht spät von Melusines Fluch, aus dem sich alles Folgende ergibt, doch macht man sich schon vorher Gedanken. Gerade falsche Erklärungen bezeugen den durchgängigen Anspruch auf rationale Motivation, der wenigstens subjektiv befriedigt werden muß, auch wenn sie im Licht späterer Erkenntnisse objektiv falsch ist: In unheimlich

---

Nach den Erstdrucken mit sämtlichen Holzschnitten, hg. v. Jan-Dirk Müller, Frankfurt a.M. 1990 (Bibliothek der Frühen Neuzeit 1), S. 9–176 (nach dieser Ausgabe die Zitate im Text); vgl. Kommentar, S. 1012–1087, hier S. 1029; Jan-Dirk Müller, Melusine in Bern. Zum Problem der Verbürgerlichung höfischer Epik im 15. Jahrhundert, in: Literatur – Publikum – historischer Kontext, hg. v. Gert Kaiser, Bern u.a. 1977 (Beiträge zur Älteren Deutschen Literaturgeschichte 1), S. 29–77.

[13] Zum Begriff *historia* Joachim Knape, Historia in Mittelalter und Früher Neuzeit. Begriffs- und gattungsgeschichtliche Untersuchungen im interdisziplinären Kontext (Saecula spiritalia 10), Baden-Baden 1984. Einen ähnlichen Autoritätsbeweis enthält übrigens ein halbes Jahrhundert später der Amerikabericht des Hans von Staden, wenn der Herausgeber betont, daß Staden honorige, ‚uns' wohlbekannte Eltern hatte und deshalb gewiß die Wahrheit über die Neue Welt schrieb.

kurzer Zeit z.B. – ‚wie von Zauberhand' – entstehen Melusines Bauten und Stifte (*wunder und aventewr*, S. 44), aber erzählt wird das nicht als Zauberei; vielmehr werden genau die dafür notwendigen handwerklichen Verrichtungen aufgeführt und zur Erklärung des raschen Tempos hinzugefügt: Melusine *bezalte ire werckleüt alle tag mit bereÿtem gelt / darumb sÿ auch dester williger waren ire werck zů volbringen*: rasche Barzahlung verkürzt die Bauzeit (S. 45).

Das Interesse an einer alltagsweltlich nachvollziehbaren psychologischen Motivation schiebt sich über die Geschichte von der dämonischen Metamorphose der Ahnfrau: Raymund ist weniger entsetzt vom Anblick des Schlangenwesens, in das Melusine sich samstags verwandelt, als daß er, wenn er ihr Geheimnis entdeckt hat, von der Furcht gepeinigt wird, seine geliebte Gattin zu verlieren. So verkriecht er sich im Bett und beklagt seinen Vertrauensbruch, der, wie er annehmen muß, ihn für immer von Melusine trennen wird. Melusine reagiert nicht als Fee, die weiß, daß ihre Erlösung gefährdet ist, sondern als erfahrene Ehefrau, die weiß, wie sie ihren Mann tröstet: Sie *zoch sich auch nacket auß vnd leget sich zů reÿmund an seÿn pett vnd kust vnd umbfieng in gar tugentlich* (S. 100). Dann beruhigt sie ihn mit zärtlichen Worten. So kann für eine Weile die eheliche Eintracht wiederhergestellt werden. Der Mechanismus der Erzählung von einer gescheiterten Mahrtenehe löst sich in der Psychologie eines Ehedramas auf. So ist es auch nicht der Tabubruch, der das liebende Paar auseinandertreibt, sondern erst die Enthüllung dessen, was Raymund gesehen hat, vor anderen.

Auch daß es dazu kommt, ist wieder psychologisch plausibilisiert und ergibt sich nur noch indirekt aus der dämonischen Verstrickung des Melusinengeschlechts: Raymund hat vom Verbrechen seines Sohnes Geffroy gegen ein Kloster gehört; er kann sich dieses Verbrechen nur mit dem dämonischen Erbe von der Mutter her erklären. Deshalb verliert er vor dem versammelten Hof die Beherrschung und beleidigt seine Frau in wildem Zorn: *Aber Reÿmund lag do so in gar grosser grymmikeÿt vnd so vol zorens / das alle vernufft von im schied / vnd nicht müglichen was das er icht gůtes reden möcht* (S. 114). Damit bewahrheitet sich nicht etwa, daß man sich mit Dämonen besser nicht einläßt, sondern die Alltagsweisheit, daß Zorn noch nie Gutes gestiftet hat: *Jratus nil nisi criminis loquitur*. Natürlich tut der unbedachte Vorwurf Raymund sogleich leid, aber er kann, was alle gehört haben, nicht ungeschehen machen. Was mythische Zwangsläufigkeit war, erscheint als psychologische Plausibilität. Wo in Geschichten ähnlicher Art der Dämon sonst mit Getöse verschwindet, trennt sich hier das Paar unter jämmerlichen Klagen und Segenswünschen (S. 116–122): eine Ehetragödie, keine mythische Verfehlung mit zwangsläufiger Konsequenz.

Und so geht das unablässig: unablässig wird das Wunderbare oder Monströse an erwartbare Handlungskonstellationen angeschlossen. Die Forschung hat noch und noch herausgearbeitet: *common sense* und ein moralisches *juste milieu* sollen das Inkommensurable kommensurabel machen. Nur – gelingt das wirklich, und liegt in der rationalisierenden Deutung das Ziel des Erzählens? Sind die Geschichten vom frommen und mütterlichen Schlangenweib, ihren dämonisch entstellten Söhnen, dem Fluch ihrer beleidigten Mutter und ihren unglücklichen verwunschenen Schwestern als Beispiele jenes *juste milieu* erzählenswert? Wohl kaum. Erzählenswert sind sie, wie der Übersetzer sagt, weil sie so *auentürlich* sind, *auentürlicher* noch als die Geschichten um König Artus (S. 11, 176). Nur sind sie eben außerdem noch wahr, auf die beschriebene Art beweisbar und an Alltagserfahrung anschließbar. Mit *auentürlich* ist gemeint, daß die Geschichte aus der natürlichen Ordnung herausfällt. Es ist die *âventiure*, die die Attraktion ausmacht; sie konstituiert hier freilich keinerlei Sinn, sondern stellt die gewöhnliche Ordnung in Frage und bedroht sie.

Die – ich nenne sie abgekürzt – rationalen Momente und die wunderbaren stehen völlig unabgestimmt nebeneinander. Es gibt einen mythischen Mechanismus, der sich letztlich auch durchsetzt, und es gibt eine psychologische Erzählung, die zeitweise an seine Stelle tritt. Aber das eine ist nicht ohne das andere möglich. Am Anfang des genealogischen Aufstiegs steht eine Bluttat, an der Raymund unschuldig-schuld ist. Ihre Folgen werden durch das Erscheinen der Fee abgewendet und sogar in Glück verwandelt. Der Ursprung dieses Glücks ist damit in doppelter Weise dunkel und dubios, und eben dies holt den Protagonisten zuletzt ein, stürzt ihn ins Unglück, während sein Geschlecht weiter blüht.

Mit Hilfe des glücksbringenden Dämons wird ein unauflöslicher Widerspruch zwischen Gewalt und Ordnung, individuellem und kollektivem Heil inszeniert. Widersprüche finden sich auf allen Ebenen. Widersprüchlich ist die Beziehung des Helden Raymund zum Schlangenweib: einerseits ein vorbildliches Liebes- und Eheverhältnis, das auch die Belastung des Vertrauensbruchs aushält, andererseits die Verbindung mit einem Dämon, einem Tabu unterliegend, das Raymund vom Eindringen in Melusines Geheimnis ausschließt. Melusine ist eine kluge und tatkräftige Herrscherin, eine verständnisvolle Ehefrau und treu sorgende Mutter, aber eben auch ein Monster, das heulend um den Schloßturm fliegt. Die Söhne sind kühne und tatkräftige Ritter, die Europa von Usurpatoren säubern, aber auch von einer monströsen Körperlichkeit. Diese aber stört, wieder umgekehrt, ihre Liebeskarrieren keineswegs; Prinzessinnen aus ganz Europa fliegen auf sie, so entstellt sie auch sein mögen. Sie sind Abkömmlinge einer mythischen Welt, doch auch perfekte Mitglieder der bekannten.

Die Nicht-bewältigung des mythischen Substrats zeigt sich am direktesten am offenen Schluß der Geschichte Palestines, die verdammt ist, in einem Berg voller Drachen zu hausen. Deren Erlösung scheitert nicht nur wie die ihrer beiden Schwestern an moralischen Defekten derer, die dazu ausersehen sind, vielmehr wird der Versuch irgendwann einfach abgebrochen: Ein englischer

Ritter schafft es nicht, zu ihr vorzudringen, weil ihn zuvor ein Drache verschlingt, und Melusines Sohn Geffroy, der es schaffen könnte, weil er aus ihrem Geschlecht stammt, stirbt einfach weg, bevor er zu dem Abenteuer aufbrechen kann. So wird Palestine in ihrem Drachenberg bis ans Ende der Tage warten müssen – während ihre Verwandten auf den Thronen Europas herrschen.

Der Erzähler will beides: die mythische Konstellation des Ursprungs eines vornehmen Geschlechts aus Verbrechen und dämonischer Verstrickung erzählen und dessen Veralltäglichung (ein weiterer Begriff Max Webers!) nach den Normen eines christlich tingierten Durchschnittsverständnisses vom Lauf der Welt. Dieses Zugleich kennzeichnet die Geschichte insgesamt: Sie erwächst aus der Normalität kleinadelig-beengter Verhältnisse und mündet in die Geschichte der Söhne Melusines wieder in ihnen (was die jüngeren Söhne Melusines betrifft) bzw. (bei den älteren Söhnen) in einem Normalbild von der Ausbreitung adeliger Herrschaft durch Rittertaten, Rettung einer Jungfrau und Erbe eines Königreichs. So ergibt sich das zähe Gedeihen eines ‚bis heute‘ erfolgreichen Adelsgeschlechts, auf das Thüring stolz verweist. Dazwischen aber erzählt er von der Drachengestalt der Fee, von Tabus und Tabubrüchen, von Riesen, von einer Grabeshöhle, die das düstere Geheimnis des Fluchs von Melusines Mutter Presine umschließt, von seltsamen Erlösungsaufgaben und ihrem Scheitern. Gewinnt hier wirklich eine rationalere Weltsicht die Oberhand, oder geht es nicht weit eher um den Versuch, das, was sich der *ratio* entzieht, aber bei weitem mehr fasziniert als die gewöhnliche Welt, mit den Mitteln eben dieser Welt zu bewältigen?

*****

Sehen wir uns unter diesem Aspekt einige andere frühneuzeitliche Romane an, etwa den ‚Fortunatus‘.[14] Hier gibt es ein unabgestimmtes Nebeneinander von wunderbaren Ereignissen und Zauberrequisiten einerseits, sorgfältig auserzählten Kausalketten in einer wölfischen Gesellschaft, in der jeder skrupellos auf Kosten des anderen seinen Vorteil sucht und auch vor Verstümmelung und Mord nicht zurückschreckt, andererseits. Beispiele für das letztere sind die Intrigen am Hof von Flandern, die Jagd nach den Juwelen des Königs von England, die Hinrichtung und Plünderung fremder Kaufleute in London, der skrupellose Einsatz politischer Gewalt durch den Waldgrafen gegen den reichen Fortunatus, der Diebstahl in Konstantinopel und die Flucht vor einer korrupten Rechtspflege, im zweiten Teil dann Andolosias rücksichtsloser

---

[14] Fortunatus, in: Romane des 15. und 16. Jahrhunderts (wie Anm. 12), S. 383–585 (nach dieser Ausgabe die Zitate im Text); Kommentar, S. 1159–1225.

Egoismus, der ruinöse Konkurrenzkampf mit dem englischen König, das Spiel von Betrug und Gegenbetrug, die Entführung und Folter des Andolosia.

Beispiele für das erste sind das Glücksseckel des Fortunatus, das Wunsch-hütlein und die Zauberäpfel, die den Protagonisten erlauben, magisch über ihre Umgebung zu verfügen. Man hat diese Requisiten als märchenhaft ver-standen und ihren Gewinn oder Verlust als Motive einer typischen Märchen-handlung. Doch damit ist ihre Bedeutung erheblich unterschätzt. Indem sie schrankenlose Verfügung über materielle Ressourcen, über den Raum bzw. über die körperliche Gestalt ermöglichen, setzen sie an den Punkten an, an denen seit dem 16. Jahrhundert das Weltverhältnis sich besonders dramatisch verändert. Indem im ‚Fortunatus‘ die Veränderung mittels Magie bewirkt wird, wird sie aus der gewöhnlichen Ordnung der Dinge herausgenommen. Sie steht für einen unbegriffenen mythischen Hintergrund.

Die sozialgeschichtliche Forschung der 1970er Jahre hat gezeigt, daß es im ‚Fortunatus‘ immer ums Geld geht und daß dabei, zwar trotz einiger traditio-naler Zugeständnisse[15], einige bemerkenswerte Einsichten in seine Eigenschaf-ten und die Mechanismen, die die Geldwirtschaft bestimmen, ganz nebenbei aufscheinen:[16] die unumschränkte Konvertibilität des Geldes (das Geldseckel hält stets die passende Währung bereit), die Wachstumschancen des Kapitals (‚Geld heckt Geld‘: das Seckel wird nie leer), seine Ablösung vom Gebrauchs-wert (der Geldwert einer Sache regelt sich nach dem Spiel von Angebot und Nachfrage), die Käuflichkeit aller Standessymbole (Fortunatus in Cypern). Aber dies alles wird nicht als ökonomisches Gesetz dargestellt, sondern auf eine mythische Konstellation zurückgeführt, in der einer über unerschöpfli-chen (Geld-)Reichtum gebietet. Das Geld sprengt alle Ordnungen: Herrschaft, ständische Hierarchien, Moral, es erlaubt sexuelle Ausschweifung, stimuliert zu Betrug, Diebstahl, Raub, Mord. Dem Geheimnis des Seckels suchen alle skrupellos auf die Spur zu kommen, um es an sich zu bringen; in der traditio-nalen politischen Ordnung ist es ein bedrohliches Potential, dessen Macht eingedämmt werden muß, nicht aber – und schon gar nicht rational – bewäl-tigt werden kann. Rationales Kalkül dagegen richtet sich überwiegend auf die – scheinbar irrationale – altständische Ordnung, die die Verwendung des Gel-

---

[15] Hierzu insbesondere Dieter Kartschoke, Weisheit oder Reichtum? Zum Volksbuch von Fortunatus und seinen Söhnen, in: Literatur im Feudalismus, hg. v. Dieter Richter, Stuttgart 1975, S. 213–259.

[16] Walter Raitz, Zur Soziogenese des bürgerlichen Romans. Eine literatursoziologische Analyse des ‚Fortunatus‘, Düsseldorf 1973; Helmut Scheuer, Das Volksbuch For-tunatus (1509). Zwischen feudaler Anpassung und bürgerlicher Selbstverwirkli-chung, in: Literatursoziologie, hg. v. Joachim Bark, Bd. 2, Stuttgart 1974, S. 99–117; Hans-Jürgen Bachorski, Geld und soziale Identität im ‚Fortunatus‘. Studien zur literarischen Bewältigung frühbürgerlicher Widersprüche, Göppingen 1983.

des kontrolliert und begrenzt. Mit ihr lernen die Protagonisten zu rechnen, um nicht trotz ihrer finanziellen Macht unterzugehen.

Dazu ein besonders auffälliges Beispiel: Selbst der vermeintlich irrationale Versuch Andolosias, den König von England durch die Ostentation seines Reichtums zu überbieten – scheinbar eine obsolete und nicht zu gewinnende Ehrkonkurrenz mit dem feudalen Machthaber –, legt Marktgesetze offen. Andolosia will den König durch ein splendides Mahl beeindrucken. Der König will ihn daran hindern und verbietet den Verkauf von Brennholz, das Andolosia für seine Küche braucht. Dieser will daraufhin statt Brennholz Holz aller Art (Zäune, Schiffe, Häuser etc.) aufkaufen, um sie zu verfeuern. Als das unterbunden wird und Andolosia das Verbot des Königs ahnt, kauft er teure Gewürzhölzer, die viel zu kostbar sind, um verfeuert zu werden, und läßt sie verbrennen (S. 519). Das treibt den Holzpreis zwar ins Astronomische, ist aber bei Andolosias Geldmitteln kein Problem. So erreicht er sein Ziel und führt damit vor: Das Geld reduziert alles auf seinen bloßen Tauschwert und löst alle möglichen Gebrauchszusammenhänge auf. Auch Luxusartikel sind für den Geldbesitzer, der sein Ziel rücksichtslos verfolgt, mehr oder weniger teures Brennmaterial. Dieser Einsatz des Geldes ist erfolgreich. Die Investition scheint sich für Andolosia zunächst zu lohnen, indem er der Tochter des Königs näherkommt, dadurch daß er dem königlichen Vater auf diese Weise seine unerschöpflichen Ressourcen zeigen und so seinen ständischen Makel zu kompensieren versuchen kann. Sein Verhalten ist keineswegs nur Zeichen eines anarchisch-maßlosen Begehrens, sondern ein Versuch, mittels Geld in die dynastische Ordnung einzudringen und damit auch ihre Legitimation neu zu definieren. Der Erfolg verspräche ihm außerdem als Schwiegersohn des Königs eine politische Macht, die seine ökonomische potenzierte, indem er willkürlich ins Marktgeschehen und damit ins Preisgefüge eingreifen könnte.[17] Andolosia ist darin nur nach altständischen Auffassungen (die ein Teil der modernen Interpreten schaudernd zu teilen scheint) ein Hasardeur und Verschwender, den irgendwann die gerechte Strafe – er wird von zwei Vertretern der alten Ständeordnung gefangengesetzt, gefoltert und zuletzt getötet – ereilt. Tatsächlich hat er begriffen, welche Möglichkeiten im unbeschränkten Geldbesitz stecken. Auch sollte zu denken geben, daß ihn seine angeblich verdiente Strafe erst viel später ereilt, und zwar ausgerechnet dann, wenn er vorsichtiger zu agieren und Rücksicht auf die ständische Ordnung zu nehmen gelernt hat. Wäre sein Coup gelungen und wäre er der Mann der englischen Prinzessin geworden, hätte sich das Geschäft ausgezahlt.

---

[17] Gewiß erscheint diese Möglichkeit nirgends im Horizont des Romans; trotzdem ist keimhaft in dieser Konstellation ein Konflikt angelegt, der in der hochkapitalistischen Welt von Balzacs ‚Comédie humaine' immer wieder auserzählt wird.

Dazu das Wunschhütlein, das gefahrlos die weitesten Entfernungen zu überwinden und damit nahezu ubiquitäre Präsenz erlaubt: ein Märchenrequisit. In der Romanhandlung ist sein Gebrauch begrenzt. Es hilft in gefährlichen Situationen und wird zu Unterhaltungszwecken eingesetzt (so durch seinen ersten Besitzer, den Sultan). Doch ist es auch ein phantastisches Versprechen für einen *global player* vor der Globalisierung (und deshalb für den quietistischen Bruder des Andolosia, den Rentner Ampedo, der sich nie von Zuhause fortbewegt, einfach nutzlos). Es mythisiert die ubiquitäre Präsenz des Geldbesitzers (er kann mühelos sich von einem Ort zum anderen wünschen). Der Vater Fortunatus kann sich mit seiner Hilfe der Sanktionsmacht des Sultans entziehen, der Sohn Andolosia seinen verlorenen Besitz wiedergewinnen.

Schließlich sind auch die Zauberäpfel, die Andolosia in der Wildnis findet, mehr als ein Märchenrequisit. Sie können nicht nur, wie ein Zauber gewöhnlich, verunstaltend oder heilend wirken, sondern erscheinen als Pharmakon, das sich in seiner Wirkung so exakt dosieren läßt wie ein Penicillinstoß. Wer einen Apfel von dem einen Baum ißt, dem wachsen Hörner; wer von dem anderen kostet, dem verschwinden sie wieder, aber beides genau nach der Menge, die er zu sich nimmt. Das weiß der kluge Andolosia für sich und seine Intrige auszunutzen. Sicherlich, auf die Äpfel wird kein Geschäft gegründet; sie dienen allein der Rache des Helden; das Wunschhütlein wird nicht ökonomisch genutzt; und der Gebrauch des Seckels unterliegt eben nicht nur Marktgesetzen. Die drei Requisiten, die eine neue rationale ökonomische Ordnung zu repräsentieren scheinen, treten in mythischer Form auf. Aber das ist kein bloßes Zugeständnis an ein altes Denken und an eine rückständige sozioökonomische Situation, verdankt sich nicht einem Darstellungsdilemma, dem Zwang, auf diesem Umweg ein unbegriffenes Neues narrativ zu vergegenwärtigen. Vielmehr verweisen sie auf den mythischen Grund der vermeintlichen Rationalität. Nicht deren Mechanismen sind erzählenswert, sondern die dunklen Mächte, die hinter ihnen stehen, an erster Stelle die mythische Macht der Fortuna, deren unbegreifliche und unbeherrschbare Willkür den Helden auf dem Tiefpunkt seiner Laufbahn grundlos erhebt, um seine Söhne auf dem Höhepunkt ebenso grundlos wieder zugrundezurichten.[18]

An Fortuna, die dem Helden seinen Namen gibt, läßt sich die gegenläufige Tendenz ablesen: Die Allegorie der Fortuna ist zur biederen ‚Jungfrau des Glücks' domestiziert, die ihre Gaben an die Beachtung bestimmter Regeln knüpft und selbst dem Gesetz der Sterne – im Sinne der Zeit: einem Naturgesetz – unterworfen ist, die dem Helden aber Gaben verleiht, die allen Na-

---

[18] Jan-Dirk Müller, Die Fortuna des Fortunatus. Zur Auflösung mittelalterlicher Sinndeutung des Sinnlosen, in: Fortuna, hg. v. Walter Haug u. Burghart Wachinger (Fortuna vitrea 15), Tübingen 1995, S. 216–238.

turgesetzen spotten, die die traditionale Ordnung zersetzen und ihn bei allem Glück zu einem von allen anderen Menschen isolierten Außenseiter machen. Oder das Glücksrad, die *Rota Fortunae*: Es hat sich einmal gedreht, wenn der Roman zu Ende ist. Fast auf dem Nullpunkt hatte die Handlung eingesetzt, war zunächst noch weiter abwärts gegangen, hatte sich dann, als Fortunatus das Glücksseckel bekommen hatte, steil aufwärts bewegt, bis zur Gründung eines adeligen Hausstandes in Cypern, dargestellt in der *maiestas* des Geldbesitzers, die der Titelholzschnitt zeigt, und hatte dann, ebenfalls mit Erholungen und Rückschlägen, zum Tiefpunkt zurückgeführt, an dem der eine Sohn zu Tode gemartert wird, der andere vor Gram stirbt, ihre Besitztümer aber an den König fallen. Den Lauf der Welt im Symbol des Glücksrades zu fassen, scheint eine traditionelle Vorstellung einer noch in ihren Wechselfällen von Gott geordneten Welt. Doch die Regelmäßigkeit, mit der das Glücksrad zur Erbauung der Frommen aus Bettlern Könige und aus Königen wieder Bettler macht, täuscht. Tatsächlich erzählt der Roman von einer Kette unvorhersehbarer Zufälle, die sich nur scheinbar und nur aus großer Distanz betrachtet zur sinnhaften Kreisform rundet. Die Schein-Ratio der Fortuna versucht, dem mythischen Schrecken Sinn einzuzeichnen.

Es gibt eine Schlüsselszene, die das Zugleich von Entzauberung und mythischem Schrecken inszeniert: die Höhle des Hl. Patrick. Fortunatus und seine Begleiter wollen sie besuchen, weil sie als Eingang ins Jenseits gilt. Das erweist sich als Schwindel; sie finden ein dunkles, leeres, weit verzweigtes Höhlensystem. Doch ist das nicht weniger unheimlich; um ein Haar hätten sie sich darin verirrt und wären umgekommen. In letzter Minute werden sie *Mit der hylff gottes* und eines alten Mannes, der die Höhle vermessen hat und herausfinden kann, wo sie sich aufhalten, gerettet (S. 447). Die Draußengebliebenen bemühen sich intensiv um diese Rettung, weil der Abt, bei dessen Kloster die Höhle liegt, eine geschäftsschädigende Wirkung fürchtet, wenn jemand darin verunglückt: Das Pilgerziel ist entzaubert; Meßkunst und ökonomisches Kalkül bewirken (neben Gott) die Rettung. Aber statt des Schreckens des Numinosen begegnen Fortunatus und seine Begleiter dem Schrecken einer lebensbedrohlichen Leere.

Der Epilog der ersten Ausgabe (in allen späteren fehlend) hat die Zauberrequisiten als etwas, was es ‚heutzutage‘ nicht mehr gibt, preisgegeben und damit auf den fiktionalen Charakter des Romans verwiesen (S. 579). Die Fiktion deutet auf einen blinden Fleck einer scheinbar nach rationalen Gesetzen abgespulten Romanwelt. Doch ist es gerade das, was sich ihr nicht fügt, was die Erzählung erzählenswert macht.

*****

Mein drittes Beispiel ist das ,Faustbuch'.[19] Mit unerbittlicher Penetranz hat der Verfasser angeblich glaubwürdige Zeugnisse für die Wahrheit der Geschichte vom Erzzauberer beigebracht: den Freund aus Speyer, weitere Gewährsleute, Briefe, eigenhändige Berichte des Faustus, sein Testament, seine im Autograph überlieferte Mahnrede an die Studenten und nicht zuletzt die Urkunde des rechtsgültig ausgefertigten Teufelspakts – eine wahre Orgie an Dokumentation. Doch sie erfolgt nur, um zu zeigen, wie mächtig der Teufel ist und was geschieht, wenn einer sich mit ihm einläßt. Die Teufelsmenagerie, der Höllenspuk, die lärmenden Schwänke sollen als beweisbar wahr, empirisch überprüfbar gelten. Der Erzähler unterwirft das, was als Wirklichkeit zu gelten hat, extremer Kontrolle, doch ausgerechnet bei einer Figur, die auf der unzugänglich dunklen Seite der Welt wirkt. Zweifellos ist für das 16. Jahrhundert der Teufel Realität. Nichts wäre falscher, als in den Beglaubigungsstrategien Fiktionssignale zu sehen. Sie sind ein Versuch, die Nachtseiten der Alltagswelt quasi dokumentarisch dingfest zu machen und den Leser möglichst nah an sie heranzuführen, damit er sich schaudernd von ihnen abwendet. Dazu bedient sich der Erzähler weiterer Suggestionen: Der Teufel ist so gefährlich, daß der Erzähler nicht einmal Faustus' Beschwörungsformeln nennt, um den Leser nicht in Versuchung zu führen, und ihm ein Sprüchlein vorsagt, mit dem er sich vor dem Teufel schützen kann (S. 841, 855f.). Er nutzt die Faszination des Schrecklichen und gibt vor, den Leser nur in letzter Sekunde vor dem Abgrund zurückzureißen. Es ist der Abgrund menschlicher Vernunft.

Gewiß ist der biedere Doktor in Spieß' ,Faustbuch' von 1587 nicht der Titan der Forschung, ein an die Grenzen des Wissens und darüber hinaus gehender Wissenschaftler, wie er zur Symbolfigur der Neuzeit wird.[20] Man muß, um wenigstens etwas davon zu entdecken, der Gestalt des Erzzauberers ihre magischen und mystifizierenden Verkleidungen abstreifen.[21] Doch ohne Zweifel steckt unter ihnen ein nicht mehr theologisch gezähmter Erkenntniswille. Dabei ist der Erzähler unübersehbar um die wohlausgeleuchtete Dar-

---

[19] Faustbuch, in: Romane des 15. und 16. Jahrhunderts (wie Anm. 12), S. 829–986 (nach dieser Ausgabe die Zitate im Text); Kommentar, S. 1319–1430.

[20] Jan-Dirk Müller, Faust – ein Mißverständnis wird zur Symbolfigur, in: Thomas Mann, Doktor Faustus: 1947 – 1997, hg. v. Werner Röcke (Publikationen zur Zeitschrift für Germanistik NF 3), Bern 2001, S. 167–186.

[21] Barbara Könneker, Faust-Konzeption und Teufelspakt im Volksbuch von 1587, in: FS Gottfried Weber zum 70. Geburtstag, hg. v. Heinz Otto Burger u. Klaus von See, Berlin/Zürich 1967, S. 159–213; Jan-Dirk Müller, Ausverkauf menschlichen Wissens. Zu den Faustbüchern des 16. Jahrhunderts, in: Literatur, Artes und Philosophie, hg. v. Walter Haug u. Burghart Wachinger (Fortuna vitrea 7), Tübingen 1992, S. 163–194.

stellung einer bis in die Einzelheiten von Raum und Zeit[22] wohlrecherchierten Gelehrtenbiographie bemüht, freilich um sie zu denunzieren. Der Mann, der sich von der Theologie abwendet und es mit anderen Künsten probiert, landet eben nicht bei der *ratio*, sondern beim Teufel, und die dokumentarische Fundierung dient offenbar vornehmlich dazu, suggestiv Nähe des Teufels und der Bedrohlichkeit, die von ihm ausgeht, zu erzeugen, um von der Gefahr einer anderen als allein religiösen Orientierung abzuhalten. Zwar werden im ‚Faustbuch‘ nahezu nebenbei narrative Strategien erprobt, die der frühe Roman, insofern er gleichfalls *historia* zu sein beansprucht, zumal im 18. Jahrhundert weiterentwickeln wird: das Gespräch, die glaubwürdige Quelle, der eigenhändige Bericht, das Dokument, doch ist deren Funktion hier eine entgegengesetzte. Sie zielen auf den frommen Schauder, nicht auf rationale Nachvollziehbarkeit, dokumentieren nicht Wahrscheinlichkeit und Glaubwürdigkeit einer Geschichte, wie sie immer wieder ablaufen könnte, sondern die Gefährlichkeit einer mythischen Macht für den, der aus der alltäglichen Ordnung ausbricht.

Jene mythische Macht ist nur die Kehrseite eines fehlgeleiteten Gebrauchs der Verstandeskräfte. Das ‚Faustbuch‘ ‚beweist‘ bekanntlich, daß Faustus untergeht, weil er sein ursprüngliches Studienziel aufgibt und sich damit jener Macht unrettbar ausliefert. Es ist das als ‚Fürwitz‘ und ‚Eigendünkel‘ denunzierte Streben nach Erkenntnis der Welt, das den Teufel samt seinem lärmigen Gefolge auf den Plan ruft. Für den Verfasser ist es ununterscheidbar von magischen Praktiken. Die Wendung zu anderen als den biblischen Wissenschaften wird als Wendung zur Zauberei erzählt. Zunächst verdankt Faustus seinem *gantz gelernigen vnd geschwinden Kopff[ ]*, dem Umstand, daß er *zum studiern qualificiert vnd geneigt* war, den raschen Abschluß seines theologischen Studiums (S. 843). Doch das hat eine Kehrseite. *Daneben hat er auch einen thummen / vnsinnigen vnnd hoffertigen Kopff gehabt* – was bedeutet hier *daneben*? Zur Erklärung muß die *böse Gesellschafft* dienen, die ihn zu magischen Künsten verführt; *wolte sich hernacher keinen* Theologum *mehr nennen lassen / ward ein Weltmensch / nandte sich ein* D. Medicinae, *ward ein* Astrologus *vnnd* Mathematicus, *vnd zum Glimpff ward er ein Arzt* und Kräuterkundiger, der Kranken hilft (S. 844). Eben das treibt ihn dem Teufel in die Arme. Immer wieder wird seine Wißbegierde ins Illegitime hinübergespielt: *stunde D. Fausti Datum dahin / das zulieben / das nicht zu lieben war / dem trachtet er Tag vnd Nacht nach / name an sich Adlers Flügel / wolte alle Gründ am Himmel vnd Erden erforschen / dann sein Fürwitz / Freyheit vnd Leichtfertigkeit stache vnd reitzte jhn also*, daß er sich auf die Magie verlegt (S. 845).

---

[22] Daß manches nicht stimmen kann, worauf schon Lercheimer verwies, tut nichts zur Sache: Es kommt auf den Willen zur exakten räumlichen und zeitlichen Fixierung an.

Faustus' Umorientierung des Erkenntnisstrebens mündet in Lüge und Blindheit. Er handelt gegen die Vernunft. In der *Vorrede an den Christlichen Leser* impliziert der Begriff der Vernunft einen Verzicht auf Erkenntnis, wo Gott sie dem Menschen verwehrt hat: *Jst es aber nicht ein grewlicher vnd erschrecklicher Handel / daß ein vernůnfftiger Mensch / der von Gott zu seinem Ebenbild geschaffen* Gott den Gehorsam aufkündigt (S. 836). Die *Historia* selbst richtet sich *an alle Christen / ja alle vernůnfftige Menschen* (S. 841), daß sie nicht auf die Lügen und *Vnsinnigkeit* (S. 840) des Teufels hereinfallen. Vernunft ist auf Seiten des gläubigen Christen. Wer die ihr von Gott gezogenen Grenzen zu überschreiten versucht, setzt sich mythischer Verblendung aus. Darin ist Faustus mythischen Heroen verwandt. Die Zwangsläufigkeit seines Schicksals wird aber nicht etwa dem Christen zu glauben aufgegeben, sondern wird mit allen möglichen rationaler Überprüfung zugänglichen Mitteln als beweisbar behauptet.

*****

Es gibt eine Reihe vergleichbarer, wenn auch weniger prägnanter Fälle. Ziely etwa sucht seinen ‚Olwyer und Artus‘ samt seinen Geistererscheinungen damit glaubwürdig zu machen, daß die Geschichte insgesamt streng chronologisch aufgebaut sei, die Kapitel in der richtigen Reihenfolge erzählt werden.[23] Er setzt also auch dort auf eine empirisch nachvollziehbare Ordnung, wo die Grenzen der gewöhnlichen Welt überschritten werden. In abgeschwächter Form geschieht das auch bei Elisabeth von Nassau-Saarbrücken (bzw. ihren Bearbeitern), die zwar beansprucht, ein Stück französischer Reichsgeschichte darzustellen, aber in ihren Historien möglichst spektakuläre und unwahrscheinliche Fälle aufgreift.[24] Oder Wickrams ‚Goldfaden‘,[25] wo die ‚wunder-

---

[23] Jan-Dirk Müller, Volksbuch / Prosaroman. Perspektiven der Forschung, in: IASL 1 (Sonderheft 1985; Forschungsreferate), S. 1–128, hier S. 74.

[24] In der ‚Königin Sibille‘ gibt es einen die Verräter im Zweikampf bestehenden Hund, im ‚Herpin‘ diverse Geistererscheinungen; noch im ‚Hug Schapler‘ ist der Aufstieg des Metzgersohnes zum König von Frankreich zwar Schritt für Schritt in einer Folge tollkühner Kämpfe nachgezeichnet, aber der eigentliche Grund ist die imposante Männlichkeit des Helden, seine physische Kraft und nahezu unbegrenzte Prokreationsfähigkeit, gewissermaßen seine mythische Potenz, nur eben in kleiner Münze ausgezahlt (vgl. Ute von Bloh, Ausgerenkte Ordnung. Vier Prosaepen aus dem 15. Jahrhundert: ›Herzog Herpin‹, ›Loher und Maller‹, ›Huge Scheppel‹, ›Königin Sibille‹ (Münchner Texte und Untersuchungen zur deutschen Literatur des Mittelalters 119), Tübingen 2002).

[25] Georg Wickram, Der Goldfaden. Sämtliche Werke 5, hg. v. Hans-Gert Roloff, Berlin 1968; Jan-Dirk Müller, Transformation allegorischer Strukturen im frühen Prosa-Roman, in: Bildhafte Rede in Mittelalter und Früher Neuzeit. Probleme ihrer

bare' Karriere des Titelhelden durch mythische Signale auratisiert, im übrigen aber in jedem kleinsten Schritt ausführlich motiviert wird: wieder rationale Begründung des Irrationalen.

Nimmt man diese und ähnliche Fälle zusammen und erinnert man noch an einige Nachläufer des höfischen Versromans mit ihrem aufwendigen Verbrauch an rational nicht auflösbaren Konstellationen (,Friedrich von Schwaben'!), dann läßt sich für die spätmittelalterlich-frühneuzeitliche Erzählkunst schwerlich von Rationalisierung sprechen und eher von einer rational kaum ausbalancierten Faszination durch Sage, Mythos, Zauber, Dämonie. Der Eindruck verstärkt sich noch, wenn man auf europäische Nachbarliteraturen, etwa die italienischen Romanzi (,Morgante', ,Orlando innamorato', ,Orlando furioso', ,Gerusalemme liberata') blickt, die nicht ohne Zauberer und Feen auskommen, oder wenn man das Erfolgsbuch des 16. Jahrhunderts schlechthin, jedenfalls in der europäischen Oberschicht, hinzunimmt: den ,Amadis'.

Der Hohn, den eine jüngere Generation über diesen Bandwurm ritterlicher Abenteuer ausgoß, setzt seine schrankenlose Beliebtheit trotz – oder nicht eher gerade wegen? – seiner Ungereimtheiten voraus. Die Kritik an der ,Amadis'-Lektüre – längst literarhistorisch ausgewertet – reicht vom Vorwurf des sprachlichen Schwulstes über den Spott über die verworrene und abstruse Handlung, die Lügenhaftigkeit der Story (für die noch nicht ein positiver Begriff der Fiktion bereitsteht) bis zur Anprangerung des ,buhlerischen' Inhalts, der Wollust, der Sittenlosigkeit und Perversion, die durch die Lektüre bewirkt werde, zumal all dies zusammen nur dazu diene, nutzlos die Zeit totzuschlagen, und den christlichen Leser von frommer Betrachtung und Beschäftigung mit der heiligen Schrift abhalte.[26] Ein wiederkehrendes Motiv hat dabei geringere Beachtung gefunden, oder man hat es als Sonderfall der moralischen und ästhetischen Kritik angesehen: der Vorwurf gegen Magie und Zauberei. Am deutlichsten hat ihn der Hugenotte François de la Noue in seinen ,Discours politiques et militaires' ausgeführt, die Philippe de Canaye 1586 herausgab.[27] Könne der Zauber, so de la Noue, im Fall der Fee Urganda, die auf der Seite des tugendhaften Helden wirkt, noch als Chiffre göttlicher Providenz gelten, so hätten die verschiedenen bösen Gegenzauber eine Nivellierung und Indifferenz gegenüber den *arts magiques* zur Folge. Zauberei sei aber grundsätzlich Werk des Teufels. Indem der Roman davon erzähle, verleite er den Leser zum Abfall von Gott. In der Verführung der Jugend zu

---

Legitimation und ihrer Funktion, hg. v. Wolfgang Harms u. Klaus Speckenbach, Tübingen 1992, S. 265–284.

[26] Zur Rezeption allgemein Hilkert Weddige, Die ,Historien vom Amadis auss Frankreich'. Dokumentarische Grundlegung zur Entstehung und Rezeption, Wiesbaden 1975.

[27] Ebd., S. 245–255.

magischen Praktiken oder wenigstens zu einer *curiosité de telles merveilles* sieht de la Nove die schlimmste Gefahr des Romans.

Schon Weddige hat darauf verwiesen, daß sich de la Noue damit in die dämonologische Diskussion der zweiten Hälfte des 16. Jahrhunderts einfügt, und hat an die Bulle Sixtus' V. von 1585, an den Index, die Inquisition, die Hexenprozesse, vor allem aber eine Fülle dämonologischer Schriften bis hin zu Autoren wie Jean Calvin, Jean Bodin oder Fischart erinnert.[28] Die Kritiker fürchten, daß der Leser der Verführung einer widergöttlichen Welt verfalle. Diese Besorgnis scheint ebenso ernst gemeint wie die des Verfassers des ‚Faustbuchs‘, den die Sorge umtreibt, der Leser könne durch die Schilderung magischer Praktiken zu Nachahmungshandlungen getrieben werden, weshalb er die von Faustus gebrauchten *coniurationes* lieber wegläßt. Was – u.a. auch von mir – als ein fiktionales Authentizitätssignal gelesen wurde, ist weit mehr. Es verweist auf eine in der Fiktion erschlossene, weder rational faßbare noch christlich integrierbare Welt.

De la Noues Bemerkung über den positiv deutbaren Zauber der Urganda weist den Weg. Ist sie Chiffre für göttliche Providenz, dann muß der Gegenzauber Chiffre für eine widergöttliche Macht sein, die die göttliche Vorsehung nachhaltig zu stören in der Lage ist (mag sie ihr zuletzt auch unterliegen) und die Menschen einem blinden Schicksal ausliefert. Magie ist also keineswegs nur eine abergläubische Praktik, geschweige eine Metapher für den Zauber der Kunst, sondern Erscheinungsform von dunklen Kräften, die die göttliche Weltordnung bedrohen. Deshalb wird sie im zeitgenössischen Diskurs auch mit Ketzerei und Abfall von Gott gleichgesetzt und entsprechend hart bestraft. Der Zauberer greift in die göttliche Weltordnung ein und gebraucht die Dinge der Welt gegen den ihnen von Gott vorgeschriebenen Zweck. Er sucht sich an die Stelle des Schöpfers zu setzen. Deshalb kann Ursache magischer Wirkung nur der Teufel selbst sein. Was da auf dem Spiel steht, hat de la Noue ausdrücklich festgestellt, wenn er sagt, *que Dieu est autheur des gouvernements politiques, les ayant establis à fin que par un bon ordre la société humaine soit conservee & entretenuë en pitié & justice.*[29]

De la Noues Schrift wirkte auch im deutschen Sprachraum und beeinflußte die Kritik am ‚Amadis‘ als einem Werk der ‚schwarzen Kunst‘, die der Verfasser in der Christenheit verbreiten wolle.[30] Im ‚Scrutinium Conscientiae Catecheticum‘ des Arnold Mengering figuriert die Verführung zur Zauberei wegen ihrer Gefährlichkeit noch v o r der Warnung vor unkeuscher Liebe, Kuppelei und Ehebruch, v o r der vor Rachsucht und Grausamkeit und v o r der

---

[28] Ebd., S. 247.
[29] Ebd., S. 245.
[30] Lauremberg, Acerra philologica, nach Weddige (wie Anm. 26), S. 253.

Denunziation der ganzen Geschichte als erlogen.[31] Die Zauberei ist der Kernpunkt. Der ‚Amadis' und vergleichbare Texte entziehen sich dem Anspruch auf eine von Gott und deshalb im Kern rational geordnete Welt. Er ist nicht nur, was moderne Kritiker meist hervorheben, widervernünftig, weil so konfus, sondern in einem fundamentalen Sinn eine Herausforderung göttlicher Ordnungsmacht. Magie basiert auf dem vermessenen Wunsch, in die Welt einzugreifen. Und wegen dieses Anspruchs kann der ‚Amadis' wie das ‚Faustbuch' als Beweismittel im Hexenprozeß verwendet werden.[32] Schließlich ist ja auch der Hexenprozeß nicht als abergläubisches Relikt zu verstehen, sondern als fehlgeleitete Konsequenz einer rationalen Gleichschaltungspraxis in der Frühen Neuzeit.

Der Raum, vor dem hier gewarnt wird, ist nicht der fiktionaler Sinnstiftung, sondern im Gegenteil der Raum widergöttlicher Sinnlosigkeit. Der Magiediskurs ist folglich noch nicht ästhetisch, nicht – wie dann später in der Romantik – Chiffre für ein anderes, nicht rational vermitteltes Verhältnis zu den Dingen, sondern er ist religiös. Kaum rudimentär zeichnet sich in ihm ab, was seit dem 18. Jahrhundert als ästhetische Alternative zur Rationalität entdeckt wird. Was die Kritiker am ‚Amadis' anprangern, eine gefährlich widerchristliche Lektüre, die den Lesenden seinen Aufgaben in der Welt entzieht, das wird knapp 200 Jahre später als ‚Wertherfieber' diagnostiziert werden. Jetzt ist der Anlaß nicht mehr Zauberei, sondern Verzauberung durch die Imagination. Auch dieses Wertherfieber ist aber aus der Perspektive seiner Kritiker Flucht nicht vor den Banalitäten der Wirklichkeit in die Welt ästhetisch vermittelten Sinns, sondern Flucht in einen gefährlichen Parallelraum, in dem Appelle zur Vernunft nichts mehr fruchten.

*****

Man kann die Entzauberungsgeschichte fortsetzen, an den ‚Don Quijote' erinnern, an seine Nachahmungen bis ins 18. Jahrhundert hinein, an die Anfänge einer realistischen Schreibweise. Man kann, Lugowski folgend, die Auflösung des ‚mythischen Analogons' hin zur radikalen Kontingenz bei Sterne verfolgen, kann schließlich beim *roman expérimental* enden, der, wie schon sein Name sagt, das rational durchkonstruierte Experiment zu seinem ästhetischen Prinzip macht, aber man hat damit bestenfalls die halbe Wahrheit. Denn wie läßt sich eigentlich die frühneuzeitliche Konjunktur des *Romanzo*

---

[31] Weddige (wie Anm. 26), S. 254. Genannt werden 1. die Zauberkunst, 2. die Unkeuschheit, 3. Rachgier und Grausamkeit und erst 4. die Unglaubwürdigkeit der erlogenen Fabeln.

[32] Ebd., S. 264; vgl. Julius Schwering, Amadis und Faustbuch in den Hexenprozessen, in: ZfdPh 51 (1926), S. 106–116.

erklären? Wie die von Tasso bis zu den Schweizern Bodmer und Breitinger reichende Diskussion über eine Poetik des Wunderbaren? Seine Abgrenzung vom Abenteuerlichen? Wie fügt sich in diese Geschichte das sentimentalische Klagen der Klassik über eine entgötterte Welt? Läßt sich, was Lugowski als Auflösung des mythischen Analogons beschrieben hat, nicht ebenso wohl als Ablösung eines Analogons des Mythos durch ein anderes fassen?

Heinz Schlaffer hat in seiner Auseinandersetzung mit Lugowski gefragt, ob nicht nach der Verabschiedung mythischer Weltbilder die Kunst Residuum des Mythos sei. „Der Verstand des Lesers weiß alles besser, und dennoch glaubt man dem Gedicht. [...] Der poetische Sinn besteht in dem, was unseren aktuellen Wissensstand hintergeht und unsere alltägliche Erfahrung überschreitet, ohne ins Beliebige zu geraten." „Zwar kann der Leser solche Übereinstimmungen, die in einer mythischen, aber nicht in der modernen Welt denkbar sind, nicht im Ernst glauben, doch will er sich ihrem Zauber nicht entziehen".[33] Aber ist es das, was die Zauberei des ‚Amadis' – oder auch den Fluch der ‚Melusine', die Märchenrequisiten des ‚Fortunatus' oder den Teufelsspuk des ‚Faustbuchs' – offenbar wenigstens für die Zeitgenossen attraktiv machte? Die fiktional abgesicherten „Anleihen bei vormodernen Denkweisen"?[34] Ist Zauberei identisch mit diesem ästhetischen, letztlich nurmehr metaphorischen Zauber? Den frommen Kritikern des ‚Amadis' und der Romane überhaupt ging es doch um mehr, nämlich um die Abkehr von der göttlichen Weltordnung, die zugleich eine Abkehr vom vernünftigen Denken ist. Und diese Abkehr, für die die Romanlektüre das bloße Vehikel ist, ist gefährlich und muß unterbunden werden. Ist in Thesen wie denen Schlaffers die Gewalt dessen, was sich der Rationalisierung entzieht, nicht letztlich doch zu harmlos gefaßt, im Park der Kunst domestiziert?

Der abstruse Verdacht der Zauberei macht es leicht, die Kritik am frühneuzeitlichen Roman als Hirngespinst einiger frommer Dunkelmänner abzutun. Im allgemeinen dominiert die Kritik am abstrusen Unsinn, der mangelnden ästhetischen Qualität und der moralischen Fragwürdigkeit, so in der auch in Deutschland sehr einflußreichen, ursprünglich auf die französische Literatur gerichteten Kritik des Juan Luis Vives.[35] Doch weist der Magievorwurf auf eine tiefere Schicht: Die Magie läßt sich als überständiges Relikt aus einer

---

[33] Schlaffer (wie Anm. 7), S. 28f.; vgl. auch seine Einleitung zu Lugowski (wie Anm. 11).

[34] Schlaffer (wie Anm. 7), S. 29.

[35] Zu Vives: Jan-Dirk Müller, Prosaroman und Enzyklopädie. Zur Spannung zwischen ethischen und ästhetischen Kriterien bei Conrad Gesner, Juan Luis Vives und Antonio Possevino, in: Sammeln, Ordnen, Veranschaulichen: Zur Wissenskompilatorik in der Frühen Neuzeit, SFB 573: Pluralisierung und Autorität, hg. v. Frank Büttner, Markus Friedrich u. Helmut Zedelmaier (Pluralisierung und Autorität 2), Münster 2003, S. 15–31.

irrationalen, vom Menschen schlechthin nicht zu beherrschenden Welt verstehen. Eine solche Erfahrung muß der untadelige Amadis immer wieder machen: daß er ihr hilflos ausgeliefert ist. In eine solche Welt verstrickt sich Faustus, wenn er die Wohlanständigkeit einer frommen Gelehrtenkarriere hinter sich läßt; sie erscheint im ,Fortunatus‘ als undurchschaubares ökonomisches Geflecht, und sie liegt gleich unter der Oberfläche der dynastischen Ordnung und des rührenden Ehedramas der ,Melusine‘. Ihr bedrohliches Potential wird zwar in allen vier Beispielen bewältigt, aber es bleibt der dunkel faszinierende Schatten der zuletzt wieder etablierten gewöhnlichen Verhältnisse. Insofern leisten die Texte verspätete ,Arbeit am Mythos‘, einem vulgarisierten und abgesunkenen Mythos zwar, der sich freilich als Restbestand in der Romanwelt behauptet.[36] In diesen Texten geht es ebenso wie um Sinnstiftung um Sinnzerstörung, sie erzählen weniger von einer eigenen Form von Rationalität, als von deren Aufhebung.

Man mag die kruden Beispiele aus der spätmittelalterlichen und frühneuzeitlichen Literatur nur ungern in die Genealogie dieser anderen Möglichkeit von Kunst stellen, die man ohnehin der Moderne vorzubehalten geneigt ist (Sade und die Folgen), doch gilt auch für sie schon, daß sie die mythischen Bestände, auf die sie rekurrieren, nicht nur nicht in ihre jeweiligen Sinnentwürfe zu integrieren vermögen, sondern an einer solchen Integration gänzlich uninteressiert scheinen. In der Erfolgsgeschichte der Lusignan erweist sich im Laufe der Erzählung die Mahrtengeschichte als Fremdkörper, der mit allen Interpretationskünsten nicht zureichend bewältigt werden kann; Providenz, Fortuna, die Sterne, der Mechanismus von Schuld und Strafe konkurrieren um die Interpretation des Geschehens. Trotzdem bleibt die Verbindung mit der Fee das Faszinosum. Im ,Fortunatus‘ ist das Zauberrequisit in der traditionalen ständischen Ordnung wie in der Ökonomie des beginnenden Kapitalismus ein ebensolcher Fremdkörper, der zuletzt wieder eliminiert wird; auch hier erweisen sich die zitierten Sinngebungsmuster (Fortuna, die Sterne, der Mechanismus von Schuld und Strafe) als unzulänglich und untereinander unabgestimmt. Doch im Seckel (und sekundär in den übrigen Zauberdingen) materialisiert sich die mythische Macht des Geldes, die sich rationaler Kalkulation entzieht. Das ,Faustbuch‘ sucht den Leser zwar im *juste milieu* festzuhalten, bedient ihn zu diesem Zweck aber mit dem *frisson* höllischer Spektakel und sucht die Macht des Teufels als Folge menschlicher Selbstermächtigung zu erweisen. Und im ,Amadis‘ muß unentwegt Zauberei dazwischenkommen, deren Abstimmung mit einer providentiellen Weltordnung prekär bleibt, um die Intensität einer endlos sich hinziehenden Liebesleidenschaft

---

[36] Hans Blumenberg, Arbeit am Mythos, Frankfurt a.M. 1979, insbes. die Einleitungskapitel S. 9–39 und 40–57.

am Kochen zu halten. In keinem Fall stiften die mythischen Restbestände Sinn, in allen gefährden sie die implizierten Ordnungsentwürfe.

Rainer Warning hat an den sog. ‚Realisten‘ gezeigt, wie noch deren Weltentwurf mythisch geprägt ist, und hat angesichts der zunehmend rationalen Prägung alltäglicher wie wissenschaftlicher Diskurse der Literatur ‚Konterdiskursivität‘ zugeschrieben.[37] Diese Konterdiskursivität ist am evidentesten in der Literatur der Moderne, insbesondere dort, „wo Literatur ausdrücklich das Geschäft der Wissensdiskurse betreiben will, also erst nachromantisch, bei den Realisten des 19. Jahrhunderts".[38] Er hat aber gezeigt, daß diese Möglichkeit schon bei Dante, Petrarca, dem Geistlichen Spiel, kurz in vormoderner Literatur angelegt ist.

Man könnte fragen, ob mit ‚Konterdiskursivität‘ nicht Literatur und Kunst etwas aufgebürdet wird, was sie nicht zu leisten vermögen, nämlich Gegenhalt zu sein gegenüber dem, was der Fall ist. Auch wird man darin keine universale Bestimmung von Kunst behaupten wollen. Doch zeigen gerade die ästhetisch fragwürdigen Beispiele, die ich vorstellte, daß sich Kunst Rationalisierungsprozessen, so es sie denn gibt, entzieht. Mit diesen Überlegungen möchte ich die Vereinnahmung mythischer oder vorrationaler Bestände in die Kunst relativieren, in dem Sinne, als handele es sich bei den frühneuzeitlichen Irrationalismen um Platzhalter des Ästhetischen. Im Sinne von Haugs älterer These: „Als die Welt im 17./18. Jahrhundert der Rationalisierung und Mathematisierung überantwortet wurde, löste sich der ästhetische Aspekt von ihr ab, und es entwickelte sich eine autonome Ästhetik, die darauf zielte, den verlorenen Sinn über fiktionale Gebilde zurückzugewinnen".[39] Ist das nicht der Dichter bei Schiller, der bei der Teilung der Welt – Max Weber hätte gesagt: bei ihrer Entzauberung – zu spät kommt und das übrig gebliebene Reich des Schönen erhält? Sind das nicht alles Illusionen, ist nicht auch die Feier der Rationalisierung eine Illusion, die mit dem Zusammenbruch der Moderne gleichfalls sich verflüchtigt?

Abstract: The increasing impact of ratio in high medieval narratives (psychology, motivation, explanation of actions and so on) is balanced by an increasing interest in myth, magic and supernatural phenomena, especially in the late medieval romance and the early modern prose novel. The article deals with the interpenetration of these – only seemingly – opposing tendencies in texts like 'Melusine', 'Fortunatus', 'Faustbuch' and in the lengthy and numerous volumes of 'Amadis'. It demonstrates how, in a larger sense, a mythical world becomes the realm of literary fiction. The – literal – magic of the plot is transformed into the – metaphorical – magic of art.

---

[37] Rainer Warning, Poetische Konterdiskursivität: Zum literaturwissenschaftlichen Umgang mit Foucault, in: Die Phantasie der Realisten, München 1999, S. 313–345.
[38] Ebd., S. 336.
[39] Haug, Wandlungen (wie Anm. 2), S. 5.

Wolframstudien XX (2008)
Erich Schmidt Verlag Berlin

Zwei Neufunde zu Wolframs von Eschenbach ‚Parzival'

Teil 2: Das dreispaltige Solothurner Fragment F 69. Ein Vertreter der ‚Nebenfassung' *m.

von THOMAS FRANZ SCHNEIDER (Edition) und GABRIEL VIEHHAUSER
(Textgeschichtliche Einordnung)

1. Einleitung

Das erste der beiden im Jahr 2003 auf dem Staatsarchiv in Solothurn, Schweiz, neu aufgefundenen Fragmente von Wolframs von Eschenbach ‚Parzival' konnte in den Wolfram-Studien XIX vorgestellt werden[1]. Hier folgt nun die Edition und textgeschichtliche Bearbeitung des zweiten Fragmentes,[2] das einen bisher unbekannten Textzeugen repräsentiert und deshalb die Sigle F 69 erhält.

2. Äußere Beschreibung[3]

F 69

Solothurn, Staatsarchiv, Handschriftenfragmente R 1.4.234.(2)

Pergament, erste Hälfte 14. Jh. Sehr kleine Schrift in brauner Tinte, zwei Schreiberhände. Schreiber 1: Halbkursive[4], viele Abkürzungen, Schreibspra-

---

[1]   F 31 (A, B), in: Wolfram-Studien XIX, S. 449–479 u. Abb. 74–79.
[2]   Transkription und äußere Beschreibung des Fragmentes stammen von Th. F. Schneider, die textgeschichtliche Einordnung von G. Viehhauser, der sich im Rahmen seiner an der Universität Bern (2007) eingereichten Dissertation ‚Die Parzival-überlieferung am Ausgang des Manuskriptzeitalters. Handschriften der Lauberwerkstatt und der Straßburger Druck' intensiv mit der Gruppe *m, auch bereits unter Einbezug von F 69, auseinandergesetzt hatte.
[3]   Vgl. die Abbildungen 5–40.

che alemannisch; Schreiber 2: gotische Buchschrift, Schreibsprache ober-
deutsch (alemannisch mit bairischem Einfluss?).

42 Streifen, ca. $0{,}6 \times 29$ cm. Die Streifen wurden als Lagenfalze in einem oder
mehreren Bänden im Folioformat wieder verwendet; sie weisen 6 Bindelöcher
in Abständen von ca. 5 cm auf.

40 der Streifen sind beschrieben und über den Text zuzuordnen zu einem (I)
Quaternio (Streifen 1–27), einem (II) Doppelblatt (Streifen 28) und einem
weiteren (III) Quaternio (Streifen 29–40). Von Schreiber 1 stammen die Teile
(I) und (II), von Schreiber 2 der Teil (III). Unmittelbar zusammen gehören die
Streifen 10–12, 16–17, 18–19, 36–37, 38–39. Der Abstand zwischen (I) und (II)
berechnet sich auf genau zwei beschriebene Seiten, so dass auch (I) als ehe-
maliger Quinternio, von dem das äußerste Doppelblatt fehlt, oder (II) als
inneres Doppelblatt eines ehemaligen Binio verstanden werden könnte. Am
Ende des von Schreiber 1 verfassten Teils sind zwei Spalten unbeschrieben
gelassen.

Der erschließbare Schriftraum von ca. 18×12 cm ist mit vertikalen und
horizontalen Linien in feinem Tintenstrich in 3 Spalten zu 69 oder 70 Zeilen
eingeteilt, die Spalte zu ca. 4 cm, die Zeile zu ca. 2,5 mm. Die Anfangsbuchstaben der Verszeilen, bei Schreiber 1 meist Majuskeln, sind ausgerückt und
vom Rest des Verses ebenfalls durch einen Tintenstrich getrennt. Sie liegen bei
Schreiber 1 auf einer roten vertikalen Linie. Reimpunkte und zeilenfüllende
Striche erscheinen unregelmäßig gesetzt. Die Abschnittsgliederung erfolgt
durch zweizeilige bzw. drei- oder vierzeilige[5] rote Lombarden.[6]

---

[4] Freundliche Mitteilung von Dr. Karin Schneider, Herrsching (Schreiben vom
17.11.2003): „Die Schrift weist Formen auf, die gegen 1400 in den Kursiven nicht
mehr gebräuchlich sind. Solche ‚Halbkursiven‘ kommen als Geschäfts- und einfache
Urkundenschriften schon zu Anfang des 14. Jhs. vor, als Buchschriften ab dem 2.
Viertel. Ich würde in der Datierung nicht über ‚vor/um Mitte 14. Jh.‘ hinausgehen“.

[5] Bei Schreiber 1 bzw. Schreiber 2.

[6] Einem Vers (248,2) ist ein rotes Capitulum-Zeichen vorangestellt, dessen Gliede-
rungsfunktion aufgrund der Positionierung vor dem zweiten Vers des Reimpaares
zunächst zweifelhaft erscheint. Rechnet man jedoch die Möglichkeit einer nur ge-
ringfügigen Verschiebung mit ein, so könnte das Zeichen mit einer gliederungstech-
nisch prominenten Stelle, nämlich dem Beginn eines Dreißigers in Verbindung gebracht werden. – Bezüglich der Gliederung stehen sich die ersten beiden Fragment-
teile (I u. II) und der dritte Teil (III) deutlich gegenüber. Zwar gibt es bei beiden
Schreibern rote Lombardinitialen, diese sind jedoch bei Schreiber 1 durchgängig
zwei Zeilen hoch, während bei Schreiber 2 im Normalfall drei Zeilen ausgespart
werden. Einmal begegnet hier sogar eine vierzeilige Initiale, und zwar in Vers 703,1,
vor dem die Reste einer roten Überschrift erkennbar sind. Die gesteigerte Initialen-
größe in diesem Fall weist also im Verbund mit der Überschrift auf eine Großglie-
derung hin. Die ersten Teile unterscheiden sich vom letzten weiter dadurch, dass die

Inhalt: (I) enthält Einzelverse und Versgruppen aus dem Bereich 165,11–275,4; (II) enthält 10 Gruppen von 2–3 Versen aus dem Bereich 290,25–312,3; (III) enthält Einzelverse und Versgruppen aus dem Bereich 644,5–752,26. Insgesamt umfasst das Fragment, vollständig oder angeschnitten, ca. 1200 Verse, davon in (I) ca. 840, in (II) 28 und in (III) ca. 340 Verse.[7]

3. Schrift und Schreibsprache

3.1. Abbreviaturen

Schreiber 1 macht ausgiebigen Gebrauch von Abkürzungen. Es erscheinen das *er*-Häkchen[8], das auch für *-ri-* gebraucht wird,[9] weiter ein Kürzel für *-e-*,[10] der übergesetzte Abkürzungsstrich als ‚Nasalbalken' für *-n-* oder *-m-*,[11] aber auch zur Abkürzung der Konj. ‹und›[12], übergeschriebenes *-(r)a-* in der Verbform ‹sprach›[13] sowie das *c*-Kürzel, sehr häufig vor allem in *dc*[14] ‹das›/‹dass› (Artikel,

---

Verse in der Regel mit Majuskeln beginnen. Erst ab 644,5 gibt es eine Differenzierung zwischen Klein- und Großbuchstaben zu Versbeginn, die aber eher aus graphischen denn aus gliederungstechnischen Gründen erfolgt zu sein scheint. Koinzidenzen der Majuskelgliederung mit den Gliederungssystemen anderer Handschriften sind nicht festzustellen.

[7] Die Fundumstände, die äußerliche Ähnlichkeit der Streifen, die Tatsache, dass sich die Textbereiche nicht überschneiden, nicht zuletzt aber die zweifelsfreie Zuordnung zu der gleichen Überlieferungsgruppe, der Textgruppe *m (s. Abschnitt 4 weiter unten), sprechen dafür, die Arbeit der beiden Schreiber 1 und 2 als Teile eines einzigen Fragments F 69 anzusehen. Zum derzeitigen Stand der Untersuchung reichen die festzustellenden Unterschiede bezüglich Gliederung, Schrift und Schreibsprache unserer Meinung nach nicht aus, um für (III) zwingend einen weiteren Textzeugen F 70 ansetzen zu müssen.

[8] *hu(n)g(er) ... v(er)meit* 165,17; *Vng(er)n* 166,13; *h(er)min* 166,14; *and(er)n* 166,19; *leng(er)* 167,26; *g(er)n* 167,27; *w(er)* 167,28; *D(er)* 168,23; *w(er)e* 189,24; 229,7; 231,6; *h(er)ze g(er)te ... w(er)te* 223,*; etc.

[9] *p(ri)ſe* 172,16; 197,15; *p(ri)s* 175,5; *geſt(ri)tten* 177,2; *ſt(ri)tten* 187,13; *p(ri)ſclian* 206,8; *ſch(ri)b(er)* 237,28; *ſt(ri)tes* 260,5; 263,6; *geſt(ri)tte* 265,6.

[10] *wold(e)* 178,1; *veld(e)* 181,20; *d(e)* 187,15; 251,4; *beid(e)* 201,20; *land(e)s* 207,12; *vie(n)d(e)* 217,15.

[11] *mu(n)de ... tru(n)ken ...wa(m)be* 184,11f.; *betw(n)gen* 212,29; *hi(n)a(n) ... da(n)na(n)* 215,16f.; *ſpra(n)c* 215,22; *da(n)ne i(n)* 216,12; *ku(m)b(er)* 217,16; *Ju(n)cfrôwe* 219,1; *fru(m)t* 219,23; *v(m)bevienge* 220,3; *betw(n)ge(n)* 222,3; *wrde(n) ... i(m)* 228,26; *vo(n) de(m)* 235,21; etc.

[12] 186,22; 243,14; 666,12; 689,9; 698,18; 730,27. Nicht gekürzt steht bei Schreiber 1 in der Regel *vnd* (165,13; 170,23; etc.), gelegentlich *vnde* (174,22; 194,21; 227,4; 232,20), bei Schreiber 2 ausschließlich *vnt* (644,17/18; 646,14; etc.).

[13] *ſpl(r)alch* 177,13; 189,21; 249,26.

[14] *dc* 166,6/18; 168,15/23; 171,1/12/18; etc.

Pronomen, Konjunktion) und *wc* ‹was›[15], aber auch in anderen Wörtern.[16] Häufungen von mehreren Abkürzungen im gleichen Wort kommen nicht selten vor.[17]

Schreiber 2 verwendet insgesamt weniger Abkürzungen. Er beschränkt sich auf das *er*-Häkchen[18], das *per*-Kürzel[19] und den übergesetzten Abkürzungsstrich, als ‚Nasalbalken‘[20] und bei der Konjunktion[21].

3.2. Schreibsprache

Bei beiden Schreibern finden sich für das gesamte Oberdeutsche geltende Züge[22]: Bewahrung der alten Diphthonge /*ie*,[23] *uo*,[24] *üe*[25]/, Verschiebung von germ. /*p*/ auch im Anlaut[26] und nach /*m*/,[27] Diminutivsuffix *-lîn*[28]. Bei beiden

---

[15] *wc* 165,16; 179,11; 189,27; 190,28; 193,15; etc.

[16] *ſwc* 198,29; 252,5; *Swc* 207,17; *bc* 165,12; 241,29; *fûrbc* 312,2; *hc* 218,2; *ſc, zelc* 243,13f.

[17] *hu(n)g(er)* 165,17; 191,9; *ve(n)ſt(er)* 171,6; *d(e)keine(n)* 184,10; *v(n)d(er)* 187,18; *v(er)nom(n)* 196,29; *geva(n)ge(n)* 208,24; *hi(n)a(n)* ... *da(n)na(n)* 215,16f.; *vie(n)d(e)* 217,15; *h(er)b(er)ge* 226,29; etc.

[18] *werd(er)* 644,5; *liecht(er)* 644,18; *w(er)e* 646,13; *d(er)* 646,27; 651,1/15; *h(er)ze* 649,6; 655,19; *Eintwed(er)* ... *od(er)* 653,25; *h(er)zogin* 655,20; *v(er)lorn* 656,2; etc.

[19] *p(er)cifaln* 696,6; *p(er)cifal* 723,24; *P(er)cifal* 737,13.

[20] *wipliche(m)* 656,4; *vo(n)* 659,6; *lere(n)* 659,21; *kome(n)* 661,15; *ſamenv(n)ge warte(n)* 661,16; *Weine(n)* 661,23; *beide(n)* 661,*; *ſchade(n)* 664,6; *de(m)* 673,11.

[21] *vn(t)* 666,12; 689,9; 698,18; 730,27.

[22] Hermann Paul, Mittelhochdeutsche Grammatik, 23. Auflage, neu bearbeitet v. Peter Wiehl u. Siegfried Grosse, Tübingen 1989, S. 167–173.

[23] Schreiber 1: *erbieten* 165,12; *lies* ... *hies* 165,25f.; *gienc* 168,22; *ſchiet* 187,13; *riet* 188,18; etc.; einmaliges *krei* 270,17 wohl unter Einfluss von nachfolgendem *t/or/nei*. – Schreiber 2: *hiez* 666,17; *gienc* 670,29; *ergienc* 680,11; *dienſt* 684,30; *vriech* 691,19; *iem(er)* 701,12; *enpfienc* 712,26; *brief* 714,17; *brieve* 714,26; *liecht* 723,23; etc.; *crie* 739,24. Vgl. dagegen *ſpielt* 653,11; *lichte(n)* 722,3.

[24] Schreiber 1: *hůb* 166,5; *mûs* 166,13; *mût(er)* 169,30; *fůrte* ... *růrte* 179,15f.; *trůgen* 182,3; *grûs* 182,27; *mûs* 185,3; *gewc̊* 187,17; *mûſen* 192,8; *ſůcht* 196,13; *mûſe* 196,18; *fůgen* 201,21; *ſlůc* 207,17; *mûze* 216,11; *mût* 224,10; *Blůmín* 232,17; *gůt* 235,19; *zů* 240,26; *armůt* ... *mût* ... *blůt* 242,29f.; *ſtůnde* 246,16; etc. – Schreiber 2: *getrv̊c* 655,19; *hv̊f* 666,3; *Slv̊c* 668,21; *mv̊ſten* 680,20; *tv̊t* 686,28; *trv̊ch* 687,1; *mv̊z* 696,5; *rv̊wet* 707,19; *beſtv̊nt* 707,23; *Tv̊t* ... *mv̊z* 712,7; *v(er)ſv̊chen* 716,27; etc.

[25] Schreiber 1: *mûde* 166,6; *vnſůze* 171,1; *blůient* 173,5; *ſůze* 174,23; *grûnen* 235,20; *mûzt* 238,12; *gûte* ... *gemûte* 246,15f.; etc. – Schreiber 2: *brv̊ven* 710,1; *vûge* 719,17.

[26] Schreiber 1: *phlac* 197,15; 260,10; *Phelle* 235,19; 261,7; 270,12; *phlegen* 235,29; *phlagen* 240,11; *phlag* 245,8; *pherít* 260,17; etc. – Schreiber 2: *pflac* 644,5; *v(er)pflac* 698,15; *pflicte* 732,27.

[27] Schreiber 1: *ſchimphes* 175,5; *kamphes* 199,17; *kamphe* 209,27; *kampf* 212,6. – Schreiber 2: *kampfe* 689,10; *kampf* 691,20.

[28] Schreiber 1: *víng(er)lín* 170,1; *Juncfrŏwelin* 236,8; *Ju(n)cfrŏwelin* 240,20; *Ju(n)ch(er)relín* 244,27; *vi(n)g(er)lin* 270,10. – Schreiber 2: kein Beleg.

Schreibern sind zudem die alten Monophthonge /i:, u:/[29] bewahrt, während die *k*-Schreibung gelegentlich verschobenes /ch/ durchscheinen lässt[30] und insgesamt auf eine gewisse wohl dialektal bedingte Unsicherheit hinweist. Auffallend ist weiter gelegentliche Verwendung von *w* für [f].[31]

Bei Schreiber 1 finden sich außerdem die folgenden als spezifisch alemannisch anzusprechenden Merkmale: 1. häufige Verwendung des *c*-Kürzels[32]; 2. Demonstrativpronomen Dat. Pl. *dien*[33]; 3. Schreibung des Diphthongs /iu/ als *v* oder *u,* in der Regel mit Diakritikum[34], das allerdings auch fehlen kann[35]; 4. Präp. *dur* für ‹durch›[36].

Die beiden letzten Merkmale zeigt auch Schreiber 2,[37] hingegen fehlen *c*-Kürzel und Demonstrativpronomen Dat. Pl. *dien*. Eine Eigenheit dieses Schreibers sind Formen mit apokopiertem auslautendem *-t*.[38]

---

[29] Schreiber 1: /i:/ *drín* 168,4; *víng(er)lín* 170,1; *mínen* 170,13; *ſín* 171,2; 175,15; *p(ri)ſe* 172,16; *geſt(ri)tten* 177,2; *libe* 177,7; *ſit … mín* 177,14; *ſchín* 187,18; ris 235,22; etc.; /u:/ *hus … mus* 185,1f.; *vf* 186,15; *hus* 206,8; 225,22; *erbvwen* 222,12 neben *erbőwen* 225,21; *gemuret* 230,8; *wlend(er)* ‹faulender› 241,30. – Schreiber 2: /i:/ *ſchín* 644,18; *riche … herzenliche* 651,1f.; *mín* 651,16; *ſín* 655,19; *lip* 656,2; *wiſe … wipliche(m) priſe* 656,3f.; *lide(n) … v(er)miden* 684,27f.; *wib ſín* 698,17; *zwíuel* 733,12; *ſtrít* 740,2; *buchelriſ* 741,10; etc. /u:/ *trvren* 709,30; *ſvr* 712,7.

[30] Die Verschiebung von /k/ zur Affrikate /kch/ kennzeichnet das südliche Bairische und das Alemannische. Schreiber 1: *drucht* 199,25; *antw(er)ch* 205,30 neben *w(er)g* 230,14; *kranch* 260,5; *buchte* 260,16; *ſtarch* 262,18; *Druchte* 265,28. – Schreiber 2: *chraft* 671,4 neben *craft* 707,21 und *kraft* 680,15; *chochen* 682,21; *chleid(er)* 721,15; *gedanchen … kranken* 675,23f.; *trv̂ch* 687,1; *ſtarch* 721,13. Die Einzelbelege *taſch] … mach* 646,27f., neben *tac* 644,6; 698,16 und *mag* 735,13; 740,1/26, verweisen in den südbairischen Raum (Paul [wie Anm. 22], § 159, bes. Anm. 3).

[31] *ẘge* ‹fuege› Adj. 198,28; *wlend(er)* ‹faulender› 241,30; *ẘrſte* ‹Fürst› 261,8; *ẘrn* ‹fuhren› 272,20; *w(er)ode* ‹Freude› 653,25.

[32] Das nach Karin Schneider (Paläographie und Handschriftenkunde für Germanisten. Eine Einführung, Tübingen 1999, S. 88) im frühen 14. Jh. speziell im Raum Zürich gehäuft auftritt. – Zu den Belegen vgl. oben unter 3.1.

[33] 205,22; 208,19; 234,25; 247,4. Vgl. Paul (wie Anm. 22), § 218 Anm. 3.

[34] *v̂w(er)* 170,23; *bût* 175,27; *rechtv̂* 181,25; *v̂ch* 182,22; *v̂ns* 182,22; 189,2; *v̂* 182,26/28; 194,12f.; *beidû* 252,2; etc. Vgl. Schneider (wie Anm. 32), S. 92.

[35] *kleinv* 167,22; *ſtolzv* 168,22; *du* 171,6; 172,24; 242,30; *hőhu* 177,6; *ſinv* 179,22; *beidv* 186,23; etc.

[36] 168,28; 180,19; 199,2; 200,19; 202,30; 203,16; etc. Neben wenigen Belegen *durch* 181,24; 244,1; 268,7.

[37] *dv̂* 644,17; *Dv̂* 648,22; *v̂* 648,23; 699,2; *dv̂ edelv̂* 655,20; *lv̂ten* 670,28; 675,13; *v̂w(er)* 709,28; *betv̂ten* 728,22; etc. – dur: 668,11; 687,17; 712,9; 728,16; 741,9.

[38] *alreſ enphange(n)* 670,20; *nich geſcheiden* 703,5; *Jn moch v̂ noh nich gar betv̂ten* 728,22; *Jch moch* 733,13; *ſiner richeit nich v(er)dagen* 735,14; *P(er)ciſal reit nich eine* 737,13.

3.3. Transkription

Die Transkription gibt die Handschrift möglichst diplomatisch genau wieder. Dies gilt insbesondere für übergeschriebene Vokale und die *s*-Schreibung; Lombarden sind fett und in größerem Schriftgrad gesetzt. Verlorenes oder durch Beschädigung unleserlich Gewordenes beliebiger Länge wird durch drei Punkte zwischen eckigen Klammern, [...], angedeutet, undeutlich oder durch Beschneidung unvollständig Lesbares steht ebenfalls zwischen eckigen [Klammern]. Abkürzungen werden, außer dem *c*-Kürzel in *dc*, *wc* etc.,[39] in runden (Klammern) aufgelöst, über der Zeile, unter der Zeile oder am Rand Nachgetragenes steht zwischen /Schrägstrichen/. Die Ausrückung der Anfangsbuchstaben und der Lombarden wird nicht abgebildet. Die Zeilennummerierung folgt derjenigen der Lachmannschen Ausgabe, Abweichungen/Störungen werden durch runde (Klammern) oder Sternchen * gekennzeichnet.

4. Textgeschichtliche Einordnung

Die textgeschichtliche Bedeutung des Fragments ergibt sich aus der Zugehörigkeit zur Gruppierung *m der ‚Parzival'-Überlieferung.[40] Diese Textversion ist über weite Strecken nur über das Zeugnis dreier später ‚Parzival'-Handschriften (Siglen m, n und o) erschließbar, die im 15. Jahrhundert in der el-

---

[39] Der Text zeigt nur annähernd einheitliche Schreibung in nicht gekürzten Fällen: *-as* bei Schreiber 1 (*das* 177,1; 198,11; 209,15; 261,12; 295,20; etc.; *bas* 177,2; 204,14; 254,12; *las* 256,1; daneben *Daſ* 198,30; *ſaz* 281,19; 231,15; *waz* 237,24); *-az* bei Schreiber 2, der das Kürzel nicht verwendet (*daz* 646,28; 661,28; 664,1; 668,19/26; etc.; *waz* 644,7/18; daneben *daſ* 673,22; 675,20).

[40] Die folgende Darstellung beruht auf einer ausführlichen Auseinandersetzung mit der Gruppe *m in der von Gabriel Viehhauser an der Universität Bern eingereichten Dissertation ‚Die Parzivalüberlieferung am Ausgang des Manuskriptzeitalters. Handschriften der Lauberwerkstatt und der Straßburger Druck'. Die Bezeichnung der Gruppierung als ‚*m' leitet sich von der Wiener Handschrift m ab (Siglen nach Joachim Heinzle, Klassiker-Edition heute, in: Methoden und Probleme der Edition mittelalterlicher deutscher Texte. Bamberger Fachtagung 26.–29. Juni 1991. Plenumsreferate, hg. v. Rolf Bergmann, Kurt Gärtner u.a. [Beihefte zu editio 4], Tübingen 1993, S. 50–62, hier S. 62; und Gesa Bonath u. Helmut Lomnitzer, Verzeichnis der Fragment-Überlieferung von Wolframs ‚Parzival', in: Studien zu Wolfram von Eschenbach. FS Werner Schröder zum 75. Geburtstag, hg. v. Kurt Gärtner u. Joachim Heinzle, Tübingen 1989, S. 87–149) und erfolgt in Analogie zu den in der ‚Parzival'-Philologie etablierten Fassungen *G und *D, die nach der jeweiligen Leithandschrift benannt sind. Angesichts der Überlieferungslage ist die Wahl einer Leithandschrift für *m problematisch: Da es keine früheren unkontaminierten bzw. durchgehenden Zeugen der Gruppe gibt (siehe dazu unten), ist man gezwungen, auf eine relativ späte Handschrift zurückzugreifen.

sässischen Schreibwerkstatt des Diebold Lauber unter Bedingungen hergestellt wurden, die nicht mehr gänzlich der ‚klassischen' manuskriptzeitalterlichen Konstellation entsprechen.[41] Während die engere textgeschichtliche Zusammengehörigkeit von m, n und o in der Forschung bereits früh erkannt wurde,[42] herrschte über den Status der in diesen Handschriften anzutreffenden markanten Abweichungen lange Unklarheit. Wurde die Eigenart dieser Texte überhaupt wahrgenommen, dann zumeist mit Entrüstung über zahlreiche Textentstellungen, die nicht zuletzt mit dem pauschalen Hinweis auf die angeblich ‚bekannt' schlechte Qualität der Produkte aus der Lauberwerkstatt erklärt wurden.[43] Neben Unsinnigkeiten haben sich in m, n und o jedoch viele Umformulierungen erhalten, die deutlich intentional und nicht als Beispiel spätmittelalterlicher Verderbnis zu werten sind, sondern von einer bereits früher anzusetzenden Überarbeitung des ‚Parzival'-Textes zeugen.

Auf diese Spur hätte schon Feodor Kittelmanns Auseinandersetzung mit der ‚Mischhandschrift' V aus dem Jahre 1910 führen können.[44] Kittelmann erkannte, dass diese in der Forschung unter dem Namen ‚Rappoltsteiner Parzifal' bekannte Handschrift, deren Entstehung sich aufgrund der ungewöhnlich ausführlichen Angaben ihrer Produzenten exakt auf die Jahre 1331–1336 datieren lässt,[45] in einigen Lesarten eine nähere Verwandtschaft mit den Lau-

---

[41] Lauber wandte sich mit Werbemaßnahmen an ihm zwar bekannte, aber offensichtlich erst zu rekrutierende Auftraggeber. Zum forschungsgeschichtlichen Klischee der ‚fabrikmäßigen' Produktion in der Werkstatt und zu den Eigenheiten des Betriebs vgl. zusammenfassend Lieselotte E. Saurma-Jeltsch, Spätformen mittelalterlicher Buchherstellung. Bilderhandschriften aus der Werkstatt Diebold Laubers in Hagenau, Wiesbaden 2001, 2 Bde.

[42] Zuerst von Ernst Martin in seiner ‚Parzival'-Ausgabe: Wolframs von Eschenbach Parzival und Titurel, hg. und erklärt v. Ernst Martin. Bd. 1: Text, Halle a.S. 1900, Bd. 2: Kommentar, Halle a.S. 1903 (Germanistische Handbibliothek IX,1/2), hier Bd. 1, S. XXI.

[43] Dass die abwertenden Urteile über die textliche Qualität der Lauber-Produkte meist ohne Grundlage einer eingehenderen Untersuchung der Handschriften gefällt worden sind, kritisierte zuletzt Christoph Fasbender, *Hübsch gemolt – schlecht geschrieben?* Kleine Apologie der Lauber-Handschriften, in: ZfdA 131 (2002), S. 66–78.

[44] Feodor Kittelmann, Einige Mischhandschriften von Wolframs Parzival, Straßburg 1910.

[45] Die Handschrift wurde im Auftrag Ulrichs von Rappoltstein angefertigt und enthält den ‚nüwen Parzifal', eine umfangreiche Zudichtung der Straßburger Redaktoren Claus Wisse und Philipp Colin (Ausgabe: Parzifal von Claus Wisse und Philipp Colin (1331–1336). Eine Ergänzung der Dichtung Wolframs von Eschenbach, zum ersten Male hg. v. Karl Schorbach, Straßburg/London 1888). Vgl. Dorothea Wittmann-Klemm, Studien zum ‚Rappoltsteiner Parzifal' (GAG 224), Göppingen 1977; Manfred G. Scholz, Zum Verhältnis von Mäzen, Autor und Publikum im 14. und 15. Jahrhundert. Wilhelm von Österreich – Rappoltsteiner Parzifal – Michel Beheim, Darmstadt 1987; Joachim Bumke, Autor und Werk. Beobachtungen und Überle-

berhandschriften m, n und o sowie Teilen des Straßburger Drucks von 1477 (Sigle W) aufweist.[46] Zumindest manche der in den Lauberhandschriften ersichtlichen Abweichungen lassen sich also wenigstens bis zum ersten Drittel des 14. Jahrhunderts zurückverfolgen.

Erschwert wird die Beurteilung des Gruppentextes *mnoV[47] durch den Mischcharakter des ‚Rappoltsteiner Parzifal'. V weist nämlich nicht nur die Lesarten von *m, sondern auch jene der Gruppierungen *G und *T[48] auf. Die Annahme, dass die Handschrift durch Kontamination mehrerer Vorlagen entstanden ist, liegt daher nahe; dies umso mehr, als sich im Codex die Spuren zahlreicher Rasuren, Überklebungen und ausradierter Randnachträge finden lassen, die schon Eduard Hartl in Zusammenhang mit den Gruppenwechseln des Textes gebracht hatte.[49] Hartl vermutete, dass die ersichtlichen Korrekturen auf einen zeilengenauen Vergleich der Vorlagenhandschriften zurückzuführen sind, bei dem die Redaktoren von V die eine Vorlagenlesart durch die andere besserten. Da die mit Hilfe der Rasuren eingesetzten Lesarten jedoch nicht einheitlich einer Textversion folgen, sondern bald der einen, bald der anderen Gruppierung zuzuordnen sind, glaubte Hartl davon ausgehen zu müssen, dass die Kontamination nicht durch eine Abfolge sukzessiver Korrekturgänge zustande kam, sondern durch die gleichzeitige, abwägende Benutzung mehrerer Vorlagen. Der ‚Rappoltsteiner Parzifal' wurde somit zum

---

gungen zur höfischen Epik (ausgehend von der Donaueschinger Parzivalhandschrift G[δ]), in: ZfdPh 116 (1997), S. 87–114; Peter Strohschneider, Literarische Ligaturen. Philipp Colin über Paradoxien höfischer Kunstaufträge im Mittelalter, in: Kunst, Macht und Institution. Studien zur Philosophischen Anthropologie, soziologischen Theorie und Kultursoziologie der Moderne, FS Karl-Siegbert Rehberg, hg. v. Joachim Fischer u. Hans Joas, Frankfurt a.M./New York 2003, S. 537–556.

[46] Vgl. Kittelmann (wie Anm. 44), S. 69.

[47] Den Gepflogenheiten der ‚Parzival'-Philologie entsprechend bezeichnet ein Stern (*) vor den Handschriftensiglen (mit Ausnahme der Sonderfälle der Fassungstexte *G, *D, *m etc.) die gemeinsame Vorläuferhandschrift der aufgezählten Zeugen. *mnoV ist also jene rekonstruierte Textstufe, die den Abweichungen von m, n, o und V zugrunde liegt.

[48] Die Gruppe *T besteht aus den Handschriften T, U sowie – in den unkontaminierten Passagen – V und W. Sie entspricht damit der von Eduard Hartl, Die Textgeschichte des Wolframschen Parzival. I. Teil: Die jüngeren *G-Handschriften. 1. Abteilung: Die Wiener Mischhandschriftengruppe *W (G[n] G[δ] G[μ] G[φ]), Berlin/Leipzig 1928, noch als *W bezeichneten Gruppierung und kann als Textversion eigenen Rechts betrachtet werden. Eine ausführliche Auseinandersetzung mit *T erfolgt in der Dissertation von Robert Schöller, ‚Die Fassung *T des ‚Parzival' Wolframs von Eschenbach. Untersuchungen zur Überlieferung und zum Textprofil', eingereicht an der Universität Basel 2007.

[49] Vgl. Hartl (wie Anm. 48), insbesondere S. 88–113.

Kronzeugen für die Existenz eines gleichsam ,philologischen' Bewusstseins mittelalterlicher Handschriftenproduzenten.[50]

An der Beweiskraft von Hartls Ausführungen hat Joachim Bumke Zweifel angemeldet, der die von der stemmatologisch ausgerichteten Textkritik fast schon selbstverständlich getroffene Annahme einer gängigen Kontaminationspraxis grundsätzlich hinterfragen wollte.[51] Bumke wies darauf hin, dass der Rekurs auf die Vorlagenmischung zur Klärung stemmatischer Querverbindungen sich in erster Linie aus dem Zwang der Methode ergibt, ihr tatsächliches Auftreten aber kaum jemals anhand des materiellen Befundes der Handschriften nachgewiesen wurde.[52] Zu den wenigen Ausnahmen gehören die Rasuren im ,Rappoltsteiner Parzifal', doch erschien Bumke auch dieses Beispiel fragwürdig, da Hartl offensichtlich seinen Erklärungsansatz überstrapaziert hatte: Ob sich nämlich tatsächlich unter den einzelnen Rasuren gruppenspezifischer Lesarten der Wortlaut einer anderen Textversion befand, ist nur in den seltensten Fällen zu klären. Überhaupt ist nicht recht einzusehen, wieso die Redaktoren von V bei simultaner Vorlagenbenutzung und -abwägung die Lesart einer Quelle eingetragen haben sollten, um sie gleich im Anschluss wieder auszuradieren.[53] Darüber hinaus unterliefen Hartl bei seinen Beispielen einige logische Fehler, so dass Bumke schließlich eine erneute Überprüfung der Rasuren von V einforderte.[54]

Ein erster, mit Hilfe von modernen kriminologischen Methoden durchgeführter Versuch zur Revision der empirischen Befunde von Doris Oltrogge und Martin Schubert zeigte denn auch, dass Hartl in nicht wenigen Fällen über das Ziel hinaus geschossen war, da viele der Rasuren von V offensichtlich nur zu dem Zweck vorgenommen wurden, ein ästhetisch ansprechendes Schriftbild zu schaffen.[55] Ganz Chimäre bleiben Hartls Vermutungen jedoch nicht, denn schon Oltrogge und Schubert konnten einige Beispiele aufzeigen,

---

[50] Vgl. ebd., S. 90f.

[51] Joachim Bumke, Die vier Fassungen der ,Nibelungenklage'. Untersuchungen zur Überlieferungsgeschichte und Textkritik der höfischen Epik im 13. Jahrhundert (Quellen und Forschungen zur Literatur- und Kulturgeschichte 8), Berlin/New York 1996, S. 11–30.

[52] Vgl. Bumke (wie Anm. 51), S. 29. Bumkes Hauptangriffspunkt bildet der Kontaminationstyp der simultanen Vorlagenmischung, also der gleichzeitigen, quasiphilologisch abwägenden Benutzung unterschiedlicher Textquellen.

[53] Hierauf machen Doris Oltrogge u. Martin Schubert, Von der Reflektographie zur Literaturwissenschaft. Varianzen im ,Rappoltsteiner Parzifal', in: Wolfram von Eschenbach – Bilanzen und Perspektiven. Eichstätter Kolloquium 2000, hg. v. Wolfgang Haubrichs, Eckart Conrad Lutz u. Klaus Ridder (Wolfram-Studien 17), Berlin 2002, S. 347–376, hier S. 352, aufmerksam.

[54] Vgl. Bumke (wie Anm. 51), S. 26.

[55] Vgl. Oltrogge u. Schubert (wie Anm. 53), S. 356–366.

an denen die Rasurstellen unzweifelhaft auf Vorlagenmischung hindeuten.[56] Zur genaueren Einschätzung der Kontamination in V fehlte Oltrogge und Schubert das Vergleichsmaterial der Restüberlieferung. Mit Hilfe der im Berner und Basler ‚Parzival'-Projekt erarbeiteten Materialien[57] und nach einer neuerlichen Autopsie lassen sich die Ergebnisse jedoch präzisieren:

Den Schlüssel zur Rekonstruktion der Vorlagenverhältnisse bieten jene Stellen, an denen in V die Reste ursprünglich am Rand nachgetragener und später wieder ausradierter Verspaare ersichtlich sind. Wie schon Oltrogge und Schubert feststellten, sollten diese Nachträge offensichtlich auf zunächst im Text fehlende Verse hinweisen bzw. den fehlenden Text ergänzen.[58] In einem weiteren Schritt wurden die Marginalien dann – vielleicht aus ästhetischen Gründen – in den Spaltentext aufgenommen, indem einige Zeilen des Haupttextes radiert und der komplette Text mit engerem Zeilenabstand oder gedrängterer Schrift neu eingetragen wurde. Anschließend wurden die nun überflüssigen Randnachträge durch Rasur getilgt, wobei jedoch heute noch deutliche Spuren des nachgetragenen Textes zu erkennen sind. Diese an sich recht einfach erscheinende Rekonstruktion des Korrektur-Prozederes wird allerdings durch den merkwürdigen Befund gestört, dass in manchen Fällen die Nachträge ausradiert wurden, ohne dass die entsprechenden Verse in den Haupttext aufgenommen wurden.

Sowohl die integrierten wie auch die übergangenen Nachträge sind höchst aufschlussreich für die Beurteilung der Kontaminationsverhältnisse, denn bis auf einige wenige nicht aussagekräftige Fälle, bei denen die nachgetragenen Verspaare in keiner anderen Handschrift fehlen, stimmen die Minusverse markant mit dem Versbestand einzelner Handschriftengruppen überein. Die unterschiedlichen Lesarten-Konstellationen zeigt die folgende Übersicht:

---

[56] Vgl. ebd., S. 365–369.

[57] Das ‚Parzival'-Projekt unter der Leitung von Michael Stolz hat sich die Auslotung der Möglichkeiten einer elektronisch gestützten Neuausgabe von Wolframs ‚Parzival' sowie die Aufarbeitung der Überlieferung des Textes zum Ziel gesetzt. Vgl. hierzu: Michael Stolz, Wolframs ‚Parzival' als unfester Text. Möglichkeiten einer überlieferungsgeschichtlichen Edition im Spannungsfeld traditioneller Textkritik und elektronischer Darstellung, in: Haubrichs, Lutz u. Ridder (wie Anm. 53), S. 294–321.

[58] Vgl. Oltrogge u. Schubert (wie Anm. 53), S. 359f.

Position des Randnachtrags in V auf Blatt:	Ursprünglich fehlendes Verspaar:	Fehlt auch in den Handschriften:	In den Haupttext integriert?
9v	60,7f.	–	ja
12r	76,27f.	O W	ja
37v	226,13f. (oder 226,15f.?)	–	ja
40r	244,5f.	TUW (= *T)	ja
40v	247,19f.	TUW (= *T)	ja
45r	277,5f.	TUW (= *T)	ja
45v	279,7f.	TUW (= *T)	ja
47r	290,29f.	GILMOQZ (= *G[59]) TUW (= *T)	nein
47v	292,29f.	TUW (= *T)	ja
76r	2 Zusatzverse aus mno (nach 478,6)	D GILMOQRZ (= *G) TUW (= *T)	nein
78v	2 Zusatzverse aus mno(nach 496,4)	D GILMOQRZ (= *G) TUW (= *T)	nein
78v	496,7f.	OQR TW (= *T)[60]	nein
79r	499,5f.	OQR TW (= *T)[61]	nein
85v	2 Zusatzverse aus mno (nach 539,8)	D GILMOQRZ (= *G) TUW (= *T)	nein
88r	557,7f.?	–	ja
90v	572,27f.?	–	ja
92v	588,5f.	–	ja
94r	595,3f.	GILMQR (= *G außer Z) W (= *T?)[62]	nein
101v	2 Zusatzverse aus mno (nach 644,12)	D GILMQRZ (= *G) W (= *T?)[63]	nein
103r	654,13f. ?	GILMQR (= *G außer Z) W (= *T?)[64]	nein

Neben 6 indifferenten Belegen sind an 14 Stellen Verspaare nachgetragen, die auch in *T fehlen. Die Erstvorlage war also offensichtlich aus dieser Gruppe.

---

[59] R überliefert die Stelle aufgrund eines weitergehenden Versausfalls nicht.
[60] U überliefert die Stelle aufgrund eines weitergehenden Versausfalls nicht.
[61] U überliefert die Stelle aufgrund eines weitergehenden Versausfalls nicht.
[62] O, T und U überliefern die Stelle aufgrund weitergehender Versausfälle nicht.
[63] O, T und U überliefern die Stelle aufgrund weitergehender Versausfälle nicht.
[64] O, T und U überliefern die Stelle aufgrund weitergehender Versausfälle nicht.

Die zweite Handschrift, nach der die Randanmerkungen erstellt wurden, gehörte zu mno (= *m). Dies belegen nicht nur die vermerkten Zusatzverse (nach 478,6, nach 496,4, nach 539,8 und nach 644,12), sondern auch charakteristische *m-Lesarten der Marginalien. Das deutlichste Beispiel hierfür stellen die Spuren des Nachtrags der Verse 277,5f. (im Lachmannschen Text: *unt des nôt ir habt gehæret ê, / der gevangene künec Clâmidê*) auf Bl. 45r dar: Unter der Rasur ist noch zu lesen: *vn(d) der :::: ::::g :::::de / D:: ::: :: :::: gehôret :* Dies entspricht der in mno anzutreffenden Umstellung der Verse *Vnd der gefangen kv́nig clamide / Des not ir habent gehóret E.*[65]

Besonders aufschlussreich ist aber, dass die Verse bei der Integration in die Spalte nicht in der Form von *m übertragen wurden, sondern den ‚normalen‘ Lachmannschen Wortlaut aufweisen. Im korrigierten Spaltentext von V erscheint beim angeführten Beispiel *vn(d) dez not ir hant gehóret .e. / Der gevangene kv́nig clamide.* Dies bedeutet, dass die Verse nach einer dritten, nicht zu *T oder *m gehörenden Vorlage in den Text eingetragen worden sind, und erklärt zudem, warum nicht alle Randnachträge integriert wurden: Die Marginalien wurden beim dritten Korrekturgang offensichtlich kaum beachtet, sondern schlicht nur jene ursprünglich fehlenden Verse aufgenommen, die auch in der dritten Vorlage vorhanden waren. So hat der Redaktor des dritten Durchlaufs etwa die *m eigenen Zusatzverse nach 478,6, 496,4, 539,8 und 644,12 offensichtlich nicht in seiner Vorlage vorgefunden und daher nicht der Aufnahme für wert erachtet. Und auch die verworfenen Verse aus dem ‚konventionellen‘ Bestand zeigen ein charakteristisches Bild, das sogar eine nähere Bestimmung der dritten Vorlage erlaubt: Diese gehörte offensichtlich zur Gruppe *G, und zwar enger zu *OQR, da genau jene Randnachträge nicht aufgenommen wurden, die auch in *OQR fehlen.[66]

---

[65] Transkription nach n; m liest *Vnd der kunig gefangen von clamide / des not ir habt gehôret e.*

[66] 290,29f., 595,3f., 654,13f. sowie die Zusatzverse von mno fehlen in allen *G-Handschriften inklusive OQR, 496,7f. und 499,5f. fehlen zudem noch in *OQR. Eine Unsicherheit bei der Bestimmung dieser dritten Vorlage ergibt sich jedoch daraus, dass sich die Gruppierung *OQR ab der Mitte des ‚Parzival‘ zu *T zu stellen scheint. Vgl. hierzu Schöller (wie Anm. 48), S. 151–153 und 242f. Die Zuordnung der Vorlage zu *OQR ist mit den Untersuchungen von Gesa Bonath vereinbar, die zu dem Ergebnis kam, dass V eine Vorlage „des Typus [R] gelegentlich zum Vergleich mit heranzog" (dies., Untersuchungen zur Überlieferung des Parzival Wolframs von Eschenbach. 2 Bde. (Germanische Studien 238/239), Lübeck/Hamburg 1970/71, hier Bd. 1, S. 43). Darüber hinaus vermutete Bonath sogar noch die Einwirkung einer weiteren Vorlage des Typs L, also eine gleich vierfache Kontamination von V. Diese Annahme kann durch den hier vorgetragenen Rekonstruktionsversuch weder bestätigt noch widerlegt werden, zu ihrer Überprüfung bedürfte es weiterer Untersuchungen.

Grob skizziert lässt sich der Kontaminationsprozess in V also als Abfolge dreier Durchgänge begreifen, die jeweils nach unterschiedlichen Vorlagen vorgenommen wurden. Die Handschriften müssen dabei nicht gleichzeitig benutzt worden sein, wie noch Hartl bei seiner Annahme einer quasi-philologischen Textmischung in V behauptet hat. Allerdings weisen einige Indizien darauf hin, dass die Verhältnisse sogar noch weit komplizierter lagen, als es die angeführte Rekonstruktion verrät. Die Abfolge der Vorlagenbenutzung dürfte in verschiedenen Teilen des Codex unterschiedlich ausgefallen sein. Beispielsweise lassen sich gegen Schluss des ,Parzival', in den Büchern XV und XVI, keine aussagekräftigen *T-Lesarten finden. In diesem Abschnitt erfolgte offensichtlich bereits der Ersteintrag nach der *m-Vorlage, die erste *T-Quelle war zu diesem Zeitpunkt wohl nicht mehr verfügbar. Ein Mischtext ergibt sich jedoch auch hier durch die nachträgliche Einarbeitung der dritten *G-Vorlage.

Schließlich ist es noch auffällig, dass im Bereich 313,7 bis 373,30 einige für die *T-Gruppe spezifische Fehlverse sowie zwölf sonst nur in *m auftretende Zusatzverse nach 311,30 offensichtlich bereits von Anfang an im Spaltentext von V Aufnahme gefunden haben, ohne dass auf den entsprechenden Seiten Spuren der sonst in diesen Fällen üblichen Vorgangsweise (Randnachträge mit anschließender Rasur) erkennbar wären. Auch hier bietet der kodikologische Befund einen Erklärungsansatz: Bei genauerer Hinsicht zeigt sich nämlich, dass die ursprünglichen Blätter 50, 51, 55–57, 59, 63–66 und 69 sowie 87 aus dem Codex herausgeschnitten und durch Einzelblätter ersetzt wurden, die jeweils auf dem noch verbleibenden Pergamentstreifen der entfernten Seiten befestigt wurden. Erstaunlicherweise waren die ausgeschnittenen Blätter offensichtlich bereits vollständig beschrieben und mit Buchschmuck versehen, denn auf den Befestigungsstreifen der Blätter 66, 69 und 87 sind noch die Reste von Initialfleuronnée zu sehen, das von den ursprünglichen Seiten stammt. Wahrscheinlich ist das Fehlen der charakteristischen gruppenspezifischen Randnachträge also dadurch zu erklären, dass die nach *T vorgenommene Abschrift durch Einzelblätter ersetzt wurde, die der Schreiber bereits nach *m im Ersteintrag erstellt hat. Die Redaktoren von V haben also weder Kosten noch Mühen gescheut und sind sogar soweit gegangen, ganze Seiten zu entfernen, um einen ihrer Meinung nach ,kompletten' oder gar ,wohlgeformten' Text zu erstellen.

Hs. V liefert somit einen sicheren Beleg für die Existenz der *m-Gruppe bereits im 14. Jahrhundert, bietet aber aufgrund der Kontamination nur einen unzuverlässigen Zeugen für den Text. Mit dem Auffinden von Fragment 69 ist nun über relativ weite Strecken eine sicherere Vergleichsbasis zur Einschätzung des Gruppentextes gegeben, von dem die Eigenheiten der drei Lauberhandschriften m, n und o besser abgegrenzt werden können.

Die Zugehörigkeit von Fragment 69 zu *m ist deutlich aus fünf gemeinsamen Änderungen im Versbestand (einem Ausfall und vier weiteren Zusatzpassagen) zu erweisen:

1. Versausfall[67] 191,1–6

Lachmann	mnoF69 (= *m[68])

190,25	ir bote wider quam gedrabt:	Jr bot wider kam getrabet
	des wart diu kranke diet gelabt.	Des wart die krancke diet gel*ab*et
	dô was der burgære nar	**Wanne** der burgere nar
	gedigen an **dise** spîse gar:	**Was** gedigen an **die** ſpiſe gar
	Ir was vor hunger maneger tôt	Jr was vor hunger maniger tot
	ê daz in **dar kœme**'z brôt.	E das in **kome dar** das brot
191,1	**teiln ez hiez diu künegîn,**	
	dar zuo die kæse, dez vleisch, den wîn,	
	dirre kreftelôsen diet:	
	Parzivâl ir gast daz riet.	
191,5	**des bleip in zwein vil kûme ein snite:**	
	die teiltens âne bâgens site.	

Fragment 69 überliefert nur die Verse 190,27 und 28. Die Berechnung der Textlücke bis zum nächsten Fragmentstreifen belegt jedoch, dass der Ausfall von 191,1–6 auch hier stattgefunden hat. Der Versverlust stört den Zusammenhang nicht, bereits aus den Versen 190,25f. geht hervor, dass die Bürger von Pelrapeire mit Lebensmitteln versorgt werden. Die Beschreibung, dass die Königin die Verteilung aller Speisen anordnet, sowie der Hinweis darauf, dass dies auf den Rat von Parzival hin geschieht, sind somit für das Verständnis des Handlungsverlaufs nicht notwendig. Eine leichte Veränderung des Bedeutungsgehalts ergibt sich lediglich daraus, dass durch die Auslassung die Möglichkeit verloren geht, Parzivals erstmalige Umsetzung der „von Gurnemanz angemahnten Tugenden des Erbarmens und der *milte*" zu zeigen.[69] Als mög-

---

[67] Die Begriffe ‚Versausfall' und ‚Plusverse' sollen lediglich das Faktum des verringerten oder vermehrten Versbestands im Vergleich zum Lachmann-Text reflektieren und keine Bearbeitungsrichtung präjudizieren.

[68] Der Text von mno bzw. *m wird in der Folge nach der Leithandschrift m wiedergegeben. Der Wortlaut von m wird nur im Falle offenkundiger Fehler durch n korrigiert, der ersetzte Text dabei kursiv dargestellt. Aufschlussreiche Abweichungen der Einzelhandschriften werden in Fußnoten vermerkt.

[69] Vgl. den Kommentar von Eberhard Nellmann (Wolfram von Eschenbach, Parzival, nach der Ausgabe Karl Lachmanns revidiert und kommentiert v. Eberhard Nellmann, übertragen v. Dieter Kühn, Bd. 1: Text. Bd. 2: Text und Kommentar (Bibliothek des Mittelalters 8,1/2), Frankfurt a.M. 1994, hier Bd. 2, S. 557, sowie Dennis H. Green, Advice and Narrative Action: Parzival, Herzeloyde and Gurnemanz, in: From Wolfram and Petrarch to Goethe and Grass. Studies in Literature in Honour of Leonard Forster, hg. v. Dennis H. Green, Leslie P. Johnson u. Dieter Wuttke, Baden-Baden 1982, S. 33–81, hier S. 56.

licher Anlass für eine Kürzung käme die ‚wolframtypische' Drastik in Frage, mit der die Selbstlosigkeit von Parzival und Condwiramurs geschildert wird. Die Stelle wurde vielleicht als ‚unhöfisch' empfunden und daher gestrichen.

2. Plusverse nach 223,6, 311,30, 644,12 und 661,28

	Lachmann	mnoF69[70] (= *m)
223,5	si het ir man dâ für erkant,	Si hette ir man do fur erkant
	iewederz an dem andern vant,	Jettweders an dem andern fant
		Wes ſin hercze gerte
		Die trůwe ſi des werte
	er was ir liep, als was si im.	Er was ir liep alſo was ſý ime

	Lachmann	mnoF69V[71] (= *m)
311,29	Man und wîp im wâren holt.	Man vnd wip yme woren holt
	sus het er werdekeit **gedolt,**	Sus het er werdikeit **er holt**
	unz ûf daz siufzebære zil.	**Parcifal der *werde degen***
		Nu můſſe ſin der ouch fůrbas pfle-
		gen
		Der ſin vns her gepflegen hat
		Des wirt not wandes hie gat
		An ſolliche hoffe mere
		Der ich zeſagene wol enbere
		Vnd *mag* es doh nit verdagen
		Man můs frǒde vnd *vn*frǒde ſagen
		Wie trurig vns dis mere tů
		Do hǒret ye doch ein ſwige zů
		Nu merckent es mit ſchonen ſite(n)
	hie kom **von der ich sprechen wil,**	Hie kůmbt **ein maget zů geritten**
	ein magt gein triwen wol gelobt,	**Gegen zuht vil dicke** wol gelobet
	wan daz ir zuht **was** vertobt.	Wan das ir zuht **hie wirt** vertobet
	ir mære **tet** vil liuten leit.	jr mere **tůt** vil luten leit

---

[70] F 69 überliefert nur die beiden Zusatzverse.
[71] F 69 überliefert nur die ersten drei Zusatzverse.

Lachmann	mnoF69[72] (= *m)
644,9 sît nam er mit freuden war	Sit nam er mit frǒden war
al der rîter unt der frouwen gar,	Der ritter vnd der frouwen *gar*
sô **daz ir trûrn vil nâch verdarp**	*So* **fůffeclich er mit ý*n* warp**
nu hœrt ouch wie der knappe	**Das gar ir truren do verdarp**
warp,	**NV loffen wir dis mere hie**
	Vnd kerent wider do ich es lie
	Jch mein do gawan hette gefant
den Gâwân hête gesant	**Den botten zů** loner in das lant
644,15 hin ze Löver in daz lant,	**Vernement was er wurbe** da
ze Bems bî der Korcâ.	Zů beems bý der karca
der künec Artûs was aldâ,	**Was artus vnd** die kunigin
unt des wîp diu künegîn,	Vnd maniger liehtter *frouwen*
und maneger liehten frouwen	fchin
schîn,[73]	Der **werde*n*** maffeni ein *flů̈t*
und der massenîe ein fluot.	

Lachmann	mnoF69[74] (= *m)
661,27 von der liebe waz daz weinen,	Von der lieb*e* was das weinen
daz Artûs kunde erscheinen.	Das artus kunde erschinen
	Trǔwe die an *in* beiden was
	Gantz vnd luter *fam* ein glas
von kinde het er in erzogen:	Von kinde het er in erzogen
ir bêder triuwe unerlogen	Jr beider trǔwe vnerlogen
662,1 stuont gein ein ander âne wanc,	Stunt gegen einander one wang
daz si nie valsch underswanc.	Das fý nýe falfch vnder fwang

Die umfangreichste Erweiterung stellen die zwölf Plusverse nach 311,30 dar, die offensichtlich die Überleitung von Parzivals Lobpreis zu Kundries unheilbringendem Auftritt verdeutlichen sollen. Die Version von *m wirkt durch den Einschub nach heutigen ästhetischen Maßstäben plumper als der konventionelle Text, bei dem die Nahtstelle von Triumph und Krise effektvoll in nur

---

[72]   F 69 überliefert nur 644,17–18 und die obere Hälfte von 644,19. Dass der Zusatz vorhanden war, ergibt sich aus der Berechnung des Zwischenraums zum vorigen Pergamentstück.

[73]   *vn(d) maneger frǒwen liehter fcin* D.

[74]   F 69 überliefert nur die erste Hälfte von 661,28 und die beiden Zusatzverse.

einem Vers (312,1) angedeutet wird. Demgegenüber meldet sich in *m explizit eine Erzählerinstanz zu Wort, die das Geschehen bewertet, sich an das Publikum wendet und eine angemessene Rezeptionshaltung sowie Beistand für den gefährdeten Helden einfordert. Zudem wird noch der Topos des Nicht-Erzählen-Wollens aufgeboten.

Die eingesetzten Mittel zeigen deutliche Anklänge an das Arsenal der Wolframschen Erzähltechnik und stilisieren die Erzählsituation im Sinne des Geschehens.[75] Im Unterschied zu den sonst üblicherweise im ‚Parzival' zu beobachtenden Fiktionalisierungsstrategien gibt der *m-‚Wiedererzähler' jedoch nichts von seiner Souveränität an die Rezipienten Preis, die Lizenz zum Weitererzählen wird nicht erst spielerisch unterwürfig vom Publikum eingeholt, sondern ist durch den äußeren Zwang bzw. eine höhere Macht vorgegeben, die außerhalb der Rezeptionsgemeinschaft liegt.[76] Während der Erzähler im konventionellen Text in ähnlichen Fällen zwar anfänglich zögert, dann aber das Publikum gleichsam ‚überredet', weiterzuhören, somit die Initiative zum Weitererzählen letztlich doch wieder vom Erzähler ausgeht,[77] gibt hier die Instanz vor, die traurigen Geschehnisse gar nicht ausführen zu wollen; einzig das höhere Gesetz der ‚ganzen Wahrheit' (*Man můs fröde vnd vnfröde ſagen*) nötige zum Fortfahren. Damit ist der Erzähler jedoch von jeglichem Verdacht der Unmoral befreit, das Schweigegebot in *m richtet sich konsequenterweise nicht an den Erzähler selbst (vgl. Lachmann 399,7: *ôwê nu solt ich swîgen*) und reflektiert unter Umständen dessen ‚schlechtes Gewissen', sondern mutiert zur allgemeinen Anstandsregel, die auch für das Publikum verbindlich gemacht wird: *Wie trurig vns dis mere tů / Do höret ye doch ein ſwige zů / Nu merckent es mit ſchonen ſite(n)*. Erzähler und Publikum sind darin verbunden, dass sie gar nicht anders können, als die Geschichte weiterzuverfolgen, und somit exkulpiert. Einzige Bedingung für das Erfahren der *hoffe mere* ist die angemessene Rezeptionshaltung – ein gesittetes Benehmen, das auch der Hofgemeinschaft am Plimizoel wohl zukommen würde.[78]

---

[75] Vgl. die grundlegenden Darstellungen zum Erzähler im ‚Parzival' von Eberhard Nellmann, Wolframs Erzähltechnik: Untersuchungen zur Funktion des Erzählers, Wiesbaden 1973, und Michael Curschmann, Das Abenteuer des Erzählens. Über den Erzähler in Wolframs ‚Parzival', in: DVjs 45 (1971), S. 627–667.

[76] Vgl. als Kontrastbeispiele etwa 403,10f., 401,28–402,6 und 399,1–10 im Lachmannschen Text.

[77] Vgl. etwa 399,7–9: *ôwê nu solt ich swîgen. / nein, lât fürbaz sîgen / der etswenne gelücke neic* oder 403,10–11: *welt ir, noch swîg ich grôzer not. / nein, ich wil iu fürbaz sagen.*

[78] Parallelen ließen sich auch zu den ebenfalls die Grenze zwischen Reflexions- und Handlungsebene überschreitenden, ganz ähnlich formulierten Versen 245–248 sowie 257 von Hartmanns ‚Iwein' ziehen (nach der Ausgabe: Hartmann von Aue, Iwein, 4., überarbeitete Auflage. Text der siebenten Auflage von Georg Friedrich Benecke,

Die Konsequenz der Umformulierung wird noch an der Abweichung von Vers 312,2 (*hie kom von der ich sprechen wil* bei Lachmann) deutlich: Von Kundrie will der Erzähler von *m – zumindest vorgeblich – aus eigenen Stücken gerade eben nicht reden, der entsprechende Passus wird daher ersetzt. Die Abneigung gegenüber der Unheilsbotin mündet schließlich in zwei weitere Änderungsnuancen, die jedoch weit reichende Konsequenzen für Kundries Bewertung haben dürften: 312,3 wird Kundrie nicht mehr der zentrale Wert der *triuwe* zugestanden, statt dessen verbleibt als einzig positive Eigenschaft die *zuht*, die ihr jedoch gleich im nächsten Vers abhanden kommt – Kundrie hält sich offensichtlich nicht an die *ſchonen ſite(n)*, die für das Publikum verbindlich gemacht wurden. 312,5 wird zudem das von Kundrie angerichtete Leid durch den Tempuswechsel (*tůt* vs. *tet*) von der histoire-Ebene der Versammlung am Plimizoel in die Präsenz der – ohnedies analog stilisierten – Rezeptionsgemeinschaft gerückt.

Die restlichen drei in mnoF69 erscheinenden Plusversstellen fügen sich mehr oder weniger deutlich in das hier anhand der Passage 311,29ff. entworfene Bild ein. Unschwer lässt sich etwa die Parallele zur alternativen Formulierung von 644,9ff. in *m ziehen: Auch in diesem Fall dient der Einschub zur Verdeutlichung eines Übergangs, wobei wieder der Erzählvorgang selbst thematisiert wird. Etwas loser ist der Zusammenhang zu den beiden Plusversstellen nach 223,6 und 661,28. Auffällig ist jedoch, dass in beiden Zusätzen die *triuwe* eine Rolle spielt. Allen vier Erweiterungspassagen gemeinsam ist auf jeden Fall, dass sie keine zusätzliche Handlung in den Text einfügen, sondern auf der Reflexionsebene des Erzählerkommentars verbleiben.

Die Abweichungen weisen also zumindest teilweise gleichgerichtete Tendenzen auf. Es ist – wenigstens im Fall der Passagen 311,29ff. und 644,9ff. – sehr wahrscheinlich, dass sie ein- und derselben Bearbeitungsstufe entstammen, die insbesondere auf die Verdeutlichung von Übergängen abzielte; sicher erwiesen werden kann eine gemeinsame Herkunft der Umformulierungen letztlich jedoch nicht. Hier zeigt sich das Problem der Feststellung von ‚Fassungskohärenzen‘, das insbesondere bei der so unzuverlässig überlieferten Gruppe *m und der Beurteilung des Textes von Fragment 69 virulent wird, denn streng genommen muss es offen bleiben, ob weitere Änderungen, die zwar in m, n, o und V gemeinsam auftreten, in Fragment 69 aufgrund der Fragmentierung allerdings nicht überliefert werden, tatsächlich auch in diesem Textzeugen vorhanden waren.[79] Zumindest für einen Teil der Abweichungen im Versbestand

---

hg. v. Karl Lachmann u. Ludwig Wolff. Übersetzung und Nachwort von Thomas Cramer, Berlin/New York 2001), in denen Kalogrenant die fiktiven (und realen?) Zuhörer auf seine schmachvolle Geschichte einstimmen will.

[79] Die Abweichungen von *mnoV könnten zumindest theoretisch erst auf einer Stufe

von *mnoV kann dies jedoch plausibel gemacht werden, denn es ist auffällig, dass sich in *mnoV auch außerhalb des von Fragment 69 überlieferten Textes eine entsprechende Neigung zur Einfügung von Plusversen, welche zur Verdeutlichung von Übergängen dienen, beobachten lässt. Im Folgenden sollen zwei prägnante Beispiele herausgegriffen werden, um die Ähnlichkeit der Einschübe zu demonstrieren:

	Lachmann	mnoV (= *m)
553,1	Grôz müede im zôch diu ougen zuo:	Gros můde im zoch die ougen zů
	sus slief er unze des morgens fruo.	Sus ſlief er vntz des morgens frů[80]
		DEr nů welle der verneme
		Ob ým ſin můt geſceme
		Hie ſlichet ein aufentur her
		Des bin ich gawanes wer
		Die brieffet man zů ſollicher *not*
		Die niht glihet wan der tot
		Sý pfliget angeſtlicher ſit
		Doch fert do pris vnd ere mitt
		Wem alda gelinget
		Dar nach ſý frȯde bringet
		Nů min her gawan gepflag
		Gůter růwe vncz an den tag
	do rewachete der wîgant.	Do erworhtte der wigant

eingefügt worden sein, die nach *mnoF69V liegt. Im Bereich, den F 69 überliefert, sind allerdings keine beweiskräftigen Stellen zu finden, an denen *mnoV dem Fragment F 69 und den restlichen Handschriften gegenüberstünde, eine Stufe *mnoV nach *mnoVF69 ist daher im erhaltenen Material nicht zu eruieren. Umgekehrt ist ein näherer Zusammenhalt von *mnoF69 gegenüber *mnoVF69 schon aufgrund der Kontamination in V nicht zu beweisen.

[80] Es folgt eine Überschrift in m, n und o (m: *Aufentůr von ſchachttel marſeilie*, no: *Alſo her gawan ging in dem boumga(r)ten ſpatzieren*).

Lachmann	mnoVV'W[81] (= *m)
796,26 man bôt vil dienstlîchen vlîz	Man bot vil dienſtlichen flis
dem wirte unt **sîme** gaste.	Dem wurt vnd **dem** gaſte ſin[82]
ine weiz wie mange raste	**Das iſt der gl*ou*be min**[83]
	NV *si* **alſo ſint geſeſſen**
	Vnd ir ſorge hant vergeſſen
	Do ſeitte man in mere
	Die woren frȫdebere
Condwîr âmûrs **dô was** geriten	**Das** condwir amurs **kam** geriten
gein Munsalvæsch mit freude	Gegen muntſaluaſce mit frȫden
siten.	ſitten

Ein ‚ganzer‘ *m-Text mit durchgehendem kohärenten ‚Gestaltungswillen‘ kann also zwar schon aufgrund der Fragmentierung von Fragment 69 nicht sicher belegt, dafür aber interpretatorisch umrissen werden.[84]

Bemerkenswerterweise sind alle Vertreter der *m-Redaktion, die offenbar in besonderem Maße auf eine Verdeutlichung von Übergängen bedacht war, mit Überschriften versehen worden.[85] Auch in Fragment 69 erscheint vor 703,1 ein

---

[81] In den Büchern XV und XVI tritt zur *m-Gruppe noch die Handschrift V' hinzu, bei der es sich um eine direkte Abschrift aus V handeln dürfte. Zu V' vgl. jetzt Matthias Miller, *Der welsch parcefall, perment, reimen, bretter, braun leder.* Zum ‚Rappoltsteiner Parzifal‘ aus der Bibliotheca Palatina, in: ZfdA 136 (2007), S. 307–311, sowie Millers Handschriftenbeschreibung, die im dritten Band des Heidelberger Katalogs (Die Codices Palatini germanici in der Universitätsbibliothek Heidelberg, Wiesbaden 2003ff.), S. 69–71, erscheinen wird. Wir danken Herrn Miller für die freundliche Überlassung der Typoskripte und weitere schriftliche Informationen zur Handschrift.

[82] V ändert sekundär zu *Deme wúrte. vn(d) den geſten ſin.* Die Änderung gehört zu den charakteristischen Umgestaltungen des ‚Rappoltsteiner Parzifal‘, vgl. Wittmann-Klemm (wie Anm. 45), S. 82–85; Michael Stolz, Autor – Schreiber – Editor. Versuch einer Feldvermessung, in: editio (19) 2005, S. 23–42, hier S. 38.

[83] Es folgt eine Überschrift in m, n und o (mno: *Alſo parcifal des groles herre wart vnd anfortas erloſt mit ſiner froge die do geſchah*).

[84] Zur Problematik des ‚ganzen‘ Textes vgl. Albrecht Hausmann, Mittelalterliche Überlieferung als Interpretationsaufgabe. „Laudines Kniefall“ und das Problem des „ganzen Textes“, in: Text und Kultur. Mittelalterliche Literatur 1150–1450, hg. v. Ursula Peters (Germanistische Symposien. Berichtsbände 23), Stuttgart/Weimar 2001, S. 72–95, insbesondere S. 79–82. Streng genommen lässt sich das Aussehen und die Richtung einer ‚Bearbeitungstendenz‘ ohne Kenntnis der vorausgehenden Stufe nicht bestimmen. Der vorliegende Fall zeigt aber, wie durch die Feststellung von Differenzen zwischen ‚parallelen‘ bzw. stemmatisch nebengeordneten Fassungen übergreifende Konturen einer Gestaltungsabsicht feststellbar sind.

[85] Eine Ausnahme bildet lediglich das später zu besprechende Fragment 16, das allerdings nur wenige Verse überliefert und sich daher der Beurteilung entzieht.

roter Titulus, der vermutlich Parzivals Kampf mit Gramoflanz ankündigen sollte.[86] Diese Episode wird an derselben Stelle ebenso in m, n, o und V mit einer entsprechenden Rubrik bezeichnet.[87] Der Wortlaut und die Positionierung der Überschrift sind aber zu nahe liegend, um einen sicheren Zusammenhang der Systeme zu behaupten. Ob es tatsächlich eine ursprüngliche Überschriftengliederung in *m gab, ist daher aus diesem Beispiel nicht zu erweisen.[88] Damit ist jedoch auch der verlockenden Spekulation die Grundlage entzogen, dass die Einfügung eines Überschriftensystems in den Text aus derselben Intention und auf derselben Stufe erfolgt ist, wie jene der Plusverse zur Verdeutlichung der Übergänge.

Die beschriebene Textredaktion *m lässt sich also zumindest bis ins 14. Jahrhundert zurückverfolgen, ihr Hauptverbreitungsgebiet ist eindeutig der elsässisch-westalemannische Raum, dem alle bisher erwähnten Vertreter zuzuordnen sind. Wie weit die Redaktion tatsächlich zurückreicht, lässt sich selbstverständlich nicht genau angeben. Anhaltspunkte für eine ältere Datierung ergeben sich jedoch aus der Existenz zweier weiterer Fragmente, die eine nähere Verwandtschaft mit der *m-Gruppe zeigen.

Das aus dem dritten Viertel des 13. Jahrhunderts stammende, ebenfalls westalemannische Liverpooler Fragment 6 überliefert die Verse 770,3–774,18 sowie 783,19–788,3. Es wurde von Nigel Palmer ausführlich beschrieben und textgeschichtlich auf den „Hyparchetypus δ¹" zurückgeführt, dem auch die Handschriften m, n, o, V, V' und W entstammen.[89] δ¹ entspricht somit der hier als *m benannten Gruppierung. Die Verwandtschaft wird „durch etwa ein

---

[86] Die noch zu lesenden Buchstabenreste der letzten Zeile könnten *vnt Grammoflanz fochten* gelautet haben.

[87] V: *Hie ſtritet parzefal mit g(ra)maſlanczen. Do er mit Gawan ſolte gekenpfet han.* mno: *Alſo parcifal vnd gramolantz mit ein ander fohten.*

[88] Auf den ganzen Text gesehen bieten die Überschriftsysteme der *m-Vertreter mit Ausnahme der Lauberhandschriften, bei denen sich deutlich die Gruppierungen *mno und *no abzeichnen (vgl. dazu Bernd Schirok, Der Aufbau von Wolframs ‚Parzival'. Untersuchungen zur Handschriftengliederung, zur Handlungsführung und Erzähltechnik sowie zur Zahlenkomposition, Freiburg i.Br. 1972, sowie Wolfram von Eschenbach, Parzival. Die Bilder der illustrierten Handschriften, hg. v. Bernd Schirok [Litterae 67], Göppingen 1985), ein sehr disparates Bild, das offensichtlich durch individuelle Gliederungserweiterungen geprägt ist. Allerdings gibt es genau eine Rubrik, die dennoch ein zumindest bis *mnoV zurückreichendes System belegt: Vor 592,21 begegnet in m, n und o jeweils die Überschrift *Alſo gawan den tŭrkoitten nŷder ſtach vnd ŭber Den ſoblins das ris brach*. Diese auffällig formulierte, sicher nicht nahe liegende Kombination begegnet im selben Wortlaut auch in V, allerdings versetzt vor 596,13 (*Wie Gawan den turkoyten nid(er) ſtach vn(d) ŭber den Sabins daz ris brach*).

[89] Vgl. Nigel F. Palmer, Zum Liverpooler Fragment von Wolframs ‚Parzival', in: Gärtner u. Heinzle (wie Anm. 40), S. 151–181.

Dutzend Lesarten bezeugt",[90] von denen die auffälligste die Versumstellung von 771,9f. ist:

Lachmann	mnoVV'WF6 (= *m)
771,9 **von mînen zwein landen** her	**Jch furte harte creftig** her
fuort ich kreftec ûfez mer.	**Von mýnnen landen** vff das mer

Von δ[1] hob Palmer eine textgeschichtlich jüngere Gruppe δ[2] ab, die aus m, n, o, V, V' und W ohne F 6 besteht.[91] Wie Palmer selbst eingeräumt hat, tritt eine solche Gruppierung im Bereich von F 6 jedoch kaum in Erscheinung, sein anschließender Verweis auf Kittelmann führt „etwas in die Irre"[92]:

> Die Zusammengehörigkeit dieser Gruppe [δ[2]] für den Schluß des ‚Parzival' wurde jedoch schon von Kittelmann als wahrscheinlich erwiesen, der u.a. auf das Vorhandensein von vier Zusatzversen nach V. 796,27 aufmerksam machte.[93]

Bei den Zusatzversen nach V. 796,27 handelt sich um die oben zitierte *m-Stelle. Der Schluss von dieser Erweiterungspassage auf eine Gruppe mnoVV'W nach F 6 ist aber unzulässig, denn es ist nicht zu beweisen, dass diese Plusverse im Fragment noch nicht vorhanden waren und erst auf der Zwischenstufe δ[2] eingeschoben wurden. Gleichzeitig ist diese Möglichkeit jedoch auch nicht widerlegbar; es muss daher die Frage offen bleiben, ob die oben identifizierte erweiternde Redaktion mit Fragment 6 schon bis zum dritten Viertel des 13. Jahrhunderts veranschlagt werden darf. Über das Auftreten der Plusverse in Fragment 6 lässt sich schlicht keine gesicherte Aussage treffen.

Ein zweites frühes Fragment, das näher zu den *m-Handschriften steht, ist das heute nur mehr auf Photographien erhaltene ehemals Würzburger Fragment 16. Es wurde von Sabine Rolle der Gruppe zugeordnet.[94] Die auffälligste Lesart ist die abweichende Formulierung von 627,3:

---

[90] Ebd., S. 176.
[91] Vgl. ebd., S. 176.
[92] Vgl. Sabine Rolle, Bruchstücke. Untersuchungen zur überlieferungsgeschichtlichen Einordnung einiger Fragmente von Wolframs Parzival, Erlangen/Jena 2001, S. 27.
[93] Palmer (wie Anm. 89), S. 176.
[94] Vgl. Rolle (wie Anm. 92), S. 74–78. *m ist bei Rolle als *B benannt.

Lachmann	mnoF16 (= *m)
627,1 Arnîve zorn bejagete,	AR*niwe* zorn beiagette
daz der knappe ir niht ensagete	Das der knappe ir nit ſagete
alsus getâniu mære,	**Vnd ir verſweig der** mere
war er gesendet wære.	War er gesendet were

627,3: ir] si F16

Sucht man nach einem gemeinsamen Nenner mit den bisher angetroffenen
Lesarten, so lässt sich dieser am ehesten als ‚Vereinfachung komplexer Satzstrukturen' angeben. Über diese allgemeine Bestimmung kann nun doch wieder eine – wenigstens nicht unplausible – Verbindung zu *m hergestellt werden, denn in der Tat zeigt sich auch in weiteren aussagekräftigen *m-Varian-
ten im Bereich von Fragment 69 eine deutliche Neigung zur ‚Glättung' der
Syntax und insbesondere zur Vermeidung von Vorwegnahmen:

Lachmann	*m
181,17 Durch daz sin dicke sâhen ê,	Si wonden es were clamide
si wânden ez wær Clâmidê,	**den ſi vil** dicke ſohen E
198,3 er bat in **fîanze**	Er bat in **gurnemantze**
bringen **Gurnamanze**	Bringent **die fiancze**
198,9 **swâ man saget daz von dir**[95]	**Die kraft erzeiget ist an mir**
diu kraft erzeiget ist an mir,	**Wo man ſaget das von dir**
daz tu mich hâst betwungen,	Das du mich habeſt betwungen
sô ist dir wol gelungen.	So iſt dir wol gelungen
201,10 von êrst die spîse kleine	Von erſt die ſpiſe **er** kleine
teil**ter** mit sîn selbes hant	**Teiltte** mit ſin ſelbes hant
206,5 Kingrûn scheneschlant	**NV was ouch** kingrvn ſtunſtant
was komen ze Bertâne in daz lant	Komen ze britanie in das lant
233,12 seht wâ sich niht versûmet hât	Seht wo ſich nit verſumet hat
ander frouwen vierstunt zwuo.	Andere frouwen vierſtunt zwo
die wâren dâ geschaffet zuo.	**Den was gebotten alſo**
viere truogen kerzen grôz	**Das ir fiere trůgent** kerczen gros

---

[95] *saget daz] daz ſeit* D.

233,28 viere die tavelen legten Viere die *taveln* legetten
  ûf **helfenbein wîz als ein snê** Vff **ſtollen die da komen e**
  stollen die dâ kômen ê. helffen *bein* wis als ein ſne

234,18 zwei mezzer snîdende als ein grât Zwei meſſer ſchidende als ein grat
  brâhten si durch wunder Brahtten ſi durch wunder
  ûf zwein twehelen al besunder. Vff zweinen twehelen beſunder
  daz was silber herte wîz:[96] **Die woren** ſilberin herte vnd wis
  dar an lag ein spæher vlîz: Dar an lag ein ſpeher flis
  im was solch scherpfen niht ver- **Jn** was ſolliche ſcherpfe niht ver-
  miten, mitten
  ez hete stahel wol versniten. **Si hetten** ſtahe*l* wol geſnitten
  vorm silber kômen frouwen wert, **Vor den meſſeren** komen frouwe
  der dar ze dienste was gegert: wert
  die truogen lieht dem **silber** bî; Der da zedienſte was gegert
  vier kint vor missewende vrî. Die trugen lieht den **meſſeren** bý[97]
  sus giengen se alle sehse zuo: Vierkint vor *misse*wende frý
  nu hœrt waz ieslîchiu tuo. Sus giengen *si* alle ſehſſen zů
  Si nigen. ir zwuo dô truogen dar Nu horent was yeglichv tů
  ûf die taveln wol gevar Si nigen *ir zwo do trůgent ſú dar*
  daz silber, unde leitenz nidr. *Vff die toffelen wol gefar*
    Die meſſer *vnd leiten ſú nyder*

267,25 dar zuo wil ich **schouwen** Dar tzů wil ich **diſe frouwen**
  in dînen hulden **dise frouwen** Jn dinen hulden **ſchouwen**

307,13 **der künec** messe het gehôrt: **Artus** meſe het gehǒrt
  man sach **Artûsen** komen dort **Den** ſach **man ſchǒne** komen dort

719,18 **ich sol iu klagen mêre,** **Mich wundert harte ſere**
  waz **hân ich unsælic man** Was **ich ůbels mohtte han**
  dem künege Gramoflanz getân **Wider gramolanczen** getan

726,9 ,hêr künec, nu lât **siz** alsô **tuon,** Her konig nů lat **das** alſo **ſin**
  daz **der künec, iur swester suon** Das **ůwer nefe den neffen min**
  mîner swester sun mir het erslagen **Jn einem kreiſe habe** erſlagen[98]

---

[96] *herte wîz*] *hert vn(d) wîz.* D.
[97] 324,27 vor 28 in V.
[98] *Jn einem*] *Minem* F 69.

Die in den Beispielen mehr oder weniger deutliche Tendenz zur ‚Vereinfachung' ist in gewissem Maße natürlich nahe liegend und könnte auf unterschiedlichen Redaktionsstufen der Geschichte von *m in den Text eingeflossen sein.[99] Dennoch scheint die hohe Zahl von ähnlich gearteten Belegen darauf hinzudeuten, dass die Abweichungen dem einheitlichen Gestaltungswillen eines ‚Wiedererzählers' zuzuordnen sind. Wieder ist also die Kohärenz des ‚ganzen' *m-Textes nur auf interpretatorischem, daher nicht gänzlich abzusicherndem Weg zu behaupten.

Mit der Frage schließlich, ob diese Glättungs-Tendenz der Umstellungen mit der zuvor beschriebenen Neigung zur Klärung von Übergängen durch die eingeschobenen Plusvers-Passagen in Zusammenhang steht, ist die Grenze der Erkenntnismöglichkeiten erreicht: Es erscheint zwar nicht unplausibel, dass sämtliche hier beschriebenen Lesarten, die auf den einzelnen Textstufen der *m-Gruppe ersichtlich sind, einen gemeinsamen Ursprung haben und ein- und dieselbe Gestaltungsintention verraten; über Vermutungen lässt sich aber nicht hinauskommen.

Allerdings könnte noch ein letztes Indiz beigebracht werden, das gegen eine übertriebene Skepsis gegenüber der Feststellung von Fassungskohärenzen spricht: Individuelle Textabweichungen, die die einzelnen Zeugen von *m über den Gruppentext hinausgehend aufweisen und die mithin die eigentliche Eigenart der Textgestaltung der Einzelhandschriften ausmachen, sind relativ dünn gesät und scheinen mehr auf dem überlieferungsgeschichtlichen Zufall zu beruhen.[100] Die von *m abweichenden Änderungen von Fragment 69 sind gerade ausreichend, um auszuschließen, dass das Fragment direkte Quelle einer der anderen *m-Handschriften war.[101] Die späteren Textzeugen der Grup-

---

[99] Vgl. zur Kritik an der Beweiskraft von ‚Trivialisierungen' Bonath (wie Anm. 66), Bd. 1, S. 60. Bonaths Bedenken gelten auch, wenn man ‚Vereinfachungen' nicht derart negativ beurteilen möchte wie die auf die *lectio difficilior* fixierte traditionelle Textkritik. Vgl. zur Problematik Joachim Heinzles Auseinandersetzung mit Bonath in seiner Rezension ihrer ‚Studien zur Überlieferung' in: AfdA 84 (1973), S. 145–157, hier S. 153: „Ich frage mich jedoch, ob der (ab)wertende Begriff ‚Trivialisierung' nicht mehr verdeckt, als er erhellt. ‚Ungebräuchliche Wortformen', ‚seltene Worte', ‚Wortneubildungen', ‚schwierige Stellen', ‚schwierige syntaktische Gefüge' – das sind wesentliche Elemente von Wolframs Stil: wer sie beseitigt, ‚trivialisiert' natürlich, aber er glättet und klärt auch." Nicht zu übersehen ist bei den mutmaßlichen *m-Lesarten zudem ein rhetorisch-ästhetischer Anspruch, der auf die Herstellung ‚natürlicher' Satzstrukturen abzielt.

[100] Eine Ausnahme stellt hier lediglich Fragment 16 dar, das weitere Zusatzverse in den Text eingefügt hat (vgl. Rolle [wie Anm. 92], S. 76–78). Die Vermutung Rolles, dass diese auf denselben Redaktor wie die *m-spezifischen Plusverse zurückgehen könnten, wird durch die vorliegenden Ausführungen eher nicht bestätigt, da die Erweiterungen des Fragments nicht wie sonst in *m offenbar üblich auf Erzählerreflexionen beschränkt gewesen sein dürften.

[101] Zu den aussagekräftigeren Individuallesarten zählen die Umformulierungen von

pe dürften somit jene nur schwer zu fassende Entwicklung dokumentieren, die Bumke den Prozess der „Verfestigung der Texte" genannt hat.[102]

Bumke setzt diese Tendenz zur Verfestigung der Überlieferung im Laufe des 13. Jahrhunderts an. Wenn nun auch die textlichen Modifikationen, die die Handschriften der *m-Gruppe überliefern, vor dieser Zeit anzusetzen sind, wird die Relevanz der eingangs aufgeworfenen Frage nach dem Status des *m-Textes besonders deutlich. Handelt es sich um eine ‚autornahe Parallelfassung' im Sinne Bumkes, die gleichberechtigt neben den bereits Lachmann bekannten ‚Klassen' *D und *G bestehen kann? Das Vorliegen einer solchen ‚Fassung' ist in der Definition Bumkes bekanntlich von zwei Kriterien abhängig, dem ‚Gestaltungswillen' und der Unmöglichkeit einer stemmatologischen Ableitung des Textes aus einer vorgängigen Textversion.[103] Während das erste Kriterium unzweifelhaft gegeben ist, ist die Frage der Ableitbarkeit keineswegs derart einfach zu klären, wie es auf den ersten Blick scheinen mag: Zwar wurde die Gruppierung *m in der älteren Forschung als Untergruppierung von *D angesehen, streng genommen können die *D konstatierenden Sonderlesarten aus traditioneller stemmatologischer Sicht nur als ‚Trennfehler', nicht jedoch als ‚Bindefehler' bestimmt werden; die Verse, die in *D gegenüber *G ‚fehlen', sind für das Verständnis unerheblich, und auch sonst zeigt der Text keine Unstimmigkeiten.[104] Dies bedeutet aber, dass *m zwar phänomenologisch eindeutig näher zu *D als zu *G steht, eine sekundäre Ableitung aber gerade nicht möglich ist.

Dennoch wird man – bei Anlegung natürlich immer subjektiver interpretatorischer Kriterien – geneigt sein, die Modifikationen von *m als sekundäre Vereinfachungen eines komplexeren Textes anzusehen. Die Version erhält damit einen ähnlichen Status wie die von Bumke – logisch nicht völlig konsequent – als ‚Nebenfassungen' bezeichneten Gruppen *J und *D der ‚Nibelungenklage'.[105] Doch unabhängig davon, ob man *m als ‚Fassung' oder doch nur als ‚Bearbeitung' ansehen möchte, dürfte die Gruppe genügend ‚überlieferungsgeschichtliche Relevanz' besitzen,[106] um eine eingehendere Beschäftigung als gerechtfertigt erscheinen zu lassen.

186,10, 201,20, 207,16, 241,4, 241,30, 242,19, 247,16–17, 252,2, 728,7. In 167,27, 212,5, 222,14, 236,2 und 255,30 ließe sich eventuell eine Neigung zur Umstellung von Wortgruppen beobachten.

[102] Vgl. Bumke (wie Anm. 51), S. 80–84.

[103] Vgl. ebd., S. 32.

[104] Hierauf hat schon Bonath (wie Anm. 66), Bd. 2, S. 11–41, hingewiesen, die jedoch dennoch aufgrund ästhetischer Kriterien einige wenige ‚fehlerhafte Lesarten' von *D identifizieren wollte. Zur Kritik vgl. Heinzle (wie Anm. 99).

[105] Vgl. Bumke (wie Anm. 51), S. 316; zur Problematik des Begriffs der ‚Nebenfassung' vgl. Hausmann (wie Anm. 84), S. 77, Anm. 23.

[106] Zu diesem – allerdings ebenfalls ‚unfesten' – Parameter „zur Bewertung der editorischen und literaturgeschichtlichen bzw. -wissenschaftlichen Bedeutung der überlie-

Abstract: The article offers a detailed description of both the outward appearance and the graphetics of the recently discovered Solothurn fragment F 69 of Wolfram von Eschenbachs 'Parzival' followed by an elaborate analysis of the classification among the known text witnesses. The relevance of F 69 results from the affiliation with the so far rarely considered text version *m of the 'Parzival', the status of which is to be located between the terms 'Fassung' ('version') and 'Bearbeitung' ('adaptation, arrangement') as defined by Joachim Bumke. Due to contamination and fragmentation of the text witnesses the tradition of *m is not easily to be unveiled, a fact which is also shown by the example of the 'Parzival' manuscript V. Here the problem of constituting a coherent version is of special importance. This can be reached by interpreting some sigificant textual differences, which also allows an insight into the textual profile of *m. The article closes with a complete transcription of the fragment accompagnied by original size illustrations of the *discissus*.

F 69

165

11	[Der ſich trûwe …]
12	Nicht [bc] mǒcht erbieten.
13	Síne wnden ẘſch vnd bant.
16	[… wc dem Ju(n)gen gaſte not]
17	Want ín gros hu(n)g(er) nít v(er)meit
18	Alvaſtend er des morge(n)s reit –
24	Von artus dem Britoneiſe.
25	Da man Jn allenthalbe(n) vaſte(n) lies
26	[Der wírt ín mít ím … hies]

166

5	[Man hǔb den tiſch do wart zit]
6	Jch wene dc ír mǔde ſit –
7	[Sprach der wírt wart ír ich/t/ frǔ]
13	Vng(er)n ers tet doch mǔs eſ ſín
14	Eín dekelachen h(er)mín
18	Dc er ſich ſelten kerte.
19	An die and(er)n ſitten.

---

ferten Versionen eines Textes" vgl. Hans-Jochen Schiewer, Fassung, Bearbeitung, Version und Edition, in: Deutsche Texte des Mittelalters zwischen Handschriftennähe und Rekonstruktion. Berliner Fachtagung 1.–3. April 2004, hg. v. Martin J. Schubert (Beihefte zu editio 23), Tübingen 2005, S. 35–50, hier S. 40.

167

21	[Man bot ein badelachen dar]
22	Des nam harte kleínv war
23	Sus kond er ſich vor frȯwe(n) ſche/me(n)/
26	[Si getorſten da nit leng(er) ſten].
27	Ich wene ſi hetten g(er)n geſehen
28	Ob ím dort vnder ich/t/ w(er) beſchehen

168

4	[Einen gûrtil zoch ma(n) drín].
5	Scharlachens hoſen rot ma(n) ſtrei/ch/
6	[... ím dem ellen níe ...]
14	Zobel da vor kos man da.
15	Dc leite an der gehûre
16	[Vnder eínem ...lter tȗre.]
21	[**D** ...]
22	Nach dem gienc ſtolzu ritt(er)ſch/aft/
23	D(er) enphie(n)c den gaſt do dc geſchach
27	Dú gab der werlde alſolche [f/rv/cht]
28	Dur warheít vnd vmb ír zucht.

169

| 30 | [... ſin(er) mȗt(er) reit] |

170

1	Vmbes víng(er)lín vnd vmbs fûrſpan.
2	Vnd wie er ſcharnaſch gewan.
5	[Sinen gaſt er des name(n) nit e...ies.]
6	Den roten ritt(er) er ín hies
7	[**D**]o man die tiſche dan genon.
13	Halt ûch an mínen rat –
14	Er ſcheidet ûch vo(n) miſſetat
23	Jſt hȯch vnd hȯhet ſich ȋw(er) art
24	Lat ȋw(er)n willen des bewart

171

1	Dc iſt eín vnſȗze arbeit
2	De(n) ſuld ír helfe ſín bereit
6	Nach brotte alda du ve(n)ſt(er) ſte(n)t
7	Jr ſuld beſcheidenliche

172

11	[… tag an in]
12	Dc iſt recht manlich(er) ſin.
13	Welt ír ín vil geliegen.
16	[Hat gegen p(ri)ſe kurze friſt.]
17	Da wirt d(er) ſlich(er)e klage.
18	Dc dûrre holz ín dem hage.
24	Dú w(er)de dú hat ſinne.
25	G[e]n valſche liſtekliche kunſt –

173

4	D(er) enwed(er)s ſich geſcheiden mag –
5	[S]i blůíent vs eínem k(er)ne(n) gar
6	[D … war]
7	[… /neic/]
11	[**D** … ſin ere]
12	Noch ſuld lerne(n) mere –
13	Kvnſt an ritt(er)lichen ſitten.
17	Da(n)ne er û zehalſe tete.
18	Es iſt vns nít zeſpete.

174

22	Sín Juge(n)t hette ellen vnde kraf
23	D(er) Ju(n)ge ſûze ane bart –
26	[Dc ors …]
27	Mít volleklich(er) húrte dar
28	Er nam d(er) vier nagel war.

175

4	Der wírt ín nam vn[(de) fûrte wid(er)]
5	Alda behielt er ſchimphes p(ri)s.
6	[E …]
14	Ob wir ín bi witzen ſcho[/v/]wen
15	S[o] lôſchet ím ſin Jam(er)s not –
16	[Fûr ſin(er) dríer ſvne tot –]
22	Ze tiſche als ichs han v(er)nomen
23	Do er die maget kome(n) ſach.
27	Diſen ritt(er) bût ím ere
28	Er vert mít ſelden lere
	[…/v/…]

176

30   [... h(er)zen ...]

177

1   And(er)s nít wan v(m)be das

2   Er wolte e geſt(ri)tten bas.

5   [... g...g...]

6   Dc w(er) eín hõhu línge

7   Ze diſem libe hie vnd dort –

13   [Der fúrſte ſp/(r)a/ch vs /t/rûwe erkorn]

14   Jr ſít mín vieder ſun v(er)lorn

23   [Dû drû fúr mine w(er)ɴdu[107] kint]

24   Dû ellenthaft erſtorben ſínt

25   Sus lat iedoch dû ritt(er)ſchaft –

178

1   Lib vnd ír lant nít wold(e) geben

2   Jnír helfe er v(er)los ſín leben.

6   Nu ſít ír als zefirũ geritten

7   Von mír troſteloſen man.

179

10   Des fûrſten Jam(er)s dríe k

11   Wc rúwig an dc vierde kom(n)

15   Sín lib mít zûchte(n) fũrte

16   Ơwe wan dc ín rũrte

22   Sín h(er)ze ſínv õgen des betwac

23   Sít er tvmbheít ane wart –

24   [D ... ín ... art]

180

12   [Slegels vrkunde]

13   Lac da ane maſze vil.

14   Sûln groſze rone(n) ſín ſlegels /zil/

15   Doch reit /er/ wenic irre.

16   Wan die ſlichte an d(er) vírre

17   Kom er des tages vo(n) grahars

18   Jn dc kv̂ngriche zebrobars.

19   Dur wilde gebirge hoch.

---

[107] <u>n</u>: Unterstreichung als Streichung.

181

19	Wander ſo kůnlichen reít
20	Gen d(er) brugge vf de(m) veld(e) breit –
24	Durch vorchte es doch die brugge [...]¹⁰⁸
25	Den rechtŷ zagheít ie vloch.

182

1	Wan er vorchte deſ orſes val.
2	Do lat¹⁰⁹ ŏch and(er)thalb d(er) ſchal.
3	[Die ritt(er) trůgen wid(er) ín]
21	[H(er) komen h(er)re dc …]
22	An ŷch man ŷns vil haſſes bot –
23	Von dem lande vnd vf de(m) mer –
24	Zorníg vnd ellenthaftes her –
25	Er ſprach frŏwe hie babt ein ma(n)
26	D(er) ŷ dient ob er kan
27	Ŷw(er) grůs ſol ſín mi(n) ſold
28	Jch bín ŷ dienſtlichen hold.

183

28	Do kome(n) allenthalbe(n) hie
29	Ritt(er) die ín enphiengen

184

3	Oder alſe valwer leím
4	Mín h(er)re d(er) graue vo(n) w(er)theím
10	Vnd ſmalzton¹¹⁰ o[ſ/vch d(e)keine(n) win]
11	Mít ír mu(n)de ſo ſi tru(n)ken
12	[Die wa(m)be ín níder ſunken]
30	[Da man mich h(er)re heiſzet]

185

1	Da heíme ín mi(n) ſelbes hus
2	Da wírt gefrŏit vil ſelte(n) mus
3	Wan dû můs ir ſpiſe v(er)ſte[l...]
4	Sín dorft es níem(er) heln
5	Jn vínt da offenliche [n...]

---

¹⁰⁸ Das Versende *meit* wohl weiter oben eingetragen und nicht erhalten.
¹⁰⁹ *lac* ?
¹¹⁰ *t* korrigiert aus *e*.

6	Alzedicke dc geſchicht –
7	Mír wolfran vo(n) Eſchlibach

186

9	[…] e an ſínem libe lac.
10	[…]bel gab nûwen gewrzde(n) ſmac
14	Dc er dc g(er)ne tete –
15	Si giengen vf den palas
21	[**V**on kartelange(n) kyot –]
22	Vn(d) d(er) w(er)de manſiliot –
23	[H(er)zogen] beidv waren die

187

11	[Dc geſ… … … wirtin]
12	Condŵier amurs ſchín
13	Doch ſchíet vo(n) diſen ſt(ri)tten
14	[…iten vnd enitten]
15	[…] Cvnnewaren d(e) lalant –
16	[…] ſwa man lobes die beſt[e(n) va(n)t]
17	Da man frǒwen ſchǒne gewc
18	Jr glaſtes ſchín vaſte v(n)d(er) ſlǔc

188

18	Vnd ím vragen wid(er) ríet –
19	Es enwere beſcheidenliche –
23	Mang(er) kan noch rede ſparn
24	Der me gen frǒwe(n) iſt gevarn
25	[**D** …]
30	[Dû erſte rede … w(er) billich min]

189

1	Vil gǔtlich h(er) an mich.
2	[Sít ŵns zeſitze(n)ne hie geſchach]
20	[Danan reit ich in dis lant –]
21	Do ſp/(r)a/ch dû zûchteriche magt –
22	Hette es and(er)s ieman mír geſag/t/
23	D(er) volge wu/r/de ím nít v(er)iehen
24	Dc es w(er)e eínes tages geſchehe(n)
25	Wan ſwelch mí(n) botte ie baldeſt reit
26	Die reiſe er zweín tage(n) v(er)meít
27	Sín ſweſt(er) wc dû mǔt(er) mín

190

27   Wan d(er) burgere nar
28   Wc gedigen an die ſpiſe gar –

191

7   [**D** …]
8   Da mítte ma(n)ges tot erw(er)t
9   Den der hu(n)g(er) leben lies

15   [Si trůgen alle hu(n)g(er)s mal.]
16   Wan d(er) Ju(n)ge Parcifal.
17   [Der nam ſlaffens vrlŏb]

192

5   Die twa[(n)g vrlûges] not –
6   Vnd lieber helfere tot –
7   Jr h(er)ze an ſolich krachen
8   Dc ír ŏgen můſen wachen
9   Es gienc dû kûngi(n)ne
10   Nicht nach ſolk(er) mi(n)ne
11   Der die magd reizet –
12   Der die megde [wib heizet –]

193

13   [Nicht z…]
14   Weníc ſi des gedacten.
15   **D**er megede Jam(er) wc ſo gros

21   Vf richte ſich der Ju(n)ge man.
22   Zer kûnigi(n)ne ſprach er ſan.
23   [Frŏwe] bín ich ŷw(er) ſpot –

194

4   Si ſmovc ſich an dc bette ſan.
5   Es wc da(n)noch ſo ſpete.

9   **D**u frŏwe Jamers riche.
10   Fragt ín ſůzekliche.
11   Ob er hŏren wold ir klage
12   Si ſpracht ich fûrcht ob ichs ŷ ſage
13   [Es enwende] ŷ ſlaf dc tůt ŷ we.

18   [Min …]
19   Lies mích armen weiſen
20   Jn vorchtlichen freiſen.

21 Mag fûrſten vnde man.
22 Riche vnd arme vnd(er)tan.
23 Wc mír gros ellenthaftes her
27 Nu iſt mírz kome(n) vf dc zil.
28 Dc ich mích ſelben tôten wil.
29 [E … vnd lib]

195

5 Er kunde valſcheit laſzen.
6 D(er) brûd(er) lyaſzen.
7 [**D** … wart genant –]
23 Jn valte ín nid(er) ín den graben
24 E clamide ſolde haben.
30 Mít mín(er) hant ír ſít gewert –

196

1 Als es mín lib volbri(n)gen mag –
2 Dû nacht het ende vnd kom d(er) tac.
13 Kirchen mv̂nſter ſûcht dù diet –
14 Die clamide von frôiden ſchiet –
15 [Vſ …]
18 Jr gaſt ſi mûſe ſchôwen.
19 Vnz d(er) beneditz geſchach.
20 Nach ſínem harneſch er ſprach.
21 Da wart er wol gewape(n)t ín
22 Er tet ôch ritters ellen ſchín
28 Vf eínem [orſe vo(n) yſerterre –]
29 **A**ls ichs mere han v(er)nom(n)
30 Do wc ôch fúr die porte(n) kom(n)

197

1 Fillirois gachmuret.
2 D(er) hette d(er) burg(er) gebet –
6 [Beiden orſen wart engurt –]
7 Die tarngûrtel braſten vmbe dc
8 [Jetwed(er) ors vf die heſe ſas].
14 Diſv Juſt ín lerte [v(er)luſt.]
15 An ſolken p(ri)ſe des er phlac –
16 [Vnz] an ſíner hohv(er)te endes tac

490

198

1	[… ch(er)heit –]
(3)	Er bat ím gurnemanze
(4)	Bríngen die fianze.
9	[Swa man ſeit] dc von dir.
11	Das du mich haſt betw(n)gen.
12	So iſt dír wol gelu(n)gen
23	So vûer von diſem plane.
24	Jnz lant zebritane.
28	D(er) ŵge erkenne(n) wolte.
29	Vnd ſage ír ſwc halt mír geſchehe.
30	[Daſ ich ſi níem(er) fro geſehe.]

199

1	E dc ich ſi gereche.
2	Alt da ich ſchilt dur ſteche.
8	[Dc ich geſellekliche trage.]
9	Mit ír mín lachen bot –
10	Des ír lib kom ín groſze not –
11	Sage ír ich bín ír díenſt man.
12	Dienſtlicher dienſt vnd(er)tan.
13	[**D** … da geſchach]
17	Der burg(er) kamphes troſt
18	Si wrden ſit von ím erloſt
25	Si drucht ín vaſte an ír lib
26	Si ſprach ín wírde niem(er) wib
27	[Vf der erde keínes man.]

200

12	Die ſlûc gros wi(n)t/ vaſt i(n)die habe
13	Die kiele waren geladen ſo
19	[…c hung(er)]ge h(er) dur den r[ŏ]b
20	[…] mochten vliege(n) ſam dû lŏb
22	[…]on fleiſche die lichten.

201

2	Die ſchiflûte es beuílte.
3	Sus wart v(er)golten ín ír kŏf.
7	Sí ha(n)t ſpiſe vnd wínes vil.

8	Do warp als ich v̂ sage(n) wil
9	Parcifal der reíne.
10	Von erſt die ſpiſe er kleíne –
11	Teilte mít ſín ſelbes ha(n)t.
17	[Hin ze nacht ſchu… er in m(er)].
18	D(er) vnloſe nícht ze her.
19	Biligens wart gevrag[t] da.
20	Si ſprache(n)t beid(e) ſame(n)t. Ja.
21	Er lac mít ſolken fůgen.
22	[Des … …ůgen].
25	[… parrierent]
26	[…]ich dar gen zierent.
27	[…]eſten ſínt ſí an kûſche(n) /ſitte(n)/

202

3	[… man].
4	[…o]l frûndínne ſchone(n) kan.
5	[…] denket als es licht iſt war
6	[…h han gedienet …]
21	Den ma(n) den rotte(n) ritt(er) hies.
22	Die kûngín er maget lies.
28	wan er wc ír h(er)zen trut.
29	Si waren mít eín and(er) ſo.
30	[Dc ſi dur liebe waren vro.]

203

10	[wonte alda in beiden mitte.]
11	Jm wc wol vnd nícht zewe.
12	Nu hồrt ồch wie Clamíde
16	Des or [!] zeden ſiten wc durſlage(n)
17	Vor pelrap(er)e vf dem plan
18	Jſt werdú ritt(er)ſchaft getan
19	Scharpf ~~ritt(er)~~ gnůc vo(n) rit(er)s hant
20	[Betw(n)gen iſt der ſchiniſcant]
28	[D(er)] and(er)s nít wan ſtrites gert.
29	V̂w(er) ſoldiere Jehent beſunder
30	Dc von d(er) tauelrund(er).

204

1	Dû kûngín habe beſant
2	Jethern von gugum(er)lant.

492

4	[. . .] /kur/
6	[C]ondewieramurs wil mich ha(n)
7	Vnd ich ír lib vnd ír lant.
8	Kín[grun mín ſch. . .ſ. . .nt.]
14	[Der kung] mít h(er) reít fûr bas
15	Jm kam eín ritt(er) wid(er) varn
16	D(er) ŏch dc ors nít [kvnde ſparn.]

205

1	[Wir geben in noch ſtrittes vil].
2	vnd bri(n)gens vſ ír vrõiden zil.
3	Mag vnd man ſuld ír [manen.]
8	[. . . ſchi(m)phes . . .]
9	Den rat gab galagandres
10	D(er) h(er)zogo von gipenes.
21	[Vnd ſtieſzen ſtarke ſtecke(n) drín]
22	Dc gab dien ſûch(er)en pín.
23	Mít ſeilen [ſi die hiengen]
26	[S. . . ſuchte mit ſturme Clamide –]
27	Nach kíngruns ſchu(m)phentiûr
28	Ŏch kam eín heĭ/denſch[wild(e) fiûr]
29	Mit d(er) ſpiſe ín dc lant –
30	Dc vſzer antw(er)ch wart v(er)bra(n)t

206

1	[Jr . . . vnd . . .]
6	[. . . in dc lant.]
7	Vnd vant den kung artus
8	Ze p(ri)ſclian zem weide hus.
9	Dc wc geheiſſen karminal.
10	Do warb er als ín parcifal –
11	Gevangen hette dar geſant –
15	Dc mít trûwen klagte ír ~~leit~~ [/not/] –
16	Den man da heiſſet d(er) ritt(er) rot
17	[V̂b(er) . . .]
22	[. . . . . .ch vnd begu(n)de rotten].
23	Doch ſprach er biſtus kíngrun.
24	Avoy wie mangen brítun
25	[H . . .]

207

    4   Die rede lat [hort wc geſchicht]

    5   Da wír dc mere lieſzen. e.

  11   Da von [behabton ſi dc wal].

  12   Jr land(e)s h(er)re parcifal.

  13   [... ſinen verre uor]

  16   Sín ſwert dur herte helme /dra(n)c/

  17   Swc er da ritt(er) nid(er) ſlûc.

208

    8   So dc [in gar v...]

    9   Die herten ſchilte vor d(er) hant

  10   [Par]cifals ſchild ǒch v(er)ſwant.

        [...]

  18   [Clamide kom ...]

  19   Jm vnd dien ſinen wart da /we/

  20   Den ſturn v(er)bot do Clamide.

  23   [**P** ...]

  24   Hies d[(er) geva(n)ge(n) ſchone phle/.../]

  25   Vnz an den driten morgen.

  26   [... her phlag ſorgen]

209

  13   [Er mag wol ſin vo(n) hoh(er) art.]

  14   Aller ritt(er) ere iſt ze ím bewart

  15   [Do das erhorte clamide].

  20   Jſt er [kamphbere].

  21   So dc ſím da ŵr hat erkant.

  22   [Dc er ir lib vnd ír lant]

  25   **P**arcifal d(er) wart alfro.

  26   Dc ím dû ~~redu~~ botſchaft al/ſo/

  27   [Gen ſín eínes kamphe wart ge/.../]

210

  18   Ob ſeít dû aventure war.

  19   Griorz îm ſante ritt(er) Clûc.

  27   [**V** ...]

  28   An dc vrteiliche wal.

  29   Da got erzeigen wolde

  30   [... ím laſzen ſolde].

211

3   [Niwan als dc …]
4   Vor d(er) rabíne gab
5   Dc wc gewape(n)t wol fûr not.

22   [Dc du ors nit mere moch…]
23   Da ſturtzton ſi dar vnder
24   Enſament nít biſunder.

29   [Do zerſt…]
30   Als der mít ſchi(m)phe ſpilte –

212

1   Vnd veder wrfe ín den wínt –

4   Do wande Clamide dc [d(er) vride]
5   Gebrochen w(er)e vs d(er) ſtat
6   Sínen kampf genos er bat

27   Er enblozt ímz h/ǒ/pt ſchiere
28   Von helme vnd von harſchnie[…]
29   [Gen ſlage dc betw(n)gen lip].

213

7   [wa mǒcht dír hoh(er) pris ge…]
8   Cvndewier amurs mag wol …]
9   Dc ich d(er) vnſelige bín.

13   Eſ wirt vil deſte licht[(er)]
14   Mín gewalt iſt worden ſicht(er)
15   [… …liche ŵnne.]

214

1   [Dc ellenthafter manheit]
2   Erbermde ſolde ſin bereit
3   Sus volgt er dem rate na/c/h.

9   Getan ich ſlûc ím ſínen ſun
10   Du ſold alſo mít mír nít tûn

13   […ch were ich tot vo(n) ſin(er)] hant
14   [Wa]n dc mír half mín ſchíníſca(n)t
15   Jn ſante íns lant [zebrobars].

215

6   [Ein Juncfrǒ]we mich lachet an.
7   Dc man die dur mich zerblǒ

8	So ſere m[ich níe dín.. .. ../ǒ/]
16	[...ch wil] die vart vo(n) hi(n)a(n) han.
17	[...]ít gelûbde er do da(n)na(n) ſchiet.
18	[...]en ſín hohvart .e. v(er)r[iet]
22	Er ſpra(n)c druf ane ſtegereif
23	Dc alvmbe begonde zirben.
24	[Sín v(er)hǒw... ſ...]

216

9	[**O** ...]
10	[Vor dienazdrun] der plan.
11	D(er) mǔze gezelt ſtangen rwonen
12	[Mer da(n)ne i(n) ſpechſchart ſi ronen.]
17	[Mange banier vnd ſchilt.]
18	Den ſund(er) wapen wc gezilt.
19	Vnd mangen wol geherte(n) rínc
22	Solken wibes her gemachen.
23	Ǒch wande da eín frǒwe ſan
24	[Si ſolte den pris v(er)lorn han.]

217

15	Jr frûnt ſi gegen dem vie(n)d(e) ſchoz
16	Lert[111] ín ſtrite da ku(m)b(er) gros.
17	[S...]
25	Sus wc er zehoue komen
26	Jr habt e wol v(er)nomen.
27	[Dc er des wart betw(n)gen]
30	[...nnewaren de lalant.]

218

1	Do ſprach er frǒwe ſit ír dc
2	Der ich ſol dienen ane hc
19	Der wid(er) ſaz es [im ein teil].
20	Des wart vro Cunneware geil.
21	[D...]
26	Vnd wolt v̂ch han gebeſſer/t/ mitte.
27	Darvmbe han ich v̂w(er)n has
28	[Jedoch wil ich v̂ ...]

---

[111] Korrigiert aus *Leit*.

219

1	Jm bat dû Ju(n)cfrŏwe fier.
2	Ab nemen helm vnd harnefchier
3	[D...]
23	[... amurs fru(m)t] mich gra.
24	Pilatus von poncia.
25	Vnd der arme Judas

220

3	[... ... ich fi v(m)bevienge –]
4	Swie es mír ergienge.
5	Jr mi(n)ne ift leider ferre.
9	[Mins vett(er)n] fun mobonagrín
10	Leít ŏch da zela(n)gen hohen pín
11	[Nu bín ich kû... ...f]
28	Nu dar naher dri(n)ga drínc
29	Schiere wart dc m(er)e breit.

221

5	Leiftet er dar an îw(er) gebot
6	Er ert îch vnd den ritt(er) rot.
7	[Artus bat fí... ...]
9	[... gangen]
10	Do wart er wol enpha(n)gen
11	von d(er) w(er)den maffenie.

222

2	[Den man gen im in kamphe fach]
3	D(er) felbe hat betw(n)ge(n) mích.
4	[Gar an he]li(n)gen flích.
5	[... /wen/]
12	[Dc furften land erbvwen wart]
13	Da krone trûg h(er)re parcifal
14	Da fach man vrŏide vnd fchal.
18	Dc teilt er fo dc ma[(n) im] holt.
19	Wc dur fíne mílte
20	[vil banier nûwer fchilte.]

223

6	[…]
*	Swes ſín h(er)ze g(er)te.
*	Dû trûwe ſi des w(er)te
7	[…]
12	Jr lûte ír lant dar zů ír líp.
13	Schiet ſín hant von grozer not
14	[D… … mi(n)ne bot.]
15	**[E …]**
16	[…]
17	Ob írs gebietent frǒwe.
18	Mít vrlob ich ſchǒwe.

224

8	[… lidet hohen pin]
9	Etſwe(n)ne frǒide vnd ere.
10	Eín díng můt ín ſere
18	[Wer nit ein geh[er]ze… man]
19	Mít gewalt den zǒn dc ros.
20	Trůg ̂vb(er) ronen vnd dc mos
24	[Ein vogel hetes arbeit.]
25	Solt er[s a]lles ha(n) ervlogen
26	[Mich enhabe dû] aue(n)tûr betrogen

225

13	Den ſelben viſchere
14	Begonde er vragen mere.
15	[Dc er ím riete dur got.]
20	Dc wed[(er) waſzer od(er)] lant
21	Jn drizeg mílen erbǒwen ſi
22	[Wan eín hus dc iſt hie bí]
25	Dort an des velcz ende
26	Da kert zer zeſwen hende.

226

17	[Mit ſturme ir nit … wc]
18	Vil turne manig palas.
19	Da ſtůnt mít wnderlich(er) wer
28	Jch han gein gír ſín(er) hant.
29	Nit wan dur h(er)b(er)ge wan.

227

3	[Sit eſ d(er) viſch(er) v(er)iach.]
4	Man bûtet ûch ere vnde gem[…]
5	Dur ín d(er) v̂ ſante wider
22	An zŏm vnd an ſtegreif.
23	Sus mûs er vo(n) orſe ſten
24	[… gen]
29	[...]eſahen alſo mi(n)neklich.
30	[...] iahen er wer ſeldenrich.

228

1	[**E**ín waſzer ieſch d(er) ju(n)ge man]
4	Alt vnd Ju(n)ge wanden
5	Dc uo(n) ím and(er) tac ſchíne
25	[**M** …]
26	[Die trurigen wrde(n) mit i(m) fro]
27	Man bot ím wírd vnd ere
28	Wan da wc rates mere

229

6	[Den gaſt ellenſriche]
7	Zem wírte als ob ím w(er)e zorn
8	Deſ hette er nah den lib v(er)lorn
12	[...er ſuſt twa(n)g] er ſuſt die hant.
13	[...]c ím blût vſ den nageln ſchoz
14	[...nd ím den ermel gar begos.]

230

1	Je vier geſellen ſund(er) ſitz.
2	Da entzuiſchen wc eín vnd(er) vitz
3	[**D**…]
8	Mít marmer wc gemuret –
9	Dríe vie/r/ecge fúr rame
10	[Dar vffe wc deſ fûrs name]
13	Sach níema(n) hie ze wílde(n)b(er)g.
14	Jens waren koſtlichu w(er)g[112].
15	[**D** …]

---

[112] *g* korrigiert aus *ch*.

231

5	[Ein belz vnd ein ma/n/tel drobe]
6	D(er) ſwechſte balc w(er)e wol zelobe.
7	[Der] wc doch ſwarz vnd gra.
15	[Da ſaz manig ritt(er) clǔc.]
16	Da man Jam(er) fûr ſi trůc.
17	Ein knappe ſpra(n)c zer tûr h(er) ín
20	[An d(er) ſniden hǔb ſich blǔt.]
*	‾‾‾‾‾‾‾‾‾‾‾‾‾‾‾‾‾‾‾‾‾‾‾‾‾‾‾‾‾‾[113]
21	Vnd lief den ſchaft [v(n)z a(n) die ha(n)t

232

8	Wie da mít zucht gedienet wart –
9	Zende an dem palas
15	Dc waren Ju(n)cfrǒwen clar.
16	Zwei ſchapel v̂b(er) bloſzeſ har.
17	[Blǔmín … gebende]
20	Jr har wc reít vnde val.
21	Si trůgen bri(n)nende liecht.

233

12	[Secht wa ſich nicht] v(er)ſumet hat
13	Anderre frǒwen [v]ierſtu(n)t zuvo
(14)	Den [wc gebotten alſo]
22	Dur díe liechte ín dûnne ſneit
23	Sw(er) ín zeeíne(m) tiſche mas.
24	Dar ob d(er) wírt dur [richeít ſas]
28	Vier díe tauel legten.
(30)	Vf ſtollen die da kame(n) .e.
(29)	[Helfenbeí… …ſ]

234

24	Si hetten ſtachel wol geſnítten
25	Vor dien meſzern kom(n) frǒwe(n) w(er)t

235

1	Sinígen ír zwo do trǔge(n) ſi dar
2	Vf die tauel wol gevar
3	[… níder]

[113] Leere Zeile mit Wellenlinie ausgefüllt.

13 [Trûgen zwelf rocke geteilet.]
14 Geg[en] tûrer koſte geveilet
15 Nach den kam dû kv̂ngín –

18 [Man ſach die magt an ir tragen]
19 Phelle gût vo(n) arabí
20 Vf eínem grûnen archamadí

21 Trûc ſi den ŵnſch vo(n) de(m) paradis
22 Beidv wrzen vnd ris.
23 [… d(er) gral.]

28 Wol m[ûſe ir kúſche ſin bewart]
29 Dû ſín zerechte ſo[lde] phlegen.
30 [Si mûſe] valſches ſich bewegen

236

1 Vor[114] dem grale kome(n) liecht.
2 Dû armer koſte waren niecht.
3 [Sechs glas lut(er) wol getan.]

7 Mít zûchten neig dû kûnegín
8 Vnd aldû Juncfrôwelín

14 [Du den gral …]
15 Er hete ŏch ír ma(n)tel an
16 Mít zucht die ſiben gienge(n) dan

237

3 Man ſatzt iegſliche ſchiere
4 Fûr w(er)der ritt(er) viere.

10 Eín ſiden tweheln wol gemal.
11 Die bot eíns grauen ſun dar na/c/h.
12 [Dem wc zekníene] gach.

21 [**H** …]
22 [Vier karraſchen m…ze …]
23 Manig tûre goltva[z]
24 Jegſlichem ritt(er) d(er) da waz

28 Jegſlichem tr̶û̶ gienc eín ſch(ri)b(er) nah.
29 D(er) ſich dar zû arbeite.
30 Vnd ſi wider [vf bereite]

---

[114] Korrigiert aus *Von*.

238

1	So da gedienet [w…]re
2	[Nu hŏrt ein] an d(er) mere
8	Man ſeite mír nu ſage ŏch ich.
9	Vf ĭw(er) iegſliches eit ~~dc vor de(m) gr~~
10	Dc vor dem grale w(er) bereít
11	Sol ich deſ ieman triegen.
12	So mŭzt ír mít mír liegen.
16	Spiſe nûwe od(er) alt.
17	Dc zam vnd dc wilde
18	[Es en wart] níe kein bilde.
24	Als ma[(n) ſagt …]
25	Enkeinȗ goltvaz man nam
26	Als iegſlich(er) ſpiſe zam

239

12	Mít groſzen trûwen ane ſchranz
13	Jnſolte vil gevragen nícht
14	[… weſen] hie geſchicht –
19	[Ein knappe d(er) bracht ein …]
20	Deſ balc wc wol tuſent marcke w(er)t.
21	Sín gehilze wc ein rubín

240

1	[S…]
2	Jr ſít gen ſtríte mít ím bewart.
3	**O**we dc er nít fragte do.
4	[D…]
7	Ŏch rûwet mích ſín ſŭzer wírt
8	Den vngenade nít v(er)bírt –
9	Deſ ím vo(n) vrage nu w(er)e rat
10	Gnŭc man da gegeben hat –
11	Die eſ phlagen die griffens an
17	Wider zu[/e/ dem grale]
18	Dem wírte vnd Parcifale.
19	Mít zûchten neic dû kûngín
20	Vnd al dû Ju(n)cfrŏwelín
21	Si brachten wid(er) ín z(er) tûr
22	[Dc ſi mít ín e] brachte fûr

26	[E] ſiz nach ín zů getaten
27	Den aller ſchȯnſten man.
28	[...an]

241

4	D[u w(er)dent v̂ von mir erkant]
5	H(er) nah ſo deſ wírt zít
6	[Beſch]eidenliche vnd ane ſtrít –
21	Sw(er) ab(er) dem ſín m(er)e ſchûzet.
22	Deſ ín dur not v(er)drûzet.
28	[Jch ſeite od(er) ſunge –]
29	Dc eſ noch bc v(er)neme eín bok
30	Od(er) eín wlend(er) ſtok.

242

11	Vnd ȯch zehoue da man ſi ſach.
12	D(er) wírt zeſínem gaſte ſprach.
16	[Nu ſ]olt ich ſchrien wafen.
17	V̂ber ſcheíden dc ſi tûnt.
18	[Es wírt gros ſchade í(n) beide(n) ku(n)t]
19	Von dem ſpanbette er do trat.
20	Vf eín eín tepik an eín ſtat.
26	[... ...naten ſan].
27	[Dú] wc alſo geheret.
28	Mít eínem bette geeret.
29	[D]c mich mi(n) armůt iem(er) můt
30	[S]ít du erde alſolke richeit blůt

243

1	Dem bette wc armůt [...]
5	Wid(er) varn an ír gemach.
6	Do er do nít mere bette ſach
7	[Mít ...]
13	[Dar vſe ein] kolter da er da ſc
14	Jvnch(er)ren ſnel vn(d) ních/t/ zelc
15	Mang(er) zím dar naher ſpra(n)c
16	[S...]
29	[... vnd(er)s teckelachen]
30	Si ſprachen ír ſuld wachen.

244

1	Durch [v̂ns noch eíne wile]
6	[... gr...zen]
7	O[/v/]cht vůgt ín gedanke not
8	Dc ím ſín mu(n)t wc ſo rot.
9	Vnd [dc ...]
19	[... die Ju(n)cfrowen ſitzen]
20	Si ſprach lat mích bi witzen
21	So w(er)t ír dienſtes vngew(er)t.
25	Mít vrlube ſi giengen wider
26	Parcifal ſich leite níder
27	[Och ſatzte Jegſlich Ju(n)ch(er)relín]
28	Vffen tepik die k(er)zen ſín
29	Do ſi ín ſlaffen ſachen

245

5	Santen ím ín ſlaffe dar.
6	So dc [d(er)] iu(n)ge wol gevar.
7	Sín(er) můt(er) trŏm gar vnd(er)wag
8	Deſ ſi nah gachmurette phlag
9	Sus wart geſteppet ím ſín [trŏm]
10	[Mít ...]
13	[... leit in] ſlaffe etſliche not
14	Mŏcht er driszeg ſtu(n)t ſín tot.
15	Dc hette er w[ach...]
21	[... er we wa ſint dú kínt]
22	Dc ſi hie vor mír nícht enſínt
23	Wer ſol mír bieten mín gewant
24	[Suſ ...]

246

8	Jch leít ín ſlaffe ſolken pín
9	Dc mír wache(n)t arbeit
15	Mir lech dur /ir/ gůte
16	Wan ſtůnde ír gemůte
17	Dc ſi dienſt wold(e) nemen.
28	Da wc ſín ors an die ſtegen
29	Geheft ſchilt vnd ſper
30	Lenten [da be dc wc ſí... ...]

247

3	[Mangen gaden er erlief.]
4	So dc er nah dien lûten rief.
5	Nieman er horte noch enſach
6	Vngefûge leít ím dra(n) geſchach.
7	Dc hette zorn ge[zeizet.]
13	[... ſchriende lief d(er)] iu(n)ge man
14	Wíd(er) zeſínem orſe ſan
15	Mít [bagenden worten].
(16)	Die burg ín allen orten.
(17)	Vant er mít offen porte(n) ſten
18	[Da d...]
21	[...in v(er)b]orgen knappe [115] dc ſeil.
22	Zoch dc d(er) [ſ]lagebrugge eín teil.
23	Hette dc ors nah ge[uellet ...]

248

1	[... m/(er)/e/(n)/ ſchrei d(er)] gaſt.
2	Gen rede ím gar gebraſt.
3	Swie vil er nah ri[eſe.]
18	Vaſte vf die ſla die er da ſach
19	Er dachte die vor mir ritten
22	[Ger...h... ...]
23	Mít mír nít v(er)krenket
24	Alda wrde nít gewenket
30	[Si wenet lichte ich ſi ei(n) zage]

249

1	D(er) valchheite wid(er) ſatz.
2	[Kerte vf] d(er) hûbſlege kratz
20	Vntrûwe ich [im ie...]
21	Sín ors gen ír do wante
22	D(er) wenig ſi erka(n)te.
23	Si wc ŏch ſíner m[û]men kínt
24	Al Jrdenſch trûwe wc eín wínt
25	[Wan die man an ir libe ſach –]
26	Parcifal ſi grŭzte vnd ſp/(r)a/ch
27	Frŏwe mír iſt ſere leít

---

[115] Zwiſchenraum im Umfang eines Wortes offen gelaſſen oder rasiert.

250

28	[Vil lu/.../te manſ doch v(er)ſuche/.../ ſicht]
29	Es mûs vnwiſzende geſchehen
30	[Sw(er) iem(er) ſol die burg g]eſehen

251

3	Der burge wirtes royam.
4	Terra d(e) ſalvaſche iſt ſín nam.
5	[.......rel.]
11	D(er) ſelbe lieſ vier w(er)du kínt
12	Bi richeit dû ín iam(er) ſint –

252

1	Vnd den wírt frȏiden lere
2	La hȏren beidû mere
3	[Ob wendic iſt ſín vreiſe]
4	Wol dich d(er) ſelden reiſe.
5	Wan ſwc die lûfte ha(n)t beſlagen.
6	Dar obe mûſtu hohe tragen
7	Dír diene(n)t zam vnd wilt.

253

8	[Wir ſuln ...]
9	**D**o nazten dû ȍgen ír die wat
10	Ȍch wc vron luneten rat.
13	[Diſen man d(er) den ...]
14	Er mag ergetzen ȋch genûc
15	[Sigune g(er)]te ergetzens nícht
21	Laſzet den vil trurigen man
22	Schiede du helſekliche dan.

254

11	So ſȋ der bru(n)ne machet nas
12	Ganz vnd ſterker bas
13	[Wírt ím valz vnd egge ſín]
14	Vnd v(er)lieſent dû mal ír ſchín
15	Dc ſw(er)t bedarf wol ſegens wort.
16	Jch [fûrche du habſt dû gelaſzen ...]
17	Hatz ab(er) dín mu(n)t gelernet
18	[... ſet vnd g(er)net]

255

18	An dem got wnd(er) hat getan.
19	Vnd hettet gevraget ſín(er) not
20	[… ſelden tot]
23	[J]ch wandel han ich icht getan
24	Jr ſûld wandels ſín erlan
30	[Parcifal ſchiet ſus vo(n) ir –]

256

1	[Dc] er vragens wc so las
2	[Do er bi dem trurigen wirte ſas]
20	[…in harm eſ wc gevar]
21	[…] beſtín halfter lac dar an
22	[…] vf den hûf ſwanc ím d(er) man
23	Sín ŏgen tief die grŭben wit.
24	Ŏch wc dc ſelbe runzít
25	[V(er)twalt vnd …chet].
26	Dur hu(n)g(er) dicke erwecket.
27	[E]s wc turre alſ eín zunder.

257

27	Si trŭc vngediente(n) has.
28	Wiplich(er) gŭte ſi níe v(er)gas.
31	[…zen …]
32	Fûr ettlich wol bekleidet wip.

258

1	**D**o parcifal grŭs gen ír ſprach
7	Doch m[ŭſze v̂ frŏid] vnd ere –
8	Got geben iem(er) mere
9	[Dan ír mích v(m)b … v(er)ſch… …]
27	[Dû ſtŭnden] blank hoch ſínwel.
28	Ja enwart níe drachſel ſo ſnel.
29	Der ſi gedret hette bas.
30	Swie mi(n)neklich dû frŏwe ſas

259

1	Sí mŭſt ín doch erbarmen.
2	Mit henden vnd mít armen.
3	Begonde ſi ſich decken.
4	[Vor Parcifal dem recken.]

260

4	Ern hat hie níeman dan mín
5	Der troſt iſt kranch gen ſt(ri)tes ſige
9	Trůg ſi mít armůte
10	Si phlac d(er) waren gůte.
16	Jnnen deſ dc ſe orſ ſich buchte
17	Gen dem pherít eſ ſchrien nít v(er)meit.
18	[Der vor parcifal da reit.]

261

6	Ze alexendríe ín heídenſchaft.
7	Wc geworcht eín phelle gůt
8	[Deſ der ŵrſte hohen gemůt]
9	Trůg kurſít vnd wappen rok.
10	Sín tecke [wc von tenebrock –]
11	Geworcht uſ ríngen herte –
12	Sín ſtolzheít ín das lerte –
13	[Der …]

262

13	Vf der decke vnd ande(m) kurſit
14	Da wart genome(n) d(er) po(n)d(er) wít –
17	[S…]
18	Trvnzen ſtarch al nûwe.
19	Von ín weieten gen díen lûften
25	Vron Jeſchuten m[ůt deſ v(er)iach]
26	Schŏn(er) Juſt ſi níe v(er)ſach.
27	[Dû hielt da want ír] hende.

263

5	Die begunden [gleſten].
6	Wan da waren ſt(ri)tes die beſten
7	[Mít hurte] an eín and(er) komen
12	[Der ſporn …]
13	Noch ír ſw(er)te licht gemal.
14	Pris gediende hie parcifal.
17	[Der tra… …]
18	Vnd ſín wnden gemeret.
19	Der vf orilus helme lac.

264

22	Vron [ieſculten mit dem ſw(er)te.]
23	Des hort ich e gůtlichen bitten
24	[... ſitte(n)]
27	Geſchůf kume erſcheiden.
28	So wende er dc an beiden.

265

4	[Duc orilus de la landern.]
5	Streít nah ſínem gelerte(n) ſitte.
6	Jch wene ieman ſo vil geſt(ri)tte.
14	[Alſ eine garbe heberin]
15	Vaſte [...] vnd(er) die arme ſwa(n)c
16	Mít ím er von dem orſe ſpranc.
22	Nu biſtv der verlorne.
23	Dun la[ſeſt] ſi dín hulden han.
24	[D.. ....írt ſo gahes nít getan]
27	Parcifal der werde degen.
28	Druchte ín an ſich dc blůtes regen
29	[S... dur die barbier]

267

1	[Hat an mir werdekeit bezalt]
2	Nu erlas mích kůner degen balt.
3	[Sv̊ne gen] dem wibe –
6	[Gen der gvnerten h(er)zogin]
7	Mag ich gephlegen nícht –
8	[... halt and(er)s mír geſchicht –]
14	Vnd die reiſe nít leng(er) ſparſt
15	Ze eíner magd die blő dur mi[c...]
23	[Dc ... ſus ...]
24	Vnd die magt ír ſlege e[...]
25	Darzů wil ich diſe frő[w...]

268

1	Merke dů wort vnd d(er) w[(er)che ...]
2	Deſ gib mír ſicherheit alh[...]
3	[Do ſprach] d(er) fûrſte orilu[...]
5	Mag niem[an dafur icht gegeben]

7   Durch die vorchte vo(n) ír man.

8   Vro Jeſcute wol getan

269

10   […at …e hohen pris beiagt.]

11   Es iſt ǒch noch eín hoher name

12   Mín lib gen w(er)deklich(er) ſchame.

15   [… ph/…/]

16   [M]ín gelûcke vor der hǒchſte(n) ha(n)t

17   [J]ch hans da fur die [treit got]

23   […]ch fûrt ich mere goldes dan

24   [J]ch wc eín tore vnd nicht ein ma(n)

270

3   […]ûrſpan dc wart ſo v(er)tan.

4   […] mín torheít dank ſol han

10   [… dc vi(n)g(er)lin wid(er) an ir ha(n)t]

11   […] gab ír an ſín kurſit.

12   [… w]c von richem phelle wít

15   [… …gen]

16   Díe werín alſo ín ſtrite z(er)ſlage(n)

17   Von ír krei wart ǒch níe t/or/nei

271

19   [Nam vrlub] vnd zír amís

20   Do ladet [ín d(er)] fûrſte wis.

21   Mít [ím an ſíne f…ſtat]

24   [Dú aventure] wert mere mích.

25   **D**o orilus d(er) fûrſte [e]rkant.

26   [kom da er ſín …]

272

2   Orilus entwape(n)t wart.

3   Blǔt vnd ram man von ím tǔc

11   […ch … gen…g… …]

12   Weínende ǒgen haben ſǔſze(n) mu(n)t

13   Da von ich mere ſpreche(n) wil.

19   [Da ergienc ein ſune deſ wen ich.]

20   Do ǔrn ſi ſund(er) baden ſich

21   Zwelf clare Juncfrǒwen

24	[Zorn ane ſchulde] von liebe(m) man
25	Si hette ie na[cht]es decke kleit.
26	Swie [bloz ſi bi dem tage reit.]

273

28	Do ſi an ír bette ſaſzen.
29	Vro Jeſcute etteſlichen kus
30	[E…]

274

3	[G]eſatelt vnd gezǒmet wol
4	Man hǔb ſi druf dû ritten [ſol].
10	[… vf gewape(n)t gienc]
11	Orilus zemorſe ſín
12	Er ſpranc druf [vor d(er) h(er)zogín]
20	[… p…un ſahen]
21	Vil nah eín mil dc waſzer [nid(er)]
22	D(er) fûrſte ſante den [rit(er) wid(er)]
28	[Vf einem] plan vmb ín do ſas.
29	Dû w(er)de maſſenie.
30	[Orílus d(er) valſches fríe]

275

3	Dc níeman dra(n) koſ keínv mal.
4	Die ſlege frumte Parcifal
5	[Von dem …]

290

25	Mít Juſte [vf diſen komde(n) gaſt]
26	D(er) trǔc d(er) mi(n)ne groſzen laſt.
27	[D… … ím ſne vnd blǔt]

293

8	[Als im ſin t…we do geriet]
9	Dc w(er)de ſǔze clare wi[b].
10	Sante v̂ch zeboten an ſine(n) lib.

295

19	[… gans entran.]
20	So dc das ors vnd der man
21	Liten beidv ſame(n)t not.

297

30   Hŏrt wnd(er)s m(er)e wc dort geſchach

298

1   Vf dem [plimíſzolles] plan.

300

10   Von wem d(er) ſtrit da w(er)e geſchehen.
11   Do ſprach /er/ gr[…]lichen dar.
12   [… kleín… …]

302

20   [H(er)]re eſ iſt mít Juſt [v(er)]tan
21   Gen wem ſprach d(er) dege(n) wert
22   [Jrn habet hie ſchilt …]

305

1   [Jnwil ge(n) dir nit liegens phlegen]
2   Sp(ra)ch gawan híe iſt vo(n) Juſt gelege(n)
3   […mors] eín ſtrites helt.

307

11   [Sw(er) in geſach ma(n) od(er) wib.]
12   Die hetten w(er)d[en ſ]ínen lib.
13   [A]rtus meſſe hette gehŏrt.

309

21   [Nit breit ſinvwel geſniten].
22   Alnach d(er) tauelru(n)de ſitten.
23   Wan ín ír zucht des v(er)iach.

312

(1)   [Parcifal] der w[(er)]de degen.
(2)   [N]v mŭſze ſín d(er) ŏch fûrbc phlegen
(3)   Der ſín [vnz h(er) gephlegen hat.]

?

     …[116]
     …
     …

---

[116] Leere Spalte.

?

    . . .[117]

    . . .

    . . .

644

5	[Er mit werd(er) helfe pflac.]
6	Helfliche vnz an den tac.
7	Sín helfe waz doc ſo gedigen
(17)	Waz artuſ vnt dŷ kŷnigín.
18	Vnt manic [liecht(er)] vrȯwen ſ[chín.]

646

13	Mit rede ir recht w(er)e gebrochen.
14	vúnfthalpiar vnt ſech wochen.
26	verholne von [mir kere]
27	vnz ſich hohe hebe d(er) ta[ch]
28	[daz daz volc zeho. . . weſen mach.]

648

21	[. . . . . .ch.]
22	Dŷ avent[tvir. . . were] gelich.
23	Der knappe ſprach ín ſag ŷ nícht

649

5	[Der knappe gab im . . .]
6	Der artvſe in ſin h(er)ze [rief.]
7	Do er von im wart geleſen

651

1	[. . .]anſ mâg d(er) riche.
2	[. . .]uſ warp herzenliche.
15	der knappe ſprach d(er)zed(er) kŷnígín.
16	vrȯwe geín dem herrem mín

653

10	vrowe vraget ín ſelbe drumbe
11	Si ſpielt ez mit vrage an manig ôrt

---

[117] Leere Spalte.

513

23	[... ...me ſin]
24	Er ſprach n[v ſage] geſelle min.
25	Eíntwed(er) [w(er)o]de od(er) not.

655

18	[alſuz mit ... ...den leben.]
19	getrv̊c mín h(er)ze ie manneſ ſin.
20	den hette dv̂ edelv̂ h(er)zogín.

656

2	Wentir ich heteſ den lip v(er)lorn
3	dv̂ h(er)zenliche wiſe.
4	Mit ſo [wipliche(m) priſe.]

659

5	Ern kert ſich nv̂ níem(er) dran.
6	Jr ſvlt ŏch vríde vo(n) ím han.
13	Ez wer magt wib oder man.
14	der iſt v̂ vil vnd(er)tan.
19	Ellende vremt mirz [h(er)ze kalt.]
20	Der die ſt(er)ne hat gezalt
21	[der mv̊z vch helfe lere(n).]

661

15	Gawane tet ir kome(n) wol.
16	Sw(er) ſamenv(n)ge warte(n) ſol
17	[d... ... den gedanck]
23	Weine(n) m[v̊]ſe lernen.
24	Zeiner ziſt(er)nen.
25	Weren ſv̂ beide de eín wicht.
28	[daz artvs ...]
*	Trv̂we dv̂ an ín beide(n) waſ
*	Ganz vnt luter ſam eín glaz.
29	[...]

663

22	Alte vnt vnge horten.
23	weſ er zvchtekliche bat.
24	[Er ſprach ... an den ſtat.]
30	[Helfet mir ich gib in mit rit(er)ſchaft.]

664

1   d[az lobten]ſ alle geliche.

2   die [herzoginne riche]

6   der mir ê hat ſchade(n) getan.

7   der [iſt li…he] ín mín lant geritte(n).

666

2   […] alſ ez ín tochte.

3   […]hv̂f v̂ch ſín reiſe.

4   […]uſe dem britvneiſe.

10   […er nicht leng(er) wolte] leben

11   […]riande ritter vrowe(n)

12   […]ſon enpfahe(n) vn(t) ſchowon

16   do wart v̂ch v/r/ode an ín v(er)nome(n).

17   v̂ch hiez gewínne(n) der degen w(er)t.

18   [Starc… ſovm… …]

668

11   Clínſore dur mínne ſande.

12   da vom man erſt erkande.

13   [Jr zweier tv̂gen vb(er) lut.]

19   Wart daz gezelt vf geſlagen.

20   Manig gezelt v̂ch hort ich ſage(n).

21   Slv̂c man drumbe an wite(n) rínc

24   **[G…]**

25   d(er) h(er)bergte vf den plan.

26   vnt daz der w(er)de gawan.

670

20   daz wart alrerſ enphange(n).

21   Gawan den ſelde(n) riche(n)

22   [Jch …]

28   Geín diſen lv̂te(n) w(er)t erkant.

29   Artuſ uſſer pauelun gienc

30   [Der ſi do v… …]

671

3   [Vnt and]er ſin geſelleſchaft.

4   Mit getrv̂welich(er) lie[be] chraft

5   Da wart manic [kv̂ſ getan]

12   Si ſint wol beide von d(er) art.

673

2	Ar[tuſ ſprach … … …]
3	Gah[or…te(n)] ſi dort hat.
4	vnt garelle(n) de[r] ritt(er)ſ tat.
10	H[vrt wie ez … g…]
11	[Von de(m) w(er)den melian… von liz.]
12	Vnd(er) ein(er) banier wiſ.
13	Jſt er hín vf gevange(n).
14	Dv̂ banier hat enphangen.
15	[… eín ſwarze ſtrale.]
22	[Hín vf gevange(n) daſ iſt mir leít]

675

12	Da ím ſín zeſw(er) arm brach.
13	Got mit den lv̂ten wunder [tv̂t]
20	[Sine(m) …rende vnt er daſ ſicht]
21	[Gawan pflac ſelde vnt …]
22	[Gert ieman vurbaz mere.]
23	[War wil d(er) mit gedanchen.]
24	[So ſint die mv̊teſ kranken]

676

1	[Keín vmbilde] dran geſchah.

677

22	[Daz algeliche ſprachen do]
23	[Daz der w(er)de Gawan]
24	[Wer eín manlich h… man.]

678

1	[So geheilet weren]
2	[Daz die maſen ín nich ſw(er)en]
3	[Er wolt ba…chen den lip.]
4	[Sit …]
5	[Sine(n) … da ſolde ſehen]
11	den begvnd(er) laſchieren.

680

1	[Si tate ir poind(er) rechte]
2	vz der iuſte geſlechte.
3	Warn ſi beide ſamt erborn.

11	Nv hort wie dŷ iuſt ergienc.
12	Hvrtecliche vnt doch alſo.
13	[.... ...chtenſ beide ſin vnvro.]
14	[... ſippe] vnt doch geſelleſchaft.
15	[... mit] haſſecliche kraft.
20	Eín and(er) mŷſten vellen
21	[.... ....d(er)]

682

10	der kŷnic brandelidín.
11	ſechs hundert clare vrowe(n).
12	[der ieſliche m...chte ſchowe(n).]
18	[... clare p(er)nout deriverſ.]
19	der richer vat(er) narant.
20	het ím laze(n) vckerlant
21	der brach ín chochen vf dem wer
22	eín alſo klareſ vrowe(n) her.
23	Den [man da liech...(er) ...]
29	Bernovt fiz conſ narant
30	[vívnſh... ritt(er) ...]

684

18	[... willekome(n) ſin.]
19	ob dŷ arge h(er)zoginne.
20	Jm gen mir retet vnmínne.
26	[... hant g...ſchich...]
27	die not wilich lide(n).
28	Solt ich nŷ v(er)miden
29	[Dez ich mich v(er)]mezen han
30	So wolt ich dienſt nach mínne(n) lan

685

1	Jnd(er) [gnade ich han ergeben]

686

27	daz macht de[(n) kvnig hohgemŷt.]
28	vnrecht er Gawane doch tŷt.
29	Solich engelte(n) ſuz d(er) ſweſt(er) mín.
30	Jch wolt ê an ſweſt(er) ſín.

687

1 Man trv̊ch ím zímerde dar.
2 [von tv̂re koſte] alſo gevar.
16 [daz …]
17 vnt dur mínne ſante.

689

9 G[118] Gawan die klage horte vn(t) ſach
10 ze ſine(n) kampfe genoze er ſprach.
11 [owe h(er)re wer ſit ir.]
12 Jr ſprecht ſo vrvdilic gen mír.
13 Wan w(er) dv̂ rede ê geſchehe(n).
27 Hie haben zw[ei h(er)zen e… …]

691

15 [D…]
17 do kom d(er) kv̂nig gramoflanz
18 der wolt v̊ch rechen ſine(n) kranz
19 [der vriech wol waz da waz geſchehe(n).]
20 Eín kampf daz níe waz geſchehen
21 Hrter [ſtrít] mit ſw(er)te.

693

26 [Dv mv̊z doch ſin(er)] gnaden leben.
27 [Jr ſagt v̂ ſelben ſigeloz]
28 [dv̂ mínne ír recht an v̂ v(er)loz.]
29 […etrv̊gt ir ie minne.]
30 […v̂ waz mit] valſche(m) ſinne.

694

1 [… o] deſ zornſ vil geſchah.]

696

5 Ez mv̊z doch ſín ſprach Gawan.
6 Er v̊rte p(er)cifaln dan.
7 da ín kvſten vier kv̂nígín.
8 die h(er)zoginne er lerte pín.
9 daz ſi den kvſſen ſolde.
10 [der ir gr… …]
23 […]zer munt

---

[118] Links von der Lombarde, Vorgabebuchstabe für den Rubrikator.

698

13   [... ich hie trage]
14   Nach ím mit h(er)zeklicher klage.
15   d[119] **D**o man ezzenſ da v(er)pflac.
16   [do waſ ez o]ch wol miter tac.
17   artuſ vnt daz wib ſín.
18   vrov Gínovier vn(t) dv̂ kv̂nígín.

699

2   Herre do ich v̂ íungeſt ſach.

700

22   [H... ge... ...]
23   [Noc drub(er) ...ſ er g(er)te.]
24   Artuſ ín ſchone werte.
25   Ein[(er)] and(er) bet er ín do bat.
26   Mit wenic lv̂t[e... ...] ſund(er) trat
27   [daz Gawan ge]be ím den ſtrít

701

12   Sol iem(er) ſín vmpriſ ergen.

703

?   [...][120]
1   **N**v rov den kv̂nic Gramoflanz.
2   daz eín and(er) man [...w][121] ſine(n) canz[122]
3   [deſ tageſ het gevochte(n).]
4   da getorſton noch enmochte(n)
5   di ſine(n) daz nich geſcheiden.
19   [daz d(er) w(er)de Gawan.]

705

10   Do wapende ſich h(er) Gawan.
11   Man ſach ê trage(n) den ſtolzen.
12   [Sin iſeríne colzen.]
13   [an wol geſchint]te(n)[123] beíne(n)
14   daz [begunden vr/o/]we(n) weíne(n).

---

[119] Links von der Lombarde, Vorgabebuchstabe für den Rubrikator.
[120] Eine Zeile in roter Farbe: Kapitelüberschrift. Lombarde „N" vierzeilig.
[121] Undeutlich.
[122] Unsichere Lesung.
[123] Korrigiert aus *geſchihten*.

707

19	Nv rv̊wet hín deſ wirt v̂ not
20	Sw(er) ie diſen ſtrit gebot.
21	[der het vw(er) ſwache craft erkant]
22	Geín min(er) w(er)lichen hant
23	Jch beſtv̊nt v̂ nv wol eíne

709

27	[.. .. …ize.]
28	Nemt daz ín v̂w(er) wize.
29	Jn welhen gebere(n) dv̂ ſí.
30	[won ir vrode od trvren bi.]

710

1	daz ſvlt ir brv̊ven tovgen.
2	Jr ſecht wol anír ovgen.
16	[Swen ir kvmberſ nv gezeme.]

712

6	[.. .. …gent … hoher minne ſchin.]
7	Tv̊t daz mv̊z dir w(er)den ſvr
8	alſ tet dín ſweſt(er) ſvrdamur
9	[dur die ſch]rîchen lampriur[e][124]
10	Sv̊ze magt gehvre.
11	den kampf moht ich [wol ſcheide(n)]
24	[… g…]
25	Sín kleínoteſ vil geſant
26	Er enpfienc ǒch von min(er) hant.
27	[dazerwaren lie… h…]

714

15	der kinde einz gab in mir.
16	vrowe [ſent] den nemt wír.
17	do wart d(er) brief vil gekvſt.
23	[von dem der minn… .. …]
24	vz ſín ſelbeſ munde.
25	Gramoflanz der ſtete ſprach
26	artuſ andem brieve ſach.
27	daz er mit ſíne(m) [ſín]ne.
28	[.. .. …dehafte mínne.]

---

[124] Letztes Zeichen unklar.

715

5 Vnſer mínne geben geſelleſchaft.

716

25 [ytonie ſprach ez …]
26 och ſint ſine kappe(n) zwene.
27 al hie mugt ir v(er)ſv̂chen.

717

[…]
4 der kínt eineſ zím do ſprach.
5 Herre d(er) kvnic Gramoflanz.
6 [ivch bitet daz machet ganz.]
7 gelv̂bde dv̂ da ſi getan
8 [z]wiche(n) ím vnt gawan.

15 Jr ſult Gawane(n) lazen kom(n).

719

4 [vnt … morge(n) …]
5 Mine(n) neve(n) Gawan.
6 bríngich gen ím vf de(n) plan.

13 er ſol hoveſche lv̂te bringe(n)
14 Jich wil hie tegedínge(n).
15 zwiſche(n) ím vnt d(er) herzogínne
16 Nv w(er)bent trut geſelle mín.
17 Mit vv̂ge dæſ habt ir ere.
18 [… ſere.]

24 […eklich kv̂níc mín genoz.]

721

13 [… manic ſtarch ſar…]
14 vf die reiſe wart benant
15 welch d(er) rit(er) chleid(er) mochte ſín.

22 [Sand(er) zehalbe] wege dar.
23 dem kv̂nige zeime geleite.
24 vber deſ [g]evilteſ breite
25 ez w(er)e[…]ich od(er) bach.
26 Swa er die paſchahe(n) ſach.
27 da reit d(er) [kv̂nic beize(n) h(er)]

722

3 die von ir arde gabe(n) lichte(n) ſchín.

723

22	[daz ſi dv minne] lerte pín.
23	da ſaz maníc rit(er) liecht gemal.
24	da trv̊c d(er) w(er)de p(er)cifal
30	[… g…]

724

1	Zi erbeizte(n) die da [k com(n)] ſínt
2	dez kvnic Gramoflanzeſ kínt
3	[Manigv̂ vor ím ſprvnge]
4	Jnz [polveln] ſi ſich drvnge.
5	die camerere niv wid(er) ſtrít
12	bernv̊ten vnt affínamurſ

726

1	vur die kv̂nigín man do trv̊c.
2	daz trinke(n) trunke(n) ſi genv̊c.
3	die rit(er) vnt [die v…]
9	[Her kvnic] nv lat daz alſo ſín.
(10)	daz v̂w(er) newe de(n) newe(n) mín
(11)	Minem [creize hab erſlage(n).]
12	[Wol/t/] er danne minne […]age.
13	gen [miner niftel de magt.]
14	[dv̂ m…… …]

728

(7)	[biz vntz an den abent rot]
8	bi artuſe ſi daz híne enbot.
9	artuſ d(er) wiſe man.
15	[der zergienc …]
16	dur die claren ytoníe
17	Lv̂terlich an alle(n) haz.
21	Mit clarliche(n) lv̂te(n).
22	Jn moch v̂ noh nich gar betv̂ten
23	[Jr name(n) od(er) wanne ſí] warn erborn.

730

18	[daz er … ir lant]
19	von rechte h(er)re w(er)e.
20	dv̂ rede duchte ſw(er)e.

27 Sangiue vn(t) och[…drie.]
28 Name(n) urlop […]
29 [beleip bi artuſe …]

731

2 [Ginover inir p… …]
3 [Ytonie(n) vnt ir amiſ.]
4 Gramoflanz [d(er) mange(n) priſ

732

27 [Wirt nieman ſolher pflicte.]
28 Gelv̂ke mich berichte.
29 Waz mríz wegeſt drumbe ſí

733

6 Sit ich deſ bín v(er)teilet
7 Jnrv̊che nv waz mir geſchít
8 Got wil min(er) [vrode nicht]
11 […z …]
12 So daz vnſ zwíuel ſt[…]
13 Jch moch wol zand(er) [minne …]

735

4 der t[ŏ]ſeſ kv̂nde nie gewan.
5 Percifal reit balde.
6 geín eine(m) groze(m) walde
13 dan noch mag ichz v̂ wol mer ſage(n).
14 Jch wil ſiner richeit nich v(er)dagen
15 Swaz diende artuſeſ hant.
19 […eſ wape(n) roch.]
20 [… …rre …lle(n) getroch]

737

13 [P(er)cifal reit nich eine.]
14 da waz mit ím gemeíne.
15 er ſelbe vnt och ſín hoh(er) mv̊t
22 [ow… d… …]ſ ſo breit
23 [daz ſi eínan… …]
24 die da vmb […]
27 [Jn … dez … …t ernere(n)]
28 [Jn ſol och … wer…]
29 [Den beide(n) … …enſthaft]

739

22 Aler erſt dv̂ ſw(er)t erklunge(n).
23 der heide(n) tet de(m) getŏfte(n) we.
24 deſ crie dv̂ wa[z thaſme.]

30 [J... ... waz ſo gerate(n).]

740

1 Daz ich die rede nicht mag v(er)dage(n)
2 Jn mv̂ze ir ſtrít mit trv̂wen clage(n).
3 [Sit ...]

6 [...] gelv̂terte(n) trv̂we(n) fvndamínt
7 [...ie] heíde(n) minne níe v(er)droz.
8 [Dez waz ſín ...]

25 Daz p(er)cifal com vf die kníe
26 Man mag wol iehe(n) do ſtríte(n) ſíe.
27 [der ſi beide newe(n) wil ze ...ín.]

741

9 Warn v(er)wurket dur koſteliche(n) príſ
10 Alvmbe vf dv̂ buchelríſ.

743

5 daz and(er) ware(n) ſteíne.
6 die mit edelem arden reíne
7 [do hocmv̂te ín l...rden]

19 die beide lebend[...] trv̂c ſín wib
20 do er iúngeſt vmbevienc [ir ...]

745

13 [... zem ge... ſprach]
14 Nv gelŏbe helt daz ich ~~dir ſa~~ geſach.
15 Bi míne(n) zite(n) noch níe man
16 [Der ...]

28 Jch bín Ferefiz anſchevín
29 [So riche ...]

747

22 [So ...ag m... wie ... g...n]
23 Tv̂ mir ſin antlizze ercant
24 Wie dir ſín varwe ſi genant

748

7   want er tr v̊c angelſtern mal

750

2   Jvpitern ſine(n) got
3   Mit worten erte mange(n) wiſ
4   [Er gab och vil hohe(n) príſ.]
16   dienſtlich(er) iem(er) dín(er) [h...t]
17   [d... ... vnt] d(er) díne erwarp.

752

11   Swa man ſicht de(n) wiſen man
12   der enzelt keín ſippe dan
13   [Z]wiche(n) vat(er) vnt des kinden.
24   [S... ...g...]
25   Begvnde(n) wazzer reren
26   Alnach des t v̊fes eren

Wolframstudien XX (2008)
Erich Schmidt Verlag Berlin

Wolfram-Bibliographie
2005/2006 und Nachträge 1984–2004

von Renate Decke-Cornill

I. Überlieferung / Ausgaben / Übersetzungen

1   BAISCH, MARTIN: Textkritik als Problem der Kulturwissenschaft. Tristan-Lektüren. Berlin, New York 2006. (Trends in medieval philology, 9). VIII, 399 S. – *Zur Überlieferung von Wolframs Werken passim, zum T S. 306–349.*

2   BUMKE, JOACHIM: The fluid text: observations on the history of transmission and textual criticism of the thirteenth-century courtly epic. In: Visual culture (Nr. 245), S. 99–113. – *Zum Pz. S. 106f.*

3   FRAGMENT DES ‚PARZIVAL‘ VON WOLFRAM VON ESCHENBACH. Das Mittelalter 10 (2005), 159. – *Über eine Handschriftenerwerbung der Bayerischen Staatsbibliothek München.*

4   MANUWALD, HENRIKE: Die *Große Bilderhandschrift* des *Willehalm:* Kommentierter Text oder ‚zweisprachige‘ Ausgabe? In: Übertragungen. Formen und Konzepte von Reproduktion in Mittelalter und Früher Neuzeit. Hg. von Britta Bußmann [u.a.] Berlin, New York 2005. (Trends in medieval philology, 5), S. 377–394.

5   MERTENS, VOLKER: Visualizing performance? Music, word, and manuscript. In: Visual culture (Nr. 245), S. 135–158. – *Zu Wolfram-Handschriften.*

6   MITTELHOCHDEUTSCHES LESEBUCH. Hg. von Sabine Rolle. Berlin, New York 2005. (de Gruyter Texte). LIV, 273 S. – *Pz 508,1–524,8 S. 163–179.*

7   *Rez. zu* POPA, OPRITSA D.: Bibliophiles and bibliothieves. The search for the Hildebrandslied and the Willehalm codex. Berlin, New York 2003. (Vgl. Wolfram-Studien XIX, S. 481, Nr. 4).

DAVIET-TAYLOR, F., EtGerm 60 (2005), 154; FIESOLI, G., Studi medievali, Ser. 3, 47 (2006), 984–988; SPOHRER, J.H., GermQuart 78
(2005), 529f.; WIEDEMANN, K., ZfdA 134 (2005), 371–374.

8   *Rez. zu* SANKT GALLER NIBELUNGENHANDSCHRIFT (COD. SANG. 857).
Parzival, Nibelungenlied, Klage, Karl der Große, Willehalm. Hg.
Stiftsbibliothek St. Gallen, Basler Parzival-Projekt. St. Gallen, Basel
2003. (Vgl. Wolfram-Studien XIX, S. 482, Nr. 6).
WETZEL, R., Schweizerische Zeitschrift für Geschichte 55 (2005),
121–123.

9   SCHNEIDER, THOMAS FRANZ: Zwei Neufunde zu Wolframs von
Eschenbach ‚Parzival'. Die beiden dreispaltigen Solothurner Frag-
mente F 31 (A) und F 69. In: Wolfram-Studien XIX. Text und Text
in lateinischer und volkssprachiger Überlieferung des Mittelalters.
Freiburger Kolloquium 2004. In Verbindung mit Wolfgang Hau-
brichs und Klaus Ridder hg. von Eckart Conrad Lutz. Berlin 2006.
(Veröffentlichungen der Wolfram von Eschenbach-Gesellschaft),
S. 449–479, Abb.

10   SKVAIRS, EKATERINA: Die „Dokumentensammlung Gustav Schmidt".
Deutsche Sprach- und Literaturdenkmäler in der Wissenschaftlichen
Bibliothek der Lomonossow-Universität Moskau. ZfdA 133 (2004),
472–478. – *Die aus Halberstadt stammende Sammlung enthält u.a.
Wh-Fragmente.*

11   *Rez. zu* STEPHAN-CHLUSTIN, ANNE: Artuswelt und Gralswelt im Bild.
Studien zum Bildprogramm der illustrierten Parzival-Handschriften.
Wiesbaden 2004. (Vgl. Wolfram-Studien XIX, S. 482, Nr. 8).
BAYARD, F., Le Moyen Age 111 (2005), 363f.; BAISCH, M., Arbitrium
23 (2005), 268f.; CURSCHMANN, M., ZfdA 134 (2005), 518–525;
SCHRÖTER, M., Beitr 128 (2006), 513–523.

12   STOLZ, MICHAEL: Autor – Schreiber – Editor. Versuch einer Feldvermessung. editio 19 (2005), 23–42. – *Zur Pz-Edition S. 29–42.*

13   STOLZ, MICHAEL, GABRIEL VIEHHAUSER: Text und Paratext. Überschriften in der ‚Parzival'-Überlieferung als Spuren mittelalterlicher
Textkultur. In: Wolfram-Studien XIX. Text und Text in lateinischer
und volkssprachiger Überlieferung des Mittelalters. Freiburger Kolloquium 2004. In Verbindung mit Wolfgang Haubrichs und Klaus
Ridder hg. von Eckart Conrad Lutz. Berlin 2006. (Veröffentlichungen der Wolfram von Eschenbach-Gesellschaft), S. 317–351.

14   STOLZ, MICHAEL: Texte des Mittelalters im Zeitalter der elektroni-
schen Reproduzierbarkeit. Erfahrungen und Perspektiven. In: Deut-

sche Texte des Mittelalters zwischen Handschriftennähe und Rekonstruktion. Berliner Fachtagung 1.–3. April 2004. Hg. von Martin J. Schubert. Tübingen 2005. (Beihefte zu editio, 23), S. 143–158. – *Zur Textkritik des Pz.*

VIEHHAUSER, GABRIEL s. STOLZ, MICHAEL, GABRIEL VIEHHAUSER

15 WAGNER, BETTINA: Ein neuerworbenes ‚Parzival'-Fragment der bayerischen Staatsbibliothek. ZfdPh 124 (2005), 30–32.

16 WOLFRAM VON ESCHENBACH: *Parzival.* Trad. française du texte intégral par Danielle Buschinger, Marie-Renée Diot, Jean-Marc Pastré et Wolfgang Spiewok. Amiens 2000. XXXI, 309 S. (Médiévales, 4).

17 *Rez. zu* WOLFRAM VON ESCHENBACH: Parzival. Translated by Cyril Edwards, with *Titurel* and the love-lyrics, and with an essay on the Munich *Parzival* illustrations by Julia Walworth. Cambridge 2004. (Vgl. Wolfram-Studien XIX, S. 483, Nr. 14).
CAREY, ST.M., Speculum 81 (2006), 291f.; RUSHING, J., Arbitrium 24 (2006), 34–36; THOMAS, N., MLR 100 (2005), 857f.

18 WOLFRAM VON ESCHENBACH: Parzival. Aus dem Mittelhochdeutschen übertragen und hg. von Wolfgang Spiewok. Köln 2005. 619 S.

19 WOLFRAM VON ESCHENBACH: Parzival. Nach der Ausgabe Karl Lachmanns rev. und kommentiert von Eberhard Nellmann. Übertr. von Dieter Kühn. Frankfurt a.M.
1. 2006. 964 S. 2. 2006. 868 S. (Deutscher Klassiker Verlag im Taschenbuch, 7). Nachdruck der Ausg. 1994. (Vgl. Wolfram-Studien XIV, S. 454, Nr. 10).

20 * WOLFRAM VON ESCHENBACH: Parzival and Titurel, translated by Cyril Edwards, introduced by Richard Barber. Oxford 2006. XXXI, 415 S. (Oxford world's classics).

21 WOLFRAM VON ESCHENBACH: Titurel. Mit der gesamten Parallelüberlieferung des ‚Jüngeren Titurel'. Kritisch hg., übersetzt und kommentiert von Joachim Bumke und Joachim Heinzle. Tübingen 2006. XXVII, 535 S.

22 WOLFRAM VON ESCHENBACH: Willehalm. Codex Vindobonensis 2670 der Österreichischen Nationalbibliothek. Kommentar von Fritz Peter Knapp. Graz. Teil 1. Fol. 1–145. [Faks.-Ausg.] 2005. 145 Bl., 103 S. (Glanzlichter der Buchkunst, 14,1). Teil 2: Fol. 145v–351. [Faks.-Ausg.] 2005. Bl. [145]–351, 63 S. (Glanzlichter der Buchkunst, 14,2).
Rez. SCHANZE, F., Germanistik 47 (2006), 739.

II. Allgemeines

23   ADOLF, HELENE: Gesammelte Schriften. Hg. von Renate Heuer und Michael Dallapiazza ... Triest 2004. (Hesperides, 21). V, 448 S. – *Darin:* New light on oriental sources for Wolfram's *Parzival* and other grail romances, S. 101–116; Die Wolframsche Wendung "diu hoechste hant", S. 133–137; Der Eingang zu Wolframs *Parzival,* S. 138–163; The theological and feudal background of Wolfram's "zwîvel" (Pz 1,1), S. 164–179. – *Zu Wolfram auch passim.* *Rez.* CLASSEN, A., GermQuart 78 (2005), 525f.

24   BERTAU, KARL: Schrift – Macht – Heiligkeit in den Literaturen des jüdisch-christlich-muslimischen Mittelalters. Hg. von Sonja Glauch. Berlin, New York 2005. XXXIII, 678 S. – *Zu Wolfram von Eschenbach passim (s. Reg.)*

25   BRUNNER, HORST: Wolfram von Eschenbach. Auf den Spuren der Dichter und Denker durch Franken. Gunzenhausen 2004. 80 S.

26   *Rez. zu* BUMKE, JOACHIM: Wolfram von Eschenbach. 8., völlig neu bearbeitete Aufl. Stuttgart 2004. (Sammlung Metzler, 36). (Vgl. Wolfram-Studien XIX, S. 483, Nr. 18). MENTZEL-REUTERS, A., DtArchErfMA 61 (2005), 427f.; SCHOLZ, M.G., Germanistik 46 (2005), 228; SCHMID, E., ZfdA 135 (2006), 115–119.

27   GIBBS, MARION E. and SIDNEY M. JOHNSON: Wolfram von Eschenbach. In: German literature of the high middle ages. Ed. by Will Hasty. Rochester, NY [u.a.] 2006. (The Camden House history of German literature, 3), S. 75–100. – *In diesem Band zu Wolfram auch passim.*

28   PERENNEC, RENÉ: Wolfram von Eschenbach. Paris 2005. (Voix allemandes). 223 S.

29   *SCHERM, GERD: Wolfram. Bludenz [1998]. [29] S. Ill. (Liebhaberreihe, 12).

30   WOLFRAM VON ESCHENBACH. In: Wikipedia. Die freie Enzyklopädie. Bearbeitungsstand: 2. Februar 2008. URL: http://de.wikipedia.org/wiki/Wolfram_von_Eschenbach

IV. Sprache / Stil / Erzähltechnik

31   *Rez. zu* COXON, SEBASTIAN: The presentation of authorship in me-
      dieval German narrative literature 1220–1290. Oxford 2001. (Vgl.
      Wolfram-Studien XVIII, S. 428, Nr. 22; Wolfram-Studien XIX,
      S. 484, Nr. 25.)
      REUVEKAMP-FELBER, T., ZfdPh 124 (2005), 139–142; JONES, M.H.,
      MedAev 74 (2005), 154–156.

32   EIKELMANN, MANFRED, TOMAS TOMASEK: Sentenzverwendung in mit-
      telhochdeutschen Artusromanen. Ein Zwischenbericht mit einem
      Beispiel aus dem späten Artusroman. In: Pragmatische Dimensionen
      mittelalterlicher Schriftkultur, hg. von Christel Meier ... (Akten des
      Internationalen Kolloquiums 26.–29. Mai 1999). München 2002.
      (Münstersche Mittelalter-Schriften, 79), S. 135–160. – *Zum Pz pas-
      sim.*

33   EROMS, HANS-WERNER: Der Konnektor *ouch* und die Abtönungspar-
      tikeln im ‚Parzival' Wolframs von Eschenbach. In: Neue Perspekti-
      ven der Sprachgeschichte. Internationales Kolloquium des Zentrums
      für Mittelalterstudien der Otto-Friedrich-Univ. Bamberg, 11. und
      12. Febr. 2005, hg. von Ursula Götz und Stefanie Stricker. Heidel-
      berg 2006. (Germanistische Bibliothek, 26), S. 105–124.

34   KNAPP, FRITZ PETER: Subjektivität des Erzählens und Fiktionalität
      der Erzählung bei Wolfram von Eschenbach und anderen Autoren
      des 12. und 13. Jahrhunderts. In: Historie und Fiktion in der mit-
      telalterlichen Gattungspoetik (II). Zehn neue Studien und ein Vor-
      wort. Heidelberg 2005. (Schriften der Philosophisch-historischen
      Klasse der Heidelberger Akademie der Wissenschaften, 35), S. 61–84.

35   PALMER, NIGEL: Literary criticism in Middle High German literature.
      In: The Cambridge history of literary criticism. Cambridge [u.a.]
      Bd. 2: The middle ages. Ed. by Alastair Minnis and Jan Johnson.
      2005, S. 533–548. – *Zu Wolfram von Eschenbach passim.*

36   SCHIROK, BERND: *Hartmann der Ouwaere, des hasen geselle* und
      Gottfried von Straßburg. Poetologische Programmatik und literari-
      sche Umsetzung. In: Studien zur deutschen Sprache und Literatur.
      FS für Konrad Kunze zu 65. Geb. Hg. von Václav Bok [u.a.] Ham-
      burg 2004. (Studien zur Germanistik, 10), S. 20–44. – *Zu Wolfram
      passim.*

TOMASEK, TOMAS S. EIKELMANN, MANFRED, TOMAS TOMASEK

37   Wᴇɴᴢᴇʟ, Hᴏʀsᴛ: Wahrnehmung und Deixis. Zur Poetik der Sichtbarkeit in der höfischen Literatur. In: Visualisierungsstrategien in
mittelalterlichen Bildern und Texten. Hg. von Horst Wenzel und C.
Stephen Jaeger. Berlin 2006. (Philologische Studien und Quellen,
195), S. 17–43. – *Zum Pz S. 22–24, 26–28.*

V. Religiosität

38   Sᴄʜɴᴇɪᴅᴇʀ, Aʟᴍᴜᴛ: Wolfram von Eschenbach. In: Religion in Geschichte und Gegenwart. Handwörterbuch für Theologie und Reli-
gionswissenschaft. 4., völlig neu bearb. Aufl., hg. von Hans Dieter
Betz [u.a.] Bd. 8. Tübingen 2005, Sp. 1685f.

VI. Parzival

39   Aᴏᴋɪ, Sᴀɴʏᴏ: Hartmanns Artusromane und Wolframs ‚Parzival‘ –
‚diz maere ist hie vast undersniten‘. Germanistik Kyoto 6 (2005),
1–19. – *In japan. Sprache mit deutscher Zusammenfassung.*

40   Aᴜᴛᴇʀɪ, Lᴀᴜʀᴀ: Mostri amici nel medioevo tedesco: Gli esempi dello
Herzog Ernst (c. 1180) e del *Parzival* (1200/10) di Wolfram von
Eschenbach. In: Fabelwesen, mostri e portenti nell'immaginario oc-
cidentale. Medioevo germanico e altro, a cura di Carmela Rizzo.
Alessandria 2004. (Bibliotheca Germanica, 15), S. 85–104.

41   *Rez. zu* Aᴜᴛᴇʀɪ, Lᴀᴜʀᴀ: Regine e cavalieri allo specchio. Gregorio,
Nibelunghi, Parzival, Tristano. Roma 2003. (Vgl. Wolfram-Studien
XIX, S. 485, Nr. 31).
*Fᴇʀʀᴀʀɪ, F., Osservatorio critico della germanistica 6 (2003),
Nr. 17, 27f.

42   Bᴀᴀᴅᴇʀ, Hᴇɪɴᴢ: Wolfram's culturally prophetic *Parzival.* In: Prophet
margins. The medieval vatic impulse and social stability. Ed. by E.
L. Risden … New York [u.a.] 2004. (Studies in the humanities: literature – politics – society, 67), S. 43–67, 193–196.

43   Bᴀɪsᴄʜ, Mᴀʀᴛɪɴ: *man bôt ein badelachen dar: / des nam er vil kleine
war* (167,21f.) Über Scham und Wahrnehmung in Wolframs *Parzival.*
In: Wahrnehmung (Nr. 246), S. 105–132.

44   BARBER, RICHARD: Der heilige Gral. Geschichte und Mythos. Düsseldorf, Zürich 2004. 416 S. – *Zu Wolframs Pz S. 102–120, 199–217 und passim.* – Engl. Originalausg.: R.B.: The holy grail. Imagination and belief. Cambridge, Mass. 2004. XIV, 463 S. – *Zum Pz S. 73–87 und passim, s. Index.*
        Rez. BERTHELOT, A., Speculum 81 (2006), 807f.; WALTER, PH., Le moyen age 112 (2006), 160f.

45   BAUSCHKE, RICARDA: *Adaptation courtoise* als « Schreibweise ». Rekonstruktion einer Bearbeitungstechnik am Beispiel von Hartmanns ‚Iwein‘. In: Texttyp und Textproduktion in der deutschen Literatur des Mittelalters. Hg. von Elizabeth Andersen ... Berlin, New York 2005. (Trends in medieval philology, 7), S. 65–84. – *Zum Pz S. 80–83.*

46   BECKER, ANJA: Parzivals redegewandter Vater: Zur Einschätzung Gahmurets und der Auszugsszene (4,27–13,8). Focus on German studies 9 (2002), 155–174.

47   BEHR, HANS-JOACHIM: König Artus und ... kein Ende. Über die Unverwüstlichkeit eines literarischen Dauerbrenners. Eulenspiegel-Jahrbuch 46 (2006), 41–61. – *Zum Pz S. 49, 50f.*

48   BEHR, HANS-JOACHIM: Wolfram von Eschenbach: *Parzival.* In: Weltliteratur. Eine Braunschweiger Vorlesung. Hg. von Renate Stauf und Cord-Friedrich Berghahn. Bielefeld 2004. (Braunschweiger Beiträge zur deutschen Sprache und Literatur, 7), S. 77–92.

49   BENDER, ELLEN: Nibelungenlied und Artusepik. Ein Beitrag zur vergleichenden Untersuchung von Sinnstrukturen unter dem Aspekt der Rezeption französischer Vorbilder in der deutschen hochhöfischen Epik. In: Die Nibelungen in Burgund. Dokumentation des Symposiums von Stadt Worms und Nibelungenlied-Gesellschaft Worms e.V. am 30. Sept. 2000. Hg. von Gerold Bönnen und Volker Gallé. Worms 2001. (Schriftenreihe der Nibelungenlied-Gesellschaft Worms e.V., 1), S. 50–86. – *Zum Pz S. 81–83.*

50   BILDHAUER, BETTINA: If you prick us do we not bleed? Making the body in *Mären.* In: Mittelalterliche Novellistik im europäischen Kontext. Kulturwissenschaftliche Perspektiven. Hg. von Mark Chinca [u.a.] Berlin 2006. (Beihefte zur Zeitschrift für deutsche Philologie, 13), S. 148–169. – *Zum Pz S. 163.*

51   BLEUMER, HARTMUT: Im Feld der *âventiure.* Zum begrifflichen Wert der Feldmetapher am Beispiel einer poetischen Leitvokabel. In: Im Wortfeld (Nr. 242), S. 347–367. – *Zum Pz S. 359–367.*

52   BLUHM, LOTHAR: Drei Blutstropfen. Zu einem Motiv bei Wolfram von Eschenbach, Heinrich Anselm von Ziegler und den Brüdern Grimm. In: Satz – Text – Kulturkontrast. FS für Marja-Leena Piitulainen zum 60. Geb. Hg. von Ewald Reuter und Tiina Sorvali. Frankfurt a.M. 2005. (Finnische Beiträge zur Germanistik, 13), S. 17–34.

53   BRALL-TUCHEL, HELMUT: Drachen und Drachenkämpfe in Geschichtsschreibung, Legende und Roman des Mittelalters. Saeculum 57 (2006), 213–230. – *Zum Pz S. 227f.*

54   BRALL-TUCHEL, HELMUT: Wahrnehmung im Affekt. Zur Bildsprache des Schreckens in Wolframs *Parzival.* In: Wahrnehmung (Nr. 246), S. 67–104.

55   *Rez. zu* BUMKE, JOACHIM: Die Blutstropfen im Schnee. Über Wahrnehmung und Erkenntnis im „Parzival" Wolframs von Eschenbach. Tübingen 2001. (Vgl. Wolfram-Studien XVIII, S. 430, Nr. 38; Wolfram-Studien XIX, S. 486, Nr. 40).
    CALOMINO, S., Monatshefte 98 (2006), 129–131.

56   *BUSCHINGER, DANIELLE: Liens de parenté et structures du pouvoir dans le ‚Parzival' de Wolfram von Eschenbach. Une ébauche. In : Pouvoir, liens de parenté et structures épiques. Actes du deuxième colloque international de REARE (Réseau Eur-Africain de Recherche sur les Epopées), Amiens (17–19 septembre 2002), publ. par les soins de Danielle Buschinger. Amiens 2003. (Médiévales, 28), S. 20–24.

57   BUSCHINGER, DANIELLE: Zur Relevanz des deutschen Mittelalters in Frankreich. Jahrbuch der Oswald von Wolkenstein Gesellschaft 15 (2005), 7–90. – *Zum Pz S. 78f., 85f.*

58   CICORA, MARY A.: Medievalism and metaphysics: the literary background of *Parsifal.* In: A companion to Wagner's *Parsifal.* Ed. by William Kinderman and Katherine R. Syer. Rochester, NY, Woodbridge, UK 2005. (Studies in German literature, linguistics, and culture) (Camden House companion volumes), S. 29–53. – *Zum Pz.*

59   CLASSEN, ALBRECHT: Crisis and triumph in the world of medieval knighthood and chivalry: Gawan in Wolfram von Eschenbach's *Parzival.* In: Gawain. A casebook. Ed. by Raymond H. Thompson and Keith Busby. New York, NY 2006. (Arthurian characters and themes, 8), S. 217–229.

60   CLASSEN, ALBRECHT: Noch einmal zu Wolframs ‚spekulativer‘ Kyôt Quelle. Im Licht jüdischer Kultur und Philosophie des zwölften Jahrhunderts. Studi medievali, Ser. 3, 46 (2005), 281–308.

61   COXON, SEBASTIAN: Zur Problematisierung öffentlicher Wahrnehmung in Wolframs *Parzival.* In: Wahrnehmung (Nr. 246), S. 151–168.

62   CRAMER, THOMAS: Das Subjekt und sein Widerschein. Beobachtungen zum Wandel der Spiegelmetapher in Antike und Mittelalter. In: Inszenierungen (Nr. 243), S. 213–229. – *Zum Pz S. 221f.*

63   *Rez. zu* DEIST, ROSEMARIE: Gender and power. Counsellors and their masters in antiquity and medieval courtly romance. Heidelberg 2003. (Vgl. Wolfram-Studien XIX, S. 487, Nr. 50). SCHROTT, A., ZfromPh 121 (2005), 512–516.

64   DENNY-BROWN, ANDREA: Rips and slits: the torn garment and the medieval self. In: Clothing culture, 1350–1650. Ed. by Catherine Richardson. Aldershot 2004. (The history of retailing and consumption), S. 223–237. – *Zum Pz S. 231.*

65   DUPUIS, AMINTA: L’initiation de Faust et de Parzival. La quête du Graal. Une voie moderne de connaissance et d’amour. Paris [u.a.] 2005. 180 S.

66   EMING, JUTTA: Affektüberwältigung als Körperstil im höfischen Roman. In: *anima* und *sêle.* Darstellungen und Systematisierungen von Seele im Mittelalter. Hg. von Katharina Philipowski und Anne Prior. Berlin 2006. (Philologische Studien und Quellen, 197), S. 249–262. – *Zum Pz S. 260–262.*

67   EMING, JUTTA: ‚Trauern Helfen‘. Subjektivität und historische Emotionalität in der Episode um Gahmurets Zelt. In: Inszenierungen (Nr. 243), S. 107–121.

68   *Rez. zu* EMMERLING, SONJA: Geschlechterbeziehungen in den Gawan-Büchern des ‚Parzival‘. Wolframs Arbeit an einem literarischen Modell. Tübingen 2003. (Vgl. Wolfram-Studien XIX, S. 487, Nr. 51). BAISCH, M., Beitr 127 (2005), 285–288; PASTRÉ, J.-M., CahCivMéd 48 (2005), 392.

69   ERNST, ULRICH: Neue Perspektiven zum ‚Parzival‘ Wolframs von Eschenbach. Angelologie im Spannungsfeld von Origenismus und Orthodoxie. Das Mittelalter 11 (2006), 86–109.

70   ERNST, ULRICH: Wolframs Blutstropfenszene. Versuch einer magiologischen Deutung. Beitr 128 (2006), 431–466.

71   GÄRTNER, KURT: Die Zwettler *Erec*-Fragmente: Versuch einer ersten Auswertung. In: Literatur als Erinnerung. Winfried Woesler zum 65. Geb. Hg. von Bodo Plachta. Tübingen 2004, S. 35–50. – *Zum Pz S. 37–40.*

72   GEPHART, IRMGARD: Der Ritter und die Frauen – Geschlechterverhältnis und Identitätssuche in Wolframs von Eschenbach *Parzival* im Spiegel der psychoanalytischen Narzissmustheorie. In: König Artus lebt! Eine Ringvorlesung des Mittelalterzentrums der Universität Bonn. Hg. von Stefan Zimmer. Heidelberg 2005. (Beiträge zur älteren Literaturgeschichte), S. 93–116.

73   *Rez. zu* GILMOUR, SIMON JULIAN: daz sint noch ungelogeniu wort. A literary and linguistic commentary on the Gurnemanz episode in book III of Wolfram's *Parzival* (161,9–179,12). Heidelberg 2000. (Vgl. Wolfram-Studien XVII, S. 395, Nr. 66; Wolfram-Studien XIX, S. 488, Nr. 54).
      HASTY, W., Seminar 40 (2004), 67f.

74   *Rez. zu* GLASER, ANDREA: Der Held und sein Raum. Die Konstruktion der erzählten Welt im mittelhochdeutschen Artusroman des 12. und 13. Jahrhunderts. Frankfurt a.M. [u.a.] 2004. (Vgl. Wolfram-Studien XIX, S. 488, Nr. 55).
      LINDEN, S., Germanistik 46 (2005), 751f.

75   GODLEWICZ-ADAMIEC, JOANNA: Gahmuret i kobiety. Obraz miłości i małżeństwa w pierwszej i drugiej księdze *Parsifala* Wolframa von Eschenbach. Studia niemcoznawcze 31 (2005), 413–427. [Gahmuret und die Frauen. Das Bild der Liebe und Ehe im ersten und zweiten Buch des *Parzival* Wolframs von Eschenbach.]

76   *Rez. zu* GREEN, DENNIS HOWARD: The beginnings of medieval romance. Fact and fiction, 1150–1220. Cambridge 2002. (Vgl. Wolfram-Studien XVIII, S. 432, Nr. 56; Wolfram-Studien XIX, S. 488, Nr. 56).
      KIENING, CH., ZfdPh 124 (2005), 471–473.

77   GREENFIELD, JOHN: ‚waz hân ich vernomn?' (120,17): Überlegungen zur Wahrnehmung von Schall im *Parzival* Wolframs von Eschenbach. In: Wahrnehmung (Nr. 246), S. 133–150.

78   HAFERLAND, HARALD: Minnesang als Posenrhetorik. In: Text und Handeln. Zum kommunikativen Ort von Minnesang und antiker Lyrik. Hg. von Albrecht Hausmann ... Heidelberg 2004. (Beihefte zum Euphorion, 46), S. 65–105. – *Zum Pz S. 81.*

79   HAFERLAND, HARALD: Das Vertrauen auf den König und das Vertrauen des Königs. Zu einer Archäologie der Skripts, ausgehend von Hartmanns von Aue ‚Iwein'. Frühmittelalterliche Studien 39 (2005), 335–376 – *Zum Pz S. 338–340, 365f.*

80   *Rez. zu* HAFNER, SUSANNE: Maskulinität in der höfischen Erzählliteratur. Frankfurt a.M. 2004. (Vgl. Wolfram-Studien XIX, S. 488, Nr. 60).
HINTZ, E.R., GermQuart 79 (2006), 261f.

81   HARMS, WOLFGANG: Das Interesse an mittelalterlicher deutscher Literatur zwischen der Reformationszeit und der Frühromantik. In: W.H.: Kolloquialität der Literatur. Kleine Schriften. Hg. von Michael Schilling. Stuttgart 2006, S. 243–266. (Zuerst ersch. in: Akten des 6. Internationalen Germanisten-Kongresses, Basel 1980. Hg. von Heinz Rupp und Hans-Gert Roloff. Bern, Frankfurt a.M. 1980. (Jahrbuch für Internationale Germanistik, R. A, 8), Bd. 1, S. 60–84). – *Zum Pz S. 252f.*

82   HARTMANN, HEIKO: Gahmurets Epitaph (Pz. 107,29ff.). ABäG 61 (2006), 127–149.

83   HASEBRINK, BURKHARD: Gawans Mantel: Effekte der Evidenz in der Blutstropfenszene des ‚Parzival'. In: Texttyp und Textproduktion in der deutschen Literatur des Mittelalters. Hg. von Elizabeth Andersen ... Berlin, New York 2005. (Trends in medieval philology, 7), S. 237–247.

84   HATHEYER, BETTINA: Gahmuret und Belacâne: Gescheiterte Liebe wegen verschiedener Konfessionen? In: Paare und Paarungen. FS für Werner Wunderlich zum 60. Geb. Hg. von Ulrich Müller und Margarete Springeth. Stuttgart 2004. (Stuttgarter Arbeiten zur Germanistik, 420), S. 219–229.

85   *Rez. zu* HAUG, WALTER: Die Wahrheit der Fiktion. Studien zur weltlichen und geistlichen Literatur des Mittelalters und der frühen Neuzeit. Tübingen 2003. (Vgl. Wolfram-Studien XIX, S. 489, Nr. 65).
DUCA, P. DEL, EtGerm 61 (2006), 272f.; PASTRÉ, J.-M., CahCivMéd 48 (2005), 287f.; STEINBAUER, B., JbfIntGerm 37 (2005), H.1, 191–194.

86   HAUG, WALTER: Warum versteht Parzival nicht, was er hört und sieht? Erzählen zwischen Handlungsschematik und Figurenperspektive bei Hartmann und Wolfram. In: Wahrnehmung (Nr. 246), S. 37–65.

87   HENDRICHS, URSULA: Das Geheimnis des Grals: neue Vorschläge. In: König Artus lebt! Eine Ringvorlesung des Mittelalterzentrums der Universität Bonn. Hg. von Stefan Zimmer. Heidelberg 2005. (Beiträge zur älteren Literaturgeschichte), S. 35–64. – *Zum Pz S. 54–59 und passim.*

87a   HERKOMMER, HUBERT: Der zerrissene Held und seine Heilung im Gespräch. Parzivals Einkehr beim Einsiedler Trevrizent. In: „Was ist der Mensch?" Theologische Anthropologie im interdisziplinären Kontext. Wolfgang Lienemann zum 60. Geburtstag. Hg. von Michael Graf, Frank Mathwig und Matthias Zeindler. Stuttgart 2004. (Forum Systematik. Beiträge zur Dogmatik, Ethik und ökumenischen Theologie, 22), S. 137–161.

88   HOLLAND, BRENT J.: From *antlütze* to *Angesicht.* Identity and difference in Wolfram's *Parzival* and Grimmelshausen's *Der abentheuerliche Simplicissimus Teutsch.* Frankfurt a.M. 2005. (German studies in Canada, 14). 129 S.

89   HORCHLER, MICHAEL: Vom Sehen und Nicht-Erkennenkönnen des Grals. Eine Replik zu Martin Schuhmanns „Vom Suchen und Nicht-Finden des Grals". Mediaevistik 19 (2006), 119–123.

90   HUR, TSCHANG-UN: Wolfram von Eschenbach und seine höfisch-ritterliche Epik ‚Parzival'. Zeitschrift für deutschsprachige Kultur und Literaturen 13 (2004), 47–69. – *In koreanischer Sprache.*

91   JAEGER, C. STEPHEN: Odysseus, Parzival, and Faust. Arthuriana 16 (2006), 3–20.

92   JAEGER, C. STEPHEN: Wunder und Staunen bei Wolfram und Gottfried. In: Inszenierungen (Nr. 243), S. 122–139.

93   KASTEN, INGRID: Wahrnehmung als Kategorie der Kultur- und Literaturwissenschaft. In: Wahrnehmung (Nr. 246), S. 13–36.

94   KEELE, ALAN: In search of the supernatural: preexistence, eternal marriage, and apotheosis in German literary, operatic, and cinematic texts. Münster 2003. 347 S. – *Zum Pz Kap. 4, S. 155–222.*

95   KOEPKE, EWALD: Die Heilung des Amfortas. Eine Aufgabe der Zukunft. Stuttgart 2006. 123 S.
      Rez. BRACKER, K.J., Die Drei 76 (2006), H. 11, 77f.

96   KRASS, ANDREAS: Geschriebene Kleider. Höfische Identität als literarisches Spiel. Tübingen, Basel 2006. (Bibliotheca Germanica, 50). 419 S. – *Zum Pz S. 121–132, 179–185 und passim.*

97   LIENERT, ELISABETH: Begehren und Gewalt. Aspekte einer Sprache der Liebe in Wolframs *Parzival.* In: Wahrnehmung (Nr. 246), S. 193–209.

98   LIENERT, ELISABETH: *Gender,* Gewalt und mittelalterliche Literatur: Eine Projektskizze. Jahrbuch der Oswald von Wolkenstein Gesellschaft 15 (2005), 49–61. – *Zum Pz S. 57f.*

99   MCFARLAND, TIMOTHY: Beacurs und Gramoflanz (722,1–724,30). Zur Wahrnehmung der Liebe und der Geliebten in Wolframs *Parzival.* In: Wahrnehmung (Nr. 246), S. 169–191.

100   MCGLATHERY, JAMES M.: Erotic love in Chrétien's *Perceval,* Wolfram's *Parzival,* and Wagner's *Parsifal.* In: A companion to Wagner's *Parsifal.* Ed. by William Kinderman and Katherine R. Syer. Rochester, NY, Woodbridge, UK 2005. (Studies in German literature, linguistics, and culture), S. 55–79.

101   MARCI-BOEHNCKE, GUDRUN: Wertvolle Diskurse: Mittelalterliche Wertvorstellungen im didaktischen Prozess am Beispiel von Wolfram von Eschenbachs (!) ‚Parzival‘. In: „Von Mythen und Mären" – Mittelalterliche Kulturgeschichte im Spiegel einer Wissenschaftler-Biographie. FS für Ofried Ehrismann zum 65. Geb. Hg. von Gudrun Marci-Boehncke und Jörg Riecke. Hildesheim [u.a.] 2006, S. 61–79.

102   MARINO, JOHN BARRY: The Grail legend in modern literature. Cambridge 2004. (Arthurian studies, 59). VI, 175 S. Diss.phil St. Louis Univ. 2001. – *Zum Pz S. 17f. und passim.*

103   MERTENS, VOLKER: Frau *Âventiure* klopf an die Tür ... In: Im Wortfeld (Nr. 242), S. 339–346. – *Zum Pz S. 343–346.*

104   *Rez. zu* MERTENS, VOLKER: Der Gral. Mythos und Literatur. Stuttgart 2003. (Vgl. Wolfram-Studien XIX, S. 502, Nr. 176). UNZEITIG, M., ZfdA 134 (2005), 516–518.

105   MERTENS FLEURY, KATHARINA: Leiden lesen. Bedeutungen von *compassio* um 1200 und die Poetik des Mit-Leidens im ‚Parzival‘ Wolframs von Eschenbach. Berlin, New York 2006. VI, 267 S. (Scrinium Friburgense, 21). Diss.phil Freiburg/Schweiz 2005.

106   MEYER, MATTHIAS: Filling a bath, dropping into the snow, drunk through a glass straw. Transformations and transfigurations of blood in German Arthurian romances. BBSIA 58 (2006), 399–424. – *Zu Pz S. 410–416.*

107   MILLET, VICTOR: Von Drachentötern, Quellenkonflikten, Pastourel-
       len und Lehnwörtern. Kritische Notizen zu jüngeren Thesen über
       deutsch-spanische Beziehungen im Mittelalter. ZfdPh 124 (2005),
       90–212. – *Zur Kyot-Frage S. 103–111.*

108   MÜLLER, JAN-DIRK: Writing – speech – image: the competition of
       signs. In: Visual culture (Nr. 245), S. 36–52. – *Zum Pz S. 41f.*

109   MURPHY, G. RONALD: Gemstone of paradise. The holy grail in
       Wolfram's *Parzival.* Oxford 2006. IX, 241 S.

110   *NAGY, MARTA: Parzival hosszú éjszakája Piliscsabán [= Die lange
       Nacht Parzivals in Piliscsaba]. Hírmondó. A Richard Wagner Tár-
       saság lapja [= Zeitschrift der Richard Wagner Gesellschaft]. Herbst
       VII/3 (2005), 8f. – *Bericht über eine Initiative der Universität Páz-
       mány Péter. In der Pfingstnacht 2004 wurde der ins Ungarische über-
       setzte ‚Parzival‘ in voller Länge auf Ungarisch, z.T. auch in der Ori-
       ginalsprache gelesen.*

111   NITSCHE, BARBARA: Die Signifikanz der Zeit im höfischen Roman.
       Kulturanthropologische Zugänge zur mittelalterlichen Literatur.
       Frankfurt a.M. 2006. 223 S. (Kultur, Wissenschaft, Literatur, 12).
       Diss.phil. Köln 2002. – *Zum Pz S. 101–146.*

112   OBERMAIER, SABINE: Lesen mit den Augen der Illustratoren. Mittel-
       alterliche und neuzeitliche Blicke auf Wolframs *Parzival.* Gutenberg
       Jahrbuch 80 (2005), 22–41.

113   OTERO VILLENA, ALMUDENA: Los viajes de Gahmuret: *wunder, ger* y
       minne. Estudios filológicos Alemanes 8 (2005), 133–151.

114   PEARSALL, DEREK: Arthurian romance. A short introduction. Mal-
       den, Mass. 2003. (Blackwell introductions to literature). VIII, 182 S.
       – *Zum Pz S. 51.*

115   PHILIPOWSKI, KATHARINA: Bild und Begriff: *sêle* und *herz* in geistli-
       chen und höfischen Dialoggedichten des Mittelalters. In: *anima* und
       sêle. Darstellungen und Systematisierungen von Seele im Mittelalter.
       Hg. von Katharina Philipowski und Anne Prior. Berlin 2006. (Phi-
       lologische Studien und Quellen, 197), S. 299–319. – *Zum Pz S. 308f.*

116   PHILIPOWSKI, KATHARINA: Wer hat Herzeloydes Drachentraum ge-
       träumt? *Truren, zorn, haz, scham* und *nît* zwischen Emotionspsy-
       chologie und Narratologie. Beitr 128 (2006), 251–274.

117   SASSENHAUSEN, RUTH: Tendenzen frühromantischer Fragmentauffas-
       sung im Mittelalter? Versuch zur Loherangringeschichte im ‚Parzival‘
       Wolframs von Eschenbach. ZfGerm N.F. 15 (2005), 571–586.

118 SCHEUBLE, ROBERT: *mannes manheit, vrouwen meister.* Männliche Sozialisation und Formen der Gewalt gegen Frauen im *Nibelungenlied* und in Wolframs von Eschenbach *Parzival.* Frankfurt a.M. 2005. 381 S. (Kultur, Wissenschaft, Literatur. Beiträge zur Mittelalterforschung, 6). Diss.phil. Würzburg 2003.
Rez. CLASSEN, A., German studies review 28 (2005), 626f.; DALLA-PIAZZA, M., Germanistik 46 (2005), 762; GREEN, D.H., MedAev 75 (2006), 348–350; WIETHAUS, U., GermQuart 79 (2006), 388f.

119 SCHEUER, HANS JÜRGEN: *wîsheit.* Grabungen in einem Wortfeld zwischen Poesie und Wissen. In: Im Wortfeld (Nr. 242), S. 83–106. – *Zum Pz S. 102f.*

120 SCHIEWER, HANS-JOCHEN: Innovation und Konventionalisierung. Wirnts ‚Wigalois‘ und der Umgang mit Autor und Werk. In: Literatur und Wandmalerei II. Konventionalität und Konversation. Burgdorfer Colloquium 2001. Hg. von Eckart Conrad Lutz [u.a.] Tübingen 2005, S. 65–83. – *Zum Pz passim.*

121 SCHIROK, BERND: Die Inszenierung von Munsalvaesche: Parzivals erster Besuch auf der Gralburg. LitwissJb 46 (2005), 39–78.

122 SCHMID, ELISABETH: weindiu ougn hânt süezen munt (272,12). Literarische Konstruktion von Wahrnehmung im Parzival. In: Wahrnehmung (Nr. 246), S. 229–242.

123 SCHNELL, RÜDIGER: Mittelalterliche Tischzuchten als Zeugnisse für Elias' Zivilisationstheorie? In: Zivilisationsprozesse. Zu Erziehungsschriften in der Vormoderne. Hg. von Rüdiger Schnell. Köln [u.a.] 2004, S. 85–152. – *Zum Pz S. 144–147.*

124 SCHNETZ, WOLF PETER: Im Zweifel für die Frage. Die Bedeutung der Frage in Wolframs *‚Parzival‘.* Literatur in Bayern 80 (2005), 19–24.

125 SCHNYDER, MIREILLE: Erzählte Gewalt und die Gewalt des Erzählens. Gewalt im deutschen höfischen Roman. In: Gewalt im Mittelalter. Realitäten – Imaginationen. Hg. von Manuel Braun und Cornelia Herberichs. München 2005, S. 365–379. – *Zum Pz S. 375–378.*

126 SCHÖLLER, ROBERT: In Trüdingen und anderswo. Varianz in den ‚Parzival‘-Versen 184,1–185,20. ZfdA 134 (2005), 415–441.

127 *Rez. zu* SCHU, CORNELIA: Vom erzählten Abenteuer zum *Abenteuer des Erzählens.* Überlegungen zur Romanhaftigkeit von Wolframs *Parzival.* Frankfurt a.M. 2002. (Vgl. Wolfram-Studien XVIII, S. 438, Nr. 118; Wolfram-Studien XIX, S. 493, Nr. 106).
LAUDE, C., JbfIntGerm 38 (2006), H. 2, 242–246.

128   SCHUMANN, MARTIN: Vom Suchen und Nicht-Finden des Grals. Ei-
       nige Anmerkungen zu André de Mandachs ‚Auf den Spuren des
       heiligen Grals‘ (1995) und Michael Horchlers ‚Wolfram von Eschen-
       bach und der Jakobsweg‘ (2004) und zur Erforschung von Realia in
       literarischen Texten. Medaevistik 19 (2006), 105–118.

129   SCHULTZ, JAMES A.: Parzival, courtly love, and the history of sexua-
       lity. Poetica 38 (2006), 31–59.

130   *Rez. zu* SHOCKEY, GARY C.: Homo viator, katabasis, and landscapes.
       A comparison of Wolfram von Eschenbach's ‚Parzival‘ und Heinrich
       von dem Türlin's ‚Diu Crône‘. Göppingen 2002. (Vgl. Wolfram-
       Studien XVIII, S. 439, Nr. 121; Wolfram-Studien XIX, S. 493, Nr.
       107).
       MOREWEDGE, R.T., GermQuart 78 (2005), 105f.; SAMPLES, S.T., Mo-
       natshefte 98 (2006), 131–133; SHAW, F., MLR 100 (2005), 545–547.

131   SOLDATOVA, ANASTASIJA V.: Auffordern als kommunikative Strategie
       im ‚Nibelungenlied‘, ‚Parzival‘ und ‚Tristan‘ – ein Beitrag zur histo-
       rischen Pragmatik. Das Wort. Germanistisches Jahrbuch 2004,
       119–141.

132   *Rez. zu* SOSNA, ANETTE: Fiktionale Identität im höfischen Roman
       um 1200: *Erec, Iwein, Parzival, Tristan.* Stuttgart 2003. (Vgl. Wolf-
       ram-Studien XIX, S. 493, Nr. 108).
       DUCA, P. DEL, EtGerm 60 (2005), 157; HÜBNER, G., Beitr 127 (2005),
       132–135; SEELBACH, U., JbfIntGerm 38 (2006), H.1, 213–215.

133   *STEINER, ANNE: Das Parzival-Projekt. Unterrichtsmaterialien zu
       Wolfram von Eschenbachs (!) PARZIFAL für die Sekundarstufe II.
       Donauwörth 2006. 80 S.

134   STROHSCHNEIDER, PETER: Sternenschrift. Textkonzepte höfischen Er-
       zählens. In: Wolfram-Studien XIX. Text und Text in lateinischer und
       volkssprachiger Überlieferung des Mittelalters. Freiburger Kollo-
       quium 2004. In Verbindung mit Wolfgang Haubrichs und Klaus Rid-
       der hg. von Eckart Conrad Lutz. Berlin 2006. (Veröffentlichungen
       der Wolfram von Eschenbach-Gesellschaft), S. 33–58. – *Zum Pz
       S. 47–56.*

135   SZKILNIK, MICHELLE: Medieval translations and adaptations of
       Chretien's work. In: A companion to Chrétien de Troyes. Ed. by
       Norris J. Lacy and Joan Tasker Grimbert. Woodbridge 2005. (Ar-
       thurian studies, 63), S. 202–213.

136   TAKEICHI, OSAMU: Zum Gebrauch der kontrahierten Formen der Verben *legen* und *ligen* in der mittelhochdeutschen Epik – unter besonderer Berücksichtigung der gebundenen Dichtung. Sprachwissenschaft 30 (2005), 279–308. *– Zum Pz S. 287–292, 302f.*

137   TAX, PETRUS W.: Nochmals zu Parzivals zwei Schwertern. Ein nachdenklicher und narrativ-kombinatorischer Versuch über Schwerter und Kampfstrategien, Segen und Impotenz in Wolframs ‚Parzival‘. ZfdA 135 (2006), 275–308.

138   TOMASEK, TOMAS: Auf der Durchreise durch (das arthurische) Utopia. In: Raumerfahrung – Raumerfindung. Erzählte Welten des Mittelalters zwischen Orient und Okzident. Hg. von Laetitia Rimpau und Peter Ihering. Berlin 2005, S. 99–107. *– Zum Pz passim.*

139   TOMASEK, TOMAS: Bemerkungen zur Komik und zum ‚Humor‘ bei Wolfram von Eschenbach. In: Komik und Sakralität. Aspekte einer ästhetischen Paradoxie in Mittelalter und früher Neuzeit. Anja Grebe, Nikolaus Staubach (Hg.) Frankfurt a.M. 2005. (Tradition, Reform, Innovation, 9), S. 94–103. *– Zum Pz.*

140   *Rez. zu* URSCHELER, ANDREAS: Kommunikation in Wolframs ‚Parzival‘. Eine Untersuchung zu Form und Funktion der Dialoge. Bern [u.a.] 2002. (Vgl. Wolfram-Studien XVIII, S. 440, Nr. 131; Wolfram-Studien XIX, S. 495, Nr. 120).
PASTRÉ, J.-M., CahCivMéd 48 (2005), 414f.

141   WANDHOFF, HAIKO: *„sie kusten sich wol tusent stunt‘* – Schrift, Bild und Animation des toten Körpers in Grabmalbeschreibungen des hohen Mittelalters. In: Totenkulte. Kulturelle und literarische Grenzgänge zwischen Leben und Tod. Patrick Eiden ... (Hg.) Frankfurt, New York 2006, S. 53–79. *– Zum Pz S. 63–68.*

142   WARNING, RAINER: Narrative Hybriden. Mittelalterliches Erzählen im Spannungsfeld von Mythos und Kerygma (Der arme Heinrich/Parzival). In: Präsenz des Mythos. Konfigurationen einer Denkform in Mittelalter und Früher Neuzeit. Hg. von Udo Friedrich und Bruno Quast. Berlin [u.a.] 2004. (Trends in medieval philology, 2), S. 19–33.

143   WENZEL, HORST: Botschaften und Briefe. Die Spur des Körpers in der Schrift. In: Spuren, Lektüren. Praktiken des Symbolischen. Hg. von Gisela Fehrmann ... München 2005, S. 259–276. *– Zum Pz S. 263–268.*

144   WENZEL, HORST: Die Stimme und die Schrift. Autoritätskonstitution im Medienwechsel von der Mündlichkeit zur Schriftlichkeit. In: The construction of textual authority in German literature of the medieval and early modern periods. Ed. James F. Poag and Claire Baldwin. Chapel Hill 2001, S. 49–74. – *Zum Pz S. 52–63.*

145   WENZEL, HORST: Der unfeste Held. Wechselnde oder mehrfache Identitäten. In: Unverwechselbarkeit. Persönliche Identität und Identifikation in der vormodernen Gesellschaft, hg. von Peter von Moos. Köln [u.a.] 2004. (Norm und Struktur, 23), S. 163–183. – *Zum Pz S. 173–175.*

146   WENZEL, HORST: Vom Körper zur Schrift. Boten, Briefe, Bücher. In: Performativität und Medialität. Hg. von Sybille Krämer. München 2004, S. 269–291. – *Zum Pz.*

147   WIERSCHIN, MARTIN W.: Zur Problematik von Texttypologie: Sprache, Text und Textsorten; Stil und Wolframs Stil. In: M.W.: Philologia. Würzburg 2005, S. 217–242. – *Zum Prolog des Pz S. 237–241.*

148   WOLF, ALOIS: Metamorphosen des Schauens: Narziß, Troubadours und die drei Blutstropfen im Schnee. In: Nova de veteribus. Mittel- und neulateinische Studien für Paul Gerhard Schmidt. Hg. von Andreas Bihrer und Elisabeth Stein. München, Leipzig 2004, S. 525–547. – *Zum Pz S. 534–547.*

149   *WOLTEMADE, PETER SEAN: ,Der lac von einer tjoste tôt / als im diu minne dar gebôt'. Courtly love and knightly violence in Wolfram von Eschenbach's ,Parzival'. Ph.D.thesis Univ. of California, Berkeley 2005. Diss.Abstr. A 67 (2006), S. 1332.

150   YEANDLE, DAVID N.: Shame in Middle High German literature: the emotional side of a medieval virtue. Euphorion 99 (2005), 295–321. – *Zum Pz passim.*

151   YOUNG, CHRISTOPHER: At the end of the tale. Didacticism, ideology and the medieval German *Märe*. In: Mittelalterliche Novellistik im europäischen Kontext. Kulturwissenschaftliche Perspektiven. Hg. von Mark Chinca [u.a.] Berlin 2006. (Beihefte zur Zeitschrift für deutsche Philologie, 13), S. 24–47. – *Zum Pz S. 30f.*

152   *ZIMMERMANN, HORST: Hartmanns „Gregorius" und Wolframs „Parzival". Zwei Lebensentwürfe im Widerstreit. Zu unseren Vortragszyklen über Hartmann von Aue und Wolfram von Eschenbach. Nürtingen 2006. (Den Freunden der Buchhandlung Zimmermann). 49 S.

153   ZIOLKOWSKI, THEODORE: Hesitant heroes. Private inhibition, cultural crisis. Ithaca, NY, London 2004. XI, 163 S. – *Zum Pz Kap. 3 ‚Parzival, or silence at Munsalvaesche‘, S. 54–73.*

        Vgl. auch BUMKE (Nr. 2), EROMS (Nr. 33), PERCEVAL/PARZIVAL (Nr. 244), SCHIROK (Nr. 36)

VII. Willehalm

154   ASH, KARINA MARIE: A lamentable conquest? Intertextual disparagement of the heroic ideal in Wolfram's *Willehalm.* New German review 20 (2004), 96–119.

155   BASTERT, BERND: Rewriting „Willehalm"? Zum Problem der Kontextualisierungen des „Willehalm". In: Retextualisierung in der mittelalterlichen Literatur. Hg. von Joachim Bumke und Ursula Peters. ZfdPh 124 (2005), Sonderheft, S. 117–138.

156   BRAUN, MANUEL: Mitlachen oder verlachen? Zum Verhältnis von Komik und Gewalt in der Heldenepik. In: Gewalt im Mittelalter. Realitäten – Imaginationen. Hg. von Manuel Braun und Cornelia Herberichs. München 2005, S. 381–410. – *Zum Wh S. 405–410.*

157   BRINKER-VON DER HEYDE, CLAUDIA: Kultur, Kulturwissenschaft und Altgermanistik: Wiederentdeckung oder Neuanfang? In: Kultur und ihre Wissenschaft. Beiträge zu einem reflexiven Verhältnis. Hg. von Urte Helduser … Konstanz 2002, S. 137–150. – *Zum Wh.*

158   DORNINGER, MARIA: Aspekte der Mutter und Tochter-Beziehung in der mittelhochdeutschen Epik: Beobachtungen zu den Trojanerromanen Konrads von Würzburg und Herborts von Fritzlar und dem ‚Willehalm‘ Wolframs von Eschenbach. In: Love, marriage, and family ties in the later middle ages. Ed. by Isabel Davis, Miriam Müller and Sarah Rees Jones. Turnhout 2003. (International medieval research, 11), S. 157–180.

159   GREENFIELD, JOHN: Die Wahrnehmung von Schall im *Willehalm* Wolframs von Eschenbach. In: „Von Mythen und Mären" – Mittelalterliche Kulturgeschichte im Spiegel einer Wissenschaftler-Biographie. FS für Ofried Ehrismann zum 65. Geb. Hg. von Gudrun Marci-Boehncke und Jörg Riecke. Hildesheim [u.a.] 2006, S. 49–60.

160   HAUFE, HENDRIKJE: Zwischen Welten. Fremdheit und Subjektivität im *Willehalm* Wolframs von Eschenbach. In: Inszenierungen (Nr. 243), S. 140–154.

161   HENNINGS, THORDIS: Französische chansons de geste in der Germania vor 1300. Übersetzungen, Bearbeitungen, Neudichtungen. In: 8. Pöchlarner Heldenliedgespräch. Das Nibelungenlied und die Europäische Heldendichtung. Hg. von Alfred Ebenbauer, Johannes Keller. Wien 2006. (Philologica germanica, 26), S. 163–179. – *Zum Wh S. 176f.*

162   KELLERMANN, KARINA: Der personifizierte Agon: Gyburg im Fokus widerstreitender Normen. In: Germanistik in und für Europa. Faszination – Wissen. Texte des Münchener Germanistentages 2004. Im Auftrag des Vorstands des Deutschen Germanistenverbands hg. von Konrad Ehlich. Bielefeld 2006, S. 253–262.

163   LECHTERMANN, CHRISTINA: Körper-Räume. Die Choreographie höfischer Körper als Mittel der Raumgestaltung. In: Virtuelle Räume. Raumwahrnehmung und Raumvorstellung im Mittelalter. Akten des 10. Symposiums des Mediävistenverbandes, Krems, 24.–26. März 2003. Hg. von Elisabeth Vavra. Berlin 2005, S. 173–188. – *Zum Wh.*

164   NEUENDORFF, DAGMAR: Das Gespräch zwischen Gyburg und Terramer in Wolfram von Eschenbachs (!) „Willehalm". Eine gesprächsanalytische Untersuchung. In: Deutsch am Rande Europas. Hg. von Anne Arold … Tartu 2006. (Humaniora: Germanistica, 1), S. 307–324.

165   NEUMANN, HANS: Die Ambivalenz des Orient-Bildes in der Literatur des hohen Mittelalters. Transcarpathica 1 (2002), 101–120. – *Zum Wh S. 116–118.*

166   STARKEY, KATHRYN: Reading the medieval book. Word, image, and performance in Wolfram von Eschenbach's *Willehalm.* Notre Dame, IN 2004. XIII, 239 S. (Poetics of orality and literacy).
Rez. DALLAPIAZZA, M., Germanistik 46 (2005), 765; MOREWEDGE, R., GermQuart 79 (2006), 531f.; VOLFING, A., MedAev 74 (2005), 355f.

Vgl. auch DEIFUSS (Nr. 219), WOLFRAM'S „WILLEHALM" (Nr. 247)

VIII. Titurel

167   FUCHS-JOLIE, STEPHAN: *al naz von roete* (Tit. 115,1). Visualisierung und Metapher in Wolframs Epik. In: Wahrnehmung (Nr. 246), S. 243–278.

168   GEPHART, IRMGARD: Textur der Minne: Liebesdiskurs und Leselust in Wolframs ‚Titurel‘. ABäG 60 (2005), 89–128.

169   KÖBELE, SUSANNE: Mythos und Metapher. Die Kunst der Anspielung in Gottfrieds *Tristan*. In: Präsenz des Mythos. Konfigurationen einer Denkform in Mittelalter und Früher Neuzeit. Hg. von Udo Friedrich und Bruno Quast. Berlin [u.a.] 2004. (Trends in medieval philology, 2), S. 219–246. – *Zu einigen Parallelen zwischen ‚Tristan‘ und T S. 239f.*

170   MATTHEWS, ALASTAIR: Holding it all together: time and space in Wolfram's *Titurel*. Oxford German studies 35 (2006), 101–114.

171   MEYER, MATTHIAS: The end of the "courtly book" in Wolfram's *Titurel*. In: Courtly arts and the art of courtliness. Selected papers from the eleventh triennial congress of the International Courtly Literature Society, Univ. of Wisconsin-Madison, 29 July – 4 August 2004. Ed. by Keith Busby, Christopher Kleinhenz. Cambridge 2006, S. 465–476.

172   SAGER, ALEXANDER: minne von mæren. On Wolfram's ‚Titurel‘. Göttingen 2006. 168 S. (Transatlantische Studien zu Mittelalter und Früher Neuzeit, 2).

IX. Lieder

173   BALBUENA TOREZANO, MARIA DEL CARMEN: Apuntes de literatura comparada: El alba en las líricas amorosas medievales árabe y alemana. Estudios filológicos alemanes 1 (2002), 261–285. – *Zu Wolframs Tagelied ‚Sine klawen‘ S. 280–282.*

174   BALBUENA TOREZANO, MARIA DEL CARMEN: La canción de alba como fenómeno literario multicultural: análisis de *Sîne klâwen,* de Wolfram von Eschenbach. Estudios filológicos alemanes 8 (2005), 115–131.

175   GODLEWICZ-ADAMIEC, JOANNA: Koncepcja miłości w pieśniach porannych [Tagelieder] Wolframa von Eschenbach. Studia niemcoznawcze 28 (2004), 685–695.

176   GREENFIELD, JOHN: *wahtaere, swîc.* Überlegungen zur Figur des Wächters im *tageliet*. In: Die Burg im Minnesang und als Allegorie im deutschen Mittelalter. Ricarda Bauschke (Hg.).Frankfurt a.M. 2006. (Kultur, Wissenschaft, Literatur, 10), S. 41–61.

177   SHIELDS, MICHAEL: Liebe im Dunkeln: zu den Wahrnehmungen der Liebenden in Wolframs Lied *Den morgenblic bî wahtaeres sange erkôs / ein vrouwe* (Lied 1). In: Wahrnehmung (Nr. 246), S. 211–227.

X. Einzelaspekte, werkübergreifend

178   BESCHEIDENHEIT. Deutsche Literatur des Mittelalters in Eisenach und Erfurt. Christoph Fasbender (Hg.) Katalog zur Ausstellung der Universitäts- und Forschungsbibliothek Erfurt vom 22. August bis 13. Oktober 2006. Gotha 2006. 112 S. – *Zum Pz und Wh sowie zur Wolfram-Nachfolge S. 80f., 82f., 86f. und passim.*

179   BUMKE, JOACHIM: Retextualisierungen in der mittelalterlichen Literatur, besonders der höfischen Epik. Ein Überblick. In: Retextualisierung in der mittelalterlichen Literatur. Hg. von Joachim Bumke und Ursula Peters. ZfdPh 124 (2005), Sonderheft, S. 6–46. – *Zu Wolframs epischen Werken passim.*

180   CLASSEN, ALBRECHT: German Arthurian literature. In: A history of Arthurian scholarship. Ed. by Norris J. Lacy. Cambridge 2006. (Arthurian studies, 65), S. 122–139. – *Zur Pz- und T-Philologie passim.*

181   CLASSEN, ALBRECHT: Die vermeintlich vergessenen Kinder in der mittelhochdeutschen Literatur. Emotionsgeschichtliche Erkundigungen. LiLi 35 (2005), 9–33. – *Zum Pz S. 9f, zum T S. 19 Fn.*

182   DALLAPIAZZA, MICHAEL: Der Orient im Werk Wolframs von Eschenbach. In: Deutsche Kultur und Islam am Mittelmeer. Akten der Tagung Palermo, 13.–15. November 2003. Laura Auteri, Margherita Cottone. Göppingen 2005. (GAG, 725), S. 107–119.

183   *Rez. zu* DÖRRICH, CORINNA: Poetik des Rituals. Konstruktion und Funktion politischen Handelns in mittelalterlicher Literatur. Darmstadt 2002. (Vgl. Wolfram-Studien XVIII, S. 448, Nr. 201; Wolfram-Studien XIX, S. 501, Nr. 167).
SCHAUSTEN, M., ZfdA 134 (2005), 385–388; SULLIVAN, R.G., Speculum 81 (2006), 177–179.

184   ERNST, ULRICH: Facetten mittelalterlicher Schriftkultur. Fiktion und Illustration, Wissen und Wahrnehmung. Heidelberg 2006. XXIV, 350 S. (Beihefte zum Euphorion, 51). – *Zur Schriftlichkeit als Motiv in Wolframs epischen Werken passim.*

185 ERNST, ULRICH: Written communication in the illustrated epic poem. In: Visual culture (Nr. 245), S. 73–95. *– Zu Wolfram von Eschenbach S. 78–82.*

186 ERNST, ULRICH: Zauber – Technik – Imagination. Zur Darstellung von Automaten in der Erzählliteratur des Mittelalters. In: Automaten in Kunst und Literatur des Mittelalters und der Frühen Neuzeit. Hg. von Klaus Grubmüller und Markus Stock. Wiesbaden 2003. (Wolfenbütteler Mittelalter-Studien, 17), S. 115–172. *– Zum Pz und Wh passim (s. Register).*

187 GEROK-REITER, ANNETTE: Individualität. Studien zu einem umstrittenen Phänomen mittelhochdeutscher Epik. Tübingen, Basel 2006. IX, 350 S. (Bibliotheca Germanica, 51). *– Zum Pz S. 100–147, zum Wh S. 197–246.*

188 GLAUCH, SONJA: *die fabelen soll ich werfen an den wint* – Der Status der arthurischen Fiktion im Reflex: Thomas, Gotfrid und Wolfram. Poetica 37 (2005), 29–64. *– Zum Pz und Wh S. 61.*

189 *Rez. zu* HASTY, WILL: Art of arms. Studies of aggression and dominance in medieval German court poetry. Heidelberg 2002. (Vgl. Wolfram-Studien XVIII, S. 448, Nr. 204, Wolfram-Studien XIX, S. 501, Nr. 172).
JACKSON, W.H., Monatshefte 97 (2005), 335–337.

190 HAUG, WALTER: Historische Semantik im Widerspruch mit sich selbst. Die verhinderte Begriffsgeschichte der poetischen Erfindung in der Literaturtheorie des 12./13. Jahrhunderts. In: Im Wortfeld (Nr. 242), S. 49–64. *– Zum Pz und Wh S. 57–59.*

191 HAUPT, BARBARA: Klösterliches Leben in der mittelhochdeutschen Laienliteratur (ca. 1150 – ca. 1250). In: Klosterforschung. Befunde, Projekte, Perspektiven. München 2006. (Mittelalterstudien, 10), S. 53–71. *– Zum Pz und Wh S. 65–67.*

192 HENSLER, INES: Ritter und Sarrazin. Zur Beziehung von Fremd und Eigen in der hochmittelalterlichen Tradition der ‚Chansons de geste‘. Köln [u.a.] 2006. VIII, 443 S. (Beihefte zum Archiv für Kulturgeschichte, 62). *– Zum Pz passim, zum Wh S. 49–55, 166–172, 277–293, 334–343 und passim.*

193 HUBER, CHRISTOPH: Gewalt und Moral in der Kreuzzugsdichtung. In: Ethik und Ästhetik der Gewalt. Julia Dietrich, Uta Müller-Koch (Hg.) Paderborn 2006, S. 155–176. *– Zum Pz S. 169, zum Wh S. 170–173.*

194   HUBER, CHRISTOPH: Wort- und Bildnetze zum Textbegriff im nach-
       klassischen mittelhochdeutschen Romanprolog (Rudolf von Ems,
       Konrad von Würzburg). In: Im Wortfeld (Nr. 242), S. 263–285. –
       Zum Pz und Wh passim.

195   JACKSON, WILLIAM H.: The medieval literary reception of Hart-
       mann's works. In: A companion to the works of Hartmann von Aue.
       Ed. by Francis G. Gentry. Rochester, NY [u.a.] 2005. (Studies in
       German literature, linguistics, and culture), S. 183–221. – *Über Wolf-
       rams Beziehung zu Hartmanns Werk S. 202.*

196   KARTSCHOKE, DIETER: Armut in der deutschen Dichtung des Mittel-
       alters. In: Armut im Mittelalter. Hg. von Otto Gerhard Oexle. Ost-
       fildern 2004. (Vorträge und Forschungen, 58), S. 27–78. – *Zum Pz
       und Wh passim.*

197   KELLERMANN, KARINA: Der Blick aus dem Fenster. Visuelle *Âventiu-
       ren* in den Außenraum. In: Virtuelle Räume. Raumwahrnehmung
       und Raumvorstellung im Mittelalter. Akten des 10. Symposiums des
       Mediävistenverbandes, Krems, 24.–26. März 2003. Hg. von Elisa-
       beth Vavra. Berlin 2005, S. 325–341. – *Zum Pz und Wh S. 332–336.*

198   *Rez. zu* KIENING, CHRISTIAN: Zwischen Körper und Schrift. Texte vor
       dem Zeitalter der Literatur. Frankfurt a.M. 2003. (Vgl. Wolfram-
       Studien XIX, S. 502, Nr. 175).
       BLEUMER, H., ZfdPh 125 (2006), 468–473; HASEBRINK, B., Arbitrium
       23 (2005), 138–144.

199   KLEIN, DOROTHEA: Inspiration und Autorschaft. Ein Beitrag zur me-
       diävistischen Autordebatte. DVjs 80 (2006), 55–96. – *Zum Wh
       S. 75–78 und passim, zum Pz S. 91–94.*

200   KLUG, GABRIELE: *Wol ûf, wir sullen slâfen gân!* Der Schlaf als All-
       tagserfahrung in der deutschsprachigen Dichtung des Hochmittelal-
       ters. Frankfurt a.M. 2007. 227 S. (Kultur, Wissenschaft, Literatur,
       14). – *Zum Pz und Wh passim.*

201   KLUG, HELMUT W.: Kräuter in der deutschsprachigen Dichtung des
       Hochmittelalters. Vorkommen, Anwendung und Wirkung in ausge-
       wählten Texten. Hamburg 2005. (Schriften zur Mediävistik, 5). VIII,
       134 S. und 1 CD-ROM. – *Zum Pz und Wh passim (s. Register).*

202   KOCH, ELKE: Trauer und Identität. Inszenierungen von Emotionen
       in der deutschen Literatur des Mittelalters. Berlin, New York 2006.
       X, 319 S. (Trends in medieval philology, 8). Diss.phil. FU Berlin
       2004. – *Zum Wh Kap. 3, S. 80–204 und passim, zum Pz passim.*

203   KONTJE, TODD: German orientalisms. Ann Arbor 2004. X, 316 S. –
       Zum Pz und Wh passim.

204   LECHTERMANN, CHRISTINA: Berührt werden. Narrative Strategien der
       Präsenz in der höfischen Literatur um 1200. Berlin 2005. (Philolo-
       gische Studien und Quellen, 191). 235 S. – *Zum Pz, Wh und T pas-
       sim. Rez.* SCHNYDER, M., Arbitrium 24 (2006), 321–323.

205   LECHTERMANN, CHRISTINA: Schmerz und Imagination. In: Kunst der
       Bewegung. Kinästhetische Wahrnehmung und Probehandeln in vir-
       tuellen Welten. Hg. von Christina Lechtermann, Carsten Morsch.
       Bern [u.a.] 2004, S. 137–157. – *Zum Wh und Pz S. 141–143.*

206   LUPACK, ALAN: The Oxford guide to Arthurian literature and le-
       gend. Oxford 2005. XIV, 496 S. – *Zum Pz und T S. 235–241 und
       passim (s. Index).*

207   MILLET, VICTOR: Der islamisch-jüdisch-christliche Schnittpunkt auf
       der Iberischen Halbinsel und die ‚deutsche' Kultur im Hochmittelal-
       ter. In: Deutsche Kultur und Islam am Mittelmeer. Akten der Ta-
       gung Palermo, 13.–15. November 2003. Laura Auteri, Margherita
       Cottone. Göppingen 2005. (GAG, 725), S. 41–60. – *Zu Wolframs Pz
       und Wh S. 54–60.*

208   MOTIF-INDEX OF GERMAN SECULAR NARRATIVES FROM THE BEGIN-
       NING TO 1400. Ed. by the Austrian Academy of Sciences. Under the
       direction of Helmut Birkhan ed. by Karin Lichtblau … Berlin, New
       York.
       Vol. 2: Matière de Bretagne. 2005. 407 S. – *Zum Pz und T S. 331–407.*
       Vol. 3: Miscellaneous romances, oriental romances, chansons de ge-
       ste. 2006. 448 S. – *Zum Wh S. 433–448.*
       Rez. DÜWEL, K., Germanistik 46 (2005), 709f.

209   PERENNEC, RENÉ: Zu einem europäisierten Umgang mit hochmittel-
       alterlichen deutschen Adaptationen französischer Erzählungen. Mit-
       teilungen des Deutschen Germanistenverbandes 52 (2005), 80–91. –
       Zum Pz und Wh.

210   PRZYBILSKI, MARTIN: Verwandtschaft als Wolframs Schlüssel zur Er-
       zählten Welt. ZfGerm N.F. 1 (2005), 122–137. – *Zum Pz und Wh.*

211   SCHEUER, HANS JÜRGEN: Wahrnehmen – Blasonieren – Dichten. Das
       Heraldisch-Imaginäre als poetische Denkform in der Literatur des
       Mittelalters. Das Mittelalter 11 (2006), 53–70. – *Zum Pz S. 63f., zur
       Lyrik S. 64–70.*

212 SCHMITT, STEFANIE: Inszenierungen von Glaubwürdigkeit. Studien zur Beglaubigung im späthöfischen und frühneuzeitlichen Roman. Tübingen 2005. (MTU, 129). – *Zum Pz S. 38–46 und passim, zum Wh passim (s. Register).*

213 *Rez. zu* SCHNYDER, MIREILLE: Topographie des Schweigens. Untersuchungen zum deutschen höfischen Roman um 1200. Göttingen 2003. (Historische Semantik, 3). (Vgl. Wolfram-Studien XIX, S. 502, Nr. 181).
RUBERG, U., Arbitrium 23 (2005), 151–155.

214 SCHULTZ, JAMES A.: Courtly love, the love of courtliness, and the history of sexuality. Chicago 2006. XXII, 242 S. – *Zum Pz und Wolframs anderen Werken passim.*

215 WENZEL, HORST: Höfische Repräsentation. Symbolische Kommunikation und Literatur im Mittelalter. Darmstadt 2005. 308 S. – *Sammlung bereits veröffentlichter Aufsätze. Zum Pz und T passim (s. Register).*

216 WOLF, ALOIS: Töten in mittelalterlicher Literatur. In: Ethik und Moral als Problem der Literatur und Literaturwissenschaft. Hg. von Jutta Zimmermann und Britta Salheiser. Berlin 2006. (Schriften zur Literaturwissenschaft, 25), S. 25–50. – *Zum Wh S. 26f., zum Pz S. 30–33.*

XI. Rezeption / Nachwirkung

217 BUSSMANN, BRITTA: Mit *tugent* und *kunst.* Wiederzählen, Weitererzählen und Beschreiben in Albrechts *Jüngerem Titurel.* In: Übertragungen. Formen und Konzepte von Reproduktion in Mittelalter und Früher Neuzeit. Hg. von Britta Bußmann [u.a.] Berlin, New York 2005. (Trends in medieval philology, 5), S. 437–461. – *Zum Pz und T S. 439–445 und passim.*

218 CARNEVALE, CARLA: Gesellenstück und Meisterwerk. Adolf Muschgs Roman *Der Rote Ritter* zwischen Auserzählung und Neuschöpfung des *Parzival.* Frankfurt a.M. [u.a.] 2005. (Europäische Hochschulschriften, R. 1, 1921). 287 S.

219 DEIFUSS, HOLGER: *Hystoria von dem wirdigen ritter sant Wilhelm.* Kritische Edition und Untersuchung einer frühneuhochdeutschen Prosaauflösung. Frankfurt a.M. 2005. (Germanistische Arbeiten zur

Sprache und Kulturgeschichte, 45). 341 S. Diss.phil. Münster 1999. – *Zur Wh-Rezeption passim.*
Rez. SCHMITZ, H.-G., Germanistik 47 (2006), 234f.

220   KÖBELE, SUSANNE: Die Kunst der Übertreibung. Hyperbolik und Ironie in spätmittelalterlichen Minnereden. In: Triviale Minne? Konventionalität und Trivialisierung in spätmittelalterlichen Minnereden. Hg. von Ludger Lieb und Otto Neudeck. Berlin, New York 2006. (Quellen und Forschungen zur Literatur- und Kulturgeschichte, 40), S. 19–44. – *Zur Wolfram-Rezeption S. 23, 33, 36–38.*

221   KOEPKE, EWALD: Rudolf Steiner und das Gralsmysterium. Der Prüfungsweg des Parzival. Stuttgart 2005. 122 S.
Rez. BRACKER, K.J., Die Drei 75 (2005), H. 12, 92–94.

222   *Rez. zu* LORENZ, ANDREA: Der *Jüngere Titurel* als Wolfram-Fortsetzung. Eine Reise zum Mittelpunkt des Werks. Bern [u.a.] 2002. (Vgl. Wolfram-Studien XVIII, S. 452, Nr. 232).
PASTRÉ, J.-M., CahCivMéd 48 (2005), 181.

223   MCDONALD, WILLIAM C.: Wolfram von Eschenbach: Der Mythos im Internet. In: Künstler, Dichter, Gelehrte. Ulrich Müller, Werner Wunderlich (Hg.) Unter Mitarb. von Margarete Springeth. Konstanz 2005. (Mittelaltermythen, 4), S. 567–582.

224   MERTENS, VOLKER: Wolfram als Rolle und Vorstellung. Zur Poetologie der Authentizität im ,Jüngeren Titurel'. In: Geltung der Literatur. Formen ihrer Autorisierung und Legitimierung im Mittelalter, hg. von Beate Kellner [u.a.] Berlin 2005. (Philologische Studien und Quellen, 190), S. 203–226. – *Zum Pz passim.*

225   MÜLLER, ULRICH: Minnesangs zweiter Frühling: Moderne Spiele mit alten Texten. Oscar Sandner 1973, Eberhard Hilscher 1976, Heide Stockinger 1992, Adolf Muschg 1993. Mit einem Epilog (Johann Barth 1993). Studia niemcoznawcze 28 (2004), 411–429. – *Zu Muschgs Pz-Buch S. 422–424.*

226   NEUKIRCHEN, THOMAS: Die ganze *aventiure* und ihre *lere.* Der *„Jüngere Titurel"* Albrechts als Kritik und Vervollkommnung des *„Parzival"* Wolframs von Eschenbach. Heidelberg 2006. (Beihefte zum Euphorion, 52). 388 S.

227   NEUKIRCHEN, THOMAS: *krumb* und *sliht.* Über die sogenannten Hinweis- und Kunststrophen im Überlieferungszweig I des ,Jüngeren Titurel'. ZfdA 132 (2003), 62–76. – *Zur Verarbeitung der Wolframschen T-Fragmente im ,Jüngeren Titurel'.*

228   NIERMANN, ANABEL: Das ästhetische Spiel von Text, Leser und Au-
        tor. Intertextualität neu gedacht an Adolf Muschgs *Parzival*-Rezep-
        tion *Der Rote Ritter*, eine Geschichte von *Parzival* am Beispiel der
        Frauenfiguren. Frankfurt a.M. 2004. (Europäische Hochschulschrif-
        ten, 1, 1899). 316 S. Diss.phil. Magdeburg 2004.

229   PEKTOR, KATHARINA: Handkes neuer Parzival. In: „Abenteuerliche,
        gefahrvolle Arbeit". Erzählen als (Über)Lebenskunst. Vorträge des
        Salzburger Handke-Symposions. Hg. von Adolf Haslinger [u.a.]
        Stuttgart 2006. (Stuttgarter Arbeiten zur Germanistik, 432; Salzbur-
        ger Beiträge, 44), S. 74–84.

230   *Rez. zu* PFALZGRAF, ANNEGRET: Eine Deutsche Ilias? Homer und das
        ‚Nibelungenlied' bei Johann Jakob Bodmer. Zu den Anfängen der
        nationalen Nibelungenrezeption im 18. Jahrhundert. Marburg 2003.
        (Vgl. Wolfram-Studien XIX, S.504, Nr. 193).
        HOFFMANN, W., ZfdA 134 (2005), 223–229.

231   RAPOSO, BERTA: ¿Fouqué precursor de Wagner? Estructuras operí-
        sticas en „Der Parcival. Ein Rittergedicht". In: Palabra y música. Ed.
        a cargo de Anne-Marie Reboul ... Madrid 2006, S. 277–282.

232   SCHULZ, MONIKA: Eherechtsdiskurse. Studien zu *König Rother, Par-
        tonopier und Meliur, Arabel, Der guote Gêrhart, Der Ring.* Heidelberg
        2005. (Beiträge zur älteren Literaturgeschichte). 201 S. – *Zum Wh
        Kap. 3.1: Die Arabel als Korrektur des Wh, S. 117–121.*

233   *Rez. zu* STRÄSSLE, THOMAS: „Vom Unverstand zum Verstand durch
        Feuer". Studien zu Grimmelshausens *Simplicissimus Teutsch.* Berlin
        [u.a.] 2001. (Vgl. Wolfram-Studien XVIII, S. 453, Nr. 241).
        BATTAFARANO, I.M., Morgen-Glantz 14 (2004), 419–424.

234   SUAREZ PALLASA, AQUILINO: Una nueva fuente de *Amadís de Gaula:
        Parzival* de Wolfram von Eschenbach. Letras. Revista de la Facultad
        de Filosofía y Letras de la Pontificia Univ., Buenos Aires 52/53
        (2005/06), 293–307.

235   TAX, PETRUS W.: Zur Interpretation des „Gürtels" Dietrichs von der
        Glezze. ZfdPh 124 (2005), 47–62. – *Zur Rezeption des Pz S. 49, 53f.*

236   *Rez. zu* THOMAS, NEIL: Diu Crône and the medieval Arthurian cycle.
        Cambridge 2002. (Vgl. Wolfram-Studien XVIII, S. 453, Nr. 244).
        SAMPLES, S.T., JEGPh 104 (2005), 139–141.

237   THOMAS, NEIL: Wirnt von Gravenberg's *Wigalois.* Intertextuality and
        interpretation. Cambridge 2005. (Arthurian studies, 62). 167 S. –
        Zum Pz, Wh und T passim (s. Register).

Rez. CHRISTOPH, S., GermQuart 79 (2006), 262f.; JONES, M.H., MLR 101 (2006), 879f.; RESLER, M., JEGPh 105 (2006), 456–458.

238 THOMAS, NEIL: Wirnts von Gravenberg *Wigalois* und die Auseinandersetzung mit der *Parzival*-Problematik. ABäG 60 (2005), 129–160.

239 VOLFING, ANNETTE: Albrecht's Jüngerer Titurel: Translating the Grail. Arthurian literature 22 (2005), 49–63.

240 VOLLMANN-PROFE, GISELA: Kudrun – eine kühle Heldin. Überlegungen zu einer problematischen Gestalt. In: Blütezeit. FS für L. Peter Johnson zum 70.Geb. Hg. von Mark Chinca ... Tübingen 2000, S. 232–244. – *Zum Pz- und Wh-Bezug S. 236, 243f.*

Vgl. auch BESCHEIDENHEIT (Nr. 178)

XII. Sammelwerke mehrerer Autoren

241 *Rez. zu* CODIERUNGEN VON EMOTIONEN IM MITTELALTER / Emotions and sensibilities in the middle ages. Hg. von / Ed. by Stephen Jaeger, Ingrid Kasten. Berlin, New York 2003. (Vgl. Wolfram-Studien XIX, S. 505, Nr. 202).
SCHNELL, R., ZfdA 135 (2006), 370–383.

242 IM WORTFELD DES TEXTES. Worthistorische Beiträge zu den Bezeichnungen von Rede und Schrift im Mittelalter. Hg. von Gerd Dicke, Manfred Eikelmann, Burkhard Hasebrink. Berlin, New York 2006. (Trends in medieval philology, 10).
Darin: BLEUMER (Nr. 51), HAUG (Nr. 190), HUBER (Nr. 194), MERTENS (Nr. 103), SCHEUER (Nr. 119)

243 INSZENIERUNGEN VON SUBJEKTIVITÄT IN DER LITERATUR DES MITTELALTERS. Martin Baisch [u.a.] (Hg.) Königstein/Ts. 2005. 331 S.
Darin: CRAMER (Nr. 62), EMING (Nr. 67), HAUFE (Nr. 160), JAEGER (Nr. 92)

244 *Rez. zu* PERCEVAL/PARZIVAL. A casebook. Ed. with an introduction by Arthur Groos and Norris Lacy. New York, London 2002. (Vgl. Wolfram-Studien XVIII, S. 454, Nr. 250; Wolfram-Studien XIX, S. 506, Nr. 206).
CLASSEN, A., Studi medievali, 3. Ser., 46 (2005), 949f.

245   Visual Culture and the German Middle Ages. Ed. by Kathryn
Starkey and Horst Wenzel. New York, NY [u.a.] 2005. (The new
middle ages). XII, 290 S.
Darin: Bumke (Nr. 2), Ernst (Nr. 185), Mertens (Nr. 5), Müller
(Nr. 108)

246   Wahrnehmung im *Parzival* Wolframs von Eschenbach. Actas do
Coloquio Internacional 15 e 16 novembro de 2002. John Greenfield
(ed.) Porto 2004. (Revista da faculdade de letras do Porto; linguas e
literaturas; anexo, 13). 278 S.
Darin: Baisch (Nr. 43), Brall-Tuchel (Nr. 54), Coxon (Nr. 61),
Fuchs-Jolie (Nr. 167), Greenfield (Nr. 77), Haug (Nr. 86), Kasten
(Nr. 93), Lienert (Nr. 97), McFarland (Nr. 99), Schmid (Nr. 122),
Shields (Nr. 177)
Rez. Godsall-Myers, J.E., GermQuart 78 (2005), 526f.; Perennec,
R., Arbitrium 23 (2005), 155–158; Schmitz, B., ABäG 61(2006),
346–349; Schulz, A., Beitr 127 (2005), 280–285; Thomas, N., MLR
100 (2005), 857f.

247   *Rez. zu* Wolfram's „Willehalm". Fifteen essays. Ed by Martin H.
Jones and Timothy McFarland. Rochester, NY 2002. (Vgl. Wolf-
ram-Studien XVIII, S. 454, Nr. 251; Wolfram-Studien XIX, S. 506,
Nr. 208). Przybilski, M., ZfdA 134 (2005), 96–99; Starkey, K.,
Speculum 80 (2005), 239–242.

248   *Rez. zu* Wolfram-Studien XVIII. Erzähltechnik und Erzählstrate-
gien in der deutschen Literatur des Mittelalters. Saarbrücker Kolloquium 2002. Berlin 2004. (Vgl. Wolfram-Studien XIX, S. 506, Nr.
210).
Jönsson, M., Studia Neophilologica 78 (2006), 113–116.

Herausgeber, Autorinnen und Autoren

Dr. Christiane Ackermann, Universität Tübingen, Deutsches Seminar, Wilhelmstr. 50, D–72074 Tübingen

Prof. Dr. Frank Bezner, University of California, Department of Classics, 7233 Dwinelle Hall # 2520, USA-Berkeley, CA 94720–2520

Prof. Dr. Hartmut Bleumer, Universität Göttingen, Seminar für Deutsche Philologie, Käte-Hamburger-Weg 3, D–37073 Göttingen

Dr. Renate Decke-Cornill, Staats- und Universitätsbibliothek Bremen, Bibliothekstraße, Postfach 330160, D–28331 Bremen

Dr. des. Caroline Emmelius, Universität Göttingen, Seminar für Deutsche Philologie, Käte-Hamburger-Weg 3, D–37073 Göttingen

Dr. Regula Forster, Freie Universität Berlin, Seminar für Semitistik und Arabistik, Altensteinstr. 34, D–14195 Berlin

Prof. Dr. Annette Gerok-Reiter, Freie Universität Berlin, Institut für Deutsche und Niederländische Philologie, Ältere deutsche Literatur und Sprache, Habelschwerdter Allee 45, D–14195 Berlin

Prof. Dr. Wolfgang Haubrichs, Universität des Saarlandes, Fachrichtung 4.1 Germanistik, D–66041 Saarbrücken

Prof. Dr. Walter Haug (†), Neue Steige 71/2, D–72138 Kirchentellinsfurt

Dr. Ines Heiser, Universität Marburg, Institut für deutsche Philologie des Mittelalters, FB 09 Germanistik und Kunstwissenschaften, Wilhelm-Röpke-Str. 6A, D–35032 Marburg

Prof. Dr. Johannes Janota, Schäfflerstr. 5, D–86343 Königsbrunn

PROF. DR. INGRID KASTEN, Freie Universität Berlin, Institut für Deutsche und Niederländische Philologie, Ältere deutsche Literatur und Sprache, Habelschwerdter Allee 45, D–14195 Berlin

PD DR. SONJA KERTH, Universität Bremen, Fachbereich 10, Postfach 330 440, D–28334 Bremen

PROF. DR. OTTO LANGER, Forellenweg 15c, D–33619 Bielefeld

DR. SANDRA LINDEN, Universität Tübingen, Deutsches Seminar, Wilhelmstr. 50, D–72074 Tübingen

PROF. DR. ECKART CONRAD LUTZ, Université Fribourg / Universität Freiburg, Germanistische Mediävistik, Avenue de l'Europe 20, CH–1700 Freiburg

DR. KATHARINA MERTENS FLEURY, Universität Zürich, Deutsches Seminar, Schönberggasse 9, CH–8001 Zürich

PROF. DR. NINE MIEDEMA, Universität Duisburg-Essen, Campus Essen, Fachbereich Geisteswissenschaften (Germanistik), Universitätsstr. 12, D–45117 Essen

PROF. DR. JAN-DIRK MÜLLER, Universität München, Institut für Deutsche Philologie, Schellingstr. 3, D–80799 München

PROF. DR. KLAUS RIDDER, Universität Tübingen, Deutsches Seminar, Wilhelmstr. 50, D–72074 Tübingen

DR. THOMAS FRANZ SCHNEIDER, Universität Bern, Institut für Germanistik, Forschungsstelle für Namenkunde, Ortsnamenbuch des Kantons Bern, Länggassstr. 49, CH–3000 Bern 9

PROF. DR. MICHAEL STOLZ, Universität Bern, Institut für Germanistik, Länggassstr. 49, CH–3000 Bern 9

MAG. GABRIEL VIEHHAUSER, Universität Basel, Deutsches Seminar, Bernoullistr. 28, CH–4056 Basel

DR. ANNETTE VOLFING, Oriel College, GB-Oxford OX1 4EW

Abbildungsteil

Abbildung 1: Fortunatus, Erstdruck, Augsburg 1509, Titelholzschnitt [Fortunatus]; Ex.: München, BSB, Rar. 480.

Abbildung 2: Fortunatus, o. O. u. J., Titelholzschnitt [Die Glücks-
göttin]; Ex.: Wolfenbüttel, HAB, LO 1479.1.

vnd hab es nye künt/nun allain mitt dem seckel so
ir yetz hond/ kurtzweil gehebt. den wil ich eüch vñ
eweren gesellen gantz ergebñ/voz got vñ der welt
vnd kain anspzach nymmer daran haben/vnd ich
bitt ewch vmb die eer gottes/ vnd seiner wirdigen
mütter Maria/das ir mir armen ellenden man/
auß diser swären gefencknus helffen/daz ich doch
nit allso ellendklichen on beicht vnnd on das wür-
dig sacrament hye ersterbe. Der graf spzach/wilt

du nun yetzund deiner sel hail betrachten/ warüb
hastu es nit gethon/do du dein gepzengk/ grossen
hochmüt vnd hochfart tribest voz dem künig vnd
der künigin/ vnd vnns allen vneer bewisest? Wo
seind nun die schönen frawen denen du so wol ge-
dienet hast? Die dir all den bzeüß gaben/die haiß
dir yetzund helffen. Jch merck aber wol das du ge-

Abbildung 3: Fortunatus, Erstdruck, Augsburg 1509, Bl. X^v: Text-
holzschnitt [Andolosia im Stock]; Ex.: München, BSB, Rar. 480.

das ir mir den hütt hetten auffgesetzt/vnd in dem
wünschet er sich in sein gallee zu seinem volck/ da
er auch gleich inne was. vnd als bald er in die gal
lee kam/do hyeß er den segel aufziehñ/wañ sy het=
ten ain grossen nachwind/das sy gar schnell hyn=
weg füren· Als nun künig soldan sah das fortuna
tus jm sein allerliebstes klainat hinweg het/stünd

er an dem fennster / sach die galle hynweg faren/
wißt nit wie er thůn solt/vnnd gebot allem seinem
volck/das sy fortunato nach eylten vnd jm den ge
fangen bråchten/wañ er müßt sein leben verlierñ
das er yn also beraubt vnd betrogen het. Also fü=
ren sy hynnach/ee das sy aber gerüst waren/was
die gallee so verr das sy niemandt gesehen mocht/
So kan man ainem auff dem mör nit nach spyren
kain wald ist so wild auff dem gantzen ertrich/ai=
ner wår baß zufinden dann auff dem weiten möre
vnnd als sy nun etlich tag der gallee nachgefaren
M iij

Abbildung 4: Fortunatus, Erstdruck, Augsburg 1509, Bl. Miijr: Text-
holzschnitt [Fortunatus entwendet den Wunschhut]; Ex.: München,
BSB, Rar. 480.

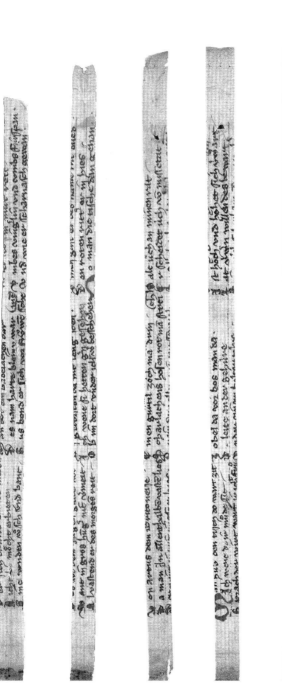

Abbildung 5: Wolfram von Eschenbach, 'Parzival', V. 165,11–171,7, Fragment 69.
© Solothurn, Staatsarchiv, Handschriftenfragmente R.1.4.234 (2).

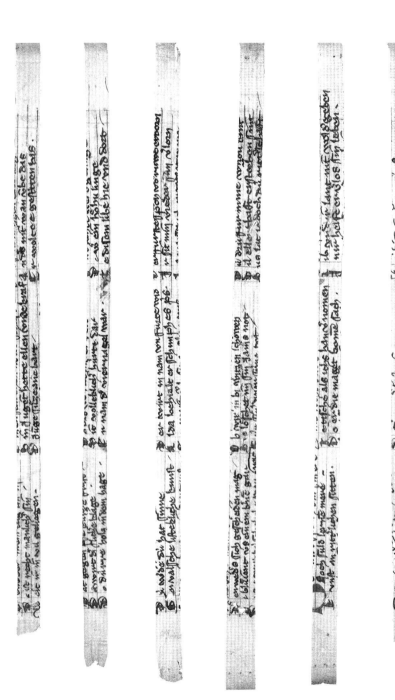

Abbildung 6: Wolfram von Eschenbach, ‚Parzival‘, V. 172,11–178,7, Fragment 69.
© Solothurn, Staatsarchiv, Handschriftenfragmente R.1.4.234 (2).

Abbildung 7: Wolfram von Eschenbach, ‚Parzival', V. 179,10–185,7, Fragment 69.
© Solothurn, Staatsarchiv, Handschriftenfragmente R.1.4.234 (2).

Abbildung 8: Wolfram von Eschenbach, ‚Parzival‘, V. 186,9–192,12, Fragment 69.
© Solothurn, Staatsarchiv, Handschriftenfragmente R.1.4.234 (2).

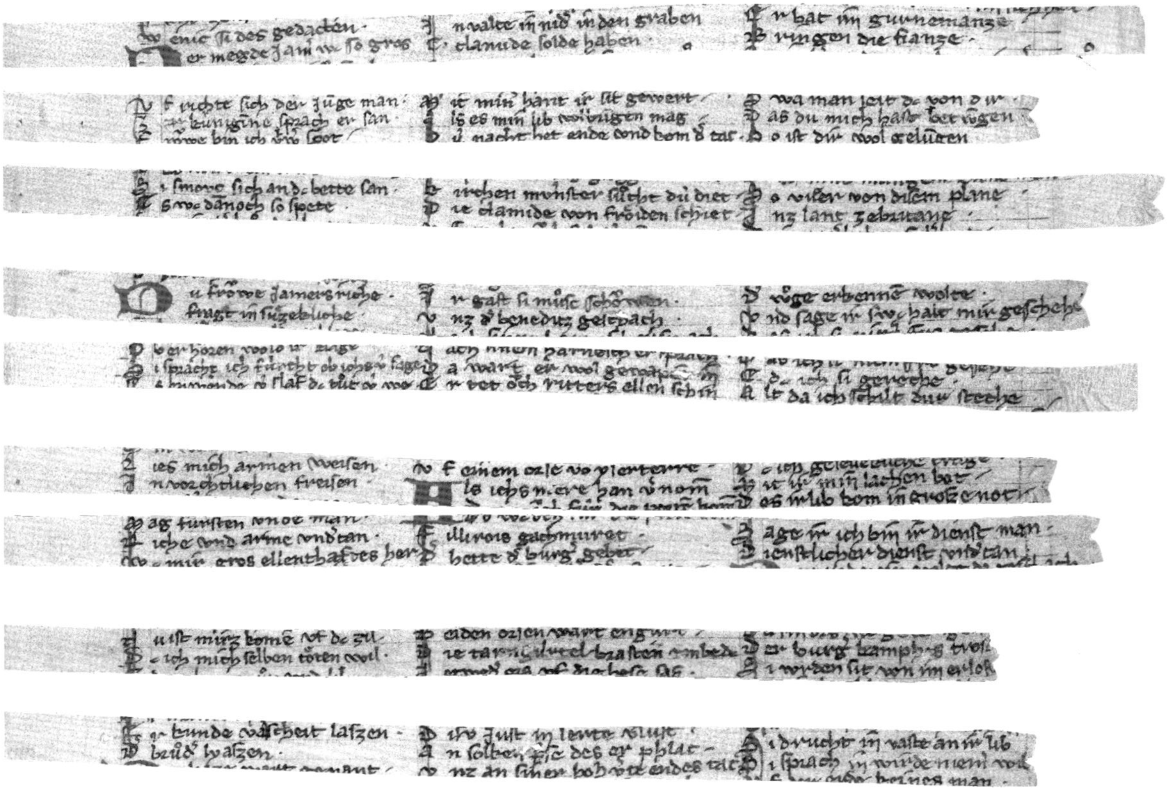

Abbildung 9: Wolfram von Eschenbach, ‚Parzival', V. 193,14–199,27, Fragment 69.
© Solothurn, Staatsarchiv, Handschriftenfragmente R. 1.4.234 (2).

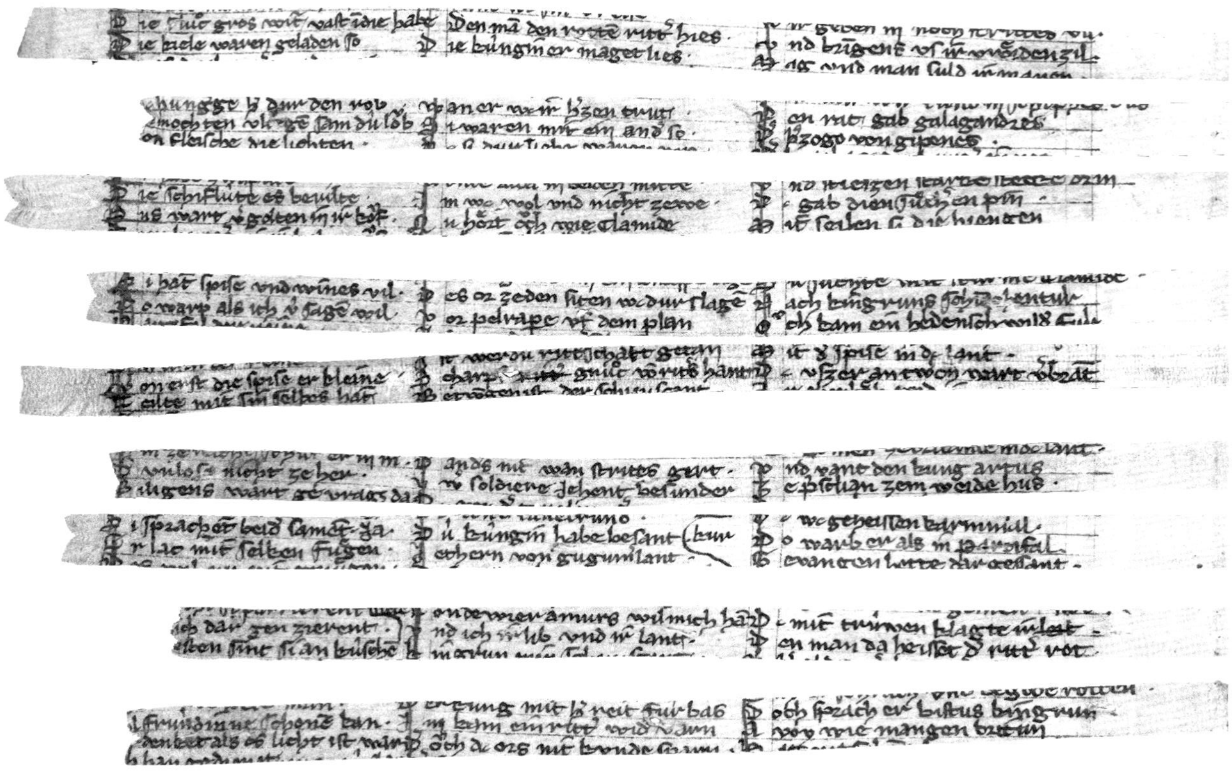

Abbildung 10: Wolfram von Eschenbach, ‚Parzival‘, 200,12–206,25, Fragment 69.
© Solothurn, Staatsarchiv, Handschriftenfragmente R.1.4.234 (2).

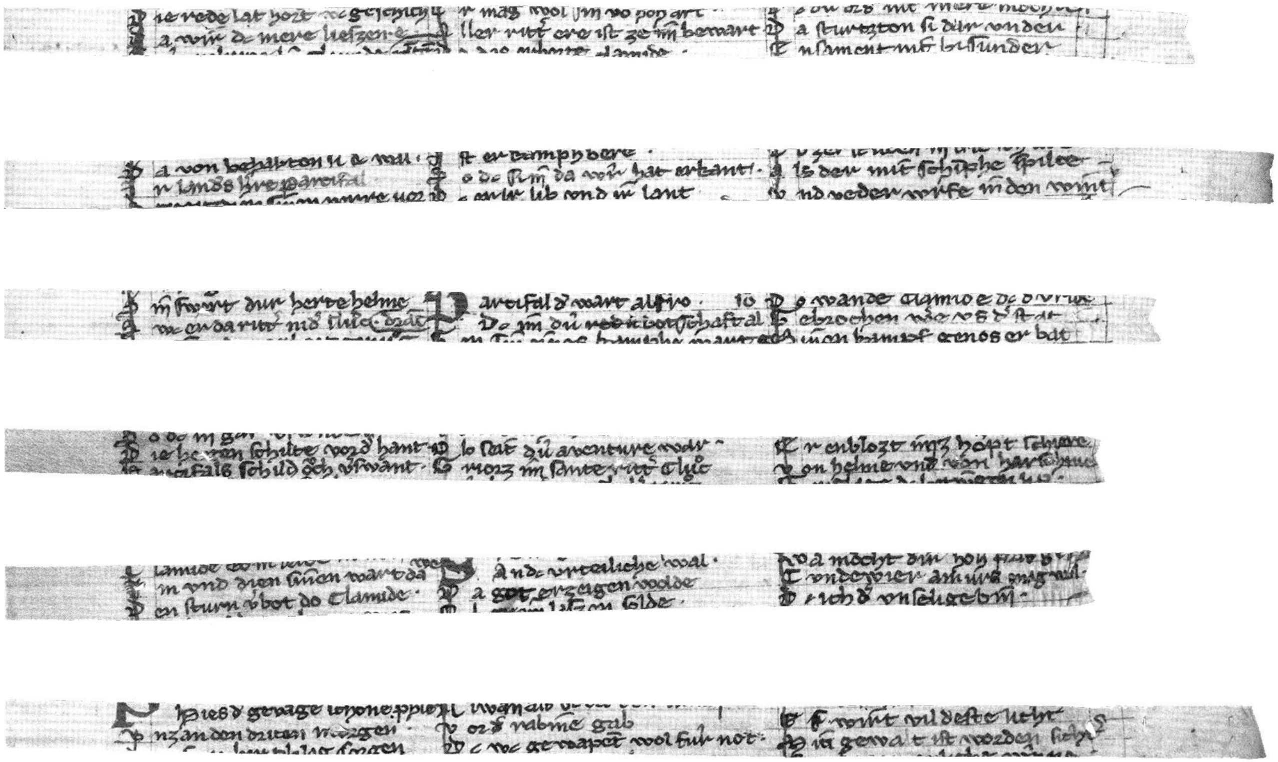

Abbildung 11: Wolfram von Eschenbach, ‚Parzival', V. 207,4–213,15, Fragment 69.
© Solothurn, Staatsarchiv, Handschriftenfragmente R.1.4.234 (2).

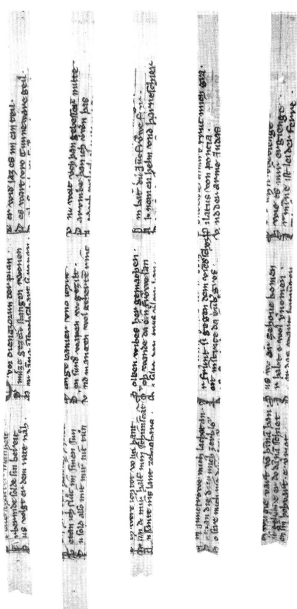

Abbildung 12: Wolfram von Eschenbach, ‚Parzival', V. 214,1–220,11, Fragment 69.
© Solothurn, Staatsarchiv, Handschriftenfragmente R.1.4.234 (2).

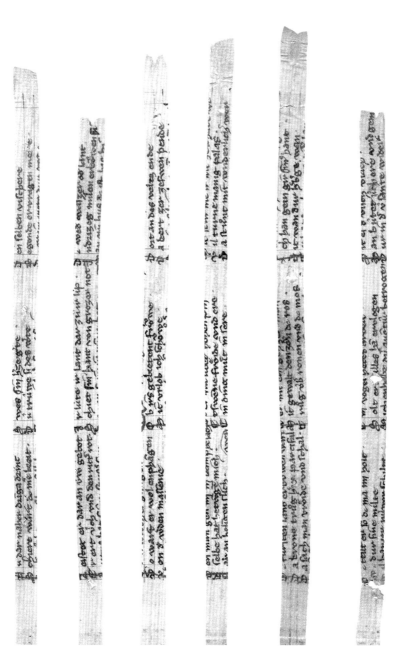

Abbildung 13: Wolfram von Eschenbach, „Parzival', V. 220,28–227,5, Fragment 69.
© Solothurn, Staatsarchiv, Handschriftenfragmente R.1.4.234 (2).

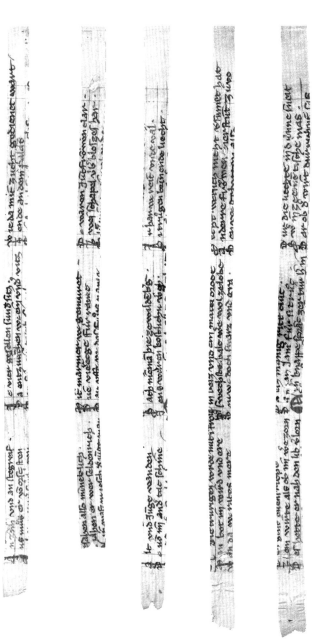

Abbildung 14: Wolfram von Eschenbach, ‚Parzival‘, V. 227.22–233.30, Fragment 69.
© Solothurn, Staatsarchiv, Handschriftenfragmente R.1.4.234 (2).

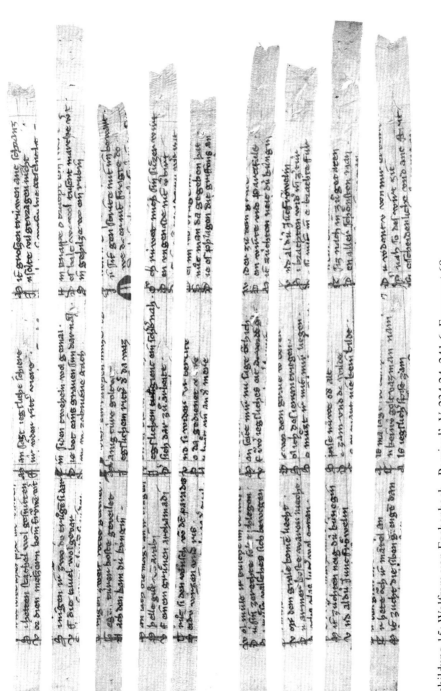

Abbildung 15: Wolfram von Eschenbach, ‚Parzival‘, V. 234,24–241,6, Fragment 69.
© Solothurn, Staatsarchiv, Handschriftenfragmente R.1.4.234 (2).

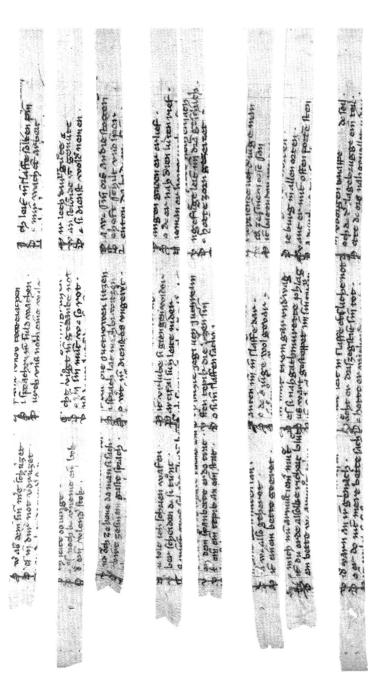

Abbildung 16: Wolfram von Eschenbach, ‚Parzival', V. 241,21–248,3, Fragment 69.
© Solothurn, Staatsarchiv, Handschriftenfragmente R.1.4.234 (2).

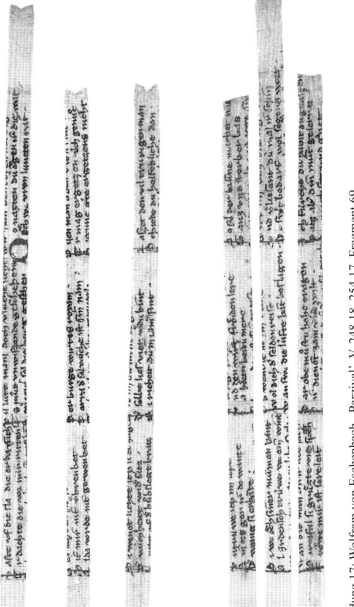

Abbildung 17: Wolfram von Eschenbach, ‚Parzival', V. 248,18–254,17, Fragment 69.
© Solothurn, Staatsarchiv, Handschriftenfragmente R.1.4.234 (2).

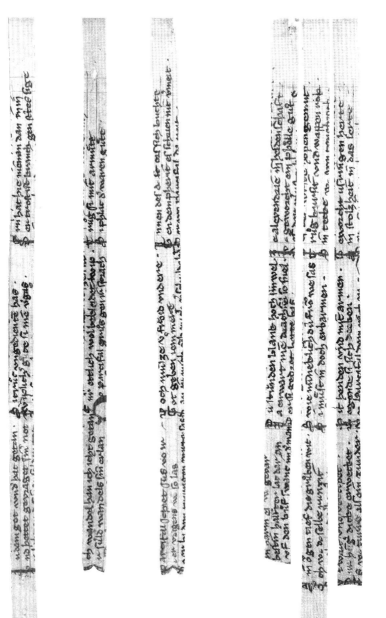

Abbildung 18: Wolfram von Eschenbach, „Parzival‘, V. 255,18–261,13, Fragment 69.
© Solothurn, Staatsarchiv, Handschriftenfragmente R.1.4.234 (2).

Abbildung 19: Wolfram von Eschenbach, ‚Parzival', V. 262,13–268,8, Fragment 69.
© Solothurn, Staatsarchiv, Handschriftenfragmente R.1.4.234 (2).

Abbildung 20: Wolfram von Eschenbach, ‚Parzival', V. 269,10–275,5, Fragment 69.

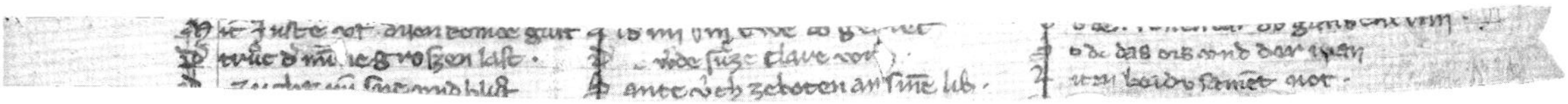

Abbildung 21: Wolfram von Eschenbach, „Parzival', V. 290,25–295,21, Fragment 69.

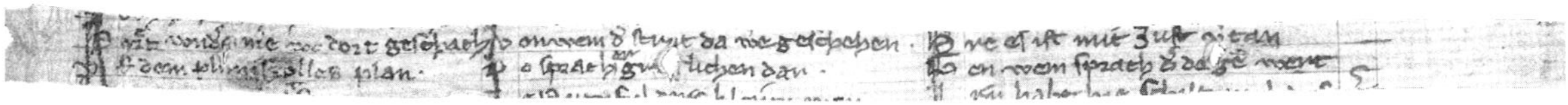

Abbildung 22: Wolfram von Eschenbach, „Parzival', V. 297,30–302,22, Fragment 69.

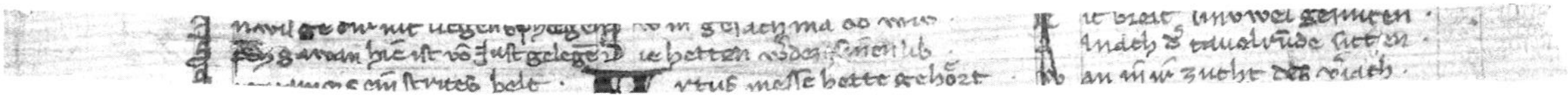

Abbildung 23: Wolfram von Eschenbach, „Parzival', V. 305,1–309,21, Fragment 69.

Abbildung 24: Wolfram von Eschenbach, „Parzival', V. 312,1–3, Fragment 69.
© Solothurn, Staatsarchiv, Handschriftenfragmente R.1.4.234 (2).

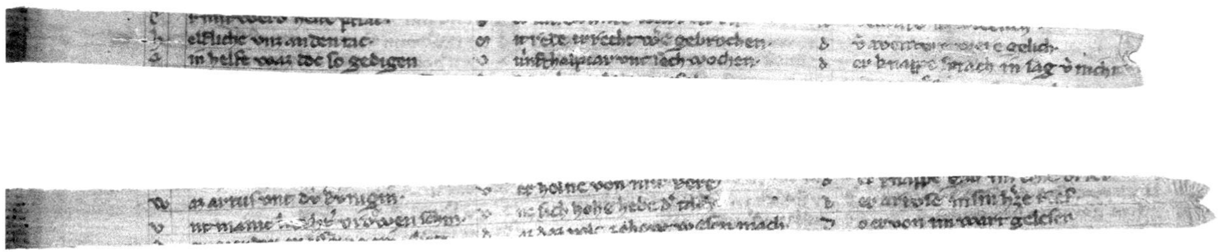

Abbildung 25: Wolfram von Eschenbach, ‚Parzival', V. 644,5–649,7, Fragment 69.

Abbildung 26: Wolfram von Eschenbach, ‚Parzival', V. 651,1–656,4, Fragment 69.
© Solothurn, Staatsarchiv, Handschriftenfragmente R.1.4.234 (2).

Abbildung 27: Wolfram von Eschenbach, ‚Parzival‘, V. 659,5–664,7, Fragment 69.

Abbildung 28: Wolfram von Eschenbach, ‚Parzival‘, V. 666,2–671,5, Fragment 69.
© Solothurn, Staatsarchiv, Handschriftenfragmente R.1.4.234 (2).

Abbildung 29: Wolfram von Eschenbach, „Parzival', V. 671,12–678,5, Fragment 69.

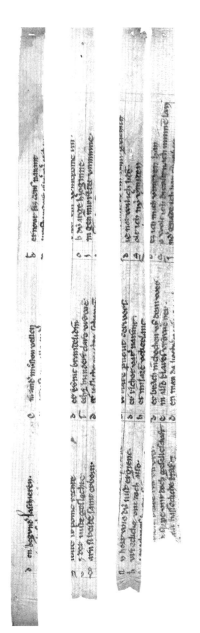

Abbildung 30: Wolfram von Eschenbach, „Parzival', V. 678,11–685,1, Fragment 69.
© Solothurn, Staatsarchiv, Handschriftenfragmente R.1.4.234 (2).

Abbildung 31: Wolfram von Eschenbach, ‚Parzival', V. 686,27–691,21, Fragment 69.

Abbildung 32: Wolfram von Eschenbach, ‚Parzival', V. 693,26–699,2, Fragment 69.
© Solothurn, Staatsarchiv, Handschriftenfragmente R.1.4.234 (2).

Abbildung 33: Wolfram von Eschenbach, ‚Parzival', V. 700,22–705,14, Fragment 69.

Abbildung 34: Wolfram von Eschenbach, ‚Parzival', V. 707,19–712,25, Fragment 69.
© Solothurn, Staatsarchiv, Handschriftenfragmente R.1.4.234 (2).

Abbildung 35: Wolfram von Eschenbach, ‚Parzival', V. 712,26–719,18, Fragment 69.

Abbildung 36: Wolfram von Eschenbach, ‚Parzival', V. 719,24–726,14, Fragment 69.
© Solothurn, Staatsarchiv, Handschriftenfragmente R.1.4.234 (2).

Abbildung 37: Wolfram von Eschenbach, ‚Parzival', V. 728,7–733,13, Fragment 69.

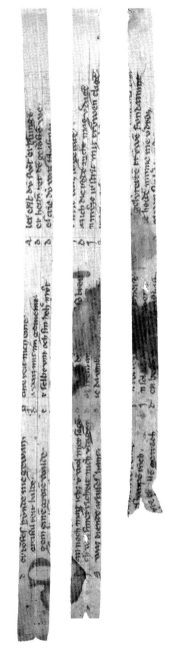

Abbildung 38: Wolfram von Eschenbach, ‚Parzival', V. 735,4–740,8, Fragment 69.
© Solothurn, Staatsarchiv, Handschriftenfragmente R.1.4.234 (2).

Abbildung 39: Wolfram von Eschenbach, ‚Parzival', V. 740,25–745,29, Fragment 69.

Abbildung 40: Wolfram von Eschenbach, ‚Parzival', V. 747,22–752,26, Fragment 69.
© Solothurn, Staatsarchiv, Handschriftenfragmente R.1.4.234 (2).